El regreso a Freud tras el extravío de Lacan

Lógica de Freud: Clínica y Teoría

Diego Troncoso Hidalgo

Dedico este libro a Daniela Carrasco Dell'Aquila, quien confió en mi en uno de los periodos más críticos de mi vida. Sin su apoyo desde la primera vez que nos conocimos, quizás este libro nunca se hubiese terminado. Aprendí de ella que si alguien cree en tí genuinamente, la creatividad emergerá espontáneamente.

"*el pensamiento lacaniano, donde la pérdida no se referiría a algún avatar histórico, evolutivo o bien del orden de lo traumático, pues estaría inscripta en la estructura misma de la experiencia (...) el objeto sería a priori un objeto perdido, así como la experiencia antes que toda otra cosa sería de pérdida (...) no habría posibilidad ninguna de una separación que no conllevara pérdida, ya que aun en la no separación la pérdida estaría incorporada como el elemento decisivo a través del cual se entabla un vínculo o se vive una experiencia (...) algo que es imposible someter a prueba alguna: es inverificable clínicamente (...) una pérdida sobre el fondo de otra, que se inscribe como una categoría ontológica que coloca la ausencia en el lugar exacto en donde la metafísica clásica colocaba la presencia a sí del ser*"
(Ricardo Rodulfo, 2013 p.132-133)

"*las luchas del deseo no pueden quedar circunscritas exclusivamente al terreno del significante, ni siquiera en el caso de que se diera una «pura» neurosis significante (...) porque siempre se desbordan e inundan el terreno de lo somático, lo social, lo económico, etc. Y a menos que consideremos que el significante está en todas partes, tendremos que reconocer que se ha restringido la función del inconsciente hasta considerarlo sólo desde el ángulo de las cadenas significantes que activa. «El inconsciente está estructurado como un lenguaje», nos dice Lacan. ¡Claro! Pero ¿quién lo ha estructurado así? (...) una vez sometida la multiplicidad de voces propia de sus modos de expresión semióticos, una vez encadenado a un cierto tipo de máquina semiológica, entonces sí, acaba estando estructurado como un lenguaje (...) ¡No solamente ha contribuido a su propia alienación en las cadenas significantes, sino que ya no puede prescindir del significante, de modo que ahora lo demanda una y otra vez! Ya no desea formar parte del resto del mundo y sus formas de semiotización. Cualquier pequeño problema un poco acuciante le impulsará a buscar, si no la solución, al menos la suspensión tranquilizadora de los juegos del significante. ¿Qué nos quedaría entonces, por ejemplo, de la alienación que han sufrido durante miles de años las mujeres a manos de los hombres? Según la concepción que tienen los lingüistas del significante, sólo quedarían algunas trazas neutras e inocentes, como la oposición entre lo masculino y lo femenino; y según la de los psicoanalistas, nada más que un truco de ilusionista que hace aparecer y desparecer el falo.*"
(Felix Guattari, 1977 p.415-416).

Índice:

Introducción

Este libro se propone fundamentalmente en ordenar, organizar, distinguir, delimitar y precisar ciertas temáticas o ejes del campo psicoanalítico. Para ello, se abordarán temáticas como la Clínica, la Constitución Subjetiva y los Procesos Inconscientes.

Se empleará en el presente ensayo, autores diferentes tanto de la Filosofía, Psicología como del Psicoanálisis, recorriendo y extrayendo sus aportes teóricos para ensamblar una propuesta integrativa de ordenamiento.

Los distintos autores, más allá que sean (o no sean) opuestos, disímiles o incompatibles entre ellos, se propondrá el facilitar diversos puentes enriquecedores.

No es nada sencillo (salvo que se emplee un criterio al azar) unir conceptualizaciones o autores. De modo que no consistirá este libro el articular de forma forzada distintas corrientes analíticas en un compilado, sin dar cuenta o reflexionar previamente las diferencias insalvables al momento de agrupar diversos aspectos. Recalco entonces, que el objetivo de este ensayo, no es forzar las ideas de una corriente e integrarlas con otras. Más bien, desde sus particularidades o partes extraídas, se podrá entrever que muchas veces las propuestas divergentes ordenadas de una cierta manera, convergen en diversos puntos comunes.

La espina dorsal de este libro será sin duda la obra Freudiana. A través de ella, se podrán apreciar claramente los distintos aportes que nacen de sus raíces y se difuminan en postulaciones o escuelas distintas que tienden alejarse unas con otras. No obstante, el alejamiento (como en algunos casos veremos) hacen cerrar áreas epistemológicas que no permiten sacar provecho a los puentes teóricos que desde Freud, permiten unir teorías que aparentemente se veían alejadas entre sí. En otras palabras, se recurrirá muchas veces a Freud para intermediar dimensiones comunes y complementarias de diversos autores.

Creo y aprovecho a introducir como hipótesis de trabajo, que a lo largo de la obra de Freud, a medida que fue engruesándose, no partió de un lugar básico para terminar en algo complejo o que se haya partido de lo general a lo particular o viceversa. Vale decir, la obra de Freud si se observa a través del tiempo, es un gran collage de fragmentos clínico-teóricos que surgen, irrumpen, retroceden, convergen, se retuercen, regresan y se escinden. Por lo tanto, el ordenamiento que propone este ensayo a los fragmentos, es a mi parecer necesario para una lectura que extraiga pedazo por pedazo las piezas, para pulir desde allí más brillo a la obra Freudiana.

No se trata tampoco de un regreso fiel u ortodoxo a Freud. Más bien consiste en retomar lo que en su obra se ha ido perdiendo u olvidando. Extraeremos los ruidos concordantes observando la gran variedad de textos antiguos que siguen diciendo lo mismo frente a los nuevos, salvo por, algunas pequeñas sutilezas de expresión o forma. Con este fin, armaremos un collar que haga más legible el collage.

Para ordenar la exposición que viene a continuación, ordenaremos este libro en una serie de siete Capítulos con sus respectivos Apartados que se continúan unos de otros (algunos con mayor continuidad que otros) en las enumeraciones. La necesidad de hacer los Capítulos y los Apartados surge para intentar dosificar la pertinencia de temas sin espesar su lectura con referencias demasiados arboleadas. Recordemos que muchos temas se asocian unos a otros y no es sencillo otorgarles estricta separación, por lo que en cada apartado siguiente me cuido de no repetir lo expuesto anteriormente.

Partiremos hablando en el Capítulo I sobre la Clínica Psicoanalítica y su diferencia con otras lógicas Clínicas y sus alcances éticos. Seguiremos con el Capítulo II para desarrollar la Metapsicología Freudiana acercándonos al Proceso Primario y al desarrollo del Principio del Placer. Más adelante abordaremos los procesos de metabolización psíquica, para proseguir en el apartado siguiente sobre los procesos del sistema Inconsciente bajo los planteamientos Lógicos que nos legó Ignacio Matte-Blanco, sumado a una discusión Epistemológica. Continuando con el Capítulo III, abordaremos desde la obra de Freud lo que se entiende por "memoria" y por sus "vías facilitadas", recogiendo dicho tema con la idea de la "huella" y las diferencias junto a sus recorridos y restos traumáticos. Para el Capítulo IV nos detendremos en lo referente al Lenguaje y al Proceso Secundario. Durante el Capítulo V nos enfocaremos en los diversos procesos defensivos y sintomáticos. Avanzando con el Capítulo VI indagaremos en las constituciones subjetivas de las identificaciones, sus cualidades narcisistas y las posiciones gramáticas pasivas o activas. Y para terminar, en el Capítulo VII definiremos las modalidades afectivas en su dimensión económica.

Frente a los autores citados, en la misma escritura del libro se enfatizará citar el año de la creación de sus obras, mientras que en la Bibliografía al final del libro, estarán referidos los años de su divulgación Editorial.

A lo largo del libro, existirán algunos conceptos que serán mencionados momentáneamente a la pasada sin demasiada definición o precisión, aunque posteriormente las iremos desarrollando a medida que los próximos apartados tengan mayor relación con éste. Con este fin, evitaremos sobre-mezclar conceptos que si bien tienen relación con algún apartado, esperaremos el momento oportuno para despejar ciertas terminologías para no confundir o atiborrar los apartados con muchos conceptos sin ser previamente pulidos para su mayor provecho. Es sumamente vital comprender aquello pues será el modo en cómo se estructurará todo el ensayo.

Diego Troncoso Hidalgo
Santiago, Diciembre de 2017

Capítulo I
1. La Clínica: Sus destinos Lógicos

Para ir definiendo desde el Psicoanálisis qué aspectos de la Lógica emplearemos, diremos tal como lo define Walter Beller Taboada: "*a diferencia de los primeros sistemas formales, la teoría analítica trabaja con las fallas y los errores surgidos en el discurso del paciente bajo una relación de transferencia. En general, la teoría analítica opera con el malentendido, la ambigüedad, la vaguedad, la asemanticidad de los términos, los equívocos, los lapsus, las paradojas, los paralogismos, el sinsentido, la polivalencia, etcétera, que son rechazados sistemáticamente por la versión clásica de la lógica*" (Beller, 2009). De similar modo, Lacan (1961) al inicio de su Seminario 9, por su parte deja "*en claro que no es en absoluto la vía del positivismo lógico la que nos parece en materia de lógica ser la más justificada, vamos a interrogarnos; quiero decir, a nivel de una experiencia de palabra a la cual acordamos más confianza a través de sus equívocos, incluso sus ambigüedades sobre lo que podemos abordar*".

Para ello, la práctica analítica más que pautear un temario con ejes jerárquicos al paciente, se centra en que la propia libertad o aparente libertad asociativa del sujeto sea quien marque (comande) un sentido o ritmo propio, diferenciante ante cualquier homogenización de su discurso bajo pre-temarios rígidos, permitiendo entonces, que el acento a los distintos temas se vaya convergiendo y divergiendo de parte del paciente más que imponiendo el analista (en el Psicoanálisis existen en resumen dos propuestas: la del diván que es abierta a la asociación plena y la psicoterapia de carácter más breve que si bien se estructuran ciertas pautas temáticas alrededor de un motivo de consulta, siempre se deja la libertad del paciente en atraer nuevos elementos importantes bajo su libre asociamiento con sus tropiezos, contrariedades, lapsus, etc).

Así mismo, "*Psicoanalizar es levantar el ancla de la palabra, hacerla derivar, dejarse llevar por ella*" (Braunstein, 1982:166). Esa es la exigencia de la "asociación libre" como la regla fundamental en el tratamiento: "*Diga usted, pues, todo lo que acude a su pensamiento. Condúzcase como un viajero que va junto a la ventanilla del vagón y describe a sus compañeros cómo el paisaje va cambiando ante sus ojos. Por último, no olvide usted nunca que ha prometido ser absolutamente sincero y no calle nunca algo porque le resulte desagradable comunicarlo*" (Freud, 1913:1669). De este modo, bajo la regla fundamental, "*la teoría analítica se sumerge en el lenguaje hablado, pues así lo exige la regla de la asociación libre y su contrapartida, la escucha analítica. Puesto que el sujeto que habla produce equívocos, la teoría analítica se enfoca a la consideración de sus malentendidos. En cambio, la escritura, sea o no lógica, tiende a soslayar cualquier malentendido, o bien tiende a reducir el equívoco a una sola lectura*" (Beller, 2009). Esto último cobra sentido, en lo que Derrida critica respecto a la lectura unívoca, puesto que el Psicoanálisis al igual que la Deconstrucción justamente trata de "*marcar y aflojar los límites del sistema, trastornar el edificio*" *en sus propios desajustes (...) la desconstrucción apunta a agravar las fisuras"* (Ferro, 2009:90). Por tanto, tal como lo indica Freud (1925) *"El psicoanálisis descubre los puntos débiles de este sistema, y aconseja modificarlo. Propone aflojar la severidad de la represión de las pulsiones y, a cambio, dejar más sitio a la veracidad. En el caso de ciertas mociones pulsionales en cuya sofocación la sociedad ha ido demasiado lejos, debe admitirse una medida mayor de satisfacción; en cuanto a otras, los métodos inadecuados de la sofocación por vía represiva deben sustituirse por un procedimiento mejor y más seguro"* (p.233).

En otras palabras, también se propone descubrir *"una raspadura que deja leer lo que disimulaba, revelando un corrimiento que exhiba en el texto lo que violentamente intentaba ordenarlo desde afuera"* (Ferro, 2009:91). Puesto que de otro modo, se impondría *"sólo un modo de lectura, recorta toda posibilidad de leer los sentidos textuales que trastornen la trasmisión de la verdad univoca"* (Ferro, 2009:131).

Similar tarea produce el Psicoanálisis tal como Freud (1918) lo expone en su texto **"Nuevos Caminos de la Terapia Psicoanalítica"**: *"¿Por qué «análisis», que significa desintegración, descomposición, y sugiere una analogía con el trabajo que el químico emprende con las sustancias que halla en la naturaleza y lleva a su laboratorio?"* (p.155). Desde aquí, el trabajo analítico consistirá en que *"esas formaciones anímicas de elevada complejidad, reconducimos los síntomas a las mociones pulsionales que los motivan, pesquisamos dentro de los síntomas esos motivos pulsionales desconocidos hasta entonces para el enfermo, tal y como el químico separa la sustancia básica, el elemento químico, de la sal en que se había vuelto irreconocible por combinación con otros elementos"* (Freud, 1918:156). Así mismo la curación bajo esta *"desintegración", "análisis", "separación", "encuentra su límite por el hecho de que en la vida anímica enfrentamos aspiraciones sometidas a una **compulsión de unificar** y reunir. Si conseguimos descomponer un síntoma, librar de cierta trama a una moción pulsional, ella no permanecerá aislada: enseguida se insertará en una nueva. Sucede, pues, justamente lo contrario: el enfermo de neurosis nos ofrece una vida anímica desgarrada, segmentada por resistencias, y al paso que la analizamos y reconciliamos estas últimas, ella crece orgánicamente, <u>va integrando en la gran unidad que llamamos su «yo» todas las mociones pulsionales que hasta entonces estaban escindidas de él y ligadas aparte</u>. Así, la **psicosíntesis** se consuma en el analizado sin nuestra intervención, de manera automática e inevitable. Hemos creado sus condiciones por medio de la descomposición de los síntomas y la cancelación de las resistencias. No es cierto que en el enfermo algo quede descompuesto en sus ingredientes, algo que espera, en reposo, a que lo recompongamos de algún modo"* (Freud, 1918:157). (Resaltados agregados por mí).

Podríamos ahora ir definiendo el tratamiento analítico como una forma de apreciar, sostener, no limitar en lo inmediato las ambigüedades. Es comprender que la subjetividad humana al explorarse, lo que muchas veces revela es imprecisión, vaguedad, dudas, ambivalencias. De ellas se construye, se interpreta, se deconstruye algo nuevo. O en otras palabras, las cadenas asociativas o las vías facilitadas se pulen entre lo que fue ayer, lo que ahora es y será. Con este fin, no se mezclarán las aguas de un lugar a otro, o más bien, el presente no se confunde con el pasado.

Muchas veces un manto o sendero de enigmas transitándose puede ser lo que el paciente necesite para tejer mejor o más abarcativamente las huellas enquistadas sin elaboración. Enquistado, no como algo encapsulado o algo latente frente una superficie manifiesta, es más bien el recorrido de la complejidad misma entre el tape y el destape de un recorrido. Lo que importa es su trayectoria y los nuevos enlaces asociativos preconcientes que ayudan a completar las piezas en las construcciones analíticas para comandar con mayor vigor espacios nuevos donde transite con menor turbulencia la angustia, el trauma o el dolor. Facilitando puentes asociativos que provoquen fenómenos clínicos como: "ahora recuerdo", "nunca lo pensé así antes", "ahora me cuadra buena parte de lo que repetía". Acobijando aquel síntoma repetitivo, darle un espacio para su reconciliación, su aceptación, otorgando un espacio amplio a nuevos tejidos, tejidos que puedan enervarse dado que los anteriores nudos no permitían tejer, distinguir y sintetizar las aguas pasadas para un tejido con sendero más claro y despejado. Justamente ahí donde "*el analizado no recuerda nada de lo olvidado o reprimido, sino que lo vive de nuevo. No lo reproduce como recuerdo, sino como acto; lo repite sin saber, naturalmente, que lo repite*" (Freud, 1914:1684). Vale decir, donde "*actúa [agieren] ante nosotros, en lugar de informarnos*" (Freud, 1938:176). Para ello, se hace crucial tener en cuenta lo que Breuer y Freud (1893) nos señala sobre el "**Lenguaje**": "*el ser humano encuentra en el lenguaje un sustituto de la acción; con su auxilio el afecto puede ser «abreaccíonado» casi de igual modo. En otros casos, el decir mismo es el reflejo adecuado, como queja y como declaración en el caso de un secreto que atormenta (¡la confesión!)*" (p.34). Entonces, "*Cuando no llega a producirse tal reacción por medio de actos o palabras, y en los casos más leves, por medio de llanto, el recuerdo del suceso conserva al principio la acentuación afectiva*" (p.44). Incluso, anteriormente a ello, Freud (1890) señala la importancia y extrañeza que puede conferir las palabras, pues "*son, en efecto, el instrumento esencial del tratamiento anímico. El lego hallará difícil concebir que unas perturbaciones patológicas del cuerpo y del alma puedan eliminarse mediante «meras» palabras del médico. Pensará que se lo está alentando a creer en ensalmos*" (p.115). Así mismo, desde el Lenguaje y el uso de la palabra, conformarán lo que se entiende como la "**Talking Cure**".

Sin embargo, no aportaría mucho a la clínica psicoanalítica, si se intelectualiza las huellas encima de otras huellas, más bien se debe hacer resonar las huellas que a lo lejos tejen por distintos bordes o vértices otras huellas no antes despertadas u observadas. Así mismo Freud (1914) lo aclara: "*no es posible vencer a un enemigo que se mantiene ausente o no está suficientemente próximo*" (p.1686). En otras palabras, no se puede dar la estocada a un enemigo si no está cerca para atinarle, no avanzaremos mucho si le gritamos de inmediato nuestras intervenciones a la distancia, puesto que no escuchará ni lo hará resonar. Por ende, nosotros "*evitamos comunicarle enseguida lo que hemos colegido a menudo desde muy temprano, o comunicarle todo cuanto creemos haber colegido. Meditamos con cuidado la elección del momento en que hemos de hacerlo consabedor de una de nuestras construcciones; aguardamos hasta que nos parezca oportuno hacerlo, lo cual no siempre es*

fácil decidirlo. Como regla, posponemos el comunicar una construcción, dar el esclarecimiento, hasta que él mismo se haya aproximado tanto a este que sólo le reste un paso" (Freud, 1938:178). Para ello se debe acercarse uno al lugar o la fuente afluente transferencial y asociativa. Esto es importante para la técnica analítica puesto que Freud nos dice en primera instancia "*hasta que el enfermo mismo, convenientemente preparado, haya llegado a aproximarse suficientemente a lo reprimido por él, y en segundo, hasta que se encuentre lo bastante ligado al médico (transferencia) para que su relación afectiva con él le haga imposible una nueva fuga.*
Sólo el cumplimiento de estas dos condiciones hace posible descubrir y dominar las resistencias que han conducido a la represión y a la ignorancia. Por tanto, la intervención psicoanalítica presupone un largo contacto con el enfermo, y toda tentativa de sorprender al enfermo en la primera consulta con la comunicación brusca de sus secretos, adivinados por el médico, es técnicamente condenable y atrae al médico la cordial enemistad del enfermo, desvaneciendo toda posibilidad de influencia" (Freud, 1910:1574). Más aún, "*si lo asaltáramos con nuestras interpretaciones antes que él estuviera preparado, la comunicación sería infecunda o bien provocaría un violento estallido de resistencia*" (Freud, 1938:178). De igual forma lo puntualiza Freud (1895) anteriormente en su apartado G sobre Estudios sobre la Histeria: "*es totalmente inútil penetrar directamente en el nódulo de la organización patógena. Aunque llegáramos a adivinarla, no sabría el enfermo qué hacer con la explicación que le proporcionásemos, ni produciría en él tal explicación modificación psíquica alguna. No hay, pues, más remedio que limitarse en un principio a la periferia del producto psíquico-patógeno. Comenzamos, pues, por dejar relatar al enfermo todo lo que sabe y recuerda*" (p.160).

Ante este tema, Silvia Bleichmar (2006) basándose en el biólogo evolutivo S.J Gould, se pregunta: "*¿cómo podemos deducir los caminos recorridos a partir de los resultados actuales? En particular ¿cómo podemos estar seguros de que se recorrió algún camino? ¿Cómo sabemos que un resultado actual es un producto de alteraciones a lo largo de la historia, y no una parte inmutable de un universo inmutable? Este es el problema con el que se enfrentaban tanto Darwin como Freud. Y Gould concluye: "¿Cómo probaba Darwin que las especies modernas son producto de la historia? Podríamos suponer que se había aferrado a los resultados más imponentes de la evolución; las complejas y perfeccionadas adaptaciones de los organismos a su ambiente, la mariposa que se hace pasar por una hoja muerta, el ave toro por una rama, la soberbia obra de ingeniería que es una gaviota en vuelo o un atún en el mar. Paradójicamente, hizo exactamente lo contrario. Buscó rarezas e imperfecciones. La gaviota puede ser una maravilla de diseño si uno cree de antemano en la evolución. Entonces la ingeniería de sus alas refleja el poder configurador de la selección natural. Pero no puede demostrarse la evolución a través de la perfección, porque la perfección no tiene por qué tener historia."
Podemos percibir aquí, en los "signos insensatos de la historia", que se expresan en las ridículas patitas con las cuales tiranosaurius da cuenta de una evolución ligada a lo aleatorio – patitas que aún no sabemos si le servían para algo – y no en el vuelo perfecto de la gaviota, el mismo recorrido que propone Freud: desde los desechos psíquicos a la búsqueda de un sentido que Ustedes*

se dan cuenta de lo genial de esta propuesta, que es que la historia se percibe en aquello que precisamente hace a la singularidad y fractura lo que se esperaba como evolución dada". Justamente aquí damos cuenta que un relato sin tropiezos, ni fisuras, no nos permite recorrer hacia dónde deberemos alumbrar desde lo clínico.

Debemos precisar que mediante el tratamiento analítico, no tiene como sentido o fin "deshacerse del yo" o de "despojarse de él por ser limitador o ilusorio" como dirían algunos psicólogos transpersonales, más bien, como diría Laplanche (1996) consiste en desatornillar el yo en sus ajustes observando sus grietas, sus contrariedades, provocando diversas disoluciones o fragmentaciones, para que el yo se autogenere su propia nueva síntesis (recordemos lo citado por Freud en "Nuevos Caminos" de 1918).
Por supuesto, la síntesis principal siempre lo hará el paciente, ya que siempre el análisis al fin y al cabo lo realiza el mismo paciente. Por tanto es importante, el acompañamiento, el sostener los puentes asociativos aún débiles o caóticos, guiar en la observación, tolerar la vaguedad como germen del conocimiento, todo a su ritmo propio, al modo que el paciente lo resiste, lo elabore o repita.

No obstante, lo citado hasta aquí no me contenta del todo para explicar la modalidad de la curación analítica, ya que estaría determinada, exclusivamente para pacientes con sintomatología neurótica, no para pacientes infantiles, fronterizos, psicóticos o traumatizados (gravemente angustiados). Incluso, contraponiéndome parcialmente a Jean Laplanche (1996) en lo recién citado o desde su libro "La prioridad del otro en Psicoanálisis" de 1992 donde su metáfora clínica de: desatornillar las traducciones previas del paciente para abarcar una síntesis más abarcativa y desde allí, las metabolice. Creo que también son necesarias otras técnicas terapéuticas como por ejemplo las Construcciones en Análisis (Freud), el Holding (Winnicott) o la Reverie (Bion) analítica (temática extendida por diversos autores). Hay pacientes que simplemente, hay que construirlos en posición de pacientes, hay pacientes que se debe contener (holding) más que escuchar en transferencia, hay pacientes donde el conflicto intersubjetivo es mucho más importante que el conflicto intrapsíquico, hay pacientes que no están en situación de asociar libremente ya que no poseen una estructuración neurótica y presentan conflictivas mucho más arcaicas.
Coincidiendo con H. Bleichmar (1996) diremos que lo *"opuesto a una terapia efectiva es un analista monocorde, encerrado en el conocimiento de una sola teoría o la repetición con cada analizando de lo que es su propio estilo caracterológico, ahora elevado, mediante racionalizaciones, a la categoría de ideal técnico"* (p.208).

A modo clínico ejemplar, Freud incluso promueve una cierta flexibilidad a la hora de analizar, tanto en intervenir como en el no intervenir. Así lo explica Freud (1905) en "Sobre la Psicoterapia": *"No se recurrirá al psicoanálisis cuando sea preciso eliminar con rapidez fenómenos peligrosos, por ejemplo, en el caso de una anorexia histérica"* (p.254). Con respecto a los casos de Fobia, Freud (1910) en "Porvenir de la psicoterapia analítica" recomendaba que *"la técnica analítica tiene que experimentar ciertas modificaciones, de acuerdo con* la forma de enfermedad y las pulsiones que predominen en el paciente. Nuestra terapia tuvo su punto de partida en la histeria de conversión. En la histeria de angustia (en las fobias) tenemos ya que modificar nuestros procedimientos, pues estos enfermos no pueden aportar el material decisivo para la curación de la fobia mientras se sienten protegidos por la observancia de la condición fóbica. Naturalmente, no es posible conseguir de ellos que desde el principio de la cura renuncien al dispositivo protector y laboren bajo la opresión de la angustia. Tenemos, pues, que auxiliarles, facilitándoles la traducción de su inconsciente hasta que se deciden a renunciar a la protección de la fobia y a exponerse a la angustia, muy mitigada ya. Conseguido esto, se nos hace asequible el material cuya elaboración ha de conducirnos a la solución de la fobia" (p.1566-1567). Siendo más claros con el ejemplo de la Fobia, Freud (1918) distingue ciertos grados Fóbicos del siguiente modo: *"otros se protegen de la angustia renunciando a andar solos. Con estos últimos no se obtiene éxito si no se los puede mover, mediante el influjo del análisis, a comportarse a su vez como fóbicos del primer grado, vale decir, a que anden por la calle y luchen con la angustia en ese intento. Entonces, primero hay que mitigar la fobia hasta ese punto, y sólo después de conseguido esto a instancias del médico, el enfermo dispondrá de aquellas ocurrencias que posibilitan la solución de la fobia"* (p.161).

Por otro lado, un ejemplo sobre la no intervención durante pleno análisis da cuenta Freud en su Conferencia 24 (1917) "Sobre la Nerviosidad común" del cual comenta: *"Ya dijimos que el Yo coadyuva a la persistencia del síntoma, pues halla en éste algo que ofrece satisfacción a sus tendencias represoras. Además, la tramitación del conflicto mediante la formación de síntoma es el expediente más cómodo y agradable para el principio de placer; pues sin duda, ahorra al yo una penosa y considerable labor interna. En este sentido, hay casos en que el propio terapeuta tiene que admitir que el desenlace de un conflicto en la neurosis, es la solución más inofensiva y la más llevadera desde el punto de vista social. Que no les asombre entonces enterarse de que a veces el terapeuta abraza el partido de la enfermedad combatida por él. No se imbrica en todas las situaciones de la vida en el papel de un fanático de la Salud; pues el terapeuta sabe que hay en el mundo otras miserias distintas de la enfermedad neurótica y otros sufrimientos quizá más reales y todavía más rebeldes, y sabe también que la necesidad puede obligar a un hombre sacrificar su salud cuando este sacrificio individual puede evitar una inmensa desgracia de la que sufrirían muchos otros. Por tanto, si pudo decirse que el neurótico se refugia en la enfermedad para a un conflicto, es preciso conceder que muchas veces esa huida está plenamente justificada, y el terapeuta, habiendo reconocido ese estado de cosas, deberá retirarse en silencio y con todos los respetos"* (p.152-153). Un lustro después Freud (1918) en "Nuevos Caminos de la psicoterapia", enuncia como modo de intervención: *"Acotamos nuestra tarea terapéutica por medio de estos dos contenidos: hacer consciente lo reprimido y poner en descubierto las resistencias. Por cierto que en ello somos bastante activos. Pero, ¿debemos dejar luego al enfermo librado a sí mismo, que se arregle solo con las resistencias que le hemos mostrado? ¿No podemos prestarle ningún otro auxilio que el que experimenta por la impulsión de la trasferencia? ¿No parecería lo indicado socorrerlo también trasladándolo a la situación psíquica más favorable para la tramitación deseada del conflicto?*

Además, el logro del paciente depende también de cierto número de circunstancias que forman una constelación externa. ¿Vacilaríamos en modificar esta última interviniendo de la manera apropiada? Opino que esta clase de actividad en el médico que aplica tratamiento analítico es inobjetable y está enteramente justificada" (p.157-158). Más aún, en dicho texto, Freud (1918) nos aclara que *"no podemos evitar encargarnos también de pacientes completamente inermes ante la vida, en cuyo tratamiento habremos de agregar al influjo analítico una influencia educadora, y también con los demás surgirán alguna vez ocasiones en las que nos veremos obligados a actuar como consejeros y educadores. Pero en estos casos habremos de actuar siempre con máxima prudencia, tendiendo a desarrollar y robustecer la personalidad del paciente en lugar de imponerle las directrices de la nuestra propia"* (p.2460).

En este sentido, no se puede cuestionar al Psicoanálisis como una disciplina que no toma en cuenta los aspectos intersubjetivos o sociales en juego o que se centre sólo en lo intrapsíquico.

Con respecto a las interpretaciones psicoanalíticas anteriormente señaladas, cabe preguntarse a estas alturas: ¿Son las interpretaciones el principal y único camino para hacer consciente lo inconsciente? ¿Es la interpretación lo único que logra dar sentido y movilidad a las transferencias entre paciente y analista? ¿Es la interpretación lo único que ayuda a levantar la represión?

Siguiendo a S. Bleichmar (2004), junto a los materiales (contenidos) durante la sesión, hay dos modos de operación: Interpretativa y Constructiva. La primera tiene que ver con hallar los detalles de una pintura que han sido separados (difuminados, distorsionados) de la totalidad para volver a unirla al todo. Mientras que en la tarea Constructiva, se deben recoger los fragmentos que muchas veces no remiten a un todo o contexto relatado. Más bien es una pieza sin un contenido donde amoldarse, está manifiesto en la repetición bajo lo indiciario (contenido arcaico lo llama también) o mediante un Signo de Percepción. Por tanto, no hay que integrar bajo una interpretación un contenido latente para hacerlo consciente. Hay que construir una cobija que logre dar un espacio y sentido a dicho fragmento, reconociéndolo primeramente como tal: un fragmento de algún goce, una parte que no remite a un todo, un recuerdo o una huella.

Por tanto, como dice Freud (1937) en "**Construcciones en Análisis**", el camino que empieza por la Construcción del analista, debería acabar en los recuerdos del paciente (reprimidos), aunque no siempre se llega tan lejos. Cuando esto se logra, se da un sustituto a lo incompleto que produce algo completo, como si se hubiese enlazado, pero aquí, hay que señalar, bajo qué circunstancias esto ocurre y cómo es posible.

Por supuesto, el camino a la Construcción se puede ir jalando a los mismos recuerdos, nuevos detalles y fragmentos que van anudándose en el proceso analítico. Es así como Freud (1918) en el "Hombre de los Lobos", demuestra que: *"No es nada peligroso comunicar tales construcciones a los analizados, pues aunque sean erróneas no perjudican en nada el análisis, y claro está que sólo las comunicamos cuando integran una posibilidad de aproximación a la realidad. Efecto inmediato de la comunicación de esta hipótesis fueron unos cuantos sueños"* (p.1947). De esta forma, es en el proceso de Construcción donde podemos ir viendo las señales que nos indicarán (directa o indirectamente) cómo pueden jalarse nuevos recuerdos espontáneos y brinde nuevas asociaciones. El segundo apartado del texto Construcciones en Análisis, con humildad, Freud (1937) lo cierra del siguiente modo: *"No pretendemos que una construcción sea más que una conjetura que espera examen, confirmación o rechazo. No pretendemos estar en lo cierto, no exigimos una aceptación por parte del paciente ni discutimos con él si en principio la niega (...) «Todo se aclarará en el curso de los acontecimientos futuros»"* (p.3370). Para ello, desde una construcción analítica, *"uno coloca ante el sujeto analizado un fragmento de su historia anterior, que ha olvidado, de un modo aproximadamente como éste: «Hasta que tenía usted n años, se consideraba usted como el único e ilimitado dueño de su madre; entonces llegó otro bebé y le trajo una gran desilusión. Su madre le abandonó por algún tiempo, y aun cuando reapareció, nunca se hallaba entregada exclusivamente a usted. Sus sentimientos hacia su madre se hicieron ambivalentes, su padre logró una nueva importancia para usted», etc"* (Freud, 1937:3367-3368). La Construcción en análisis tiene que ver no en tanto a la búsqueda de una verdad o una parte del detalle que remite a un todo por contextualizar (no siempre un detalle o fragmento logra acoplarse perfectamente en un todo que complete un puzzle). Más bien es construir hipótesis, caminos que permitan abrir preguntas o asociaciones que busquen dar sentido a lo que no se recuerda.

Con estos fines, Freud (1937) precisa ciertas diferencias entre arqueología y psicoanálisis: *"para el arqueólogo la reconstrucción es la aspiración y el fin de sus esfuerzos, mientras que para el analista la construcción es solamente una labor preliminar"* (p.3367). Por supuesto, no es una labor preliminar en el sentido de que haya de *"completarse antes de que pueda empezarse el trabajo siguiente, como, por ejemplo, ocurre en el caso de la construcción de un edificio en el que todas las paredes han de levantarse y todas las ventanas incrustarse antes de que pueda empezarse la decoración interna de las habitaciones"* (Freud, 1937:3367).

De este modo, lo que no logra dar sentido o significado a un suceso, no es tanto en un terreno sobre la verdad en juego: "tu trastorno alimentario se debió a que su madre proyectaba miedo sobre el sobrepeso", es más constructivo en el sentido de "seguramente podemos pensar que tu trastorno alimentario se debe a que tu madre se preocupaba mucho por ti y quizás eso te preocupó de alguna forma hasta hoy".
Agregando a como lo dice Laplanche (1992), el trabajo analítico en su modo general es de un camino temporal que va desde lo presente hacia el pasado y solo una vez comprendido (traducido) esta parte se liga hacia el futuro.

Como hemos avanzado, se ha ido entendiendo que la interpretación no es la única forma de cómo entender el sentido de la terapia psicoanalítica, y esto también lo podemos ver en las sesiones de Hora de Juego, las cuales, puede ser también una instancia de construcción en el análisis. Tal como lo expresaría Rodulfo (2008), el juego posibilita sus capacidades creativas, jugando al ser y no ser de los objetos con los cuales juega, construyendo su mundo. Así mismo lo aclara Freud (1907): "*¿No habremos de buscar ya en el niño las primeras huellas de la actividad poética? La ocupación favorita y más intensa del niño es el juego. Acaso sea lícito afirmar que todo niño que juega se conduce como un poeta, creándose un mundo propio, o, más exactamente, situando las cosas de su mundo en un orden nuevo, grato para él*" (p.1343). Además, prosiguiendo con Rodulfo: "*se debiese comprender que ante las interpretaciones "el trabajo del juego deja de ser reactivo, como lo era en otras teorizaciones psicoanalíticas (defensa contra la emergencia de angustia, sustituto de la actividad masturbatoria, reacción tendiente a elaborar activamente un padecimiento sufrido bajo el signo de la pasividad, etc.) y pasa a concebirse como la actividad originaria por excelencia de la subjetividad, pasar a ser marca de la subjetividad*" (Rodulfo, 2008:110). Es importante aclarar que el "*síntoma no ha de ser reducido al retorno de algo reprimido, infantil, incestuoso, inconsciente; si así lo leemos, precipitamos un análisis melancolizante. Es nuestra responsabilidad reconocer, aun cuando el sujeto está atrapado con su participación, aquellos trazos que indican su deseo de salir de la escena en la que está enredado*" (Vegh, 2013:141).

Vale decir, no toda simbolización representa necesariamente una salida al conflicto psíquico o edípico (como otorgan las interpretaciones de rocas y calcos clásicas) sino que, más bien, en una primera instancia corresponde a la curiosidad y experimentación del niño frente al mundo, lo que luego puede constituirse en una simbolización que el niño acuña para constituir su psiquismo. Por supuesto, el mismo Freud en la "Interpretación de los Sueños", también desmiente aquella errática lectura de su obra: "*La afirmación de que todos los sueños reclaman una interpretación sexual, que tanta oposición ha despertado y en derredor de la cual han brotado tantas polémicas, es ajena a mí y no aparece en ninguna de las seis ediciones publicadas hasta ahora de La interpretación de los sueños, hallándose, en cambio, visiblemente objetada por varios pasajes de la misma*" (p.266).

Como dato aparte, para contextualizar un poco más la mirada clínica psicoanalítica en cómo abordan los pacientes, es importante distinguir la lógica Psicoanalítica frente a una clínica psicodinámica basada en el psicodiagnóstico de Test Proyectivos. Esta última opera con el paciente formando una especie de trailer de cine el contexto del paciente, recortando la particularidad en un esquema manipulable. O sea, la transferencia ya está prácticamente confiscada y parcelada, en donde desde ahora ya se podría dar interpretaciones sobre la contra-transferencia y transferencia del paciente desde este monte o punto de vista que ha sido "testeado". En tal situación, en su diferencia con el Psicoanálisis, nada más se ahorran trabajo, creyendo adelantar "algo" verosímil para trabajar en algo que han "conquistado" por medio de herramientas (test). Todas esas herramientas de tabulaciones, gráficos, estadísticos lo que hacen es únicamente encapsular la historia del paciente en una foto, dejarla momificada inmóvil y dejarla como referente monumental para el trabajo clínico.

Tal como lo abordan Deleuze y Guattari (1980), una foto o un "*calco es más bien como una foto, una radiografía que comenzaría por seleccionar o aislar lo que pretende reproducir, con la ayuda de medios artificiales, con la ayuda de colorantes o de otros procedimientos de contraste. El que imita siempre crea su modelo, y lo atrae. El calco ha traducido ya el mapa en imagen*" (p.18). Misma postura sostienen Ferenczi y Rank (1923) aludiendo que "*muchas veces se presentó a toda la psique como un mosaico de esos complejos y el análisis se encaminó a "analizar extrayendo" un complejo tras el otro, o se intentaba tratar toda la personalidad como la suma de complejos del padre, madre, hermana, etc. Naturalmente, era fácil coleccionar material para estos complejos ya que cada persona posee todos los "complejos", es decir, cada quien tuvo que arreglárselas de alguna manera en el devenir de su relación con las personas y cosas cercanas*" (p.40).

Dos cosas hay que tener en cuenta a la hora de Diagnosticar. La primera y más importante es que todo Diagnóstico es una aproximación rotular de un sujeto o paciente. Nunca un Diagnóstico puede relevar tal cual es un sujeto íntegramente, sólo puede abarcar aspectos generales de su conjunto en tanto síntomas y personalidad. Siempre algo escapará a la vestimenta diagnóstica que tenderá a no ser del todo de la talla exacta de aquel vestir. El segundo aspecto importante a tener en cuenta en un diagnóstico radica en que toda manifestación ya sea subjetiva o conductual puede remitirse a múltiples factores diferentes que pueden provocar el mismo suceso o evento. Es decir, un mismo síntoma puede generarse por causas distintas y manifestar cuadros bastante similares a otro. Por ejemplo, lo genérico prototípico de lo que se conoce como una "personalidad narcisista", puede gestarse por diversas razones o motivos, pueden ser más de uno hasta incluso contrapesarse o fusionarse en distintos grados. Grados variables que hacen único cada caso diagnóstico particular irreplicable a cada contexto biográfico-circunstancial. Si bien los diagnósticos como moldes pre-fabricados pueden facilitar a modo global el entendimiento de un paciente y su intervención clínica, es vital, ir abandonado en el camino los grilletes diagnósticos en pos de un acercamiento particularmente propio de cada paciente. Diagnósticos calificativos existen de todos los sabores imaginables: Diagnóstico Psiquiátrico (DSM, CIE), Diagnóstico Estructural (Lacan, Dör), Diagnóstico Vincular (Bolbwy, Fonagy), Entrevistas Estructurales (Kernberg), Psicodiagnóstico (Test aperceptivos como el TRO o Rorschach), etc. Cada uno de ellos cuenta con su propia fiabilidad, abordan lo que su diagnóstico busca descubrir. No obstante, por muy exhaustivos que sean no ancla a lo más importante, pues si no se abandonan los marcos que impone el conjunto de elementos que agrupa el Diagnóstico, anula lo que todo buen Diagnóstico a mi opinión debe motivar: ser un motor de abrir preguntas o dudas cruciales, más que ser un motor de cerradas respuestas y certezas.

Tal como ocurre en la Física, la dificultad o complejidad del Diagnóstico se asemeja en "*como el conocimiento microfísico supone una solidaridad entre la acción del observador y la realidad observada, mucho más estrecha que en el plano macrofísico, podemos concebir sin contradicción las acciones del observador como operaciones reversibles capaces de formar "grupos", y la realidad observada como sujeta a dispersiones estadísticas, a mezclas e intercambios, a disgregaciones, etc., en gran parte irreversibles.El físico J. Weigle ha comparado la realidad estudiada por su ciencia con un mecanismo complicado encerrado en una caja bien cerrada, pero cuyas paredes están perforadas por agujeros de donde salen hilos: al tirar de uno de ellos se alarga otro; se acorta un tercero, algunos quedan fijos, etc. El teórico trata entonces de reunir todos estos "observables" en una ecuación que coordine los hechos, y sólo lo logra agregando de vez en cuando más hilos a los ya dados, y sobre todo, construyendo paso a paso una representación hipotética del mecanismo oculto. Se concibe entonces que, aunque las transformaciones reconstituidas son en parte irreversibles, las acciones de tirar de los hilos, de volverlos a colocar en sus posiciones anteriores y de unirlos por medio de hilos suplementarios, puedan dar lugar a la construcción de un grupo de operaciones. Si ahora agregamos a esta imagen la restricción de que es parcialmente imposible distinguir los movimientos reales de los hilos de las acciones ejercidas por el experimentador, se entenderá la simbiosis inextricable que se establece entre los operadores reversibles y los estados reales irreversibles descubiertos gracias al poder de aquéllos."* (Piaget, 1950:210-211)

Recapitulando, no es menester del Psicoanálisis propiamente tal quedarse sólo con una foto o un par de fotos de algo para dilucidar algo de la subjetividad del paciente, más bien, en forma metafórica se necesitan un flujo de fotogramas uno tras otro (con sus quiebres, lapsus, distorsiones, repeticiones) para hacer un cinema de aquello (o como sería en el caso de la asociación libre en psicoanálisis, una seguidilla de cadenas asociativas que nos lleven hacia alguna construcción, elaboración o interpretación de la biografía del paciente). Por tanto, la lógica analítica que hablamos al comienzo se contrapone a las empleadas en herramientas psicodiagnósticas.

Siguiendo a Braunstein (2006) debemos apuntar en los pacientes, "*el escenario, el libro, el disco acuñado por las inscripciones o grabaciones cifradas. El análisis será así un proceso de lectura con aguja (estilo) o rayo láser que haga audible lo que está inscrito y desconocido para el sujeto: el goce mismo. Para este trabajo no hay código oculto por descubrir: en todo caso hay un código o piedra Roseta por inventar*" (p.196).

De modo contrario a la lógica del Test, diremos que "*cada mensaje propone su propio código, cada obra aparece como el fundamento lingüístico de sí misma, la discusión sobre su propia poética, la liberación de los ligámenes que pretendían determinarla antes que ella misma, la clave de su propia lectura*" (Eco, 1969:418).

El Test es como un imán que atraería siempre sus metales particulares para proyectarlos en un campo virtual para trabajar clínicamente. Vale decir, son ordenamientos de sintaxis sobre las personalidades y biografías, que esperan la materialidad semántica de ellos para calzar en su adecuación u ordenación de recortes. Los Test gozarían de una supuesta sintaxis o clave-código secreto universal que permitiría revelar información según el output que el instrumento esté condicionado arrojar.

No obstante, dichas prácticas bajo el uso del Test, olvidan algo fundamental de lo Inconsciente (y del psicoanálisis) donde justamente: **cada Inconsciente (sujeto) posee su propio código y mensaje**. Es decir, lo inconsciente posee un código de cifrado o escritura propia con un modo de mensaje o contenido único para descifrar en claves (llaves) que no serían universales para cada sujeto en su particularidad.

En resumen, cada mensaje propio porta su código único, la lectura del mensaje no se puede leer de la misma manera con una misma contraseña. Por lo tanto: "hay un código o piedra roseta por inventar", más que pre-determinarlo en valores pre-cifrados.

Ante esta situación, lo que buscaría el Test es traducir los mensajes como si fueran una materialidad moldeable que se ajustaría al contenedor o receptor del Test (en su captación de rangos o frecuencias moduladas), siendo, el código, ya revelado por la luz del Test en el cual podríamos leer sus contenidos ocultos por medio de su luz universal: sean estas como la sintaxis pre-ordenada (pre-moldeada) de la conflictiva familiar o el desarrollo evolutivo esperado estadísticamente. Pues al presentar al paciente el "estímulo" del Test, el Test contiene la "contraseña-respuesta" que abriría una puerta virtual de los desciframientos. Con ello se obtendría una piedra roseta universal que traduce en todos los idiomas posibles, los enigmas ocultos (de un una cosa o ente inconsciente).

Más simple y claro no pudieron ser Ferenczi y Rank (1923) cuando critican que *"el fanatismo de interpretación que llevaba a perder de vista, por la fijeza de traducciones de diccionario, que la misma técnica de la interpretación es sólo una herramienta para el reconocimiento del estado anímico inconsciente del paciente, y no la finalidad o incluso la finalidad principal del análisis (...) testiguan la incompleta comprensión de la totalidad de la situación analítica y la sobrevaloración de detalles aislados. Éstos pueden querer decir un día una cosa, otro día otra. El mismo símbolo puede, en un mismo paciente, tener distintos sentidos o adquirirlos, según sea la conexión, la situación, bajo la presión o remisión de la resistencia. En el análisis se ponen en juego tantos detalles finos, aparentes bagatelas como la entonación, los gestos, el aspecto"* (p.38).

Finalmente, ese traslado de la clínica a un espacio virtual construido a la medida del Test, están pre-determinados en aquel espacio virtual "todavía vacío" donde los homúnculos o funciones conceptuales congeladas o cerradas a los vaivenes socioculturales, estarán dispuestas a llenarse de contenido semántico las distintas temáticas edípicas pauteadas o los mecanismos de defensa, bajo el umbral de un estadístico de "curva normal".

Desde el Psicoanálisis como función Clínica, todo lo expuesto hasta aquí no se lograría, si no se contrapusiera a la Comunicación, con sus reglas o juegos del Lenguaje (de las expuestas por la Filosofía Analítica del Lenguaje Corriente, como L. Wittgenstein y J. Searle), una invitación de asociar con mayor libertad, trastocando dichas reglas, abriendo lo que en Psicoanálisis se conoce como la Transferencia. Por ende, agregando lo que nos dice Pola Roitman Woscoboinik (2009) *"la propuesta de partida para esta "aventura" tan especial que es un psicoanálisis, es asociar libremente. Narrar, de la manera más espontánea posible, todo... todo... lo que transcurre por la mente, salteando juicio crítico alguno. Apelación a otra lógica. No siempre somos conscientes del desafío que esto supone con relación al despliegue de una intimidad que sabemos siempre coartada. También, porque nuestra demanda enfrenta al paciente con reglas del "sentido común"; con "lo racional" en su acepción más simple; con códigos* que hacen a los "usos y costumbres" de la comunicación humana. Ofrecimiento de una posibilidad y, a la vez, de una renuncia."

Así, buena parte de la práctica clínica psicoanalítica radica en romper ciertos cánones comunes de la comunicación humana hacia alcances más vastos desde una lectura transferencial que promueva los corrimientos de múltiples sentidos contradictorios, condensados o fragmentarios de un discurso o de un saber "conciente" y así expandir el sentido unirateral "transparente" de la comunicación (emisor-mensaje-receptor) bajo su supuesto homogeneo de: "A le dice a B que C, quien B siempre será B y C solo es C porque A sabe que B jamás será otro que B y C tiene un solo sentido que no es otro que C ya que A siempre sabe lo que le comunica a B". Para luego, transformar el sentido unívoco o unirateral a algo como: "A le dice a veces a B algo similar a C" bajo transferencia.

J. Butler (2004) define que en Transferencia al formularse "*la palabra, la persona que se somete al análisis desea que el analista sepa, y espera o teme algún tipo de reacción a lo que se dice. De esta forma, la confesión no sólo presenta al analista un deseo ya existente o una acción ya realizada, sino que altera ese deseo y ese acto de forma que, una vez declarados al analista, se convierten en algo que no eran anteriormente (...) el habla se convierte en el nuevo vehículo del deseo, pues el hecho se convierte en un nuevo hecho o da nueva vida al viejo hecho (...) en la confesión el cuerpo actúa de nuevo, muestra su capacidad para realizar un acto y anuncia (...) Su habla se convierte en la vida presente del cuerpo (...) en el momento en que se habla extrañamente se convierte también en pasado, completado, se acaba. Quizá por esta razón las confesiones casi siempre se dan después del hecho y generalmente se posponen hasta el momento en que la persona que habla está preparada para el sacrificio del objeto que a veces conlleva el hablar (...) Tener una confesión que hacer significa que todavía no ha sido hecha, que está ahí, casi formulada en palabras, pero que el habla está contenida y que el hablante se ha retirado de la relación hasta cierto punto*" (p.234-235).
En Transferencia, durante el acto verbal, la "*laringe y la boca son las partes del cuerpo que escenifican el drama de la totalidad (...) mostramos algo más o algo diferente de lo que queremos, y de que entregamos esa parte de nosotros mismos que no sabe a otro para que nos la retorne en una forma que no podemos anticipar (...) la verbalización conlleva una cierta desposesión, una ruptura con el apego al yo, pero no por esa razón se sacrifica el apego en su totalidad*" (Butler, 2004:245). En este sentido, Butler (2004) brinda un ejemplo de performatividad sobre el acto verbal, tomando el caso desafiante de Antígona, alude que "*ella puede performar esa acción sólo a través de la incorporación corporal de las normas del poder a las que se opone. De hecho, lo que concede poder a estos actos verbales es la operación normativa de poder que encarnan sin llegar a convertirse del todo en ella. Por tanto, Antígona llega a actuar de formas que se llaman varoniles no sólo porque está desafiando a la ley, sino porque, al cometer el acto contra la ley, también asume la voz de la ley. No sólo comete el acto y se niega a obedecer el edicto, sino que lo comete de nuevo al no renegar de haberlo cometido (...) La afirmación se convierte en una acción que reitera la acción que afirma, extendiendo el acto de insubordinación al performar su reconocimiento en el*

lenguaje. Pero, paradójicamente, este reconocimiento requiere un sacrificio de autonomía en el mismo momento en el que está siendo performado: ella se afirma a través de la apropiación de la voz de otro, el mismo al que se opone; así pues, obtiene su autonomía a través de la voz de la autoridad a la que se resiste" (p.238). Esto último guarda relación con lo que Freud (1921) en "Psicología de las Masas y Análisis del Yo" remite a la "masa primaria": *"tal masa primaria es una reunión de individuos, que han reemplazado su ideal del Yo por un mismo objeto, a consecuencia de lo cual se ha establecido entre ellos una general y recíproca identificación del Yo"* (p.2592). Es decir, se asume la Ley general de convivencia social, reemplazando parte de nuestro Ideal del Yo por un mismo objeto que en parte nos identifica.

Volviendo a uno de los temas que nos convoca, la Lógica, entenderemos que la *"Lógica Clásica opera con el principio del tercio excluso: [o P o no P]. El cielo es azul o no lo es, de manera definitiva. No puede ser a la vez azul y no azul. No puede ser [P y no P], pues así lo manda el principio de no-contradicción. Al no reconocer ninguna gradualidad, la LC objeta el carácter gris de la verdad que, sin embargo, es constante en la práctica clínica* (Beller, 2009)". Además, es a partir de las lógicas no-clásicas, las que *"cuestionaron la universalidad del principio de bivalencia —característico de la Lógica Clásica—, que sólo permite dos valores de verdad: Verdadero (V) y Falso (F). Las lógicas no-clásicas, por el contrario, aceptan al menos tres valores: V, F y V&F. Entonces se consideran tres posibilidades: la verdad pura, la falsedad pura y una mezcla de ambas* (Beller, 2009)." De este modo se rescata, desde los matices "grises", que *"los razonamientos aproximados con proposiciones imprecisas son bastante habituales. Predicados como 'pequeño', 'grande', 'adulto', 'hermoso', etcétera, responden a situaciones en las que resulta difícil determinar la pertenencia o no pertenencia de un elemento a un conjunto. Lo mismo ocurre con los cuantificadores difusos: 'muchos', 'pocos', 'normalmente', etcétera, y con los modificadores difusos: 'muy', 'más o menos', 'casi', 'bastante', etcétera.* (Beller, 2009)."

En otro ámbito, la función de los adjetivos en su pertenencia a los elementos del predicado, Freud consideró al Lenguaje como una serie de diferencias en contraposiciones, dicho de otro modo, una palabra significa lo que significa no en sí misma, sino más bien en las diferenciaciones sistemáticas que hayan una de las otras (no se puede hablar de lo alto sin la comparación con lo bajo). Para sostener el concepto de alto o fuerte (tamaño, fuerza), se debe precisamente comparar algo con algo, para sostener qué es alto (bajo) o fuerte (débil) en una comunidad y establecer con ello un sistema de diferencias tales que permitan con el tiempo sostener dichas diferencias de forma tal que se conviertan en "sólidos" conceptos para referir colectivamente.

Así lo explica Freud (1910) en su texto "El Doble sentido antitético de las palabras primitivas" basándose en el filólogo K. Abel: *"Nuestros conceptos nacen por comparación. «Si siempre fuera día claro, no distinguiríamos entre claridad y oscuridad y, por consiguiente, no poseeríamos el concepto de la claridad ni la palabra correspondiente…»*
«Todo en este mundo es relativo, y sólo tiene existencia independiente en cuanto es diferenciado de otras cosas y en sus relaciones con ellas…» «Siendo

así todo concepto la pareja de su antítesis, ¿cómo podría ser pensado por vez primera y comunicado a quienes intentaban pensarlo, si no es por comparación con su antítesis?» «No siendo posible concebir el concepto de la fuerza más que por contraposición a la debilidad, la palabra que designaba lo «fuerte» integraba una reminiscencia a lo «débil», por ser aquello merced a lo cual logró existencia. Tal palabra no designaba en realidad ni lo «fuerte» ni lo «débil», sino la relación entre ambos y la diferencia entre ambos, las cuales crearon igualmente lo uno y lo otro...» «El hombre no ha podido conquistar sus conceptos más antiguos y más simples si no es por contraposición a sus contrarios, y sólo paulatinamente ha aprendido a discriminar los dos elementos de la antítesis y a pensar el uno sin necesidad de una comparación consciente con el otro." (...) Cuando la palabra egipcia ken debe significar «fuerte», lleva detrás de su fonema, alfabéticamente escrito, la imagen de un hombre erguido y armado, y cuando la misma palabra ha de significar «débil», sigue a las letras que representan el fonema la imagen de un hombre acurrucado y laxo. Análogamente, la mayoría de las demás palabras equívocas son acompañadas de imágenes aclaratorias»" (p.1621-1622).

Por tanto, cada concepto significa en una serie de comparaciones diversas que en una cultura sustentan su significado y los fonemas o grafemas a corresponder. Freud (1910) da varios ejemplos: *"Así, ya en los jeroglíficos la palabra ken, «fuerte-débil», se disocia en ken, «fuerte», y kan, «débil». «Dicho de otro modo: los conceptos que sólo antitéticamente pudieron ser hallados se hacen ya con el tiempo lo bastante familiares al intelecto humano para otorgar a cada uno de sus dos elementos una existencia independiente y crear para cada uno su especial representación fonética." (...) "El latín altus es a la vez alto y profundo, y sacer, sagrado y maldito, subsistiendo, por tanto, aun en estos casos, la antítesis completa, sin modificación alguna de la palabra. La modificación fonética introducida para la separación de los contrarios queda ilustrada por ejemplos tales como clamare (gritar), clam (silencioso, callado), siccus (seco), succus (jugo)." (...) "En alemán, la palabra Boden significa aún hoy en día lo más alto y lo más bajo de la casa. A nuestro bös (malo) corresponde un bass (bueno) en sajón antiguo, frente al inglés bad (malo)"* (p.1622-1623).

Vale decir, para Freud se preconcibe la palabra "tamaño" sin aún significar lo uno ni lo otro con respecto a una definición gradual de dichos conceptos (más alto o más bajo que) por cada cultura (ampliaremos detalladamente estos asuntos en el Capítulo IV).

Como puede ser en las lógicas no-clásicas en lo que respecta a una ambivalencia, en un mismo momento se puede amar y odiar a alguien en distintas gradualidades, y no es del todo cierto que sea A ni tampoco que sea B, más bien bajo ésta lógica "paraconsistente" es una gradualidad del uno y lo otro a la vez. Sistematización formal que en la lógica clásica de ningún modo soportaría.

Prosiguiendo con lo visto en la lógica inconsciente, es más sencillo entonces poder captar, explicar, comprender frases o formulaciones como: "Te pido que rechaces lo que te ofrezco, porque eso no es eso", las cuales jamás podrán expresarse en términos de la Lógica Clásica. Sobre la reciente frase, proveniente de Lacan *"es inconsistente, como puede ser inconsistente* cualquier malentendido. Y el malentendido es inevitable en los asuntos del amor... porque se funda en el desconocimiento del hecho que una demanda es una exigencia imposible de colmar" (Beller, 2009).

Otro ejemplo de una frase conocida de Lacan es la que versa: "amar es dar lo que no se tiene a alguien que no es" o frases como las de Sartre que dice: "el ser humano es alguien que en su ser no es lo que es y es lo que no es", no se entenderían de modo alguno en términos de la Lógica Clásica o Aristotélica. Lo que importa en estas frases, es justamente esta ambigüedad expresada, aquello es precisamente lo más importante en la clínica psicoanalítica, puesto que no se puede abordar o dar mejor sentido a las pasiones humanas sin soltar los cánones rígidos de la comunicación humana hacia un salto transferencial en la demanda de cada paciente.

Debemos estar en sintonía con lo que Nietzsche (1878) nos dijo en su Aforismo: "Lo absurdo de una cosa no prueba nada contra su existencia, es más bien condición de ella."

Una de razones por las cuales Freud (1937) se vio en la necesidad de desarrollar las "**Construcciones analíticas**" fue para responder a una de las críticas más repetidas al Psicoanálisis en lo clínico, que "al proporcionar interpretaciones a un paciente lo tratamos según el famoso principio de heads I win, tails you lose. Es decir, si el paciente está de acuerdo con nosotros, la interpretación es acertada; si nos contradice, es un signo de su resistencia, lo cual demuestra también que estamos en lo cierto. De este modo siempre tenemos razón frente al pobre diablo inerme al que estamos analizando, independientemente de lo que responda a lo que le presentamos" (p.3365). Por consiguiente, bajo este valor lógico, no importa si niegas mi labor o no (si afirmas o rechazas la interpretación), por "lógica", siempre (el analista) tendrá la razón, sea porque reprimes o niegas inconscientemente la verdad.

De tal manera Freud se ha hecho cargo de las críticas, explicando entonces que las interpretaciones y construcciones pueden darse tanto de manera acertadas como erróneas, así como ambas a la vez. Si damos construcciones erróneas, al ponerlas en evidencia, no caemos en un perjuicio necesariamente, pues siempre se puede corregir en el transcurso. El «sí» a la construcción "no tiene valor, a menos que sea seguido por confirmaciones indirectas, a menos que el paciente inmediatamente después de su «sí» produzca nuevos recuerdos que completen y amplíen la construcción." Por otro lado, un «no», "es tan ambiguo y de menos valor, porque, puede ser una resistencia u otro factor de la compleja situación analítica (...) De este modo, la única interpretación segura de su «no» es que apunta a la incompletud, por lo que la construcción no le ha dicho todo" (Freud, 1937:3369). Por lo tanto, aclara Freud que es "verdad que no aceptamos el «no» de una persona en tratamiento por su valor aparente, pero tampoco damos paso libre a su «sí». No existe justificación para acusarnos de que invariablemente tendamos a retorcer sus observaciones para transformarlas en una confirmación. En realidad las cosas no son tan sencillas ni nos permitimos hacer tan fácil para nosotros el llegar a una conclusión.

Un simple «sí» de un paciente no deja de ser ambiguo. En realidad puede significar que reconoce lo justo de la construcción que le ha sido presentada;

pero también puede carecer de significado o incluso merece ser descrito como «hipócrita», puesto que puede ser conveniente para su resistencia hacer uso en sus circunstancias de un asentimiento para prolongar el ocultamiento de la verdad que no ha sido descubierta (Freud, 1937:3368-3369)." Esto último es crucial, pues aquello refleja lo que se conoce como la ganancia secundaria de todo síntoma (goce, sustitución, displacentero en lo consciente es placentero en lo inconsciente, etc).

Es por ello que debe analizarse en la abstinencia transferencial, no responder o no corresponder a la demanda del paciente en su petición manifiesta (como asentir a las narraciones y relatos del paciente sin una mirada Psicoanalítica), en otras palabras, creerle al "yo soy" del Yo. Pues según nos dice Freud, eso sería ser cómplice de su hipocresía no revelada, cómplice de su ocultamiento, adornar de otro modo la ganancia secundaria del síntoma o el Ego.

Pese a que hayan 42 años de distancia, Freud en 1895 en su último apartado en "Estudios sobre la Histeria", sigue señalando invariablemente lo mismo: "*La exposición del enfermo parece completa y segura sin conexiones ni apoyos de ningún género. Al principio nos encontramos ante ella como ante un muro que tapa por completo la vista y no deja sospechar lo que al otro lado pueda haber. Pero cuando consideramos críticamente la exposición que sin gran trabajo ni considerable resistencia hemos obtenido del enfermo, descubrimos siempre en ella lagunas y defectos. En unos puntos aparece visiblemente interrumpido el curso lógico y disimulada la solución de continuidad con un remiendo cualquiera; en otros, tropezamos con un motivo que no hubiera sido tal para un hombre normal. El enfermo no quiere reconocer estas lagunas cuando le llamamos la atención sobre ellas*" (p.161).

En su Conferencia 19, Freud (1917) describe que estas resistencias son "*una tormenta en un vaso de agua. Empero, el paciente admite razones; le gustaría movernos a que lo instruyésemos, lo aconsejásemos, lo refutásemos, lo introdujésemos en la bibliografía que le permitiría ilustrarse. De buena gana está dispuesto a hacerse partidario del psicoanálisis, bajo la condición de que el análisis deje a salvo su persona. Pero nosotros individualizamos este apetito de saber como resistencia, como distracción de nuestras tareas específicas, y lo rechazamos. En el caso del neurótico obsesivo tenemos que estar preparados para una táctica especial de la resistencia. A menudo deja que el análisis recorra sin trabas su camino, de suerte que logre echar una luz cada vez más clara sobre los enigmas de su enfermedad, pero al final nos asombramos de que este esclarecimiento no traiga como correlato ningún progreso práctico, ningún debilitamiento de los síntomas. Entonces podemos descubrir que la resistencia se ha atrincherado en la duda de la neurosis obsesiva y desde esta posición nos combate con éxito. El enfermo se ha dicho, más o menos: «Todo eso es muy lindo y muy interesante. De buena gana seguiría esa pista. Mi enfermedad cambiaría mucho si eso fuera cierto. Pero yo no creo que lo sea, y puesto que no lo creo, nada tiene que ver con mi enfermedad». Así puede proseguirse por largo tiempo hasta que, al fin, nos aproximamos a esa posición reservada y entonces se desata la batalla decisiva*" (p.265).

Se hace necesario, según P. Aulagnier (1984) "*elegir la apertura más idónea para reducir, en la transferencia que se habrá de establecer, los efectos de los movimientos de resistencia, de huida, de precipitación en una relación pasional que aquella siempre tiene la posibilidad de provocar"* (p.175). Por esta razón, entenderemos que en la Transferencia, una buena apertura *"siempre será la que más garantías me ofrezca de que el lugar que inicialmente he ocupado no quedará fijado de una vez para siempre (...) la movilidad transferencial, del mismo modo como la movilidad de la demanda, reducen en mucho el riesgo de esta "fijación" en el caso del neurótico"* (Aulagnier, 1984:178).

Reafirmamos nuevamente que no considerar estos puntos, significaría no observar o escuchar las contradicciones, las resistencias, los encubrimientos de deseos bajo una palabra que rellena al "yo" engordando su tejido narcisístico. Sin tocar por ende, lo que se repite en los síntomas, sin desocultar la posición ganancial donde se inserta ante los otros, sin rozar sus íntimas pérdidas o búsquedas. Que reiteramos, son en parte lo que *"el analizado no recuerda nada de lo olvidado o reprimido, sino que lo vive de nuevo. No lo reproduce como recuerdo, sino como acto; lo repite sin saber, naturalmente, que lo repite"* (Freud, 1914:1684).

Naturalmente, la invitación a recordar lo olvidado o reprimido, aunque sea esencial, caeríamos en un error asumir la cura mediante el mero recordar, pues hay casos donde no *"existe una amnesia genuina, una falta de recuerdo, sino que se ha interrumpido la conexión que estaría llamada a provocar la reproducción, la re-emergencia en el recuerdo. Una perturbación así de la memoria basta para la neurosis obsesiva; en el caso de la histeria las cosas ocurren de otra manera. Esta última neurosis se singulariza la mayoría de las veces por vastísimas amnesias. En general, el análisis de todo síntoma histérico singular nos lleva hasta una cadena íntegra de impresiones vitales; cuando estas regresan, el paciente consigna de manera expresa que habían sido olvidadas hasta ese momento"* (Freud, 1917:259).

De este modo, bajo la mirada Psicoanalítica, el deseo, los conflictos y las frustraciones, emergerán desde una óptica distinta que refleje "soy en donde no creo ser", "soy donde olvidé ser", "soy donde no soy", "soy donde no quiero ser", "soy donde repito ser", "soy donde resisto", "soy donde sustituyo el deseo".

Muchos de los elementos, fragmentos o detalles más importantes no están justamente en lo relatado o narrado, sino precisamente en lo no-dicho, lo que no se alcanzó a decir, en los sueños, en los chistes, en los lapsus, defensas, olvidos, silencios, fantasías, en sus actos, en su transferencia con el analista, etc. Aspectos que Freud puntualizó desde sus primeras obras que no debiesen pasarse por alto.

2. La Clínica: Sus destinos Éticos

No estaría demás señalar que la Clínica Psicoanalítica tiene un criterio ético que no apunta a re-adaptar sujetos al mercado socio-laboral (que implícitamente contienen la mayoría de los test). La adaptación vendría por añadidura en el análisis, pues si el paciente se adapta o toma mejores decisiones, no es por la vía de los consejos o sugestión del psicoanalista, es más bien, mediante la nueva libertad que genera las sesiones analíticas. Por tanto, no tiene como fin comandar la voluntad del paciente a un objetivo adaptativo enfrascado al motivo de consulta manifiesto o de fines sociolaborales (demandas sociales que muchas veces enferman), para erradicar consigo un síntoma lo antes posible (sin revelar el sentido íntimo que tiene el síntoma con su biografía). Lo que va acorde al cuidado ético que podemos ver en el Aforismo de Nietzsche (1878) en Humano Demasiado Humano: "*Quien brinda consejos a un enfermo, se asegura un sentimiento de superioridad sobre él, sean seguidos o rechazados. Por esto, es que todos los enfermos irritables y orgullosos aborrezcan a los consejeros más que a la enfermedad misma.*" Radicalizando al extremo tales circunstancias, diríamos que sería incluso: "*necesario haber nacido para nuestro médico; de otro modo, pereceremos por nuestro médico*" (Nietzsche, 1878). Así de precavidos hay que hacer con nuestra influencia ideológica personal.

El cuidado o lo precavido de nuestra intervención tiene que ver en cómo éticamente Freud (1918) nos indica a "*rehusamos decididamente adueñarnos del paciente que se pone en nuestras manos y estructurar su destino, imponerle nuestros ideales y formarle, con orgullo creador, a nuestra imagen y semejanza*" (p.2460). En otras palabras, concordamos con Lacan (1956) en su texto "La Cosa Freudiana" de sus "Escritos", cuando menciona que para el paciente: "*si su salud se define por su adaptación a una realidad considerada buenamente como su medida, y si necesitan ustedes la alianza de 'la parte sana del yo' para reducir, en la otra parte sin duda, ciertas discordancias con la realidad, que no aparecen como tales sino para el principio de ustedes de considerar a la situación analítica como simple y anodina, y que ustedes no descansarán hasta hacerlas ver con la misma mirada que la de ustedes por el sujeto, ¿no está claro que no hay más discriminación de la parte sana del yo del sujeto que su acuerdo con la óptica de ustedes que, suponiéndola sana, se convierte así en la medida de las cosas, del mismo modo que no hay otro criterio de la curación que la adopción completa por el sujeto de esa medida que es la de ustedes, lo cual confirma la confesión frecuente entre los autores graves de que el final del análisis se obtiene con la identificación con el yo del analista?*" (p.400). Este tipo de desenlaces implicará crear una sugestión al paciente bajo la imagen ideal y semejanza de uno.

No obstante, no debemos olvidar que estamos ante un sujeto quien "*no puede ya cumplir las tareas que el mundo exterior, incluida la sociedad humana, le impone. No es dueño de todas sus experiencias, buena parte de su tesoro mnémico le es escamoteado. Su actividad está inhibida por unas rigurosas prohibiciones del superyó, su energía se consume en vanos intentos por defenderse de las exigencias del ello. Además, por las continuas invasiones del ello, está dañado en su organización, escindido en el interior de sí; no produce ya ninguna síntesis en regla, está desgarrado por aspiraciones que se contrarían unas a otras, por conflictos no tramitados, dudas no resueltas"* (Freud, 1938:181).

Para una autora como Joyce Mcdougall (1995) la Clínica entre otras cosas, su *"objetivo es que el conocimiento de sí mismo no consista sencillamente en una adquisición dé valor intrínseco, sino que sirva también para hacer la vida más creativa."* (p.289) Por lo demás cuando prestamos *"más atención al ideal freudiano de permitir que el individuo ame y trabaje sin coacciones, vemos que los valores y conceptos que subtienden este ideal, y también su concepción de la feminidad, están calcados de los valores de la época victoriana"* (p.291). Por lo tanto, en este ideal Freudiano debemos también matizar que *"Nosotros no abrimos juicios sobre nuestros pacientes, ni para felicitarlos ni para condenarlos. Nuestra única meta confesada es entender su experiencia psíquica y comunicarles lo que creemos haber comprendido, con la esperanza de que a continuación ellos asumirán la responsabilidad total de sus elecciones y sus actos"* (Mcdougall, 1995:294).

Compartiendo la opinión de Piera Aulagnier (1984), el fin del análisis sería que el paciente *"pueda poner lo que adquirió en la experiencia vivida, al servicio de objetivos elegidos siempre en función de la singularidad de su problemática, de su alquimia psíquica, de su historia (…) hacer más fácil el acceso al derecho y al placer de pensar, de disfrutar, de existir, en caso necesario habilitar a la psique para que movilice ciertos mecanismos de elucidación, puesta a distancia, de interpretación frente a las pruebas que puedan sobrevenir a la posterioridad del análisis, facilitar el trabajo de sublimación que permita al sujeto a renunciar, sin pagarlo demasiado caro, a ciertas satisfacciones pulsionales"* (p.172).

Como sabemos, para Freud (tal como lo expresó en diversos artículos) el objetivo final del Análisis era devolver al paciente su capacidad para poder trabajar y amar. Para otros analistas (como en Freud también) el objetivo está en saber más de sí mismo (reconocer sus propios procesos subjetivos), para otros es modificar la angustia o el goce (anudarla o articularla de un modo menos conflictivo), para otros es tener mayor control de sí mismo en sus posibles elecciones, para otros es adaptarse a los cambios, etc. Sin embargo, la base común del Psicoanálisis, es no sostenerse (posicionarse) frente al paciente, con un pleno saber a priori, o con un saber anterior sobre lo que se debe ser o no debe ser (imponiéndose éticamente).

En resumen, las diferenciaciones en la Clínica tienen una base ética que las diferencia a cada una de ellas. Algunas dan mayor prioridad al presente, otras a la memoria y otros al devenir futuro. Algunas corrientes clínicas suprimen todo rastro de una memoria, centrándose meramente en la adaptación presente para un mejor porvenir exitoso. El Psicoanálisis en particular, tiene un especial interés en la memoria y las huellas dejadas. Para algunas corrientes basta solo algunas entrevistas para tener en cuenta la biografía o genograma familiar para diagnosticar y promover el cambio adaptativo lo más eficiente posible.

Los objetivos o finalidades en las posturas clínicas dependen de la ética a las que apuntan. O sea, queremos decir que las diferencias prácticas-teóricas nacen desde la ética, no desde una epistemología. En otras palabras, la ética funda la epistemología clínica y no al revés.

Por ejemplo, si una clínica tiene un particular interés ético en la adaptación socio-laboral, tenderá a emplear pruebas científicas, estadísticos que aceleren en la mayor eficacia posible los cambios y los resultados establecidos. Por ende, el resultado al que apunta tiene una brújula guía que les permite orientarse para enderezar de una forma u otra hacia la meta. Ahora bien, en un sentido ético radicalmente opuesto, encontramos algunas clínicas psicoanalíticas de análisis propiamente tal (diván) donde lo principal, es el análisis, sin tomar importancia los sucesos externos presentes y posibles adaptaciones. Vale decir, la finalidad es el análisis mismo y no otra cosa, ni siquiera tiene en su contemplación la cura misma. Ésta postura extrema olvida lo que Freud dijo sobre la "Talking Cure" (cura a través de la palabra) en el Psicoanálisis. Por supuesto, hay más zonas grises y matices que no son binarios de dicho modo, en su mayoría, la clínica oscila en ambas tendencias enfatizando un polo del otro.

De este modo, cada Clínica tiene su lógica propia que opera en el ámbito clínico. En este sentido, los límites de la lógica clínica están en la ética. De manera que no es posible justificar o explicar la lógica clínica en juego, sin remitirnos en algún punto o vértice de ésta a la ética fundada desde su práctica-teórica.

Recapitulando, todas las Clínicas transversalmente se hacen implícita o explícitamente la pregunta: ¿Qué entendemos por subjetividad? ¿Qué responsabilidades hay? ¿Qué medios para qué fines o qué fines para qué medios?

Otra forma de agrupar en resumen las distintas propuestas o corrientes Clínicas, sería:

A) La Hermenéutica o de Síntesis, con sus dos variantes:

1. Interpretativa, descifradora, desocultadora y predominio al pasado (Freud y Escuela Inglesa Psicoanalítica en general).

2. Creadora de nuevos sentidos, de mutuo aprendizaje y predominio al Futuro (Viderman, Ricoeur, Schafer, Psicología Sistémica Narrativa, Psicoanálisis Relacional).

B) La Anti-Hermenéutica o anti-síntesis:

Empleo de intervenciones similares como las del koan budista, disolución del sentido, anti-síntesis, corte de sesión, enigmatizar y predominio al discurso presente (Lacan, Miller, Prescripciones Paradójicas Sistémicas).

C) Técnicas de Adaptación:

Saberes estadísticos a objetivos con resultados a fines, mejoramiento de ciertas habilidades sociales ideales o aceptables según la lógica del mercado en consumo de mano de obra en cuanto capital humano (Cognitivos Conductuales, Psicología del Yo, Psicología Sistémica de primera Cibernética y Centrada en las Soluciones).

Por supuesto, muchas orientaciones clínicas pueden consistir en mezclas de un polo a otro e incluso variarlos según los Motivos de Consulta o Diagnósticos en cuestión.

Contemplando esta agrupación, nos preguntamos: ¿Tienen cada una de ellas sus méritos o efectos terapéuticos? La respuesta sería sí, según dónde se establezcan los objetivos y los posicionamientos éticos a deslindar con ellos.

¿Pero entonces, esto significaría que irremediablemente el factor o variable más "científico" o de su "empiria" en los efectos terapéuticos, serían siempre algo secundario y relativistas frente a las éticas y objetivos en cuestión?

Sí y no. Sabemos que ciertos métodos tienen pro y contras según dónde se mire su ética, pero también, tienen sus contras según los efectos o resultados (mirados bajos otras perspectivas). Por ejemplo, entre las otras perspectivas en pugna, pueden considerarse que los otros modelos clínicos serían algo del orden: "pan para hoy y hambre para mañana", "ventilar el humo y no apagar el fuego", "maquillar los síntomas de otra forma dejando la mugre debajo de la alfombra", "manipular subjetividades en ideales sociales", "otorgar efectos terapéuticos que propician un status quo social". Además, pueden surgir críticas del tipo: "Alentar la dependencia o regresión subjetiva del paciente hacia el terapeuta", "propiciar el masoquismo y/o culpabilidad del paciente," "re-traumatizarlo", etc.

Todas estas críticas y largos debates que se arman entre las diversas corrientes u orientaciones clínicas, difícilmente, aquellos debates podrán zanjarse meramente por sus aspectos teóricos (frente a frente), si no consideramos además, a los fines éticos, como también en los recursos y contextos institucionales (socio-culturales) donde se desenvuelve el Clínico o terapeuta. Queremos decir, que los argumentos críticos propuestos por cada corriente Clínica una frente a las otras, pueden ser pertinentes y veraces, no obstante, no emprenderán mayores alcances críticos a la discusión si solamente las vemos a lo lejos, sólo desde lo teórico. Se hace necesario además, observar, el contexto o complejidad Clínica anteriormente expresada. Más concretamente aún, no es lo mismo una producción y práctica-ética Clínica en un hogar de niños abandonados por la guerra, familias con necesidades básicas no cubiertas, riesgos suicidas o peligro de muerte, psicosis, pericias judiciales, centros de reclusión penitenciaria, rehabilitación en drogodependencia, etc.

Cada una de las orientaciones y perspectivas Clínicas, podrían conllevar dilemas éticos si se reducen los fines clínicos, a un solo lugar, en desmedro de otros objetivos en contextualización. El poder mediar o dialectizar todas estas dimensiones, quizás, no sea del todo posible y debamos contentarnos con enfocarnos en algunas de ellas, puesto que los otros objetivos podrían empañar los resultados de otra finalidad y confundirse las otras en un vaivén de dinámicas clínicas sin orientación clara.

Por ejemplo, ¿cómo considerar (conciliar) o mediar una Clínica Psicoanalítica en contextos clínicos de Salud Mental pública, donde se quiera o no, se está inserto en un saber-poder médico psiquiátrico junto con articulaciones a otros saberes de equipos multidisciplinarios y con recursos limitados que operan bajo la lógica del mercado en la eficiencia tanto de los recursos como los resultados? Allí, sin duda, el desafío clínico es preguntarse constantemente cuál es el rol donde se está posicionando y qué objetivos o fines me pueden ser dados o podría aportar o cuestionar a la clínica actual en su red de Salud Metal. Eso sí, incluso en este mismo terreno, podemos entrever a su vez dos formas o medidas para actuar en su rol clínico: **Status Quo** y **Crítico**. Por supuesto, estas dos medidas no son del todo binarias y polarizadas, las cuales contemplan más bien infinitas gradualidades. Desde un Status Quo, como se podrá predecir, radica en la aceptación incondicional de las gestiones administrativas y organizacionales que emanan de las diversas fuentes de saberes y poderes institucionales. Desde una posición Crítica, como se puede adivinar, radica en un rol activo tanto de confrontar como de cuestionar los estamentos y prácticas clínicas en un contexto de Salud Mental. Lógicamente en una modalidad Crítica, puede, a su vez, manifestarse en diversos caminos o formas: directamente hacia los altos mandos, bajo agrupaciones colectivas o sindicales, usando redes sociales en internet, redactando ensayos, etc.
Evidentemente, si nosotros estamos, por ejemplo, en un umbral clínico (generalmente privado) donde establecemos una clínica de diván con la libertad de centrarse en el "análisis propiamente tal" sin mediación con otros saberes en instituciones de Salud Mental, el afamado e idealizado "cable de oro" podría operar sin mayores dificultades Clínicas, antes los supuestos "cables de cobre" Institucionales.

Pienso que un camino más sincero y práctico es optar por una modalidad que haga transparentar con honestidad los puntos fuertes y débiles (según los escenarios sociales donde se desenvuelva) y no creer que se tiene toda la "verdad" Clínica en sí consigo. Aunque esto no excluye el poder criticar otras corrientes Clínicas, y, por supuesto también, autocriticar las de sí mismo (lo más importante). Una Clínica que no cuestione su práctica clínica, está destinada a largo plazo a morir o a encerrarse en sectas con palabras reveladas de saber eterno. De otro modo, la lectura de Freud, así como de otros autores, persistirán en mayores fragmentaciones que tomarán la parte por el todo según las épocas. Muchos lectores se olvidan que la riqueza de autores como Freud, está en que dejó abiertas preguntas, no cerró abruptamente conclusiones y mantuvo una atenta mirada de su contexto sociocultural.

La única forma sincera o transparente de cuestionar su propia práctica clínica no es leer un autor sobre otro, es también, leer y complejizar los contextos y factores socioculturales en juego considerando los fines éticos. Solo así, se podría efectuar una justa lectura y a su vez, una justa critica a las demás clínicas y a las de sí mismo.

Si hacemos ahora el ejercicio de entrecruzar aspecto teóricos y fines éticos Clínicos distintos entre sí, un buen ejemplo sería B. F Skinner, Psicólogo Conductista que en su libro Ciencia y Conducta Humana de 1953, menciona que el Psicoanálisis sí puede curar a su manera, sosteniendo que la "*técnica psicoterapéutica de Freud, su efectividad radica en que: el terapeuta es una audiencia que no castiga. Para el paciente, el terapeuta es visto al comienzo como un miembro más de una sociedad que ha ejercido sobre él un control excesivo tal como los demás. El terapeuta elude deliberadamente seguir en esa posición: evita cuidadosamente el uso del castigo, no critica, no señala errores en la pronunciación gramática o de la lógica, no agrede cuando a su vez es criticado por el paciente. Además, no sólo no castiga, sino que emite respuestas incompatibles con el castigo: por ejemplo, demostración de amistad frente a la agresión o no dar importancia a la conducta supuestamente reprobable socialmente. Como consecuencia de la ausencia de castigo por parte del terapeuta, la conducta que anteriormente se había reprimido comienza a aparecer. Estas conductas pueden comenzar a aparecer en un nivel interno* (por ejemplo, en la imaginación o fantasías), *para pasar más tarde a hacerse manifiestas en acciones agresivas hacia el terapeuta. También puede empezar a comportarse de maneras punibles: puede hablar de forma ilógica u ofensivas o blasfemas, o él puede criticar o insultar al terapeuta. El comportamiento puede ser más tarde llevado al nivel manifiesto de mostrar emociones fuertes: él puede tender a llorar, hacer una exhibición de temperamento violento, o "histérica".*

Si, a pesar de tal comportamiento, el terapeuta tiene éxito en mantener su posición como nonpunisher (no castigador), el proceso de reducción del efecto de la pena se acelera. Si el terapeuta se mantiene en su posición no punitiva, el proceso de disminución del efecto del castigo se acelerará. El castigo o juicio moral del castigo previo, en presencia de un terapeuta que no refuerce el castigo, hace posible la extinción de algunos de los efectos de la pena. Este es el resultado principal de este tipo de tratamiento. Los estímulos que son generados automáticamente por la propia conducta del paciente cada vez son menos aversivos, es cada vez menos probable que genere reacciones emocionales negativas. El paciente se siente menos mal, menos culpable, o menos pecaminoso" (p.370-371). (paréntesis y traducción realizados por mí).

Siguiendo la explicación de Skinner que da a la Terapia Freudiana, el resultado más importante para Skinner sería la extinción de los efectos del castigo (que en psicoanálisis sería modificar el Super-yo y el Ideal del yo) tras la aparición de conductas previamente castigadas, bajo la presencia de una audiencia no punitiva (cambiar el lugar transferencial castigador paterno o del Súper Yo). Digamos aquí que desde el punto de vista Psicoanalítico, las reglas de neutralidad y de abstinencia esenciales en la técnica psicoanalítica, son requeridas a modo general, y añadamos que, desde la no-punición, la postura del analista es también la de (manteniendo un lenguaje Skinneriano) un no premio, más bien, no castiga ni tampoco apremia las conductas.

Es interesante cómo Skinner desde su perspectiva Conductista explica cómo opera el tratamiento Psicoanalítico. Aunque también, eso sí, la terapia analítica engloba otras funciones y técnicas más (recordar, interpretar, señalar, construir hipótesis, etc). Pero ciertamente Skinner le atina para fundamentar unos de los aspectos cruciales de la terapia analítica en cuestión: Evadir el lugar transferencial (imaginario) que el paciente reviste al terapeuta, movilizarlo a referenciarlo a otras posiciones que de avance a los giros transferenciales, salirse de esa "audiencia" de lo punitivo castrador, no aconsejar ni dirigir la vida del paciente, no castigar ni apremiar. Para así abrir la libertad que busque lo que propiamente desee. Aunque Skinner lo explique desde los cambios externos (conductuales) de un no-castigo o corrección, es como bien lo dice Skinner un efecto terapéutico en sí mismo.

Pasando a otro plano de implicancias éticas, tal como en la Medicina tradicional en sus inicios, se experimentaron con tabúes prohibidos, se derribaron límites que a largo plazo no alcanzaron vislumbrar sus horrendas consecuencias. Muchos pagaron el precio sobre los ensayos y errores para alcanzar más o menos la Medicina actual, que aún debe, seguir depurándose en sus métodos invasivos.
El Psicoanálisis o la Psicología por su parte, no está exenta de aquello. Evidentemente es injusto enjuiciar a las perspectivas o métodos "pasados" desde una comodidad "presente" sin reconocer que gracias a múltiples experimentos o injertos tenemos conformada de cierta forma la opinión que podamos aventurar sobre nuestro pasado Clínico.

Para que el Psicoanálisis sea lo que hoy es (va siendo), tuvo que pasar por diversos injertos que hoy en día, serían extremadamente polémicos, pero que sin ellos no se distinguirían, hoy, lo preferible a lo indeseable.

Una práctica como lo es la disciplina Psicoanalítica, es sin duda un campo de riesgos, pues frecuenta observar lo que hay más allá de los tabúes e intimidades inconfesables a uno mismo y a los otros.
Estos diversos procesos de riesgo a observar, nacieron por las prácticas de hipnosis o sugestiones (Breuer), en el autoanálisis de Freud, como también el de sus respectivos discípulos (recordemos que el autoanálisis era sugerido por Freud en los comienzos de sus primeros seguidores). También acontecieron los análisis con sus propios hijos, los análisis que terminaban en amantes, suicidios, complicidades, traiciones, venganzas, agrupaciones que tenían forma de secta, etc. De los más de 120 años del Psicoanálisis es inevitable que hayan ocurrido diversas situaciones que hoy por hoy las catalogaríamos de brutales. Pese a ser una fase de exploración para una disciplina recién

naciente, dentro de cada una de aquellas eventualidades, se pueden sacar sus enseñanzas y sus resultados.

Generalmente los manuales de Psicología o de Introducción, lamentablemente trasquilan dicha información y se centran únicamente en lo teórico, desanclándolo de sus bases socio-históricas específicas. Preguntas como: ¿Quién es maestro de quién? ¿Contra quién se discutió para irse por un nuevo o distinto camino? ¿Qué dilemas éticos tuvieron que soportar o derribar antes de abarcar una nueva senda clínica? Usualmente son omitidas, perdiendo el espacio para reflexionarlas provechosamente.

De algún modo, los pioneros experimentos de un Ferenczi, Winnicott, Balint, Bion y Lacan nos pueden parecer, algunos de ellos fuera de lugar para la clínica de hoy. Por otro lado, la apertura a nuevos caminos Clínicos alimentados por los objetivos (inconscientes) éticos propuestos, han dado cabida a lo que se conoce como "terapia de apoyo", "el pase", "psicodiagnósticos", "psicoeducación", "acompañamiento" y "terapia breve". Cada una con un saber experto de su quehacer con resultados que avalan lo que cada uno de ellos buscan en su fin ético.

Hoy en día desafortunadamente, vemos agrupaciones Clínicas con carácter de sectas jerárquicas donde se leen preferencialmente a un solo autor central y sólo desde él, se está permitido leer a otros autores secundarios. Priorizando "un modo" decodificado que "*en medio de la abrumadora complejidad de la expresión mental, al mismo tiempo tenemos que recelar de cualquier psicoanalista o grupo de analistas que pretenda haber encontrado un modo de decodificar el inconsciente*" (Bollas, 2009:54).
En cierta forma, todo grupo necesita cerrarse a sí mismo, para forjarse como grupo. En especial, cuando un grupo mantiene fines de lucro, de militancia por inscripción de matrícula por membresía. En tales casos el grupo debe controlar la literatura que ingresa para evitar el riesgo que algún autor fisure y provoque un debate que genere roces y quiebres al mismo grupo. Finalmente estos grupos en su modo de operar, funcionan con el Control Maniaco, usan defensas esquizo-paranoides, tal como los Grupos de Ataque y Huída que muy bien los estudió Bion. Tal cual se configuran los Supuestos Básicos de los Grupos, es como se cierran a las amplitudes de miras y mantienen una rectitud de posturas.
De esto muy bien lo sabe Derrida (2001) en su dialogo con E. Roudinesco agregando que: "*La globalización no solo crea una mayor permeabilidad de las fronteras, también transforma los modos de comunicación, la transmisión del saber y de las normas. Me parece importante que los estados generales del psicoanálisis hayan sido preparados en Internet. Esto implica una rapidez, una multiplicidad de mensajes, pero también una desjerarquización, es decir, una manera nueva de dirigirse a la comunidad psicoanalítica que esquiva la burocracia. No bien se toca la jerarquización, se toca toda la institución. ¿Qué es la jerarquía, desde el punto de vista psicoanalítico? Usted hablaba de maestro y discípulo. Sí, por cierto es importante, pero hay otras formas de jerarquización. Siempre me impactó la extraordinaria preocupación por la jerarquía estatutaria en las instituciones psicoanalíticas. Las que conozco están por lo menos tan preocupadas por el status y la jerarquía como la universidad*

más tradicional. Se parecen a las corporaciones médicas, donde se ven a patrones que reinan como amos sobre asistentes sometidos" (p.198).

En otras esferas, hoy en día vemos Clasificaciones Diagnósticas (rotulares) investigativas de moda que únicamente excluyen en su descripción el Malestar Cultural contemporáneo. De las cuales se "profundizan" a tal nivel, que absorben en sus elementos de conjunto diagnóstico, patrones conductuales y sociales diferentes contagiando a muchos bajo el mismo rótulo. En otras palabras, dicho "rigor" ontológico lo trascienden bajo un carácter científico extremo que rápidamente conforman investigaciones experimentales que tratan de aislar algún gen, neurotransmisor, área encefálica, pautas de crianzas, para intentar explicar un supuesto "Trastorno" que no es más que un evento de Malestar Social. La explicación cientificista del conjunto Diagnóstico rotulador, excluyen consigo, la causas sociales del Diagnóstico. Factores o Malestares Sociales que pueden ser: La precariedad laboral, recursos económicos escasos, tradiciones culturales, etc. En resumen, parafraseando a Thomas Szasz, los Diagnósticos operan como si realmente pudieran en medio de la complejidad, aislar el neuroreceptor Dopaminérgico que promueve el Comunismo o el Fascismo.

De este modo, el acto de Diagnosticar, se invoca sin dar cuenta lo suficiente del contexto social que puede sostener e influenciar las nomenclaturas.

Los diagnósticos o el Acto de Diagnosticar absorbe (se filtra) un caudal sociocultural que quierase o no, momifica o congela dicha esfera diacrónica cultural. Por mucno que el concepto se pule para desembarazarse de la contingencia Cultural, intentan teñir el "fondo" con un pigmento para que la "forma" del objeto se trasluzca, encerrando, un modelo de patología tal como se extriparía un tumor, aunque, en cirugías se suele adherir un tejido no posible de desoldar por completo.

Es crucial no ser ciego a la hora de la intervención clínica, venir a aislar algo tan complejo o multi-causal bajo unos Diagnósticos Psiquiátricos como un "Trastorno Conductal o Trastorno de Personalidad", sin dar su peso a los alcances éticos socio-culturales. Muchos Diagnósticos Psiquiatricos de "Patología Mental" (DSM y CIE) omiten u ocultan los problemas (problemáticas) Sociales que las sustenta, adjudicando el peso de la carga o responsabilidad moral de manera individualista y así se desvían las acciones de Políticas en la Salud Mental.

No es secreto que en sus respectivas épocas, Diagnósticos como la Neurastenia, la Histeria, lo Borderline, Déficit Atencional, los Perversos, fueron y siguen siendo los Diagnósticos que en su momento estuvieron (están) de moda, solo que, con el correr de los años pierde su tribuna dando espacio a otros campos problemáticos a indagar.

No niego que dichos Diagnósticos tengan algún criterio de validez o fiabilidad propia, no obstante, están en su mayoría recargados por el peso de su contexto Cultural en cuanto a los dilemas éticos que se intentan combatir de sus respectivas expectativas socio-laborales. Tras esto, el mercado global financia diversos papers para dar más grueso el carácter de seriedad de algún Diagnóstico-moda emergente.

Por otro lado, hoy en día tenemos prácticas-clinicas que por someterse al campo Psiquiátrico de época, subvierten sus propios marcos teóricos para que se coordinen con las políticas públicas conductuales en favor del uso de ciertos fármacos. Freud en 1938 le escribe una Carta a T. Reik advirtiéndole que en Norte América: *"los analistas profanos son recibidos allí por esos colegas nuestros para quienes el psicoanálisis no es sino una sierva de la psiquiatría"* (p.3427). Freud también en 1938 reafirmó su defensoría a Reik desde 1926, ante los rumores que habría cambiado su opinión sobre estar a favor en la posibilidad de que hayan Psicoanalistas no-médicos (legos o profanos), dijo: "*No puedo concebir cómo puede haber surgido este burdo rumor sobre mi cambio de punto de vista sobre el problema del análisis profano. Lo cierto es que nunca he negado esos puntos de vista, e insisto en ellos incluso con más fuerza que antes frente a **la clara tendencia americana a convertir el Psicoanálisis en una mera sirvienta de la Psiquiatría**"* (negritas resaltadas por mí) (Jones, 1957:167-168).

Es claro dentro de la historiografía, que una Psicología nacida a fines del S.XIX, será distinta a otra nacida a fines de la II Guerra Mundial o de una Contemporánea Digital. Como tampoco serán iguales una Psicología enfocada en objetivos inmediatos o de largo plazo. Además, no será la misma Psicología que haya partido desde una cultura particular Latina o Anglosajona que de una sociedad con recursos o sin recursos económicos.

Por ejemplo: La Psicología Sistémica de Primer Orden engloba las necesidades propias de la Familia Latina tradicional. La Sistémica de Segundo Orden la contemporánea globalizada.

Las Teorías Vinculares, del Trauma (reparación), nacen en respuesta ante el Estado Persecutorio (Estado de Guerra), vulnerabilidades y escasez de recursos.

Las Cognitivas nacen en medio de países desbastados económicamente bajo un ímpetu liberal de mercado como "rescate".

Las Humanistas nacen en medio de la liberación de género y la crítica capitalista en conjunto con la Globalización que llega desde Oriente.

La Psicoanalítica, nace en respuesta a comunidades de hipocresía moral, de banalidades, silencios o tabúes sociales.

La Clínica también se adapta a las necesidades de los tiempos, donde la velocidad, la multi-disciplinariedad inter-comunicante son valores muy insertos en distintas esferas sociales. De modo que la verdad de un caso clínico se divide en distintas áreas del saber o saberes "PSI" que profundizan un lado o parte del sujeto (psicopedagogo, trabajador social, psicólogo, pedagogo, enfermería, psiquiatría, terapeuta ocupacional, etc). Muchas veces la coordinación de estudios o saberes "PSI" fragmentados de casos clínicos no siempre suelen ser coordinados ni armoniosos. Los desequilibrios y disputas son frecuentes, las resoluciones se llegan muchas veces por la vía de la autoridad o desde quién financia algún proyecto ético.

Derrida (2001) en su dialogo con Roudinesco comenta que en efecto "*se ha iniciado un proceso complejo, en el interior de lo que se titula comunidad, corporación o institución psicoanalítica, y a la vez en lugares situados en los confines del psicoanálisis: la psiquiatría, los campos de la "terapia" y, si por lo menos los hay, los campos ajenos a la preocupación terapéutica, la cultura general, los medios, el derecho. Sobre esas fronteras móviles, inestables y porosas, justamente afectando a la forma y existencia de esas mismas fronteras, el cambio no dejará de acelerarse. ¿Para ir a dónde? No lo sé. Hay que saber, pero también hay que saber que, sin cierto no-saber, nada que merezca el nombre de "acontecimiento" ocurre*" (p.199).

Hoy en día además proliferan (van proliferando) nuevas categorías Clínicas tentadas de nombrar con nuevos nombres, con el fin de rotular para abrir un nuevo campo laboral de saberes PSI. Por ejemplo, de no ser por la ideología del triunfo individualista norteamericano, el Psicoanálisis seguramente no se habría convertido en una Psicología del Yo en busca de la adaptación del Yo a su medio socio-laboral. Así como también, los antiguos estudiantes y discípulos del psicoanálisis no habrían experimentado o creados las Terapias Cognitivas o Sistémicas de primer orden.
El saber finalmente se difumina bajo esta proliferación, la palabra pierde su cáliz de eje terapéutico y se abre a nuevos saberes mucho más allá del "PSI".

Estos "saberes" o prácticas que van más allá de lo "PSI" o que buscan suplantar lo PSI tomándolo como referencia, son aquellas prácticas socio-económicas de la "filosofía" Coach o Coaching (Mindfulness) muy de moda en empresas o talleres motivacionales. Las cuales se conjuegan junto a la saturación de libros sobre Autoayuda difuminados en envasadas frases sueltas de optimismo superficial.

Hay variadas premisas comunes que engloban estas prácticas político-existenciales, que usurpan el lugar de la Psicología, de las cuales, una de las premisas más utilizadas es la fascinación por lo Presente, el culto al "*aquí y ahora*". En este punto se pretende asegurar que entre el "Pasado" y el "Presente" pre-existiría una distancia, lo suficiente, como para que la (fuerza) gravedad del Pasado no influya en la modalidad del presentarse su actual Presente. En otras palabras, aquí es fundamental equipar al Presente con herramientas irreales y pretender que lo único que se requiere es arder un Presente lo más presente posible, alejado, de todo plano Pasado que influya de alguna forma el "aquí y ahora".

Aclaremos antes que en el cerebro, cada nuevo presente manifiesta un nuevo modo de enhuellamiento o reordenamiento de las huellas mnémicas (complejas redes neuronales, si así prefieren) y sus disposiciones en su actualidad. En cambio, el discurso del Coach o la Autoayuda gira en que cada **ipseidad** (percatarse a cada momento de un presente continuamente-discontinuo de otro momento presente) revelarían *momentos presentes absolutamente únicos*, no regido por el enhuellamiento de la historia de cada uno. Entonces, lo que emerge de cada ipseidad, serían productos de la diferencia plena o pura del **presente limpio de pasado**.

No negamos que a cada ipseidad (el momento a momento del percatarse de un presente que cambia a otro presente), la nueva novedad en el presente se manifieste como algo nuevo dispuesto a proyectarse al devenir futuro en su proyecto existencial. Lo que si resulta engañoso a nuestro criterio es precisamente la noción de **negar el fondo (las huellas) que sostiene la diferencia producida,** como si en cada nueva diferencia como ipseidad, no estuvieran anudadas al mismo tiempo por los fondos que dieron sostén a la figura actualizante. Queremos decir, que la extensión de lo "puro o pleno" (presente) nuevo de sí, no es infinitamente expansiva (sin límites) a todos sus vértices. El despliegue de cada ipseidad sigue siendo un orden (que debe) a su origen. Sobre-estimar la función del "momento a momento" presente (aquí y ahora), como el casillero que resguarda un potencial infinito del cambio, del progreso o la transformación, es justamente negar lo en-sí (material o histórico) mediante lo para-sí (definido por Sartre) de forma absoluta, quedando, <u>una nada</u> <u>sin sujetarse a ningún punto o vértice</u> para empujarse a un sitio de otro. Pues, ¿Cómo podríamos pensar la pura nada nacida en cada momento presente y articularla con el devenir en cualquier modalidad?

De este modo, los entrenadores Mindfulness o talleres Coaching, te invitan a entran a un campo espacial desparasitado de tu condición e historia pasada, hacia, un "poner entre-paréntesis" dicho espacio. Incrustando un freno, que te coloque fuera de sí, de tu propia memoria. Ahora lo que importa es tu presente con su proyección futura y nada más. Lo que más enfatiza es su guerra contra el pasado. No pretende comprenderla o liberarla de sus trabas asociativas que hacen tropezar el camino mientras se anda, lo que pretende, es saturarla por un presente alimentada de un futuro porvenir "prometedor". Es la promesa del optimismo de una codiciada felicidad, la que debería tener el peso suficiente como para aplastar el doloroso pasado que se re-proyecta en el presente y tiñe el futuro con un sombrío proyector en su filtro.

Otro medio empleado es eludir las emociones "negativas" (dando carácter ético a una emocionalidad como negativa-positiva) y evadirlas en búsquedas de emociones placenteras o "positivas". Para aquellos Psicólogos Humanistas-Transpersonales, escritores de Autoayuda o entrenadores Coach, las emociones positivas son la clave, son el combustible que permite dar fuerza a la voluntad o motivación hacia un éxito. Este éxito claro está, es más fácil conducirlo (manipularlo) si lo transcendemos a un supuesto **Bien-en-sí** <u>que conecta en cadena con todos los Bien-en-sí restantes.</u> Me explico, <u>lo bueno siempre llama a lo bueno</u>, la felicidad solo puede virtuosamente articularse con la felicidad, en un ciclo virtuoso de mayor felicidad. Básicamente es primordial mantener, al precio que sea, la moral en alta, la mirada siempre puesta en el paisaje idílico del optimismo y la supuesta "esperanza" (fé ciega).

En este punto me quiero detener. No es que la esperanza sea un error de manipulación o que la Clínica psicológica carezca de dicho elemento. Al contrario, la esperanza es siempre un lugar clave en ciertos momentos del tratamiento clínico y su continuidad. Lo que quiero señalar es distinguir la "fé ciega" en su diferencia con la esperanza. Como se sabe, la línea que divide la esperanza de la fé ciega es muy delgada y es sumamente sencillo creer estar en un lugar en vez de otro.

Por otra parte, está también la reformulación de la historia por el mero narrar una nueva perspectiva desde su presente. Vale decir, se cambia la identidad histórica de uno por una historia más benevolente de sí, que acobije lugares de mejor autoestima o de imagen positiva de sí. Solo basta con buscar cada episodio de culpa y agregarle a ese recuerdo: "ya no es mi culpa, ya soy otro". Distanciar la culpa o los errores con un manto de: "ya no soy esa persona, pues con mi vestimenta del aquí y ahora presente me destino a no definirme más por ello." Como si la palabra invocada surtiera efecto como un encantamiento mágico: "mira papá (observando su foto o una silla donde imaginariamente imagina que está ahí su padre) ya no te temo, ya no podrás controlar mi vida, yo valgo por lo que soy y no por lo que me digas quien soy". A esto se le puede acompañar con el clásico frente a frente en espejo de: "la persona más importante de este mundo soy yo". Dando lugar a una coraza narcisista adquirida bajo la auto-inflación yoica individualista.

Acorde a lo mismo con la des-culpabilización, se enlaza también con esta otra de: "No te responsabilices de todo tu pasado, aquello ya fue". Implicando que serías sólo tú mismo el que re-alimentaría el pasado para que ocupe tu espacio futuro, futuro que, siempre sería a priori pleno y bienaventurado. Tu exceso de pasado te ha enfermado, la solución no puede ser otra que desculpabilizar y desresponsabilizarlo de sus acciones. Debes preocuparte por tí y no por los demás que no te desearían lo mejor. Los que realmente deben estar contigo serían quienes te aceptan tal cual como eres en tu pasado y presente sin condiciones.
Incluso cobra mayor efecto si le añades la frase: "No eres mala persona, todos somos potencialmente bondadosos y es nuestro deber conocerlo y abrirnos al mundo que solo apenas conocemos en su plena potencialidad". Desde allí, se asume una meta "terapéutica" a perseguir.

Por supuesto otro mecanismo viable para esta proceso "transformador" (manipulador) es empoderar una campaña sistemática a la aniquilación selectiva de tu Yo: "mi apego es algo yoico (egoico), los deseos son producto de mi egoismo, debo transcender al Yo mediante la meditación y permanecer en paz o armonía con la bondad-de-mi-ser que aún estaría prisionero por los grilletes del yo". Es posible entonces acudir en reforzamiento de aquello, el reforzar desbaratando los cimientos identitarios de tu personalidad. Esto porque: "Los demás, los otros o la sociedad no pueden definirte, por lo tanto, quien tiene en sus manos la legitimidad de forjarse su propia identidad y destino, es uno mismo. Qué importa lo que digan tus abuelos o compañeros, lo relevante es solamente lo que tú creas de tí mismo, ser-para-otro invita a la confusión y solo desde el ser-para-sí se encuentra la verdadera identidad."

Lo importante de estas plantillas o herramientas para las empresas es fijar una raya a los empleadores, de que los problemas del pasado no se vean "entrometidos" por los lineamientos productivos de la empresa. Que tus conflictos familiares y sociales no interfieran en tu esfera laboral. Así, lograr separar las aguas en función de la productividad sin costos emocionales gracias al "aquí y ahora de tu presente".

El Coach también tiene el rasgo de ser un "guía positivo", una ayuda cuando pierdas la motivación, te endereza a la finalidad de la empresa. Creando un clima organizacional laboral donde todos remen al mismo bote, donde la diferencia de cada una de nuestras historias o pasados se ahoguen en un presente eficiente que dará mejor destino a la empresa y (por lógica supuesta) a tu "propio beneficio". De este modo, tu vínculo con el Coach-supervisor debe ser la más cercana, permitirte consigo endurecer tu coraza, resiliencia, tu control de impulso, todo lo que sea necesario para convertirte en un trabajador modelo a los objetivos de la empresa y el mundo socio-laboral.

Según un famoso autor de libros de Autoayuda y Psicólogo Transpersonal, Eckhart Tolle, en su libro "El Poder del ahora", define que cada humano transita por un "cuerpo del dolor", un cuerpo dentro de uno (especie de entelequia) que pasado cierto tiempo absorbe energía negativa para sentirse lleno de malos pensamientos que invaden al sujeto. Como si en cada célula de nuestro cuerpo requiere su desayuno diario de tal dolor para sentirse vivo. ¡Pero no nos preocupemos! esto solo es posible combatirlo si disciplinamos el "desarrollo de la prensencia", adquiriendo entonces el sentimiento de aceptación y no rondar más vueltas en asuntos que no pueden solucionarse malgastando energía. Dicha propuesta tiene un solo nombre claro: resignación, aprende a resignarte utilizando sustantivos descriptivos al observar. Dice así: *"Ha aparecido una dimensión superior de conciencia. Yo la llamo presencia. Ahora eres el testigo u observador del cuerpo-dolor. Esto significa que ya no puede usarte pretendiendo ser tú, ya no puede alimentarse a través de ti. Has encontrado tu mayor fuerza interior"* (p.19). Es como una entelequia viva punzante de dolor. Podemos ver lo ilusorio o gratuito que es la simple y superficial "contempla y observa" que nada nuevo trae a lo que concientemente uno hace con la mera conciencia de sí.
Cito de nuevo a Tolle: *"El cuerpo-dolor, como cualquier otra entidad existente, quiere sobrevivir, y sólo puede hacerlo si consigue que te identifiques inconcientemente con él. Entonces puede emerger, apropiarse de ti, «convertirse en ti» y vivir a través de ti. Necesita conseguir su «alimento» a través de ti"* (p.18). La solución según Tolle es: *Identifica el cuerpo-dolor y acepta que está ahí. No pienses en él, no dejes que el sentimiento se convierta en pensamiento. No juzgues ni analices. No te fabriques una identidad con el dolor. Mantente presente y continúa siendo un observador de lo que ocurre dentro de ti"* (p.19). Todo lo que se habla, que podría sonar como algo "novedoso", <u>no es más que aplicar o adoctrinar Mecanismos de Defensa que en Psicoanálisis se llaman: escisión, asilamiento y evitación. Escición por separar lo pasado como lo malo y retener lo presente como lo bueno. Evitación, ya que posterga el sufrimiento de todos modos venidero. Aislamiento como la separación del recuerdo y los sentimientos de éste, como manera de soportar los hechos. En todos estos Mecanismos de Defensa no se sublima y solo se posterga lo impostergable sin solucionar nada de fondo, pues como todo libro de Autoayuda: es pan para hoy, pero hambre para mañana.</u>

Se podría también conjeturar que la forma en la que he vivido, lo habría hecho "mal", pues por algo, el mal destino o la negatividad emocional me han invadido, me "he dejado afectar" por la emoción "negativa" y me he cerrado el buen camino para obrar.

Podriamos resumir los mensajes de Autoayuda en: "Déjalas ir, que no te dominen, son emociones que no representan tu verdadero ser. Solo eres tu mismo el que permite deliberadamente conducirse por ellas. Las emociones serían más bien ilusiones del yo que confunden tu amplio y bello interior. Lo que importa es "quién es uno" en su poder o potencia, no importa el por qué, el cuándo o el cómo. Indagar en ellas es meramente reducir el entendimiento, sin observar la plenitud que llevas contigo".

Lo que cobra manipulación es surtir al campo emocional como un ente a priori bueno-para-sí. Como lo diría C. Rogers: Una Organimismidad innata al bien de uno. Una tendencia innata de la emoción o del "corazón" a revelar el "verdadero" camino que debes perseguir. Existiría una compuerta de infinita sabiduría dentro de tí (que también conecta con la sabiduría de todos), la cual está conectada a través del canal emocional, el canal supuestamente más "verdadero" de uno. Luego cierran con frases clichés auto-envasadas de: "Si sigues a tu corazón, estarás cerca de lo que más quieres", etc.

Estas frases sueltas clichés descontextualizadas y omni-abarcantes a todos contextos de vida. Son los señuelos publicitarios que van iluminando a polillas "desaventuradas". Palabras como "esencia", "verdad", "plenitud", "felicidad", etc. son usadas bajo cualquier contexto como una autoconclusión que se explica por sí sola. Lo bueno es el bien y el bien otorga a uno la esencia de la vida". Se pueden conformar sintaxis diversas con estas palabras que semánticamente aguardan el espacio suficiente para que cada potencial cliente proyecte en ellas todo lo necesario para que les dé su sentido (que desea creer en su fé). Tal como ocurre en las descripciones generales de un horóscopo.
Las frases auto-motivacionales, son migajas para un segundo y hambre para después. Por eso, va uno consumiéndolas de lugar en lugar sin parar, encontrando una frase que otorgue aliento para cuando se acabe el oxígeno y luego buscar otro para flotar. Puedes estar dentro de un mantra recitando varias frases circularmente, de modo que te permitan zig zagear la emocionalidad o el deseo que amenaza con irrumpir.

No negamos que las Clínicas buscan un cambio o un nuevo comienzo. Pero si han leído hasta aquí, se darán cuenta de su ética o metodología, que son diametralmente distintas a la gran mayoría de las escuelas psicoterapéuticas conocidas.

Seguramente habrá nuevas escuelas, perspectivas y formas de hacer Clínicas, según las necesidades. En el futuro, tal como ahora, algunos implementarán más la responsabilidad individual, otras, enfatizarán la interdisciplinariedad y algunas el acentuar más los roles sociales comunitarios. Cada una defenderá a su antojo ético en dónde sus efectos logren tener resonancia y cabida en cada esfera social y finalidad de resultado esperado.

Capítulo II
1. Metapsicología: Proceso Primario y Principio del Placer en Freud

Volviendo a la temática del Inconciente con respecto a su Lógica, debemos previamente aclarar que Freud conceptualiza al Inconciente de 3 maneras: Tópico, Económico y Dinámico (sistema). A esto Freud (1925) en su "Autobiografía" lo nombra como "*la construcción de una «Metapsicología», dando este nombre a una disciplina en la que cada uno de los procesos psíquicos era considerado conforme a las tres coordenadas de la dinámica, la tópica y la económica y viendo en ella el fin último asequible a la psicología*" (p.2791).

Es importante recalcar desde la "**tópica**", que no se "*deben concebir esta separación de la personalidad en un yo, un superyó y un ello deslindada por fronteras tajantes, como las que se han trazado artificialmente en la geografía política. No podemos dar razón de la peculiaridad de lo psíquico mediante contornos lineales como en el dibujo o la pintura primitiva; más bien, mediante campos coloreados que se pierden unos en otros, según hacen los pintores modernos. Tras haber separado, tenemos que hacer converger de nuevo lo separado. No juzguen con demasiada dureza (...) es posible que hasta se alteren en el curso de la función e involucionen temporariamente*" (Freud, 1932:74). Por lo cual es totalmente falsa esa antropomorfalización de tres entelequias separadas que caricaturizan la 2da Tópica (Ello, Yo, Super-Yo). La cual incluso, está íntimamente entrelazada con la 1ra Tópica (Inc, Prc, Cc) a modo complejo en su ontogenia particular, abierta a la realidad externa.
Por lo demás, no es lo mismo un compromiso sintomático (deformación por desplazamiento o condensación) que atañe desde la transcripción del sistema inconciente al preconciente (siglas Inc, Prc), que un síntoma censurado o inhibitorio desde el sistema preconciente a lo conciente (Prc, Cc). Puesto que "*Topográficamente, el psicoanálisis concibe el aparato psíquico como un instrumento compuesto de varias partes y procura determinar en qué puntos del mismo tienen lugar los diversos procesos mentales*" (Freud, 1926:2906). De modo que la "*articulación de lo inconciente se halla enlazada con la tentativa de representarnos el aparato anímico compuesto por una serie de instancias o sistemas de cuya relación entre sí hablamos desde un punto de vista espacial, independiente en absoluto de la anatomía real del cerebro. Es éste el punto de vista que calificamos de tópico*" (Freud, 1925:2776).

Freud en su texto "Psicoanálisis: Escuela Freudiana" (1926) refiriéndose al sistema inconciente como "**dinámico**", donde prima el conflicto, desde su Lógica se "*deriva todos los procesos psíquicos -salvo la recepción de estímulos exteriores- de un interjuego de fuerzas que se estimulan o se inhiben mutuamente, que se combinan entre sí, que establecen transacciones las unas con las otras, etc*" (p.2905).
Por último, sobre lo "**económico**", para Freud (1926) está basado por el "*Principio del placer-displacer. Desde el punto de vista económico, el psicoanálisis admite que las representaciones psíquicas de los instintos están cargadas con determinadas cantidades de energía (catexis) y que el aparato psíquico tiene la tendencia de evitar todo estancamiento de estas energías, manteniendo lo más baja que sea posible la suma total de las excitaciones a*

las cuales está sometido. El curso de los procesos psíquicos es regulado automáticamente por el principio del placer-displacer, de manera tal que en una u otra forma el displacer aparece siempre vinculado con un aumento y el placer con una disminución de la excitación.

En el curso del desarrollo, el primitivo principio del placer experimenta una modificación determinada por la consideración con el mundo exterior (principio de la realidad), mediante la cual el aparato psíquico aprende a diferir las satisfacciones placenteras y a soportar transitoriamente las sensaciones displacenteras" (p.2906).

Para aclarar mayormente qué es el Principio placer-realidad y el Proceso Primario-Secundario, Freud (1911) lo describe en su texto **"Formulaciones sobre los dos principios del acaecer Psíquico"** aludiendo que los procesos primarios existe una *"tendencia a la cual hemos dado el nombre de principio del placer. Tienden a la consecución de placer, y la actividad psíquica se retrae de aquellos actos susceptibles de engendrar displacer (represión). Nuestros sueños nocturnos y nuestra tendencia general a sustraernos a las impresiones penosas son residuos del régimen de este principio y pruebas de su poder"* (p.1638). Abordando ahora la constitución del Principio de Realidad, partiremos diciendo que en pleno proceso primario de satisfacción, mientras un bebé tenga alguna necesidad todavía insatisfecha, el bebé reimprime sus anteriores huellas de placer recreando lo vivenciado en su anterior satisfacción, tal como en una ensoñación de cumplimiento de deseo (alucinación satisfactoria del deseo), puesto que, el bebé no distingue claramente lo interno de lo externo, o más bien, la percepción de una representación. A modo ejemplar, en un bebé con hambre, la *"representación "pecho" que se produce a partir de la primera experiencia de satisfacción no busca el pecho; quiero decir, no dice "Me voy a acordar del pecho para no tener necesidad del pecho de mi madre". Aparece el pecho, que es una cosa, que no da cuenta de otra cosa, más que si hay una tercera simbolización que permite el enlace entre ambas. Para que un elemento simbolice otro tiene que haber un tercer elemento; volvemos al esquema de Peirce. Es imposible que un elemento remita a otro si no hay un tercero que permite dar cuenta del enlace"* (Bleichmar, 1998:370).

De este modo, el pecho no es intencionalmente representado, se presenta a sí mismo como cosa alucinada bajo la reimpresión regresiva de huellas (cree estar mamando aunque aún no llegue el pecho real). Para Winnicott (1945) *"el niño acude al pecho cuando está excitado y dispuesto a alucinar algo que puede ser atacado. En aquel momento, el pezón real hace su aparición y el pequeño es capaz de sentir que eso, el pezón, es lo que acaba de alucinar. Así que sus ideas se ven enriquecidas por los datos reales de la vista, el tacto, el olfato, por lo que la próxima vez utilizará tales datos para la alucinación. De esta manera el pequeño empieza a construirse la capacidad para evocar lo que está realmente a su disposición. La madre debe seguir dándole al niño este tipo de experiencia"* (p.209). No obstante, al ocurrir una *"decepción ante la ausencia de la satisfacción esperada motivó luego el abandono de esta tentativa de satisfacción por medio de alucinaciones, y para sustituirla tuvo que decidirse el aparato psíquico a representar las circunstancias reales del mundo exterior y tender a su modificación real. Con ello quedó introducido un nuevo principio de la actividad psíquica. No se representaba ya lo agradable, sino lo real, aunque fuese desagradable. Esta introducción del principio de la realidad trajo consigo consecuencias importantísimas. (...) La mayor importancia adquirida por la realidad externa elevó también la de los órganos sensoriales vueltos hacia el mundo exterior y la de la consciencia, instancia enlazada a ellos, que hubo de comenzar a aprehender ahora las cualidades sensoriales y no tan sólo las de placer y displacer, únicas interesantes hasta entonces. Se constituyó una función especial -la atención-, cuyo cometido consistía en tantear periódicamente el mundo exterior, para que los datos del mismo fueran previamente conocidos en el momento de surgir una necesidad interna inaplazable*" (Freud, 1911:1639).

Podríamos relacionar aquello con las "pre-catexias" que Freud describía antes en "Proyecto" de 1895 y después en "Pizarra mágica" (1924) en lo que refiere como "tantear periódicamente" como las antenas que toman muestras de lo exterior, puesto que las *"inervaciones de investidura son enviadas y vueltas a recoger en golpes periódicos rápidos desde el interior hasta el sistema P-Cc, que es completamente permeable. Mientras el sistema permanece investido de ese modo, recibe las percepciones acompañadas de conciencia y trasmite la excitación hacia los sistemas mnémicos inconcientes; tan pronto la investidura es retirada, se extingue la conciencia, y la operación del sistema se suspende. Sería como si el inconciente, por medio del sistema P-Cc, extendiera al encuentro del mundo exterior unas antenas que retirara rápidamente después que estas tomaron muestras de sus excitaciones"* (Freud, 1924:247). Más específicamente (en su texto "La Negación" un año después), la *"percepción no es un proceso puramente pasivo, sino que el yo envía de manera periódica al sistema percepción pequeños volúmenes de investidura por medio de los cuales toma muestras de los estímulos externos, para volver a retirarse tras cada uno de estos avances tantaleantes"* (Freud, 1925:256).

Prosiguiendo con el texto antes citado, posteriormente "*surgió el discernimiento, instancia imparcial propuesta a decidir si una representación determinada es verdadera o falsa, esto es, si se halla o no de acuerdo con la realidad, y que lo decide por medio de su comparación con las huellas mnémicas de la realidad*" (Freud, 1911:1639).

Aprovechando aquí para aclarar en lo referente a la Psicosis, Strachey en su nota introductoria al texto de Freud "Complemento metapsicológico a la doctrina de los sueños" dice que "*los «procesos psíquicos primarios», por sí mismos, no hacen distinción alguna entre una representación y una percepción; primero tienen que ser inhibidos por los «procesos psíquicos secundarios», los cuales sólo pueden operar cuando hay un «yo» con una reserva de investiduras lo suficientemente grande como para proveer la energía necesaria para efectuar la inhibición.*" Por lo tanto es importante nuevamente referirse como los "*procesos psíquicos primarios a la investidura-deseo hasta la alucinación, el desarrollo total de displacer, que conlleva el gasto total de defensa; en cambio, llamamos procesos psíquicos secundarios a aquellos otros que son posibilitados solamente por una buena investidura del yo y que constituyen una morigeración de los primeros. La condición de los segundos es, como se ve, una valorización correcta de los signos de realidad objetiva, sólo posible con una inhibición por el yo.*" Estas mismas ideas están prácticamente idénticas en 1895 en la carta de Freud a Fliess en "<u>Proyecto</u>

para una psicología para neurólogos" en donde alude que "*la capacidad de un recuerdo para generar alucinaciones, como su capacidad de generar afectos, son signos de que la catexia del yo todavía no ha adquirido ninguna influencia sobre el recuerdo y de que en éste predominan los métodos primarios de descarga*" (p.109).

Proponiendo un ejemplo concreto, Silvia Bleichmar (1998) destaca que "*un niño sentado en un aula cuya madre está de viaje y que escucha un avión. Si el chico es un chico neurótico, ese estímulo -el avión- se convierte en un elemento fundamental de percepción, deviene entonces un elemento que convoca toda su atención y deja de atender la clase durante un rato, incluso puede quedar anudado a sus pensamientos por las evocaciones de la madre, el deseo de volver a estar con ella, los recuerdos que lo ligan, la preocupación de cuándo vuelve; en fin, lo que veíamos antes de efecto de disminución de la atención o fracaso de la censura, de segunda censura, por una falla en la censura. Pero si el niño es un niño gravemente perturbado y escucha el avión, puede salir corriendo al patio porque ahí no hay un efecto de caída de segunda censura sino que hay un activamiento de representaciones más primarias; puede salir corriendo porque nada inhibe el pasaje a la motilidad en la medida en que él va desesperado a la búsqueda no del objeto que viajó, sino de la representación que se activó con el ruido. No basta con decirle que la mamá no está ahí, sino que se trata de armar toda una articulación que constituya un entretejido sobre la presencia, la ausencia y en principio sobre su propio deseo de que el ruido para ·él es como si mamá estuviera; porque ahí hay una equivalencia: no es que el ruido conduce a mamá, el ruido es mamá. Porque ahí hay una superposición efecto de la intensidad de las cargas*" (p.290-291).

Es debido a ello que Freud (1916) en su Conferencia 8 nos detalla que en los sueños primarios más infantiles: "*Para la comprensión de estos sueños no se requiere de ningún análisis, de ninguna aplicación de una técnica. No hace falta preguntarle nada al niño que cuenta su sueño (...) Estos sueños están desprovistos de desfiguración; por eso no necesitan de ningún trabajo interpretativo. Sueño manifiesto y sueño latente coinciden aquí (...) El sueño de un niño es la reacción a una vivencia del día, que ha dejado tras sí un lamento, una añoranza, un deseo incumplido. El sueño brinda el cumplimiento directo, no disfrazado, de ese deseo (...) Si no hubiera otros sueños que los infantiles, el problema estaría resuelto, nuestra tarea terminada, y por cierto sin indagar al soñante, sin sacar a luz lo inconsciente y sin recurrir a la asociación libre.*" (p.115-120). Agreguemos también, que en adultos dichos sueños "*realmente significan lo que pregonan y, sin embargo, no han sido deformados por la censura. Son expresiones de impulsos inmorales, incestuosos y perversos, o deseos homicidas y sádicos. Frente a algunos de esos sueños el soñante reacciona despertándose angustiado; en tal caso, la situación ya no da lugar a dudas. La censura ha dejado de actuar, el peligro fue advertido demasiado tarde y el despliegue de angustia viene a representar el sucedáneo de la deformación omitida*" (Freud, 1925:2893).
Ejemplos en la Clínica nos brinda H. Segal (1991), mencionando casos donde para "*un psicótico agudo, a menudo no hay distinciones entre una alucinación, un sueño y un suceso real. Recuerdo sesiones al principio del tratamiento de un esquizofrénico agudo, cuando solía hacerme un desordenado relato de su*

42

noche, en el cual era imposible decir qué era lo que realmente había pasado, qué había alucinado al despertar o qué mientras dormía. Bion menciona a un paciente que estaba aterrorizado porque había soñado con su analista, por lo que llegó a la conclusión de que debía haberlo devorado, y estaba perplejo al encontrarlo aún con vida en el mundo externo real. En tales casos, el paciente es incapaz de diferenciar entre el suceso psíquico que constituye un sueño y los hechos reales del mundo externo" (p.109-110). Continuando, Segal (1991) nos refiere además que "los psicóticos, que no pueden distinguir en absoluto entre sueño, alucinación y realidad; saben que han soñado, hablan de sus sueños, pero a pesar de ello éstos son psíquicamente equivalentes a sucesos concretos, y tienen consecuencias similares. La señorita G solía comenzar una sesión quejándose de que en mi cuarto había olor a gas. Con posterioridad, descubríamos que había soñado con globos de gas que explotaban. Si en su sueño yo o un personaje que me representara la perseguía, me reconvenía por ello, como si el personaje del sueño fuera verdaderamente yo misma" (p.111).

Otro aspecto crucial para el desarrollo psíquico a partir de la alucinación y las descargas primarias, es la aparición del **retardamiento**, del "aplazamiento, necesario ahora, de la descarga motora (de la acción) fue encomendado al proceso del pensamiento, surgido de la mera representación. Esta nueva instancia quedó adornada con cualidades que permitieron al aparato anímico soportar el incremento de la tensión de los estímulos durante el aplazamiento de la descarga. Mas para ello se hacía necesaria una transformación de las cargas libremente desplazables en cargas fijas, y esta transformación se consiguió mediante una elevación del nivel de todo el proceso de carga. El pensamiento era, probablemente, en un principio, inconsciente, en cuanto iba más allá de la mera representación, y sólo con su enlace a los restos verbales recibió otras cualidades perceptibles por la consciencia" (Freud, 1911:1639-1640). Con respecto al aplazamiento de "las cargas libremente desplazables en cargas fijas", lo elaboraremos desde perspectivas más complejas, cuando revisemos a "Derrida y las huellas en Proyecto", así como el "Lenguaje y su Proceso Secundario".

Finalmente, consideramos que mediante "la instauración del principio de la realidad quedó disociada una cierta actividad mental que permanecía libre de toda confrontación con la realidad y sometida exclusivamente al principio del placer. Esta actividad es el fantasear, que ya se inicia en los juegos infantiles, para continuarse posteriormente como sueños diurnos abandonando la dependencia de los objetos reales" (Freud, 1911:1640). De no constituirse esta instancia psíquica será más adelante lo que Freud desarrolla sobre la psicosis (parafrenia) o neurosis narcisísticas.

Estas temáticas ya han sido esbozadas por Freud en el texto "Proyecto" de 1895 y por otra parte, como veremos posteriormente hay que considerar que el "principio del placer", no es un fenómeno inicial a modo de "principio", se va a ir constituyendo como un "principio" medianamente autónomo a partir (lo diremos preliminarmente, para desarrollarlo en el Capítulo III) de los cuidados primordiales del otro (madre o cuidador) o de la alteridad para su conformación, que se hace necesario, pasando desde la "energía libremente móvil" a la "energía ligada", lo que dará forma o compás rítmico al Principio del Placer.

2. Proceso Primario y Metabolización

Resumiré ahora algo de lo expuesto agregando nuevas puntualizaciones de paso.

Debemos entender que el proceso primario no se detiene, opera con su propio pensamiento que es distinto al pensamiento "consciente" o del proceso secundario bajo el principio de realidad.

Bajo palabras más sencillas podríamos decir que el proceso secundario es un "pensamiento del pensamiento" movido por las fuerzas del proceso primario en su tendencia (por el principio del placer) a descargar hacia el "placer" de la relajación, como también en la tensión de un "goce" que busca anudar algo irresuelto, que insiste en una repetición bajo (el intento de) una ganancia secundaria. Esto es tanto para la estimulación interna orgánica (pulsión o Qi) como la externa (Q), dejándose llevar por su fuerza (empuje pulsional del proceso primario o principio del placer) para ligarlas en un tejido simbólico (bajo el proceso secundario), sin anticipar a priori qué destinos asociativos tendrán sus operaciones de semejanza o analogía (las cuales no se detienen). Por tanto, al "pensar esos pensamientos" bajo el proceso secundario, se les otorga una reflexión en la posibilidad de volver hacia ellos (retroactivamente) bajo una reflexión que organice y dé un nuevo lugar aquel devenir asociativo del proceso primario (lo que desarrollaremos en el Capítulo IV de este libro).

Freud (1900) ejemplifica esto en el Capítulo II de la **Interpretación de los Sueños**, donde señalando la "asociación libremente emergente", Freud, citando una carta redactada por Schiller a su amigo Gottfried Körner, cita: "*Aisladamente considerada, una idea puede resultar del todo insignificante o aventurada, pero es posible que otra posterior le haga adquirir importancia, o que uniéndose a otras, tan insulsas como ella, forme un conjunto nada despreciable. La razón no podrá juzgar nada de esto si no retiene las ideas hasta poder contemplarlas unidas a las posteriormente surgidas. En los cerebros creadores sospecho que la razón ha retirado su vigilancia de las puertas de entrada; deja que las ideas se precipiten pêle-mêle al interior, y entonces es cuando advierte y examina el considerable montón que han formado*" (p.78). Desde la función del proceso primario en su precipitada fluidez asociativa, los elementos fragmentarios son necesarios en la creatividad para esperar posteriormente su ordenamiento o integración, allí, donde se había dado "rienda suelta". Otro modo de ejemplificarlo es el capítulo 23 del texto de Bion "Aprender de la experiencia" publicado en 1962, donde citando al matemático H. Poincaré de su libro "Ciencia y Método", expone la siguiente cita: "*Poincaré describe el proceso de creación de una formulación matemática así: "Si un nuevo resultado ha de tener algún valor, debe unir elementos conocidos por mucho tiempo, pero que han estado hasta entones dispersos y han sido aparentemente extraños entre sí, y súbitamente introducir orden donde había la apariencia de desorden. Entonces esto nos permite ver de un vistazo a cada uno de estos elementos en el lugar que ocupa en la totalidad. No sólo el nuevo hecho es valioso por sí mismo, sino que él solo da valor a los hechos anteriores que une*" (p.103).

Recapitulando sobre la clínica tomando en consideración estas últimas citas, Zukerfeld, R. & Zonis, R. (2003) discute que "*para definir la salud en el proceso de la cura analítica es claro que no puede considerarse como tal ni al control racional excesivo propio de "insuficiente proceso primario" ni "cuando la supresión del control adopta la forma caricaturesca de la desagregación del pensamiento" del "insuficiente proceso secundario"*", por lo tanto, basándose en André Green, Zukerfeld & Zonis (2003) definen que en lo clínico "*el trabajo del pensamiento (...) consagrado al ejercicio de los procesos secundarios, sigue abierto a unos procesos primarios que aseguran la irrupción de la intuición creativa en el momento mismo de ejercerse la más rigurosa racionalidad*".

Resumiendo lo expuesto, el proceso primario, nunca queda totalmente coaptado por el proceso secundario, siempre irrumpe el devenir del primario al secundario, por más que se liga o simbolice, siempre escapará algo nuevo o diferente en el proceso.

Precisamente, esto fue trabajado por la obra de Wilfred Bion, en donde León Grinberg (1997) explica que Bion al sugerir "*la existencia de «pensamientos» previos a la capacidad para pensar, no sólo extiende el concepto de pensamiento sino que prepara el camino para una nueva extensión del concepto de mente, que serán los «pensamientos sin pensador»*". De esta forma, Bion describe según Grinberg (1997) "*la existencia del «pensamiento sin pensador» o de pensamientos a la espera de un pensador que pueda pensarlos. Quiere decir que el pensamiento está también desde antes*".

Profundizando los aportes de Bion, una autora como Sonia Abadi (2001) postula que en el origen "*habría pensamientos previos a la capacidad para pensar. La actividad de pensar derivará de dos procesos mentales: en primer lugar el desarrollo de pensamientos y luego el desarrollo del aparato de pensar, impuesto por la presión de los pensamientos*" (p.47). De otra forma no se podría asociar respecto a sus propias asociaciones, los pensamientos se arrastran sin un freno o retardo que haga pensar hacia adelante o hacia atrás reflexivamente desde algún punto (lo cual veremos más adelante en la importancia a la instalación de un "yo" o la "posición de un sujeto" ante su discurso).

Desde aquí entenderemos que el rápido olvido en gran parte de los sueños es debido a que al desaparecer casi por completo el proceso secundario (aparato de pensar) en el soñar, no existe algo que lo ayude a recordar con mayor facilidad ordenando las asociaciones, provocando la fragilidad memorística de los sueños que rápidamente se difuminan en un cierto olvido, solo rescatable con el esfuerzo de reflexión o de asociatividad contigua en lo diurno que repare en ciertas huellas latentes olvidadas. Puesto que al despertar del sueño, al restablecerse el proceso secundario (y con ello la represión), muchas veces recién desde allí se pregunta: "¿qué soñé?", "¿por qué habré soñado eso?", etc.

Silvia Bleichmar (1998) rescata también en la obra de Bion, aspectos aclarativos sobre la "velocidad sin freno" del Proceso Primario y la Psicosis: "*Los que han leído Bion conocen los ejemplos de él sobre esto, que es: "Miro a mi analista, lo odio, los anteojos se fracturan, en mi fantasía los ojos estallan, y me cubro los ojos". Es un movimiento tan rápido que lo único que se ve son los* ojos estallados del propio paciente sosteniéndose, o del psicótico sosteniéndose los ojos. Bion, desde su posición kleiniana, piensa que lo que se actúa es idéntico a lo proyectado, entonces se proyecta hostilidad" (p.357). Es interesante mencionar que sucedió una fugaz fantasía sádica alucinatoria, que en su movimiento deja como resto o resultado final el término de su detención asociativa, bajo el punto cúlmine de una hostilidad (más allá de la indiferenciación psicótica entre la vivencia propia y la del analista, puesto que se cubre sus ojos pese a que fue el analista a quien "les explotó"). Lo acontecido no fue en tanto como una represión secundaria o censura en cuanto desalojo de la consciencia para el olvido de aquella fantasía. El olvido del paciente psicótico se manifiesta en cuanto queda sosteniéndose sus propios ojos que "estallaron", no recuerda el proceso, solo se queda con el resultado. Un ejemplo más simple y aclaratorio, sería despertarse de una pesadilla sin saber por qué lo llevó a despertarse con pánico.

Con respecto al retardo, al proceso secundario, a la reflexión, el pensar los pensamientos, podemos ver desde otra perspectiva ajena al psicoanálisis, que el Psicólogo Daniel Kahneman, tras recibir en Diciembre 2002 el Premio Nobel de Economía, en su discurso "Mapas de racionalidad limitada: Psicología para una economía conductual", del cual salió una versión revisada de dicha conferencia, Kahneman (2003) dice que "*las operaciones del Sistema 1 son rápidas, automáticas, sin esfuerzo, asociativas, y a menudo están cargadas emocionalmente; además, vienen determinadas por la costumbre y consecuentemente son difíciles de controlar o modificar. Las operaciones del Sistema 2 son más lentas, consecutivas, requieren un gran esfuerzo, y están controladas de forma deliberada; son también relativamente flexibles y, potencialmente, vienen determinadas por reglas.*" Se puede apreciar con claridad que pese al campo distinto de aplicación y teórico frente al psicoanálisis, las propuestas de dicho autor ya fueron sugeridas por Freud en "Proyecto" (1895) al referirse a los procesos primarios y procesos secundarios, que serían de cierto modo equivalentes o análogos al Sistema 1 y 2.

Podríamos de cierto modo agregar esto recién dicho con Kant: "la intuición (estética trascendental) sin conceptos (estética analítica) es ciega y los conceptos sin intuición, son vacios". Ambos procesos se determinan unos a otros, se organiza desorganizándose para organizarse de nuevo, sea reprimiendo, elaborando, repitiendo, escindiendo, negando, desmintiendo, etc.

Por su parte, Silvia Bleichmar (1998) considerando la "*antecedencia de los pensamientos respecto del aparato de pensar*" (p.389). Toma la idea de Bion en donde por consiguiente, "*la psicosis es el efecto de un déficit en el aparato de pensar y no la ausencia de pensamiento*" (Bleichmar, 1998:392). En la psicosis por tanto, "*no tiene el aparato de pensar que lo metaboliza y lo transforma*" (Bleichmar, 1998:392).

Cuando hablamos de metabolizar, siguiendo el trabajo de Piera Aulagnier (1975) "La violencia de la interpretación", lo entenderemos como una "actividad de representación" que es "*el equivalente psíquico del trabajo de metabolización característico de la actividad orgánica. Este último puede definirse como la función mediante la cual se rechaza un elemento* heterogéneo respecto de la estructura celular o, inversamente, se lo transforma en un material que se convierte en homogéneo a él. Esta definición puede aplicarse en su totalidad al trabajo que opera la psique, con la reserva de que, en este caso, el "elemento" absorbido y metabolizado no es un cuerpo físico, sino un elemento de información" (p.23). En el trabajo de metabolización, se puede tanto rechazar o transformar un elemento, lo que en suma, la "meta es metabolizar un elemento de naturaleza heterogénea convirtiéndolo en un elemento homogéneo a la estructura" (Aulagnier, 1975:24). En otras palabras también Aulagnier (1975) en su obra, nos señala que el "trabajo requerido al aparato psíquico consistirá en metabolizar un elemento de información, proveniente de un espacio que le es heterogéneo, en un material homogéneo a su estructura, para permitir a la psique representarse lo que ella quiere reencontrar de su propia experiencia" (p.41). Bajo el contexto si "consideramos que la psique está sumergida desde un primer momento en un espacio que le es heterogéneo, cuyos efectos padece en forma continua e inmediata" (Aulagnier, 1975:30).

Similar forma conceptualiza Bion la "función alfa" del "Reverie" materno o del cuidador, en donde alfabetiza los "elementos-beta", para transformarlos en partículas (elementos) alfa para que puedan ser digeridos. Tal como lo señala Guillermo Bodner (2007) en su texto "El proceso y las interferencias de la transformación simbólica", "crea elementos que retornan al sujeto de manera apta para el almacenamiento, el sueño o el pensamiento. La función de reverie despoja al elemento original del exceso de ansiedad, favoreciendo la abstracción inherente al desarrollo de los símbolos". En otras palabras, primariamente existe un cuidador externo que digiere (elementos-beta) dentro de lo posible, para los diversos procesos psíquicos de representación. Así en vez de centrarse en un trabajo intra-psíquico del sujeto como primera etapa, existe una prioridad desde un cuidador para las primeras etapas del desarrollo en la metabolización o digestión de elementos. Bion (1967) ejemplificándolo en lo clínico, en su texto "Volviendo a Pensar", lo grafica del siguiente modo: "Cuando el paciente trataba de deshacerse del temor a la muerte, sentido como demasiado poderoso para contenerlo en su propia personalidad, disociaba en mí, con la idea de que si podían permanecer allí durante un tiempo, serían modificados por mi mente y podrían entonces ser reintroyectados sin peligro" (p.142). Dicho ejemplo no es difícil de imaginar como el ave que digiere los alimentos y las regurgita a sus pichones.
En términos Freudianos como veremos más adelante sería asignar o ligar representación-palabra a la representación-cosa.
Como hemos visto en Piera Augliner, lo heterogéneo sería similar a los elementos-beta, mientras que lo homogéneo sería equivalente a los elementos alfa, usables para la construcción de símbolos o pensamientos.
Bion (1962) en su obra "**Aprendiendo de la experiencia**", en el capítulo 3 fundamenta que para librarse "la psique del acrecentamiento de estímulos. Los elementos-beta se almacenan, pero difieren de los elementos-alfa en que no son tanto recuerdos como hechos no digeridos, mientras que los elementos-alfa han sido digeridos por la función alfa (reverie) y por lo tanto estarían disponibles para el pensamiento" (p.32). Por lo cual, es importante para Bion distinguir entre recuerdos y hechos sin digerir o elementos-beta. Más adelante en el capítulo 6, Bion ejemplifica que los "elementos-beta son tratados por un

procedimiento de evacuación similar a los movimientos de la musculatura, los cambios de porte, etc., que Freud describe como la intención de desembarazar la personalidad de acumulaciones de estímulos y no para efectuar cambios en el medio ambiente; un movimiento muscular" (p.33). En esta cita podemos ver algunos parecidos que tiene con el "Carácter-análisis" formulado por W. Reich.

Otro aspecto relevante de Bion que nos señala Sonia Abadi (2001), son referidas a las "barrera de contacto" como *"resultante del conjunto formado por los elementos alfa, lo que marca el contacto y la separación entre consciente e inconsciente, funcionando como una membrana permeable que impide que la fantasía prevalezca sobre la realidad"* (p.52). O sea, en la otra vereda de esta "barrera de contacto", existe la "pantalla de elementos beta", en donde al *"contrario de la barrera de contacto, compuesta por elementos alfa, la pantalla de elementos beta está constituida por elementos beta aglomerados y no organizados, sin capacidad de establecer vínculos entre sí. Esto no le permite cumplir la función de límite entre consciente e inconsciente"* (Abadi, 2001:53). Esto último es interesante ya que Bion elabora su propia conceptualización sobre lo que se conoce como la "represión originaria" que da origen a la distinción o separación tópica entre lo "Icc" y "Prc" como del "yo" y el "Ello", que más adelante desarrollaremos.

Desde este entendimiento, según Diana Rabinovich (1988) en su capítulo "La teoría de la psicosis en Bion o los límites del kleinismo", en su libro El concepto de objeto en la teoría psicoanalítica. Su incidencia en la dirección de la cura", postula que la falta de diferenciación entre lo consciente e inconsciente en la Psicosis, *"esta destrucción implica además que la fórmula clásica del psicoanálisis "hacer consciente lo inconsciente" no sea válida en estos casos, pues la misma se ve doblemente anulada: al faltar los elementos alfa y no configurarse la barrera de contacto no hay represión primaria, o sea no hay inconsciente y la conciencia como órgano perceptor de la cualidad psíquica está destruido. Por esta razón el objetivo principal del psicoanálisis de la esquizofrenia es "reparar" el aparato psíquico del psicótico."* (p.95)

Por otra parte, Lía Pistiner de Cortiñas (2007) en su libro "La dimensión estética de la mente, variaciones sobre un tema de Bion", Bion describe la barrera de contacto, como *"la articulacion de los elementos alpha, los cuales forman un retículo que se arma y se desarma a medida que van proliferando. Es un proceso de formación continua y marca el punto de contacto y separacion entre consciente e inconsciente, originando una diferenciación entre ellos (...) Los elementos alpha forman una barrera semipermeable que al mismo tiempo permite el intercambio, de modo tal que las experiencias emocionales pueden ser "soñadas" y almacenadas, pero impide la intrusión en la conciencia de fantasías y emociones que podrían perturbar una adecuada evaluación de los hechos de la realidad externa"* (p.277).

Sobre la "separación y el contacto", estas ideas ya estaban expuesta en gran medida por Klein (1952) en su texto "Algunas conclusiones teóricas sobre la vida emocional del bebé": *"en caso de no ser suficientemente superados los mecanismos esquizoides tempranos, puede resultar que, en lugar de un límite fluido entre lo consciente y lo inconsciente, surja entre ellos una rígida barrera;*

esto indica que la represión es excesiva y que, por lo tanto, el desarrollo está perturbado.

Por otra parte, mediante una represión moderada, el inconsciente y la conciencia tienen mayores probabilidades de permanecer "porosos" uno con respecto al otro y por lo tanto las pulsiones y sus derivados son, en cierta medida, autorizados a emerger una y otra vez del inconsciente y son sujetos por parte del yo a procedimientos de selección y rechazo. La elección de las pulsiones, fantasías y pensamientos que deben ser reprimidos depende de la creciente capacidad del yo para aceptar las normas de los objetos externos. Esta capacidad está ligada a la mayor síntesis dentro del superyó y a la creciente asimilación del superyó por el yo" (p.95-96). En un trabajo posterior, Klein (1958) enuncia que *"el yo se diferencia del ello por medio de la barrera represión-resistencia. Yo he hallado que la disociación es una de las defensas iniciales y que precede a la represión, la que, según presumo, comienza a operar alrededor del segundo año de vida. Normalmente ninguna disociación es absoluta, así como tampoco lo es la represión. Las partes conscientes e inconscientes del yo no están, por lo tanto separadas por una barrera rígida; como lo describió Freud, las diferentes áreas de la mente se esfuman unas en las otras"* (p.249). Por ejemplo, en Klein (1952) la *"introyección de un objeto bueno estimula la proyección de sentimientos buenos hacia el exterior y esto, a su vez, por reintroyección, fortalece el sentimiento de poseer un objeto interno bueno"* (p.78).

Podemos aclarar más este punto siguiendo a Laplanche (1977) en su Problemáticas III referido a cómo *"surge la necesidad de tratar a estas excitaciones internas como si fueran externas, es decir, tratarlas por medio de la proyección. Tratarlas mediante la proyección no quiere decir, por supuesto, que se las ponga afuera de manera definitiva, sino que se las pone afuera para reintegrarlas adentro y, en este caso, con una barrera. Si ustedes quieren, el modelo sería no el de una proyección, sino de una proyección-introyección (...) proyectando estas excitaciones internas en un primer tiempo, y luego haciéndolas ingresar nuevamente, pero ya provistas de una barrera"* (p.231). Con esto, estamos a una idea similar a la planteada por Aulagnier, cuando expresa el *"metabolizar un elemento de naturaleza heterogénea convirtiéndolo en un elemento homogéneo a la estructura"*.

De esta forma los elementos alfa como lo aclara Pistiner de Cortiñas: *"Pueden articularse o aglomerarse, ordenarse en forma secuencial, como una narrativa, como ocurre en un sueño u ordenarse en forma lógica o geométrica. Su función de membrana semipermeable permite estar despierto o dormido, consciente o inconsciente y de diferenciar pasado de presente y de futuro. Además de actuar como una barrera que impide la invasión mutua entre los "sueños" y los hechos de la realidad fáctica, también actúa como una censura articuladora, que hace posible el pensar y la comunicación"* (2007:277).

Finalizando con el trabajo de Sonia Abadi (2001) sobre Bion, resumiremos en lo que respecta a la Psicosis, para dichos pacientes *"prevalece la formación de una pantalla de elementos beta en lugar de la barrera de contacto de elementos alfa, también prevalece la posición esquizoparanoide sobre la posición depresiva"* (p.53).

Por otra parte, no descuidamos sobre el *"grado en que las fantasías larvales (elementos beta), excluidas de la expresión simbólica en el preconsciente, hallen por primera vez expresión verbal y contrapartida afectiva, puede determinar la posibilidad de disminuir el riesgo de descarga somática, que de otro modo sortea el lenguaje y, con ello, la capacidad de elaborar la fantasía. Es posible que la fantasía constructiva (o sea, protectora) para abordar la ausencia y la diferencia sólo pueda ser "almacenada" como tesoro psíquico en la medida en que está contenida en las palabras y en los primeros elementos del "pensar", en el sentido de las investigaciones de Bion. Los "ataques a la conexión" que este autor atribuye a los estados psicóticos (Bion, 1959) se restringen, en el caso de las personalidades psicosomáticas, a un ataque contra la vida de la fantasía y la capacidad de representar el afecto"* (McDougall, 1978:350).

Cabe retomar, con respecto al devenir asociativo (empleando la metáfora de Einstein en que "dios no juega a los dados"), podemos decir que las asociaciones, no son al mero azar ni tampoco homogéneas en su carga energética, es decir, el devenir asociativo no es totalmente al azar ya que los "dados" al arrojarse están cargados de un lado de otro. Freud (1900) lo describe en la Interpretación de los sueños a partir de las "representaciones-meta": *"Por más influencia que ejerzamos sobre nuestra vida anímica es imposible establecer un pensar sin representaciones-meta; e ignoro los estados de desorden psíquico en que semejante pensar podría establecerse* (p.522). Sobretodo que *"un discurrir sin reglas, carente de representaciones-meta de los pensamientos, no se presenta ni en el marco de la histeria o de la paranoia ni en la formación o en la resolución de los sueños. Quizá no se instale en ninguna de las afecciones psíquicas endógenas (...) aun los delirios de los que sufren estados confusionales están provistos de sentido y sólo por sus omisiones se vuelven incomprensibles para nosotros (...) Los delirios son la obra de una censura que ya no se toma el trabajo de encubrir su reinado, y que en vez de cooperar en una remodelación que ya no sea chocante elimina sin miramientos todo aquello que suscita su veto, con lo cual lo que resta se vuelve incoherente. Esta censura procede de manera en un todo análoga a la censura rusa de los periódicos en la frontera: velando por los lectores, sólo deja llegar a sus manos los periódicos extranjeros cruzados por tachaduras en negro. Quizás en los procesos orgánicos de destrucción cerebral se presente el juego libre de las representaciones de acuerdo con un encadenamiento caprichoso de la asociación"* (p.523). Más claramente lo grafica F. Dolto (1981) en su texto "En el juego del deseo" al decir que *"por más consciente que se vuelva el hombre de los límites de sus responsabilidades, de sus poderes y de sus límites en la realidad. Siempre está el inconsciente que, por su parte, nunca obedece a la razón; y además está el hecho de que los dados están inevitablemente cargados y las cartas inevitablemente marcadas en el juego del deseo"* (p.309). En este sentido, el proceso primario tiene como fin el intentar tramitar que lo heterogéneo se haga más homogéneo, junto con el proceso secundario para digerir (integración o síntesis) lo distinto que a cada momento (ingresa o excita) debe metabolizar el propio aparato psíquico.

En su Carta 52 a Fliess, Freud (1896) propone que al no producirse una traducción para el material psíquico ante la "*nivelación cuantitativa. Cada reescritura posterior inhibe a la anterior y desvía de ella el proceso excitatorio. Toda vez que la reescritura posterior falta, la excitación es tramitada según las leyes psicológicas que valían para el período psíquico anterior, y por los caminos de que entonces se disponía. Subsistirá así un anacronismo, en cierta provincia regirán todavía unos «fueros» (...) La denegación {Versagung) de la traducción es aquello que clínicamente se llama «represión». Motivo de ella es siempre el desprendimiento de displacer que se generaría por una traducción, como si este displacer convocara una perturbación de pensar que no consintiera el trabajo de traducción*" (p.276). En este punto, recordamos la turbulencia que produce los elementos beta en el proceso del pensamiento.

Guillermo Bodner (2007) resume siguiendo a Bion que esta capacidad de metabolización, digestión o de "*transformación, debe acompañarse de otros requisitos para que funcione el proceso hacia la abstracción. Bion (1965) dice que para que la transformación sea posible a) el enunciado debe tener dimensiones, b) deben ser aceptadas ciertas reglas y c) debe respetarse la multiplicidad de vértices. La resistencia o el fracaso de la transformación se deben a la destrucción de alguno de estos elementos. Podemos decir que la dimensión es aquello que hace del elemento, o representación en cuestión, algo apto para ser objeto de observación, para el analista y para el analizado. Sólo es observable para la pareja analítica cuando tiene más de una dimensión, porque en caso contrario, sólo se trata de un elemento concreto. Las reglas son los procedimientos asociativos que brindan el contexto de fantasías, emociones, ideas o defensas, que sirven para distanciarse del mero raciocinio dando cabida a las mociones inconscientes. Los vértices, representan la posibilidad de multiplicar los puntos de vista, sin excluirlos, sino coexistiendo unos con otros, a pesar de las incompatibilidades dictadas por la lógica consciente.*"

La manifestación de algo no metabolizable, digerible o elaborable, según los planteamientos de A. Green (2002) se pueden expresar en "*pacientes que afirman durante largos periodos no haber retenido nada de la sesión anterior (...) los mismos que reivindican una especie de sordera a las interpretaciones, como para expresar un desafío al acercamiento de su analista, que de tal modo los hace inaccesibles (...) la necesidad de convencer al analista de que casi no hay causalidad temporal en acción aquí, ni un vínculo entre antecedentes y consecuencias, entre causas y efectos*" (p.206-207). Además que en lo clínico, "*la sesión parece desenvolverse en un presente muy pesado pero poco significativo; pues no entiende qué causa la angustia ni los afectos penosos a los que aluden los pacientes. La cosa carece de sentido, así como de representaciones*" (p.207). Esto lo vemos patente cuando los pacientes exclaman que no vale la pena hablar de su pasado, o de figuras importantes y que prefiere referirse únicamente a lo cotidiano presente con todo su peso. Lo que conlleva según Green (2002) a "*la supresión de toda alusión a las causas desencadenantes recientes apunta a mantener en el aislamiento el pasado que los arrastró a reacciones catastróficas.*" (p.207) Algo sumamente reiterado en las sesiones, donde la fuerza gravitacional de sus asociaciones ante cualquier construcción o interpretación señalan como dice Green (2002) que "*las construcciones a las cuales puede recurrir el analista tropiezan con el inevitable "no me acuerdo". Así como las interpretaciones de transferencia sobre lo que sucede durante la sesión provocan al ritual: "No comprendo". Todo parece reunirse bajo la autoridad del "no sé" (p.208).*

Anteriormente A. Green (1973) señala que estas situaciones en la sesión Clínica, pueden implicar también que los *"silencios son de plomo, el discurso está dominado por la actualidad: actualidad de la presencia del analista que no puede ser puesto entre paréntesis ni un instante, actualidad del conflicto que domina la vida del analizado, actualidad de lo real y del mundo exterior, que aprisiona el analizando y ahoga su palabra. Esta es sorda, monótona, como maniatada por la presencia del cuerpo, que se expresa por la voz. El discurso es uniforme, es un relato descriptivo en el cual ninguna alusión al pasado es detectable; se desarrolla según un hilo continuo que no puede permitirse ninguna rotura (...) solamente se detecta una monótona uniformidad, desarrollada a modo de una recitación o de un encantamiento. Lo que llega al analista es una sustancia compacta, gelatinosa. La viscosidad libidinal de la cual habla Freud (...) se funde en una masa común, donde toda distinción entre afecto, representación de cosa, representación de palabra es arbitraria. Las proyecciones de transferencia se dan en una certidumbre inmutable que no es posible cuestionar, lo que podría dar acceso a la toma de conciencia o a la compulsión de repetición que permitiría un mejor acercamiento interpretativo en una coyuntura analítica diferente"* (p.154).

En el caso de estos pacientes, vemos como su falta de memoria o recuerdos dan cuenta de una salida psíquica que desconectando causas y efectos, pervive en un constante presente, en lo cotidiano, sin caminar hacia un pasado o huellas que lo angustian.

3. Sistema Inconsciente (Inc)

Definiendo mayormente al sistema Inconsciente abordaremos sus diferentes aspectos o procesos. Uno de ellos, es que lo inconsciente sería pura afirmación, o sea, como una negación al cumplimiento del principio de no-contradicción (el cual Freud lo ubica como parte del proceso secundario). No es que en el inconsciente no exista ninguna contradicción, más bien hay pura afirmación de los contrarios sin negarse entre ellos. Por tanto lo inconsciente excluye el principio formal de no-contradicción. De este modo, el inconsciente no opera mediante el principio que afirma: *"ningún ente puede ser al mismo tiempo P y no P (Beller, 2009)"*. Vale decir que *"ausencia de contradicción" podría representar que existe una verdad lógica que establece, para el inconsciente, que algo puede ser P y no P a la vez. Asevera, pues, que hay contradicciones verdaderas o verdades que son contradicciones* (Beller, 2009)".

Para aclarar esto último, Freud en su texto **"Lo Inconciente"** de 1915 dice que las diversas pulsiones o mociones se *"hallan coordinados entre sí y coexisten sin influir unos sobre otros ni tampoco contradecirse. Cuando dos impulsos optativos, cuyos fines nos parecen inconciliables, son activados al mismo tiempo, no se anulan recíprocamente sino que se unen para formar un fin intermedio, o sea una transacción"* (p.2072). Así mismo, Freud lo puntualiza en su ensayo "El Yo y el Ello" de 1923 agregando que "*las pulsiones parciales se comunican entre sí, que una pulsión procedente de una zona erógena especial puede ceder su intensidad para incrementar la de otra pulsión parcial procedente de una fuente distinta, que la satisfacción de una pulsión puede ser sustituida por la de otro, etc*" (p.2719).

Por otra parte debemos comprender desde la segunda tópica, como lo afirma Freud en el texto "Análisis Profano" de 1926 que "*el yo es una organización que se caracteriza por una singular aspiración a la unidad, a la síntesis, carácter que falta en absoluto al ello, el cual carece, por decirlo así, de coherencia. Sus distintas tendencias persiguen sus fines independientemente unas de otras y sin atenderse entre sí*" (p.2919). Frente a un Ello, en el que ciertas pulsiones *"se han hecho independientes, y persiguen, sin tener en cuenta los intereses de la personalidad total, sus fines particulares, obedientes tan sólo a las leyes de la primitiva psicología que reina en las profundidades del ello"* (Freud, 1926:2923).

Agrego a esto citado, retomando el desarrollo de la segunda tópica en uno de los últimos textos de Freud, como lo es "Esquema del Psicoanálisis" de 1938 en su capítulo V sobre la "Interpretación de los sueños como modelo ilustrativo", lo describe afirmando que "*en el ello inconsciente la energía se encuentra en estado de libre movilidad, y que al ello le importa, más que cualquier otra cosa, la posibilidad de descargar sus magnitudes de excitación; nuestra teoría aplica ambas propiedades para caracterizar el proceso primario que anteriormente hemos atribuido al ello*" (p.3394-3395). Más adelante Freud agrega: "*Las reglas decisorias de la lógica no tienen validez alguna en lo inconciente; se puede decir que es el reino de la alógica. Aspiraciones de metas contrapuestas coexisten simultánea y conjuntamente en el inconsciente, sin que surja la necesidad de conciliarlas; o bien ni siquiera se influyen mutuamente, o, si lo hacen, no llegan a una decisión, sino a una transacción* que necesariamente debe ser absurda, pues comprende elementos mutuamente inconciliables. De acuerdo con ello, las contradicciones no son separadas, sino tratadas como si fueran idénticas, de modo que en el sueño manifiesto todo elemento puede representar también su contrario. Ciertos filólogos han reconocido que lo mismo ocurre en las lenguas más antiguas, y que las antonimias, como «fuerte-débil», «claro-oscuro», «alto-bajo», fueron expresadas primitivamente por una misma raíz, hasta que dos variaciones del mismo radical separaron ambas significaciones antagónicas" (Freud, 1938:3394). Nuevamente es importante recordar el aforismo de Nietzsche antes citado: "Lo absurdo de una cosa no prueba nada contra su existencia, es más bien condición de ella."

Continuando todavía con el trabajo **"Lo Inconciente"** de 1915, Freud definiendo más alcances de lo inconsciente, aclara que en *"este sistema no hay negación ni duda alguna, ni tampoco grado ninguno de seguridad. Todo esto es aportado luego por la labor de la censura que actúa entre los sistemas Inc. y Prec"* (p.2072).

Podríamos ejemplificar buena parte de la estrofa cuando Freud (1900) señala en la "Interpretación de los Sueños" parte VI apartado C que "*a la alternativa «o bien. . . o bien. . .», no encuentra representación ninguna en el sueño, el cual acostumbra acoger todos los elementos que la componen como igualmente justificados, despojándolos de su carácter alternativo. El sueño de la inyección de Irma contiene un ejemplo clásico de ello. En sus pensamientos latentes se afirma sin duda: «No tengo la culpa de que los dolores de Irma continúen; la tiene, **o bien** su renuencia a aceptar la solución, **o bien** el que viva en condiciones sexuales desfavorables, que yo no puedo modificar, **o bien** sus dolores no son para nada histéricos, sino de naturaleza orgánica». Ahora bien, el sueño realiza todas esas posibilidades, casi excluyentes entre sí, y no le molesta añadir una cuarta de tales soluciones, tomada del deseo onírico. Sólo después, hecha la interpretación del sueño, introduje el «o bien... o bien...» en la trabazón de los pensamientos oníricos. Toda vez que el relator, cuando reproduce su sueño, utiliza un «o bien... o bien...»: «Era o bien un jardín o la habitación de una casa, etc.», en los pensamientos oníricos no ocurre una alternativa sino una «y», una simple coordinación conjunta. Con un «o bien... o bien...» describimos las más de las veces el carácter borroso, todavía no resuelto por nosotros, de un elemento onírico. La regla interpretativa para este caso dice: Equiparar entre sí los términos de la aparente alternativa y enlazarlos con una «y»"* (p.322) (negritas resaltadas por mi).

De este modo, como veremos posteriormente, en la medida que el sist Icc se va relacionando con huellas Prcc ("o bien"), se van estableciendo enlaces asociativos que ponen acento o diversos énfasis a la duda, la negación, la seguridad para el devenir consciente o a la voluntad motora. Por lo tanto, en *"los pensamientos oníricos latentes se trasponen en una suma de imágenes sensoriales y escenas visuales. Por este camino les acontece lo que se nos presenta tan novedoso y extraño. Todos los recursos lingüísticos mediante los cuales se expresan las relaciones más finas entre los pensamientos, las conjunciones y preposiciones, las variaciones de la declinación y la conjugación, desaparecen, porque les faltan los medios que les permitirían figurarse; como en un lenguaje primitivo sin gramática, sólo se expresa la materia en bruto del pensar, lo abstracto es reconducido a lo concreto que está en su base. En cuanto a lo que resta, es fácil que parezca incoherente"* (Freud, 1932:19).

Siguiendo su noción de lo "sin gramatical" o "materia en bruto" de una gramática propia de lo inconsciente. Badiou (1998) en su "Breve Tratado" comentando la ontología vitalista de Deleuze, el *"y... y", el o bien... o bien", el "ni... ni": todo esto extenúa, dilapida, la potente neutralidad del ser. Sería preciso pensar una superimposición moviente del y, del o bien y del ni, porque entonces podría decirse: el ser es neutro, debido a que toda conjunción es una disyunción, y debido a que toda negación es una afirmación. Este conector de neutralidad, este "y-o-ni", fue denominado por Deleuze como síntesis pasivas. Y es preciso decir: el ser, como potencia neutra, merece el nombre de "vida"* (p.60)".

Recordemos que el sist Prc es lo que Freud llama al lugar donde se atañen las contra-cargas representativas o contra-investiduras que desplazan o desfiguran un monto pulsional. Por lo cual, es a esto que denominamos a los "contenidos investidos con mayor o menor intensidad". Más adelante lo abordaremos, ya que desde allí, los impulsos contrarios sin cancelarse o disminuirse, van tomando su diferenciación (diversos acentos o énfasis) a partir de ello. Por ahora podemos decir que *"los sistemas situados en el extremo motor le damos el nombre de preconsciente para indicar que sus procesos de excitación pueden pasar directamente a la consciencia siempre que aparezcan cumplidas determinadas condiciones; por ejemplo, la de cierta intensidad y cierta distribución de aquella función a la que damos el nombre de atención, etc. Este sistema es también el que posee la llave del acceso a la motilidad voluntaria. Al sistema que se halla detrás de él le damos el nombre de inconsciente porque no comunica con la consciencia sino a través de lo preconsciente, sistema que impone al proceso de excitación, a manera de peaje, determinadas transformaciones* (Freud, 1900:675)."

Siguiendo esta misma línea lógica de lo Inconsciente, para ir distinguiéndola o diferenciándola del Lenguaje y su estructuración (temática sobre el Lenguaje que desarrollaremos en profundidad en el Capítulo IV). Laplanche (1980) en su **"Problemáticas V"**, define que, *"el lenguaje mismo no está perfectamente estructurado, o también, los lenguajes se superponen según series en las que se iría de lo menos a lo más estructurado. El modelo de un lenguaje perfectamente estructurado sólo puede ser un modelo parcial, aquel precisamente que la lingüística estructural quiso instaurar, con Saussure, y después con Jakobson; este modelo estructural, en que cada elemento encuentra su lugar dentro de un cuadro de oposiciones, está fundado, como ustedes saben, ante todo en el nivel fonológico"* (p.135). Nivel únicamente fonológico en cuanto sus diferencias fonemáticas ("C" suena distinto de "T" o "U" suena diferente a "E"). Por lo demás, la *"noción de estructura no se confunde, en efecto, con cualquier tipo de totalidad y no equivale a decir simplemente que todo depende de todo (...) Se trata, por tanto, de un sistema parcial, pero que, por el hecho de ser un sistema, presenta leyes de totalidad, distintas de las propiedades de los elementos. Pero este término sigue aún siendo impreciso, mientras no se precise cuáles son estas leyes de totalidad.*

En algunos terrenos privilegiados es relativamente fácil hacerlo, por ejemplo en las estructuras matemáticas, las estructuras de Bourbaki (...) estructuras algebraicas, a las estructuras de orden y a las estructuras topológicas. Las estructuras algebraicas son, por ejemplo, las estructuras de grupo, de cuerpos o de anillos, otras tantas nociones que están bien determinadas por sus leyes de totalidad. Las estructuras de orden son las redes, las semirredes, etc. Pero si se utiliza la amplia definición que he adoptado para la noción de estructura se puede incluir en ella igualmente a las estructuras cuyas propiedades y leyes sean algo globales y que no son, por consiguiente, reducibles más que hipotéticamente a estructuraciones matemáticas o físicas. Pienso en la noción de Gestalt que necesitamos en psicología, y que definiré como un sistema de composición no aditiva y un sistema irreversible, por oposición a esas estructuras lógico-matemáticas que acabo de mencionar y que son, al contrario, rigurosamente reversibles." (Piaget, 1964:179-180).

En diferencia de esta noción Estructuralista rigurosa, se puede oponer claramente que *"el inconsciente no conserva precisamente un elemento de estructura que es fundamental en todo lenguaje codificado: lo que se llama la oposición de los valores. En todo código, un significante (una palabra, o una raíz, o una desinencia) sólo conserva su empleo estable por su oposición dentro de series de oposiciones y de sustituciones posibles. Pero si tenemos la idea de que en el inconsciente no hay negación, que precisamente los contenidos inconscientes persisten unos junto a otros -aun si para nosotros son contradictorios- sin contradecirse, sin excluirse, sin sustituirse unos a otros... y bien, si no existe en el inconsciente nada que se asemeje a la negación, por eso mismo se descalifica la idea de una estructuración del inconsciente en una serie de oposiciones. Los significantes que han caído allí, reprimidos (reprimidos originariamente), permanecen aislados, prosiguen su existencia cada uno por sí mismo (...) Los significantes, en la medida en que se los pueda imaginar dentro de lo inconsciente, no constituyen allí nada que se parezca a una estructura de código. Remiten sólo a ellos mismos"* (Laplanche, 1980:136). En tal sentido, se puede indicar que *"un significante puede significar "a" sin que se sepa, sin embargo, lo que él significa. Se sabe que significa, pero no se sabe qué. Un significante tiene una significación, un poder significante o significativo, que se puede descubrir; se sabe que hay significante en alguna parte, sin que por ello se haya manifestado un significado explícito (...) en tanto tales, tienen un tipo de existencia propia, diferente fenomenológicamente del modo en que existen las cosas: ellos quieren significarnos algo sin que tengamos por eso significado alguno para atribuirles. Pero esto no supone adherir a una primacía del significante, y menos a una hegemonía del significante, sobre todo a una hegemonía del significante en la cura. Se trata simplemente, pero con fuerza, de destacar la posibilidad, para el significante, de ser designificado, de perder lo que significa, de perder incluso toda significación asignable sin por ello haber perdido su poder de significar "a". Me refiero aquí al significante tanto no verbal como verbal, e introduzco de esta manera un jalón hacia lo que llamo el significante enigmático"* (Laplanche, 1987:53-54).
Por lo tanto, concluimos que el inconsciente no está estructurado como un lenguaje, más bien, *"el inconsciente es como un lenguaje no-estructurado"*, porque *"precisamente falta lo que constituye lo esencial de todo lenguaje, es*

decir, las nociones de oposición y de valor" (Laplanche, 1980:136). Lo inconsciente sería más bien, un campo analógico de continuidades, es decir, vibraciones en complejos mnémicos que van paulatinamente insertando códigos binarios (transformados con su particular código y mensaje) a sus pliegues analógicos (metabolizadas cada una a su manera). Entonces, lo no estructurado o inarticulado, para Deleuze (1981) son "*cosas no lingüísticas, incluso no sonoras, está hecho de movimiento, de kinesis (...) de expresión de las emociones, está hecho de datos sonoros inarticulados: las respiraciones, los gritos (...) de datos muy heterogéneos -y aquí Bateson solamente ensaya—: pelos que erizan, un rictus en la boca, un alarido*" (p.137). Ejemplificándolo con la diferenciación entre la "voz" y su articulación con el "canto", Deleuze (1981) define que la "*voz no articulada tiene una altura, una intensidad, una duración, y tiene acentos (...) ¿cuál es el rol del código en la música, cuál es el rol de lo no articulado? (...) No digo que haya una oposición simple -aunque en algunos aspectos la hay- entre articulación y modulación. Quiero decir que la modulación son los valores de una voz no articulada (...) existen todas las mezclas que ustedes quieran entre modular y articular, entre modulación y articulación (...) Todo tipo de combinaciones son posibles, de modo que ustedes pueden articular flujos de modulación, pueden articular lo modulatorio. En ese momento injertan un código (…) puede ser que necesite pasar por un código para dar a la analogía todo su desarrollo*" (p.143).

Además para Laplanche (1980), "*el inconsciente está en efecto hecho de elementos significantes, pero no necesariamente ni primariamente lingüísticos*" (p.136), vale decir o ejemplificándolo, en "*el lenguaje mismo hay rasgos no verbales, en el sentido en que justamente no están recogidos en el código lingüístico: lo que se llama los rasgos prosódicos en el lenguaje verbal, la entonación, la redundancia, el estilo, son o pueden ser decires, destinaciones, por más que estén fuera del código*" (p.140).

Tomando en cuenta lo prosódico o la prosodia de los rasgos no verbales del Lenguaje, Boysson-Bardies (2003) nos explica que "*la dinámica melódica organizada del habla es esencial para "oír" el lenguaje*" (p.56). Puesto que "*ayudan a la segmentación del discurso, pues la entonación se combina con la sintaxis para dar las indicaciones sobre los bloques concretos que se deben segmentar para comprender su sentido*" (p.57). Aterrizándolo de modo concreto, vemos que en la "*lectura de los discursos de Hitler revela la gran banalidad de su pensamiento, pero esta última estaba oculta tras un asombroso manejo de las entonaciones y mediante un juego de la voz cuyos efectos magnetizaban a las multitudes*" (p.58). Por otra parte, la "*prosodia también tiene una función primordial en el aprendizaje del lenguaje. Antes del nacimiento, el niño ya es sensible a ella; y después se apoya en ella para segmentar el lenguaje. Naturalmente, la comunicación afectiva, tan importante para el niño pequeño (...) se transmite a través de la prosodia*" (p.59). A modo complementario, Deleuze (1969) define que "*el niño llega a un lenguaje ya preexistente que todavía no puede comprender, quizá capta, a la inversa, lo que nosotros ya no podemos captar en nuestro lenguaje poseído: las relaciones fonemáticas, las relaciones diferenciales de fonemas. Se ha señalado a menudo la extrema sensibilidad del niño para las distinciones fonemáticas de la lengua materna y su indiferencia hacia variaciones, a menudo más considerables, que pertenezcan a otro sistema. Incluso es esto lo* que da a cada sistema una forma circular y un movimiento retroactivo de derecho, al no depender menos los fonemas de los morfemas y semantemas que a la inversa. Y es precisamente esto lo que el niño extrae de la voz, al salir de la posición depresiva: un aprendizaje de los elementos formadores antes de cualquier comprensión de las unidades lingüísticas formadas. En el flujo continuo de la voz que viene de lo alto, el niño recorta los elementos de los diferentes órdenes, aunque les dé una función todavía pre-lingüística respecto del conjunto" (p.165).

Incluso con Freud (1901) podemos complementar lo dicho en su texto "Psicopatología de la Vida Cotidiana" con el siguiente párrafo: "Tanto en aquellas perturbaciones del discurso que presentan una burda trama como en aquellas otras más sutiles, pero que pueden también sumarse a las "equivocaciones orales", encuentro que no es la influencia del contacto de los sonidos, sino la de los pensamientos exteriores a la oración que se tiene propósito de pronunciar, lo que determina el origen de la equivocación oral y basta para explicar las faltas orales cometidas. Las leyes por las cuales actúa los sonidos entre sí, transformándose unos a otros, me parecen ciertas; pero no, en cambio, lo suficientemente eficaces para perturbar por sí solas la correcta emisión del discurso. En los casos que he estudiado e investigado más detenidamente no representan estas leyes más que un mecanismo preexistente, del cual se sirve un motivo psíquico más remoto que no forma parte de la esfera de influencia de tales relaciones de sonidos. En un gran número de sustituciones, aparecidas en equivocaciones orales, no se siguen para nada tales leyes fonéticas. En este punto me hallo de completo de acuerdo con Wundt, que afirma igualmente que las condicionantes de la equivocación oral son muy complejas y van **más allá de los efectos de contacto de los sonidos**. (p.108-109)" (negritas resaltadas por mí).

Otra de las aclaraciones importantes de Freud (1915) en su texto "**Lo Inconsciente**" sobre los procesos del sistema Inc es que "se hallan fuera de tiempo, esto es, no aparecen ordenados cronológicamente, no sufren modificación ninguna por el transcurso del tiempo y carecen de toda relación con él. También la relación temporal se halla ligada a la labor del sistema Cc" (p.2073). Cuando decimos "no ordenados cronológicamente", significa que en niveles inconscientes los procesos no distinguen o diferencian el hoy, del ayer, o el mes pasado del año, pues los contenidos no están delimitados en un orden secuencial, ya que las aguas temporales están mezcladas.
Desde la obra de Bion, los procesos del sistema Inc que "se hallan fuera del tiempo", podríamos suponer que los elementos-beta descargados o no-metabolizados, pueden ser por ejemplo tantos e intensos, que no darían lugar a producir elementos-alfa conformados para distinguir cada uno de los momentos sucesivos propios en el tiempo. Cuando la función alfa se extingue, el tiempo nos hace de algún modo delirar en su "perder el tiempo" rodeado de elementos-beta.
Un ejemplo clínico de "no modificación por el transcurso del tiempo", puede ser un paciente que tras una desilusión o pérdida amorosa se enfrasque en una repetición sintomática en consumir drogas cada vez que siente una angustia que le retorna, si en tal caso, el paciente dejara de

repetir prolongadamente aquel síntoma (represión) que lo protege de una angustia mayor, se angustiará o llorará como si hubiese sido ayer el día del rompimiento amoroso. Esto último quiere decir que la *"descarga del sistema Inc. tiene lugar por medio de la inervación somática y el desarrollo de afecto, pero también estos medios de descarga le son disputados como ya sabemos, por el sistema Prec. Por sí solo no podría el sistema Inc. provocar en condiciones normales, ninguna acción muscular adecuada, con excepción de aquellas organizadas ya como reflejos"* (Freud, 1915:2073).

(Antes de proseguir en nuevos puntos, estoy consciente que a lo largo de este Libro e igualado o más bien no he diferenciado la primera tópica (Icc, Prc, Cc) con algunas partes de la segunda tópica (Yo, Ello, superyó), tratando como iguales o sin distinguir el "Icc" del "Ello", así como tampoco el "Prc" del "Yo". Temáticas que abordaremos en los próximas entregas con más detenimiento. Frente a esto, queda aún no desarrollado el término de "Prc" así como del "Yo". Si bien el "Yo" será mayormente definido en los siguientes Capítulos. Para no perdernos en lo referente al sistema "Prc/Cc" que definiremos más profundamente en otros apartados, diremos que son las instancias psíquicas donde se corresponden las huellas o fonemas del lenguaje o más bien a las "representaciones-palabra" como define Freud. Pese a lo precario de esta definición general, aportaremos más nociones del mismo en los posteriores Capítulos y apartados en cuanto veamos los conceptos o ejemplos de la "contra-carga" o "hipercatexia").

Detallando más este fenómeno desde lo "Económico", J.D Nasio (1992) por su parte explica aquello "fuera del tiempo" a partir del concepto "Goce", que a diferencia del "Placer", este último es *"ante todo la sensación agradable percibida por el yo cuando disminuye la tensión. En el placer, recuerden a Freud, se trata de una disminución de la tensión psíquica en el sentido del reposo y de la distensión. En cuanto respecta al goce, éste consiste en un mantenimiento o en un agudo incremento de la tensión. No es sentido de inmediato"* (p.50). Por lo cual, el goce no es algo sentido de inmediato, como lo es en el placer. Otro modo de decirlo es que *"para el placer, consideramos la conciencia, la experiencia y la disminución de tensión; para el goce, el hecho de que es inconsciente, que coincide con el incremento de tensión y que no necesariamente es sentido* (p.50)". Así mismo, *"el goce jamás es inmediatamente sentido en su punto culminante, sino tan sólo a posteriori"* (p.52). Por su puesto debemos agregar que en ciertas actividades placenteras conscientemente gratificantes, tras su realización a veces se percata posteriormente uno que el "tiempo pasó o se me pasó volando", vemos entonces que hubo un goce descargado que cegó el paso del tiempo mediante ese "placer" que se extiende por más tiempo del que uno creyó. Queremos decir con esto que no siempre encontraremos un estado de puro placer sin nada de goce o al revés (Ampliaremos estos temas en el Capítulo VII).

Para Silvia Bleichmar (1998), *"El goce es, precisamente, la no regulación o la no recomposición deseante a partir de que no hay inhibición, y es algo así como que la pulsión de muerte sea el ejercicio del goce en cuanto no inhibible, idea que también retoma Laplanche con el concepto de la pulsión de muerte como lo desligado"* (p.328).

Ejemplificándolo, Nasio (1992) da *"el ejemplo del hombre que, en un impulso suicida, toma el volante de su auto, se dirige a la autopista y conduce en un estado segundo de conciencia, al punto de rozar el accidente.*

Una vez pasado el momento difícil, se detiene y recobra el dominio de sí mismo al pensar en su pasaje al acto... Podemos deducir de ese momento en el cual el sujeto osciló entre la vida y la muerte que hubo goce. Este hombre vivió bajo la influencia de una tensión mortífera, en un impulso pasajero de destruirse. Esta es una expresión indirecta del impacto del goce: no experimentó ninguna sensación precisa y definida, sino el vago sentimiento de una fuerza que lo empujaba a la acción" (p.52). A esto se le conoce como "la dimensión mortífera de la pulsión" o "pulsión de muerte" que trabaja desde el silencio.

Definiendo mayores vértices con respecto al goce, para Nasio (1992) cuando *"domina el goce, las palabras desaparecen y prevalece la acción. La hermana del goce es la acción, mientras que la del placer es la imagen. El placer depende siempre del vaivén de las imágenes que se reflejan frente a mí.*

El placer es una sensación percibida y sentida por el yo. El goce, en cambio, se hace oír por medio de acciones ciegas, ya sean acciones productivas cuando un pintor crea, fuera de sí, su tela; o acciones destructivas como la del conductor que rozó la muerte" (p.53).

Apreciamos que en el goce hay más bien un pasaje al acto, más que un síntoma o formación de compromiso, hay un cortocircuito que va desde el sist Icc a la actividad motora sin la suficiente mediación en el sistema Prc/Cc, los cuales no provocan la experiencia de un ruido sintomático, característico de la queja neurótica.

En una línea bastante similar, Néstor Braunstein (2006) relaciona el "goce" con la "a-dicción", como lo opuesto a la "dicción". De las cuales *"estas formas de la sin-dicción es asiento de un goce que desaloja al sujeto y lo pone fuera del discurso como expresión del vínculo social"* (p.284). Así mismo, *"este goce incomunicable, que prescinde del Otro y se aloja en un cuerpo que escapa a la simbolización (...) nos muestran que la palabra no funciona como diafragma regulador, que el sujeto ha sido inundado y desplazado por este goce rebelde a los intercambios, proliferante, tan invasor que no deja lugar para una palabra Otra que pudiera refrenarlo y limitarlo."* (p.267). En otras palabras aquel *"goce sin dicción se apodera y muchas veces logra destruir el diafragma de la palabra"* (p.286). En el caso concreto de la adicción, las *"drogas que embriagan y ofrecen un atajo al goce sin pasar por el deseo, que llegan al cerebro y actúan sin la mediación del diafragma de la palabra, permiten desprenderse de los compromisos que atan al cuerpo con la cultura. De la abolición del sujeto queda, como resto, el cuerpo hecho objeto"* (p.283). Bajo este medio, es *"así como el alcohol y las demás drogas hacen estallar el diafragma de la palabra y abren las compuertas de los paraísos artificiales"* (p.286).

Esto es importante puesto que la palabra, permite ser el *"fármaco ofrecido por el Otro, la droga instilada desde la cuna en el hablante, considerada ahora un termostato regulador, el diafragma que regula el paso de la luz, esa pupila que se dilata en la oscuridad y se contrae con los rayos luminosos. Sabemos que demasiada luz inunda la placa fotográfica y hace que la imagen resulte velada y que la falta de luz no permite que la placa se impresione haciendo que la imagen carezca de definición"* (Braunstein, 2006:78). Es entonces mediante un cuidador donde el *"goce del sujeto está refrenado por esa expectativa de respuesta, por el deseo, en la instancia del diálogo. Ahora bien, si el Otro ni espera algo ni hace saber lo que quiere, si el Otro no es deseante, ¿para qué hablamos? El sujeto es aniquilado por la sordera del Otro y elige el mutismo"* (Braunstein, 2006:283).

Para representárnoslo a modo de ejemplo, Braunstein (2006) nos dice que la *"a-dicción no es tan sólo una renuncia a pronunciar las palabras que representarían al sujeto ante el Otro exigente. La vida en el mundo del capitalismo tardío muestra otra manera de disponer la capitulación del hablante, la derrota de la palabra. Sucede así cuando el otro no dice ni pide ni espera, cuando el otro calla. Propongo que en tal caso hablemos de A-dicción. "Haz lo que quieras. A mí no me importa. Ni te hablo ni te escucho"* (p.282).

Para Braunstein (2006) es importante de este modo hacer *"pasar el goce por el diafragma de la palabra, articularlo, traducirlo, pasarlo a la contabilidad. Para ello es menester desarmar la coherencia discursiva, atentar contra la gramática, jugar con el equívoco lógico"* (p.196). Con este fin, el *"goce pasa por el diafragma flexible de la palabra que lo dosifica, lo somete a la significación fálica, lo desvía por la metonimia deseante, lo hace correlativo de la castración y le permite atravesar las barreras del narcisismo y del principio del placer para que la pulsión, historizadora, inscriba el pasaje del sujeto por el mundo"* (Braunstein, 2006:267). En otras palabras, un ser historizado a través del tiempo en la dicción o en el diafragma de la palabra.

Cabe notar que esta noción de "diafragma" en Braunstein, nos recuerda a lo que hemos visto sobre Bion en el libro de Lía Pistiner de Cortiñas, respecto a un "retículo que se arma y se desarma formando una barrera semipermeable que al mismo tiempo permite el intercambio".

Volviendo y resumiendo con Nasio (1992) *"el goce no es el placer sino el estado más allá del placer; o para retomar los términos de Freud, es una tensión, una tensión excesiva, un máximo de tensión, mientras que el placer es, en contraposición, una disminución de las tensiones. Si el placer consiste más bien en no perder, en no perder nada y en gastar lo menos posible, por su parte el goce, por el contrario, se sitúa del lado de la pérdida y del gasto, del agotamiento del cuerpo llevado al paroxismo de su esfuerzo"* (p.162).

Situaciones análogas las podemos ver cotidianamente en aquellos quehaceres donde se pierde la noción del tiempo, donde el placer deviene en una "pérdida del tiempo" para el "yo". Una flamante voluntad de no vencerse al cansancio, no padecer hambre ni sueño en tal lapso. Dejarse llevar, comer de más, jugar demás, trasnochar, actividades que en el momento no producen molestia o incomodidad, pero que a posteriori, producen algún dolor, queja o decepción en alguna responsabilidad importante para el yo. En la adicción se puede comprender mejor este fenómeno debido a la pérdida de la dicción, una a-dicción, un goce que no pasa a la palabra como diría Néstor Braunstein.

Bajo estos términos, no existe un sujeto o un "yo" que goza, según Nasio (1992) más bien *"no gozamos de algo sino que algo goza en nosotros, por fuera de nosotros"* (p.54).

En suma, durante el goce hay una inhibición del "aparato de pensar los pensamientos". De este modo el pensar, es pensar (pensando) en el tiempo. En cambio para que se cumpla el goce, goce y tiempo no pueden ir juntos. El goce entonces, atrapa el tiempo y cuando ya es demasiado tarde se convierte en nuestra actual queja neurótica. Bajo estas situaciones, la manera en cómo nos quejamos revela como hemos gozado.

Buena parte de lo que hemos visto hasta aquí, nos recuerda a un pasaje de Nietzsche (1874) en su Segunda Intempestiva respecto a lo atemporal: "*no sabe qué significa el ayer ni el hoy, salta de un lado para otro, come, descansa, digiere, salta de nuevo, y así de la mañana a la noche y día tras día, atado estrechamente, con su placer o dolor, al poste del momento y sin conocer, por esta razón, la tristeza ni el hastío*" (p.35). Se comprende entonces que la instancia temporal no distingue los tiempos, las pulsiones van de un lado a otro al compás entre el placer y el dolor, sin reconocer por sí mismo desánimo o aburrimiento.

Antes de ofrecer o proseguir con un ejemplo clínico que englobe o resuma las variadas instancias de los procesos inconscientes. Queremos antes decir que Freud resume de la siguiente manera las referencias expuestas que abordaremos posteriormente con un ejemplo: "*los caracteres que esperamos encontrar en los procesos pertenecientes al sistema Inc. son la falta de contradicción, el proceso primario (movilidad de las cargas), la independencia del tiempo y la sustitución de la realidad exterior por la psíquica*" (Freud, 1915:2073).

Tomando ahora como ejemplo una Neurosis de Histeria, apuntaré lo que Freud refiere en las "Apreciaciones generales sobre el ataque histérico" de 1909, para dar cuenta cómo en la formación del síntoma operan situaciones de la lógica inconsciente (del proceso primario) en su configuración. Respecto a la condensación, Freud aclara allí que "*en un mismo material se figuran a la vez varias fantasías, por vía de condensación. Los elementos comunes de las dos (o de las varias) fantasías constituyen, como en el sueño, el núcleo de la figuración. Las fantasías superpuestas de ese modo son a menudo de índole muy diversa; por ejemplo, un deseo reciente y la reanimación de una impresión infantil; las mismas inervaciones sirven luego a ambos propósitos, a menudo de la manera más habilidosa. Histéricos que recurren a la condensación en gran escala pueden ceñirse a una única forma de ataque; otros expresan una multiplicidad de fantasías patógenas por una multiplicación también de las formas de ataque*" (p.207-208). De modo análogo a la condensación, las identificaciones también suelen sobreponerse ya que se "*procura poner en escena las actividades de las dos personas que emergen en la fantasía, vale decir, por identificación múltiple. Confróntese el ejemplo que he mencionado en mi ensayo «Las fantasías histéricas y su relación con la bisexualidad», en que la enferma con una mano arrancaba la ropa (en papel de varón), mientras con la otra la oprimía contra su vientre (en papel de mujer)*" (p.208).

Otro ejemplo de deformación que Freud apunta en dicho ensayo en lo referente a la histeria es la transformación a lo contrario (fenómeno que lo abordaremos en detalle en otra sección) como efecto desfigurador de las inervaciones, *"análogo a la mudanza de un elemento en su contrario, tan común en el trabajo del sueño. Por ejemplo, cuando un abrazo es figurado echando los miembros superiores convulsivamente hacia atrás, de suerte que las manos se encuentren sobre la columna vertebral. Es posible que el consabido arc de cercle del gran ataque histérico no sea otra cosa que una enérgica desmentida de esa índole, por inervación antagónica, de una postura del cuerpo apta para el comercio sexual"* (Freud, 1909:208).

Finalmente, retomando la cita anterior sobre el texto "Lo inconsciente" donde los procesos "no aparecen ordenados cronológicamente*"*, para el ejemplo histérico, en lo condescendiente a la temporalidad, es justamente la inversión o cambio de la secuencia dentro de la fantasía figurada, *"lo cual también halla su correspondiente pleno en muchos sueños que empiezan con el final de la acción, para concluir luego con su principio. Por ejemplo, cuando la fantasía de seducción de una histérica tiene el siguiente contenido: está sentada leyendo en un parque, un poco recogido el vestido, de suerte que se le ve el pie; se le acerca un señor que le dirige la palabra, y luego se va con él a otro sitio, en el cual mantienen tierno trato. La histérica escenifica esa fantasía en el ataque de manera tal que empieza con el estadio convulsivo que corresponde al coito, después se levanta, se traslada a otra habitación, allí se sienta para leer, y entonces responde a alguien imaginario que le dirige la palabra"* (Freud, 1909:208). Esta referencia reitero, es un ejemplo de un tipo de Neurosis, la Histeria, que en forma análoga con agregados u omisiones por cada particular Neurosis, sean Fóbica, de Angustia u Obsesivas, se presentan con claridad también la conformación y distorsión lógica del proceso primario en cada una de ellas (ejemplos que veremos en otros apartados).

Aprovechando dar otro ejemplo respecto a la condensación y su lógica en los sueños, estos se interpretan *"de múltiples maneras, ya que, por ejemplo, un mismo personaje puede representar al mismo tiempo a múltiples personas, e incluso varias personas suelen representar a un mismo personaje"* (Beller, 2009). Freud (1916) lo grafica de la siguiente manera: *"Por los propios sueños de ustedes recordarán sin esfuerzo la condensación de personas diferentes en una sola. Una persona mixta de esa índole tiene, por ejemplo, el aspecto de A, pero está vestida como B, realiza unas acciones que recordamos de C y, encima, tenemos cierto saber de que es la persona D.*
Por medio de esta formación mixta se pone particularmente de relieve, desde luego, algo común a las cuatro personas. Lo mismo que para personas, puede establecerse una formación mixta para objetos o para lugares, toda vez que se cumpla la condición de que los objetos y lugares singulares tengan en común algo que el sueño latente destaque" (p.156). Mirándolo desde la lógica, las *"paradojas de la autorreferencia tienen la misma forma: A implica no A, y no A implica A. Por tanto, A y no A son equivalentes lógicamente: A = no A, y por ende tienen los mismos valores de verdad: v(A) = v(no A). Así, se trata de una contradicción   bivalente   (Beller,   2009)."*

Para terminar con el texto "**Lo Inconsciente**", Freud señala: "*Los procesos del sistema Inc. carecen también de toda relación con la realidad*" (p.2073). De este modo lo inconsciente no posee intencionalidad a un mundo exterior, ni tampoco el inconsciente reconoce a un objeto en particular a diferencia de él mismo (véase en la alucinación satisfactoria del deseo) puesto que "*de por sí, son incognoscibles e incapaces de existencia, pues el sistema Inc. es cubierto muy pronto por el Prec., que se apodera del acceso a la consciencia y a la motilidad*" (p.2973). Pues tal como lo describe Silvia Bleichmar (1998): "*no consiste en haber reemplazado la intencionalidad de la conciencia por la intencionalidad del inconsciente, ya que la única que puede ser intencional es la conciencia*" (p.21). No comprender aquello sería caer en el continuo error de adjudicar al inconsciente algo como una "segunda conciencia" una "sub-mente" o un sujeto fuera de la conciencia (entelequia). Esto es crucial para comprender cómo el sujeto no es pleno dueño de su intencionalidad. No siempre el sujeto se refiere o tiene a un objeto, más bien (muchas veces) el objeto tiene al sujeto. Así como en los actos obsesivos-sexuales: no es "masturbarme pensando en tí", más bien, es "pensar en tí y tener que masturbarme, cada vez que en reiteradas ocasiones aparece sin predecirce aunque se intente dejar de pensarlo". O en actos bulímicos: no es el sujeto o el "yo" quien abre intencionalmente la boca, es más bien la boca que se abre y se debe llenar de comida (la boca está desligada al sujeto). Por último, el morderse las uñas ante la ansiedad, la mayoría de las veces, apenas se percibe que ya están mordiéndose, pues los dedos se meten a la boca, no es el yo quien los introduce.

Tomando ahora como referencia las "Posiciones" de M. Klein, Augusto Picollo (1985) en su texto "Criterios de curación y objetivos terapéuticos en el psicoanálisis", aporta desde el concepto de "reparación", que bajo la "posición depresiva", ésta posee "*un sentido centrífugo, o sea que inicia un movimiento de consideración del yo hacia el objeto; en cambio, la posición esquizoparanoide inicia un movimiento del objeto hacia el yo. El sujeto se siente perseguido por el objeto y la dirección del movimiento es centrípeta.*" A lo referido en la posición esquizoparanoide donde el movimiento va desde el objeto hacia el yo, en tales casos, el objeto o el predicado tiene al sujeto (el sujeto no tiene al objeto, el objeto lo tiene a él), está fijado en él, su sintaxis se desfiguró. No es "Juan quiso beber alcohol en el parque", es más bien "En el parque, alcohol quiso beber Juan". Vale decir, el verbo, el objeto y el adverbio tienen al sujeto.
Así mismo lo aborda Slavoj Žižek (2004) analizando la película "El Club de la pelea" (Fight Club), al decir que: "*la mano del personaje adquiere vida propia, que escapa a su control, es decir, se convierte en un objeto parcial, o, para decirlo en los términos de Deleuze, en un órgano sin cuerpo (lo inverso del cuerpo sin órgano) (...) se inscribe en el propio cuerpo de éste como autonomización de uno de sus órganos (la mano). La mano que actúa por su propia cuenta es la pulsión que ignora la dialéctica del deseo del sujeto: la pulsión es fundamentalmente la insistencia de un "órgano sin cuerpo*" (p.199). Posteriormente Žižek (2004) conceptualiza el "objeto parcial", preguntándose: "*¿Qué quiere decir, pues, exactamente que el objeto (parcial) empieza a hablar? No es que este objeto carezca de sujeto sino que este objeto es el correlato del sujeto "puro" con anterioridad a su subjetivación. La subjetivación*

se refiere a "la persona en su integridad", mientras que el sujeto "puro" se refiere sólo al objeto parcial. Cuando el objeto empieza a hablar, lo que oímos es la voz vacía del monstruoso e impersonal sujeto maquínico que no incluye todavía la subjetivación (la asunción de un universo de sentido experimentado)" (p.200). Lo mismo acontece durante el disciplinamiento de los cuerpos en el mundo laboral "digital computacional", que de forma análoga al arte pictótico, Deleuze (1981) define que el "dedo está reducido al dedo que se apoya sobre el teclado. El dedo es una loca reducción de la mano. Cosa extraña, el dedo es lo que subsiste cuando el hombre ha perdido sus manos. ¿Qué es un dedo que se apoya sobre el teclado? Es el hombre sin manos. El dígito es el estado manual del hombre sin manos (…) «lo propiamente manual» cuando la mano se sacude su subordinación en relación al ojo, cuando se impone al ojo, cuando hace violencia al ojo, cuando se pone a cachetear al ojo. Y lo digital es por el contrario el máximo de subordinación de la mano al ojo. Ni siquiera se trata de la mano poniendo sus propios valores táctiles al servido del ojo, es la mano que se ha fundido. Sólo subsiste un dedo para operar la elección binaria visual. La mano es reducida al dedo que apoya sobre el teclado. Es decir, es la mano informática. Es el dedo sin mano" (p.120-121). Žižek (2004) en un pie de página sobre el "objeto parcial" lo refiere más precisamente como "la parte erotizada (libidinalmente investida) del cuerpo inconmensurable con el Todo del cuerpo, que se desprende de él y se resiste a su integración en el Todo corporal"(p.202). Finalmente en este quiebre de la sintaxis, en su descripción añade que "el sujeto acéfalo que asume la posición del objeto -o, desde otra dirección, la posición de un objeto que empieza a hablar, que se subjetiva" (Žižek, 2004:202). Esto lo profundizaremos más adelante cuando veamos el mecanismo del splitting (fragmentación) en su relación con la identificación, junto con la gramática de los intercambios en Freud (Capítulo VI).

El predicado con su objeto (referente) y adverbio (lugar o espacio) toma el lugar del sujeto, mientras que el verbo es una acción sin sujeto intencional. Por ejemplo: "La asesiné de un golpe, "yo" no recuerdo, de pronto estaba muerta, mi mano se movió sola", aquí vemos un pasaje al acto inconsciente, no hay temporalidad, hay una acción donde un "yo" no se reconoce como sujeto de una acción que pasó, la mano se movió sola, su mano tomó el lugar del sujeto, se escindió de su cuerpo y adquirió acción propia. A este ejemplo podríamos agregar luego: "yo creo no tener motivos, yo creo que nada tuvo que ver con que ella me engañó y me quitó a mis hijos, ya que eso fue hace años y creo que el tiempo siempre cura las heridas, lo que pasó ayer no tiene nada que ver con el hoy", "de pronto me habló de algo que no sé, me nubló, quizás entré en rabia, no recuerdo bien, pero me dijo algo sobre un pago de una deuda que le debía" (dejo este ejemplo para que uds lo analicen, es común en ciertos actos violentos).
Todo esto lo podemos resumir en lo que el Filósofo Xavier Zubiri dice por ejemplo en su famosa frase: "el inconsciente no ejecuta actos, hay actos inconscientes".

Otro modo de significarlo es en el trabajo de Deleuze (1978) sobre Kant, donde "parecería que el espacio y el tiempo fueran también predicados. Evidentemente, Kant tiene serias razones para no quererlo, e insistirá mucho en distinguir las categorías de una parte, y de otra parte, el espacio y el tiempo" (p.24-25). Para aclararlo mejor, "*el espacio y el tiempo son las formas de presentación de lo que aparece; las categorías son las formas de representación de lo que aparece*" (p.29). Por ende el "*espacio y el tiempo son las formas de la inmediatez. El concepto siempre es lo que se llama una mediación. El concepto remite al concepto y opera una unificación. En ese sentido no es simplemente una forma de presentación de lo que aparece, será una forma de la representación de lo que aparece. El prefijo "re" indica aquí la actividad del concepto en oposición al carácter inmediato, o a la pasividad del espacio y del tiempo que están dados o que son la forma de lo que está dado*" (Deleuze, 1978:40-41). Puesto que el tiempo y espacio carecen de categorías re-presentativas, hay una presentación de un tiempo y espacio que no pueden ser categorizables en un predicado. Por tanto, el lugar de un sujeto para este tipo de predicado no existe y queda una presentación cosa-en-sí sin categorías. Lo inconsciente por su parte es una lógica distinta que no cumple las categorías y juicios re-presentativos de las doce formas tanto de la "cantidad, cualidad, relación y modalidad". Lo que lo acerca más a las modalidades de presentación más que a las de re-presentación. Tal como lo abordaremos más adelante, Freud retuerce o encorva cada una de las categorías kantianas en lógicas distintas bajo el proceso primario.

Serge Leclaire (2000) por su parte respecto al inconsciente comenta que "*no podría tratarse de un "sentido", pues lo inconsciente es propiamente insensato; (...) él impone fundamentalmente al dominio del sentido la marca específica de su "sinsentido". Y esta fuerza que da su coherencia ineluctable y ciega al sistema inconsciente, lleva un nombre: el deseo*" (p.180). Desde este lugar, podemos coincidir (al menos por un instante efímero) con la inusual explicación que da al "deseo" Lacan (1958) en su Seminario VI de su clase 1, cuando define que "*la oposición del sujeto y del objeto será verdaderamente retirada. Además, estaríamos ahí en una presencia, una tendencia sin conciencia de su propia eficacia, sin pensar las palabras por las que se realizará el fin deseado. Ahora bien, seguramente estamos en un campo en el cual en todo caso el análisis ha aportado ciertas articulaciones muy precisas, puesto que en el interior de esas determinaciones negativas, el análisis designa muy precisamente en el nivel, en sus diferentes niveles, la pulsión, en tanto es justamente esto: la no coordinación, incluso momentánea, de las tendencias, el fantasma en tanto que introduce una articulación esencial, o más exactamente, una especie totalmente carácterizada en el interior de esta vaga determinación por la no oposición del sujeto y del objeto.*" Por lo tanto, la pregunta que busca Leclaire (2000) responder consigo es: "*qué es lo que constituye como sistema coherente a este conjunto de elementos cuyas características esenciales son justamente el no reconocer ningún vínculo*"(p.181). En este sentido, el deseo, el conjunto de elementos sería entonces aquella "*ausencia de lazo que constituye la fuerza específica de coherencia de ese conjunto (p.183)*". Mediante "*esa ausencia de lazos que une paradójicamente a los elementos. El deseo, que conviene diferenciar de la pulsión, es la suma de esas aporías que constituyen el conjunto de puras singularidades*" (p.185). Estas "puras singularidades" reflejan aquellos elementos que no reconocen ningún vínculo "de sentido", mantenidas por la fuerza de un lazo (inconsciente) que unen lo "imposible" bajo el deseo.

André Green (2000) en su libro "El Tiempo Fragmentado", describe que aquello referido serían "*elementos sobrecondensados, efectivamente unidos unos a otros por los lazos al parecer incomprensibles. Pero esta sobrecondensación significante permite comprender que la falta de organización temporal obedece a una carencia de los mecanismos de descondensación, como si las palabras tuvieran que apretar su textura, congregar significaciones mantenidas en estrecha unidad y reunirse de acuerdo con lazos que ya no tienen nada que ver con la lógica preconsciente*" (p.218-219). En otras palabras, nada "*impide que esos elementos se sostengan juntos o, para decirlo mejor, que estén soldados, pegados, precisamente por la ausencia de lazo*" (Leclaire, 2000:183).

Para Leclaire (2000) existe entonces "*una dialéctica del sentido y del sinsentido. En este supuesto dialogo, o no dialogo, el sujeto psicológico (Cc/Prcc) representa el ser de sentido y el Inc, ser de deseo, aparece como el guardián del sinsentido.*" De esta forma "*el sujeto psicológico, se aplicará incansablemente a poner en orden, a ordenar sus asuntos, a efectuar selecciones: sensato/insensato, útil/inútil, bueno/malo*", mientras que por "*el otro lado, el ser de deseo, guardián del sinsentido, no podrá sino repetir cual monómano monoideico el ciclo absurdo de sus singularidades (...) debe concederse cierta preeminencia al ser de deseo: en este diálogo de sordos entre el sentido y el sinsentido, el ser de deseo tiene la ventaja a causa de los elementos irreductibles que él junta en un conjunto, por ser la fuerza misma del deseo* (p.186).*" Más adelante Lacleire (2000) define que "*esta fuerza o este cimiento del conjunto inconsciente, el deseo inconsciente propiamente dicho, está verdaderamente especializado -tal es su naturaleza- en las "ligazones imposibles*" (p.187).

Finalmente, eso "ligable-imposible" a toda lógica del "sentido" o del sistema Cc/Prc, que no alcanza a comprenderse, pero que no obstante, se genera por sí mismo un lugar (espacio) lógico propio, con toda la fuerza de su deseo (inconsciente).

4. Simetría/A-Simetría de Matte-Blanco y Lógica Epistemológica

Uno de los principales Psicoanalistas en estudiar la Lógica de lo Inconsciente, es el Chileno **Ignacio Matte-Blanco**. Es importante su aporte puesto que si bien lo inconsciente no se rige bajo la Lógica Clásica, debe "*regirse por alguna lógica. De lo contrario no podría existir no el inconsciente sino una teoría comprensiva   de   él*   (Ojeda,   2001)".
Según Matte-Blanco entonces se comprenden "*dos formas de lógica: la asimétrica (propia de la conciencia y del proceso secundario) y la simétrica (propia del inconsciente)* (Ojeda, 2001)." Aclarando más aquello "*no se trata de un sistema absoluto de dos niveles, sino de una estructura de "infinitos" estratos, en los que la capacidad de reconocer distinciones y diferencias disminuye a medida que la "simetrización" aumenta. Se trataría, en suma, de un continuo teórico desde lo asimétrico puro hasta lo simétrico puro, lo que naturalmente admite predominancias, combinaciones y, por lo mismo, ambigüedades   lógicas   (Ojeda,   2001)".*
Continuando su definición, según Alesandra Ginzburg (1990) existe por un lado "*el pensamiento, que divide, separa, distingue a través (en último término) del uso de las relaciones asimétricas. Podemos llamarlo el modo "heterogénico y dividente". El otro modo vive sólamente una realidad homogénea e indivisible, sin partes ni todo, y es, pues, extraño al pensamiento, a la distinción entre lo que es y no es, al espacio, tiempo y movimiento, y en consecuencia extraño tanto a la vida como a la muerte, entre las cuales se presupone el movimiento".*

Por otra parte, como lo grafica Roberto Castro Rodríguez (2006) en su libro "Pensamiento Psicoanalítico y Matemático", con respecto a la simetría, nos dice "*que la parte es necesariamente idéntica al todo, y también que todos los miembros de un conjunto o de una clase son tratados como idénticos a otro y a todo el conjunto o clase y son intercambiables con respecto a las funciones proposicionales que determinan o definen la clase y asimismo con respecto a todas las funciones proposicionales que los diferencia. De igual forma, ciertas clases cuyas funciones son del tipo p y no-p (p.-p) vacías de definición, pueden ser tratadas como no vacías, y las relaciones de contigüidad entre las partes y el todo pueden no existir*" (p.139).
Kernberg (2005) en su libro "Agresividad, narcisismo y autodestrucción", por su parte explica que para Matte-Blanco en lo inconsciente, "*los subconjuntos particulares del conjunto general que en realidad son notablemente desiguales llegan a ser tratados como equivalentes, debido a que la equivalencia sigue el principio de generalización. (p.217)".* Ejemplificándolo nos aclara, si en un "*cuarto oscuro representa la ausencia de la madre que se necesita, la fantasía primitiva del lactante transforma a la oscuridad en madre mala, un principio general mediante el cual un objeto negro, las pupilas negras de los ojos de un extraño y un perro negro pueden ser subconjuntos desiguales que son considerados como equivalentes*" (p.217).

Ejemplos del principio de generalización lo podemos rastrear en el "Hombre de las ratas" de Freud (1910): "*Después de la partida de su amada se apoderó de él una obsesión de comprensión, que le hizo insoportable a los suyos, pues se obligaba a comprender exactamente cada una de las sílabas pronunciadas por* los que a él se dirigían, como si de otro modo se le escapara un gran tesoro. En consecuencia, preguntaba y una y otra vez: «¿Qué has dicho?» Y cuando se lo repetían pretendía que la primera vez habían dicho otra cosa y permanecía insatisfecho" (p.1458). Prosiguiendo, Freud (1910) explica que en dicha "*obsesión de comprender alude directamente a este suceso, presentándose estructurada como si el paciente se hubiese dicho: Después de semejante experiencia, debes procurar no interpretar erróneamente las palabras de nadie si quieres ahorrarte muchos disgustos inútiles. Pero semejante propósito queda, no sólo generalizado, sino también -quizá a causa de la ausencia de la mujer amada- desplazado desde su persona a todas las demás, mucho menos interesantes*" (p.1458-1459). En este cavilar de la duda al saber, se emprende toda una generalización hacia otros conjuntos más insignificantes o lejos del suceso.

Para Matte-Blanco "*la diferenciación entre realidad interna y externa implica conceptos tales como espacio, límite, adentro y afuera; esto es conceptos que suponen relaciones asimétricas, las cuales desaparecen bajo la simetrización, por lo que "adentro y "afuera" llegan a ser idénticos*" (Parada, 1993:24). Situaciones palpables de este tipo la vemos en la Transferencia, despersonalizaciones, paranoias, proyecciones, delirios, etc.
De este modo, Matte-Blanco con respecto a las dualidades, "*cuestiona la concepción kleiniana de mundo interno y externo porque considera ingenua esta división tajante entre lo interno y lo externo. Como la consciencia se maneja con dimensiones menores que lo inconsciente tiende a ordenar la continuidad de la experiencia de lo inconsciente introduciendo la categoría externo e interno al tridimensionalizar. Esta es una función de la mente que permite la percepción consciente. Matte Blanco plantea que en lo inconsciente, mundo interno y mundo externo son lo mismo, están superpuestos. Así es como utiliza la idea de multidimensionalidad y de superposición de volúmenes*" (Ellicker, 2006:56). Más concretamente, Matte-Blanco considerando la psicosis en el caso Schreber: "*Parte desde la idea de Freud de que debido a una catástrofe interna, el mundo externo de Schreber también llega a su fin. Acá hay una simetrización entre mundo interno y externo (…) En Schreber queda muy claro cómo lo indivisible aparece en la consciencia, ya que al ser un caso de psicosis, hay una irrupción en la consciecia de lo que debería mantenerse inconciente (Ellicker, 2006:56)*". Si recordamos lo expuesto sobre Bion sobre la "pantalla beta" en los aparatados anteriores no puede ser más claro aún.

Llevándolo al plano emocional, Ginzburg (1990) agrega que para Matte-Blanco en "*las emociones se encuentran condensadas las características propias del modo de ser homogéneo e indivisible, para el cual "ser" y "sentir" son la misma cosa. No siendo completamente extraño al pensamiento, en cuanto que hace uso de relaciones, la emoción tiende incesantemente a generalizar y a "infinitizar" los datos de la experiencia y las relaciones en las cuales se encuentra implicada, según la modalidad típica de la lógica simétrica.*" En otras palabras, las emociones generalizan experiencias distintas, homologándolas en simetrías, aquellas experiencias que fueron vividas en distintos momentos temporales. Por ejemplo, si me enfado con alguien por algo relacionado a los celos, quien pese a tener muy pocas pruebas de ello, se manifiesta en un ataque colérico de ira, la cual se podría rastrear seguramente en dicha persona algún episodio de engaño donde sus celos fueron justificados y no logró expresarlos en su oportunidad cayendo en alguna injusta situación dolorosa. De ese modo la simetría de la emoción en generalizar o de "mezclar las aguas", hace que un episodio de celos muy poco probable en justificarse o probarse, se afecte de manera colérica sin separar o distinguir las aguas de un episodio presente de uno pasado. O en otras palabras, en lo Icc, el presente se mezcla con lo pasado y se convive en su particular simetría.

Resulta esto último sumamente palpable en la referencia de Ferenczi (1932) con respecto al odio: "*El mecanismo paranoico puede manifestarse también en que ese desplazamiento describa otro círculo y extienda el odio a todo un sexo, una nación entera, una familia. A consecuencia del desplazamiento y la cualidad proyectiva así inherente al odio, se vuelve también difícil (…) reducirlo poco a poco de algún modo, como ocurre con el duelo (…) en cambio, el afecto desplazado, quizá justamente a consecuencia de su irrealidad, puede subsistir mucho tiempo o por siempre. Ejemplo más común: desengaño traumático en la niñez, odio a un tipo de persona durante toda la vida*" (p.127).

Para Kernberg (2005) justamente aquellos "*estados afectivos máximos que expresan cólera y euforia primitivas, operan bajo el principio de simetría y generalización y pueden ser considerados precisamente, como el punto de origen de las manifestaciones psíquicas de las pulsiones*" (p.218). Por tanto concluye Kernberg (2005), "*lo que superficialmente parece ser una simple pérdida de capacidad de pensamiento simbólico y de control cognitivo, durante las tormentas afectivas representa la activación del pensamiento simétrico que refleja las capas inconscientes más profundas de la mente*" (p.218).

Adelantándonos al plano ontológico que desarrollaremos, siguiendo a Parada (1993) "*el ser simétrico al ser lo infinito, podría ser considerado como el background o la base de todo, como la verdadera naturaleza de lo psíquico y la base de la cual emerge la consciencia (asimetría). El ser simétrico, al ser lo infinito, contiene todas las posibilidades del ser*" (p.34). Esto último se emparenta codo a codo con el concepto de "Caos" que trabaja Guattari y con el "Ello" de Freud, que revisaremos en el próximo apartado de este mismo Capítulo.

A partir de estas definiciones, Matte-Blanco estudia los sucesos que ocurren en las categorías tales como: **Tiempo, Espacio, el todo y la parte**. Con respecto al **tiempo** "*en la lógica asimétrica (que es la que todos usamos permanentemente en vigilia) si el evento B sigue al evento A, el evento A necesariamente precede al evento B. En la lógica simétrica, si el evento B sigue al evento A, el evento A también puede seguir al evento B, y B preceder al evento A, como A preceder al evento B. En esta última condición, el antes y el después son intercambiables, y por lo tanto el tiempo, como habitualmente lo entendemos, desaparece (Ojeda, 2001)*". Un ejemplo concreto de aquello es cuando Freud (1900) en el capítulo VI de la Interpretación de los Sueños nos dice que "*un elemento del sueño conduce el camino de asociación a varias ideas latentes y de una idea latente, a varios elementos del sueño*" (p.520).

Mientras que en el **espacio**, "*la lógica asimétrica, si el punto B de una línea recta está a la "izquierda" del punto A, entonces A debe estar a la derecha de B. En cambio, en la lógica simétrica, si el punto B está a la izquierda de A, el punto A está, o puede estar, a la izquierda de B. Como es fácil comprender, en esta forma lógica la extensión y el espacio como habitualmente lo entendemos, desaparece* (Ojeda, 2001)".

Ejemplificándolo, Freud (1900) refiriéndose a la **condensación** espacio-temporal, en su apartado "Los medios de representación del sueño" dice que se "*Reproduce la coherencia lógica como simultaneidad, y obrando así procede como el pintor que al representar en un cuadro la Escuela de Atenas o el Parnaso reúne en su obra a un grupo de filósofos o poetas que realmente no se encontraron nunca juntos en un atrio o sobre una montaña, como el artista nos lo muestra, pero que constituyen, para nuestro pensamiento, una comunidad. Es éste el procedimiento general de representación del sueño. Así siempre que nos muestra dos elementos próximos uno a otro, nos indica con ello la existencia de una íntima conexión entre los que a ellos corresponden en las ideas latentes*" (p.537). De este modo, puedo perfectamente soñar que en un aula de clases en un colegio convivan tanto compañeros de escuela, como compañeros de universidad o del trabajo en un mismo lugar sin contraponerse algún sentido absurdo durante la ensoñación.

Según Parada (1993) para Ignacio Matte Blanco la condensación es un proceso en el cual "*un objeto dado implica más de un significado o representa a más de un objeto, Matte Blanco plantea que sería una consecuencia del principio de simetría que lleva a que cada parte contenga las potencialidades del todo y del cualquier otra parte, entonces en este contexto un elemento puede   tener   más   de   un   significado*"   (p.24).

Finalmente en el **todo y la parte**, como ya vimos anteriormente, su relación "*en un conjunto de objetos. En la lógica asimétrica el todo A incluye (o contiene) a la parte B, y B está incluido en A. En la lógica simétrica, la situación es diferente: el todo A incluye a la parte B, y la parte B, incluye al todo A. Luego, el todo y las partes son intercambiables. Los conjuntos matemáticos infinitos se comportan de esta manera. Por ejemplo, el conjunto de los números naturales incluye una parte, digamos los números impares. Pero, los números impares son tan infinitos como el todo de números pares e impares, luego, la parte es igual al todo*" (Ojeda, 2001). Freud (1916) en su Conferencia 10 justamente expresa que en los sueños "*a raíz de la indagación de las relaciones entre elementos oníricos y lo genuino de ellos, yo distinguí tres de tales relaciones: la de la parte al todo, la de la alusión y la de la ilustración en imágenes*" (p.137). Considerando el libro de Sami-Ali (1997) "El sueño y el afecto", en el caso de la Paranoia, en su espacio psíquico "*todo tiene el mismo valor afectivo, que es extremo, y nada es indiferente. Los detalles no existen o más bien sólo existen detalles, y cada detalle revela el conjunto. El objeto parece formado por detalles que supuestamente traicionan, develan intenciones secretas, sorprenden al otro. En el delirio de las interpretación especialmente (...) Por más que las fracciones se adicionen, no pueden alcanzar la unidad: regresión al infinito y callejón sin salida*" (p.140). Es decir, el objeto persecutorio se fragmenta en partes que remiten a un mismo todo. Para dichos estados simétricos, el todo y la parte "*en ciertos afectos excesivos tiende a desdibujarse la diferencia entre el conjunto y los detalles (...) planteando la identidad del todo y la parte y dividiendo el objeto en partes que son al mismo tiempo el todo del objeto. Singularmente, la división actúa como una multiplicación (...) Perdida, la unidad se reencuentra a nivel de cada uno de sus componentes, los cuales, a su vez, desde el momento en que representan la unidad, se dividen en componentes que representan la unidad... ad infinitum. El objeto es un conjunto inestable compuesto de objetos que son igualmente conjuntos inestables compuestos del mismo objeto. De modo que entre el todo y la parte se instaura la misma relación de inclusiones recíprocas que la que dispone el espacio imaginario (...) Así, el objeto es una entidad contradictoria: uno y múltiple, ni uno ni múltiple, destruyéndose y recreándose sin descanso (...) la contradicción en la que dos proposiciones se excluyen mutuamente se vea reducida a la paradoja, donde las mismas proposiciones, en vez de excluirse, se incluyan la una a la otra, y que finalmente se dé a esta inclusión la forma espacial característica del espacio imaginario*" (Sami-Ali, 1997:144).

A modo de ejemplo, Ojeda expone un caso clínico que extrae de Matte-Blanco: "*Dice el paciente: yo soy un mono, y lo soy porque tengo pelos en los brazos". La figura es nítida. Los monos son peludos (parte), luego, si yo tengo los brazos peludos, soy un mono" (la parte es igual a todo). Lo dicho no es un sinsentido, y tiene, por así decirlo, su propio estilo de deductibilidad. Aquí se trata del ser simétrico, del inconsciente que emerge en toda su crudeza a través de derivados psicóticos*" (Ojeda, 2001).

En la diferenciación entre clase/elemento, conjunto/objeto, contenido/continente, hay una identificación de la parte por el todo. Vale decir, "*cada elemento perteneciente a la clase asume el máximo de potencialidades conectadas con el concepto que define la clase. En otras palabras, como resultado del reemplazo del individuo por la clase, de la identidad establecida entre la parte y el todo, el inconsciente no puede concebir una cualidad dada en un grado pequeño, sino por el contrario en su máxima expresión*" (Parada, 1993:26).

Refiriéndonos ahora a los **desplazamientos** o las sustituciones por analogías, se podría ejemplificar en un sueño, si se sueña por ejemplo con un taxímetro que está cobrando mucho peaje y empiezo a sentir un calor que hace que el taxi exude aceite, puede significar en la vida real que estoy afiebrado y que necesito un termómetro para medir mi temperatura. Ahora bien ¿qué podría tener que ver un taxímetro? pues el taxímetro está en el orden de lo medible, al igual que un termómetro, junto con el calor, que es la fiebre misma. La explosión del aceite del auto puede asociarse en algo en el orden de que el líquido que contiene el mercurio del termómetro estalle, tal como en las caricaturas cuando éste estalla. Podemos ver que ciertos objetos por sus propiedades guardan relación sustitutiva con otros objetos en la cadena de asociaciones. Por tanto su interpretación onírica hay que entenderlo según lo que recientemente vive el sujeto, con los aspectos ampliamente culturales de los signos o símbolos de cada lugar con su particularidad. Como pueden ver, lo estudiado por Matte-Blanco en las categorías sigue punto por punto a Freud, incluso no agregando nada muy novedoso en lo que Freud elabora sobre lo inconsciente.

Resumiremos aquí que en los procesos primarios opera la sustitución espacio-temporal de la parte por el todo o el todo por las partes y la condensación que es la yuxtaposición de diversos elementos por su semejanza o analogía. Lógicas que operan durante la conformación de los sueños, los chistes, síntomas y los lapsus.

S. Ferenczi (1909), lo tiene muy en cuenta en lo referente a los sueños, pues "*el sueño evoca los objetos, las personas y los acontecimientos por detalles minúsculos semejantes; parece, pues, que el procedimiento poético de "la parte por el todo" también tiene vigencia en el lenguaje del inconsciente.*"

Parada (1993) citando respectivamente dos obras de Matte Blanco: "The Unconscius as Infinite Sets" de 1975 y la obra "Thinking, Feeling and Being" de 1988. Parada (1993) nos señala que la "*consciencia, al trabajar en base a relaciones asimétricas, "no puede aprehender un número infinito de elementos simultáneamente" (Matte Blanco, 1975, p.98). En este sentido, según este autor el inconsciente supone la participación del principio de simetría, que une y fusiona lo que para el pensamiento consciente se mantiene claramente delimitado y separado (…) Matte Blanco recurre al concepto de espacio multidimensional, destacando que "el aspecto simétrico de las estructuras bi-lógicas de nuestro inconsciente opera o piensa en un espacio de un número mayor de disensiones que el de nuestra percepción o pensamiento consciente (…) nuestro pensamiento de menores dimensiones no puede asirlo, así como una bandeja pintada no puede ser el recipiente de manzanas reales". (Matte Blanco, 1988, p.91). Mientras el concepto de infinito, aludido por el ser simétrico, implica un espacio multidimensional, nuestro pensamiento consciente sólo puede llevar a la cabo sus procesos de imaginación haciendo referencia a un espacio tri-dimensional (…) el número de dimensiones que nuestra consciencia puede contener*" (p.35).

Para Matte-Blanco (1981) las simbolizaciones en "*el Psicoanálisis nos conduce tanto dentro de los modos Parménides y Zenón como dentro de los modos de Heráclito.*
Cada realidad puede verse, con igual derecho, como homogénea-indivisible y como potencial-e-infinitamente-divisible; tal como una cosa concreta (un pecho, un pene, etc.) y tal como el conjunto de todas las cosas simbolizadas o que simboliza; en el inconsciente profundo, un pecho, un libro, un profesor, no son cosas diferentes sino la misma cosa, sólo "breastness": -ellas son homogéneas-indivisibles.
El hecho de que en nuestras interpretaciones usemos un representante, por ejemplo el pecho, para referirnos a la clase entera, es una cuestión de nuestro pensamiento (bi-lógico), no de nuestro pensamiento simétrico."

Volviendo ahora a lo visto sobre la constitución del lenguaje y su relación a lo Inconsciente, es patente que en la simetría, las posiciones de valor distinguidas o diferenciadas unas de otras no corresponderían en estos niveles más profundos de lo simétrico. El lenguaje o las palabras no están ordenadas, están bajo el influjo del proceso primario, las huellas acústicas de representación-palabra que enlazan las representaciones-cosa, en cambio, están al nivel de lo preconsciente (Prc) en el nivel del proceso secundario. De manera distinta, en la simetría, las investiduras de representación-cosa mayormente investidas se desplazan y condensan bajo un proceso primario simétrico, que como vimos, iguala la parte por el todo, condensa igualadando semejanza, así como también la representación-palabra es tratada como representación-cosa.

Coloma y Jordan (1993) argumentan que *"Freud planteaba una doble ligadura de la pulsión, una en el sistema inconsciente y otra por parte del pre-consciente. La primera ligadura se refería a la discriminación de una clase en el inconsciente; en cambio la segunda ligadura, en el pre-consciente, se referiría a la posibilidad de ordenamiento y discriminación de los elementos de la clase en un sistema espacio-temporal. Según lo dicho por Matte Blanco el inconsciente sólo conoce clases, no individuos"* (p.89).

Habiendo definido y explicado los conceptos centrales de Matte-Blanco respecto a la simetría/a-simetría, Coloma (2008) trabaja el concepto clínico de Alexitimia (la incapacidad de otorgar expresión verbal o en palabras las emociones y con ello lograr reconocerlas) para profundizarlo clínicamente. De este modo Coloma en su artículo "La simultaneidad de lo simétrico y lo asimétrico como meta de lo psicoanalítico", postula que la alexitimia es un desplazamiento a lo puramente asimétrico. Tomando entonces lo referido al primer estrato de la asimetría, expresa que en pacientes con alexitimia el dolor psíquico solo se puede abordar si no es clasificándolo, jerarquizándolo en una distinción nítida entre lo interno/externo, donde lo interno es expresado siempre desde las categorías de la externalidad.
De esta forma como lo menciona Coloma en un ejemplo de una paciente con Alexitimia, las *"emociones quedaban circulando a nivel exclusivamente mental, como si su tramitación se diera vueltas, en estas circunstancias, en torno a describir lo emotivo, nunca a entenderlo, nunca empatizando consigo misma desde una consideración de lo emocional como algo válido."*
Más concretamente Coloma (2008), señala por ejemplo que *"el marido la humillaba socialmente y ella resentía violentamente la indignidad de la situación, pero encapsulándola en una explicación a todas luces ineficiente, pero, para ella, convincente, por razones objetivas que sonaban artificiales de un modo sorprendente"*.

Coloma tomando el aporte de Matte-Blanco *"llama la piel asimétrica en tomo al contenido simétrico de la emoción. El dolor psíquico quedaría ubicado en esa piel asimétrica, tramitado al modo del primer estrato que hemos ya consignado."*
Continuando con el caso de la paciente, podemos comprender que la *"inclinación exclusiva hacia lo mental requería apoyarse en una distinción nítida entre mundo externo y mundo interno, en la cual lo externo era la medida de validez de todo lo que fuere significativo."* O sea, *"lo interno era tratado siempre según las categorías de lo externo"*. Similar en como Freud (1915) describe la fobia en cuanto un deseo reprimido desplazado: *"el mecanismo de defensa puesto en actividad, queda proyectado al exterior el peligro instintivo. El Yo se conduce como si la amenaza del desarrollo de angustia no procediese de un impulso instintivo sino de una percepción y puede, por lo tanto, reaccionar*

contra esta amenaza exterior, por medio de las tentativas de fuga que suponen las precauciones de la fobia" (p.2071).

Coloma por lo tanto explica desde Winnicott "*como un verdadero congelamiento de lo creativo, congelamiento derivado de la falla de un ambiente materno que no se ha adaptado al niño, obligándolo a forzar prematuramente la consideración de los objetos. La mente concebida así, diferencia entre mundo interno y externo, entre causa y efecto, lesionando radicalmente la posibilidad de un abordaje creativo, paradojal, que se hace posible, más bien, en aquel nivel que Matte Blanco, sitúa en la estructura Simmassi, en la que opera simultáneamente lo simétrico y lo asimétrico.*" Agrega en su mismo artículo que "*en el caso de Winnicott su noción de omnipotencia primaria podría aludir a estas simetrizaciones*". También en aquel texto, Coloma (2008) emplea junto a los conceptos de Matte-Blanco, la mención al objeto transicional de Winnicott como una lógica paradójica que asume la continuidad no diferenciada entre lo interno y lo externo. De allí Coloma describe que permitiéndose "*o no que el sujeto pueda vivir su existencia validando una lógica de la paradoja, lógica que requiere de conceptos como los citados y que conlleva un sentido para el psicoanálisis más cercano a lo creativo que a lo adaptativo. La alexitimia que he descrito aquí es un testimonio clínico de la potencia que puede tener en nuestra cultura un encapsulamiento en el primer estrato de Matte Blanco, como forma de evadir la vivencia del dolor psíquico que, a todas luces, brota en distintos niveles de nuestra vida social e individual.*" Vale decir, esto encapsulado "*en el primer estrato descrito por Matte Blanco, su existencia estaba regida por el registro imperioso de la objetividad, incapacitado para la interpretación de la existencia emocional dolorosa*". En este sentido, "*la ruptura de aquella membrana metafórica de protección antiestímulos descrita por Freud, quizás por desadaptaciones del ambiente primario, al modo como lo concibe Winnicott, obliga a encerrar el dolor psíquico en forma de rígidas ligaduras mentales, ligaduras destinadas a lograr un refugio ante situaciones que emocionalmente podrían alcanzar el nivel de intolerables*" (Coloma, 2008).

Por tanto, en este tipo de pacientes los cuadros de intensa afectividad "*los objetos exclusivamente asimétricos de ese primer estrato del que habla Matte Blanco, no alcanzaba a considerar la existencia como una posición subjetiva, donde la creatividad jugara un rol paradojal y motivante, entendiendo la vida más bien como un proyecto predeterminado en sus metas por algo básicamente objetivo*" (Coloma, 2008).

Jordan (2006) citando el relato de "Funes el memorioso" de J.L Borges explica cómo sería el nivel más A-simétrico posible: "*Funes, no sólo recordaba cada hoja de árbol de cada monte, sino cada una de las veces que la había percibido o imaginado. ... Este, no lo olvidemos, era casi incapaz de ideas generales, platónicas. No sólo le costaba entender que el símbolo genérico perro abarcara tantos individuos dispares de diversos tamaños y diversas forma: le molestaba que el perro de la tres y catorce (visto de perfil) tuviera el mismo nombre que el perro de las tres y catorce (visto de frente). Era solitario y lúcido espectador de un mundo multiforme, instantáneo y casi intorerablemente preciso... Le era muy difícil dormir. Dormir es distraerse del mundo. Funes, de espalda en el catre, en la sombra, se figuraba cada grieta, cada moldura precisa de las casas que lo rodeaban... Había aprendido sin esfuerzo el inglés, el francés, el portugués, el latín.*

Sospecho sin embargo que no era muy capaz de pensar. Pensar es olvidar diferencias, es generalizar, es abstraer." (p.98-99). Este excelente pasaje de Borges sobre un extremo de Asimetría, nos recuerda, siguiendo a Nietzsche (1874) los perjuicios para la vida que implica un exceso de historia o memorización en el ser humano: "*El saber histórico fluye de modo incesante de inagotables fuentes, lo extraño e incoherente fuerza su camino, la memoria abre todas sus puertas (,,,) la naturaleza se esfuerza al máximo por recibir, ordenar y honrar a estos huéspedes extraños, pero ellos mismos están en lucha unos con otros y parece necesario que el hombre los domine y controle si no quiere perecer él mismo en esa lucha (...) Finalmente, el hombre moderno se mueve llevando dentro una ingente cantidad de indigeribles piedras de conocimiento y, como en el cuento, puede escucharse a veces su choque ruidoso dentro del estómago (...) El saber consumido en exceso, sin hambre, incluso contra las necesidades de uno, no actúa ya como una fuerza transformadora orientada hacia el exterior, sino que permanece encerrado dentro de un cierto caótico mundo interior*" (p.73). Tal perjuicio o vicio de la historia para la vida como lo denomina Nietzsche (1874), implica que en dicha Asimetría el sujeto, "*se vuelve así vacilante e inseguro y ya no cree en sí; se hunde en su ensimismamiento, en su interior, que, en este caso, quiere decir en la acumulada aglomeración de cosas aprendidas que no tienen proyección efectiva al exterior, de erudición que no se convierte en vida*" (p.83). Además, Nietzsche (1874) agrega como consecuencia al respecto que: "*Aquellos que no se atreven a fiarse de sí mismos, sino que instintivamente acuden a la historia en busca de ayuda y le preguntan: "¿Qué debo yo sentir en esta situación?*" (p.87).

Esta situación, no solo acontecería en una alexitimia, sino más bien, en casos típicos de Neurosis Obsesivas donde se busca un aplanamiento afectivo mediante la ingesta continua de conocimientos y dudas que impidan un efectuar, dado que el seguir absorbiendo (reteniendo) les acomoda para procrastinar todo tipo de acción o decisión.

Cabe agregar, que sin simetrías o proceso primario, las generalidades o analogías no serían posibles de equivalerse. Para pensar, se necesita tal como bien lo enuncia Borges "abstraer". Así como lo vimos en Green, citado por Zuckebert, en estos casos, el proceso secundario no captaría o no coordinaría con el proceso primario.

Antes de proseguir con los cinco "estratos" o "niveles" de Matte-Blanco, conviene ahora cerrar aquellos geniales párrafos del "Funes el memorioso" de J.L Borges, abrochándolo con la bella prosa de Octavio Paz (1950) en su texto "El laberinto de la soledad" con respecto al "tiempo" y al "devenir": "*Hubo un tiempo en el que el tiempo no era sucesión y tránsito, si no manar continuo de un presente fijo, en el que estaban contenidos todos los tiempos, el pasado y el futuro. El hombre, desprendido de esa eternidad en la que todos los tiempos son uno, ha caído en el tiempo cronométrico y se ha convertido en prisionero del reloj, del calendario y de la sucesión. Pues apenas el tiempo se divide en ayer, hoy y mañana, en horas, minutos y segundos, el hombre cesa de ser uno con el tiempo, cesa de coincidir con el fluir de la realidad. Cuando digo "en este instante", ya pasó el instante. La medición espacial del tiempo separa al hombre de la realidad, que es un continuo presente, y hace fantasmas a todas las presencias en que la realidad se manifiesta, como enseña Bergson. Si se reflexiona sobre el carácter de estas dos opuestas nociones, se advierte que el tiempo cronométrico es una sucesión homogénea y vacía de toda particularidad. Igual a sí mismo siempre, desdeñoso del placer o del dolor, sólo transcurre. El tiempo mítico, al contrario, no es una sucesión homogénea de cantidades iguales, sino que se halla impregnado de todas las particularidades de nuestra vida: es largo como una eternidad o breve como un soplo, nefasto o propicio; fecundo o estéril. Esta noción admite la existencia de una pluralidad de tiempos. Tiempo y vida se funden y forman un solo bloque, una unidad imposible de escindir"* (p.88).

Avanzando para comprender a cabalidad la noción "bi-lógica" que emprende Matte Blanco, es sumamente crucial entenderlo como unas "*series infinitas de "estratos" o "niveles", en los cuales la capacidad de reconocer diferencias disminuye en la medida que la simetrización aumenta (...) En el primer estrato la experiencia se caracteriza por el reconocimiento consciente de objetos diferenciados (...) El segundo estrato puede ser definido por la aparición de una cantidad significativa de simetrización; es el estrato donde la emoción hace su primera aparición, en relación a elementos claramente distinguibles (...) el tercer estrato presenta como rasgo principal la simetrización de la clase, de modo que los elementos de la clase son considerados como idénticos entre sí y con respecto al todo (...) siendo este el estrato donde aparece cierto grado de atemporalidad como consecuencia de la simetrización de la clase, que impide la diferenciación entre instantes.*
El cuarto estrato (...) en el que funcionan algunas esquizofrenias. En este estrato nos encontramos con la ausencia de contradicción y el reemplazo de la realidad externa por la psíquica (...) En el quinto estrato, el más profundo, es posible encontrar procesos de simetrización que llevan a lo indivisible (...) todo está contenido en una cosa única (...) en cada una de sus manifestaciones directas podemos, si prestamos atención, detectar la actividad de los distintos niveles, desde la asimetría vista en el pensamiento consciente hasta la mayor proporción de simetría de los niveles más profundos" (Parada, 1993:27-29)

Previo a comenzar el estudio Epistemológico o Filosófico de lo que hemos revisado sobre Matte-Blanco y de los anteriores Apartados. Nuevamente recalcaremos (insistiremos), con respecto a los "cinco estratos o niveles", que para César Ojeda (2001) en la obra de Matte-Blanco existen "*cinco estratos que van desde el ser asimétrico al simétrico. En el primer estrato la experiencia se caracteriza por el reconocimiento consciente de objetos diferenciados. En el segundo, aparece una cantidad significativa de "simetrización", y en el que la emoción hace su primera aparición, pero aún en forma consciente y en definitiva guiada por el ser asimétrico. En el tercer estrato la simetrización adquiere predominancia, y por lo mismo los elementos de la clase son considerados como idénticos entre sí y con el todo. Se produce entonces la intercambiabilidad de las partes y el todo, y la atemporalidad y a-espacialidad empiezan a adquirir sus derechos. El cuarto estrato profundiza el anterior, aunque aún persisten residuos del ser asimétrico. Finalmente, en el quinto estrato, el más profundo y enigmático, el pensamiento se ve imposibilitado, en la medida en que no dispone de categorías propias del ser asimétrico. Es aquí donde un infinito número de cosas llega a ser sólo una: un modo indivisible, en el que cualquier cosa es cualquiera otra. Esta homogenización entrópica se va estructurando a medida en que se asciende de estrato o nivel, pero, aun así, el ser simétrico permanece actuante e inalcanzable en las profundidades de la mente humana."* Esto es relevante recalcarlo puesto que entre el Ello y el Yo no existe una sola (rígida) forma de separación, sino varios niveles de diferenciación, articuladas con la lógica Preconsciente (tema que será ampliado en los próximos Capítulos y apartados).

Debemos hacer ahora una **pausa** o **paréntesis Epistemológico Crítico** de todo lo revisado hasta aquí. Considerando los principios bi-lógicos de Matte Blanco, se hace necesario postular de modo Kantiano, un a priori a un Todo que contenga las distintas Partes. Vale decir, desde Matte-Blanco contaríamos a priori con una cierta realidad externa o espacio que se adecuaría a una cierta totalidad real referida. Para que así, un Todo remita a sus partes o que sus partes remitan a un todo. Por lo tanto, se haría necesario que al menos, en lo preconsciente dichas reglas categoriales lógicas estén debidamente instaladas en la constitución psíquica (lógica asimétrica). Dicho de otro modo, que las asociaciones del antes-después, parte-todo, pequeño-grande, diferenciación de formas, deberían estar previamente constituidas de alguna forma como referentes, pues, de no ser el caso, la bi-lógica no podría interpretarse según las reglas de condensación y desplazamiento de los procesos primarios para poder ser explorados. Insistimos en que la mera significación de "parte" evoca semánticamente el lugar de una parte de algo o un elemento de algo que lo abarque. Del mismo modo, el "todo" referirá una ampliación mayor frente a una menor desde un punto de referencia.

Queremos postular con ello, que el preconsciente mantiene la lógica secundaria de las diferencias o distinciones que descansan bajo una articulación de las representaciones-cosa y el filtro preconsciente del tercero excluido. La compleja articulación del "preconsciente" con el "yo" conformarán aquellas dimensiones Categoriales a priori de "cualidad, cantidad, modalidad y relación" que estamos revisando a modo crítico (temática que la abordaremos en el Apartado sobre la "Constitución del yo" del Capítulo III y también a largo del Capítulo IV).

Volviendo nuevamente a la noción lógica de "parte-todo", con el fin de abrir críticas y discusiones al respecto. La noción "parte-todo" calza mano a mano con la Teoría de las Relaciones Objetales en sus postulados de "objeto parciales y objetos totales". El pecho es lo parcial pero la madre es lo total. No obstante, se abre una problemática importante para abrir discusión, debido que lo anterior expresaría algo como: "No importarían las diversas combinaciones o sustituciones posibles de una huella o representaciones por otra, todo es posible a partir del campo Total que acobija la realidad en su referente más completo". Pero en tal situación, ¿Podríamos tener siempre a la mano o a priori la totalidad para cualquier parte o cualquier parte para contextualizarla a una totalidad y estudiarla bajo la bi-lógica? Pues si la respuesta es sí, forzosamente debiésemos admitir que todo lo inconsciente es posible de traducirlo completamente por lo preconsciente y que siempre encontraríamos desde abajo para arriba o de arriba para abajo la contra-cara de algo manifiesto-latente en adecuación perfecta. Dicho de otra forma, toda representación-consciente tendría a su lado otra inscripción o representación-inconsciente de base, por lo tanto, dependiendo del punto de vista, la parte, lo parcial, sería una representación-inconsciente ante un Todo por conocer consciente o de juicio. Se hace importante cuestionárnoslo, puesto que no tan solo revelaríamos o desocultaríamos por completo la cosa-en-sí o lo nouméico (lo incognocible) de Kant, sino que además necesitamos dilucidar qué analogías, interpretaciones o construcciones son más factibles de generalizar para distintos contextos y en cuáles serían menos pertinentes.

Entonces, si elegimos o buscáramos alguna otra base epistemológica: ¿No tendríamos otro remedio que decir que todo lo expuesto es necesariamente falso e inverificable y sólo pertenecerían a fantasías positivistas maniacas por apresar la realidad inconsciente en un puro objetivismo?
Seamos más claros, en precisar, que si bien la parte-todo desde la bi-logica puede expresar con claridad el proceso primario de la condensación y desplazamiento inconsciente, esto no quiere decir, ni tampoco resta que la realidad total o referente externo carecerían de sustento alguno. Pero entonces, ¿cuál es el afán de elaborar este rodeo hasta aquí? Simplemente dar cuenta que el postular un a priori "todo-parte" para postular los mecanismos psíquicos de la bi-logica o los procesos primarios-secundarios, no implica necesariamente apoyar lo cognitivo o el (post)positivismo y adecuar al Psicoanálisis en la lógica de una Psicología del yo. Podríamos decir simplemente que siempre estamos confrontados por partes que suelen agruparse en parte-todo pero sin alcanzar para nosotros el Todo mismo (lo absoluto o nouménico), solamente, serían partes que en conjunto remiten a una parte más grande o inclusiva de la misma. Si bien desde la bi-lógica el léxico de "simetría" tiene implícito el concepto de "A-simetría" (pues no podemos hablar o diferenciar qué es simetrico o asimétrico si no estamos en algún lugar o punto asimétrico previamente adquirido, o, posicionado, de forma similar para distinguir una alucinación de una percepción), hemos visto que lo simétrico (proceso primario) hace estallar los presupuestos semánticos de las ciencias cognitivas así como también retuercen las categorías kantianas (procesos secundarios) de cantidad, modalidad, calidad y relación. Por lo tanto, ya no estamos en un terreno que aspire a la objetividad o universalidad propia de la Ciencia positivista, tal como lo planteamos al inicio de este ensayo.
En resumen, no creo que debamos ir tan lejos y postular un anti-kantismo absoluto, pues como lo expresamos anteriormente, se hace necesaria también la lógica preconsciente (asimétrica) que implica distinguir la parte del todo, el antes-después y diferenciación de formas.

Aterrizando lo mencionado a modo más concreto, un caso paradigmático que utiliza seguramente todos los recursos del proceso secundario desde todas las atribuciones preconscientes (que posteriormente desarrollaremos en el próximo Capítulo IV con más detalle), son en los peritajes o razonamientos de "inducción hipotético-deductivo" como detective. No se me ocurre otro escenario que demuestre con bombos y platillos los juicios analíticos a posteriori de Kant que en una resolución de algún caso criminal de detective ¿Por qué? Pues como bien se sabe, las pistas por lo general no aparecen manifiestamente en la escena del crimen, no siempre los detalles se explican por sí mismos, lo que las convierte en "pistas", las pistas son huellas que deben encajarse en un todo que triangulando con otras pistas-huellas otorgará el ensamblaje correcto de las piezas o Partes para resolver el caso hacia un Todo más claro. ¿Cómo sucede esto desde la lógica? Si bien las pistas, para ser pistas, deben primero levantar alguna indicación o más bien generar vía inducción una hipótesis-deductiva, o sea, lo faltante a la huella-pista es una articulación de "relación". Entonces ¿cómo se puede relacionar algo con algo sin caer a un mero azar hipotético que quizás no conecte de forma coherente una relación causal temporal-espacial? Recrear la escena del crimen implica imaginar las partes o elementos en diversos escenarios posibles, ensayar y descartar hipótesis en proceso reconstitutivo. Es por esto que las pistas falsas pueden ser un poderoso distractor de una investigación puesto que se puede tener armado todo un cuadro constitutivo y carecer de toda veracidad. Por lo tanto, no es poco frecuente que un detective frente a otro detective que esté resolviendo un mismo caso puedan discrepar en sus opiniones o hipótesis a construir un caso. Ni hablar entonces, lo que sucede en lo que usualmente ocurre entre las versiones entregadas por fiscalía y las entregadas por la defensoría, a veces, cuesta creer que un mismo evento pueda tener tan diversas versiones. ¿Qué puede hacer entonces un juez? Pues debe desde su lugar, sintetizar los elementos mostrados usando la lógica en múltiples niveles. Si partamos de la base que a primera vista muchas veces lo entregado por fiscalía y defensoría no permiten a una primera hojeada o impresión dar con fácil resolución para un veredicto de culpabilidad o no. Se requiere entonces cortejar y danzar de forma especial las hipótesis dadas de ambas partes (por defensoría y fiscalía). Se debe inclinar por el razonamiento lógico que encadene o sintetice de la forma menos incoherente las versiones de fiscalía y defensoría ¿Y cómo? Pues descartando una a una las hipótesis entregadas bajo un empeño de contrastar la red o encadenamiento lógico.

Por ejemplo: la premisa o hipótesis "la víctima del delito fue asfixiada", se debe abrir todo un sumario de recursos lógicos para verificar su correspondencia, como el preguntarse por: ¿Con qué cosa se asfixió? ¿Cómo?, ¿Cuándo?, ¿Dónde? y verificar si en cada una de las interrogantes pueden ser respondidas de forma coherente sin que una "pista articulada" (relaciones causales) no se excluyan entre sí. Por otro lado, considerando la lógica del tercero excluido (a-simétrica o del proceso secundario): "Si alguien estuvo ahí es imposible que la persona haya estado en dos lugares distintos lejanos al mismo tiempo simultáneamente", "si A culpa a B del crimen y B culpa a A del crimen, no es lógico que ambos estén plenamente en lo correcto, debiese haber un grado de "verdad-falsedad" en sus versiones, indagando cuánta veracidad es de uno o de contra parte".

Por lo tanto, la recreación de un crimen necesita a la base la noción de Totalidad posible para encuadrar un contexto o escenario lo menos inconsistente posible. Quizás esté demás decirlo, pero todo el ejemplo descrito tiene siempre a la base que la realidad externa existe y se podría dividir una cierta parte-totalidad y remitirla a una lógica que distinga las partes del Todo o el Todo de las partes, para un caso judicial. Finalmente, los juicios analíticos a posteriori de Kant quedarían aquí demostrados en este nivel o dimensión, pues, concuerda con una cierta realidad a priori consistente referencial en algún grado.

Como vimos en el primer Capítulo de este ensayo, las interpretaciones de rocas y diccionario, justamente, atropellan todo espacio o tránsito para una diferencia o particularidad propia en la sesión. Tales interpretaciones no dejarían espacio a los enigmas, más que a la tortuosa espera de que el paciente "comprenda lo que el analista le dice" de su desciframiento de un código escondido que se traspapeló con el todo y habría que volverlo a reubicar a su totalidad cada una de las partes de sus asociaciones-latentes. Y así, de esta manera, se podrían reubicar todas esas "desobedientes y rebeldes" series de fantasías y asociaciones, por una serie o sistema que las reubiquen a los modelos a-históricos, anti-diacrónicos de un arquetipo de diccionario. Sin ir más lejos, los grandes descubrimientos y aportes de Melanie Klein como el objeto parcial, fragmentaciones, objeto persecutorio, etc. Desde Klein, los resortes creativos-productivos de aquella polimorfa fragmentación de objetos parciales esparcidos en el psiquismo que reflejaría el multi-centralismo de la constitución subjetiva, en Klein, no obstante, quedaron a medio camino truncados. Los objetos parciales perdieron su radicalidad original y se difuminaron en un "parte-todo" de un Todo mayor a integrarse o completarse. En otras palabras, cada objeto parcial estaría definido a modo a priori el cómo se sintetizará, por ende, la interpretación consistirá solamente en predecir qué elementos y con qué agruparlos, según los cánones de la familia biparental y las fantasías originarias endógenas (edípicas) pre-instaladas, aspectos de los cuales sumerge la deriva del descubrimiento kleiniano en anclarlo a pesadas anclas del moralismo familiar de su época burguesa judía.

De esta misma forma, tomar estas interpretaciones en su modo absoluto, nos genera la impresión de que el mapa está descifrado (lo incognocible, lo nouménico, la cosa-en-sí) y solo faltaría vehiculizar la ruta correcta de los senderos de la verdad en un sistema-cerrado de verdad. Es como si tuviéramos inicialmente un tubo de cartón enrollado o torcido y luego lo vamos desarticulándolo para dejarlo plenamente despejado (desenrollado) y visible hasta una roca final de la "verdad". Como si, la polaridad de Asimetría-Simetría tuvieran mitades exactas de un mismo polo monista único en su verdad. Bajo esta operación, caeremos en los abusos y mal-usos de la Interpretación tales como un énfasis desmedido a las rocas del Edipo, de la Castración, de lo Real, objeto @, Das Ding, Falo, etc.

El Psicoanálisis no es una especie de molino que simplemente arrastra las aguas otorgando o generando formas pre-determinadas a lo que caen sus fauces. Pero tampoco sería válido insinuar que la externalidad o referencia externa a priori de cualquier tipo debiese abolirse absolutamente por completo, escapando, hacia un supuesto referente perpetuamente perdido jamás recuperado, como postularía cierto Psicoanálisis francés.

Las siguientes preguntas que ahora deglosaremos, representarán los extravíos (desvíos) o salidas propias de la moda francesa de psicoanálisis, las cuales, iremos respondiendo críticamente a lo largo del libro: ¿Podríamos entonces para evadir este estado de sobre-determinación o incertidumbre, dotar a dicho espacio a priori o lugar Noemático, alguna especie de externalidad para algo por siempre perdida (Das Ding), para luego, asignarle una sustancialización transcendental mística como una satisfacción mítica-primaria siempre en vistas de recuperarse fracasadamente o como un deseo desfalleciente que en su encuentro con su objeto siempre persiste un desencuentro perpetuo (metonimia del ser) como su Estructura? ¿Deberíamos asignar la pérdida de un referente a priori estable a una práctica clínica que nos haga atravesar todos los esquemas representativos tridimensionables hacia un nuevo meollo nuclear de roca-Real que desintegraría toda síntesis posible, sea cual sea, como lo abordarían algunas escuelas francesas de psicoanálisis? ¿O deberíamos otorgar un lugar transcendental ontológico superior al registro Significante como el único timón que podemos maniobrar para la conducción de la cura, pues si de algo debemos apuntar para no caer en puro vacío por la erradicación de la refencialidad "desfalleciente", sería preciso elegir al Significante como el imán que toca lo inconsciente a la "l-e-t-r-a", tal como promueven algunas orientaciones francesas de psicoanálisis de moda? ¿En caso que tenga algún pivote, polea o tuercas (movimientos), estos serían los "objetos perdidos", "conjuntos vacíos", "agujeros", ex-nihilo, etc? Vale decir: ¿La sintaxis-jinete se monta encima de una seudo-semántica-mágica-teológica de ausencias, vacíos y pérdidas? ¿La estructura se crea en lo inarticulado? ¿La estructura surge "en" o solo "desde" lo articulado mismo? ¿Lo articulado deja a su paso desechos inarticulados como vacíos, faltas, agujeros, das Ding místicos? ¿De qué modo lo no-estructurado podría afectar a lo estructurado, si es que lo afecta? ¿Lo no-estructurado siempre es por causa de lo estructurado o más bien lo no-estructurado es puro residuo de un objeto ausente como estructura misma a priori? ¿Tendríamos que relegar un nuevo estatuto a lo noemático a priori como un punto Goce (Uno) salvaje donde debemos limitarnos a cercarlo para drenarlo bajo un conductismo temporal que emplee el corte de sesión en contra de las representaciones?

O más sencillamente: ¿Convertir de otra manera este referente a priori y hacer de la Falta, el vacío, la hiancia, el intervalo, el falo, el agujero, la castración y el Goce: Como lo (nuevo) central, del supuesto a-centramiento del a priori perdido? Pues tal como lo refiere R. Rodulfo (2013): "*el psicoanálisis enfatizó su interés por el descentramiento; el psicoanálisis descentraba porque planteaba que la consciencia no estaba en el centro, que el yo no era el núcleo de la psíquis (…) uno puede sacar cosas del centro pero dejar el centro intacto. Entonces, si yo quito algo del centro, pero no quito el centro mismo, a la larga o a la corta, quedará puesta otra cosa en el centro (…) Y así ocurrió: cada uno puso algo en el centro. Jacques Lacan, la falta; Melanie Klein, la posición depresiva*" (p.83).

Para ciertas corrientes francesas psicoanalíticas de moda, este tipo de salidas no son otra cosa que intentos de respuestas a estos dilemas sobre la referencialidad o externalidad a priori, otorgando una nueva noción (versión propia) de externalidad a priori, bajo los nombres de: vacío, agujero, hiancia, objeto @, afánisis, Das Ding, Tyche, Real, Falo, intervalo, pérdida (conceptos que retomaremos en distintos Apartados del libro). Así, aquellos intentos, buscan corromper o suspender el plano tridimensional o representativo (que implican nociones de referencialidad o empirismo posible), a supuestas, nuevas "glorias clínicas" que vayan bastante lejos de estos planos, hacia algún a priori lógico de tipo Topológico, Significante, Matema, Nudos o de Grafos, suplantando (erradicando) lo mayormente posible todo rastro de externalidad material a priori Aristotélico-Kantiano de un modo absoluto.

La problemática desanudada hasta aquí como podrán dar cuenta, es la misma bajo distinta tonalidad a la añeja discusión subjetivo-objetivo, realidad-ficción, trauma-fantasía, materia-idea, etc. Casarse o abrazar un solo lado de la balanza no da respuesta y menos hacia una lógica compatible con el quehacer ético de un clínico.

Si seguimos lo planteado por Judith Butler (1993) respecto a la binariedad u oposición expuesta: "*la materialidad del significado, así como el referente, accesible a través del significado, pero que aun así no puede reducirse al significado. Esta diferencia radical entre referente y significado es el sitio donde se negocian perpetuamente la materialidad del lenguaje y la del mundo que el lenguaje procura significar. Puede ser útil comparar esta idea con la noción de la carne del mundo de Merleau-Ponty. Aunque no pueda decirse que el referente existe separado del significado, no puede reducírselo a éste. Ese referente, esa función permanente del mundo, ha de persistir como el horizonte y como "aquello que" hace su demanda en el lenguaje y al lenguaje. El lenguaje y la materialidad están plenamente inmersos uno en el otro, profundamente conectados en su interdependencia, pero nunca plenamente combinados entre sí, esto es, nunca reducido uno al otro y, sin embargo, nunca uno excede enteramente al otro. Desde siempre mutuamente implicados, desde siempre excediéndose recíprocamente, el lenguaje y la materialidad nunca son completamente idénticos ni completamente diferentes*" (p.110-111).

Es clave proseguir lo expuesto desde Ricoeur (1983) en su libro Tiempo y Narración, con respecto a que "*referencia y horizonte son correlativos, como lo son la forma y el fondo. Toda experiencia posee un contorno que la circunscribe y la distingue, y se levanta a la vez sobre un horizonte de potencialidades que constituyen su horizonte interno y externo: interno, en cuanto que siempre es posible detallar y precisar la cosa considerada en el interior de un contorno estable; extremo, en cuanto que la cosa buscada mantiene relaciones potenciales con cualquier otra cosa bajo el horizonte de un mundo total, el cual no figura nunca como objeto de discurso. En este doble sentido de la palabra horizonte, situación y horizonte siguen siendo nociones correlativas. Este presupuesto general implica que el lenguaje no constituye un mundo por sí mismo. Ni siquiera es un mundo (…) Esta presuposición no proviene ni de la lingüística ni de la semiótica; al contrario, estas ciencias rechazan por postulado de método la idea de un objetivo intencional orientado hacia la extralingüística*" (149-150). Tal como lo expresa Holland (1985) a "*la mayoría de los lingüistas les gustaría poder discutir los principios que rigen el lenguaje solamente en relación al lenguaje. Les gustaría ignorar toda consideración del mundo real y considerar las preguntas sobre lenguaje como si se pudiera contestarlas completamente en términos de los principios formales que gobiernan el lenguaje"* (p.147). Por su lado, H. Etchegoyen (2002) también critica que *"erigir las combinaciones sintácticas como única fuente de la significación (...) Lacan parece querer emancipar a la combinatoria significante toda referencia a las cosas. De esta forma, la semántica, e incluso la pragmática, quedan subsumidas en la sintáctica (...) se hará difícil seguirla cuando se proponga como un sistema cerrado de elementos interconectados que no admiten ninguna relación con entidades extralingüísticas"* (p.163).

Esto mismo, como lo propone Ricoeur (1983) *"choca de frente con la teoría dominante en la poética contemporánea que rechaza cualquier consideración de la referencia a lo que ella considera como extralingüístico, en nombre de la estricta inmanencia del lenguaje literario a sí mismo. Cuando los textos literarios contienen alegaciones que conciemen a lo verdadero y a lo falso, a lo falaz y a lo secreto, las cuales conducen ineluctablemente a la dialéctica del ser y del parecer, esta poética se esfuerza por considerar como un simple efecto de sentido lo que ella decide, por decreto metodológico, llamar ilusión referencial"* (p.150). Además que en posicionamientos nihilistas sucede que *"considerar el concepto del mundo del texto como una excrecencia de la ilusión referencial. Pero la lectura plantea de nuevo el problema de la fusión de dos horizontes, el del texto y el del lector, y, de ese modo, la intersección de mundo del texto con el del lector.*
Se puede intentar negar el problema mismo y considerar como no pertinente la cuestión del impacto de la literatura sobre la experiencia cotidiana. Pero entonces, por una parte, se ratifica paradójicamente el positivismo que generalmente se está combatiendo, a saber: el prejuicio de que sólo es real el dato que puede observarse empíricamente y describirse científicamente, y por otra, se encierra la literatura en un mundo en sí y se rompe la punta subversiva que lanza contra el orden moral y social. Se olvida que la ficción es precisamente lo que hace del lenguaje ese supremo peligro del que Walter Benjamín, tras Hölderlin, habla con temor y admiración" (p.151).
Estos señalamientos del cierre a sí mismo frente a lo referencial, son los que aparecen, por ejemplo, en la Clase 3 del Seminario 20 donde Lacan (1973) sentencia que: *"No hay la más mínima realidad prediscursiva, por la buena razón de que lo que se forma en colectividad, lo que he denominado los hombres, las mujeres y los niños, nada quiere decir como realidad prediscursiva. Los hombres, las mujeres y los niños no son más que significantes (...) el significado no tiene nada que ver con los oídos, sino sólo con la lectura, la lectura de lo que uno escucha de significante. El significado no es lo que se escucha. Lo que se escucha es el significante. El significado es el efecto del significante"* (p.44-45).

Frente a otros aspectos, es cierto que un Análisis o una lectura de texto es una apertura-escritura, es decir, toda lectura traza se quiera o no una escritura, al leer algo se escribe en algún lugar, ninguna lectura deja absolutamente neutro el mensaje que se leyó (lo que implicaría una semiosis ilimitada). Lo que impediría un cierre completo del texto o posicionarlo en lo que sería un "afuera del texto" mismo (Derrida). Sin embargo, coincidimos con Umberto Eco (1990) en considerar que pese a la apertura: *"Un texto «abierto» sigue siendo un texto, y un texto puede suscitar infinitas lecturas sin permitir, en cambio, cualquier lectura posible. Es imposible decir cuál es la mejor interpretación de* un texto, pero es posible decir cuáles son las equivocadas. En el proceso de semiosis ilimitada se puede ir de un nudo cualquiera a cualquier otro, pero los pasos están controlados por reglas de conexión que, de alguna manera, nuestra historia cultural ha legitimado. Cada cortocircuito esconde una red cultural en la que cada asociación, cada metonimia, cada vínculo inferencial, puede, potencialmente, exhibirse y ponerse a prueba. Dejando a los hablantes la libertad de establecer un inmenso número de conexiones, el proceso de semiosis ilimitada les permite crear textos. Pero un texto es un organismo, un sistema de relaciones internas que actualiza determinadas conexiones posibles y narcotiza otras. Antes de producir un texto, podría inventarse cualquier tipo de texto. Después de haber producido un texto es posible hacerle decir muchas cosas —en algunos casos, un número potencialmente infinito—, pero es imposible —o al menos críticamente ilegítimo— hacerle decir lo que no dice. A menudo, los textos dicen más de lo que sus autores querían decir, pero menos de lo que muchos lectores incontinentes quisieran que dijeran" (p.121-122).

Se hace bastante provechoso para enmarcar lo desarrollado, seguir las fronteras que designa Silvia Bleichmar (2004): "*el inconciente debe ser considerado como del orden del interno-externo: externo al yo - interno al aparato psíquico - externo al sujeto que pretende emplazarse en su centro -. El cuerpo, del cual no hay fuga posible, es exterior al aparato pero intrínsecamente soldado a éste, de modo que lo caracterizamos como del orden del externo-interno. La realidad exterior, es del orden del externo-exterior, y como tal lo que nos compete es ver los modos con los cuales su impacto se hace presente en el psiquismo y cuáles son los modos con los cuales opera (…) ubicar la realidad exterior no como campo homogéneo, sino en toda su complejidad y diversidad. Realidad exterior, en primer lugar, tal como fuera definida de modo casi rudimentario por el Freud del Proyecto, cuando alude a procesos continuos que ejercen constantes estímulos discontinuos para el aparato anímico. Pero realidad exterior que no sólo incide sino que constituye, en razón de que introduce de modo permanente desequilibrios que obligan a un trabajo de ligazón y evacuación, complejizando las funciones y constituyéndose en motor del crecimiento psíquico. De esta realidad exterior, dos son los órdenes privilegiados: el cuerpo y el otro humano, ambos generando las condiciones que propician la emergencia de toda representación, de todo pensamiento*".

Considerando los alcances de Silvia Bleichmar, son bastante aclaratorios los conceptos de "**fragmento**" y "**detalle**". Si regresamos a considerar la noción "todo-parte", para S. Bleichmar (2004) "*el detalle remite al todo, mientras que el fragmento está carente de ensamblaje, no se conoce el todo de partida. Respecto al detalle, se puede afirmar: "El detalle viene de 'cortar de'..." y es"... perceptible a partir del entero y de la operación de corte". Con lo cual nunca existe el detalle sin el todo, pero el todo en presencia, articulable, mientras que en el caso del fragmento, este deriva, etimológicamente, de "romper", por lo cual "El fragmento, aún perteneciendo a un entero precedente, no contempla su presencia para ser definido. Más bien, el entero está en ausencia."* Lo cual es fundamental para el tema que estamos tratando, ya que el fragmento no sólo se ha desprendido, sino que puede no remitir necesariamente al todo, no *hay a qué remitirlo.*" Como señala su denominación, "detalle" se refiere a un detalle de algo, una parte-de, un detalle de un cuadro, una pieza de un rompecabezas que se une al detalle-completo de las piezas del rompecabezas. Por el otro lado, están los "fragmentos", que serían los signos de percepción (Wz), lo que aún no logra un conjunto semi-abierto como lo son las representaciones-cosa (temáticas que abordaremos detenidamente en el Capítulo IV). El "Fragmento", como dice su nombre, no implica una remisión o una alusión de una parte que se integre a un todo o que se pueda saber de antemano y descubrir con interpretaciones donde calzaría dicha pieza faltante de un cuadro o puzzle. De esta forma, el fragmento posee "*una ruptura en la que las líneas de frontera deben considerarse como motivadas por fuerzas que han producido el accidente, que ha aislado al fragmento de su todo de pertenencia. Ya que para estos modos de inscripción, para esta materialidad representacional, el todo de pertenencia puede no haber existido nunca como tal, siendo el fragmento lo único que queda inscripto en tanto materialidad psíquica.*" (Bleichmar, 2004). En términos más concretos, Bleichmar (2004) otorga como ejemplo de "fragmento" la experiencia de un cazador: "*Supongamos un cazador que encuentra huellas de un animal que nunca conoció: puede tener el método, pero no puede, en modo alguno, acceder al conocimiento del animal. Más aún, puede suponer que por el tamaño de la huella está ante un pequeño ejemplar, o por el contrario ante uno grande, lo cual no es necesariamente así si se tratara de una especie absolutamente desconocida, incluso no definida por las legalidades conocidas hasta el momento. Las huellas, por otra parte, no le permiten conocer ni el color ni el tipo de membrana envolvente, ni tampoco la velocidad o ritmo de su marcha. En fin, el cazador, lo único que sabrá, es que por allí pasó un animal, e incluso no sabe todavía si es su presa o su cazado*".

Tenemos que considerar para salir de este atolladero que si bien la a-simetría (proceso secundario) busca relaciones o estabilidades lógicas, se hace necesario entablar (ya sea para construir, hipotetizar o interpretar), por ejemplo, una (bi)direccionalidad de lo frío a lo caliente, de lo blanco hacia lo negro, etc. Esto se conocería como la gradualidad o el desarrollo de un espacio-temporalidad más enriquecedora o compleja. Expuesto lo de Silvia Bleichmar, nos podemos preguntar más allá: ¿Que hace que se diferencie algo con otro y se articule como otro en una cadena diferenciadora que haga plasmar una cierta totalidad semi-cerrada (como son las representaciones-cosa)? O más sencillamente ¿qué hace que una huella kinésica de frío se diferencie o se relacione con el calor, promoviendo incluso una gradualidad de menos a más o de más a menos? ¿Qué abrocha el diferenciador o qué promueve la diferenciación de las diferencias hacia alguna dirección?

Cualquiera que sea la respuesta, implicaría como desenlace el postular los distintos avatares del proceso secundario, de la A-simetría o de las Categorías kantianas de modalidad, relación, cantidad y calidad.
Dicho de otra manera, en el ejemplo (bi)direccional de la gradualidad frío-caliente de aquellos complejos que se otorgan en el lugar de la A-simetría, proceso secundario o Categorial Kantiano, los cuales operan según las lógicas del detalle generalmente, el "fragmento" por su lado conlleva a un elemento, partícula, objeto que escapa de la coordinación, articulación. Suponemos que

el fragmento estaría remitido a un a priori mayor o englobante de algún tipo, pero, no hay lugar lógico que lo adecúe en estos esquemas representacionales A-simétricos. En el fragmento, su encadenamiento no circula según el desplazamiento o condensación característicos del proceso primario en sus representaciones-cosa. El fragmento adquiere una particularidad única que como Signo de percepción. Daremos un ejemplo: supongamos de modo hipotético, que un sujeto conozca o reconozca los sabores amargo y dulce y que entre estos dos sabores, el sujeto configura sus propias distinciones, gradualidades en sus complejidades. Ahora supongamos que dicho sujeto experimente el sabor "salado", podrá "notar" algo distinto, un fragmento de algo sin contexto o referente donde complejizar y combinarse.

Daremos otro ejemplo aún más didáctico, imaginemos a una persona qué solo puede apreciar dos gamas de colores: "Azul" y "Rojo", evidentemente el sujeto sostiene sus propias diferenciaciones y gradualidades de "morado o lila", supongamos que se adhiera a su gama de colores el color "amarillo", como podrán imaginar, el sujeto no sabría donde acomodar "eso" y menos podría intuir que al mezclar "eso" podría generar matices de tonos verdosos. En este caso, el color amarillo no podría tampoco efectuar operatorias propias del proceso primario, no podría simbolizar con el amarillo alguna "otra" cosa en metáfora o contigüidad, sino que el amarillo se presenta a sí mismo en sí mismo. Esto mismo acontece en los cuadros gravemente traumáticos, un impacto o un sonido desgarrador que no tiene cabida a una cadena de articulaciones y cae un elemento fuera de serie (elemento bizarro como diría Bion), ajeno a la captación lógica A-simétrica o secundaria. Desde aquí, como lo postularía Bleichmar (2004) al fragmento se debe generar algo completo para eso incompleto que nunca sabremos su fecha de origen ni su espacio contextual, solo con aquella ficción o construcción podríamos articular, ligar o integrar este componente de alguna forma a los tránsitos propio de lo primario en su noción de conjuntos-abiertos de la representación-cosa, vale decir, conformará luego "parte-de" de un "Todo", aunque no se sepa de forma absoluta que "todo" es el todo.

Como lo hemos ido revisando, el fragmento no sería "*una obra de reconstitución, como se decía a propósito del detalle, sino de reconstrucción por medio de hipótesis del sistema de pertenencia (...) No se puede volver a armar el objeto, se lo puede reconstruir discursivamente por líneas en las que se articulan hipótesis, lo cual nos conduce directamente al signo de percepción freudiano. Es decir que el signo de percepción es un fragmento del objeto real, metonímico del objeto real, inscripto por desprendimiento, provisto de fuerza de investimiento a partir de su carácter excitatorio, pero que ha perdido toda referencia al real externo, que existe sólo como realidad psíquica en razón de que ha sido incluido en una realidad otra que la realidad exterior de proveniencia*" (Bleichmar, 2004).

Con esto, no estamos apuntando que la finalidad sea lograr una supuesta objetividad plena, pero sí, una objetividad de cierta forma posible a priori. Si bien el proceso secundario o asimétrico no abandona o no excluye lo primario-simétrico, sino más bien lo incluye en un complejo vaivén bi-lógico. No podemos presuponer una perfecta mitad complementaria que una al otro polo (del Simétrico al A-simétrico). Es decir, lograr aquello presupondría adquirir previamente la absoluta dimensionalidad de la Totalidad o meta de objetividad para saber dónde empieza uno y dónde termina el otro (En-sí nouménico). Si bien las interpretaciones, construcciones o hipótesis <u>no pueden delinear perfectos límites de lo primario-secundario o perfectas mitades "entre" ambas polaridades para que se unan sin resto alguno a una parte-todo en síntesis</u>, si podremos apreciar a modo a priori una cierta referencia externa de un todo o criterio (conjunto) mayor que permita la articulación bi-lógica. Queremos decir, que a pesar de no maniobrar con una Totalidad o "roca de la verdad absoluta", no nos impide que podamos enfrascarnos en diversas operaciones o articulaciones clínicas como las esbozadas en la bi-lógica simétrica-asimétrica.

Como lo hemos ido despejando, esta "falta-de" o del "espacio que no se coordina" o articula perfectamente <u>"entre"</u> lo simetrico/a-simétrico (unirse perfectamente sin resto alguno, como si fuese una línea continua que solo bastaría con enderezar o desenrollar), desde allí, en este "entre" o limitación-entre, aún mantenemos en pie la noción Kantiana de una cosa-en-sí o noumeno incognocible. Vale decir, que de modo a priori, habrá siempre un excluido que no logrará integrarse a un Todo referido, pese a los muchos predicados que le sumemos (agreguemos) a la cosa-en-sí. En otras palabras, hay una cierta externalidad que no se deja enlazar (la cosa-en-sí) en nuestras Categorías representativas, ya sean mediante proceso primario o secundario. Siguiendo lo planteado por Judith Butler (1993) hay que ser precavidos en *"delimitar ese exterior mediante la invocación de una "ley" preideológica, una "ley" prediscursiva que se ha impuesto invariablemente a lo largo de toda la historia y, además, hacer que esa ley sirva para garantizar una diferencia sexual que ontologiza la subordinación, es un movimiento "ideológico (…) Que siempre haya un "exterior" y, en realidad, un "antagonismo constitutivo" parece justo, pero suministrarle el carácter y el contenido de una ley que asegure las fronteras entre el "interior" y el "exterior" de la inteligibilidad simbólica es anticiparse al necesario análisis social e histórico específico, es hacer coincidir en "una" ley el efecto de una convergencia de muchas leyes y excluir la posibilidad misma de una rearticulación"* (p.291-292).

Continuando la referencia de J. Butler, cuando se refiere a <u>"suministrarle el carácter y el contenido de una ley que asegure las fronteras"</u> preideológica o prediscursiva. Dicha forma de suministrar, es como lo pretende cierta corriente psicoanalítica francesa, el dar respuesta y sustituir el espacio a priori de referencia externa por unas nuevas Leyes, geometrías topológicas y notaciones de matemas. A modo similar, ellos, parasitan (suministran) aquel espacio del "entre" o de lo no-anudado del espacio nouménico-externo incognocible. Dotando a dicha dimensión, variados postulados metafísicos bajo <u>hipótesis ad hoc</u>, a una zona de un: "plus-de-goce, objeto @, Falta, Nombre del Padre (Ley), vacío, Falo, Ley preideológica", o, como señala Judith Butler: "suministrarle el carácter y el contenido de una ley que asegure las fronteras".
Estas son las Categorías propias de cierta corriente psicoanalítica francesa que buscan en cada "poro, incompletud, entre, fisura, distancia de incognicibilidad", dotar a todo este manto o punto ciego o de "ombligo del sueño", ramificaciones metafísicas "ad hoc" donde investir respuestas paradójicas en formas anti-empíricas. Finalmente, en estos intentos, buscan abordar lo inabordable o los

límites kantianos, no haciendo cognocible-representativo lo incognocible-noemático antes referido. Más bien, ellos producen una especie de sustantividad suedo-mística o consistencia particular (ontologizada o metafísica) a este campo Noemático (como suministrarle el carácter y el contenido de una ley que asegure las fronteras) para que se pueda, no en tanto conocerse o manipularse directamente, sino de algún modo rastrearlo o seguirlo, bajo un modo de sorpresa o de apertura místicas de intervalos (Tyché místico) a nuevas cadenas dialécticas.

En esta Estructura ad hoc, este seguimiento (rastreo) o conteo se produciría en un supuesto "intervalo" que se repite "entre" cada encadenamiento Significante. Tal como lo establece Lacan (1966) en la "Posición del inconsciente": "*para guarecerse del significante bajo el cual sucumbe, el sujeto ataca a la cadena, que hemos reducido a lo más justo de un binarismo, en su punto de intervalo. El intervalo que se repite, la más radical estructura de la cadena significante, es el lugar frecuentado por la metonimia, vehículo, por lo menos eso enseñamos, del deseo*" (p.802). Este supuesto "Intervalo" que es la Estructrura radical, es el lugar que sitúa el deseo como metonimia. El "deseo", del cual Lacan (1958) bautiza en "La dirección de la cura y los principios de su poder" como: "*el deseo es la metonimia de la carencia de ser.*" (p.593), reiterando Lacan en el mismo artículo dice: "*si el deseo es la metonimia de la carencia de ser, el Yo es la metonimia del deseo*" (p.609). Por ende, Lacan (1958) en el mismo año para la Clase 1 de su Seminario VI, grafica la falta o "el falo" del siguiente modo: "*en el nivel donde el sujeto está comprometido, donde ha entrado él mismo en la palabra, y por ahí en la relación con el Otro como tal, como lugar de la palabra, hay un significante que falta siempre. ¿Por qué? Porque es un significante. Este significante está especialmente delegado a la relación del sujeto con el significante. Ese significante tiene un nombre, es el falo.*
El deseo es la metonimia del ser en el sujeto. El falo es la metonimia del sujeto en el ser. Volveremos sobre esto. El falo, en tanto que es elemento significante sustraído a la cadena de la palabra, en tanto que ella compromete toda relación con el otro, ahí está el principio límite que hace que el sujeto, sin duda, y en tanto que está implicado en la palabra, caiga bajo el golpe de lo que se desarrolla en todas sus consecuencias clínicas, bajo el término de complejo de castración."

Esta "metonomia" y "deseo", debe vincularse con lo que Lacan (1968) en su Seminario XVI conjetura como lo "perdido": "*Más allá de la forma en la que se produce en su presencia, el sujeto no podría reencontrarse en su representante significante sin que tenga lugar esta pérdida en la identidad que se llama, hablando con propiedad, el objeto a* (p.20)". En consecuencia, para este tipo de pérdida mística, Lacan (1962) en el Seminario 9 procura distinguir, "nada fundamental" del "vacío": "*este vacío es diferente de lo que está en cuestión en lo que concierne a a, el objeto del deseo. El advenimiento constituido por la repetición de la demanda, el advenimiento metonímico, lo que desliza y es evocado por el deslizamiento mismo de la repetición de la demanda, a, el objeto del deseo, no podría ser evocado de ningún modo en ese vacío rodeado aquí por el bucle de la demanda. Hay que situarlo en ese agujero, que nosotros llamaremos el nada fundamental para distinguirlo del vacío de la demanda, el nada donde es llamado al advenimiento el objeto del deseo*".

Por su parte, Ricardo Rodulfo (1992) en cambio, critica esta operación "*entre el significante como modo mismo de la carne en el sujeto y la -más tributaria de la metafísica en cuya perpetua recaída andamos a cada paso de su desprendimiento- del significante como mediador entre esa carne real y una verdad de lo vacío (pero cuasi logorreica, por lo visto)*" (p.234).

El objeto como pérdida, Lacan (1964) también lo señala en su texto "Del Trieb de Freud y del deseo del psicoanalista": "*Es lo real lo que mitifican, según lo que es ordinario en los mitos: aquí el que hace el deseo reproduciendo en ello la relación del sujeto con el objeto perdido. Los objetos que pueden someterse a ganancias y pérdidas no faltan para ocupar su lugar. Pero sólo en número limitado pueden desempeñar un papel que simbolizaría perfectamente la automutilación del lagarto, su cola soltada en la desesperación. Malaventura del deseo en los setos del goce, que acecha un dios maligno. Este drama no es el accidente que se cree. Es de esencia: pues el deseo viene del Otro, y el goce está del lado de la Cosa*" (p.811).
Por supuesto, que esta supuesta "Cosa", no está ajeno, una vez más, a la lógica del Significante que son la "letra" cuando mata (místicamente) o da muerte a la "Cosa": "*el significante como tal, al tachar al sujeto de primera intención, ha hecho entrar en él el sentido de la muerte. (La letra mata, pero lo aprendemos de la letra misma.) Por esto es por lo que toda pulsión es virtualmente pulsión de muerte*" (Lacan, 1966:807).
Esto mismo Lacan (1953) ya lo desarrollaba del mismo modo cuando en "Función y Campo de la palabra" manifiesta que: "*Así el símbolo se manifiesta en primer lugar como asesinato de la cosa, y esta muerte constituye en el sujeto la eternización de su deseo*" (p.306).

Esta alusión a lo automutilado o pérdida, Lacan (1963) en el Seminario 10, lo explicita en "*esa parte de nosotros mismos, esa parte de nuestra carne que, necesariamente, resta, si puedo decir, tomada en la máquina formal. Aquello sin lo cual ese formalismo lógico no sería para nosotros absolutamente nada, a saber, que no hace más que requerirnos, que no hace más que darnos los marcos, no solamente de nuestro pensamiento, sino de nuestra propia estética trascendental, que nos capta por alguna parte y que, esa parte de la que damos, no simplemente la materia, no solamente la encarnación como ser de pensamiento, sino el fragmento carnal como tal, arrancado a nosotros mismos, es ese fragmento en tanto que es él el que circula en el formalismo lógico tal como ya se ha elaborado por nuestro trabajo del uso del significante, es esa parte de nosotros mismos tomada en la máquina, para siempre irrecuperable, ese objeto como perdido en los diferentes niveles de la experiencia corporal donde se produce el corte, es él el que es el soporte, el sustrato auténtico de toda función como tal de la causa*". En el mismo Seminario 10, Lacan formula que "*siempre hay en el cuerpo, y por el hecho mismo de ese compromiso de la dialéctica significante, algo separado, algo vuelto estatua, algo desde entonces inerte: que hay la libra de carne*", más atrás, Lacan (1956) en la Dirección de la cura confirma que: "*Este momento de corte está asediado por la forma de un jirón sangriento: la libra de carne que paga la vida para hacer de él el significante de los significantes, como tal imposible de ser restituido al cuerpo imaginario; es el falo perdido de Osiris embalsamado*" (p.599), prosiguiendo Lacan (1963) en definir una "*función del resto, la función irreductible, la que sobrevive a toda la prueba del encuentro con el significante puro".* Sin olvidar, claro está, la acotación de la repetición expresada en el Seminario 16 de Lacan (1969): *"La repetición se liga de manera determinante a una consecuencia que él designa como el objeto perdido. Para resumir, se trata esencialmente de que el goce se busca en un esfuerzo de reencuentro, y que solo se lo podría reencontrar cuando se lo reconoce por el efecto de la marca. La marca misma introduce en el goce la huella con hierro candente de la que resulta la pérdida"* (p.111).

La versión Estructuralista metafísica Lacaniana que hemos revisado recién, mediante su mal-utilización del Parménides, donde lo "Uno" en el "Ser" fisuraría (sustraería) un supuesto vacío (Das Ding, @, Falo, Otro-barrado, Falta, Tyche, etc) que eterniza el deseo: una repetición que perpetúa el relanzamiento metonímico del deseo en un infinito desencuentro de un encuentro sin fin aplazado o perdido.

Lo podemos remitir en lo puntualizado del Seminario 19 (1972) cuando Lacan añade que: *"En cuanto al conjunto vacío, en el principio de la teoría de conjuntos se afirma que solo puede ser Uno. Se plantea entonces que ese Uno - la nada [nade] en la medida en que ella está en el principio del surgimiento del Uno numérico, a partir del cual se constituye el número entero- es desde el origen el conjunto vacío mismo. Interrogamos esta estructura en la medida en que, en el discurso analítico, el Uno se sugiere como situado en el principio de la repetición. Aquí se trata entonces del tipo de Uno que resulta marcado por nunca ser más que el Uno de una falta, de un conjunto vacío"* (p.160). De allí concordamos con J.A Miller (1999) en que *"Correlativamente, cuanto más se infla el Otro, más se vacía el sujeto hasta confundirse con un agujero, con diferentes modos del agujero. Y esto condujo a Lacan a su símbolo $, a utilizar la teoría de los conjuntos y a identificar al sujeto con el conjunto vacío"* (p.218). Por esta razón, se termina *"transformando la subjetividad en sujeto y en un sujeto pasivo, hablado por el otro, por la estructura del lenguaje, por el significante... quienquiera sea, lo esencial radica en ese ser hablado, como, en otro giro típico, ser primero objeto de deseo antes que sujeto; tan limitada como suena esta posición de sujeto, aún hay algo más pasivo, como el ser objeto fálico de la madre. No hay ningún punto de apoyo, ya que Lacan despoja al ser humano de todas sus potencialidades y atributos heredados, ¿Qué libertad puede habitar esa "falta de ser"? (...) Solo me queda la de reconocer y asumir mi falta de ella, falta radical, no empírica, lo que convierte el asunto en totalmente insoluble"* (Rodulfo, 2013:104).

De esta manera, el "Das Ding" de Lacan se convierte, entonces, en algo más que la "Cosa en-sí" nouménica de Kant (el "Das Ding" lo retomaremos en mayor profundidad en el Apartado 2 del Capítulo IV), pues mediante el "encuentro del desencuentro" o el desencuentro del encuentro, nunca se tomará en cuenta al objeto representativo como tal (la referencia externa está perdida), sino su modalidad como "objeto-@-causa-de-deseo": un residuo entre lo que deja el producto del encuentro y el desencuentro (ante la "primera" satisfacción mística), pues en dicho espacio "@" impediría alcanzar al objeto de deseo y su reencuentro, puesto que el objeto estaría míticamente perdido o diferido (lo que se anhela no se reencuentra) junto con su Causa. Lacan (1972) en el Seminario 19 lo vincula como efectos de "hendidura" del sujeto: *"El decir tiene sus efectos, a partir de los cuales se constituye lo que denominamos fantasma, es decir, la relación entre el objeto a, que es lo que se concentra a partir del efecto del discurso para causar el deseo, y eso que se condensa alrededor, como una hendidura, y que se denomina sujeto. Es una hendidura porque el objeto a está siempre entre cada uno de los significantes y el que sigue. Y el sujeto siempre está, no entre, sino por el contrario, hendido"* (p.226).

Se arropa desde allí, desde la obra de Lacan, un núcleo a la vez Causa y Pérdida que no se podría apreciar o localizar si no está envuelto en un "Fantasma" o un "Nudo Imaginario" que lo sostenga en su repetición, que oculta su "vacío". Tal como lo desarrolla Lacan (1959) en su Clase 21 de su Seminario VI enuncia que *"no es accesible al sujeto en tanto que éste podría descansar en ella como el objeto donde se reconoce. Muy por el contrario, fundamentalmente él se desconoce. Y en toda la medida en que intenta, en esta cadena, abordar, en que intenta ahí nombrarse, localizarse, es ahí precisamente que no se encuentra en ella. El no está ahí más que en los intervalos, en los cortes. Cada vez que quiere aprehenderse, no está nunca más que en un intervalo, y es precisamente por esto que el objeto imaginario del fantasma, sobre el cual va a buscar soportarse, está estructurado como lo está."*

En su mismo Seminario VI, Lacan (1959) menciona que este soportarse en los intervalos desfallecientes, tiene que ver con que *"el objeto a se define ante todo como el soporte que el sujeto se da en tanto que desfallece (...) él desfallece en su certeza de sujeto (...) en tanto que desfallece en su designación de sujeto"*, continúa Lacan, *"a es lo que interviene para soportar ese momento, en el sentido sincrónico, donde el sujeto desfallece para designarse en el nivel de una instancia que, justamente, es la del deseo."* Edifica Lacan (1964) en su Seminario 11 para su desfallecimiento: *"La afánisis empero, debe situarse de manera más radical en el nivel donde el sujeto se manifiesta en ese movimiento de desaparición que califiqué de letal. También en otra forma, denominé este movimiento el fading del sujeto"* (p.215). Concluyendo Lacan (1964) *"No hay sujeto sin que haya, en alguna parte, afánisis del sujeto, y en esa alienación, en esa división fundamental, se instituye la dialéctica del sujeto"* (p.229). Articulando lo desfalleciente con la castración, Lacan (1959) en su Seminario VI para su clase 20 define que: *"el sujeto pagando el precio necesario para esa localización de sí mismo en tanto que desfalleciente es introducido en esa dimensión siempre presente cada vez que se trata del deseo, a saber, tener que pagar la castración. Es decir que algo real, sobre lo cual tiene asidero en una relación imaginaria, es llevado a la pura y simple función de significante. Este es el sentido último, este es el sentido más profundo de la castración como tal".*

Para entender su funcionamiento, Lacan (1963) en su Seminario 10, lo estructura así: *"De lo que se trata es de una necesidad estructural, la relación del sujeto con el significante necesita la estructuración del deseo en el fantasma. El funcionamiento del fantasma implica una síncopa temporalmente definible de la función del a que, forzosamente, en tal fase del funcionamiento fantasmático, se borra y desaparece. Esta afánisis del a, esta desaparición del objeto en tanto que éste estructura cierto nivel del fantasma, es de eso que tenemos el reflejo en la función de la causa (...) cada vez que nos encontramos ante ese funcionamiento último de la causa, debemos buscar su fundamento, su raíz, en ese objeto oculto, en ese objeto en tanto que sincopado"* (p.235-236).

Posteriormente Lacan (1964) en su Seminario 11, añade lo graficado por el Fantasma: *"el plano del fantasma funciona en relación con lo real. Lo real es soporte fantasma, el fantasma protege a lo real"* (p.49). Prosiguendo en su mismo Seminario 11, Lacan (1964) afirma que *"el fantasma nunca es sino la pantalla que disimula algo absolutamente primero, determinante en la función de la repetición"* (p.68). Resumiendo lo ya expuesto, desde el Seminario 16, Lacan (1969) establece: *"El lugar del Otro evacuado del goce no es tan solo lugar limpio, círculo quemado, lugar abierto al juego de roles, sino algo que en sí mismo está estructurado por la incidencia significante. Esto es precisamente lo que introduce esta falta, esta barra, este hiato, este agujero, que se distingue con el título de objeto a."*

El Psicoanálisis inspirado (influido) en el Estructuralismo, reestructura o reelabora de un modo particular lo que ya estaba cifrado en la Hipótesis VI del Parménides de Platón (las indicadas según el orden de 9 Hipótesis y no las de 8 establecidas por Cornford). Desde allí se buscaría una manera de dotar a la VI Hipótesis en su lógica del "Si el Uno no es", utilizando diferentes vestimentas o tratamientos bajo una actitud del tipo: no sabemos qué es o qué no-es exactamente "Si el Uno no es", no se podría representar como cualquier objeto cotidiano en el mundo, pero, podríamos asignarle una "letra @", "Falo", "intervalo", "rasgo Unario", ya sea, como una primera satisfacción mítica perdida, un punto Goce que retorna al mismo punto Uno, o, dotarle un carácter de "agujero-borde" que se vele Fantasmáticamente para ver desde allí, cómo el velo se mueve, o, como un casillero vacío que se desplaza o retorna (al mismo mítico sitio, al @ de su pérdida mítica) y así ver a posteriori sus efectos. Para resumir la idea, Deleuze (1967) en su texto "¿Qué es el Estructuralismo?" lo indica del siguiente modo: *"Aunque la casilla vacía no la ocupe término alguno, la acompaña una instancia eminentemente simbólica que sigue todos sus desplazamientos: la acompaña, pero no la llena ni la ocupa. Ambos, instancia simbólica y casilla vacía, no dejan de faltar la una a la otra ni de acompañarse de este modo. El sujeto es exactamente la instancia que persigue la casilla vacía"*.

No se trataría de lógicas del tipo "causa-efecto" o de "correlaciones": Tal X, tal Y o "A mayor Z, menor C". Puesto que, desde el "@" o la "casilla vacía" la Causa está perdida históricamente (diacrónicamente). Que no tenga origen o que sea un plano de puras diferencias significantes (sincrónicas) de origen perdido o sin Causa, esto no implicaría como lo intenta el Estructuralismo, abolir la Génesis para armar una Estructura fija de ex-nihilidad autocreada a sí, como el paradójico origen sin origen (el vacío o ahuecamiento de la estructura), conllevando a borrar todo alcance diacrónico o referencial sean cuales sean. El Estructuralismo entonces quiere darse a ser un creacionismo que autogenere su misma condición estructural, donde el vacío (la falta, lo ausente, Das Ding, @. Falo, la negación, el agujero, etc) tenga el combustible fundamental que otorgue puntos de relanzamientos (seudo-ónticos).

Sería como el sombrero del mago que en su hoyo negro o vacío podría salir todo tipo de sapos y culebras a lo ex-nihilo del antiguo testamento. Así mismo lo define Lacan (1962) en su Seminario 10: *"El vacío es algo que ya no nos interesa en absoluto desde el punto de vista teórico. Eso ya casi no tiene sentido para nosotros. Nosotros sabemos que, en el vacío, pueden producirse todavía huecos, llenos, paquetes de ondas y todo lo que ustedes quieran"*.

Resultando en un fondo Estructuralista pre-ideológico in-causado (increado), del cual no podríamos rastrear la Causa (Cosa) que habría sido asesinada por la "palabra".

Žižek (1994) describe la posición de Lacan expresando que *"la causa descentrada de la significación es identificada como la estructura significante. Lo que está en juego en este primer cambio de la hermenéutica al estructuralismo es, pues, precisamente, la pregunta por la causa. Al movernos de la significación a su causa, la significación es concebida como efecto-de-sentido: es la experiencia-de-sentido cuyo constituyente intrínseco es el no reconocimiento de su causa determinante, el mecanismo formal de la estructura significante misma"* (p.50). Así, se cancelaría todo intento de predecir algo del paciente, así como de interpretar un contenido manifiesto-latente y menos aun el de focalizar o dirigir la Cura (en ninguna dimensión posible). Pues un analista, no buscaría nada, ya que solo podríamos encontrar en las "sorpresas que se repiten en los intervalos", o, mejor dicho, mediante la mística "Tyche" del azar en su vacío-agujero-que-se-abre como "alforja o nasa". Lacan (1964) para su Seminario XI nos engloba que: *"puse de relieve en el concepto ignorado de repetición ese resorte del encuentro siempre evitado, de la oportunidad perdida. La función del malogro está en el centro de la repetición analítica. La cita siempre es fallida - a ello se debe, con respecto a la tyche, la vanidad de la repetición, su ocultación constitutiva"* (p.134). Según Lacan (1966) en su texto "Posición del inconsciente", esto sucedería así, pues, para resguardarse *"del significante bajo el cual sucumbe, el sujeto ataca a la cadena, que hemos reducido a lo más justo de un binarismo, en su punto de intervalo. El intervalo que se repite, la más radical estructura de la cadena significante, es el lugar frecuentado por la metonimia, vehículo, por lo menos eso enseñamos, del deseo"* (p.802).

En una postura distinta a Lacan, para Freud ningún hilo está absolutamente cortado, ni siquiera en el Edipo más castrador ni el mayor trauma. Desde Freud hay asociaciones o huellas más alejadas o desfiguradas que otras, pero nunca en forma de roturas, quiebres o cortes absolutos de pérdidas o vacíos. Es más, desde Freud, mientras más lejano, disperso o desfigurado sea una huella (asociación) por Trauma, más se puede entrever o palpar la consistencia de los hilos que vibran en distintos estratos bi-lógicos o pliegues mnémicos. En otras palabras, lo nouménico del "ombligo del sueño" del Capítulo VII de la "Interpretación de los sueños", donde todas las asociaciones (hilos y redes) convergen en un punto incognocible saturado con una densidad imperforable, no implica una separación al vacío de un Uno (Goce o Significante) cortado, ni absolutamente separado como objeto perdido en su Causa: perpetuamente repetido al retorno de un mismo agujero o nada puro que lo desfallece.

Tal cual lo define Badiou (1998) explicando la filosofía de Deleuze: "*El signo de lo abierto, o de la totalidad, consiste en que ninguna clausura es completa. Tal como dice Deleuze, "el conjunto siempre mantiene abierto en alguna parte, como si existiera un hilo que lo uniese al resto del universo". Este hilo, por muy tenue que sea, es un hilo de Ariadna. Concentra el optimismo ontológico de Deleuze. Por muy desunidos y cerrados que puedan encontrarse los entes actuales, un delgado estigma que hay entre ellos guía el pensamiento hacia la vida total que los dispone*" (p.64) Otra forma de decirlo es que en "*el hilo de la experiencia, no habría vacío, no existiría la nada, ni siquiera relativa o parcial, no habría negación posible*" (Bergson, 1907:257).

Freud habló de pulsión, esfuerzo, empuje (drang), fuerza constante, líbido, Ello, caos, etc. Es decir, todo lo contrario a unos acontecimientos de quiebres, vacíos, roturas o cortes en formas Sincrónicas. En Freud sería más bien una serie de Devenires que acontecen de forma Diacrónica: con cada historia de sus fuerzas, huellas, sus recorridos o escrituras simultáneas en sus distintas intensidades (temática que veremos al detalle en el próximo Capítulo). Para resumir, en la obra de Lacan se escoge y se prefiere hablar de: Negación, Corte, quiebre, fractura, rompimiento, falta, hiancia, hiato, agujero, vacio, nada. En otros términos, lo más Anti-Bergson posible (temática que revisaremos en otros Apartados). Conviene aclarar aunque nos adelantemos a lo que revisaremos después, que en general, el Goce para Lacan es distinto al deseo de Deleuze, pues el Goce en Lacan es un instinto al incesto hacia lo Das Ding "Cosa" místico (que repite sin alcanzarlo). Mientras que el deseo para Deleuze es una pluralidad polimorfa como flujo abierto a la multiplicidad molecular de sus mónadas.

Resulta necesario ahora articular lo referido con los Diálogos del Parménides, para así, comparar de cerca Lacan frente a la obra de J.P Sartre (1943) quien desarrolla su concepto del "ser-para-sí", la cual también, tiene implicada una lógica usada en la Hipótesis VI del Parménides de Platón: "Si el Uno no es", con la gran diferencia frente a Lacan, que Sartre, no establece ontologías místicas transendentales ad hoc al: "Si el Uno no es". Sartre solo menciona que el ser-para-sí "es lo que no es y no es lo que es". El ser-para-sí es entonces una trascendencia en perpetuo movimiento, y por lo tanto (reflejo especular) inalcanzable de su forma acabada (completa) dentro del campo inmanente del arrojo a la existencia. Con respecto a la especularidad perpetua del reflejo de nuestra identidad, el "ser-para-sí" Sartriano, se proyecta como algo que "no es", actuando como casillero vacío que siempre se desplaza cuando se lo intenta alcanzar.

Dichas definiciones de Sartre ya están contenidas en su Lógica, a las expresadas en la VI Hipótesis del Parménides: "*es preciso que en el Uno haya semejanza de sí mismo con respecto a sí mismo (…) Y tampoco es igual a los Otros; porque si fuese igual, entonces el Uno ya "sería", y sería semejante a los Otros en virtud de la igualdad*" (p.131). Podemos fácilmente rastrear la inspiración en la confección del "ser-para-sí" de Sartre en la Hipótesis VI del Parménides de Platón: "*Entonces, puesto que lo que es participa en el no ser y lo que no es en el ser, es también necesario que el Uno, ya que no es, participe en el ser para no ser*" (p.133).

En la versión de Sartre (1943), se explica del siguiente modo: "*El para-sí no puede huir hacia un trascendente que él no es, sino hacia un trascendente que él es. Esto quite toda posibilidad de detención a esa huída perpetua; si cabe usar de una imagen vulgar, pero que hará captar mejor mi pensamiento, recuérdese el asno que va arrastrando un carricoche en pos de sí y que procura atrapar una zanahoria fijada al extremo de un palo sujeto al varal. Cualquier esfuerzo del asno para coger la zanahoria tiene por efecto hacer avanzar el coche entero y la zanahoria misma, que permanece siempre a igual distancia del asno. Así corremos tras un posible que nuestra propia carrera hace aparecer, que no es sino nuestra carrera y que se define por eso mismo como fuera de alcance. Corremos hacia nosotros mismos y somos, por eso mismo, el ser que no puede alcanzarse*" (p.289). En su obra "El Ser y la Nada", Sartre (1943) lo resume así: "*el para-sí está siempre en suspenso porque su ser es un perpetuo aplazamiento. Si pudiera alcanzarlo alguna vez, la alteridad desaparecería al mismo tiempo, y, con ella, desaparecerían los posibles, el conocimiento, el mundo*" (p.831). Esto significa que en Sartre, existe una distancia "no tética de sí", de esto último, <u>podemos estar Fenomenológicamente de acuerdo con Lacan cuando nos legó en sus comienzos el "Estadio del Espejo"</u>: "*las integraciones son siempre parciales. Lacan lo dice acerca de la imagen del cuerpo: incluso el acceder a la forma total del cuerpo no anula la fragmentación inicial de la relación con este y, por lo tanto, la integración especular nunca es total, es contradictoria. Digamos de la misma manera que la integración, lejos de ser una función de síntesis, lejos de que haya una función de síntesis mental total, la integración mental es siempre parcial, y lo que llamamos sujeto es justamente lo parcial en esa integración. Cuando Lacan se ocupa del yo es en la línea freudiana que ve allí un revoltijo de identificaciones desparejas, muy lejos del lugar de deliberación interna y reflexiva de la hipótesis cognitivista*" (Miller, 2008:188).

Hasta allí, la metáfora de la incompletud o lo no perfectamente sintetizado de la imagen especular, es justamente lo que hemos referido anteriormente a los límites Kantianos a priori de lo Nouménico o Cosa-en-sí. Que resumido, en referencia a la Hipótesis VI del Parménides, si "*al Uno no le es posible "ser", ya que no es; pero nada impide que participe de múltiples determinaciones, sino que le es necesrio, pues ese Uno el que no es, y no otra cosa. Sí, por el contrario, no se hablase ni del "Uno" no del "éste"; sino de otra cosa, entonces no se podría decir nada. Pero si es este Uno y no otra cosa el que es sujeto del no ser, entonces es necesario que participe de éste y de otras determinaciones*" (p.130-131). De otra forma, "*Si el Uno no es, ¿qué ha de seguirse? Lo primero que hay que admitir, según parece, es que hay conocimiento de él, o de lo contrario no se sabrá de qué se habla cuando alguien diga "Si el Uno no es"*" (p.130). Esto mismo es lo que nos argumenta Bergson (1907) sobre el concepto de la "Nada" y su Lógica empleada: "*la idea de la nada absoluta, entendida en el sentido de una supresión de todo, es una idea destructiva de sí misma, una seudo-idea, una simple palabra. Si suprimir una cosa consiste en reemplazarla por otra, si pensar la ausencia de una cosa sólo es posible por la representación más o menos explícita de la presencia de otra cosa (…) la idea de una "supresión de todo" es tan absurda como la idea de un círculo cuadrado (…) suprimir una cosa detrás de otra consiste precisamente en irlas reemplazando cada vez por otra cosa, y que entonces, la supresión de todo absolutamente implica una verdadera contradicción en los términos, pues esa operación consistiría en destruir la condición misma que le permite efectuarse*" (p.249). El mismo Kant (1781) a su modo define que "*si toda realidad en la percepción posee un grado, hay una infinita escala de grados siempre menores entre él y la negación. Igualmente, si cada sentido debe tener un determinado grado de receptividad de las sensaciones, no es posible percepción ni, por tanto, experiencia alguna, que presente una falta absoluta de realidad fenoménica, sea inmediata, sea mediata (independientemente de los rodeos que se den en el razonamiento). Es decir, nunca podemos derivar prueba alguna de un espacio o de un tiempo vacíos a partir de la experiencia. La razón está en que, en primer lugar, la misma falta absoluta de realidad en la intuición sensible no puede ser percibida y, en segundo lugar, no podemos inferirla desde ningún fenómeno ni de la diferencia de grado de su realidad, como tampoco podemos suponerla para explicar esa realidad. En efecto, incluso en el caso de que toda la intuición de un espacio o de un tiempo determinados sea real de un extremo a otro (es decir, incluso si ninguna parte de la intuición está vacía), tiene que haber infinitos grados diferentes que ocupen el espacio o el tiempo, ya que cada realidad posee su grado, un grado que es capaz de disminuir, pasando por infinitos escalones, hasta la nada (vacío)*" (p.148).

Por lo demás, Bergson (1907) agrega que a "*la idea de Nada, si se pretende ver en ella la idea de una supresión de todas las cosas, es una idea que se destruye a sí misma y se reduce a una simple palabra*" (p.260). Quiere decir Bergson (1907) con ello que se "*representa la negación como exactamente simétrica de la afirmación. Se imagina uno que, como la afirmación, la negación se basta a sí misma. Entonces la negación tendría, como la afirmación, el poder de crear ideas, con la única diferencia que serían ideas negativas. Afirmando una cosa, luego otra, y así sucesivamente hasta el infinito, formo la idea de Todo; igualmente, negando una cosa, luego las demás y, por último, negando Todo, se llegaría a la idea de Nada*" (p.252).

Similar noción a Bergson mantiene Sartre (1943) al definir la relación entre el para-sí y lo en-sí: "*el para-sí no es en modo alguno una sustancia autónoma. En tanto que nihilización, es sido por el en-sí; en tanto que negación interna, se hace anunciar por el en-sí lo que él no es, y, por tanto, lo que tiene-de-ser*" (p.830). Más adelante, Sartre (1943) especifica que "*el en-sí y el para-sí no se yuxtaponen, sino que, por el contrario, el para-sí sin el en-sí es algo así como un abstracto: no podría existir, tal como no puede existir un color sin forma o un sonido sin altura y timbre; una conciencia que no fuera conciencia de nada seria un nada absoluto. Pero, si la conciencia está ligada al en-sí por una relación interna ¿acaso esto no significa que se articula con aquél para integrar un todo?*" (p.834-835). Finalmente, en este proceso de relativa independencia "*Todo ocurre como si el mundo, el hombre y el hombre-en-el-mundo no llegaran a realizar sino un Dios fallido. Todo ocurre, pues, como si el en-sí y el para-sí se mostraran en estado de desintegración con respecto a una síntesis ideal. No porque la integración haya ocurrido alguna vez, sino justamente al contrario, porque es una integración siempre insinuada y siempre imposible. Es el perpetuo fracaso que explica a la vez la indisolubilidad del en-sí y el para-sí y su relativa independencia. Análogamente, cuando se quiebra la unidad de las funciones cerebrales, se producen fenómenos que muestran una autonomía relativa y a la vez no saben manifestarse sino sobre el fondo de disgregación de una totalidad"* (p.836).

Regresando o retomando la Lógica del Significante en Lacan, analizaremos críticamente dos párrafos referidos a la problemática del Significante. Considerando el Seminario XVI (16) de Lacan (1968-1969), el primer párrafo versa: *"cuando hablo del significante, hablo de algo opaco. Cuando digo que es necesario definir el significante como lo que representa a un sujeto para otro significante, eso significa que nadie sabrá nada al respecto, salvo el otro significante. Y el otro significante no tiene cabeza, es un significante. Al mismo tiempo que aparece, el sujeto es enseguida ahogado, borrado. ¿Cómo algo de este sujeto que desaparece cuando surge, producido por un significante para enseguida extinguirse en otro, puede constituirse y hacerse pasar al final por un Selbstbewubtsein - es decir, algo que se satisface por ser idéntico a sí mismo?"* (p.20)

El segundo párrafo a estudiar (articular) del mismo Seminario 16 (1969), Lacan enuncia lo siguiente: *"Los mecanismos del inconsciente definen una estructura lógica mínima que desde hace mucho tiempo resumo con los términos diferencia y repetición. Por un lado, lo único que establece la función del significante es ser diferencia absoluta. El significante se sostiene solamente de eso por lo que los otros difieren de él. Por otro lado, los significantes funcionan en una articulación repetitiva. Esto permite instituir una primera lógica, cuyas funciones son el desplazamiento y la sustitución. En efecto, lo que el abrochamiento significante fija como referencia está destinado, por este abrochamiento mismo, a deslizarse. En cuanto a la otra dimensión, esta depende de que la naturaleza del significante como abrochamiento es permitir la sustitución de un significante por otro, sustitución de la que pueden esperarse efectos de sentido."* (p.181)

Tomando en cuenta estos dos párrafos recientes, junto a lo expuesto anteriormente en este mismo apartado. El paso de la diferencia o mero trazo puro, o, el pasar del significante al "falo, rasgo unario, objeto @, -1", ante el mar del tesoro de Significantes (el Otro, A). ¿Cómo se lograría articularse o propender a que un significante represente "a un" sujeto "para otro" significante? Este problema o problemática se encuentra Siglos antes ya definida por la Hipótesis VIII del Parménides de Platón: "Si el Uno no es ¿qué serán los Otros?". Pues es relevante que haya "Uno" para no ser igual (ser-uno-distinto) a los Otros indiferenciados sin diferencias posibles, o sea, formalizar el Matema "S1" para S2. Como dice la Hipótesis VIII: *"Pues no serán otros respecto del Uno, ya que no es"* (p.140). Vale decir, *"los Otros son otros según cada pluralidad suya; porque, como el Uno no es, no podría serlo de uno en uno. Cada masa de ellos es, según parece, una pluralidad ilimitada (...) Habrá entonces una multiplicidad de masas y cada cual parecerá una, aunque no lo sea, ya que el Uno no es"* (p.141). Se hace necesario en la lógica del Significante postular lo "Uno" (que al plantearse, en su lógica recaen a lo metafísico seudo-místico que hemos revisado). Pues si el "Uno no es" o "no hay Uno", finalmente surge el problema que si *"toda cosa que sea captada así por el pensamiento necesariamente se pulverizará al fraccionarse, ya que siempre se captará como una masa carente de unidad (...) Vistos desde lejos y difusamente, podrá parecer que tales masas tienen que tener unidad, pero a una mirada próxima y penetrante se le mostrará que cada una es una pluralidad indefinida"* (p.142).

En el mismo Seminario 16, Lacan (1969) esboza tentativas que den respuesta a su necesidad Lógica de los Significantes: *"Dije un sujeto, y lo impliqué en la fórmula es representado por un significante para otro significante. ¿Quién no ve cómo el De un Otro del que se trata en mi título ya se inscribe en esta fórmula? Este significante ante el cual el sujeto se representa es propiamente este un Otro. Aquí lo ven inscrito como uno, en la medida en que es el recurso junto al cual lo que debe funcionar como sujeto se representa en el campo del Otro. Como tal, este uno en el Otro no podría no implicar el uno-en-más del conjunto vacío.*

Estos tres significantes de base, el primer uno, el segundo, el uno-en-más, se inscriben de un modo que no es evidente" (p.344-345). Añadimos de paso, lo que Lacan (1967) en su Clase del 15 de febrero para el Seminario 14, traza sobre el repetir o bucle que retorna al uno: *"su efecto representado, a saber, su efecto retroactivo, cuando por el efecto del repitiente de lo que era a repetir deviene lo repetido.*

El trazo sobre el cual se sustenta lo que esta repetido en tanto que remitente debe enrularse, reencontrarse en el origen, trazo que así desde entonces marca lo repetido como tal; este trazado es el doble bucle, el ocho invertido. Es lo que en la operación primera, fundamental como tal de la repetición, da ese efecto retroactivo que no se puede más que destacar, que nos fuerza a pensar la relación tercera del uno al dos que constituye al retorno, que vuelve en bucle hacia ese uno para dar el elemento no numerable que llamo el uno en más."

Avanzando, Lacan (1969) en su Seminario 16 profiere de dónde proviene: *"El un Otro aquí inscrito por el uno que está a la izquierda en el círculo se prueba por lo que es, a saber, el uno en el Otro, el uno respecto del cual el sujeto logra representarse por el uno, el primero, ese que está en el extremo izquierdo fuera del círculo. ¿Qué quiere decir? ¿De dónde viene este uno ante el cual el sujeto será representado por el primer uno? Es claro que viene del mismo lugar que el primer uno, que representa al sujeto. Ese es el primer tiempo en que se constituye el Otro"* (p.345)

Es desde allí como respuesta, ante el "mar" Significante como puras diferencias de diferencias, a quien se le sustrae (corta) un Significante (Falo, objeto a, Uno, pérdida, Falta, casilla vacía, rasgo unario, Das Ding, agujero, conjunto vacío, etc), para poder posicionarse "a un" significante que remita "para otro" como lógica (Matema mínimo posible de articular). Pues en la pregunta que formula Lacan (1969): *"¿De dónde viene este significante que representa al sujeto para otro significante? De ninguna parte, porque solo aparece en este lugar en virtud de la retroeficiencia de la repetición (…) El rasgo unario surge a posteriori, en el lugar entonces del S1, del significante en la medida en que representa a un sujeto para otro significante"* (p.358).

Se requiere entonces para la formalización de Lacan (1969) un *"Otro como conjunto vacío, y de su indispensable absorción de un rasgo unario, el de la derecha, para que el sujeto pueda, bajo la forma de un significante, ser representado ante este rasgo unario"* (p.358). Queremos decir, siguiendo la conjetura de Lacan (1969): *"el Otro necesita un otro. Se trata de un segundo significante, otro uno que, a diferencia del primero, está incluido en el Otro. A este otro uno lo llamé un Otro. La relación del uno con el otro uno hace que el sujeto solo sea representado a nivel del segundo uno, de S2, si quieren escribirlo así. El primer uno, el S1, interviene ciertamente como representación del sujeto, pero esta intervención no implica la aparición del sujeto como tal más que a nivel de S2"* (p.346).

Si retomamos lo expuesto en la Hipótesis VIII del Parménides de Platón, aquel Uno entre multiples, no deja de ser parte de lo múltiple, es decir, no rompe su cadena desde donde emergió. Frente a los hiatos, rupturas o quiebres entre los múltiples, donde recortaríamos un "conjunto vacío" o "X" de la huella "inconsistente", como si fuese un elemento subconjunto de todo múltiple (conjuntos que incluyan un conjunto vacío en-sí-mismo). Mientras que siguiendo a Deleuze o Bergson, lo Uno es un efecto ilusorio de las fuerzas de lo múltiple, en donde así como nace, así mismo puede perecer. Hay múltiplicidades que nacen y mueren una tras otra con distintos grados o violencia de intensidad. Las lineas o contornos, se forman a medida que las ventiscas (fuerzas) de un sector empujen según lo que haya organizado las inscripciones de diferencia en sus huellas (que estudiaremos en el próximo Capítulo). Por esta razón, no existe rizomáticamente una base que tenga una perfecta oposición binaria de valor entre otros para definirse a sí mismo: hay series más ordenadas binariamente que otras, pero muchas solo a posteriori (diacrónicamente) se podrían re-agrupar en que lo negro sea lo opuesto a lo blanco bajo sus diversas magnitudes (recuérdese lo visto en Laplanche del libro "Problemáticas V").

Podriamos atrevernos a decir que para Deleuze y Guattari existe el Uno parmenidiano en cuanto caos múltiples de fuerzas. Estos mismos destinos (futuros) de las fuerzas que no pueden ser completamente predecibles en las categorías transendentales de Kant, lo llamamos lo "Nouménico", que Deleuze-Bergson lo definen como "Devenir". Por lo tanto, el casillero vacío no es un espacio de nada o de vacio, es, más bien, un lugar bordeado que bordea un exceso que se entrecruza injertándose con otros campos mútiples de fuerzas-resistencias, similar a, una masa subatómica que aparece como si fuera unificada-a-sí pero que luego desaparece en la red compleja rizomática de su devenir. En este sentido, lo *"que es real es el propio devenir, el bloque de devenir, y no los términos supuestamente fijos en los que se trasformaría el que deviene"* (Deleuze & Guattari, 1980:244).

Los Estructuralistas o el Psicoanálisis inspirado en el Estructuralismo, en cambio, consideran al Significante como quien fisura lo Real, sin entender que, lo real se moviliza a sí mismo y se autopoietisa (como diría el Chileno Francisco Varela sobre lo autopoiético de su Fenomenología Biológica), sin existir una proto o seudo-sustancia de cortes o pérdidas, ya sea, de vacío, ya sea de agujero o ya sea por efecto significante. Queremos decir, el Lenguaje (palabra que mata a la Cosa) no es el eje-centrismo primoridal en donde gira la fuerza de gravedad o centípetra. Es, diriamos, una fuerza centífruga-centrípeta (depende del punto de vista) que en su devenir se puede contraer, ya sea en desplegar y replegar rizomáticamente.

Contrario de aquel manto estructuralista que nos precedería en el tiempo y que sería increada (su Causa). O sea, en el vasto inmenso universo de incalculable multiplicidad de los otros astros, nos apaciguamos del vértigo reponiendonos en un casillero vacio para operar formalismos. Se domestica la inconsistencia, el devenir, prescribiendo un valor formal operatorio que sustrae del Devenir su mismo Devenir. Exagerando la idea, es una nueva epoché de reducción fenomenológica que pone "entreparéntesis" las líneas de fuga, la vibración, la intensidad, las pulsiones y las fuerzas. Por lo tanto, "*es evidente que el estructuralismo no explica esos devenires, puesto que está hecho precisamente para negar, al menos desvalorizar su existencia: una correspondencia de relaciones no constituye un devenir. Por eso, cuando el estructuralismo encuentra esos devenires que recorren en todos los sentidos una sociedad, ve en ellos fenómenos de degradación que desvían el orden verdadero y tienen que ver con las aventuras de la diacronia*" (Deleuze & Guattari, 1980:244).

Por esta razón, ¿cómo distinguimos el puro caos, del puro vacío y del puro lleno? No hay que olvidar que los términos filosóficos en su modo de "absoluto o puro", no permiten relación ni convergente ni divergente. Solamente podemos distinguir devenires en un modo caótico, devenir en vacíos o devenir a lo lleno. Cada Devenir implica sus propias fuerzas y diferencias de huellas en sus movimientos, no encontrándose, ningún punto puro de ruptura o hiancia. Si no entendemos esto, es fácil, sin darnos cuenta, que términos a priori tan distintos entre sí como "caos", "vacío", "lleno" pueden sencillamente significar exactamente lo mismo en sí mismo entre ellos. En otras palabras, solamente podemos referir tales conceptos o nociones en la medida que sean parcialmente definidas (semi-cerradas), considerando los límites y los obstáculos filosóficos del abuso en su extensión (como lo puro o lo absoluto).

Importante o fundamental, es aclarar, que no existe el devenir como estado puro de un flujo que va por un solo camino o se expande caoticamente al puro absoluto azar entrópico. El devenir no es sin diferencia de fuerzas, multiplicidades de fuerzas, multiplicidad de caminos que sostienen, bordean, cercan, los propios devenires múltiples. En otros términos, fuerzas que crean caminos o circuitos, circuitos o caminos que crean fuerzas en sus despliegues de diferencias o resistencias.

En cambio, las respuestas Estructuralistas o propias de las modas francesas psicoanalíticas, radican en su ontología erradicar el "conatus", la "fuerza" y el "devenir" a su epistemología. En otras palabras, se trasquila la importancia del tiempo, la fuerza o la pulsión, dando prioridad a la sincronía del espacio y su topología.
A su vez, Morente (1937) nos predijo que se "*ha falseado al transformar lo líquido en sólido, porque la verdad es que es líquido por debajo, y lo que tiene que hacer la intuición es romper esos témpanos artificiales de hielo mecánico, para llegar a la fluencia misma de la vida, que discurre por debajo de esa realidad mecánica*" (p.41).

Esta especie de sincronía mecánica artificial en los destinos, lo vemos claramente en el texto "Variantes de la cura-tipo" de Lacan (1953) cuando analiza a Lorenz o el Hombre de las Ratas asumiendo que "*la "cadena de las palabras", que, por hacerse oír en la neurosis como en el destino del sujeto, se extiende mucho más allá que su individuo: a saber, que una falta de fe semejante presidió el matrimonio de su padre, y que esa ambigüedad recubre a su vez un abuso de confianza en materia de dinero que, al hacer que su padre fuese excluido del ejército, lo determinó al matrimonio. Ahora bien, esta cadena, que no está constituida de puros acontecimientos, por lo demás todos caducos antes del nacimiento del sujeto, sino de un faltar, tal vez el más grave por ser el más sutil, a la verdad de la palabra, no menos que de una fechoría más grosera hecha a su honor —ya que la deuda engendrada por el primero parece haber ensombrecido toda una vida de matrimonio y la del segundo no haber sido saldada nunca—, da el sentido en que se comprende el simulacro de redención que el sujeto fomenta hasta el delirio en el proceso del gran trance*" (p.338-339). Por esto mismo, concordamos con Holland (1985) al referir que "*Lacan no procura un mito que pudiera incluir todas la vida de Lorenz, un estilo que permeara toda su particular red simbólica. Él exagera el caso al considerar que la vida de Lorenz fue determinada por la deuda de su padre y el matrimonio de una manera casi astrológica (...) aún alguien tan perturbado como Paul Lorenz tiene más autonomía de la que sugiere un "libreto" semejante*" (p.114). Así mismo, en el Estructuralismo, la "*tentativa de explicar esos bloques de devenir por la correspondencia de dos relaciones siempre es posible, pero indudablemente empobrece el fenómeno considerado. ¿No hay que admitir que el mito como marco de clasificación no es muy capaz de registrar esos devenires, que son más bien como fragmentos de un cuento? ¿No hay que dar crédito a la hipótesis de Duvignaud según la cual las sociedades están atravesadas por fenómenos "anómicos", que no son degradaciones del orden mítico, sino dinamismos irreductibles que trazan líneas de fuga, e implican otras formas de expresión que las del mito, incluso si éste las repite por su cuenta para detenerlas? Diríase que, al lado de los dos modelos, el del sacrificio y el de la serie, el de la institución totémica y el de la estructura, cabe todavía algo diferente, más secreto, más subterráneo*" (Deleuze & Guattari, 1980:244). De esta manera, Morente (1937) prosigue en rescatar que "*Leibniz va a ir buscando, por debajo de la pura espacialidad, de la pura extensión, del mecanismo de las figuras geométricas, los puntos de energía, la fuerza, lo no-espacial, lo no-extenso, lo dinámico, que hay en la realidad. A Leibniz le parece que precisamente el error más grave del cartesianismo ha sido olvidar ese elemento dinámico que yace en el fondo de toda realidad (...) Descartes consideraba que esas nociones de fuerza, de energía, de "conatus", de esfuerzo, son nociones oscuras y confusas; y como las reputaba oscuras y confusas, las eliminó de su física y de su metafísica, para substituirlas por nociones claras y distintas, que son las nociones puramente geométricas*" (p.169).

Lacan define lo "estructurado" acudiendo a un sujeto ($) desfalleciente que es agujerado por la cadena significante, vale decir, tal como una aguja donde se inserta un hilo (cadena significante), el sujeto sería ese "casillero vacío" ahuecado donde se traslada a través de la cadena, de lo que resulta que "un significante representa a un sujeto para otro significante", el sujeto nunca detiene dicha función abierta a su desplazamiento perpetuo (perpetuo por haber perdido su causa o "Cosa"). Justo entre-medio, ocurren los mágicos «intervalos» donde acontece la «afánisis desfalleciente» del $ujeto (simil a las ausencias de micro-epilepsias). Una Teología 2.0 sin ningún ápice cercano a la complejísima metapsicología de Freud sobre las huellas mnémicas en sus diversas aglomeraciones emergentes, de las cuales carece la función de $ujeto lacaniano. Estas consignas epistémicas usando el conjunto vacío, "EL" agujero central, "LA" falta, el mágico Das ding y la nada ex-nihilo, son místicidades que no tienen diferencias con la psicología transpersonal, en donde lo que era antes la presencia en sí misma del ser pleno metafísico se invierte en el mismo lugar pero como falta o ausencia. Finalmente, que el $ujeto (ahuecado) llegue a ser su propia pérdida por efecto del Lenguaje, implica no estar donde se le asigna, es diferirlo en su presencia, es decir, el Yo aquí es irrelevante como pliegue psíquico, la identidad narrativa de sí también pierde relevancia y se alza un "trabajo clínico" al apuntar (cortando sesión, mucho mejor) a la mágica "afánisis desfalleciente" (intervalo-tyché) del $ujeto-barrado. En cambio, en el "objeto a", es a la vez "causa" y "pérdida", pues su contenido metafísico místico implica, que de una causa resulta una pérdida y que la pérdida produce su misma causa, en otras palabras, el recorte recorta lo que hace al recorte recortar. Lo perdido hace causa y la causa hace lo perdido, o una causa lleva su pérdida y la pérdida lleva su causa. Por lo tanto, tenemos prohibido pensar alguna génesis diacrónica alguna, solo teología ex-nihilo.

D. Rabinovich (1993) describe esta teología de Causa e intervalo-entre: «*La noción de sujeto, para Lacan, es correlativa de la noción de causa: "la causa original es la causa como tal de una huella que se presenta como vacío". Es la causa como intervalo, como hiancia, como lo que cojea, entre los significantes*» (p.106). Indagando en su vacío new age: «*"Soy yo" porque el vacío, el blanco del objeto a brinda un sostén invisible en el espejo a esa suerte de "espantapájaros" que somos en realidad; un montón de trapos colgados alrededor de una nada, de una falta, que creemos es nuestro "ser"*» (Rabinovich, 1993:78).

Va surgiendo una ontología del "entre", "en medio", "agujero-hiancia-abertura" que se encontraría muy cómodamente entre-medio de todos los binarios. Es decir, a cada binario pre-existiría una especie de "vacío", conjunto cero, entre los bloques-binarios de oposición-negación dialéctica. Cobrando o adquiriendo indirectamente, el "vacío o conjunto vacío" su propia función ontológica, prestada de aquellos elementos o series de los cuales se encuentra convenientemente justo en medio. Tan, pero tan al medio que no se puede lograr alcanzar (captar) tal como las Paradojas de Zenón sobre las distancias.

Así, tal "diferencia" se convierte en lo diferente como "diferencia-entre" y alcanza (se transforma) posteriormente en nuevos parámetros ad hoc como Afánisis, Tyché, $ujeto, casilla vacía, Falta, Das Ding, Sitio (Badiou), etc.

Junto con ello, la sombra Estructuralista, regresa en una modalidad que niega u omite el Devenir, sus lineas de fuga, e instaura nuevamente esquemas-sistemas que aquieten "algo" (lo que se detalla en la Hipótesis VIII del Parménides) usando el "vacío", Falta o conjunto-vacío. Lo "caótico" de la pulsión, por ejemplo, se desmiente en pos de nuevos ad hoc ontológicos. Entonces, lo que la Filosofía de la Diferencia (Post-estructuralista para algunos) buscó criticar del Estructuralismo, recobra su revancha infiltrándose en insospechadas metafísicas ad hoc del vacío, Falta, casilla vacía, entre-series, Tyche, ruptura, quiebre etc.

En otras palabras, un Devenir que se acomode a un Sitio, en un "entre" series a modo de "Nada o vacío" que aplaca, opaca, niega, encierra, lo propio de la pulsión, encontrándose empaquetado en un lugar medio, al medio en justa distancia ad hoc entre ni uno ni otro, totalmente al vacío. Es como si lo Nouménico de Kant se recortara en múltiples de múltiples que se instalan justo al medio entre series: por cada serie de cada conjunto posible. Vale decir, a cada "cosa" hay vacío ad hoc a su lado, todo termina con el apellido de "la nada", "lo vacío", "la Falta", "lo negativo de", "(cero) o (x)", etc.

De esta forma, se invocan nuevamente los sistemas cerrados binarios-oposicionados para trabajar nuevamente con ellos, re-viviéndolos para re-afirmarlos sólo con el fin de establecer un entre-medio-vacío de sus series-redes. En otras palabras, para cada binario-opositivo le injertamos un vacío para desamoldar o desacolchar las estructuras, pero en realidad, las Estructuras vuelven a quedar más fijas que nunca gracias al conveniente comodín "(x), (0), ( )" que se filtra a toda porosidad (véase la ontología matemática de Badiou). Para así, en el mismo acto de insertar lo "vacío-indecible-trauma", se convierta en una pieza funcional más del conjunto Estructuralista que alguna vez se pretendió criticar. Por ejemplo, A. Badiou (1982) en su libro Teoría del Sujeto: "Partimos, pues, de un plano agujereado, en que ya nos falta lo esencial: que el agujero es una plaza, vacía; luego, un punto como los otros, disipado entre los otros, si no es que falta-en-su-plaza [manque-a-sa-place]. ¿Pero cómo representar que el sujeto, en posición de exclusión interna, vacila «alrededor» de la plaza vacía, que él in-ocupa [in-occupe]? (...) Me decido para la solución por un vector, sin origen, orientado hacia la plaza vacía. Esta polarización vectorial, tomada en su límite, constituye el uno de la ocupación (es el agujero el que rige la orientación) y de la in-ocupación (el vector no tapa el vacío)" (p.326-327).

Aunque lo vacío, la nada, no tenga modo de aparecer o presentificarse (metafísica de la presencia como diría Derrida), lograría constituir un motor de, un relanzamiento de, un espacio-lugar de funciones ad hoc para "Direccionar la Cura" en sus distintos modos. Podemos homologar la Falta en el intervalo desfalleciente entre los significantes que no cierran, emularlo con lo Clínico vía "Cortes de Sesión" que re-escenifiquen estas mismas condiciones ontológicas, esperando que "en la nada, algo", que de "la nada algo nazca", que entre-medio algo distinto surja de su oposición, etc. Tenemos el ad hoc comodín del picadillo de nadas, vacíos (los cuenta-por-uno), ya listos y dispuestos a utilizarse en diveras intervenciones Clínicas.

En cambio, para nosotros, cobra importancia reconsiderar los aspectos Constructivistas-empíricos que hemos abordado, donde se puede acoger el Devenir sin "vaciar-lo", sin aquietarlo o volverlo "entre" (cuenta-por-uno). Más bien, descubrir su complejidad, su multi-focalidad, sus intensidades en gradualidades, combinaciones, creatividades, etc.

Lo Noemático no es la "sustracción", "vacío", la "nada", la "pérdida mística" a modo espacial formal Significante. Lo noemático es más bien el devenir, la fuerza o pulsión que se *"hallan coordinados entre sí y coexisten sin influir unos sobre otros ni tampoco contradecirse. Cuando dos impulsos optativos, cuyos fines nos parecen inconciliables, son activados al mismo tiempo, no se anulan recíprocamente sino que se unen para formar un fin intermedio, o sea una transacción"* (Freud, 1915), como también, *"las pulsiones parciales se comunican entre sí, que una pulsión procedente de una zona erógena especial puede ceder su intensidad para incrementar la de otra pulsión parcial procedente de una fuente distinta, que la satisfacción de una pulsión puede ser sustituida por la de otro, etc"* (Freud, 1923). No se trata de una Cosa-en-sí noemática inmóvil, congelada, quieta en el puro espacio, esperando una sustracción (pérdida) o "corte" de tijera (mística) para producir un "significante que represente a un sujeto para otro significante". Ya que, sin ir más lejos, si el Psicoanálisis francés de moda no toma en cuenta las fuerzas de la regresión tópica gradual (Libidinal y del Yo) en el Aparato Mental de Freud (1900) en la "Interpretación de los sueños" para soñar y dormir: ¿Significaría que para Lacan y seguidores, cada vez que nosotros soñamos, "forcluimos" alguna especie de "significante primordial" y al despertar se re-introduciría el mismo significante, como un On-Off binario de interruptor? ¿Cómo explicarían el sonambulismo o la parálisis del sueño sin el gradual cierre del canal motor o la apertura del canal perceptual en cada caso?

Ahora daremos "Pase" (tuve un "Atolondradicho", quise decir "paso", no "Pase") a nuestros auspiciadores:
¿Tu clínica está en un impasse? ¿Se estancó? ¿No moviliza o no se atraviesa su Fantasma? ¿Tampoco extrae su objeto de Goce? Tranquilo, ten aquí "entre-medio" un surtido de Faltas, vacíos y nadas que requerirás para operar funcionalmente en tu paciente-analizante para alcanzar así el "fin de análisis". A cualquier duda, use entre-medio la Falta, el vacío: son antídotos (farmacon) ad hoc para pulir las sesiones ¡Que no le falten las Faltas!

Problematizando epistemológicamente estas características ontológicas místicas, donde las "metáforas ad hoc" son formalizadas para uso técnico literal en lo Clínico. Si a estas mismas conjeturas abstractas o Hipótesis ad hoc, las traducimos o sometemos a un lenguaje Kantiano, corresponden a la Categoría del tipo "Ens Rationis". Pasando el limpio al detalle, es crucial revisar como explica Kant (1781) en su "Crítica de la Razón Pura", que el "más alto concepto con el que suele comenzarse una filosofía transcendental, es generalmente la división en posible e imposible. Pero como toda división supone un concepto dividido, hay que indicar un máximo concepto y éste es el concepto de un objeto en general (tomado problemáticamente y sin decidir si es algo o nada). Como las categorías son los únicos conceptos que se refieren a objetos en general, resulta que la distinción de si un objeto es algo o nada, seguirá el orden y la señal de las categorías.
    1°. A los conceptos de todo, mucho y uno es opuesto el que lo suprime todo, es decir, el de *ninguno,* y así el objeto de un concepto a quien no corresponde ninguna intuición indicable, es igual a nada, es decir, un concepto sin objeto, como los *noúmenos* que no pueden contarse entre las posibilidades

aunque no por eso deben ser tenidos por imposibles *(ens rationis)* o también acaso como ciertas nuevas fuerzas fundamentales, que se piensan ciertamente sin contradicción, pero también sin ejemplo en la experiencia y así no pueden ser contadas entre las posibilidades.

2°. Realidad es *algo;* negación, *nada,* a saber, un concepto de la carencia de un objeto, como la sombra, el frío *(nihil privativum).*

3°. La mera forma de la intuición sin substancia no es en sí ningún objeto, sino la condición meramente formal del mismo (como fenómeno); así el espacio puro y el tiempo puro, que ciertamente son algo, como formas para intuir, pero no son ellos mismos objetos que sean intuidos *(ens imaginarium).*

4°. El objeto de un concepto que se contradice a sí mismo, es nada, porque el concepto es nada, lo imposible, como por ejemplo la figura rectilínea de dos lados *(nihil negativum).*

La tabla de esta división del concepto de *nada* (pues la división del de algo sigue el mismo curso), debería ser presentada, pues, como sigue:

Nada
Como

1°.
Concepto vacío, sin objeto,
ens rationis

2°.
Objeto vacío de un concepto,
nihil privativum

3°.
Intuición vacía sin objeto,
ens imaginarium

4°.
Objeto vacío, sin concepto,
nihil negativum

Se ve que el ente de razón (núm. 1) se distingue de la nada negativa (o nada en absoluto) -núm. 4- porque aquél no puede contarse entre las posibilidades, ya que es mera ficción (aunque no contradictoria) y ésta en cambio es opuesta a la posibilidad, ya que el concepto mismo se suprime a sí mismo. Pero ambos son conceptos vacíos. En cambio, el *nihil privativum* (núm. 2) y el *ens imaginarium* (núm, 3) son datos vacíos para conceptos. Si la luz no es dada a los sentidos, no podemos representarnos las tinieblas, y si no son percibidos seres extensos, no podemos representarnos espacio alguno. La negación, como también la mera forma de la intuición, no son objetos, como no haya una realidad" (p.214-215).

Para resumirlo de otro modo, se entiende lo 1) Ens rationis, como concepto vacío sin objeto, siendo correspondiente a ninguna intuición localizable, es igual a nada. En otras palabras, es un concepto sin objeto como los noúmenos, por lo tanto, no pueden ser contados entre las posibilidades, no obstante, no pueden ser tomados como imposibles, sino como algún tipo de fuerzas elementales nuevas, que son concebidos sin ejemplos extraídos de la experiencia y, consiguientemente, no pueden contarse entre las posibilidades. Lo 2) Nihil privativum, es un objeto vacío de un concepto. Consiste en el concepto de la falta de objeto, carencia como la sombra, el frío. La nada como 3) Ens imaginarium, es intuición vacía sin objeto, una condición formal del fenómeno, tal como el Tiempo y el Espacio puro, que ciertamente son algo como formas para intuir, pero sin ser ellos mismos objetos intuidos. Y la 4) Nihil negativum es un objeto vacío sin concepto. El objeto que se contradice a sí mismo, su concepto es nada. Es la nada imposible, como la figura rectilinea de dos lados.

La 4) Nihil negativum es equivalente a las Hipótesis I y V del Parménides de Platón. Mientras que el Ontológico ser-para-sí de Sartre y lo Fenomenológico en Estadio del Espejo equivalen al 3) Ens imaginarium, así como también las Hipótesis III, VI y VIII. En cambio, las abstracciones "ad hoc" prediscursivas, preideológicas de Lacan son parte del 1) Ens rationis, junto a las Hipótesis VII y IX. Por último las Hipótesis II y IV son equivalentes a lógica 2) Nihil privativum. Cada una de ellas contiene una formalidad epistemológica propia con respecto a la identidad o negación de sí. De ellas, me aventuro, teniendo en cuenta la generalidad que conlleva, que la 4) es propia del discurso psicótico-simétrico, la 1) del discurso religioso, la 3) del discurso filosófico y la 2) del discurso científico.

Nuevamente, estas formulaciones abstractas o "formalizaciones" de lo Inconsciente (castillos en el aire), echan por tierra o cortan de raíz todo reducto lógico al materialismo (externalidad) Aristotélico o Kantiano (cualquiera que sea), imponiendo a priori otras lógicas como la topología, matemas, intervalos desfallecientes, cadenas significantes estructurales binarias, objetos @, puntos en saturación de Goce, etc. Con ello, se buscarían tildar a cualquier epistemología con alguna "res", "cosa-empirista" o "materialista" (por mínima que sea), como si fueran unas malditas ruidosas rocas materiales que implantarían unas "malditas ilusiones" que deberían destruirse sin más. Sin enhebrar las posibles influencias con otro espacio científico o empírico mínimo alguno recíprocamente. De este modo, vemos corrientes psicoanalíticas que otorgan un lugar reducido o nulo a los alcances neurofisiológicos del desarrollo, como puede ser la poda sináptica (la primera en el niño y la segunda en la pubertad) en pos de leer todo aquello deterministamente como una incrustación del campo Simbólico, como lo más (único) relevante del cuerpo humano en lo clínico. "Cuerpo humano", que incluso podría ponerse en duda desde estos registros abstractos anti-kantianos absolutos. Incluso, el mismo Lacan (1964) posteriormente en su Seminario XII (12) "Problemas Cruciales para el Psicoanálisis", contraviniendo la primacía del Significante (Registro Simbólico) formulado en sus Seminarios, reformula (al menos en ese momento) que la *"relación del significante con el sujeto, en tanto que interesa la función de la significación, pasa por un referente. El referente, eso quiere decir lo real, y lo real no es simplemente una masa bruta y opaca: lo real está aparentemente estructurado. Por otra parte, no sabemos absolutamente en qué, en tanto que no tenemos el significante. No quiero decir por eso que, por no saberlo, no tengamos relaciones con esta estructura. En los diferentes escalones de la animalidad, esta estructura se llama: la tendencia, la necesidad, y es preciso que, incluso eso que se llama, con razón o sin ella, pero de hecho, en psicología animal, la inteligencia, es preciso pasar por esta estructura."*

Caso contrario, no exisitirá ninguna co-influencia Clínica de un estudio de Pediatría o uno Neurológico, ya que dirían al unísono algo como: "Sí, quizás influye, pero ese campo no nos interesa, allá ellos, tienen su función como campo social del discurso biomédico, pero nosotros trabajamos otros terrenos Lógicos". Lamentamos que ellos al opinar así, no entiendan que bajo sus abstracciones puras, ellos no están pisando un sendero purista o puro de "formalización", de alguna parte o poro, la materialidad que aborrecen se filtran por esos poros formales o de formalización de lo inconsciente, partiendo por la libido. Algunos más "osados" (un poco más aterrizados) rescatan el valor de lo Imaginario y admiten una humanización de propiciar un mínimo reconocimiento del "yo soy yo" basal para comenzar la Clínica (aunque la mayoría solo lo rescata a partir del Nudo de Joyce o el EGO del Seminario 23), otros (como J.A Miller) dotan de variadas sustantividades a lo Real como un campo de varios tipos de Goces (con sus infinidades de objetos @), otros asignan lo Real como el supuesto retorno místico al mismo lugar y como el límite del cuerpo inaprehensible.

En resumen, no es fácil desembarazarnos completamente de las nomenclaturas kantianas, pero esto no quiere decir que carezcan de importancia para caracterizar los complejos procesos primarios-secundarios o la bi-lógica en sus cinco estratos.

Para concluir este recorrido Epistemológico, aclaremos que emplear metáforas descriptivas o explicativas usando términos como "vacío", "nada", "falta". Podrían ser útiles para darnos a entender frente alguna complejidad que merezca una analogía posible para organizar ideas más claramente. No obstante, hay puntos donde su empleo, suele ser muy pero muy sensible en rozar con lo teológico místico o mágico. Por ejemplo, puedo hablar metafóricamente del "vacío" existencial que deja un duelo reciente o doloroso o de la "nada" como en el caso de Sartre o en el Estadio del Espejo de Lacan. Allí no le otorgamos futilidad absoluta el utilizar términos o conceptos de vacío, nada, corte, ruptura, quiebre, agujero y falta. Pero cuando adquieren valores ónticos místicos ad hoc, como abordar el vacío, la nada o falta a modo literal, dejan de ser metáforas para así tomar una seudo-consistencia ontológica mística. Olvidando entonces, que el término metafórico no sustituye lo descrito o explicado en sí, vale decir, como si la metáfora fuese más "Real" ontológicamente que la complejidad contextual múltiple a expresar o referir.

Queremos decir, siguiendo a G. Leibniz (1689) que: *"No hay vacío. Pues las diversas partes del espacio vacío serían completamente similares y congruentes entre sí, y no podrían distinguirse en sí mismas, de modo que diferirían solamente en el número, lo cual es absurdo"* (p.343).
El uso de metáforas como conjunto vacío, nada, falta, das ding, afánisis e hiancia, son estériles (ineptas) para poder describir aproximativamente un suceso empirico complejo o múltiple, al lado (delgada línea), de los alcances misticos o mágicos que conllevan sus conceptos de Razón Pura (pre-crítica

desde Kant). Terminando con ello, devaluando todo campo materialista o empírico mínimamente posible, por términos metafóricos que aspiran a ser omniabarcantes a sí mismo como sustancia en sí misma propia. Sin preocuparse antes, que aquellas son solo metáforas aproximativas de fenómenos u objetos de estudios envuelto en capas complejas.

Recordemos que ese "vacío" o "nada" allí definido, son solo un medio aproximativo para hacernos comprender un suceso empírico, histórico o hasta evolutivo de una biografía u ontogenia particular compleja y múltiple. De otro modo, nos precipitamos a una especie de formalización de lo inconsciente o la seudo purificación del trabajo clínico con grafos, matemas, topologías, tyché, intervalos desfallecientes y cortes de sesión. Como por ejemplo, el reducir la Castración a la formalización del Teorema de Incompletitud de K. Gödel, anulando que el Complejo de Castración radica en un juego de múltiples factores: huellas, identificaciones, represiones, cogniciones, etc. Reducir ("formalizar") el complejo de Castración al Formalismo de Gödel es totalmente ridículo. Mientras Freud propuso una Epistemología compleja o múltiple, Lacan en cambio hizo un minimalismo (matemas) de estilo Bauhaus formalizado.

Distinto es en el caso que apelemos a las Ciencias Físicas, donde términos como "vacío" o "nada", son recurrentes por requerir imágenes complejas de los límites de lo posible en lo real, pero, trasladar aquellos parámetros (umbrales) a lo sucedido en la subjetividad o campos psicológicos carece de todo rigor o sentido mínimanente lógico (coherente) y se convierten en tenaces magias místicas teológicas descriptivas-explicativas como metáforas ad hoc. Expulsándose de todo contexto, la complejidad y hasta la constitución de aquellos efectos.
A modo resumen, dichas metáforas debiesen aproximar, acercar, graficar, poner en perspectivas, pero no ser ella misma la condición en sí de los procesos diversos múltiples. Las metáforas del vacío, nada, falta o agujero solamente aproximan algo de lo real o suceso vía analogías, pero no siendo, la misma metáfora una aproximación en sí de lo Real, tal como sucede en discursos religiosos, de psicología transpersonal, los recursos mágicos o místicos como en Lacan, quien emplea términos de conjunto vacío, agujero, nada, afánisis, hicancia, falta, das ding, tyché, etc. (ver Capítulo III, apartado 3).

Como podemos ver, dentro de ciertos márgenes a discusión, la asignación o empleo de dichos términos presenta un carácter operacionalizable metafóricamente sin salidas que sean necesariamente místicas sin eje empírico alguno posible. Como sabemos, estos conceptos suelen condensar diversos significados e incluso muy contra-opuestos. A lo largo del pensamiento filosófico han sido tuercas-conceptuales que conectan o fragmentan diversas discusiones filosóficas, tanto para corroer o integrar planteamientos filosóficos de las más diversas escuelas o perspectivas. Es tentador emplearlos puesto que abren preguntas o propuestas que permiten sostener campos diversos y divergerlos, pero, estos empleos o léxicos en su manipulación (sin reflexión crítica suficiente), no se dan cuenta de su nuevo encierro Teológico a heredarse. Y es ahí, cuando el concepto de "vacío" se enfrenta nuevamente cara a cara con el "vacío", recayendo nuevamente a una dialéctica especular

de vacío-contra-vacío, nada vs nada y el plato giratorio se vuelve más y más futil y se abstrae de todo punto de contacto empírico o materialista posible (sean cuales sean).
Las discusiones filosóficas de la "nada" o el "vacío" no son nuevas, emanan de distintas fuentes de conflictos y problematizaciones filosóficas. Algunas de ellas en sus discusiones, terminan sobre-girando la tuerca que se ha soltado. Siendo allí, cuando una nueva filosofía se da cuenta de aquello y salta cualitativamente a diferenciar o distinguir otras multiplicidades olvidadas en la discusión.

En este Apartado, lo que hemos discutido busca criticar las seudo-ontologizaciones que son abusadas y malusadas para una sarta de inimaginables aplicaciones clínicas abstractas seudo-místicas ad hoc (conductismo del Corte de sesión), que en sus coordenadas colindan como propuestas místicas o idealistas platónicas de antaño (como la Psicología Transpersonal). Referencias que enlodan las discusiones en formalizaciones como mero juego de figuraciones abstractas idílicas. Aquellas, como nos es posible apreciar, su sostenimiento místico o mágico con que operan, son lógicas de puro idealismo o encierro abstracto anti-referencial y anti-empírico. Quiero decir, que tal cual ocurren en las "hipótesis ad hoc" de teologías fundamentalistas religiosas, figuran una seudo-ontologizacion (seudo-real) que haga dar "sentido" bajo una operabilidad de denso pantano oscurantista. Donde muchos, no han podido escapar de sus garras y son expulsados para siempre de cualquier otro sistema de pensamiento posible, que no sean las de este tipo. Puntualmente, este tipo de plataformas abstractas ante cualquier desbalance, no coordinará ni encontrará una mínima dimensión lógica (cualquiera que sea) empírica que de cuenta algún punto de orientación o eje, para sostener puentes lógicos con otras lógicas comunicantes en las distintas praxis. Praxis de las cuales ellos mismos se alejaron. Donde a lo lejos se tiñeron con un barniz añejado de trasnochadas discusiones teológicas tras su encierro.

5. Ello e Inconsciente

Ahora daremos paso a desarrollar lo que ha quedado inconcluso durante el libro. Me refiero a la distinción entre lo "Inconsciente" del "Ello". Tal parece el "Ello", término emergido desde 1923 en la obra de Freud (tomado prestado por Groddeck), es un concepto empleado que responde a distintas necesidades. Una de ellas tiene que ver con diferenciar o distinguir de mejor manera el yo frente a lo inconsciente. Si Freud reconoce que tanto en el yo como el superyó existen aspectos inconscientes, no queda claro cuál sería el carácter propio de lo inconsciente. Puesto que en lo anterior podríamos suponer una confusión que es mejor salirse de ella. Así mismo lo refiere Freud (1932) en su Conferencia 31: "*Es correcto que no coinciden yo y consciente, por un lado, y reprimido e inconsciente, por el otro. Sentimos la necesidad de revisar radicalmente nuestra actitud frente al problema de conciente-inconciente*" (p.65).

Otro aspecto que puede ser indicio del empleo del Ello, es la frase de Freud (1923) que indica: "*Todo lo reprimido es inconsciente, pero no todo inconsciente es reprimido*" (p.2704). Por tanto, aquello que no es reprimido y que no pertenece a la lógica del contenido "manifiesto-latente" se otorgaría la denominación del "Ello". De modo que existe una instancia que nunca llegará a la consciencia y que no tiene de sí elementos reprimidos o desfigurados por la represión u otro mecanismo defensivo. Vale decir, no habría algo que merezca surgir a la consciencia frente a algo inconsciente descriptivamente.

Otra necesidad de utilizar el término Ello viene para subsanar el hecho evidente que desde el nacimiento no existe un conflicto entre contenidos conscientes y contenidos inconscientes o entre la realidad y la ensoñación. Freud (1900) en el capítulo VII de la Interpretación de los Sueños lo aclara así: "*En los niños, en los que no existe aún la separación y la censura entre el Prec. y el Inc., o en los que comienza a establecerse poco a poco, el deseo es un deseo insatisfecho, pero no reprimido, de la vida despierta*" (p.682). Además, en el caso de niños más pequeños, "*los sueños están desprovistos de desfiguración; por eso no necesitan de ningún trabajo interpretativo. Sueño manifiesto y sueño latente coinciden aquí.*" (Freud, 1916:117).

Hay que recordar que el desarrollo teórico del Ello emana desde su diferenciación tópica con el "yo", más claro aún si leemos el título cuyo origen surgió en la obra "El Yo y el Ello", en donde es "*fácil inteligir que el yo es la parte del ello alterada por la influencia directa del mundo exterior, con mediación de P-Cc: por así decir, es una continuación de la diferenciación de superficies*" (Freud, 1923:27).

No obstante, debo hacer un reparo, el "Ello" en cuestión no otorga una mayor diferenciación sustantiva a la descripción del inconsciente tal como lo elaboró Freud en sus trabajos de Metapsicología de 1915. Creo que el concepto de "Ello", permitió un cierto ordenamiento lexical para abordar con menor confusión posible ciertos aspectos de su obra.

Es por esto último, que justamente hemos usado o empleado (hasta ahora) indistintamente los conceptos de "Inconsciente" y "Ello", puesto a lo que atañe su lógica, no presenta ciertamente mayores diferencias más que por el uso ordenador teórico que permite en la obra psicoanalítica. Puesto que, si tenemos en cuenta los aspectos tanto dinámico, económico y tópico de lo Inconsciente, no se hace necesario emplear de forma muy distinguida "Ello" del "Icc".

Pues si apreciamos bien el cómo hemos desarrollado este ensayo, no creo que Freud al conceptualizar el Ello haya descubierto hasta ese momento un aspecto del Inconsciente invaluable en retrospectiva.

Así mismo es como Freud (1932) conceptualiza su aparente novedad en tanto a su obra: "*No esperen que, acerca del ello, vaya a comunicarles mucho de nuevo excepto el nombre. Es la parte oscura, inaccesible, de nuestra personalidad*" (p.68).

Incluso Groddeck en su texto "Trabajo del sueño y trabajo del síntoma orgánico" citado por Laplanche en "Problemáticas IV" menciona que Freud en el concepto del Ello "*él ha elegido este término para expresar lo que entiende por tópica. Pero no ha cambiado en nada la esencia del psicoanálisis: no le ha agregado ni quitado nada. El psicoanálisis ha permanecido como estaba*" (p.187).

Creo que el Ello surge de la necesidad lógica de determinar con mejor pulcritud lo decisivo en lo que describe en "El Yo y el Ello", cuando se refiere al "yo" como la instancia avallasadora donde se atiene a conjugar las necesidades del Ello, del superyó y del mundo real. Si recordamos como dijimos, que si el yo y el superyó tienen aspectos Inconscientes, literariamente se puede prestar a confusiones. Por eso Freud define al Yo como una capa diferenciada del Ello, es decir, concibe al yo como un ordenamiento constitutivo frente al caos permanente del Ello: "*sólo se puede describir por oposición respecto del yo. Nos aproximamos al ello con comparaciones, lo llamamos un caos, una caldera llena de excitaciones borboteantes*" (Freud, 1932:68).

Razón justificada puesto que no sería aclaratorio decir algo como: el yo es la parte ordenada del inconsciente, como a su vez, el yo presenta aspectos inconscientes por si mismo junto con el superyó. O como también decir: el yo en el sentido descriptivo es distinto del inconsciente ya que carece de conciencia.

Para no prestarse a confusiones, bien podríamos sugerir que lo que se entiende por el Ello, podemos denominarlo a la capa más inconsciente de lo inconsciente o lo más simétrico de la simetría como propone Matte-Blanco. Al lugar donde se encontraría la sopa energética libidinal dispuesta a buscar su descarga.

No obstante, no hay que imaginar que lo inconsciente tampoco fue configurado de dicha manera. Ciertamente, cuando Freud en 1915 aclara que lo Inconsciente no es pasiva, sino más bien activa en la conformación o en la exigencia psíquica de su elaboración o ligación, fue algo ya sugerido en su Metapsicología (1915): "*Sería erróneo representarse que el sistema Inc. permanece inactivo y que toda la labor psíquica es efectuada por el sistema Prec., resultando así, el sistema Inc., un órgano rudimentario, residuo del* desarrollo. Igualmente sería equivocado suponer, que la relación de ambos sistemas se limita al acto de la represión, en el cual el sistema Prec. arrojaría a los abismos del sistema Inc. todo aquello que le pareciese perturbador. Por el contrario, el sistema Inc. posee una gran vitalidad, es susceptible de un amplio desarrollo y mantiene una serie de otras relaciones con el Prec., entre ellas la de cooperación. Podemos, pues, decir, sintetizando, que el sistema Inc. continúa en ramificaciones, siendo accesible a las influencias de la vida, influyendo constantemente sobre el Prec. y hallándose, por su parte, sometido a las influencias de éste (p.2074)".

Prosiguiendo respecto al "Ello", si leemos al mismo Groddeck (1923) tomando un pasaje de "El Libro del Ello" en el capítulo 16: "el Ello está siempre en movimiento y no tiene ni un segundo de descanso. Hay remolinos, y corrientes violentas, ahora se levanta una parte y luego la otra, empujando hacia la superficie" (p.172). De esta forma el Ello conlleva a la zona del constante "empuje" de la pulsión.

El "Ello" sería entonces la piedra de tope de lo inconsciente, el espacio de mayor caos, el lugar en donde menos o ninguna relación mantiene con las diversas instancias psíquicas, puesto que el "núcleo de nuestro ser está constituido, pues, por el oscuro ello, que no comercia directamente con el mundo exterior y, además, sólo es asequible a nuestra noticia por la mediación de otra instancia" (Freud, 1938). Podemos allí entonces comprender que el término "Ello" en su breve léxico, aporta un atajo o un camino fácil para comprender qué espacio o lugar dinámico debemos entender en un momento del inconsciente.

Para Peter Pál Pelbart (2009), en su libro "Filosofía de la Deserción", refiriéndose a la Chaosmosis de Guattari: "el caos debe concebirse como una materia prima de virtualidad, como una inagotable reserva de determinabilidad infinita. Lo cual implica que, al volver a él, siempre será posible reencontrar materia para complejizar el estado de cosas. En un paréntesis sorprendente, Guattari agrega: "Es de Freud el mérito de haber señalado este camino en La interpretación de los sueños" (p.193). Más aún, el caos señalado no es "un grado cero en la subjetivación, sino más bien algo así como su grado "extremo de intensificación" (p.195). En el cual es "pasando por este hilo-tierra caótico, por esta oscilación peligrosa, que otra cosa se hace posible, que bifurcaciones ontológicas y coeficientes de creatividad procesual pueden emerger" (p.195).

Esta idea del caos se encuentra contemplada en la misma obra de Freud (1932) refiriéndose al Ello: "sólo se puede describir por oposición respecto del yo. Nos aproximamos al ello con comparaciones, lo llamamos un caos, una caldera llena de excitaciones borboteantes. Imaginamos que en su extremo está abierto hacia lo somático, ahí acoge dentro de sí las necesidades pulsionales que en él hallan su expresión psíquica" (p.68).

Además, este caótico despliegue para Guattari (1992) define que "las formaciones de sentido y los estados de cosas se caotizan así por el mismo movimiento en que se pone en existencia su complejidad. Una cierta modalidad de maltrato caótico de su constitución, de su organicidad, de su funcionalidad y de sus relaciones de alteridad está siempre en la raíz de un mundo" (p.101).

De forma similar, Gilles Deleuze (1969) en su libro "Lógica del Sentido" aporta una definición tomándolo de un "análisis sobre Nietzsche, Klossowski interpretaba el «signo» como la huella de una fluctuación, de una intensidad, y el «sentido», como el movimiento por el cual la intensidad se señala a sí misma señalando a otra, se modifica a sí misma modificando a otra, y regresa al fin sobre su propio rastro. El yo disuelto se abre a series de papeles, porque produce el ascenso de una intensidad que comprende desde ese momento la diferencia en sí, lo desigual en sí, y que penetra a todas las otras, a través y dentro de los cuerpos múltiples. Siempre hay otro aliento en el mío, otro pensamiento en el mío, otra posesión en lo que poseo, mil cosas y mil seres en mis complicaciones: todo pensamiento verdadero es una agresión. Y no se trata de las influencias que sufrimos, sino de las insuflaciones, de las fluctuaciones que somos, con las cuales nos confundimos. Que todo sea tan «complicado», que Yo sea otro, que algo diferente piense en nosotros en una agresión que es la del pensamiento, en una multiplicación que es la del cuerpo, en una violencia que es la del lenguaje, en ello reside el mensaje jubiloso" (p.211). Con ello, desde Deleuze (1969) el caos en relación con el "eterno retorno consiste en que no expresa de ninguna manera un orden que se oponga al caos y que lo someta. Por el contrario, no es otra cosa que el caos, la potencia de afirmar el caos. Hay un punto en el que Joyce es nietzscheano: cuando muestra que el vicus of recirculaction no puede afectar ni hacer girar un «caosmos». El eterno retorno sustituye la coherencia de la representación por otra cosa, su propio caos-errante. Y es que, entre el eterno retorno y el simulacro, hay un vínculo tan profundo que uno no se comprende sino por el otro. Lo que retorna son las series divergentes en tanto que divergentes, es decir, cada una en tanto que desplaza su diferencia con todas las otras, y todas en tanto que involucran su diferencia en el caos sin comienzo ni fin. El círculo del eterno retorno es un círculo siempre excéntrico para un centro siempre descentrado" (p.187-188). En efecto, para concluir en este apartado con la obra "Lógica del Sentido" de Deleuze (1969) concluiremos que: "La intensidad, siendo ya diferencia en sí, se abre sobre series disyuntivas, divergentes. Pero, precisamente porque las series no están sometidas a la condición de la identidad de un concepto en general, lo mismo que la instancia que las recorre no está sometida a la identidad de un yo como individuo, las disyunciones permanecen como disyunciones, hasta el punto de que su síntesis deja de ser exclusiva o negativa para tomar, por el contrario, un sentido afirmativo por el cual la instancia móvil pasa por todas las series disyuntivas; en una palabra, la divergencia y la disyunción se convierten en objeto de afirmación como tales. El verdadero sujeto del eterno retorno es la intensidad, la singularidad; de ahí la relación entre el eterno retorno como intencionalidad efectuada y la voluntad de potencia como intensidad abierta. Ahora bien, desde que la singularidad se aprehende como preindividual, fuera de la identidad de un yo, es decir, como fortuita, comunica con todas las otras singularidades; sin dejar de formar con ellas disyunciones, pero pasando por todos los términos disyuntivos que afirma simultáneamente, en lugar de repartirlos en exclusiones" (p.212).

Frente a la intensidad, lo resumiremos tal como lo expresa F. Dosse (2007) que al "definir lo inconsciente como una multiplicidad de intensidades y de excesos, Deleuze y Guattari ponen en circulación lo que había sido reprimido por el estructuralismo (...) apunta a reintroducir la problemática económica de la metapsicología freudiana –su parte pulsional-, que el lacanismo deja de lado

(…) el inconsciente está atravesado de punta a punta por la pulsión o, en otras palabras, que no podría haber inconsciente sin intensidades" (p.299).

Finalmente, con estos "nuevos" cambios que adhirió Freud a su obra, se tiende a catalogar la dinámica del conflicto reprimido como lo "inconsciente" y lo que está por fuera de ella en un lugar más arcaico, como el "Ello". Llegando a decir incluso, a establecerse que no podría haber inconsciente o inconsciente de, sin que exista a su vez lo consciente. Lo cual esto último no me parece justo ya que todo Ello es inconsciente y pertenece a lo inconsciente.

Se gana entonces en su empleo, un concepto de lo inconsciente que no tenga que ver con lo conflictivo dinámico (otras instancias psíquicas conformadas), sino como un <u>espacio donde no se atañen conflictivas o contrariedades, como el lugar más ajeno al yo o a la conciencia</u>. Así lo explica el mismo Freud (1932) que aquel "*pronombre impersonal parece particularmente adecuado para expresar el principal carácter de esta provincia anímica, su ajenidad respecto del yo*" (p.67). Por otro lado, enfatizando aún más lo <u>impersonal</u>, Badiou (1998) en su "Breve Tratado de Ontología Transitoria", comentando la ontología vitalista de Deleuze, menciona que "*no existe más que el movimiento, él mismo pensable como intermedio entre los movimientos de la actualización y virtualización. Esta es la razón de que la potencia del ser, que es el ser mismo, sea neutra, impersonal, inasignable e indiscernible*" (p.61).

Anteriormente en la Filosofía, podemos dar cuenta que el pensamiento de "*Leibniz va a ir buscando, por debajo de la pura espacialidad, de la pura extensión, del mecanismo de las figuras geométricas, los puntos de energía, la fuerza, lo no-espacial, lo no-extenso, lo dinámico, que hay en la realidad. A Leibniz le parece que precisamente el error más grave del cartesianismo ha sido olvidar ese elemento dinámico que yace en el fondo de toda realidad (…) Descartes consideraba que esas nociones de fuerza, de energía, de "conatus", de esfuerzo, son nociones oscuras y confusas; y como las reputaba oscuras y confusas, las eliminó de su física y de su metafísica, para substituirlas por nociones claras y distintas, que son las nociones puramente geométricas*" (Morente, 1937:169).

Mientras que en Hegel (1807) en su libro "Fenomenología del Espíritu", comprende que "*la fuerza es lo universal incondicionado que es en sí mismo exactamente lo que es para otro; o bien, que tiene en ello mismo la diferencia —pues ésta no es sino el ser para otro—. Para que la fuerza sea en su verdad, tiene, entonces, que ser dejada completamente libre del pensamiento y ser puesta como la sustancia de estas diferencias, es decir, primero, ella permaneciendo esencialmente en y para sí, como toda esa fuerza, y luego sus diferencias como sustanciales, o como momentos que subsisten para sí. Por lo tanto, la fuerza como tal, o como hecha retroceder repelida hacia sí, es para sí en cuanto algo uno excluyente a cuyos ojos el despliegue de las materias es otra esencia subsistente, y así están puestos dos lados diferentes y autónomos. Pero la fuerza es también el todo, o bien, sigue siendo lo que es según su concepto, ya que estas diferencias siguen siendo formas puras, momentos superficiales evanescentes. A la par, las diferencias de la fuerza propiamente dicha, hecha retroceder hacia dentro de sí"* (p.245).

Para Deleuze (1980) en sus clases sobre Leibniz *"son las fuerzas los verdaderos conceptos que deben dar cuenta o darnos la razón de todo lo que es figura o movimiento en lo extenso. La fuerza no es un movimiento, es la razón del movimiento"* (p.106). Añadiendo así que el *"reposo es el movimiento infinitamente pequeño. Es lo que hemos visto del principio infinitesimal de la continuidad"* (Deleuze, 1980:108). En otras palabras, *"Si no han encontrado el verbo, no han dinamizado el concepto, no pueden vivirlo. El concepto es siempre sujeto de un movimiento, de un movimiento de pensamiento. Una sola cosa cuenta, el movimiento. Cuando ustedes hacen filosofía, no observan más que el movimiento, sólo que se trata de un movimiento particular, del movimiento de pensamiento"* (Deleuze, 1980:109).

Anteriormente, Deleuze (1968) comenta el despliegue de la repetición como *"la diferencia sin concepto. Pero en un caso, la diferencia se plantea simplemente como exterior al concepto, como diferencia entre objetos representados bajo el mismo concepto, que caen en la indiferencia del espacio y del tiempo. En el otro caso, la diferencia es interior a la Idea; se despliega como puro movimiento creador de un espacio y de un tiempo dinámicos que corresponden a la Idea. La primera repetición es repetición de lo Mismo, que se explica por la identidad del concepto o de la representación; la segunda es la que comprende la diferencia, y se comprende a sí misma en la alteridad de la Idea, en la heterogeneidad de una "apresentación". Una es negativa, por defecto del concepto; la otra afirmativa, por exceso de la Idea"* (p.53-54). De este modo en Deleuze, podemos hablar o plantear algo previo o constitutivo del valor diferencial opositivo-negativo de las diferencias a su modo Estructuralista. Queremos decir, la "diferencia intra-concepto" de la "diferencia extra-concepto" en la difuminación de sus bordes que no logran capturarse en la Idea o concepto mismo. Es decir, la repetición en su modo "negativo" opositivo: "X no es Y ni A ni Z". De una repetición a su modo "positivo" afirmativo: lo que desborda, su exceso, la rotura de las mallas o conjuntos sin límite exacto diferencial opositivo, las diferencias en multiplicidad. Una serie de movimientos que *"por su cuenta implica una pluralidad de centros, una superposición de perspectivas, una maraña de puntos de vista, una coexistencia de momentos que deforman esencialmente la representación"* (Deleuze, 1968:100). Queremos decir que *"la diferencia está detrás de toda cosa, pero no hay nada detrás de la diferencia. Es tarea de cada diferencia pasar a través de todas las demás y "quererse" o encontrarse ella misma a través de todas las demás"* (Deleuze, 1968:102).

Si nos remontamos a otra forma posible de comprender (desde otra dimensión) el Ello o la pulsión, podemos tomar el artículo de M. Foucault (1983) "El sujeto y el poder", donde el poder es *"una acción sobre otra acción, en aquellas acciones existentes o en aquellas que pueden generarse en el presente o en el futuro."* (...) *"actúa sobre un cuerpo o cosas, ella fuerza, dobla, destruye, o cierra la puerta a todas las posibilidades. Su polo opuesto sólo puede ser la pasividad, y si ella se encuentra con cualquier resistencia no tiene otra opción que tratar de minimizarla.*" Por otra parte, para Foucault (1983) el poder es "*una estructura total de acciones traídas para alimentar posibles acciones; el incita, induce, seduce, hace más fácil o más difícil, en el extremo, el constriñe o prohíbe absolutamente; es a pesar de todo siempre, una forma de actuar sobre un sujeto o sujetos actuantes en virtud de sus actuaciones o de su capacidad de actuación. Un conjunto de acciones sobre otras acciones*". Como lo notarán, las citas se asemejan muchísimo a las citas de Freud sobre la "pulsión" tanto en 1915 como en 1923 sobre lo Inconsciente como sistema dinámico, en apartados anteriores de nuestro ensayo.

Repetiremos en este apartado que es crucial entender que no existe el devenir como estado puro de un flujo que va por un solo camino o se expande caoticamente al puro absoluto azar entrópico. El devenir no es sin diferencia de fuerzas, multiplicidades de fuerzas, multiplicidad de caminos que sostienen, bordean, cercan, los propios devenires múltiples. En otros términos, fuerzas que crean caminos o circuitos, circuitos o caminos que crean fuerzas en sus despliegues de diferencias o resistencias. No es la misma fuerza o eterno retorno lo que regresaría a un monismo-todo. Siempre se abrirán nuevos trazados para sus recorridos en multiplicidades, nunca idénticos. La fuerza no se pliega sin diferencias múltiples.

Si seguimos la lógica del Ello, recordando el estudio Epistemológico crítico del Apartado anterior. No es que el objeto (Cosa) esté perdido o que su búsqueda falla en una repetición por alcanzar un objeto-ideal jamás armónico a la satisfacción. Más bien, si el objeto no está presente se puede volver a encontrar (por ejemplo, el pecho o biberón), se podría alucinar, pero erra porque no le basta, vale decir, no es por su pérdida o por su ausencia, es por el exceso o revalsamiento del Ello y su deseo (fuerza) siempre constante, como empuje (Drang) (temática que veremos en el Capítulo VII). La desarmonía o el encuentro de un desencuentro, no es por la vía de lo negativo-ausente mítico de una "Cosa" perdida (que moviliza metonímicamente), es más bien por la dimensión económica del mamífero-humano en su carencia de instintos pre-programados que encuadrarán los desvaríos en buscar otro objeto del que ya se tiene (como la voracidad o impulsividad del bebé).
No es que nunca se logre alguna satisfacción o que toda acción específica para la descarga pulsional sea un acto vacío e inútil para la reducción de tensión, angustia o ansiedad. Si bien no existe la satisfacción perfecta-innata que armónicamente apacigüe las pulsiones, no es por una ausencia o pérdida que repite su fallida búsqueda de un objeto mítico. Si la descarga deja algo insatisfecho (no encuentra un punto instintivo perfecto homeostático), retomará en catectizar sus huellas de placer-displacer pero a su vez reconducirá a otras vías, huellas o diferencias.
Queremos decir, que un supuesto objeto "mítico" no sólo nunca se ha "perdido" (sustraído), tampoco ha sido alcanzado y ni siquiera ha existido, aún en el Edipo más incestuoso o en su complaciente intento del niño en "ser el deseo del Otro" o de ocupar el puesto (posición) de objeto ante la madre (Otro) para ocupar el lugar del Falo y completarse. Si no se estabiliza (rigidiza) o no se logra por completo lo incestuoso o lo Fálico, no es tan solo por la Castración o solamente por una Ley que interdicta la satisfacción incestuosa, más bien en el

Ello, lo incestuoso aún si se libera sin Ley o sin límites, jamás se colmaría. Es el Ello quien desestabiliza la relación con su "partenaire", es el Ello que no logra domarse (ligarse) por el Yo, su cuidador o por sus mismos síntomas (lo veremos en detalle en el Capítulo III, Apartado 2).

El Ello no es predecible ni cercable cada vez como un lugar de pérdida o de ausencia, el Ello no pierde nada, solo dinámicamente se transforma, solo existe el cambio, lo distinto, el devenir. Se filtra otra cosa para otra cosa en su multiplicidad de fuerzas que se re-pliegan en nuevos tejidos.
El Devenir y el cambio acontencial no está bordeado en una mística "casilla vacía" o en un "significante vacío" que emerge místicamente entre las series (acontecimiento o Sitio de un azar, sustracción, pérdida, intervalo, Falta, hiancia, Tyche, etc). El Devenir está presente en su diferencia como apertura de fuerza, no niega el Fondo de donde provino (no es al puro absoluto azar), se inserta en él (en sus huellas), más allá de él, no desde un supuesto vacío, nada o agujero estructural negativo-ausente.

No es tampoco el Ello un agujero de la Estructura, pues el Ello no es un lugar posicional-sincrónico de una vez para siempre (que cava su agujero en el mismo punto de retorno mítico), siempre está en permanente cambio catectizando-agenciando el mundo o su alteridad. Mundo o alteridad que en sus caminos trazados surcan la diferencia de su fuerza y a su vez la fuerza de sus multiples diferencias mundea-la-alteridad. Siendo insoldables el uno del otro como ser-en-el-mundo.

Si no hay un objeto pre-determinado que garantice la pulsión sexual, no es porque se haya perdido o que se haya perdido una satisfacción mítica nunca vuelta a encontrar, si así fuese, no nos explicariamos las fijaciones (adicciones), las cuales contravienen a cualquier intento de alojar siempre al objeto como una pura contingencia o ausencia-negativa (temática que veremos en el Capítulo V, Apartado 2). Lo que ocurre es que no hay un saber a priori sobre el devenir sexual de los sujetos y es la misma pulsión sexual quien no se aquieta instintivamente en un equilibrio perfecto-armónico.

Nos adelantaremos al Capítulo VII al definir que el Ello no es una especie de "instinto de muerte" o un Goce innato-mortífero, al contrario, el Ello moviliza, empuja a nuevos caminos, fuerza hacia la vida, serpentea las fijaciones o adicciones, agita la inmovilidad que endurece la vida en una regresión. La Angustia por su lado también genera este proceso móvil, cargando o exigiendo al aparato nuevas vías (temática que abordaremos al detalle en el Capítulo VII). Lo desligado se puede cuajar o cristalizar en un Goce (pasaje al acto, acting, adicción, vías cortas impulsivas de descarga). Lo desligado en cuanto Goce, puede proferir tanto del Ello, la Angustia o incluso del cuidador o su ambiente mediante las distintas intensidades complejas de cada una. En otras palabras, nos referimos a aquello que no ha sido ligado, elaborado o simbolizado por el proceso secundario asimétrico: No hay coordenadas de tiempo y espacio para el placer o para "pensar los pensamientos".

Si queremos seguir empleando el término de "Líbido" tal como lo usa el psicoanálisis, valdría emplearlo como energía metabólica (metabolismo).

La líbido o pulsiones no es una especie de "bilis negra" griega o sustancia-pura aislada que se mueve como entelequia homuncular. No es un fluído distinto al conjunto de procesos metabólicos como presión sanguínea, hormonas, circuitos o conexiones sinápticas, sistemas digestivos, etc. Evidentemente por cuestiones de época, Freud comienza sin poder distinguir por limitaciones qué sustancias-fluídos móviles y órganos materialmente "más sólidos" (no tan móviles) son para cada una de ellas en la biología. Por ejemplo, en 1937 Freud habló de la "viscocidad de la líbido" en las personas adulto mayores por la dificultad en sus antiguas fijaciones, poder desprenderse con mayor facilidad hacia nuevos gustos o aprendizajes. Hoy en día esto puede ser debido a una demencia senil, alzheimer, depresión del adulto mayor, decrecimiento de facultades cognocitivas, envejecimiento celular, etc. Freud en su época usaba dicho concepto como aproximaciones a niveles empíricos, pero ciertamente, Freud en su obra completa siempre tuvo en cuenta dicha limitación de sus saberes, pero no por ello, no podía continuar con sus investigaciones.

Freud incluso adelantándose al futuro de los psicofármacos psiquiátricos como conocemos hoy, menciona los cambios cuando la Ciencia logre modificar la líbido del ser humano para ciertos malestares. Es decir, Freud (1938) veía como un cambio radical, lo que ya hoy nos aporta un ansiolítico, anti-psicótico o un anti-depresivo en ciertos pacientes: "*la terapia nos ocupa aquí únicamente en la medida en que ella trabaja con medios psicológicos; por el momento no tenemos otros. Quizás el futuro nos enseñe a influir en forma directa, por medio de sustancias químicas específicas, sobre los volúmenes de energía y sus distribuciones dentro del aparato anímico. Puede que se abran para la terapia otras insospechadas posibilidades; por ahora no poseemos nada mejor que la técnica, psicoanalítica, razón por la cual no se debería despreciar a pesar de sus limitacione*" (Freud, 1938:182).

Así como el término líbido guarda relación más bien con el apetito o energía sexual, aquella remite a su complejo proceso electro-químico, hormonal y calórico. Por ejemplo, en un cuadro maniaco, el gasto energético es mayor, su metabolismo está alto o podríamos decir, su líbido o campo libidinal presenta una fuerte alza. Al revés, de lo que sería en un cuadro De-presivo con baja presión o tensión, de bajo gasto calórico o energético, donde su proceso libidinal se encuentra disminuido. Desde esta perspectiva, tal como Freud en sus inicios estudió la relación mente-cuerpo en la conversión histérica, no es del todo viable separar psique-soma por completo. Por esta misma razón, Freud (1915) se refirió a la pulsión como lo que está entre lo psíquico y lo somático. De este modo, podemos entender la "pulsión" como una tensión o empuje desde una diferencia potencial (voltaje) en búsqueda de descarga a un objeto o serie de objetos posibles (tema que avanzaremos en detalle en el Capítulo VII).

Extendiendo la diferenciación entre la líbido y la pulsión. La pulsión sería un recorte, un momento de la líbido que se cristaliza en un deseo como búsqueda de placer o manejo de tensión, ansiedad, angustia, cólera, etc. Es decir, la líbido no se puede expresar toda a la vez o todo a su vez en una sola nota y compás. En otros términos, la escasez de instinto o fijaciones pre-determinadas en el animal humano, produce un amplio efecto de complejas sustituciones parte-todo, agrupaciones en condensaciones. La pulsión es una fuerza constante (konstant kraft), porque la líbido o el Ello en todo su complejo metabólico, hormonal, calórico, neurotransmisor, relanza a la búsqueda de una fuente de placer. La líbido no recorre todos caminos a modo pre-fijado o pre-determinados en inamoviles instintos. El ser humano carece de una fijacion instintual rígida como los otros mamíferos, aves, reptiles, etc. Cuenta entonces con un potencial de mayor variabilidad y traspasos sustitutivos o condensados de huellas. Lo que permite que el animal humano sea creativo, variado en gustos estéticos, culinarios y culturales.

Cuando nos referirnos a la "pulsión oral", no es en cuanto a la necesidad biológica del hambre y sus ciclos. Más bien el metabolismo libidinal está en búsqueda de alimentos que pulsionalmente puede ser recortados, condensados, desplazados en los más variados platillos según la zona geográfica o cultural en donde se viva. La pulsión oral, además, tiene efectos como su dimensión auto-erótica de succión (chupeteo) o en funciones eróticas como besar. La necesidad biológica o metabólica del hambre, pulsionalmente se puede distribuir, por ejemplo, en gula, comer por aburrimiento, comer por ansiedad, comer por angustia, e incluso, no se come por un Ideal, llegando a las anorexias o las huelga de hambre. Por supuesto, en esto último, no hablamos de algo tan ridículo como una "pulsión de huelga de hambre", pues estaríamos omitiendo lo que al comienzo recalcamos sobre la "mente o sus huellas" o la representabilidad de sus caminos diferenciantes de huellas que comandan las viscitudes pulsionales, libidinales, metabólicas o del Ello.
El ser humano está dotado de huellas en recorridos o recorridos de huellas que se reinscriben permanentemente. El ser humano está intercomunicado en la complejidad de sus tejidos, órganos, imaginaciones (fantasías), tensiones, placeres, prójimos, sociedades, etc. Por esta razón, el psicoanálisis debe navegar, separar, agrupar, sintetizar, en medio entre todas estas variables, no tan solo, lo que está entre lo psíquico y lo somático.

Regresando a la puntualización de los términos del "Ello" y lo "Inconsciente", es cierto, que tiene más sentido decir o señalar que un bebé recién nacido no posee un yo ni tampoco consciencia, por lo cual podemos decir "el bebé es puro Ello", frente que al decir "el bebe es puro inconsciente", resuena de un modo más forzoso decirlo ya que dicha palabra hace cierta referencia a un estado de cosas latentes frente a las manifiestas. Otro ejemplo o modo de decirlo, no solemos emplear: "hubo un lapsus o acto fallido del Ello", así como tampoco emplearíamos "tuvo un deseo de ello en su sueño".

Podríamos decir que en el Ello emana la energía psíquica que se cataliza, en el ser de deseo, donde ni siquiera existe la angustia, ya que Ello no la siente, si no que es el "yo" o un "yo real" de la supervivencia al nacer quien la siente. Puesto que en el Ello no hay ordenamiento alguno para distinguir de lo que sería la Angustia, más solo un lugar del deseo.

Estos cambios denotan que el asunto ya no va tanto entre lo que accede a lo consciente y lo que no emerge desde lo Icc. Se entra a una tópica entre el caos y el orden, puesto que si lo aceptable o inaceptable procede desde un lugar u orden que lo establece, ese es el yo diferenciado del ello y anclado consigo al principio de realidad.

Si lo Icc no se diferencia desde un principio, es porque no había una organización tópica suficiente que pueda establecerla, hace falta entonces, un yo que asume el lugar que comprenda un espacio con ordenamientos donde en un inicio poco o nada se distinguiría del ello. Por ende, si *"tratamos de obtener una figuración gráfica, agregaremos que el yo no envuelve al ello por completo, sino sólo en la extensión en que el sistema P forma su superficie [la superficie del yo], como el disco germinal se asienta sobre el huevo, por así decir. El yo no está separado tajantemente del ello: confluye hacia abajo con el ello"* (Freud, 1923:26).

Si bien lo inconsciente puede representar aspectos descriptivos más allá de lo consciente y de lo que el "yo" cree saber de sí mismo en su orden propio. Lo Icc desde lo dinámico adquiere mayor sentido desde lo reprimido bajo la lógica "manifiesto-latente" o icc-cc. En tal sentido, lo icc ya no tendrá que ver con el caos o desorden que ahora le corresponde al Ello. Aunque el caos puede ser por sí mismo icc por no reconocerse dado que no existen distinciones, es que todo ello es icc o desconocido enigma para el yo. Por tanto, para evitar confusiones se agrupa icc-cc por un lado como lo que accede o no accede al campo de lo subjetivo y por otra parte, al yo y el ello como el orden o desorden (caos) ligado-desligado.

De este modo, si lo Consciente está relacionado a lo Icc se debiese tener por antemano una distinción tópica de un mínimo orden para aquella diferenciación cc-icc.

Si como ya vimos, el desorden o caos constituye por si mismo lo inaccesible, habrán por ende, aspectos más o menos organizados del yo-icc (más cercano al ello) o que comprenda partes icc reprimidas de sí.

Hay que nuevamente enfatizar, tal como lo vimos en las citas de 1915 en el texto "Lo Inconsciente", Freud reunía en la noción de Icc todos los asuntos tanto del caos lógico, como de lo inaccesible a la consciencia o de lo no aceptado por la coherencia o ideales del yo. No obstante Freud, no otorgaba lugar suficiente o elaboración a esta última instancia que comprende sus propios aspectos Icc reprimidos, sino que tampoco a los lugares sin orden o coherencia integrada alguna, lo que esta última sería lo que Freud por entonces señaló diciendo que "no todo el inconsciente es reprimido". Aspecto que en 1915 no soslayó más detenidamente o desarrolladamente.

En algunos casos, se llama el Ello como el 3er Icc si seguimos tomando al Freud de 1915, puesto que el 1er Icc bajo este entender, sería lo reprimido o desalojado a la consciencia (vivencia traumática), el 2do Icc sería lo que el yo desconoce de sí mismo y finalmente el 3er Icc, sería la parte más inaccesible, desligada, caótica, sopa pulsional no reprimida, o sea, el Ello. Pues como lo vemos, el empleo del término Ello ahorra un rodeo en las posiciones al relacionarlo con el yo real o con yo placer purificado (aspectos más arcaicos del yo en su constitución o diferenciación tópica) que son más lejanas del yo como lugar donde surge el desalojo de un contenido de cc. Mientras en las 2 primeras formas de lo Icc, aún se evidencia la interacción o la mutua influencia ligada en menor o mayor medida con la diferenciación yoica. En la tercera acepción podemos adentrarnos a hablar de aspectos psíquicos más allá de las defensas yoicas o mecanismos represivos propiamente tales y estudiar los aspectos lógicos Icc y formaciones psíquicas más arcaicas, tal como las reveladas en los apartados anteriores donde no hacíamos distinción de Icc a ello, puesto que si el Ello es la parte más inconsciente del psiquismo, estuvimos desarrollando justamente la parte más Icc y con menos relación con las otras tópicas del yo o ideal del yo o con el mundo exterior. En resumen diremos <u>todo Ello es inconsciente, pero es lo más inconsciente del Icc, en tanto atañe específicamente en su concepto, al caos o lo desligado, sometido al proceso primario, como también al principio del placer e incluso (como veremos después) a algo más allá del principio del placer sin la interacción con algún "yo" u orden, así como tampoco puede relacionarse de modo alguno con el principio de realidad.</u>

No entraremos de lleno por ahora al tema de la configuración del yo como instancia reflectora-reflejante o como el para-sí desde donde se remite una ipseidad o sí mismo, así como tampoco, la imitación y la identificación como producción del yo (en sus introyecciones-proyecciones) como tópica y piel-cuerpo junto a las zonas erógenas. Temas que abordaderos con mayor detalle en el Capítulo III y VI de este libro.

Capítulo III
1. Memoria: vías facilitadas y lógica de las huellas en diferencias

Siguiendo a Freud con respecto a la "memoria", una metáfora que se suele asimilar a la memoria, es imaginarla como un contenido de algo que entra y se almacena en una memoria que lo va llenando. Para Freud es justamente al contrario, la memoria son las huellas en el sentido que nada se agrega o se quita a la memoria a su contenido, las diversas huellas son su memoria misma. Es como un mismo pedazo de cera que se moldea a cada momento, no se agranda ni se achica, no se agrega ni se quita, se talla, se traza, se "enhuella" en el mismo espacio o "pedazo de cera".

De este modo, Freud ya lo venía conceptualizando desde sus cartas a Fliess, nombrada como "**Proyecto de una psicología para neurólogos**" de 1895: "*este estado de las barreras de contacto como «grado de facilitación» [Bahung]. En tal caso podemos afirmar que la memoria está representada por las facilitaciones existentes entre las neuronas Psi*" (p.258). Esta cita se adelanta a lo que posteriormente se conocerá como "sinapsis" (barreras de contacto). Inmediatamente Freud (1895) agrega a lo dicho una mayor aclaración: "*Supongamos que todas las barreras de contacto y estén igualmente facilitadas [gebahnt] -o lo que es lo mismo, que ofrezcan la misma resistencia-: en tal caso, evidentemente, no se podrá deducir de ellas las características de la memoria. Esta es, en efecto, una de las fuerzas determinantes y orientadoras en relación con la vía que adoptan las excitaciones, y si la facilitación fuese igual por doquier, no se explicaría por qué una vía habría de ser preferida a otra. De ahí que sea más correcto afirmar que la memoria está representada por las diferencias de facilitación entre las neuronas Psi*" (p.215-216). Por tanto son caminos diferidos en complejos multicausales excitatorios (barreras de contacto o sinapsis). Esto fue fundamental en la época de Freud, donde criticó los intentos de precisar contenidos o conceptos de la memoria en algún lugar específico (localizado) en el cerebro.

Cabe recordar otro alcance que Freud siempre oposicionó en sus inicios "percepción" de la "memoria". Esta diferenciación la complejizó Freud más adelante en su texto "**Pizarra Mágica**" de 1924, donde arguye que "*una superficie que conserve intacta, durante mucho tiempo, la anotación a ella confiada; esta es, una hoja de papel sobre la que escribiremos con tinta, obteniendo así una «huella mnémica permanente». La desventaja de este procedimiento consiste en que la capacidad de la superficie receptora se agota pronto. La hoja de papel no ofrece ya lugar para nuevas anotaciones, y nos vemos obligados a tomar otras nuevas. Por otro lado, la ventaja que este procedimiento nos ofrece al procurarnos una «huella permanente» puede perder para nosotros su valor cuando, al cabo de algún tiempo, deja de interesarnos lo anotado y no queremos ya «conservarlo en la memoria». El segundo procedimiento no presenta estos defectos. Si escribimos, por ejemplo, con tiza sobre una pizarra, tendremos una superficie de capacidad receptora ilimitada, de la que podremos borrar las anotaciones en cuanto cesen de interesarnos, sin tener por ello que destruirla o tirarla. El inconveniente está aquí en la imposibilidad de conservar una huella permanente, pues al querer* *inscribir en la pizarra cubierta ya de anotaciones alguna nueva, tenemos que borrar parte de las anteriores. Así pues, en; los dispositivos con los cuales sustituimos nuestra memoria, parecen excluirse, entre sí, la capacidad receptora ilimitada y la conservación de huellas permanentes; hemos de renovar la superficie receptora o destruir las anotaciones"* (p.2808). Ante esta problematización Freud (1924) explica que hay *"un sistema encargado de recibir las percepciones, pero no de conservar de ellas una huella duradera, conduciéndose así, con respecto a cada nueva percepción, como una cuartilla intacta. Tales huellas permanentes de los estímulos cogidos surgirían luego en los «sistemas mnémicos» situados detrás del sistema receptor"* (p.2808-2809).

Freud entonces utiliza la metáfora de la "pizarra mágica" o "block maravilloso", aquél juguete para niños que sirve para trazar algún tipo de escritura constante en el mismo juguete, en lo cual designa a la "hoja de celuloide" como *"una cubierta protectora del papel encerado, destinada a protegerle de las acciones nocivas ejercidas sobre él desde el exterior. El celuloide es un dispositivo protector contra las excitaciones», y la capa que las acoge es propiamente el papel. Podemos ya recordar aquí que en Más allá del principio del placer expusimos que nuestro aparato perceptor se componía de dos capas: una protección exterior contra los estímulos, encargada de disminuir la considerable magnitud de los mismos, y bajo ella, la superficie receptora.*

La analogía no tendría mucho valor si terminase aquí. Pero aún va más lejos. Si levantamos toda la cubierta -celuloide y papel encerado-, separándola de la lámina de cera, desaparece definitivamente lo escrito. La superficie del block queda limpia y dispuesta a acoger nuevas anotaciones. Pero no es difícil comprobar que la huella permanente de lo escrito ha quedado conservada sobre la lámina de cera, siendo legible a una luz apropiada" (Freud, 1924:2809-2810). De este modo prosiguiendo con su analogía, la "lámina de cera", sería *"el sistema inconsciente situado detrás de él, y la aparición y desaparición de lo escrito, con la conducta correspondiente de la conciencia en cuanto a las percepciones"* (Freud, 1924:2810).

Finalizando con el texto citado, Freud (1924) comenta con respecto a la "aparición-desaparición" del estímulo, concluye que: *"adscribimos las interrupciones que en el block maravilloso provoca una acción exterior al efecto de una discontinuidad de las inervaciones, y en lugar de una supresión real del contacto suponemos una insensibilidad periódica del sistema perceptor. Por último, suponemos también que este funcionamiento discontinuo del sistema perceptor constituye la base de la idea del tiempo. Si se imagina que mientras una mano escribe en el block maravilloso hay otra que levanta periódicamente la cubierta, se tendrá una idea de la forma en que por nuestra parte hemos tratado de representar la función de nuestro aparato psíquico perceptor"* (p.2810-2811).

Así también lo confirma Laplanche (1992) en su libro "La prioridad del otro en Psicoanálisis" donde la Pizarra mágica *"es concebida no continua sino periódica, como una luz que se apaga y se enciende sin cesar. La razón de esta periodicidad se debería buscar en dos necesidades: por una parte, la conciencia, para no ser atiborrada de contenidos, debe sin cesar vaciarse de sus representaciones para acoger percepciones frescas. Por otra parte, como las percepciones externas son demasiado agresivas para el organismo, este debe disminuir su intensidad a fin de acogerlas. Recibir una percepción durante 1/10 de segundo, después permanecer cerrado a la percepción durante 9/10 segundo, equivale a dividir por diez la intensidad de lo que es percibido"* (p.69-70).

No obstante para Laplanche (1992) este tipo de temporalidad es propia no sólo de los humanos, sino también para varias especies mamíferas en común, puesto que *"no tiene historia; por el contrario, hay un tiempo inmediato. El modelo propuesto por la "Nota sobre la pizarra mágica", es exactamente el de un ser viviente, no el de un ser humano histórico"* (p.71).

Por lo cual a Laplanche le parece insuficiente para describir la temporalidad y memoria humana, éste texto citado. Sin embargo, es importante rescatar en la "lámina de cera", donde la huella permanente de lo escrito ha quedado conservada, <u>siendo legible a una luz apropiada</u>, es justamente allí, donde la "luz" de una reflexión, un apres-coup, una retroacción, una rememoración, hacer conciente lo inconciente o reflejar fantasías en las transferencias. Es allí donde la luz entonces asigna como diría Heidegger la comprensión del ser en el desocultar el ser de aquello conservado (del ente). Para que exista el "Dasein", o la apertura del ser-en-el-mundo, debe emerger una luz (Litchtung) para que haga claro el bosque.

Si bien los demás animales comparten con el animal humano, la discontinuidad periódica del tiempo en la recepción de estímulos, el tipo de enhuellamiento, almacenamiento, trazamiento y espacialidad de lo propiamente humano otorga a la luz una temporalidad propia reflexiva o cogitante que abre una apertura bajo esa luz del ser. Sobre este punto Freud (1938) lo argumenta del siguiente modo: *"Bien puede ser valedera en los animales, pero en el hombre se agrega una complicación por la cual también los procesos internos del yo pueden adquirir la cualidad de consciencia. Esta complicación es obra de la función del lenguaje, que conecta sólidamente los contenidos yoicos con restos mnemónicos de percepciones visuales y, particularmente, acústicas. Merced a este proceso, la periferia perceptiva de la capa cortical también puede ser estimulada, y en medida mucho mayor, desde el interior: procesos internos, como los ideativos y las secuencias de representaciones, pueden tornarse conscientes, siendo necesario un mecanismo particular que discierna ambas posibilidades: he aquí la denominada prueba de realidad"* (p.3390). De modo que el ser humano con la función del lenguaje, conecta los "contenidos yoicos" a huellas mnémicas de percepciones visuales y acústicas.

En resumen, basándonos en el texto de "Proyecto" (1895), las neuronas de Percepción son como el lugar donde los estímulos son constantemente abiertos a otras percepciones por recibir "neuronas permeables (que no ofrecen resistencia y que nada retienen)", donde en cambio, las neuronas Psi de memoria es lo impermeable a constituir barreras de contacto en un estado permanentemente alterado a los cambios, mientras la percepción siempre se "limpia" momento a momento para atajar un nuevo flujo sensitivo que en su sinapsis podría facilitar nuevas vías que se graban en el tallado.

Vale recalcar aquí que la visión que usa Freud de la memoria se fundamenta en la resistencia, en un retardo, no como un camino abierto o tábula rasa, ya que sin las diversas barreras del medio sináptico, no habría flujos asociativos posibles ni de descarga pulsional. En otras palabras tal como lo dice Freud (1895) en el mismo texto: "*a cada neurona Psi le correspondan, en general, varias vías de conexión con otras neuronas; es decir, varias barreras de contacto. De ello depende, en efecto, la posibilidad de la selección [de vías por la excitación], que a su vez es determinada por la facilitación*" (p.259). Concluyamos en el texto de "Proyecto" que una neurona cargada o catectizada "*la facilitación no puede fundarse en una catexis retenida, pues ello no daría lugar a diferencias de facilitación en las barreras de contacto de una misma neurona*" (Freud, 1895:259).

Como podemos ver, Freud se adelanta en algunos puntos a lo que a mediados de los años 60s se conoce como la "Filosofía de la Diferencia", como una crítica a la Fenomenología, a ciertos postulados del Estructuralismo y a toda representación metafísica que aún queda sedimentada en la filosofía clásica. Derrida en su texto "**Freud y la escena de la escritura**", de 1967 da cuenta del genio de Freud al ir más allá de su época tras postular "*bajo el título de 'punto de vista biológico', la 'diferencia de esencia' (Wesensverschiedenheit) entre las neuronas es 'reemplazada por una diferencia de ámbito de destino' (Schicksals-Milieuverschiedenheit): diferencias puras, diferencias de situación, de conexión, de localización, de relaciones estructurales, más importantes que los términos de soporte*" (p.281). En otras palabras, para Derrida (1967) en el mismo texto, el "*abrirse-paso, el camino trazado abre una vía conductora. Lo cual supone una cierta violencia y una cierta resistencia ante la fractura. La vía es rota, quebrada, fracta, abierta*" (p.277). O sea, como acentúa Derrida, Freud estudia más allá de la estructura o sustrato material, otorga más bien valor al orden de las diferencias o vías facilitadas en cada situación.

Finalmente, como lo señala Derrida: "*hay que precisar que no hay abrirse-paso puro sin diferencia. La huella como memoria no es un abrirse-paso puro que siempre podría recuperarse como presencia simple, es la diferencia incapturable e invisible entre los actos de abrirse-paso. Se sabe ya, pues, que la vida psíquica no es ni la transparencia del sentido ni la opacidad de la fuerza, sino la diferencia en el trabajo de las fuerzas. Nietzsche lo decía bien*" (Derrida, 1967:277).

Estos diferentes roces y canales asociativos, asumen entonces que en la memoria no hay espacio sin tiempo ni tiempo sin espacio. Es un fluir vivo que puede retroactivamente temporalizarse (elaborarse) a modo consciente la temporalidad fluyente de cada instante. De modo que si la temporalidad depende de un espacio, este espacio está compuesto de una serie de diferencias que dan el carácter temporal propio a cada sujeto. Así como al revés, no existe una huella o trazo puro sin la dependencia a otras huellas, estas diferenciaciones que están en un mismo espacio solo adquieren representación o elaboración posible por el tiempo que las define en un momento de diferencia no-inmóvil. En otras palabras, las huellas son trazos (espacios) de aperturas a nuevas facilitaciones posibles en el tiempo. Por otro lado, podemos pensar de un modo muy esquemático o resumido que los elementos más primordiales o básicos en la teoría de Freud, son las huellas y las pulsiones. Entendiéndose que de una no puede ser sin la otra, vale decir:

No habrían huellas sin el empuje de la pulsión, no habrían pulsiones sin las huellas que permiten su paso. Un recorrido que genera rutas y rutas que permiten recorridos. Una no existe primero que la otra, más bien coexisten en un mismo compás. Las huellas no se pueden rastrear en las mismas huellas, falta la pulsión quien posicione el lugar en ciertos momentos de la huella, así como a su vez, las pulsiones no pueden inferirse sin las huellas que rodeen su circuito. Por lo mismo, como lo hemos graficado, no existe carga o contra-carga de objeto o de catexia o de representación sin su descarga, del mismo modo que no puede haber descarga sin alguna carga. La articulación o aleación entre huellas y pulsión van generando las diversas representatividades posibles o no del aparato psíquico.

Derrida en su ensayo "**La Différance**" (1968) enfatiza que "*el inconsciente no es, como es sabido, una presencia para sí escondida, virtual, potencial. Se difiere, esto quiere decir sin duda que se teje de diferencias y también que envía, que delega representantes, mandatarios; pero no hay ninguna posibilidad de que el que manda «exista», esté presente, sea el mismo en algún sitio y todavía menos de que se haga consciente*". Aclarándolo, no existiría un eje central o sub-mente que administra la delegación de representaciones, o sea, un ente que comanda sin verse implicado en sus propias huellas, como una lectura que no deje escritura alguna. Podríamos resumir buena parte de la obra de Derrida en que: no existe una lectura que no escriba o deje nuevos trazos o huellas, por lo cual no hay nada retenido sobre sí mismo, más bien es un tejido abierto a diferencias. Diremos en otras palabras que no existe una lectura de huellas sin una escritura de huella, no existe la lectura sin dejar huella, no existe un leer que no esté escribiendo, todo es escritura independiente si queda en el olvido o no. No se puede leer sin haber dejado algo escrituro, no se puede observar el reflejo de un espejo sin una luz, no existe el reflejo de un espejo sin reflejar una luz. Leer sin escribir o leer sin estar escribiendo en un mismo momento, significa que se posee una lectura-ente en sí misma encapsulada fuera de los márgenes del tiempo y espacio contextual, un tejido fuera de todos los tejidos, lo cual sería pretender ser un texto sagrado religioso, donde los trazos de la escritura encima del trabajo de lectura no dejan la más mínima erosión en la eternidad.

En este sentido Deleuze (1969) en su libro "Lógica de Sentido" lo enuncia del siguiente modo: "*el sentido no es nunca principio ni origen, es producto. No está por descubrir, ni restaurar ni reemplazar; está por producir con nuevas maquinarias. No pertenece a ninguna altura, ni está en ninguna profundidad, sino que es efecto de superficie, inseparable de la superficie como de su propia dimensión. No es que el sentido carezca de profundidad o de altura; son más bien la altura y la profundidad las que carecen de superficie, las que carecen de sentido, o que lo tienen sólo gracias a un «efecto» que supone el sentido*" (p.58).
Agregando lo dicho prosiguiendo con Deleuze (1968), expresa en "**Diferencia y Repetición**" que "*ya no es posible en el sistema del inconsciente establecer un orden de sucesión entre las series, si todas las series coexisten, tampoco es posible considerar una como originaria y la otra como derivada, una como modelo y la otra como copia. Lo que sucede es que las series son aprehendidas a la vez como coexistentes, fuera de la condición de sucesión en*

el tiempo, y como diferentes, fuera de toda condición según la cual gozaría de la identidad de un modelo y la otra, de la semejanza de una copia. Cuando dos historias divergentes se desarrollan simultáneamente, es imposible privilegiar una sobre la otra (...) las dos historias, una no reproduce la otra, una no sirve de modelo a la otra, sino que semejanza e identidad no son más que los efectos del funcionamiento de esta diferencia (...) la diferencia es la única original, y hace coexistir independientemente de toda semejanza lo diferente que ella relaciona con lo diferente" (p.194). Esto tiene implicancias importantes en la teoría y práctica psicoanalítica, especialmente en algunas interpretaciones analíticas de ciertas escuelas, donde prima el simbolismo interpretativo (de diccionario).

Todo esto da cuenta de una propuesta filosófica o epistemológica desde la complejidad, una filosofía de la "diferencia", de un no-origen puro, de ir más allá de la metafísica de la re-presentatividad, más allá de la metafísica de la presencia absoluta, más allá de una semiótica de códigos traducibles (diccionarios de significantes con un exactos significados) en una psicología encapsulada de contenidos superficiales/profundos (manifiesto-latente).

La obra de Freud da paso a permitir la complejidad epistemológica donde el *"mecanismo psíquico se ha generado por superposición de capas y que de tiempo en tiempo el material preexistente de huellas mnémicas experimenta un reordenamiento según nuevos nexos, una retrascripción (...) la memoria no preexiste de manera simple, sino múltiple, está registrada en diversas variedades de signos"* (Freud, 1896:274). Lo que conlleva a una permanente elaboración de sostenidas diferenciaciones o complejidades simultáneas en la destrucción de una supuesta última verdad u origen encapsulado a sí (inmóvil).

Como muy bien lo expresó G. Leibniz en 1716: *"La posición es un modo de la coexistencia. Por esto no sólo envuelve cantidad, sino también cualidad. La cantidad o magnitud es aquello que puede conocerse en las cosas por su mera compresencia (o percepción simultánea)"* (p.582).

Mientras Kant (1781) en su "Crítica de la Razón Pura" nos indica: *"dado que cada fenómeno incluye una multiplicidad, es decir, son varias las percepciones que intervienen separada e individualmente en el psiquismo, les hace falta una cohesión que no pueden tener en el sentido mismo. Hay, pues, en nosotros una facultad activa que sintetiza esa multiplicidad. La denominamos imaginación, y a su acción, ejercida directamente sobre las percepciones, le doy el nombre de aprehensión. La imaginación tiene que reducir a una sola imagen la diversidad de la intuición"* (p.101).

Solo hay huellas, trazos, escritura, pasos, devenir, injertos, diferencias. Definir cada una de las huellas en sí misma, es timbrarlas en conceptos, generalidades, signos o códigos metafísicos que congelan las diferencias que se insertan en múltiples pincelazos (injertos) la construcción misma del código o concepto. Como diría Freud, hay vías o caminos facilitados, llaves de apertura. El mismo F. Nietzsche (1878) lo abordó de manera similar: *"Todas las decisiones fuertes llevan consigo cierta resonancia de huellas y de disposiciones análogas; excitan igualmente a la memoria. Se despierta en nosotros, con motivo de ellas, el recuerdo de alguna cosa, la conciencia de estados semejantes y de su origen. Se forman así rápidas asociaciones habituales de sentimientos y de pensamientos, que, en último término, cuando* se siguen con la viveza del relámpago, no son percibidos como complejos, sino como unidades. En esto, como tan frecuentemente pasa, la unidad de la palabra no da ninguna garantía de la unidad de la cosa. En este sentido, se habla del sentimiento moral y del sentimiento religioso como si fueran puras unidades, cuando en realidad son corrientes de cien manantiales" (p.27-28).

Además, G. Bateson (1972) siguiendo a Kant sobre las diferencias: "*En la Crítica del juicio, Kant afirma que el acto estético más elemental es la selección de un hecho. Argumenta que en un trozo de tiza existe un número infinito de hechos potenciales. La Ding an sich [la cosa en sí], el trozo de tiza, no puede entrar nunca en un proceso de comunicación o mental debido a su infinitud. Los receptores sensoriales no pueden aceptarla; la filtran y la excluyen. Lo que hacen es elegir y extraer del trozo de tiza ciertos hechos, los cuales (...) existe un número infinito de diferencias alrededor de y dentro del trozo de tiza. Diferencias entre su localización y las localizaciones en las que pudo encontrarse. De esta infinitud, elegimos un número muy limitado, que se convierte en información (...) una diferencia que hace una diferencia, y está en condiciones de hacer una diferencia porque las vías nerviosas por las que transita y en las que es continuamente transformada están, por su cuenta, provistas de energía*" (p.308-309).

La presencia de un "algo" en sí mismo transparente, disfraza u oculta las huellas trazadas. Puesto que cada presencia sigue escribiendo algo aunque no se reconozca un cambio desde la idealidad de los signos metafísicos del lenguaje o diccionario. No existe una primera (única) huella que dirige las otras huellas, como una primera piedra (sustancia o esencia monista) que sostiene la diversa construcción, más bien siempre hubo huellas y piedras superpuestas sin un origen único primero que se comanden bajo "ente-lequias".

Con respecto al "origen" o las "rocas originarias" (objetos internos endógenos) inconscientes, Deleuze y Guattari (1972) fueron enfáticos en su obra "El Anti-Edipo" en limitar los abusos, reduccionismos y homogenizaciones de las interpretaciones basadas en el Complejo de Edipo: "*No se trata de negar la importancia vital y amorosa de los padres. Se trata de saber cuál es su lugar y su función en la producción deseante, en lugar de hacer a la inversa, haciendo recaer todo el juego de las máquinas deseantes en el código restringido de Edipo*" (p.52). Puesto que resulta estéril "*enmarcar la vida del niño en el Edipo, al convertir las relaciones familiares en la universal mediación de la infancia, nos condenamos a desconocer la producción del propio inconsciente y los mecanismos colectivos que se asientan sobre el inconsciente*" (p.53). De este modo, Deleuze y Guattari (1972) buscan rescatar aquel niño "perverso polimorfo" en su fase de amoralidad olvidada tras la represión: "*Como si Freud hubiese hecho marcha atrás ante este mundo de producción salvaje y de deseo explosivo, y a cualquier precio quisiese poner en él un poco de orden, un orden ya clásico, del viejo teatro griego*" (p.60). En este teatro griego, la represión o el origen de ella, sería siempre debida a la tragedia de Edipo. Los autores denuncian que el "*Edipo se apropió de la producción deseante como si todas las fuerzas productivas del deseo emanasen de él*" (p.62). Agregamos más radicalmente en su crítica que "*en vez de participar en una empresa de liberación efectiva, el psicoanálisis se une a la obra de represión burguesa más general, la que consiste en mantener a la humanidad europea bajo el yugo del papá-mamá, lo que impide acabar con aquél problema*" (p.54). Cuando esto ocurre "*el psicoanálisis tradicional explica que el instructor es el padre, y que el coronel también es el padre, y que incluso la madre también es el padre, vuelca todo el deseo sobre una determinación familiar que ya no tiene nada que ver con el campo social realmente cargado por la libido. Está claro que siempre hay algo del padre o de la madre tomado en la cadena significante, los bigotes del padre, el brazo levantado de la madre, pero siempre yendo a ocupar determinado lugar furtivo entre los agentes colectivos*" (p.68).

Esto no puede dejar de ser relevante, incluso, en lo que expusimos anteriormente sobre los procesos del sistema inconsciente, ya que se otorga un sujeto con un verbo intencional dado, a saber, el acto incestuoso por uno de sus progenitores (objeto del predicado). El inconsciente, adquiere de ese modo, contenidos fijos o universales, una lógica intencional al mundo exterior. Pues tal como expone Deleuze y Guattari (1972): "*no hemos sido fieles al gran principio de la exclusión del tercero, hemos introducido el tercero*" (p.61). En otros términos los contenidos o únicos contenidos fundamentales del inconsciente serían "madre, hijo y padre", una nueva trinidad basada en un mito.
Si no tenemos en cuenta estas críticas al Complejo de Edipo, podríamos extrapolarlo en asuntos políticos (de género) delicados: "*la cuestión no radica en saber si las mujeres están castradas o no, sino en saber si el propio inconsciente «cree en ello», pues toda la ambigüedad radica ahí: ¿qué significa creencia aplicada al inconsciente, qué es un inconsciente que tan sólo «cree» en vez de producir, cuáles son las operaciones, los artificios, que inyectan al inconsciente «creencias» — ni siquiera irracionales, sino al contrario demasiado razonables y conformes con el orden establecido?*" (p.67).
M. Foucault (1979) además realza la crítica aportando que "*la noción de represión es totalmente inadecuada para dar cuenta de lo que hay justamente de productor en el poder. Cuando se definen los efectos del poder por la represión se da una concepción puramente jurídica del poder; se identifica el poder a una ley que dice no; se privilegiaría sobre todo la fuerza de la prohibición. Ahora bien, pienso que esta es una concepción negativa, estrecha, esquelética del poder que ha sido curiosamente compartida. Si el poder no fuera más que represivo, si no hiciera nunca otra cosa que decir no, ¿pensáis realmente que se le obedecería? Lo que hace que el poder agarre, que se le acepte, es simplemente que no pesa solamente como una fuerza que dice no, sino que de hecho la atraviesa, produce cosas, induce placer, forma saber, produce discursos; es preciso considerarlo como una red productiva que atraviesa todo el cuerpo social más que como una instancia negativa que tiene como función reprimir*" (p.182).

No obstante ante lo citado, <u>no negamos la importancia del Edipo</u>, especialmente en las identificaciones con sus cuidadores, los vínculos o cuidados y sus mensajes (con sus respectivos ideales). Es innegable que en algún punto nos toparemos con aquellas temáticas que son conceptos fundamentales en el psicoanálisis, pero <u>cada una de ellas tiene su paso, sus huellas y su ritmo</u>. Más aún, por el "*hecho de que el otro y los otros sean ante todo portadores de la prohibición sigue siendo una manera de afirmar que el deseo se encuentra con otro deseo, aunque sea en forma de un deseo que se rehúsa. Toda la dialéctica de los papeles, conforme a la segunda tópica, expresa la interiorización de una relación de enfrentamiento, constitutiva del deseo humano. El complejo de Edipo significa, fundamentalmente, que el deseo humano es una historia, que esta historia pasa por el rechazo y la humillación, y que el deseo se educa para la realidad mediante el displacer específico que le inflige otro deseo que se rehúsa"* (Ricoeur, 1965:338).

Pese al contraste de la amoralidad productiva del "perverso polimorfo" ante el Edipo moralizado o territorializado, irremediablemente el primero, está destinado a reprimirse y terminar en diversos disfraces sociales (aparentes adaptaciones). De esta forma, el Edipo que descubrió Freud (como autor de su tiempo o cultura), es una forma más de la codificación-represión del deseo (incestuoso o de goce perverso) en la sociedad, que por supuesto no es la única, pero sean cuales sean bajo su diversidad (formas de vínculos sociales, colectividades o familiares), la castración, la ley, norma cultural, el deseo del Otro, seguirá siendo lo que diferencie las Neurosis de las Perversiones o Psicosis.

Otro último ejemplo con respecto a la lógica de los orígenes o las "rocas" hasta su mayor extremo, proviene de Otto Rank, quien extremó aquella lógica al postular el "trauma del nacimiento" en 1925. Tras postular o intentar responder el origen de la angustia o de casi todas ellas, son remitidas originariamente a una angustia del nacimiento. Otto Rank especuló el origen de la angustia a raíz de la angustia del nacimiento donde se supone que el bebé al nacer experimentara su principal trauma. De tal modo que cualquier angustia futura que ocurra se remontará a este quiste angustioso del nacimiento, en donde la terapia debe buscar la forma de conectarse con aquella angustia encapsulada en lo inconsciente y descargarse o descargarla en una catarsis que libera los padecimientos neuróticos.

Freud respondió críticamente a la teoría del Trauma de Nacimiento de O. Rank en textos como "Inhibición, síntoma y angustia" publicado en 1926 y por sobre todo en su texto "Análisis Terminable e Interminable" de 1937, argumentando que el camino que plantea Rank es igual a que si en un incendio, saco el mechero que ocasionó el incendio de una casa, dejando consigo el resto de la casa incendiada. Así fue como Freud (1937) le responde críticamente: *"de ese trauma primordial, Rank esperaba eliminar la neurosis íntegra, de suerte que una piecita de trabajo analítico ahorrara todo el resto (...) No más, probablemente, de lo que conseguiría el cuerpo de bomberos si para apagar el incendio de una casa, provocado por el vuelco de una lámpara de petróleo, se conformara con retirar esta de la habitación donde nació el incendio"* (p.219-220).

Es claro para Freud que la angustia no es algo que se encapsula en una emoción y queda ahí guardada para siempre en la espera por varias décadas en lograr su catarsis y con ello sanar todas las Neurosis. Como si arreglando las bases de un piso subterráneo automáticamente se arreglan todos los pisos de más arriba frente a todo viento y marea. Desatar algún nudo originario no es garantía de que por medio de una linealidad temporal los conflictos inconscientes se solucionen, lo inconsciente no tiene un ordenamiento temporal lineal, poseen fragmentos más que un orden preconcebido. El inconsciente no está conformado como si fuesen profundidades de capas de cebolla ordenadas, más bien presenta relieves geográficos irregulares sísmicos.

2. La Represión Originaria

Concretando lo expuesto sobre las huellas y ligaduras tempranas. Partiremos este apartado con Winnicott (1970) para ir definiendo lo que se entiende por "sostén" o "holding": "*en términos de sostén (holding). Al principio es de carácter físico (el óvulo y luego el feto son "sostenidos" dentro de la matriz); después se le añaden elementos psicológicos (el bebé es sostenido en los brazos de alguien); más adelante, si todo va bien, aparece la familia, y así sucesivamente*". Más específicamente, Winnicott (1968) postula que en el holding o sostén "*tendremos dos cosas: la madre que sostiene al bebé, y el bebé que es sostenido y que atraviesa rápidamente una serie de etapas evolutivas de extremada importancia para su afirmación como persona. La madre no necesita saber lo que le está ocurriendo al bebé. Pero el desarrollo del bebé sólo puede tener lugar en relación con la confiabilidad humana del sostén y del manejo*" (p.128).

Debemos añadir que para Winnicott (1970) no se puede desoldar el "holding" (sostenimiento) con el "ambiente": "*Para un niño un ambiente caótico es sinónimo de imprevisibilidad, en el sentido de que él siempre debe estar preparado para un trauma y esconder el sagrado núcleo de su personalidad donde nada pueda tocarlo, para bien o para mal. Un ambiente atormentador confunde la mente y el niño puede desarrollarse en un estado de constante confusión, sin organizarse nunca en cuanto a su orientación. En el lenguaje clínico decimos que estos niños son inquietos, carentes de todo poder de concentración e incapaces de perseverar en algo. No pueden pensar en lo que serán cuando lleguen a la edad adulta.*" Más precisamente, en Winnicott (1968) las "fallas graves en el sostén producen en el bebé una ansiedad inconcebible; el contenido de esta ansiedad es:
(1) Partirse en pedazos.
(2) Caída interminable.
(3) Completo aislamiento, ya que no existen medios para comunicarse.
(4) Separación entre psique y soma.
Estos son los frutos de la desprovisión, la falla ambiental esencialmente no reparada" (p.130-131). Años antes, Winnicott (1963) también enumera:
"1. Retorno a un estado de no-integración. (Defensa: desintegración.)
2. Caer para siempre. (Defensa: autosostén.)
3. Pérdida de la relación psicosomática, falla de residencia. (Defensa: despersonalización.)
4. Pérdida del sentido de lo real. (Defensa: explotación del narcisismo primario, etc.)
5. Pérdida de la capacidad para relacionarse con los objetos. (Defensa: estados autistas, relación exclusiva con los fenómenos del self.)" (p.114).

Podriamos decir que estos aspectos corresponderían únicamente a cuidados biológicos de médicos pediátricos. Sin embargo, reducir el contacto físico de cobijo, sostén (holding), manipulación (handling), etc. Como si fuese un mero mecanismo instrumental adaptativo de sobrevivencia, trasquila todo el remanente subjetivo que se constituye en los niños. Las huellas generadas por el contacto humano, por "físico" que sea, implican un complejo desarrollo senso-motriz, vital, para la articulación de diversos procesos subjetivos o psicológicos en cada particularidad humana. E. Levin (2003) lo caracteriza, por ejemplo, en que la "*caricia del diálogo tónico crea irrealidad y el recién venido es habitado por ella (...) Ese contacto sensible e intangible habita al niño, poetizándolo*" (p.77). Que por lo demás, la función del cuidador "*buscará la forma de poetizar el dolor del recién venido al mundo para que él pueda existir en él, como un cuerpo mediado por representaciones que le posibilitan ubicar el dolor como una sensación subjetiva, como un umbral corporal que representará la singular vivencia de dolor*" (Levin, 2003:79).

Desde Winnicott (1988) en su libro "La Naturaleza Humana", vincula la importancia del contacto o el cobijo ambiental que "*de tanto entanto, antes de nacer, el ser humano se va acostumbrando a las interrupciones de la continuidad y, si no son demasiado graves o prolongadas, se vuelve capaz de darles cabida. En términos físicos, esto implica que no sólo ha tenido experiencias de cambios de presión y temperatura, así como de otros fenómenos ambientales simples sino que además las ha evaluado y ha empezado a organizar un modo de tramitarlas. Desde el punto de vista del observador, el ambiente no es menos importante cuando hay continuidad de ser simple que cuando se entromete y la continuidad se ve Interrumpida por una reacción*" (p.182).

A nivel de la continuidad y su proceso de integración, por ejemplo, para Winnicott (1950) "*los niños normales preguntan a veces en el momento de acostarse: "¿Qué hice hoy?", y entonces las madres les responden: "Te despertaste a las seis y media y jugaste con tu osito hasta que tu padre y yo nos despertamos, y después te levantaste y saliste al jardín, y luego desayunaste, y luego...", y así sucesivamente, hasta que el niño logra integrar todo el programa del día desde afuera. El niño posee en realidad toda la información, pero prefiere que lo ayuden a tomar conciencia de ello; eso lo hace sentir bien y real, y lo ayuda a distinguir la realidad del sueño y del juego imaginativo. Esto mismo, pero en gran escala, estaría representado por la forma en que un progenitor corriente rememora todo el pasado del niño, tanto las partes que éste apenas recuerda como las que ignora por completo. Carecer de esto, que parece tan poco importante, constituye una seria pérdida para el niño deprivado*" (p.123).

Otro alcance aportado por Winnicott (1945) es que "*no existe necesariamente una integración entre un niño que duerme y un niño que está despierto. Esta integración se presenta con el tiempo. Una vez los sueños son recordados e incluso transmitidos a una tercera persona, la disociación disminuye un poco; pero hay personas que jamás llegan a recordar claramente sus sueños, y los niños dependen mucho de los adultos para llegar a conocer sus sueños. Es normal que los niños pequeños sufran pesadillas y terrores angustiosos. Cuando esto sucede, los niños necesitan que alguien les ayude a recordar lo que han soñado. Es siempre valiosa la experiencia que representa soñar algo y recordarlo, debido precisamente a la rotura de la disociación que ello representa*" (p.208). Ahora bien, en circunstancias clínicas sobre "*los fenómenos de la no integración nos lo da el conocido caso del paciente que procede a darnos todos los detalles del fin de semana y que se da por satisfecho al final si lo ha dicho todo, aunque al analista le parezca no haber hecho ninguna labor analítica. A veces esto debemos interpretarlo como la necesidad que siente el paciente de ser conocido con todos sus pelos y señales por una persona: el analista. Ser conocido significa sentirse integrado al menos en la persona del analista"* (Winnicott, 1945:205).

Se puede concebir desde Winnicott (1968) aspectos del "holding" en distintas dimensiones, por ejemplo en *"los movimientos respiratorios de la madre, la calidez de su aliento, un olor particular suyo, muy variable. También el sonido de los latidos de su corazón, un sonido bien conocido para el bebé, en la medida en que éste es una persona capaz de conocer antes del nacimiento.*
Un ejemplo de esta comunicación física básica es el movimiento que hace la madre al mecerlo, adaptando sus movimientos a los del bebé. Este movimiento de balanceo previene la despersonalización o la pérdida de la unidad psicosomática. ¿Acaso no varían los ritmos de balanceo de los bebés? ¿No es posible que una madre sienta que el ritmo de balanceo de un bebé es demasiado rápido o demasiado lento para una adaptación natural, en contraste con una adaptación artificial?
En la descripción de este tipo de fenómenos, podemos decir que la comunicación se establece en términos de mutualidad en la experiencia física.
(b) Está también el juego. No me refiero a los jugueteos o a las bromas. El interjuego de la madre y el bebé determina un área que podría ser demandada espacio común, la tierra de nadie que es la tierra de cada hombre, el sitio donde se encuentra el secreto, el espacio potencial que puede convertirse en objeto transicional, el símbolo de la confianza y de la unión entre el bebé y la madre, una unión que no involucra la interpretación. No olvidemos pues el juego, en el que se origina el afecto y disfrute de la experiencia.
(c) También hay mucho para decir sobre la utilización por parte del bebé de la cara de su madre. Podemos considerar a la cara de la madre como el prototipo del espejo. El bebé se ve a sí mismo en la cara de su madre. Si la madre está deprimida, o preocupada por algún otro asunto, entonces, por supuesto, lo único que ve el bebé es una cara" (p.132-133).

Extendiendo lo señalado sobre el "rostro" o cara de la madre (cuidador), Deleuze y Guattari (1980) en su libro Mil Mesetas, definen que el *"rostro construye la pared que necesita el significante para rebotar, constituye la pared del significante, el marco o la pantalla. El rostro labra el agujero que necesita la subjetivación para manifestarse; constituye el agujero negro de la subjetividad como conciencia o pasión, la cámara, el tercer ojo. ¿O acaso hay que decir las cosas de otro modo? Pues no es exactamente el rostro el que constituye la pared del significante, o el agujero de la subjetividad. El rostro, al menos el rostro concreto, comenzaría a dibujarse vagamente sobre la pared blanca. Comenzaría a aparecer vagamente en el agujero negro. En el cine, el primer plano de un rostro oscila entre dos polos: hacer que el rostro refleje la luz, o, al contrario, marcar las sombras hasta hundirlo "en la más implacable obscuridad". Un psicólogo decía que el rostro es un precepto visual que cristaliza a partir "de las diversas variedades de luminosidades difusas, sin forma ni dimensión". Sugestiva blancura, agujero capturante, rostro. El agujero negro sin dimensión, la pared blanca sin forma ya estarían en principio ahí. Y en ese sistema, ya serían posibles muchas combinaciones: o bien unos agujeros negros se distribuyen sobre la pared blanca, o bien la pared blanca se estira y va hacia el agujero negro que los reúne a todos, los precipita o los "aglomera". Unas veces unos rostros aparecerían sobre la pared, con sus agujeros; otras aparecerían en el agujero, con su pared linealizada, enrollada. Cuento de terror, efectivamente, el rostro es un cuento de terror. Es cierto que el significante no construye él solo la pared que necesita, es cierto que la subjetividad no labra ella sola su agujero. Pero tampoco los rostros concretos son algo ya construido. Los rostros concretos nacen de una máquina abstracta de rostridad, que va a producirlos al mismo tiempo que proporciona al significante su pared blanca, a la subjetividad su agujero negro. Así pues, el sistema agujero negro-pared blanca todavía no sería un rostro, sería la máquina abstracta la que lo produce, según las combinaciones deformables de sus engranajes. Pero no esperemos que la máquina abstracta se parezca a lo que produce, a lo que va a producir"* (p.174). Finalmente, en todo aquello *"paulatinamente, emergerán como figuras destacadas de un fondo de percepciones yuxtapuestas, de la mezcla confusa de tantísimos estímulos que forman el telón de fondo"* (Golse, 1992:26).

En este sentido, el bebé o el niño, a su vez, se encuentra arrojado a dar "algo" a su cuidador o prójimo (aunque no se sepa inicialmente qué sería). Sólo comprendo que estoy arrojado-al-mundo cuando otro (prójimo) recibe mi dar (mi arrojo), ya sea conciente o inconsciente. Es en la mirada de un rostro, donde algo sostiene (holding) mi arrojo existencial en el ser. La mirada y tacto del otro tienen la profundidad de un agujero-continente (contenedor o sostenedor). En ese recibir, soy bordeado, bordeado en la mirada y en el contacto. La mirada y el rostro me devuelve (repliegan) una imagen abierta para los rodeos especulares de resignificarse continuamente. Gracias a ello, el dar, en ese arrojo existencial, no se precipita a un duro muro que lo detiene y lo cosifica totalmente. Hay un Devenir que sigue escapando en el límite de los bordes (de la mirada), puesto que los límites de sus bordes o membranas se siguen desplegando o replegando en conjuntos semi-abiertos. De esta manera, se produce un valor de lo propio, donde lo que la mirada no observa, los espacios ciegos (puntos ciegos) se convierten en lo enigmático para ese otro que está mirando (la madre en sus cuidados). Lo que no logra ser observado por ese otro (cuidador), se transforma también para el sujeto mismo en sus propios enigmas.

Sin embargo, ese dar y recibir (recibo) que inicialmente como niño, sería desigual ya que la madre da, mientras que el niño solo recibiría pasivamente los cuidados maternos. La necesidad o demanda estará interceptada o mediada por el cuidado materno. No obstante, si pensamos al niño más situado en la posición de dar, más que pasivamente recibir. Hay que volver a pensar: ¿Es realmente el bebé algo que no da y solamente recibe? ¿Qué (le) ofrece el bebé a la madre? Respondamos con la justa humildad: Es puro enigma. Podría ser un mensaje enigmático inconsciente, una especulación imaginaria, una búsqueda de deseo, un reflejo narcisista que goza la madre. El nacimiento siempre tiene un gran resto de enigmático. ¿Podemos pensar entonces que el dar, el ofrecer, viene de lado del enigma? ¿Equivale el amor, el amor de madre desde su enigma, poder calcularse en algún valor? ¿Cómo otorgar valor a lo enigmático?

Otro de los aportes vinculados a los cuidados bajo la Represión Originaria consiste en que "*la cadena de facilitaciones pueda frenar sus modos de evacuación compulsivos e instaurar vías colaterales que propicien un entramado ligador desde los orígenes, es necesario no sólo que el semejante sea un sujeto hablante, sino que se aproxime al cachorro humano con representaciones totalizantes, narcisistas (...) Para que estos sistemas representacionales del auxiliar materno operen generando condiciones de ligazón en el niño deben estar en funcionamiento pleno en el momento de la crianza*" (Bleichmar, 1993:48). Para establecer dichas condiciones en vías colaterales, resulta relevante la "*capacidad representacional de la madre que ofrece vías de ligazón colateral para que la facilitación que lleva a instalar la alucinación primitiva -alucinación del indicio, no de satisfacción de necesidades- no deje al niño librado a la pulsión de muerte, en esa compulsión de repetición*" (Bleichmar, 1993:60). De este modo, en el caso de la "*incapacidad de la madre -en razón de sus propias determinaciones intrapsíquicas- de ejercer un "narcisismo trasvasante", su reducción al ejercicio de pulsación sexualizante que posibilita la instalación de la pulsión sin otorgar los elementos ligadores, no estructura el entramado de base sobre el cual, posteriormente, la represión originaria vendrá a constituir las diferencias tópicas (...) La represión originaria debe asentarse sobre ligazones previas de base. Requisito entonces de ello es el narcisismo materno, pero un narcisismo capaz de hacer circular, sobre la base de la instalación de la castración, al hijo en tanto parte de sí misma -parte desprendida de sí misma*" (Bleichmar, 1993:293). Este "requisito" lo ampliaremos cuando veamos los "vínculos perversos" en este mismo apartado. En cuanto nos referimos al narcisismo trasvasante, "*tiene que ver con la capacidad de investir al otro como si fuera uno mismo, pero sabiendo que es otro*" (Bleichmar, 2006:92). En cambio, si no hubiera un narcisismo trasvasante "*se produce una captura en la imago propia, que no posibilita el despegue ontológico del bebé. Es precisamente el narcisismo trasvasante el que permite equilibrar los cuidados precoces y simbolizar al otro como humano. El narcisismo no trasvasante, por ejemplo, se observa en algunos casos -muy precoces- donde la madre a veces no puede tolerar que el niño tenga ciertos rasgos físicos diferentes a los esperados. Yo he visto madres que tiñen el cabello a sus hijos, porque no pueden soportar que no tenga el color de pelo que ellas deseaban*" (Bleichmar, 2006:91).

Es sumamente relevante comprender durante la constitución (procesos) de la Represión Originaria, que "*el inconciente no es el efecto de la historia significada sino la imposibilidad de la significación de la historia, es lo que queda inscripto del acontecimiento en forma residual (...) un psiquismo que funciona con inscripciones en el proceso primario una vez que se ejecute la relación con la represión originaria estas serán destinadas al inconciente. En el inconciente, en los primeros tiempos de la vida, no hay todavía instancia sino inscripción y formas de pasaje de la cantidad, como diría Freud, formas de organización básicas: ligado y no ligado. Cuando el yo se instale, el otro va a pasar a ser idéntico, el especular, el semejante en el sentido estricto, y va a estar en juego ahí la cuestión del narcisismo. Cuando se instale el superyó, el* otro va a pasar a ser la alteridad (...) el inconciente es absoluta ajenidad y no porque sea el otro sino porque es lo otro de uno (...) no es que el inconciente es alteridad porque es el otro, no: es lo otro de uno. El yo, y esta es la paradoja, es lo más íntimo y al mismo tiempo es alteridad" (Bleichmar, 2005:203). En resumen, es durante la Represión originaria donde se sedimenta las primeras inscripciones de lo Inconsciente, es decir "las representaciones inconcientes pasan a ser tales cuando opera la represión originaria, y es precisamente la organización del preconciente y la del yo la que determina su estatuto inconciente, la que les imposibilita pasar al preconciente o la que las fija al inconciente" (Bleichmar, 2006:84). Incluso, anteriormente, Bleichmar (1984) sostiene que es el "mismo adulto, ese otro, que sexualiza al niño, instaura el sistema de prohibiciones, da respuestas e impone silencios y proporciona las representaciones con las cuales contracargar al inconsciente" (p.53).

Desde otro sitio, pasando al terreno de la sexualidad y la satisfacción. J. Laplanche (1993) en su libro "El extravío biologizante de la sexualidad en Freud", expresa que "la sexualidad se encontraba en un comienzo su satisfacción al mismo tiempo que la alimentación, y luego se separó de esta para devenir autoerótica. El autoerotismo sería entonces rebote, tiempo de un devenir y no un tiempo originario" (p.62). Prosigue Laplanche al indicar que "al mismo tiempo que hay clivaje entre leche y pecho, hay en este esquema despegue y rebote; en ese movimiento de la flecha que da vuelta sobre sí misma, lo introyectado en el fantasma, lo "alucinado" (...) es el pecho (...) una metaforización y una fantasmatización de la meta alimenticia" (p.63). Ampliando su alcance, Laplanche postula que su generación radica en que:" Desde las primeras horas de vida, las zonas anal y genital son objeto de atención (...) de la persona que lo cuida, habitualmente (...) atención vigilante de la madre. Es lo que crea las zonas erógenas. Las zonas erógenas son entonces el objeto de cuidados embebidos de los fantasmas principales del adulto (p.89). Continúa Laplanche al referir que los "cuidados entonces circunscriben y relevan sobre el cuerpo las zonas erógenas" (p.90). Esta atención vigilante la vemos cotidianamente en el "hábito" de succionar el pulgar que algunas veces sin limitación (incluso hasta edades puberales) puede provocar deformidades dentales, así como, las vigilancias que constituyen los pudores primarios sobre ocultar la erogenidad genital en público (ejemplo que desarrollaremos en el Capítulo V).

Entregando un ejemplo clínico de un juego infantil rígido, Rodulfo (1992) nos revela el caso de un paciente grave que "pasa largo tiempo moviendo pequeñas piezas de encastre, nombrando algunas como animalitos. Pero ningún juego puede llegar a armarse, dado el arribo del águila (otra de las piezas), que arrasa con todo y a todos mata (...) parece masivamente identificado con el águila que desmantela el sitio mismo que hace falta para jugar. Estereotipada esta situación al límite, el analista toma una decisión (...) Y propone un nuevo espacio, invitando a C. a dibujar (lo que ni dentro no fuera del análisis había hecho antes). Al principio, el niño sólo puede realizarlo con mucha ayuda (...) Y es el niño quien activamente ahora maneja la mano de su analista como un nuevo género de manija para salir a un espacio diferente (...)

la decisión de prohibir una estereotipada parodia de juego, el dibujar lo que el paciente le pide, el aceptar y acompañar su apertura hacia la calle, todas son intervenciones por demás esenciales para aquella fabricación" (p.125). Lo que nos recuerda al "Handling" o "manejo" promovido por Winnicott.

Bajo la Represión Originaria, este entramado de ligaduras iniciales lo debemos considerar al alero que el "pequeño lactante gravita alrededor del otro y es pasivo respecto de sus mensajes. Además, el momento de cierre narcisista -la constitución del yo como instancia- es correlativo, en los momentos de la represión originaria, de la constitución del otro interno: el inconsciente." (Laplanche, 1992:42)
En dichas circunstancias, Laplanche (1992) en su libro "La prioridad del otro en psicoanálisis" afirma que "este descubrimiento de que el proceso viene originariamente del otro. Los procesos en los cuales el individuo manifiesta su actividad son todos secundarios frente al tiempo originario, que es aquel de una pasividad: la de la seducción." (p.105) De esto resulta, según Silvia Bleichmar (1998) que "mi a priori en el sentido kantiano está en el otro, es porque el otro tiene las categorías de tiempo y espacio que el niño puede constituir, lo cual no quiere decir que no haya algo del orden del funcionamiento del cerebro que no dé las condiciones de base. El problema es si esas condiciones de base permiten que se constituyan las categorías de tiempo y espacio" (p.234). Se hace indispensable, entonces, preguntarnos tal como Laplanche (1992) si: "¿No se podría proponer entonces un inversión fundamental; los mecanismos originarios no son "en persona" sino "en otros", es preciso formularlos a partir del otro: él implanta, él intromisióna?" (p.131)
Respondiendo la interrogante, según Laplanche (1992) "aquellos cuyo sujeto es simplemente el otro. No el Otro metafísico, o yo no sé qué «pequeño otro». El otro de la seducción originaria, en primera instancia el otro adulto. En el centro de este proceso, el de la implantación. Designo así el hecho de que los significantes aportados por el adulto se encuentran fijados, como en superficie, en la dermis psicofisiológica de un sujeto en el cual una instancia inconciente no está aún diferenciada. Es sobre estos significantes recibidos pasivamente donde se operan las primeras tentativas activas de traducción, cuyos restos son lo reprimido originario" (p.106).

Sin ir más lejos, Freud (1897) en su Carta 79 a Fliess narra un breve caso de una neurosis obsesiva sobre la analidad: "una muchacha que ha asistido a la escuela de costura, y que habría terminado enseguida, es fastidiada por esta representación obsesiva: «No, no debes irte, todavía no has terminado, todavía tienes que hacer más, aprender todo lo posible». Tras ello, el recuerdo de escenas infantiles en que la ponían a la bacinilla, no quería permanecer ahí y experimentaba la misma compulsión: «No debes irte, no has terminado todavía, tienes que hacer más». La palabra «hacer» permite reunir la situación posterior con la infantil. Las representaciones obsesivas a menudo se visten con una peculiar imprecisión de palabra a fin de permitir ese uso múltiple (p.314-315)".
Vemos aquí, una representación-palabra "hacer más", que cobra el valor de nudo con la zona erógena anal que fue vigilada por un adulto. Por su parte, Laplanche (1992) dice que "sobre estos significantes recibidos pasivamente donde se operan las primeras tentativas activas de traducción, cuyos restos

son lo reprimido originario (objetos-fuente)" (p.106). Complementando con el aporte de Silvia Bleichmar (1993) se puede encontrar, "*un niño con lenguaje constituido, control de esfínteres, noción de sí y del objeto, enlaces libidinales, queda sin embargo librado, en un punto de su constitución, a un fracaso del sepultamiento de un representante oral que lo compulsa al sadismo y le imposibilita el ejercicio de formaciones del inconsciente capaces de dar curso a la elaboración psíquica*" (p.276).

Considerando estos originarios procesos subjetivos, vale contextualizar como enuncia Laplanche (1992) que "*introyección tanto como proyección (y también represión, defensa, identificación, etc.) son mecanismos en los cuales el sujeto, el sujeto mismo del verbo, es el individuo en cuestión: yo introyecto, pero también (...) estos procesos se "conjugan" con la persona de la cual se trata; capturado en esta trampa de ipsocentrismo, el psicoanálisis no hace más que correr detrás de mecanismos en los cuales el sujeto aún actuaría, aunque finja (feignant) ser pasivo. Pensemos en el mecanismo de renegación, en el cual es el yo, sin ser yo, el que no quiere saber nada de ello, sabiéndolo al mismo tiempo*" (p.130-131). Por esta misma razón, para Laplanche (1992) "*Queda por señalar que introyectar o proyectar, reprimir, simbolizar o afirmar son verbos y procesos en los cuales el sujeto gramatical y real es "el sujeto", el individuo mismo (...) también aquí, renegar o forcluir, pese a la afirmación un tanto fácil según la cual "él no quiere saber nada de eso", es necesario evidentemente que nuestro sujeto (...) sepa, o al menos aprehenda, algo de lo que va a expulsar, por radical que se suponga esta expulsión*" (p.104).

Por estas razones, Laplanche (1992) indica que "*Proyectar, introyectar, identificarse, renegar, forcluir, etc., todos estos verbos con los cuales funciona la teoría analítica para describir los procesos psíquicos se caracterizan por tener en común al individuo en cuestión; yo proyecto, yo reniego, yo reprimo, yo forcluyo, etc*" (p.105). Por otro lado, definamos que el "*yo no se constituye en el vacío, sino sobre la base de las ligazones previas entre sistemas de representaciones preexistentes; y que estas ligazones consisten, al inicio, en investiduras colaterales (...) conjunto de maniobras amorosas que acompañan a los cuidados primarios con los cuales la madre efracciona en el real viviente las zonas erógenas primarias, oral y anal*" (Bleichmar, 1993:49).

Para B. Janin (2011) estos procesos dejan rastros, que nacen "*con la tendencia a descartar, a arrojar de sí, todo aquello que perturba. Esta "tendencia al cero" o Principio de Nirvana, se transforma rápidamente en Principio de Constancia, en la medida en que hay inscripciones, restos de vivencias. Ese psiquismo que tiende a descartar cualquier estímulo es marcado por vivencias de placer que dejan rastros, huellas que de ahí en más motorizan el aparato y frenan la tendencia al cero. Es decir, lo que deja marcas, huellas mnémicas, inscripciones que se van anudando y reorganizando, son las vivencias, mucho más que los sucesos "en sí", entendiendo por vivencias el modo en que los hechos se inscriben y se ligan en cada uno. Este modo de inscribir y ligar va a estar determinado por las características de las pulsiones en juego, las defensas predominantes y el tipo de pensamiento que opera en ese momento*" (p.19).

Continuando sobre el trasfondo de las investiduras colaterales y sus cuidados, a partir del "nacimiento, el niño se baña en las influencias ambientales organizadas en torno de un sistema de significaciones y signos verbales. Pero, al mismo tiempo, se le transmite otro lenguaje. El cuerpo del niño, con todas sus percepciones sensoriales, está en contacto constante con el cuerpo de la madre (su voz, su olor, su piel, su calor). El bebé acoge estas comunicaciones no verbales en forma de inscripciones corporales, aunque le sean transmitidas por seres hablantes" (Mcdougall, 1995:206). En otros términos, las "palabras que empleamos para transmitir emociones provienen casi siempre de metáforas sensoriales: "temblamos" de miedo, "nos aplasta" la-pena, "nos ahoga" la cólera, la angustia nos provoca "un nudo" en el estómago, el corazón "salta" de alegría o está "oprimido" por el dolor, etcétera. Un afecto no es nunca un fenómeno exclusivamente psíquico, ni tampoco exclusivamente somático, sino un vínculo vital entre soma y psique. En cierto modo, desde el nacimiento, ya y para siempre, la experiencia somática está estrechamente ligada al mundo simbólico, pero no se trata todavía de significantes verbales.

La célebre fórmula de Lacan, "el inconsciente está estructurado como lenguaje", es una metáfora que puede generar confusión cuando se examina la interacción preverbal entre la psique y el soma, y su papel en los orígenes de la organización psíquica. Con el correr de los años, me he vuelto cada vez más prudente respecto de quienes afirman que el mundo simbólico del lenguaje es el único marco valioso para comprender el proceso psicoanalítico" (Mcdougall, 1995:206-207).

Retomando lo que desarrollamos sobre W. Bion (Capítulo II), se hace necesario aquí recordar lo visto en su obra con respecto a las "barreras de contacto" vinculada a la Represión Originaria. De este modo, Sonia Abadi (2001) señala desde Bion, que es referida a la "barrera de contacto" como "resultante del conjunto formado por los elementos alfa, lo que marca el contacto y la separación entre consciente e inconsciente, funcionando como una membrana permeable que impide que la fantasía prevalezca sobre la realidad" (p.52). Queremos decir, frente a otro espacio, distinto a la "barrera de contacto", existe otro espacio llamado la "pantalla de elementos beta", en donde al "contrario de la barrera de contacto, compuesta por elementos alfa, la pantalla de elementos beta está constituida por elementos beta aglomerados y no organizados, sin capacidad de establecer vínculos entre sí. Esto no le permite cumplir la función de límite entre consciente e inconsciente" (p.53). A su manera, Bion elabora desde allí su propia conceptualización sobre la "Represión Originaria" que da origen a la distinción o separación tópica entre lo "Icc" y "Prc" como del "yo" y el "Ello".

Estas "barreras de contacto", señaladas por Pistiner de Cortiñas (2007) las entiende desde Bion como "la articulación de los elementos alpha, los cuales forman un retículo que se arma y se desarma a medida que van proliferando. Es un proceso de formación continua y marca el punto de contacto y separación entre consciente e inconsciente, originando una diferenciación entre ellos (...) Los elementos alpha forman una barrera semipermeable que al mismo tiempo permite el intercambio, de modo tal que las experiencias *emocionales pueden ser "soñadas" y almacenadas, pero impide la intrución en la conciencia de fantasías y emociones que podrían perturbar una adecuada evaluación de los hechos de la realidad externa*" (p.277). Cabe agregar que "*la falta de representaciones preconscientes que aceleran la desorganización mental (...) Esta construcción depende de la capacidad de reverie de la madre, de su capacidad de ensoñación e imaginación y de su capacidad de contención de las experiencias de terror del bebé, con las que va moldeando, en los términos de Bion*" (Rodulfo, 1995:125-126). Por lo demás, para lo preconsciente es precisamente "*através de los gestos, las acciones y las palabras que los padres van modelando ese preconsciente (...) Esta limitación del preconsciente se observa en los niños sobreadaptados con imaginación muy pobre, que no pueden pensar más allá de sus tareas escolares. Sus dibujos y sus juegos son pobres y obsesivos (...) es la vida operatoria mental automática*" (Rodulfo, 1995:126).

Se dice que lo esperable es que el niño desee la fusión con la madre (radicará allí sus primeras fijaciones) y al mismo tiempo desee dar rienda suelta a sus pulsiones. Quiero decir, el niño desea fusionarse con la madre en cuanto incesto a todos sus deseos (su sobrevivencia depende de su cuidador), no obstante, la madre no puede completar cada demanda por entero (solo es lo suficientemente buena como diría Winnicott), el Ello del niño le excede su capacidad. Es allí ante la frustración, bajo una madre lo suficientemente buena o con suficiente reverie, donde el bebé obtendrá cierta capacidad de almacenar o tolerar elementos beta, lo que permitirá al niño poco a poco (según su desarrollo psico-motriz madurativo) a mirar (observar) a otro lado más allá de la cara o pecho de la madre, para así, comenzar a libidinizar otros objetos del mundo. No sin, el sostén o fondo de la madre que sostiene, para que se haga figura un objeto desde un fondo que lo sostenga (holding). De este modo, de no existir dicho sostén (fondo) no se posibilita la apertura o transicionalidad a nuevos objetos libidinales figurables o creativos.
Otro modo de explicarlo sería considerar cierta cantidad de elementos beta que no sean tan demoledores, para que no impliquen salidas defensivas cada vez más psicóticas, como pueden ser un ataque o fisura al aparato psíquico, deslibidinizando el mundo circundante, tal como Anzieu, Winnicott y Aulagnier lo han comprendido respecto al despedazamiento de la continuidad del yo-piel o sostén básico de ligadura psíquica o metabolización.

Por mucho que el niño desee (anhele) a la madre o su pecho bueno, tiene que igual, hacer frente a su pecho malo: frustración por la ausencia esperada y lo invasivo. Es decir, es totalmente falsa esa imagen de la diada madre-bebe en perfecta armonía o sincronía, más bien, como diría Bion, hay elementos alfa y beta en distintos grados en la reverie. El niño por mucho que intente fusionarse incestuosamente con la madre, no puede ligar su fijación toda hacia ella (más que nada su relación al comienzo es parcial y fragmentaria).

Es importante tomar en cuenta que el propio "Ello" niega el deseo de su fusión con la madre. Ello jamás quedará satisfecho ni aún con su madre. El Ello no es posible adaptarlo como instintualmente al todo-uno-de-la-madre. Va más allá, incluso, del mismo incesto. Es decir, tiene un deseo pulsional ingobernable y voraz incapaz de completarse en dicha díada el poder mermarlo por completo, como perfecta armonía instintual. Podemos decir que el Narcisismo implicado en un enamoramiento de pareja es más incestuoso que el propio Ello sin miramientos al mundo circundante.

Repitiéndolo en otras palabras, ni el incesto es suficiente para la voracidad pulsional del Ello. Podría incluso, alcanzarse cierto incesto, pero nunca será tal. Si bien se desea la fijación a un objeto de amor que sea (y también no sea) a cómo los padres lo criaron, existe también una variedad de factores que hacen buscarlo desde lo exogámico. Esto debido porque la pulsión sigue queriendo algo más, más allá del incesto. Es decir, que si el niño logra superar la etapa fálica de su rivalidad edípica, no se debe solamente a la Castración o la Ley Cultural que rige u obliga mirar a otro objeto, no tan solo porque la madre también está interdicta de gozar falicamente con su hijo, puesto que el hijo, a menos, que sea una madre con fijación psicótica-perversa, su hijo no lo es todo para la madre (Ello materno). A esto además, le agregamos el caudal pulsional del Ello que no es un instinto adaptativo que busca calzar todos y cada uno de sus deseos en un contenedor perfecto para él llamado madre (incesto puro).

Ejemplificando algunos de sus aspectos. La Madre o el cuidador quiere que el bebé succione su pecho (inscribiendo la temporalidad de su alimentación) y el bebé, a su vez, desea succionar cuando quiere sin ser coordinamente al mismo tiempo o ritmo que la madre lo establece. El niño busca, a veces, complacer el deseo de la madre, pero falla una y otra vez por su Ello. La desea complacer, pero otras veces no, oscilando ante un pecho gratificado-frustrado por quien busca conmover o vengarce (recordemos los aportes de Klein).
En otras palabras, es el bebé quien exige a la madre comportarse o adaptarse a sus necesidades, vale decir, el bebé en su omnipotencia creadora, crea a su madre casi a su medida, pues está, casi, a cada minuto con él en cada gesto. Le gratifica en casi todo o lo suficientemente bueno, por su lado, la madre (que ama a su retoño) se siente realizada, completada, pero no totalmente: el hijo es voraz, no la deja dormir, trabajar o tener sexo como antes. Salvo que sea, como ya dije antes, una vinculación perversa o psicótica.

Una opinión bastante distinta tiene en contraste Lacan (1958) en su Seminario V, inspirado en su lectura de Hegel, en cuanto significo el "deseo del deseo del Otro", o el "deseo de ser deseado". Lacan (1958) prioriza la dependencia primordial del sujeto en relación al deseo del Otro, como el primer deseo al cual (según Lacan) el sujeto *le ha echado el ojo a aquel deseo del Otro que es el deseo de la madre*" (p.279). Siguiendo con dicho Seminario V: "*es la aventura primordial de lo que ocurrió en torno al deseo infantil, el deseo esencial que es el deseo del deseo del Otro, o el deseo de ser deseado*" (p.279). Así, mucho más adelante Lacan (1958) resume: "*Llegamos, pues, a una fórmula que es la siguiente - el deseo original, es Quiero ser lo que ella, la madre, desea. Para serlo, he de destruir lo que por ahora es el objeto de su deseo. El sujeto quiere ser lo que es el deseo de la madre*" (p.462). Al surgir la castración edípica, el niño ya no logra satisfacer lo que la madre busca por entero en su deseo por el hijo. Entonces el niño ya no es todo para su madre, ya no completa el falo narcisista que busca la madre con él, deberá ahora identificarse o insertarse simbólicamente al mundo del lenguaje con sus leyes (reelaborando así, su propia imagen a través del discurso), mismas leyes que rigen por igual a sus mismos seres queridos. Para Lacan habría primero un intento de identificarse o buscar identificarse al "deseo de la madre o cuidador". Luego de ser frustrada pasando por la castración Edípica, las identificaciones fálicas hacia lo materno se desplazan hacia la Ley Simbólica o como bien diría Freud a los "ideales del yo" socio-culturales. Cabe reflejar que el sentido Lacaniano es bastante diferente al de Freud, pues como ya vimos, mucho antes que la identificación al deseo de la madre, anteriormente hay un deseo de posesión, una voracidad o un Ello que interrumpe la diada madre-hijo, no quedando satisfecho ni con su objeto incestuoso. Solamente luego, a una etapa siguiente, podría quizás generarse la identificación al deseo de ser deseado (por la madre), que podría ser una estrategia Edípica para rehuir de la castración frente al Otro cuidador (como intentar ser complacientemente el hijo ideal de mami o papi). Dicha etapa podría ocurrir solo durante-después de un destete o control de esfínter. Así, se mantendría la posesión Edípica de la madre creyendo narcisisticamente estar identificado (o creer estar identificado) al deseo materno. En otras palabras, el deseo de ser el deseo del Otro, únicamente proviene luego que se reconozca el destete o el control de esfínteres, no antes. Es ahí recién donde se genera en sentido Freudiano, un "yo-ideal" que proviene desde los parámetros del cuidador en cuanto a higiene y control de esfínter: "Soy la más linda porque papi me compró un regalo, yo soy bueno porque me comí toda la comida, soy inteligente porque hice caca en el w.c sin avisarle a mis papis, etc". Por supuesto, no hay que perder de vista que aquello no es lineal y que desde Freud no existe un modelo-prototipo pre-determinado que fije como base de inicio el agradar o complacer al cuidador: ser el deseo del deseo del Otro, ser siempre un bebé complaciente al deseo del Otro. Incluso, desde la obra Freud, se aprecia en el control de esfínter las ambivalencias típicas de: no hacer caso, desobedecer, terquedad, obstinación o incluso empleando el insulto español de: "cagarse en la puta madre". Forma parte de este periodo de ambivalencia, en donde el Ello, o el sadismo ante la demanda materna y/o social, cobrará un lugar propio que posteriormente será reprimido o quizás desmentido, dependiendo de la Castración (separaciones o límites) y el Narcisismo en juego. Para finalmente terminar en una fluctuación entre lo que "debo" y "quiero hacer", conformando las particularidades que surgirán en el "Ideal del yo" o la asunción de un Super-yo sádico o benevolente (lo estudiaremos en el Capítulo VI).

Derrida y Deleuze se dieron cuenta que el concepto de "Castración" estaba muy bien atornillado, jerarquizado al sistema Estructuralista imperante. Era el concepto comodín del Psicoanálisis Lacaniano y justificada ad hoc sus postulados "Simbólicos". Lo que terminó polarizando la asunción del Lenguaje vs el Cuerpo. En otras palabras, reinserta el binario teológico de simbólico-carne, dado que la Castración se postula actualidad de lo virtual. No trata entonces de un proceso, intensidad, ni gradualidad, sino que es un Binario On/Off. Si bien la "Castración" en Freud está emparentada a la novela edípica familiar y organizaba la libido perversa polimorfa, para Freud a diferencia de todo el Estructuralismo era una gradualidad, procesos e intensidades represoras durante la ontogenia particular.

La Castración es una represión social (del gran Otro si prefieren), pero solo después emergerá la represión como defensa propia del individuo una vez establecido un Yo diferenciado del Ello y contra-cargas suficientes de huellas mnémicas Prc motoras y verbales (profundizaremos esto en el Capítulo IV y V). Por esta razón es importante Klein, Winnicott y Bion: en el proceso de la "Castración" hay todo un manto de "Eros" en el cuidador que cubre al bebé que poco a poco gradualmente pone mayores límites y represiones sociales (ampliaremos Capítulo VII).

Como podrán dar cuenta, el concepto de "Castración" como si fuese un binario On/Off que marca un "antes y un después" en la asunción del lenguaje y la cultura, ya no es necesario ya que se **disemina** en un campo gradual intenso-complejo del cuidado, la frustración, la sociedad y el deseo.

Si resumimos de un modo muy general, acentuaríamos simplificadamente que por autor, los inicios serían:
- Niño Sexual: Freud
- Niño Sádico: Klein
- Niño Vulnerable: Winnicott
- Niño Complaciente: Lacan

La madre intenta, por su parte, acoplarse a las necesidades o demandas del niño a como pueda, pero siempre será solo lo suficientemente buena para ello. La madre con sus cuidados sexualiza al bebé y sus modos libidinales, que a su vez, el propio bebé delinea su reacción propia, su temporalidad propia, su necesidad particular no predecible completamente a modo instintual. La madre tendrá que adivinar lo que el bebé quiere e imaginar cómo es lo que desea. Por tanto, es la madre al inicio quien busca ser el deseo del otro (del niño), no al revés. Podría pensarse desde allí, que el bebé estaría pleno con su madre y no desearía otra cosa que a ella (como objeto), cuando en realidad solo desea lo que necesita para sobrevivir: consumiendo vorazmente, exigiendo los objetos que sean necesarios para "su majestad el bebé". No obstante, el bebé se topará con el pecho malo, la frustración, por lo cuál la aparente diada fusionada e incestuosa no es completa ni perfecta.

Es cierto que el bebé recién nacido motrizmente no puede buscar un objeto concreto distinto al cuerpo de la madre: sus fluidos, miradas, sonidos y olores. Sin embargo, no existe un puro instinto que coordine a modo perfecto los tiempos del hábito alimenticio, del sueño o la digestión. Queremos decir, las vivencias de satisfacción no son las únicas, pues está la vivencia de dolor o displacencia.

Más a fondo, para Bleichmar (2006) el pecho "*no solamente excita la pulsión oral sino que, además, facilita la posibilidad de inscripción de la ternura, en la medida en que queda inscripto y derivado en múltiples investimientos colaterales. Y el pecho malo en última instancia no es el pecho ausente en sí mismo, sino el pecho excitante, que puede devenir, entonces, fuente permanente de goce y, al mismo tiempo, de sufrimiento. Y que por eso está ligado a la pulsión de muerte. En última instancia, es cierto que el objeto ausente en el adulto deviene objeto atacante. Pero esto en la medida en que deja insatisfecha la libido (...) "inempleada", en tanto libido que queda suelta, que no encuentra destino*" (p.95).

Pueden darse distintos escenarios:

a) El hijo se aterre de la madre que busca embullir todo rastro de su diferencia en el Ello (excesiva represión originaria), no permitiendo la expresión pulsional propia.

b) El paso corriente (clásico) de la Castración que prohibe el incesto o el límite a toda expresión pulsional en su exceso o sin limites (represión primordial-secundaria, miedo a la muerte, miedo al abandono o perdida del amor, miedo al super yo, etc).

c) Basándonos en Winnicott, otro escenario serían madres demasiado suficientemente buenas con exceso de pecho bueno. No existe destete, solo miedos a cualquier castración o mejor dicho, cualquier escenario que revela algo mínimamente exogamico o extra-edipico de la diada. Por tanto, allí, un exceso de pecho bueno, imposibilita los fenómenos transicionales y la sublimación respectiva a la frustración. En otras palabras, la inmensa abnegación perjudicará al bebé anudar la postergación, la paciencia, la espera o simplemente poder saborear la ausencia sin sucumbir en angustias de aniquilación agudas.

Volviendo a la dimensión del cuidador o padres, otra manera de graficarlo a modo explícito sería decir: Desconfíen de las madres que dicen: "Mi hijo es perfecto, nada le cambiaría, lo es todo para mí". Eso nunca es totalmente cierto, salvo, en perversiones o psicosis de fijaciones. Si bien, en ciertas culturas, mediante la idealización de la maternidad y por promover el imaginario de un infinito amor de madre abnegada. Las madres neuróticas suelen decir aquello. Pero, para decirlo de un modo aún más tosco, el ateísmo en el psicoanálisis llega no solo a un Dios-Padre que amaría incondicionalmente, también, es ateo a una madre de amor-infinito-abgnegado a todo segundo (hoy en día son polémicos los estudios psicoanalíticos que cuestionan algunas ideas sobre un natural instinto-innato perfecto-armónico materno, tema que no desarrollaré en este libro, pero han sido elaboradas por Burman y Badinter).

Resumámoslo una vez, aunque suene repetitivo. En el terreno del Edipo (pre-edípico también) hay diversos factores que se conjugan simultáneamente y en distintas intensidades para su salida:

1- Deseos incestuosos del niño, pero que, no obstante, no se logran colmar toda la líbido en sus exigencias voraces. No existiendo por ende un perfecto-armonioso-instintual contenedor (madre) que reciba sus descargas pulsionales cualesquiera.

2- Cuidador o madre Neurótica para quien su hijo, lo es casi-todo para su vida. Su hijo no satisfase para ella en todo lo que desea.

3- Normas Culturales, Castración, Ley, Recursos Económicos, Sociabilización que limita pautas de crianza sobre cómo abordar el incesto y los cuidados esperados.

Por esta razón, el Edipo debe contemplarse y articularse bajo estas tres condiciones que dependiendo del desarrollo o periodo se coordinan simultáneamente y en distintas intensidades cada una de ellas o aquellas tres.

Ahora bien, ya alcanzado este desarrollo sobre el (pre)Edipo, avanzaremos en investigar o explicar qué escenarios pueden gestarse cuando articulamos en distintas formas o intensidades las tres condiciones que abarcan el Edipo y sus salidas.

Ateniéndonos al tema de la Fobia (como veremos en el Capítulo V, la Fobia es la primera manifestación sintomática Neurótica), es distinta la Fobia de un niño excesivamente bañado en mimos constantes, que un niño Fóbico en desarrollo neurótico, sobretodo, será distinta, si tratamos a otro niño en cuanto traumado.
Está la Angustia Neurótica del miedo a la muerte o a poder morirse, miedo al abandono o pérdida de amor, por no cumplir mandatos y límites (Angustias que trabajaremos en el Capítulo VII). Pero hay Fobias infantiles (aún en adultos) que no son Neuróticas: en estos casos se tratan de las angustias generalizadas o de pánico (angustia de aniquilación o fragmentación). Ocurre frecuentemente en niños muy mimados, quienes no pudieron explorar el mundo, quiero decir, el exceso de pecho bueno es tal (mimos consentidos sin límite), que impide toda relación exogámica lejos del incesto edípico.

Similar a lo expuesto, Winnicott (1960) describe al "*paciente se queja en el sentido de que el analista intenta hipnotizado, es decir, le invita a realizar una severa regresión a la dependencia, impulsándolo a una fusión con el analista. Lo mismo puede observarse en las madres de niños pequeños; las madres que han tenido varios niños empiezan a dominar tanto la técnica de ser madre, que hacen todo lo que deben hacer en el momento adecuado, y entonces la criatura que ha empezado a separarse de la madre no dispone de medio alguno para asumir el control de todo lo bueno que tiene lugar a su alrededor. El gesto creador, el llanto, la protesta, todos los signos pequeños que deberían producir la acción de la madre, todas estas cosas faltan, y no aparecen porque la madre ya ha satisfecho la necesidad, igual que si la criatura siguiera fusionada con ella y ella con la criatura. Así, la madre, al ser en apariencia tan buena madre, hace algo peor que castrar a la criatura: dejarla ante dos alternativas; la de hallarse en un estado permanente de regresión y de fusión con la madre o, por el contrario, llevar a cabo un rechazo total de la misma, incluso de aquella que en apariencia es una buena madre*" (p.58).

Rodulfo (1995) también refiere casos donde "*hay que ver si a un niño se le deja espacio para una descarga conductual o no. Si los padres son muy obsesivos o muy fóbicos no permitirán que el niño se descargue en la acción y le dejan sólo el cuerpo como objeto de la descarga*" (p.125).
Estas serían aquellas Fantasías arcaicas que "no-mama" es sinónimo de horror o aniquilación del Yo. En resumen, la madre se esfuerza en atragantar a su hijo como fijación, para que no se aleje (evitar lo exogámico) de su lado. Genera usualmente niños (incluso adultos) con Fobias o angustias no-neuróticas masivas. En los niños Fóbicos no-neuróticos, están atrapados en buscar un pecho bueno inmenso (como el que proporciona su madre), pero también no pueden acoplarse 100% a esté por su Ello y sufren ya que el mundo externo (salir del ambiente materno) es horror aniquilante en su fantasía (no hay otros pechos buenos, salvo el de su única madre) y no pueden estar cómodos casi en ningún sitio (no se generaron zonas medias o grises: o el pecho es bueno-gratificador o el pecho es malo-frustrador), sintiendo, al mismo tiempo ansiedad

y duda ambivalente obsesiva (entiéndase "pecho" en su sentido laxo o metafórico, no literal).

Se encuentra allí, usualmente, un caso de Perversión materno, donde la madre al depender de su hijo como fijación a sus salidas de duelo, depresión o sublimación de sus propias frustraciones, intenta, re-injertarse la carne de su hijo como parte de su misma carne. Concordamos con Lacan (1970) en su S.XVII al referir que "*El deseo de la madre no es algo que pueda soportarse tal cual, que pueda resultarles indiferente. Siempre produce estragos. Es estar dentro de la boca de un cocodrilo, eso es la madre. No se sabe qué mosca puede llegar a picarle de repente y va y cierra la boca. Eso es el deseo de la madre. Entonces, traté de explicar que había algo tranquilizador. Les digo cosas simples, improviso, debo decirlo. Hay un palo, de piedra por supuesto, que está ahí, en potencia, en la boca, y eso la contiene, la traba. Es lo que se llama el falo. Es el palo que te protege si, de repente, eso se cierra*" (p.118). El horror de distanciarse exogámicamente de su hijo a quien depende sentimentalmente en practicamente todos sus albores, generalmente se trasmite o se convierte en un horror al hijo propio, dada las excesivas aprehensiones y exageraciones de miedo a otro-mundo malvado. La madre, por ende, puede hacer diversas condencendencias, infidencias y sobornos para evitar dicha situación exogámica con su hijo: convertirse en una madre en peligro despechada ante la vida o una madre que enseñe a su hijo que ninguna madre (pareja, esposa) será tan excepcional como ella y que nadie lo va a querer como su madre. Sobornando en mimos, la posición de extender la depedencia del hijo a ella (Amae), ojalá, hasta que ella muera (pone toda su fé y confianza en su hijo más que en su pareja, que por lo común fallecen antes que las mujeres). Finalmente, la madre perversa desmiente toda Ley o peso cultural de prohibición del incesto para su propio Ello.

Un ejemplo que otorga Bleichmar (2005) de un padre, quien bajo ciertas crianzas o paternalidades ocurre que en "*el momento que se establecen las renuncias pulsionales, él no puede soportar el sufrimiento que el hijo tiene que perder algo (...) no se transmite la falla del superyó en la cría, como falla del superyó, sino que la falla del superyó del padre se transmite como falla en la articulación de las prohibiciones básicas que posibilitan la represión originaria. Con lo cual, queda subordinado el niño a algo que es del orden del riesgo de la desorganización yoica, y no del riesgo de la desorganización superyoica (...) la falla de consciencia moral, que tiene que ver con el universal de la ley, lo lleva a transmitirle al hijo modos fallidos de la pautación básica. En cierto momento él se queja y dice: "Yo siento que mi hijo sufre, ¿cuál es el problema si él quiere dormir en mi cama? ¿Cuál es el problema si quiere tardar más tiempo en controlar el pipí o el popó? ¿O si quiere comer con las manos? La madre es una mujer dura" (...) la imputación que aparece es muy interesante porque es el rechazo a toda pautación (...) empiezan a aparecer trastornos severos en el chico, que tienen que ver con una transgresión permanente*" (p.320-321).

Existen bastantes ejemplos que podrían dar pie a sucesos como lo referido. Existen relaciones parentales donde prácticamente no se esboza castración (límites a la voracidad del niño) suficiente, sumado, al libertinaje o perversión pulsional sin límite del niño. Caso paradigmático es el niño consentido millonario: No hay horror al plano no-madre o Fantasías de horror hacia el mundo, puesto que el Falo del dinero, tiene el poder (ilusorio) protector "suficiente" para evadir la castración bajo todos sus límites. También, suele ser común en una familia numerosa, el hijo menor, con diferencia consideradable de edad frente a una serie de hermanos bastante mayores, quien se convierte, por lo general, en el hijo mimado protector de la madre: habiendo antecedido por sus hermanos castrados por el amor materno, el hijo menor es el "último hijo", a quien se baña en mimos especiales (no recibidos por sus hermanos en misma intensidad).

Por supuesto, no estamos hablando necesariamente de una madre de sexo biológico femenino, perfectamente se puede dar en padres de sexo biológico masculino, como fue el caso de S. Freud con su hija Anna Freud, relación cómplice donde la hija menor de Freud fue su enfermera y compañera de sus cuidados hasta su muerte (además de los celos de Freud por prohibir que Anna se casara con algunos de sus discípulos, más aún, enfrascarse el mismo S. Freud a ser el único analista de su propia hija, no dejando que nadie más la analice, solo él). Como sabemos, Anna Freud, nunca tuvo hijos y se rumorea según comenta Jean Allouch que Anna Freud, siendo lesbiana, nunca pudo amar a un hombre, el único hombre que pudo amar fue S. Freud.

N. Holland (1985) aportando un caso clínico de D. Stern, sobre una madre sobreestimulante e intermitente con su hija (Jenny) que aún no completaba un semestre de edad, se encontraba retraída y estresada. La madre se dedicaba a "*hacerle muecas estridente y ansiosamente. Invariablemente, Jenny rápidamente dejaba de mirar. Su madre nunca interpretaba esta cara y mirada de aversión como insinuación para que bajara el tono de su comportamiento (...) Por el contrario, movía su cabeza y seguía a Jenny para restablecer la posición de cara a cara (...) Jenny se apartaba, hundiendo aún más su cabeza en la almohada para tratar de cortar todo contacto visual. Y, de nuevo, en vez de controlarse, la madre seguía persiguiendo a Jenny (...) Escalaba también el nivel de estimulación más aún agregando tacto y cosquilleo al flujo ininterrumpido (...) la madre sacaba a la niña de la sillita y la cogía por las axilas, colagando en la posición cara a cara. Esta maniobra lograba reorientar a Jenny hacia ella, pero apenas volvía a sentarla, el mismo patrón se establecía (...) cuando Jenny parecía más y más retraída, Stern se preocupó. Sin embargo, con el tiempo, la madre se puso un poco menos intrusa, y Jenny pudo manejar las ansias de respuesta de su madre mucho mejor. Le dio a su madre más retroalimentación feliz y gorgeante, que era lo que la madre necesitaba, y así la madre pudo relajarse un poco, aunque fue Jenny quien puso más de sí para romper el círculo vicioso*" (p.210). Debida a esta razón, en relación al reciente caso de la díada, "*la capacidad del lactante para integrar estas comunicaciones cada vez más complejas depende estrechamente de la facultad de la madre para saber juzgar su umbral de tolerancia. Si no lo consigue, se corre el riesgo de que el bebé se defienda de la falta o del exceso de estimulaciones mediante un reflejo primario de autoprotección, que puede tomar la forma de un repliegue sobre sí mismo o de reacción de evitación*" (Bursztejn & Golse, 1992:14).

Podemos imaginarnos una infinidad de escenarios, personajes y guiones posibles en lo que respecta a una familia en sus orígenes y desenlaces-trasmisiones. No podemos por asuntos de espacio, referirlas a cada una de ellas, puesto que implicaría realizar un libro aparte que excede este Apartado. Lógicamente, estamos muy lejos de considerar una transmición de inconsciente a inconsciente de madre a hijo a modo directo: "Si la madre tiene horror a la soledad, le transmitiría de forma directa un horror a la soledad equivalente". Nada más lejos de aquello. Por supuesto, este "cableado de transmisión", no se conduce en sus códigos y mensajes, sin antes, haber pasado por diversos filtros socioculturales respectivos y de aspiraciones libidinales diversas del mismo hijo inscrito bajo sus propios códigos y mensajes particulares.

Silvia Bleichmar (1984) en su libro "Los orígenes del sujeto psíquico", critica las posturas de una transmisión directa sin filtro de Inconsciente a Inconciente aludiendo que se "*coloca al niño en el movimiento que se constituye desde el deseo de la madre. Si «el Inconsciente es el discurso del Otro», cuando la madre habla encontramos en su propio discurso la explicación de la significación   sintomática.*
Esto, tanto desde lo que dice, como desde lo que no dice. Y podríamos agregar: estamos parcialmente de acuerdo. Su propuesta tiene el mérito de emplazar al sujeto en una línea de intersubjetividad que define las líneas por las cuales se abrirán, a grandes trazos, los movimientos que habrán de permitirnos entender la constitución de su propio aparato psíquico.
Sin embargo, en el caso que estamos viendo, ¿no se anula el concepto de inconsciente como sistema intrapsíquico? ¿No se termina remitiendo el conflicto a una tópica intersubjetiva que, si puede ser generadora de patología, no alcanza para explicar las peculiaridades del conflicto psíquico?" (p.26). Más aún, Bleichmar (1984) prosigue en establecer que si "*entendemos mecánicamente que «el Inconsciente es el discurso del Otro», cuando un niño presenta un síntoma, no importa cuál, ni qué edad tenga, ni cuál sea la estructura psíquica, esto se deberá a un conflicto en relación con el deseo materno. Pero si el síntoma tiene como único sentido, o, para ser menos taxativos, como sentido principal, satisfacer a una madre depresiva, tenerla ocupada por medio de fracasos y fobias, ¿no se considera de esta manera una intencionalidad sintomática que se constituiría como beneficio secundario centralmente, antes que como resolución en el marco de la economía libidinal intrapsíquica?"* (p.27). Finaliza su libro Bleichmar (1984) resumiendo que "*el inconsciente está en relación con el discurso del otro, pero no es el discurso del Otro*" (p.217).

Solamente, exponemos, las posibles condiciones o situaciones que darían probabilidad, desde una triangulación edípica o vínculo entre padres e hijos. Por lo demás, adhiriendo a la crítica del "Edipo" en Deleuze y Guattari (1972) en su libro "Anti-Edipo", sabemos, que el caudal o flujo molar social puede ser crucial en diverger los destinos edípicos, algunos de los cuales, no serían necesariamente perversos dada la distribución social-cultural de la líbido en los diversos ordenes familiares.
Por ejemplo: Familias que en sus sociedades el sentido de una individualidad burguesa de formar una familia fuera del tutelaje o territorio paterno no existe.

La búsqueda de una soltería sin herencia de hijos. Familias donde son extendidas en un mismo espacio de convivencia los tíos, primos y abuelos. Familias donde el hijo con menor recurso económico o soltero se queda viviendo con los padres, terminando ellos quedando al cuidado de sus padres de forma más directa. Hijos no deseados que son criados por sus abuelos. Problemas económicos que desarman o rearman familias. Primos que son criados como hermanos. Códigos sociales que se mezclan tras la migración campo-ciudad. Familias ensambladas de padres divorciados solteros o nuevamente casados. Muerte prematura de cónyugue o hijos que reordena vínculos o redes de apoyo social. Familias afectadas por la guerra donde los padres son asesinados en batallas, dejando madres viudas con sus hijos. Número de hermanos y sus diferencias de edades. Sucesiones generacionales de madres solteras. Parejas homosexuales con adopción de hijos. Padres que que poseen más de una esposa. Sociedades donde el Estado tiene un rol marcado en el control natal y desarrollo profesional de los hijos nacidos. Hijos que fueron abandonados en centros de orfanato. Matrimonios arreglados por los padres que eligen las parejas de sus hijos, etc. La gran variedad de disposiciones de salidas Familiares y/o Edípicas son debidas, como lo indicamos, a la simultaneidad en distintas intensidad de las tres variables en sus mixturas. Considerando cada una de las enumeraciones, el Complejo de Edipo tendrá mayor cabida o valor según corresponda al periodo o ciclo crítico esperado social. Tenemos que ser precavidos en no apelar *"al mito edípico como "explícalo todo", lo que el analista no debe suscribir, sino, por el contrario, deconstruir. Para dar un caso sencillo y común, ¡cuántas veces mostramos como un apego "incestuoso" en sus apariencias lo que se reduce a una incapacidad del pequeño para la soledad que lo adhiere posesivamente a la madre o a una abuela! Dicho de otro modo: después de haber interpretado Edipo a diestra y siniestra, el psicoanalista de hoy se encuentra con el sorprendente trabajo de desinterpretar Edipo, negándose a reconocerlo en todas partes, apuntando su labor a liberar al paciente y a sus padres de la reducción edípica"* (Rodulfo, 2012:48).

Contemplando lo expuesto, basándose en la obra de M. Foucault, Deleuze (1986) explica el devenir social indicando que *"todo diagrama es intersocial, está en devenir. Nunca funciona para representar un mundo preexistente, produce un nuevo tipo de realidad, un nuevo modelo de verdad. No es ni el sujeto de la historia, ni el que está por encima de la historia. Al deshacer las realidades y las significaciones precedentes, al constituir tantos puntos de emergencia o de creatividad, de conjunciones inesperadas, de continuos improbables, hace historia. Subyace a la historia con un devenir (...) esas sociedades presentan una red de alianzas que no es posible deducir de una estrucrtura de parentesco, ni reducir a relaciones de intercambio entre grupos de filiación. Las alianzas pasan por pequeños grupos locales, constituyen relaciones de fuerzas (dones y contradones) y dirigen el poder. El diagrama pone aquí de manifiesto su diferencia con la estructura, en la medida en que las alianzas tejen una red flexible y transversal, perpendicular a la estructura vertical, definen una práctica, un método o una estrategia, distintos de cualquier combinatoria, y forman un sistema físico inestable, en continuo desequilibrio, en lugar de un ciclo de intercambio cerrado (de ahí la polémica de Leach con Lévi-Strauss, o bien la sociología de las estrategias de Pierre Bourdieu)"* (p.62).

Por supuesto, no hablamos que una pauta de crianza sea a priori mejor o peor que otras, más bien definimos, cómo ciertas pautas de crianza proporcionarían ciertas características de personalidad. Como bien se pueden apreciar en las distintas épocas o en las distintas culturas o geografías, cada pauta de crianza tiene una funcionalidad social o cultural propia que se amolda "lo suficientemente bien" para el desarrollo o aspiración o proyectos de cada sujeto humano en su medio social. Salvo que, en los tiempos de hoy, frente a los "Ideales del Yo" en cuanto cómo ser adultos o en cómo proferir ciudadanos o personas "educadas", vayan variando caóticamente en la Globalización bajo las nuevas modalidades socio-laborales del mundo global (lo abordaremos mayormente en el Capítulo VI). Lo cual, responder a la interrogante: ¿Cuál pauta de crianza es más conveniente? Responder dicha pregunta, es cada día más difícil precisarlo ante estos escenarios sociales diversos con éticas y finalidades diversas. Solo podremos acotar que la libertad de crianza de cada padre u organización institucional tiene sus pro y contras según donde se pueda o no flexibilizar pautas de crianza que motiven a una forma de ser o de otra, aún teniendo en cuenta la ingobernabilidad (Ello) de algunas facetas.

3. Trauma y Repetición: Recorridos y Fuerzas

Si bien ya desde un nivel perceptivo se pueden delimitar mínimas diferenciaciones de sensaciones, pasando por huellas mnémicas que marcan diferencias de espacio y tiempo, así como huellas de placer-displacer. El acceso a un mayor campo de diferencias es sin duda a través de la adquisición simbólica del lenguaje, como lo más sofisticado. No obstante, dicho establecimiento opera gradualmente. Todo flujo asociativo pasa o traspasa por un campo de huellas o vías facilitadas de diferencias. Algunos espacios tienen un nivel tan básico de diferenciación que su tiempo queda reducida a un espasmo o acto reflejo.

Cabe aclarar que para Derrida *"la fuerza misma nunca está presente: no es más que un juego de diferencias y de cantidades. No habría fuerza en general sin la diferencia entre las fuerzas; y aquí la diferencia de cantidad cuenta más que el contenido de la cantidad, que la grandeza absoluta misma: «La cantidad misma no es, pues, separable de la diferencia de cantidad. La diferencia de cantidad es la esencia de la fuerza"* (La Différance, 1968). Apreciamos esto en el sentido de que el contenido o su cantidad no están libres de su diferenciación, es la diferenciación lo que da lugar a un estatuto de fuerzas. Ejemplo cotidiano lo podemos ver en la Física de Electricidad donde por Ecuaciones, no existe el Amperaje sin su relación a Resistencia y Voltaje.

Desde aquí, para Deleuze (1965) el *"sentido consiste precisamente en una relación de fuerzas, según la cual algunas ejercen acción y otras reaccionan en un conjunto complejo y jerarquizado. Sea cual fuere la complejidad de un fenómeno, distinguimos de hecho fuerzas activas, primarias, de conquista y de subyugación, y fuerzas reactivas, secundarias, de adaptación y de regulación. Esta distinción no es solamente cuantitativa, sino cualitativa y tipológica. Porque la esencia de la fuerza es estar en relación con otras fuerzas, y dentro de esa relación ella recibe su esencia o cualidad.*
La relación de la fuerza con la fuerza se llama «voluntad› (...) Mientras se interprete voluntad de poder en el sentido de «deseo de dominar», se la hace depender forzosamente de valores establecidos, únicos aptos para determinar quién debe ser «reconocido›› como el más poderoso en tal o cual caso, en tal o cual conflicto. Por ese camino se desconoce la naturaleza de la voluntad de poder como principio plástico de todas nuestras evaluaciones (...) La voluntad de poder, dice Nietzsche, no consiste en codiciar, ni siquiera en tomar, sino en crear y en dar. El Poder, en cuanto voluntad de poder, no es lo que la voluntad quiere, sino eso que quiere en la voluntad (Diónisos en persona). La voluntad de poder es el elemento diferencial del que derivan las fuerzas en oposición y su respectiva cualidad dentro de un complejo. Por lo tanto ella está siempre presente como elemento móvil, aéreo, pluralista" (p.31-32). Dicho en otros términos, las diversas o múltiples oposiciones conceptuales o nociones (a modo binario o en pugna) son efecto de la diferenciación de fuerzas.

Por otra parte, Deleuze (1968) en su obra "Diferencia y Repetición" alude que *"las diferencias de intensidad se distribuyen aquí y allá, bajo forma de excitaciones. Se denomina placer al proceso, a la vez cualitativo y cuantitativo, de resolución de la diferencia. Tal conjunto, repartición móvil de diferencias y resoluciones locales en un campo intensivo, corresponde a lo que Freud llamaba el Ello"* (p.154)". Lo cual resume en parte lo visto por el sistema dinámico Ics en los apartados anteriores de este ensayo.

Según lo visto en el apartado anterior sobre la Represión Originaria, tomando en cuenta la diferencia, Serge Leclaire (2000) se pregunta: *"¿A partir de qué momento, o bien de qué modo se puede pensar que esa tensión somática, ese empuje, esa excitación, se hace pulsional? (…) esa excitación se torna o puede tornarse pulsional, en la medida en que la reducción de la tensión orgánica deja una huella, un recuerdo, una marca: en la medida en que algo de una experiencia de diferencia queda inscripto. Porque la satisfacción, es decir, esa brusca diferencia de tensión, se inscribe como una experiencia de diferencia* (p.205-206)".

En otras palabras, Derrida (1968) lo grafica en que "l*a diferencia entre el principio del placer y el principio de realidad no es sino la différance como rodeo"* (...) *La estructura del retardamiento (Nachträglichkeit), impide en efecto que se haga de la temporalización una simple complicación dialéctica del presente vivo como síntesis originaria e incesante, constantemente reconducida a sí, concentrada sobre sí, concentrante, de rastros [traces] retenciones y de aberturas protencionales. Con la alteridad del «inconsciente» entramos en contacto no con horizontes de presentes modificados -pasados o por venir-, sino con un «pasado» que nunca ha sido presente y que no lo será jamás, cuyo «por-venir» nunca será la producción o la reproducción en la forma de la presencia. El concepto de rastro [trace] es, pues, inconmensurable con el de retención, de devenir-pasado de lo que ha sido presente. No se puede pensar el rastro [la trace] -y así la différance- a partir del presente, o de la presencia del presente (...) Un pasado que nunca ha sido presente, esta es la fórmula por la cual Emmanuel Levinas, según vías que ciertamente no son las del psicoanálisis, califica la marca [la trace] y el enigma de la alteridad absoluta: el otro [autrui]."* Para concluir, Derrida (1968) señala que "l*a marca [trace] se describe como un esfuerzo de la vida que se protege a sí misma difiriendo la inversión peligrosa, constituyendo una reserva (Vorrat)"*. Por eso, esto último es importante señalarlo ya que el mismo Freud (1895) nos dice que un dolor rasga las vías facilitadas: "*el dolor consiste en la irrupción de grandes cantidades (Q) hacia "PSI" (...) es el más imperativo de todos los procesos. Las neuronas PSI parecen ser, pues, permeables al mismo, de modo que el dolor debe consistir en la acción de cantidades (Q) de un orden relativamente elevado (…) el dolor deja como secuela en "PSI" unas facilitaciones duraderas, como traspasadas por el rayo; unas facilitaciones que posiblemente cancelan por completo la resistencia de las barreras-contacto y establecen ahí un camino de conducción, similar a la percepción*" (p.221).
De igual forma en "Más allá del principio del placer", Freud (1920) explica que una situación traumática "*exterior producirá seguramente una gran perturbación en el intercambio de energía del organismo y pondrá en movimiento todos los medios de defensa. Mas el principio del placer queda aquí fuera de juego. No siendo ya evitable la inundación del aparato anímico por grandes masas de excitación, habrá que emprender la labor de dominarlas, esto es, de ligar*

psíquicamente las cantidades de excitación invasoras y procurar su descarga"
(p.2521).

La pregunta central entonces radica en colegir: *"¿Puede el esfuerzo {Drang} de procesar psíquicamente algo impresionante, de apoderarse enteramente de eso, exteriorizarse de manera primaria e independiente del principio de placer?"* (Freud, 1920:16). Algo se escapa, no se maniata, su inundación revela el intento de domeñarlas, lo cual moviliza al aparato. De este modo, hay distintas maneras en que aquello se intenta resolver, manifestando sus particulares efectos donde se tuvo que apoderar enteramente en "ligar psíquicamente las cantidades de excitación".

Esto mismo podemos comprenderlo a la luz de la "energía libremente móvil", como lo plenamente desligado, cuyo caso podría acarrear una inscripción traumática que persiste en irrumpir en el aparato. Frente a esto, Breuer y Freud (1893) explican como alternativa (salida) para domeñar la experiencia de *"un trauma psíquico. Su recuerdo, aunque no se lo abreaccione, entra en el gran complejo de la asociación, se inserta junto a otras vivencias que acaso lo contradicen, es rectificado por otras representaciones. Por ejemplo, tras un accidente, al recuerdo del peligro y a la repetición (debilitada) del terror se acopla el recuerdo de lo que luego sobrevino, el rescate, la conciencia de la actual seguridad. El recuerdo de una afrenta es rectificado poniendo en su sitio los hechos, ponderando la propia dignidad, etc. Así, por medio de unas operaciones asociativas, el hombre normal consigue hacer desaparecer el afecto concomitante. A esto se suma esa universal borradura de las impresiones, ese empalidecimiento de los recuerdos que llamamos «olvido», y que desgasta sobre todo a las representaciones ya ineficaces afectivamente"* (p.34-25). Este enlace entre el "recordar y rectificar" asociaciones es lo que Freud llama una "defensa normal", las que por supuesto, existen otras defensas más neuróticas o patológicas (que revisaremos en el Capítulo V). Retomando la "defensa normal" mediante el pensamiento, hemos de contemplar que también *"las primeras repeticiones despiertan siempre tanto afecto cuanto displacer, hasta que con el tiempo pierden esa capacidad (...) Al comienzo retuvieron el carácter de las cualidades sensibles: cuando dejan de ser capaces de afecto, pierden también este carácter y se equiparan a otras imágenes-recuerdo. Si el decurso de pensar choca con una de estas imágenes-recuerdo no domeñadas todavía, se generan los signos de cualidad de ella (a menudo de naturaleza sensorial), una sensación de displacer e inclinaciones a la descarga, cuya combinación distingue a un afecto determinado, y el decurso de pensar queda interrumpido"* (Freud, 1895:429). Más aún, agrega Freud (1895): *"¿Qué sucede entonces con los recuerdos susceptibles de afecto, hasta que son domeñados? No se inteligé que el «tiempo», la repetición, pudiera debilitar su capacidad de afecto, pues este factor [la repetición] de ordinario contribuye a reforzar una asociación. Sin duda que dentro del «tiempo», en las repeticiones, ha de suceder algo que procure ese sometimiento, y no puede ser sino esto; que un vínculo con el yo o con investiduras yoicas cobre poder sobre el recuerdo"* (p.429).

Anteriormente, Breuer y Freud (1893) describían también estos procesos psíquicos, señalando que *"el trauma psíquico, o su recuerdo, actúa a modo de* un cuerpo extraño; que continúa ejerciendo sobre el organismo una acción eficaz y presente, por mucho tiempo que haya transcurrido desde su penetración en él" (p.43). El desarrollo hacia lo "domeñado" o atenuado consiste "*en cuanto se conseguía despertar con toda claridad el recuerdo del proceso provocador, y con él el afecto concomitante, y describía el paciente con el mayor detalle posible dicho proceso, dando expresión verbal al afecto. El recuerdo desprovisto de afecto carece casi siempre de eficacia. El proceso psíquico primitivo ha de ser repetido lo más vivamente posible, retrotraído al status nascendi, y «expresado» después. En esta reproducción del proceso primitivo, alucinaciones, etc. -nuevamente con toda intensidad, para luego desaparecer de un modo definitivo*" (p.43).   A partir de ello, los avances terapéuticos implican poder "*dar expresión verbal al recuerdo del proceso provocador y a su efecto concomitante*" (p.43). No obstante, para que aquello se cumpla, la "*debilitación o pérdida de afecto de un recuerdo depende de varios factores y, sobre todo, de que el sujeto reaccione o no enérgicamente al suceso estimulante. Entendemos aquí por reacción toda la serie de reflejos, voluntarios e involuntarios -desde el llanto hasta el acto de venganza-, en los que, según sabemos por experiencia, se descargan los afectos. Cuando esta reacción sobreviene con intensidad suficiente, desaparece con ella gran parte del afecto. En cambio, si se reprime la reacción, queda el afecto ligado al recuerdo*" (p.44). Por esta razón, más adelante Freud y Breuer (1893) reiteran que la función de una "*reacción del sujeto al trauma sólo alcanza un efecto «catártico» cuando es adecuado; por ejemplo, la venganza. Pero **el hombre encuentra en la palabra un subrogado del hecho, con cuyo auxilio puede el afecto ser también casi igualmente descargado por reacción** (Abreagiert). En otros casos es la palabra misma el reflejo adecuado a título de lamentación o de alivio del peso de un secreto (la confesión)*" (p.44). Cito en extenso estos pasajes (resaltándolo en negrita) pues allí se condensan todo lo referente a la Transferencia y a la Cura por la palabra (Talking Cure) que dará forma al Psicoanálisis de Freud.

Estos recuerdos (cuerpo extraño) con sus respectivas intensidades, Freud en el apartado G sobre la Psicoterapia de la Histeria (1895) lo amplia indicando que "*Un cuerpo extraño no entra en conexión ninguna con las capas de tejidos que lo rodean, aunque los modifica y les impone una inflamación reactiva. En cambio, nuestro grupo psíquico-patógeno no se deja extraer limpiamente del yo. Sus capas exteriores pasan a constituir partes del yo normal, y en realidad, pertenecen a este último tanto como a la organización patógena.*
El límite entre ambos se sitúa en el análisis convencionalmente, tan pronto en un lugar como en otro, habiendo puntos en los que resulta imposible de precisar. Las capas interiores se separarán del yo cada vez más, sin que se haga visible el límite de lo patógeno. La organización patógena no se conduce, pues, realmente como un cuerpo extraño, sino más bien como un infiltrado. El agente infiltrante sería en esta comparación la resistencia. La terapia no consiste tampoco en extirpar algo -operación que aún no puede realizar la psicoterapia-, sino en fundir la resistencia y abrir así a la circulación el camino hacia un sector que hasta entonces le estaba vedado" (p.202).

Tal como lo señala Freud (1914) en su excepcional texto "Recordar, Repetir, Elaborar", surgirá durante lo Clínico, puntos o límites más complejos de analizar, *"podemos decir que el analizado no recuerda nada de lo olvidado o reprimido, sino que lo vive de nuevo. No lo reproduce como recuerdo, sino como acto; lo repite sin saber, naturalmente, que lo repite"* (p.1684). Vale decir, *"en la resistencia. Cuanto más intensa es ésta, más ampliamente quedará sustituido el recuerdo por la acción (repetición)"* (Freud, 1914:1685). Es justamente lo que Freud (1914) define como en *"este fenómeno constituye su manera especial de recordar"* (p.1685). Dado que repetir es su manera especial de recordar o expresar sus propias huellas, *"No tardamos en advertir que la transferencia no es por sí misma más que una repetición y la repetición, la transferencia del pretérito olvidado, pero no sólo sobre el médico, sino sobre todos los demás sectores de la situación presente. Tendremos, pues, que estar preparados a que el analizado se abandone a la obsesión repetidora que sustituye en él el impulso a recordar no sólo en lo que afecta a su relación con el médico, sino también en todas las demás actividades y relaciones simultáneas de su vida"* (Freud, 1914:1685).

En otras palabras, *"el analizado repite en lugar de recordar, y que lo hace bajo las condiciones de la resistencia (...) no debemos tratarla como un hecho histórico, sino como una potencia actual. Poco a poco vamos atrayendo a nosotros cada uno de los elementos de esta enfermedad y haciéndolos entrar en el campo de acción de la cura, y mientras el enfermo los va viviendo como algo real, vamos nosotros practicando en ellos nuestra labor terapéutica, consistente, sobre todo, en la referencia del pasado"* (Freud, 1914:1685-1686). Para el proceso analítico es importante considerar que se *"dispondrá, pues, a iniciar con el paciente una continua lucha por mantener en el terreno psíquico todos los impulsos que aquél quisiera derivar hacia la motilidad, y considera como un gran triunfo de la cura conseguir derivar por medio del recuerdo algo que el sujeto tendía a derivar por medio de un acto. Cuando la adhesión producto de la transferencia integra ya algún valor, el tratamiento consigue impedir al paciente todos los actos de repetición algo importantes"* (Freud, 1914:1686-1687). Finalmente para conducir estos sucesos clínicos, *"la mejor manera de refrenar la compulsión repetidora del enfermo y convertirla en un motivo de recordar la tenemos en el manejo de la transferencia (...) La transferencia crea así una zona intermedia entre la enfermedad y la vida, y a través de esta zona va teniendo efecto la transición desde la primera a la segunda"* (Freud, 1914:1687). ¿Esto último no será lo que Winnicott en su clínica llamó la creación de un espacio transicional como una zona intermedia?

Hay que preguntarse ahora, ¿es toda repetición algo en el orden de lo completamente desligante? ¿El síntoma en su repetición refleja lo no elaborado? ¿Acaso toda repetición es un lugar siempre patológico por lo insimbolizable? ¿O podemos pensar que en el carácter humano, siempre hay algo que nos identifica como personalidad, como identidad reconocible, pues es justamente el derecho en su afán de repetir(se)?

Ricardo Rodulfo (1988) dice en cuanto al repetir, *"hay una dirección donde la repetición está al servicio de la función de liga. Pero hay otra dirección donde la repetición se pone al servicio de lo contrario, no del representar sino al servicio* de destruir toda representación, no de investir libidinalmente sino de destruir todo lazo libidinal". Dicho de otro modo, esto significa "que la repetición trabaja para los dos ámbitos (...) una dimensión productiva de la repetición, una dimensión libidinal, donde, a través de la repetición, se producen cuerpos, se produce la subjetividad, se producen diferencias. La repetición se pone al servicio del jugar (...) Vemos otra repetición, digamos, una repetición desengranada que juega en el vacío (...) sin que esto produzca una diferencia subjetiva en ella" (Rodulfo, 1988)". Ante esta repetición productiva libidinal frente a la repetición desengranada o destructiva, "esta repetición que sirve a dos amos a la vez, aunque en distintas proporciones, se transforma en una escritura, en un modo de escribir, de representar" (Rodulfo, 1988). Similar a cómo lo expresaría W. Bion sumada a P. Aulagnier, Rodulfo (1988) enlaza "la construcción de un pictograma de fusión, que se da cuando la repetición toma una dirección libidinal, lo que conduciría a la vivencia de satisfacción; y en la otra dirección, negativa, tanatica, donde la vivencia no es de satisfacción sino de rechazo, se construye el pictograma de rechazo."

Si seguimos lo planteado por R. Rodulfo con respeto a la repetición bajo una dirección libidinal, uno de los fenómenos más paradigmáticos sería el juego del "Fort-da"o juego del carrete.

Para Sami-Ali (1974) en su libro "El Espacio Imaginario", el juego del Fort-da o "el juego del carrete admite tres interpretaciones diferentes y complementarias. Es posible ver en él, ante todo, una forma de consuelo fantaseado, puesto que es el niño mismo quien pone en escena objetos capaces de «partir» y «regresar» según los caprichos de su fantasía. Es difícil comprender entonces cómo una experiencia tan penosa en sí (la desaparición de la madre) puede repetirse con arreglo al principio del placer, tanto más cuanto que el «fort» se produce más a menudo que el «da», y que en ese caso el displacer no es mitigado por el retorno del objeto que el niño hace desaparecer y, sin embargo, desea volver a encontrar.
La segunda interpretación hace hincapié, sobre todo, en el componente agresivo anal y en la necesidad de dominio que lo acompaña, responsables uno y otra de que la pasividad realmente sufrida se trasforme en actividad en el plano del juego. «El niño representaba un papel pasivo, recibía una vivencia; pero ahora adopta un papel activo repitiendo lo mismo, a pesar de que es penoso para él, como juego». En esta observación se discierne un motivo diferente, que constituye el tema de la tercera y última interpretación. ¿No será el juego del carrete la expresión de un deseo de venganza que el niño, abandonado por la madre, tiene derecho a experimentar? En este caso, sería un desafío: «Y bien, te puedes ir. ¡No te necesito! ¡Soy yo mismo quien te echa!»" (p.27).

Resultando entonces que si el "yo, que ha experimentado pasivamente el trauma, repite ahora activamente una reproducción mitigada del mismo, con la esperanza de poder dirigir su curso. No es otra forma en que el niño se comporta con respecto a todas sus impresiones penosas las que reproduce en sus juegos, buscando con este modo de pasar de la pasividad a la actividad controlando psíquicamente sus impresiones" (Freud, 1926:2879).

Esto nos recuerda lo publicado por Freud (1907) en el "Poeta y los sueños diurnos": *"¿No habremos de buscar ya en el niño las primeras huellas de la actividad poética? La ocupación favorita y más intensa del niño es el juego. Acaso sea lícito afirmar que todo niño que juega se conduce como un poeta, creándose un mundo propio, o, más exactamente, situando las cosas de su mundo en un orden nuevo, grato para él"* (p.1343). En otras palabras, en el juego o en el Fort-da, la *"función consiste, efectivamente, en satisfacer al yo merced a una transformación de lo real en función de los deseos: el niño que juega a muñecas rehace su propia vida, pero corrigiéndola a su manera, revive todos sus placeres o todos sus conflictos, pero resolviéndolos y, sobre todo, compensa y completa la realidad mediante la ficción. En resumen, el juego simbólico no es un esfuerzo de sumisión del sujeto a lo real, sino, por el contrario, una asimilación deformadora de lo real al yo"* (Piaget, 1964:40).

Freud (1920) lo ejemplifica cuando *"el médico ha reconocido la garganta del niño o le ha hecho sufrir alguna pequeña operación, es seguro que este suceso aterrorizante se convertirá en seguida en el contenido de un juego. Más no debemos dejar de tener en cuenta otra fuente de placer muy distinta de la anteriormente señalada. Al pasar el niño de la pasividad del suceso a la actividad el juego hace sufrir a cualquiera de sus camaradas la sensación desagradable por él experimentada, vengándose así en aquél de la persona que se la infirió"* (p.2513).

Por otro lado, Freud en su texto de 1907, establece una relación entre "juego" y "ordenamiento nuevo", o sea, lo creativo en cuestión. Rodulfo (1989) agrega que en un primer momento, *"la desaparición que hasta ese momento no provocaba ningún placer o bien causaba angustia, pasa ahora a ser un acontecimiento libidinal, el niño 'se mata de risa' y reclama la repetición"* (p.156). Esta repetición es distinta a la desligación o indigestión traumática, es más bien una repetición libidinal ligadora. Sin embargo, no hay que olvidar que en el juego del Fort-da *"la nueva simbolización de separación sólo se sostiene por periodos limitados"* (Rodulfo, 1989:159). Inclusive toda esta constitución radica también en que existe *"un destetarse de la mirada materna: esos momentos fugaces, escenas que en lo fáctico duran segundos, cuando un chico se deja caer o deja caer la mirada que lo sostiene, escapa y reaparece con el goce duplicado del escondite y del reencuentro"* (Rodulfo, 1989:158). Recapitulando, desde el "holding" de una mirada que se desteta en breves periodos, existe tiempo suficiente para generar un juego fugaz entre la diada madre-bebé.

Holland (1985) tomando prestado lo que explica Kaplan, sostiene que cuando *"un bebé aprende a gatear, puede jugar a pillarse. Él bebé gatea rápidamente y su madre lo persigue, pero ella ¡no alcanza a tocarlo! Él se mantiene fuera del alcance de ella, hasta que se cansa y permite que la amenazante perseguidora de bebés lo capture, para su gran regocijo. Nuevamente el bebé ha hecho activo lo que antes había experimentado sólo pasivamente: ser alcanzado por su madre. Él refleja algo que ella hizo, con lo cual transforma en un juego activo la quizás atemorizante realidad del gran poder de ella y su propia indefensión"* (p.230).

Según Rodulfo (1989) podemos notar *"un espacio ya resueltamente exterior al cuerpo materno (...) no se vive ahora en el cuerpo del Otro, o por lo menos ya no se vive sólo en él, en cambio emerge la alternancia, la escansión entre el aquí y el allá. Es revolucionario, Freud mismo alcanzó a señalarlo, cuando el chico, consolidado en sus nuevas operaciones, disfruta de ignorar ostensiblemente el retorno de su madre del que se lo suponía pendiente: en lugar del abrazo alegre o ansioso he aquí la más evidente y subrayada indiferencia. En la tranferencia esto se repite: el niño responde, por ejemplo, a separaciones prolongadas"* (p.165). Vale decir, el *"tiempo en que se olvidó de abrocharse al Otro primordial"* (Rodulfo, 1989:168). Sin olvidarnos que una *"patología ligada al fort/da es de pegoteo. El chico, en lugar de fabricar sus propias imagos y con ellas esa nueva espacialidad fuera del cuerpo materno, sólo atina a existir intentando refusionarse continuamente al Otro, anexarse a él"* (Rodulfo, 1989:175).

Es viable pensar, desde la teoría de Melanie Klein que el Fort-da sería la escisión objetal que proyecta-expulsa lo malo del objeto (Fort) y luego intentar introyectar-ingerir el objeto bueno. En otras palabras, siguiendo a Klein podríamos decir para que haya un Fort-da, debe establecerse cierta permanencia del objeto placentero en su intento de integración: la madre. En este caso, se escinde para abrirse paso lo pasivo a lo activo, es decir, lo que fue pasivo como displacer es ahora activo de rechazar (Fort), mientras que la pasiva pérdida de placer es activamente re-encontrada en su re-creación (Da). Tomando en cuenta el yo-placer purificado de Freud (1925) que desea *"introyectarse todo lo bueno, arrojar de sí todo lo malo"* (p.254). La inicial pasividad gratificadora-displacentera que delimita una primera noción yo/no-yo entre lo expulsado y absorbido, se rearma, en Klein, a una cierta delimitación (escisión) de objeto diferenciado entre lo placentero del objeto o lo displacentero del objeto.

El salto cualitativo de la simbolización "presencia/ausencia" radica en el acto activo no sólo de lanzar (Fort) sino más bien en el volver a recoger (Da). Rodulfo lo grafica con mayor claridad, ya que el acto de arrojar a la ausencia (Fort) no necesariamente se liga al "Da". Mayoritariamente el "Da" se da ocasionalmente, primariamente se gesta un arrojarse, un tirar los objetos, en otros términos, la pulsión aún no se liga retroactivamente en una recreación o regreso de placer-displacer. Vale decir, *"la observación tan finamente registrada por Freud en Más allá del principio del placer. En el texto, es muy claro que en el juego de ese niño hay una preeminencia del arrojar, o sea el hecho de que el juego presenta una disimetría nítida, no privilegia la reversibilidad, el equilibramiento entre el acto de arrojar y aquel de traer hacia sí; Freud habla de un pequeño que tiene pasión por arrojar las cosas y que no se preocupa mayormente, en términos generales, de volver a traerlas. Antes bien, es el adulto el que las anda juntando"* (Rodulfo, 1995:191).

El juego del Fort-Da estaría entre medio del Estadio IV y V de la Etapa Senso-Motora de Piaget, precisamente, cuando Rodulfo y Sami-Ali señalan que en el juego del Fort-Da inicialmente se prioriza el lanzamiento (Fort) y ocasionalmente se abre al Da (recoger). En efecto, el "Fort" representa más el Estadio IV y la relación al "Da" con el Estadio V de la Etapa senso-motriz de Piaget. Justamente, en el estadio IV de lo senso-motriz se manifiesta una búsqueda activa del objeto si este desaparece, pero sin ubicarlo coordinadamente en el espacio exactamente por donde se desplazó, pero se mantiene un tipo de constancia objetal pese a estar ausente. Precisamente en *"los estadios V y VI (con preparación desde el estadio IV) se asiste a lo que FREUD llamaba una "elección del objeto" afectivo, y que consideraba como una transferencia de la libido, a partir del yo narcisista, sobre la persona de los padres."* (Piaget & Inhelder, 1969:35). Para otorgar también un primer sentido al par "Fort-Da", el "Fort" necesita de "*un comienzo de reversibilidad, fuente de futuras "operaciones" del pensamiento, pero ya actuando al nivel senso-motor desde la constitución del grupo práctico de los desplazamientos (cada desplazamiento AB lleva consigo entonces un desplazamiento inverso BA.*" (Piaget & Inhelder,1969:30).

Ampliando y continuando la propuesta de Ricardo Rodulfo, André Green (2000) considera por su parte que en el juego del carretel su "*objeto significado puede serlo en abstracto recurriendo a una analogía madre-carretel (…) e inscribirse sobre la partitura de la psique en una polifonía semántica. Lo que se significa puede pasar por las mallas del movimiento (lanzar-volver a traer), de la percepción (aquí, no aquí), de los afectos (de placer-displacer) o a través de los fonemas del lenguaje o, a (…) Cada sistema semiológico conserva su especificidad, pese a que todos pueden comunicarse entre sí e inter-penetrarse mutuamente para dar contextura a la significación. Esta plasticidad, esta comunión entre registros, muestra la importancia de un campo representativo de diversas expresiones donde el objeto de cada sistema queda aislado y suspendido cuando el sujeto pasa a otro modo de expresión, y donde no obstante algo se conserva del precedente en el siguiente, a pesar de este pasaje a un registro distinto. Este trabajo sobre varios pentagramas permite, en cambio, la comparación entre los efectos de los diversos modos de significación. Por eso resulta abusivo extraer el registro fonemático para hacerle sostener solo la propiedad de la significación, mientras que obtiene justamente su valor del hecho de ser puesto en perspectiva con los otros registros semánticos (…) todos sus aspectos deben ser considerados en sus atribuciones y articulaciones. Cada modo es dependiente de su estructura temporal propia. Ejemplo de logocentrismo, tanto menos justificado cuanto que el sentido resulta aquí abusivamente monopolizado por la fonemática (…) En cualquier caso, gracias a esa polifonía, a esa poligrafía (…) el campo del lenguaje se articula con el de la pulsión en su relación con la realidad, presentada aquí bajo los auspicios de la percepción*" (Green, 2000:142).

Rodulfo (1995) también propone una crítica al "*énfasis unilateral en lo verbal: en verdad el niño arroja todo tipo de objetos mucho antes de que lo acompañe con algún tipo de comentario verbal y sobre todo bien antes (lo que aquel arrojar prepara) de un acontecimiento tan capital como es el poder arrojar la palabra; y mucho antes también de que pueda llegar a arrojar de palabra, como al decir 'No quiero más esto'. De modo tal que llamar al juego fort/da reprime la dimensión de empuje motor en que aquél aparece y se constituye*" (p.192).

Incluso un autor como Felix Guattari (1992) respalda estas contribuciones de lo "multisemántico" indicando que: "*Cuando Lacan en sus Escritos (1966) evoca el juego (aparecer-desaparecer) del carretel "Fort-Da" (se fué-aquí está) en el niño, no toma ya en cuenta la cuestión de la ausencia de la madre. Según él, se trata esencialmente de una encrucijada entre un juego de ocultación y una* escansión alternativa de dos fonemas ("Fort" y "Da"). La espera del retorno del objeto se constituye tomando cuerpo "en la pareja simbólica de dos jaculatorias (fonemas) elementales. Mientras que Freud remite el complejo juego del niño a la falta de la madre, haciéndolo tributario de una pulsión, Lacan lo refiere a la discursividad significante del "lenguaje existente". Así el carretel, el hilo, el mosquitero, la mirada del observador, todas las características singulares de la conformación de enunciación pasan a la trampa del Significante. En lugar de reconocer que a través de este ritornelo el niño se acerca a Universos inéditos de posible, con repercusiones virtuales incalculables, Lacan lo define como "un punto de inseminación de un orden simbólico que preexiste al sujeto infantil y según el cual le va a ser preciso estructurarse". La estructura (significante o simbólica) precede y envuelve a la singular máquina deseante en una operación que la despoja de todos sus caracteres autopoiéticos y creativos. El orden simbólico pesa como una capa de plomo determinista, como un destino mortífero sobre las bifurcaciones posibles de los Universos incorporales. De una manera más hegeliana, Lacan agrega, a propósito de este símbolo, que "se manifiesta en primer lugar como asesinato de la cosa y (que) esta muerte constituye en el sujeto la eternización de su deseo". La eternización del deseo, mentada por Lacan, es una petrificación, donde en una frase siguiente se dice que la sepultura es el primer símbolo por el que reconocemos la humanidad (...) Como señala Freud, el Fort-Da reaparece en otros comportamientos, puede ser enunciado a propósito de la ausencia efectiva de la madre o bien de un juego del niño con su propia imagen en el espejo, a la que hace aparecer y desaparecer. Se trata, en realidad, de una máquina rica, multivalente, heterogenética, que no es legítimo fijar ni a una estasis materno-oral ni a una estasis de lenguaje, aunque participe indiscutiblemente de ambas. ¡Es todo eso a la vez y muchas otras cosas más!" (Guattari, 1992:92-94).

Esta heterogeniedad la comprendemos en que una "línea de pensamiento puede expresarse, por ejemplo, lingüísticamente, sónicamente, corporalmente y relacionalmente, todo al mismo tiempo. Los medios de expresión serán diferentes, pero cada categoría agregará su propia forma de pensamiento al movimiento general de la articulación inconsciente" (Bollas, 2009:51). Igualmente para las Transferencias, "hacen archipiélagos sin isla principal, enjambres dispersos, constelaciones armadas azarosamente (...) tampoco es una unidad global ("la" transferencia), antes un acorde heterogéneo, con más disonancias que consonancias reposadas; hay actitudes y disposiciones preponderantes, pero que no tienen poder de monopolio, por lo menos no por mucho tiempo, ni al margen de diversos condicionamientos" (Rodulfo, 2013:154).

Entendamos al Barroco musical quien se asemeja a la obra de Freud en cuanto: multiplicidad de notas (huellas), armonías graduales, contrapuntos de registros en diversas capas que se interpenetran, polifonía simultanea de pulsiones, no existe el vacío.
La fuga polifónica de otras voces es lo que resuena en la carne y sus órganos instrumentales que hacen la compleja sinfonía de notas y registros que dan fuerza a los ritmos melódicos. Voces complejas contrapuntísticas que resuenan conjuto a otras voces socioculturales, multiplicadas por el eco de su propio inconsciente que replica y transforma. En lo Barroco nada se pierde, todo

potencia a la intensidad en su complejidad de cada canon: No hay vacíos, ni afánisis desfallecientes, Falta, ni pérdida, nada, (-1) de sustracciones, todo se rellena con complejidades múltiples, no se simplifica.

Tal como lo iremos viendo y desarrollando en los Capítulos y apartados posteriores, es clave apreciar que el *"inconsciente, en última instancia, no opera de acuerdo con sistemas de lógica separados: todo forma una sola pieza (...) que el analizado esté hablando a través de la transferencia no excluye la posibilidad de que, al mismo tiempo, él o ella esté articulando, también, otras ideas a través de la secuencia narrativa, el lenguaje sónico o el discurso corporal"* (Bollas, 2009:52-53).

Coincidiendo de modo bastante similar, André Green (1973) anteriormente se refiere a un *"discurso del inconsciente, que no es el lenguaje, es una polifonía, su escritura una poligrafía escalonada sobre numerosos pentagramas que dominan la gama de frecuencias que van de lo más grave a lo más agudo. La tesitura del lenguaje es demasiado estrecha para contener estos diversos registros para ella sola"* (p.113). Todo lo que hemos citado, contrasta enormemente con lo definido por Lacan (1957) en su Seminario IV, con respecto a su propia versión reducida del Fort-da: *"en la manifestación del niño, el grito en cuestión no se toma como señal. Se trata del grito en la medida en que reclama una respuesta, que llama, diría yo, sobre un fondo de respuesta. El grito se produce en un estado de cosas en el cual no sólo el lenguaje ya está instituido para el niño, sino que éste nada en un medio de lenguaje y se apodera de sus primeras migajas, las articula, como par de alternancia.*
El Fort-Da es aquí esencial. El grito que tenemos en cuenta en la frustración se inserta en un mundo sincrónico de gritos organizado como sistema simbólico. Los gritos están ya virtualmente organizados en un sistema simbólico. El sujeto humano no sólo advierte en el grito algo que señala un objeto cada vez. Es falso, falaz y erróneo plantear la cuestión del signo cuando se trata del sistema simbólico. Desde el origen, el grito está ahí para que se levante acta de él, incluso para que además haya que rendir cuentas a otro. No hay más que ver la necesidad esencial que tiene el niño de recibir esos gritos modelados y articulados llamados palabras, así como su interés por el propio sistema del lenguaje" (p.190-191)".

Si nos ceñimos mediante el trasquilamiento (la estrecha reducción) de toda polifonía anteriormente expuesta, solo nos quedaría una masa significante con su lógica y metafísica propia sin raíz posible a un nicho empírico contrastable (como la ausencia efectiva de la madre). Lo Simbólico comandaría por sí mismo desde su "topus uranus". En donde, *"no se avizora cómo y a través de qué expedientes podría jugar si constantemente lo está jugando una combinatoria significante ciega al advenimiento de cualquier gesto espontáneo, volviéndolo una marioneta (...) habitamos la sujeción en múltiples formas y registros, sea a mitos familiares, a la compulsión de repetición que nos domina con tanta frecuencia y facilidad, a ciertas condiciones políticas o económicas, a mandatos superyoicos varios que nos arrebatan la conducción de nuestra existencia"* (Rodulfo, 2012:148).
Sin perder de vista que *"si todavía se debiera hablar de estructura a propósito del inconsciente (lo cual no es evidente), diríamos más bien que está*

estructurado como una multiplicidad, modos de semiotización, de los cuales la enunciación lingüística no es tal vez el más importante" (Guattari, 1979:19).

De otro modo, no sabríamos cómo cambia o se constituye el pentagrama polifónico, ya que aun cortejando una cierta realidad externa a los significantes, es el mismo significante quien la recorta, y no, otro quien sabe qué órgano sensible-empírico. No existiría una referencia externa fuera del significante o el lenguaje, no habría algo que vaya fuera de éste a la manera de un metalenguaje que aborde lo Real empíricamente. Todo comienza a recortarse desde lo Simbólico y termina en lo Simbólico. Es así como Lacan (1955) en su Seminario III lo defiende en que: *"La trampa, el agujero, en el que no hay que caer, es creer que los objetos, las cosas, son el significado. El significado es algo muy distinto: la significación, les expliqué gracias a San Agustín que es tan lingüista como Benveniste, remite siempre a la significación, vale decir a otra significación. El sistema del lenguaje, cualquiera sea el punto en que lo tomen, jamás culmina en un índice directamente dirigido hacia un punto de la realidad, la realidad toda está cubierta por el conjunto de la red del lenguaje. Nunca pueden decir que lo designado es esto o lo otro, pues aunque lo logren, nunca sabrán por ejemplo qué designo en esta mesa, el color, el espesor, la mesa en tanto objeto, o cualquier otra cosa"* (p.51). Posteriormente, para el Seminario 20 Lacan (1973) reduce que: *"El hombre, una mujer, dije la última vez, no son más que significantes. De allí, del decir en tanto encarnación distinta del sexo, toman su función"* (p.52). Plasmando allí que *"Un hombre no es otra cosa que un significante. Una mujer busca a un hombre a título de significante (p.44)"*. Concluyendo la idea en *"lo que se sustenta bajo la función de significante, de hombre y de mujer, no son más que significantes enteramente ligados al uso cursocorriente del lenguaje"* (p.46-47). Hay por consiguiente, un solipsismo simbolizante en las coordenadas que sumergen un neo-platonismo anti-empírico, anti-sensorial, anti-sustancial, que dejan a la deriva, una mera abstracción lógica como correlato de lo real o de la realidad, en cuanto lo real como pura ficción. De este modo, el lugar antes prevalente a lo empírico o al método científico pierde toda relevancia en pos de un trabajo sistemático del signo, su semiosis y sus efectos. El espesor o consistencia de un objeto de estudio (representación-cosa) vendría fundado o revelado exclusivamente por y solo desde los andamiajes significantes y simbólicos. M. Safouan (2005) refiriéndose al Seminario 13 de Lacan, comenta que *"frente a sus oyentes, las representaciones más clásicas de la organización del espacio y sus reglas, Lacan no duda en subrayar inmediatamente que este mundo no es ni el mundo de la óptica ni el de la fisiología visual. Es anterior, en el sentido de que el campo de la percepción no funciona sino en una matriz significante primera que le ofrece tanto sus objetos como su sujeto"* (p.105). Bajo esta lógica, se subordina todo aspecto biológico al ritmo del significante. Por el lado Cultural o Simbólico, es cierto que una madre quien cuida a su bebé, cuando lo hace, lo realiza de una forma y no de otra manera bajo pautas culturales, pero no todo está codificado previamente de antemano, lo Simbólico siempre cae en su red de posibilidades semióticas y cada padre se interroga cómo ser padre (pregunta enigmática e incognoscible), nadie te puede enseñar hasta que lo vives y generes tu propia forma diferenciada de criar.

Esta postura Estructuralista de subordinación, fue atendida por J.A Miller (2002) como una "dominación estática" (aunque dicho autor está envuelto en graves polémicas entre sus colegas, concordamos en su descripción), señalando que: "*Para el estructuralismo el sujeto no conoce más que datos inmediatos, es decir, mediatizados por las estructuras. No puede haber una fenomenología de la percepción pura para el estructuralismo, porque la percepción se organiza desde siempre a partir de las estructuras. Por otra parte hay que señalar que Lacan propone una fenomenología de la experiencia no pura, una fenomenología de la experiencia analítica, es decir, de una experiencia ya estructurada. La demostración estructuralista, que tiene su punto culminante en El pensamiento salvaje de Lévi-Strauss, consiste en que lo sensible forma un sistema y en que lo simbólico domina a lo sensible como realidad. Esto abre el camino de una estática, mientras que la dinámica, en el estructuralismo, se reduce a la permutación de elementos en lugares invariables. Se da una estática de los lugares que Lacan explotó*" (p.101).

Básicamente tal postura sobre el Significante, nos recuerda al Creacionismo ex-nihilo del Antiguo Testamento, donde "en la nada", primero fue el verbo y luego todo lo demás. O como lo refiere el Evangelio de Juan: "*En el principio era el Verbo, y el Verbo era con Dios, y el Verbo era Dios*". Más claro no pudo ser Rodulfo (2012) con respecto al ex-nihilo: "*de Lacan es en este aspecto un gigantesco escamoteo que interpreta tendenciosamente un progreso evolutivo como si fuera un caerse fuera de lo biológico, expresión de un déficit cuya "ventaja" encubierta es anular lo que Freud consideró la segunda gran herida narcisista del hombre: su pretensión de "no tener nada que ver" (expresión cara a Lacan) con el resto de los animales. De esta forma, Lacan retrocede más acá de Darwin y se sitúa en una posición afín a la de la Iglesia, con la diferencia de que el lenguaje, en lugar de recibirlo de Dios, surge extrañamente de la nada, de un vacío, ex nihilo*" (p.262). Puntualmente Lacan (1961) comentando el informe de Lagache remite que es "*la estructura de este lugar la que exige que el nada esté en el principio de la creación, y que, promoviendo como esencial en nuestra experiencia la ignorancia en que está el sujeto de lo real de quien recibe su condición, impone al pensamiento psicoanalítico el ser creacionista, entendamos con ello el no contentarse con ninguna referencia evolucionista. Pues la experiencia del deseo en la que le es preciso desplegarse es la misma de la carencia de ser por la cual todo ente podría no ser o ser otro, dicho de otra manera, es creado como existente*" (p.635).

Lacan (1960) desarrolló la idea del vacío en lo ex-nihilo en su Seminario 7: "*si ustedes consideran el vaso desde la perspectiva que promoví primero, como un objeto hecho para representar la existencia del vacío en el centro de lo real que se llama la Cosa, ese vacío tal como se presenta en la representación se presenta como un nihil, como nada y por eso el alfarero, al igual que ustedes a quien les hablo, crea el vaso alrededor de ese vacío con su mano, lo crea igual que el creador mítico, ex-nihilo, a partir del agujero.*
Todo el mundo hace bromas sobre el macarrón que es un agujero con algo alrededor o también sobre los cañones. Reír para nada cambia lo que hay allí - hay identidad entre el modelamiento del significante y la introducción en lo real de una hiancia, de un agujero (...) La introducción de ese significante modelado que es el vaso, es ya la noción íntegra de la creación ex-nihilo. Y la noción de

la creación ex-nihilo resulta ser coextensiva de la situación exacta de la Cosa como tal" (p.151).

Lo que va en plena concordancia con lo que Lacan (1968) en S.16 enunció sobre el Pote de mostaza: "*He denominado al pote de mostaza para destacar que, lejos de contenerla de manera necesaria e ineludible, es precisamente por estar vacío por lo que asume su valor de pote de mostaza. Es porque la palabra mostaza está escrita encima. Pero mostaza [moutarde] quiere decir que ese pote no ve el momento [moult lui tarde] de alcanzar su vida eterna de pote, que comenzará cuando sea agujereado.*

En efecto, con este aspecto lo recogemos a lo largo de los años en excavaciones al buscar en las tumbas el testimonio del estado de una civilización. Se nos cuenta que la vasija está agujereada en homenaje al difunto, y para que el viviente no pueda utilizarla. Por supuesto, es una razón. Pero tal vez haya otra, a saber, que la vasija está hecha para producir este Agujero (…) Aparece entonces lo que es la estructura del pote - no digo su materia-, a saber, correlativa de la función del tubo y del tambor" (p.15).

López (1998) basándose en el gran filósofo y experto en física Milič Čapek en su Libro sobre el concepto de espacio y tiempo, sostiene que: «*Es contrario a la razón afirmar que hay un vacío o un espacio en el que no hay absolutamente nada, siendo imposible que la nada posea extensión. Si hay extensión, hay necesariamente sustancia* (...) *Dios podría aniquilar la cantidad de materia contenida en un recipiente, creando así un vacío, cuyas dimensiones pueden medirse con base en las dimensiones del recipiente. A este argumento contesta Descartes que si Dios removiera todo cuerpo contenido en un recipiente, sin permitir que su lugar sea ocupado por otro cuerpo, entonces los lados del recipiente se harán inmediatamente contiguos. La distancia es un modo de la extensión y no puede existir sin sustancia extensa*» (...) «*sostiene Kant la inexistencia del espacio vacío. En el espacio pleno de materia, no todas las sustancias materiales tendrían la misma inercia por unidad de volumen. Con base en la experiencia no puede derivarse una prueba de un espacio y un tiempo vacío. Diferentes grados de percepción llenan el espacio y el tiempo. Espacios similares pueden estar completamente llenos de diferentes materias, cuyos grados pueden decrecer, sin que sea posible que quede un espacio vacío*» (p.25-26).

Seguidores Lacanianos que extienden su Teología, son por ejemplo, François Balmes (1999) quien desarrollando el vaso ex-nihilo del S.7 y el pote puro del S.16 en Lacan dice que "*se trata de hacer del vaso, de la vasija -de mostaza o no-, del cántaro, un significante puro, un significante que no significa el ser en su articulación cuádruple sino que no significa nada, nada en particular, como no sea la esencia misma del significante. El ser, quizá, pero como nada*" (p.211). Continuando que "*Ex-nihilo significa a veces: «En torno del agujero», y en ese caso el significante introduce el vacío en el real supuestamente dado antes del significante; otras veces, «a partir» del vacío, es decir, de la Cosa que, para la representación, es «nada», a imagen de la Cosa que no tiene imagen ni representación posibles, que es el vacío en el centro de lo real e incluso lo real como vacío*" (Balmes, 1999:216).

Así mismo lo aborda Žižek (1991) en su libro "Mirando al sesgo" donde teologiza adhiriendo: "*el vacío primordial en torno al cual circula la pulsión, la falta que asume una existencia positiva en la forma informe de la Cosa (das Ding), la sustancia imposible-inalcanzable del goce. Y el objeto sublime es precisamente "un objeto elevado a la dignidad de la Cosa, es decir un objeto común, cotidiano, que sufre una especie de tran-sustanciación y comienza a funcionar, en la economía simbólica del sujeto, como corporización de la Cosa imposible, como la NADA materializada"* (p.141). Otro de sus lacayos, Recalcati (2006) define: *"La sublimación no se puede pensar si no a partir del vacío, como efecto de la acción letal del significante sobre lo real de la Cosa"* (p.77). Recitando más místicamente lo new age anterior: *"para que haya posibilidad de elevar un objeto a la dignidad de la Cosa es necesario operar un vaciado del lleno de goce de la Cosa. Miller ha hecho notar, siguiendo a Lacan, como la pulsión en su estructura tiene "el color del vacío". Esto significa que la pulsión no se cierra sobre el objeto sino que lo bordea infinitas veces"* (p.69).

Cobra suma relevancia tener en cuenta que *"si no queremos que la dialéctica vuelva a ser una ley divina, una fatalidad metafísica, tiene que provenir de los individuos y no de no sé qué conjuntos supraindividuales"* (Sartre, 1960:184).

En pos de una polifonía semántica no reduccionista, es sumamente importante dar cuenta de todo esto último, frente al gran contraste de un cierto Psicoanálisis basado en los principios del Estructuralismo, cuya *"moda estructuralista quiso poner entre paréntesis las problemáticas del significado, del icono, la Imago y lo imaginario, en provecho de articulaciones sintagmáticas.*
La atención se focalizaba en una mecánica estructural interactiva que animaba supuestamente el paisaje fenoménico.
Se perdían así de vista los puntos de cristalización ontológica que emergen de este paisaje. Las discursividades fonológicas, gestuales, espaciales, musicales..., referidas todas a una misma economía significante, debían ejercer un control absoluto sobre los contenidos que estarían encargados de producir en figuras paradigmáticas discretas. Pero lo que da consistencia a estos sistemas discursivos, lo que autoriza la erección de mónadas enunciativas ha de ser buscado más bien del lado del Contenido; es decir, del lado de esa función existencial que, tomando apoyo en ciertos eslabones discursivos, desviándolos de sus incidencias significacionales, denotacionales y proposicionales, les hace cumplir un papel de ritornelo de afirmación ontológica." (Guattari, 1992:77).
Y el problema del reduccionismo es mayor dado que *"las luchas del deseo no pueden quedar circunscritas exclusivamente al terreno del significante, ni siquiera en el caso de que se diera una «pura» neurosis significante (...) porque siempre se desbordan e inundan el terreno de lo somático, lo social, lo económico, etc. Y a menos que consideremos que el significante está en todas partes, tendremos que reconocer que se ha restringido la función del inconsciente hasta considerarlo sólo desde el ángulo de las cadenas significantes que activa. «El inconsciente está estructurado como un lenguaje», nos dice Lacan. ¡Claro! Pero ¿quién lo ha estructurado así? (...) una vez sometida la multiplicidad de voces propia de sus modos de expresión semióticos, una vez encadenado a un cierto tipo de máquina semiológica, entonces sí, acaba estando estructurado como un lenguaje (...) ¡No solamente ha contribuido a su propia alienación en las cadenas significantes, sino que ya*

no puede prescindir del significante, de modo que ahora lo demanda una y otra vez! Ya no desea formar parte del resto del mundo y sus formas de semiotización. Cualquier pequeño problema un poco acuciante le impulsará a buscar, si no la solución, al menos la suspensión tranquilizadora de los juegos del significante. ¿Qué nos quedaría entonces, por ejemplo, de la alienación que han sufrido durante miles de años las mujeres a manos de los hombres? Según la concepción que tienen los lingüistas del significante, sólo quedarían algunas trazas neutras e inocentes, como la oposición entre lo masculino y lo femenino; y según la de los psicoanalistas, nada más que un truco de ilusionista que hace aparecer y desaparecer el falo" (Guattari, 1977:415-416).

Solo habría significantes y efectos de significación, lo que significa que no existiría significado conocido ni tampoco referente cognoscible. No habría nada de alguna realidad exterior donde contrastar las "cosas", el contraste es solo contraste de valor significante. El objeto (cosas) está perdido, el objeto es más bien un vacío o un agujero, la consistencia de un objeto solamente radicaría en sus posicionamientos de referencias en el sistema mismo. En contraste a esta postura anti-referencial, concordamos con Ricoeur (1983) al referir que "*la empiria en la medida en que la intencionalidad histórica se centra en acontecimientos que han tenido lugar efectivamente. Aunque el pasado ya no exista y, según la expresión de Agustín, sólo pueda ser alcanzado en el presente del pasado —por medio de las huellas del pasado, convertidas en documentos para el historiador—, sigue siendo un hecho que el pasado ha tenido lugar. El acontecimiento pasado, por ausente que esté de la percepción presente, no por eso deja de regir la intencionalidad histórica, confiriéndole una nota realista que ninguna literatura igualará nunca, aunque sea de pretensión "realista".*" (p.155).

De esta forma, basada en la prioridad Significante, pre-existirá un "*predominio concedido a la sincronía. Saussure ilustra este privilegio y su corolario, a la insignificancia de la historicidad con la metáfora del ajedrez. La inteligencia de la partida es el resultado de la visión del lugar y de las combinaciones posibles de las piezas en el tablero*" (Dosse, 1991:66). Si recordamos el texto de Watzlawick (1967) "Teoría de la Comunicación Humana" quien refiere al juego de ajedrez con su sintaxis o sincronía, donde el contenido semántico de las piezas son poco relevantes (por poseer un carácter poco científico de caja negra), ya que las posiciones y movimientos objetivamente visibles de las piezas es lo que más importa, perdiendo consigo, la importancia de la historia de cómo las piezas llegaron al lugar dónde se encuentran. Para Watzlawick (1967), en la Psicología Sistémica el observador (terapeuta) puede llegar a identificar las configuraciones de un patrón de comunicación en un sistema, a partir de la observación de las redundancias estructurales. Es decir, analizarse desde sus inputs y outputs, sin que sea menester adentrase en los procesos internos de transformación energética: "*no es necesario recurrir a ninguna hipótesis intrapsíquica imposible de verificar en última instancia, y es posible limitarse a las relaciones observables entre entradas y salidas, esto es, a la comunicación*" (Watzlawick, 1967:44-45).

De este modo, según la Psicología Sistémica de primera cibernética, la importancia radica en observar las pautas repetitivas de acción, más que los contenidos semánticos de su acción (su historia subjetiva), así, se protegería la neutralidad objetiva posible del terapeuta sin mediar con sus propios ideales.

Por tanto, un observador que no sabe ajedrez, al ver una partida puede ir sacando conclusiones sobre las reglas del juego en base a ciertas redundancias (repeticiones) que ve, así también, al estudiar a las personas que se comunican podríamos a su vez detectar redundancias para conocer las reglas de la comunicación. O sea, se pueden identificar configuraciones complejas de redundancias, más allá de los agregados especulativos diacrónicos que pueda hacer el observador sobre el juego que observa, como "inventar" mitologías acerca del ajedrez que intenten explicarlo, etc. De ahí que en la Clínica existan consignas (modas francesas psicoanalíticas) tales como: "no comprenda", "no interprete", "el trabajo analítico está precisamente en lo dicho sincrónicamente". En donde finalmente, aquellas *"leyes internas que rigen una lengua pueden ser establecidas mediante el estudio de la combinación recíproca de unidades discretas* (Dosse, 1991:66)". Unidades discretas que serían los significantes o a la "L-E-T-R-A". Por otro lado, desde esta *"inversión de perspectiva relega a la diacronía al estatuto de simple derivado, y la evolución de una lengua va a ser concebida como el paso de una sincronía a otra sincronía"* (Dosse, 1991:66). Esto se suma a lo que Dosse (1991) describe cómo en esta *"tesis de la independencia de la investigación sincrónica para tener acceso al sistema rompe con la trayectoria de los comparatistas y de la filosofía clásica, basada en la investigación de los sucesivos préstamos, de los diversos estratos en la constitución de las lenguas.* (p.66)" Más específicamente, en aquella *"tradición de los comparatistas alemanes del siglo XIX: éstos buscaban las verdaderas estructuras en la lengua, considerando que la actividad de habla destruía la estructura del lenguaje. Esta corriente consideraba ya, por lo tanto, que era necesario restablecer una estructura de la lengua, que se encontraba fuera de lo que se hacía con ella"* (Dosse, 1991:70). No obstante, el Estructuralismo al romper con dicha tradición, aquella *"hazaña permitió a la lingüística liberarse de la tutela de la historia, favoreciendo su autonomía como ciencia, pero al precio de una ahistoricidad, y por lo tanto de una amputación, que quizás era necesaria para romper con el evolucionismo, pero que llevará a aporías por no haber sabido tratar dialécticamente los lazos diacronía/sincronía."* En otras palabras: *"Encierra a su lingüística en un estudio restrictivo del código, separando de sus condiciones de aparición y de su significado"* (Dosse, 1991:67). Por esta razón, Lacan (1958) en su Clase 10 de su Seminario V expresa que *"el punto de capitonado, es sólo un asunto mítico, porque nadie ha podido sujetar nunca una significación a un significante. Lo que sí puede hacerse, por el contrario, es fijar un significante a otro significante y ver cuál es el resultado"*(p.202).

Décadas después, Lacan (1977) en su Seminario XXIV para su clase 8, reitera que: *"Ese inconsciente en el cual Freud no comprendía estrictamente nada, son representaciones inconscientes. ¿Qué es lo que puede ser eso, representaciones inconscientes? Hay ahí una contradicción en los términos: unbewusste Vorstellungen. Yo he intentado explicar eso, fomentar eso para instituirlo al nivel de lo simbólico. Eso no tiene nada que ver con representaciones, este simbólico, son palabras y, en el límite, se puede concebir que unas palabras son inconscientes. No se cuenta incluso más que* eso a montones: en el conjunto, ellas hablan sin saber absolutamente lo que dicen. En lo cual el inconsciente no tiene cuerpo más que de palabras." Más adelante, Lacan (1977) reafirma en su misma clase 8, cómo entiende lo Inconsciente: "¿El inconsciente? Yo propongo darle un otro cuerpo, porque es pensable que uno piensa las cosas sin pesarlas. Allí son suficientes unas palabras; las palabras hacen cuerpo, eso no quiere decir para nada que uno comprenda allí nada. Eso es el inconsciente, uno está guiado por palabras con las cuales uno no comprende nada. De todos modos, tenemos el incentivo de eso cuando la gente habla a tontas y a locas, es completamente claro que ella no da a las palabras su peso de sentido. Entre el uso de significante y el peso de significación, la manera en que opera un significante, hay un mundo. Ahí está lo que es nuestra práctica: es aproximar cómo operan unas palabras."

Por otro lado, retomando lo que vimos en Watzlawick (1967) en su despreocupación por los procesos de transformación energética, este desinterés que des-catexia o contra-carga el rol del plano económico o energético, lo podemos ejemplificar con F. Guattari (1989) cuando explica que "bajo la égida del estructuralismo lacaniano, Se trata nada menos que de su "liquidación" casi total bajo la forma de cadena significante. Desde sus primeros escritos Lacan toma distancia con respecto a la metapsicología freudiana. Enseñó primero que la libido no era sino un simple sistema de notación energética. Luego, haciendo de la termodinámica un simple juego de significante, llegó a negarle hasta su carácter de Flujo, para convertirla en un órgano de la pulsión, la cual se metamorfoseaba, por su parte, en tesoro del significante" (p.69).

Desde esta égida, no es que las fuerzas o las diferencias de fuerzas generarían las respectivas vías facilitadas neuronales, más bien, el significante ya estaría ahí como causa, ya precede dicha variación de fuerzas y puntos de contacto. Hay redes de significantes precedentes a las diferencias del sujeto que estructuraría sus fuerzas de una manera y no de otra. No importa cómo llegó a establecerse, el campo Simbólico ya está ahí dado y dispuesto a adentrarse como trazos de los circuitos ya pre-dispuestos para derivarse. La placa de circuito no va conformándose poco a poco en su propia historia de diferencias (diacrónicamente), más bien, se entra o no se entra (sincrónicamente y binariamente) al mundo Simbólico (Nombre del Padre). El mundo Simbólico se daría todo junto de una sola vez. Dicha entrada en nombre (Nombre del Padre) del Significante y representar a un sujeto para otro significante marcará un antes y un después que se manifestará si existe una Estructura Neurótica, Perversa o Psicótica al respecto.

Bajo la prioridad puesta en la sintaxis por sobre la semántica (significante sobre significado), lo que se observa es únicamente el emerger del significante en su repetición o en su puntuación no puntualizada. Se recorta dicho significante (Fort y Da) y se relanza al juego de la cadena significante hacia un nuevo efecto (en la cadena), puesto que el sujeto es efecto del significante, el sujeto no tiene a los significantes, los significantes no dejan de no escribirse por situarse en un casillero vacío, por tanto, el sujeto es producto de ellos. Un significante remite a un sujeto para otro significante sucesivamente, el sentido codificado o semántico de un significante pierde relevancia ante la sucesión de los significantes que se remiten retroactivamente. De este modo el efecto no puede ser predecible o comprenderse su causa, siempre es un enigma que se relanza, gracias al supuesto permanente desencuentro de todo encuentro con el objeto (perpetuamente) perdido, debido a la supuesta muerte de la "Cosa" (Das Ding) por el Significante y la Estructura del Lenguaje.

Žižek (1994) resume la postura de Lacan expresando que *"la causa descentrada de la significación es identificada como la estructura significante. Lo que está en juego en este primer cambio de la hermenéutica al estructuralismo es, pues, precisamente, la pregunta por la causa. Al movernos de la significación a su causa, la significación es concebida como efecto-de-sentido: es la experiencia-de-sentido cuyo constituyente intrínseco es el no reconocimiento de su causa determinante, el mecanismo formal de la estructura significante misma. Este cambio de la significación a la causa significante (correlativo de la noción de significación como efecto) no reduce la significación a producto del determinismo positivo, es decir que no es un paso de la hermenéutica a las ciencias naturales"* (p.50).

Aunque mantengamos la distinción (prioridad) entre "Estructura" (sintaxis, código) por sobre "contenido" (semántica, mensaje). Existen mensajes que por si mismo *"reestructura un código y que además reestructura los sistemas que este código apoyaba"* (Eco, 1969:108). Similar a lo anunciado por Thomas Kuhn en 1962 en sus "Revoluciones Científicas" con respecto al "quiebre, crisis o nuevo paradigma". Por ejemplo, durante la creación de una obra artística, U. Eco (1969) nos explica que *"la obra nos impulsa ante todo a reconsiderar el código y sus posibilidades. Toda obra pone el código en crisis, pero a la vez lo potencia; pone de manifiesto pliegues insospechados, sutilezas ignoradas (...) ciertas posibilidades de alusión, cosas que se pueden decir, cosas dichas que se refrescan y redescubren y que hasta entonces habían pasado inobservables u olvidadas"* (p.179). Desde la innovación artística, su mensaje desanclado del código, como fin, *"no es acercar a nuestra comprensión la significación de que es vehículo, sino crear una percepción particular del objeto (...) la dificultad y oscuridad de las creaciones artísticas que se presentan por primera vez ante el público no adiestrado"* (p.180). De este modo en el campo del arte y creación, U. Eco (1969) citando al escritor V. Sklovski articula que *"no se trata de un ritmo complejo, sino de una violación del ritmo, de una violación que no se puede prever; si esta violación se convierte en canon, pierde toda la fuerza que tenía"* (p.180).

Semejante a un des-cubrimiento científico que hace emerger elementos o datos nuevos que obligan a reelaborar los paradigmas, así mismo, un suceso social imprevisto que moviliza cambios rotundos en el sistema social, obliga a leer un suceso o revolución social que pone en crisis al mismo código-estructurado (status quo). Sin olvidar como ya vimos, en una impresión estética o artística pueden también dejar sin palabras rompiendo con ellas. Son en suma, manifestaciones no-codificables a valores (posiciones) estructurales, no cercables o ligables aún para apreciar toda su dimensión potencial.

Un mensaje así, que no tiene aparejado un código-estructura que de cuenta de su modalidad o particularidad en un conjunto, es como si viéramos por primera vez un nuevo color, donde las certezas posicionales del código se descuadran y se corren sus márgenes a otros campos no antes dilucidados en la misma sistematización del código-lenguaje. El mensaje por sí mismo puede poner en jaque el código y las posiciones de valor en diferenciaciones oposicionarias. Es como si tal mensaje no se sabe si pertenece en un campo de referencia o coordenada al eje X o Y o si quizás habría que inventar un eje Z para distribuir de otro modo la posición estructural en juego. Por momentos, la "segunda articulación" del lenguaje cobra mayor peso (protagonismo) que la primera articulación de la cual se basa el código estructural. Es decir, una "lógica serial" donde el mensaje cobra su propio código por inventarse (su propia piedra roseta), no es el código quien decifra la posición del mensaje en su lugar referencial, es el mensaje mismo quien interpela al código como limitado e ignorante de su talón de Aquiles. En otras palabras, el "*fin primario del pensamiento serial es hacer evolucionar históricamente los códigos y descubrir otros nuevos, y no retroceder progresivamente hasta el código generativo original (estructura)*" (Eco, 1969:418).

Como distinto frente al "pensamiento serial", Eco (1969) citando a Pierre Boulez, define que el "*pensamiento tonal clásico está fundado en un universo definitivo, a través de la gravitación y la atracción; en cambio, el pensamiento serial se funda en un universo en expansión perpetua*" (p.415). Vale decir, ante a los retornos tonales gravitantes, "*el pensamiento serial tiende a producir historia y no ha descubrir, por debajo de la historia, las abscisas intemporales de cualquier comunicación posible. En otras palabras, en tanto que el pensamiento estructural intenta descubrir, el pensamiento serial intenta producir*" (Eco, 1969:419).

Sin embargo, este libro no propone elegir o priorizar una en desmedro de la otra, por esta razón, coincidimos con Eco (1969) en que "*estructuralismo y serialismo pueden encerrarse en dos visiones de mundo opuestas. Y en tal caso, se convierten en dos casos de falacias filosóficas: uno es un caso de fetichismo del código; el otro, de fetichismo del mensaje. No se pueden estudiar los mensajes "seriales" si no se elabora una semiótica de códigos, como se ha intentado con la elaboración de la teoría del mensaje estético ambiguo. En este sentido, el método serial se presentará como la otra cara dialéctica del método estructural. El polo del devenir, opuesto al polo de la permanencia. La contribución que la semiótica del mensaje puede aportar a la semiótica del código. La tentativa de insertar el desarrollo diacrónico en una consideración sincrónica de las convenciones (...) la serie ya no será la negación de la estructura, sino la estructura que duda de sí misma y se reconoce como histórica*" (p.426). Tal como lo definimos en este libro: Conjuntos semi-abiertos.

No tratamos de postular epistemológicamente que todo conjunto o campo • conceptual, en gran medida estaría exacerbado siempre por líneas de fuga (Devenir) o diferencias puras. Si buscáramos fetichizar el mensaje por sobre el código no tendríamos forma de distinguir un delirio psicótico-simétrico de una Neurosis de lógica asimétrica, ni tampoco en sus formas graduales y complejas. Priorizar uno en desmedro del otro: Invertir la prioridad-jerarquía (polaridad) en el Devenir (lo serial) por sobre la Estructura (sintaxis) sería caer en la entropía e indiferenciación pura, que muy bien se describe en la Hipótesis

VIII del Parménides de Platón. No podemos quedarnos en los laureles lógicos de Heráclito del cambio en y por el cambio. Ya que por y desde el cambio caeríamos a lo que Nietzsche (1874) comentó sobre Cratilo, el discípulo de Heráclito quien estaba "*condenado a ver en todo un devenir: un hombre semejante no creería en su propia existencia, no creería en sí, vería todo disolverse en una multitud de puntos móviles, perdería pie en ese fluir del devenir*" (p.38).

Sabemos que la Estructura del código o lo Simbólico posee límites (limitaciones) que impiden cerrar completamente las funciones o sistemas de su conjunto (véase Teorema de la incompletitud de K. Gödel). Siempre algo queda afuera de la anotación, haciendo-abriendo nuevos conjuntos en los límites (afueras) o bordes del conjunto en sus funciones posicionales o estructurales: No cesa de escribirse algo que intente (logre) cerrar o poder decir la totalidad de la escritura: Devenir, lo Nouménico, Cosa-en-sí (Lacan define como lo "Real").

Pese a no escribirse o percibirse por completo, siendo imposible totalizarse como conjunto (junto a sus relaciones o funciones de sistemas) o poder capturarse su propio Devenir. No por ello reduciremos la complejidad, la constitución y gradualidad (intensidad) subjetiva humana en lógicas del Significante (prioridad Simbólica) o puntos de Goce (prioridad a lo "Real") ad hoc metafísicos místicos. Aunque se priorice, lo Simbólico o lo "Real", ambas seguirán compartiendo la Lógica Estructuralista reduccionista en hipótesis ad hoc sobre formalizaciones de puntos de relanzamientos en "UNO" de Goce o "desfallecimientos" del Sujeto ($) "entre" los Significantes (casillero vacío), bajo una modalidad ex-nihilo de Cosa o Causa perdida en su mítico desencuentro que retorna en su misma falla (hiancia, falta, tyche, agujero, vacío, etc) estructural mística ad hoc. Finalmente, adherimos con Piaget (1968) en que "*no es exagerado calificar el estructuralismo de Foucault de estructuralismo sin estructuras. Retiene del estructuralismo todos sus aspectos negativos: la desvalorización de la historia y de la génesis, el desprecio de las funciones y, en un grado inigualado hasta ahora, la negación del sujeto mismo, ya que el hombre desaparecerá pronto. En cuanto a los aspectos positivos, sus estructuras son sólo esquemas figurativos y no sistemas de transformaciones que se conservan necesariamente por su autoajuste. El único punto fijo en este irracionalismo final de Foucault es el recurso al lenguaje, concebido como dominador del hombre, porque es exterior a los individuos: pero aun "el ser del lenguaje" permanece voluntariamente para él como una especie de misterio del cual le gusta sólo subrayar la "enigmática insistencia" (...) hace evidente la imposibilidad de alcanzar un estructuralismo coherente al desligarlo de todo constructivismo.*" (p.116)

Finalizada esta discusión Epistemológica sobre la polifonía y los efectos de su reducción. Retomemos ahora con respecto al Fort-Da, distintos destinos que aún no hemos despejado con relación al Trauma.

Sabemos que Freud (1900) postuló al comienzo la idea de que todos los sueños son realizaciones de deseos, incluso, en aquellos casos de sueños displacenteros, ya que desde lo latente guardaban una relación de satisfacción camuflada en la distorsión onírica. Freud posteriormente en su texto "Más allá del principio del placer" cambiará parte de su última idea, cuando de mayor cuenta a los sueños (repetitivos) traumáticos o de angustia, vale decir, "*los sueños que sobrevienen en la neurosis traumática constituyen la única excepción efectiva a la tendencia del sueño a cumplir un deseo*" (Freud, 1923:120). En este caso, son más bien sueños que serían el intento o fracaso de un cumplimiento de deseo (truncado). Por ello, podemos pensar: ¿No es el sueño una elaboración secundaria que toma elementos de restos diurnos y los desfigura espacio-temporalmente en condensaciones y desplazamientos para intentar (alcanzar) su anhelo satisfactorio en un orden que lo acomode? ¿No es entonces el proceso primario, la fuente asociativa donde bajo el principio del placer buscaba ordenar y descargar de una nueva manera para obtener el placer? Diremos que es un intento donde a veces se interrumpe o se tropieza por algún suceso traumático que se repite (indigesta de elementos beta) al no poder digerirse, puesto que "*en las neurosis traumáticas; en ellas, los sueños desembocan regularmente en un desarrollo de angustia. Opino que no debe arredrarnos admitir que en este caso falla la función del sueño (...) de todos modos, el sueño es el intento de un cumplimiento de deseo*" (Freud, 1932:27). Desde Bleichmar (2005) es diferenciable, la distinción que existe entre el "*despertar por angustia y los sueños de angustia, porque los sueños de angustia no necesariamente implican despertar por angustia*" (p.520).

Junto a esto, reencontramos el fracaso que se repite tras su intento de elaboración, dado que "*en tales circunstancias acontece que uno se vuelva insomne, que renuncie a dormir por angustia frente a los fracasos de la función del sueño. Pues bien; la neurosis traumática nos muestra un caso extremo de ello*" (Freud, 1932:28). La ligación que provee el trabajo del sueño, no logra operar en este nivel mediante el principio del placer para la realización del deseo. André Green (2000) lo grafica del siguiente modo: "*El sueño traumático no sabe más que repetir, evocando la comparación clásica –y ahora caduca– del disco rayado. Allí donde la rayadura es cicatriz de un trauma, el sistema inconsciente vinculado al principio del placer queda puesto en jaque (...) el placer, por muy tenaz y muy intensamente buscado que sea, ofrece la posibilidad de reemplazar un placer por otro, la combinación de un placer con otro, mientras que el dolor parece ferozmente inamovible y sin que a su respecto pueda plantearse ninguna sustitución (...) Como si la vida se hubiese detenido en el tiempo del trauma*" (p.97). Finalmente, siguiendo a Bleichmar (2005) "*el traumatismo lo que hace es producir desligazones que tienden a la búsqueda de una forma ligazón a través de la reminiscencia traumática (...) el problema es que el aparato no puede descargar, con lo cual va hacia el polo perceptivo, rebota y vuelve hacia el mismo polo (...) La compulsión a la repetición es la forma más clara de intento de ligazón fallido: la búsqueda de lo idéntico, la búsqueda de la descarga (...) que termina en retraumatismo para intentar ligar aquello que no termina nunca de ligarse*" (p.420-421).

Otro tipo de fracaso similar al manifestado por los sueños de angustia (típicos en las neurosis de guerra). Son de aquellos intentos fracasados con respecto al Fort-da en cuanto intentar pasar de lo pasivo o pasivamente a lo activamente simbolizable. Se queda truncado, sin los enlaces que permitan tramitar hacia el principio del placer, terminando finalmente, hacia una dimensión que va más allá del principio del placer: <u>Se eterniza pasivamente el abandono o se repite activamente la ausencia</u>.

Aquello lo podemos notar en la obra "Diferencia y Repetición" de Deleuze (1968): "*Desde el comienzo, Freud señalaba, para dejar de repetir, no bastaba recordar abstractamente (sin afecto), ni formar un concepto general, ni siquiera representarse en toda su particularidad el acontecimiento reprimido: era preciso ir a buscar el recuerdo allí donde se encontraba, instalarse de golpe en el pasado para realizar la conexión viviente entre el saber y la resistencia, la representación y el bloqueo. Uno no se cura, pues, por simple mnesis, ni tampoco se está enfermo por amnesia. Aquí, como en otros casos, la toma de conciencia es poca cosa. La operación que de otro modo sería teatral y dramática por medio de la cual se alcanza la curación, y también por la cual no se la alcanza, tiene un nombre: transferencia. Ahora bien, la transferencia es, además, repetición, ante todo, repetición. Si la repetición nos enferma, es ella también quien nos cura: si nos encadena y nos destruye, es igualmente ella quien nos libera, testimoniando en ambos casos su potencia "demoniaca". Toda la cura es un viaje al fondo de la repetición*" (p. 46-47).

Mientras Deleuze enfatiza la repetición bajo la Transferencia, de cerca le sigue Laplanche en su "Problemáticas II" agregando que "*hay que facilitar una crisis, una descarga emocional. Pero advertimos que las descargas emocionales a menudo no aportan nada, ellas se encadenan las unas a las otras sin producir un efecto persistente. O bien hay que admitir que lo que cuenta, en la "liberación" del afecto, no es tanto el desencadenamiento de la crisis emocional, sino el hecho de que él resulte distribuido por la palabra, es decir que conduzca a crear una nueva configuración de símbolos*" (p.273). De modo que en ambos autores, no basta el mero recordar emocional, se debe zurcir en el tratamiento, la trasferencia en su modalidad repetitiva con el bálsamo del lenguaje.

Por lo tanto, en estos escenarios para A. Green (1994) "*un análisis conducido exclusivamente por medio de interpretaciones de la trasferencia a menudo coloca al paciente bajo una presión insoportable. El análisis cobra un aspecto persecutorio aun si estas interpretaciones van encaminadas a que aquel comprenda lo que sucede en su interior. El respeto por la resistencia del paciente es una condición para el desarrollo del proceso analítico. A veces es necesario que él proyecte sobre el analista, es decir, se introduzca en su interior para ver lo que sucede ahí. Pero es esencial también que de tiempo en tiempo los dos miren juntos un objeto tercero.*

El concepto de desarrollo que acabo de mencionar es correlativo de la idea de regresión que, paradójicamente, es progresiva. Pero el análisis no se caracteriza por la mera regresión sino también por un proceso de regresión-progresión, un ir hacia atrás y hacia adelante.

Causado por la resistencia. Este proceso debe ser respetado si el paciente ha de seguir su propio ritmo. Esto supone no sólo silencio de parte del analista, un silencio permisivo, sino también el aspecto progresivo de las interpretaciones dirigidas a la regresión del paciente" (p.328).

La ruptura en el curso de las asociaciones "*se produce gracias a una sobrecarga económica sobre la representación, que no consigue desplazarse sobre la cadena asociativa sino que produce, por el contrario, una hipercondensación; se manifiesta a menudo por un cambio del registro de la voz o del curso de las asociaciones, por el silencio defensivo contra los afectos, por la puesta en acto, por el ataque contra el proceso asociativo o por un lapsus"* (Kaës, 1994:302).

Algunas defensas-resistencias buscan un cierto status quo en que nada cambie. Si esto sucede, las sesiones pueden ser "divertidas o cómodas", ocurriendo el punto de "no hay nada más que trabajar o hablar". Algunos caen seducidos por ser pecho-bueno y no levantar material nuevo por temor que el paciente se incomode (resistencia contra-transfertencial). Ciertamente, no se trata de pujar, una y otra vez en el mismo punto de resistencia hasta que éste ceda. Rara vez eso producirá nuevas asociaciones a elaborar, solo el robustecer la resistencia y transferencia negativa. En tales momentos, conviene ir de costado a nodos anexos indirectos ramificados de sus huellas.

Entre las alternativas o cuidados que podemos transitar es emplear *"lo preconciente como mediador y continúa el trabajo analítico hacia lo inconciente siguiendo la ruta de comunicaciones desde lo preconciente hasta lo conciente, en el deliberado intento de alcanzar lo inconciente por esta senda trillada, en cuyo caso las resistencias poco a poco cederán, infligiendo al yo unos traumas muy leves; o bien va directamente de lo conciente a lo inconciente, y produce una real herida narcisista debida al método empleado en la interpretación más que al contenido de esta. Innecesario es decir que el paciente puede reaccionar a esta intrusión sólo de manera desfavorable: con una desmentida protectora de su espacio interior o con la aceptación complaciente de un self falso, sin creer realmente en él; también puede construir un tipo de alianza terapéutica masoquista: Déme más interpretaciones, vióleme, lastimeme, me gusta. Esto conduce a una erotización del superyó, que desvirtúa su naturaleza propia. La regla de que uno debe interpretar lo más cerca posible del yo se justifica si uno no desea promover el establecimiento de un bloque pétreo de resistencias, característico del comienzo de un análisis interminable (...) análisis que desde el comienzo incluyen interpretaciones detalladas y frecuentes difícilmente sean más breves que los otros; más bien parece lo contrario. No está probado que produzcan mejores resultados. Lo mismo se puede decir de análisis en que las interpretaciones promueven abreacciones repetidas, sin dejar tiempo para que el yo asimile e integre los nuevos contenidos. En este caso se regresa al tratamiento catártico y a la creencia de que la conmoción provocada es satisfactoria"* (Green, 1994:329-330).

Por ello, en las sesiones, la dificultad es encontrar un modo de llevar al paciente en algo más allá del "no sé", "no recuerdo", "no entiendo". Podemos proponer que ante *"su negativa a aprovechar la ayuda ofrecida, ayuda que sin embargo se había solicitado. Repetición, pues, pero cargada de un potencial autodestructivo inagotable (...) el intento de desanudar ciertos lazos internos estrechamente ceñidos que sirven para mantener cerrado el conjunto inmovilizado con obstinación (...) Es preciso valerse de este "desanudamiento" para tratar de establecer una ligazón nueva -una "religazón"* (Green, 2001:166).

Comprendiendo, sin olvidar en el paciente, la relación con aquella *"destrucción no va a operar en forma de violencia agresiva sino bajo aspectos mucho más insidiosos, destinados a sembrar en el analista el desaliento, la desesperación, el desamparo (...) como si se tratara de un derecho inalienable, que al objeto (de la transferencia) le toca aguantar ahora lo que el niño tuvo que sufrir en otro tiempo."* (Green, 2001:168).

En tales situaciones se produce lo que S.L Poulichet (1987) llama las "formaciones de depósito", las cuales *"aparecen especialmente a través de la violencia de un "todo está dicho". Cuando de repente es descargado un relato de horror que puede apoyarse en algunos elementos de evidencia, se consumaría la tentativa de una puesta en depósito de un "exceso" que da a la palabra la dimensión de un actuar. El analista podría entonces quedar pasmado, inmovilizado por el actuar constitutivo de ciertas palabras, no precisamente por el contenido de los decires, sino por la dimensión alucinatoria que ellos incluyen. Pareciera en esos casos que algo del orden de lo "traumático" se reescenificara a través de su propio encantamiento; esta repetición puede actualizarse como la puesta en depósito o en prenda en el otro de un impensable, para inmovilizarlo (...) Tales formaciones tienden a provocar una efracción en el campo de la escucha del analista, quien en un primer tiempo podría ser llamado a ese puesto de testigo pasmado por el horror (...) nos fija en el encantamiento del suceso signatario de que "todo está dicho" y por eso el lenguaje fue aniquilado (...) las asociaciones parecen haberse perdido"* (p.183-184).

Puede ocurrir que el horror en Sesión se ha re-encarnado de un modo tal, que ya nada más se puede agregar, nadie es lo suficientemente estoico como para saber qué decir o hacer en tal evento. Las palabras se borran en tanto no pueden acotar nada más que el mismo acto de trauma en sí mismo. El analista queda a su vez amarrado al relato bajo una distendida línea de suspenso que no logra hacerse punto aparte. El relato discurre en un horror ominoso que no permite detener la hemorragia dicha, aún si fue en forma de catarsis.
Este "no hay nada más que decir" o "todo ya está dicho", apunta precisamente al nivel donde el horror traspasa las palabras posibles o conocibles para contornear lo sucedido. Lo único que queda luego del acto de relatar es el silencio, silencio que al aparecer, deja un grito helado, donde los vértices del discurso no pueden tomarse desde ningún ángulo, más que como una esfera candente inabordable, rodante sin fin que la detenga, puesto que el silencio es una extensión que no hace detener la hemorragia que barre las palabras.
"No hay nada más que decir", es donde localmente se configura un punto o fijación que da la apariencia que sin importar donde nos posicionemos, toda trayectoria de las líneas derivarán en proyectarse todas al mismo punto que las maniata o ata. Vale decir, si este evento traumático deja sin palabras o sin aire, es justamente por lo cual, aquello no ha podido articularse con el bálsamo del lenguaje. Deja sin palabras o sin nada más que agregar o decir puesto que su centro de gravedad es tal, que como hoyo negro no deja que la luz de la palabra se proyecte y rebote en otros vértices y conforme nuevas figuras geométricas complejas. Ese centro como fijación, fija como centro gravitacional a todos los astros o elementos que giran a su alrededor. Por lo tanto, la palabra para emerger en su ligazón psíquica, debe primero ser capaz de distanciarse lo suficiente del centro traumático para lograr derivarse a nuevos puntos indimensionados por el infinito espacio.

Ante esta situación: ¿Cómo salir de ella? ¿Cómo abordarla sin re-traumatizar innecesariamente? ¿Cómo escapar a la especularidad del horror entre paciente y analista sin ser envueltos en sus llamas?

La Clínica Psicoanalítica, una vez más, no tiene un solo modo de operar. Pero a modo general, para T. Reik en un escrito de 1926 la relación de las palabras frente al silencio, "*cuando las pronunciamos, las palabras tienen un valor diferente que en el momento de pensarlas en nuestras representaciones verbales. La palabra articulada produce un efecto retroactivo sobre el que habla. El silencio del analista intensifica esta reacción (...) En sus esfuerzos por expresar en voz alta e inteligible lo que estaba reprimido, me hace acordar a aquel pianista que dijo un día, señalando su instrumento: "A veces me parece que me encierran ahí dentro y que debo ejecutar al través" (...) No se trata de un simple silencio. Vibra con palabras inarticuladas*" (Nasio, 1987:24-25). Algunas Clínicas se orientan en confeccionar una represión primaria a dicho suceso para distanciarlo y velarlo lo mayormente posible, sumergirlo u olvidarlo. Otra orientación es intentar recordarlo poco a poco con nuevas asociaciones que faciliten su compresión. Algunas buscan revivirlo en su más ínfimo detalle o sensación y propiciar un nuevo comienzo. Similar al anterior, se dirige el re-actualizar la vivencia bajo un nuevo vínculo primario (analista) para que se catalice en un maternaje regresivo, con el fin de ser el lugar donde las balas le atinen (al analista) para devolverlas digeridas. Finalmente se intenta demostrar que se puede (sobre)vivir tras la herida y que aún se vive, pese, al "haber muerto".

Según Green (2001) en estos casos, a los pacientes podemos ver que "*el objeto solo está presente aquí bajo las formas del espectro que acosa al sujeto pegado a este último, gimiendo a su contacto, exhalando una queja eterna, levantando un acta de acusación interminable en el curso de un juicio interminable, sin veredicto. (p.156)*".

Finalmente, para ello como objetivo clínico, "*es preciso entonces que el analista abandone su relación con la lógica consciente-preconsciente -apoyada en una memoria que crea sentido- y oiga la resonancia traumática de las palabras a fin de vincular sus significantes a una lógica más inconsciente (...) su lógica, la que se oculta detrás de la amnesia y se ha convertido en el último recurso para una angustia sin nombre, esto es, sin lenguaje*" (Green, 2001:219). Así mismo, según Poulichet (1987) hace "*falta precisamente que pudiera producirse un retorno –un "da"- para que el cuerpo no quedara devastado, despojado en un "fort" que ofrenda. De este modo, un "da" sería "creado" prácticamente por el analista*" (p.185).

Para que quede aún más claro, sensibilizándonos con los casos de hospitalismos en niños huérfanos en la post-guerra mundial, Green (1970) recalca (desde el Fort-da) que es "*muy probable que un niño abandónico o afectado de hospitalismo no hubiese jugado de ese modo. En lugar de lanzar un carretel para luego recuperarlo uniendo el grito al gesto, tal vez se habría balanceado sin moverse de su lugar o golpeando la cabeza contra la pared de manera estereriotipada. El niño del carretel, dice Freud, admitió, justamente gracias al amor materno, la necesidad de la renuncia pulsional, es decir, el carácter inevitable de las pérdidas temporarias de su madre cuando ella se ausentaba.* (p.100)" De este modo, como lo podemos apreciar, el niño no juega al aparecer-desaparecer un objeto (simbolizando a la madre que se ausenta y regresa), aquí, el niño abandonado, se abandona en un juego estereotipado a su suerte, sin una simbolización más que una evacuación "beta" repetitivamente motriz. La renuncia pulsional o el suspenso de su descarga mediante el juego no se gesta sin una ligadura primaria de un objeto primordial que otorgue ligaciones o represiones originarias al niño.

El niño se lanza perdidamente a ese vaivén motriz, no hay regreso temporal a su lanzamiento, pues no hay inscripciones de un regreso o de recoger libidinalmente a un volver. Solamente hay arrojo a un vacío que no genera nuevas diferencias, un hoyo negro que absorbe la libido a un mismo sitio sin lugar o cobijo. La borradura temporal marca su tiempo, *"no permite conservar nada en el aparato psíquico justamente debido a la descarga. Cada descarga vacía momentáneamente a la psique de las tensiones conflictivas que le permitirían enriquecer su organización, complejizar su funcionamiento, ampliar su campo de actividad, diversificar sus investiduras, variar y matizar sus respuestas"* (Green, 2000:103). Para Bleichmar (2005) cobra importancia la capacidad del tejido fantasioso, ya que *"la fantasía es una recomposición de lo vivencial, que dan cuenta de los niveles de metabolización que el psiquismo tiene respecto a lo vivencial. A menor nivel traumático, mayor nivel de recomposición simbólica. A mayor nivel traumático, mayor presencia de restos no digeribles de lo vivencial"* (p.497).

Otra vía o camino es que ante la imposibilidad de salvar la vida de un hijo, *"la caída del objeto como omnipotentemente capaz de dar resolusión a todas las necesidades y tensiones padecidas por el sujeto. La sensación de desprotección brutal tiene que ver, entonces, no solamente con la presencia o ausencia del objeto sino con la capacidad del objeto de paliar la angustia de muerte o el sufrimiento, al cual el sujeto se encuentra sometido. Esto se ve muy claramente en algunos niños que padecen enfermedades precoces. El dolor terrible que produce en los padres la imposibilidad de establecer esta protección ilimitada (...) esta castración precoz, llamémosla así. Y, del lado del niño, algo que es muy notable que es que no aparece rabia en general. Y esta ausencia de rabia es el efecto de un reconocimiento de la impotencia del otro frente a la presencia brutal de la posibilidad de muerte. La rabia puede aparecer cuando el niño se salva, pero en los momentos en que está enfermo y en riesgo de muerte, no es que se somete por amor a los padres para que lo cuiden sino que hay una caída precoz de la omnipotencia del otro. Con lo cual, convoca muchas veces a los niños a actitudes que hemos visto como adultificadas y piadosas hacia el adulto"* (Bleichmar, 2005:389).

Para el caso de un acoso o abuso, puede ser traumático si nunca se olvida y reaparece como indigestión repetitivamente sin desplazamientos ni condensaciones (invade frecuentemente recuerdos y/o bajo pesadillas angustiantes). Puede sustituirse con disfraces recién bajo la Represión como una Fobia y solo así el evento se va olvidando o puede olvidarse. También puede mantenerse bajo una perversión en el Fort-da entre el paso de lo pasivo a lo activo como una identificación con el agresor: expulsando la angustia del suceso puede escindirse entre el atacante y el atacado desde una posición pulsional pasiva-activa.

A modo de ejemplo, López (2014) en su libro "Los juegos en la detección del abuso sexual infantil" nos indica que el *"juego postraumático es aquel en donde el niño/a juega compulsivamente a algo, repitiendo una y otra vez la misma secuencia de acciones como de manera automatizada"* (p.137). Al respecto López (2014) entrega los siguientes ejemplos: *"En su primera sesión Martín jugo en dos oportunidades a que un vampiro le chupaba los genitales a un perrito mientras este dormía. Procedió a repetir este mismo juego en casi todas sus sesiones durante el primer año de psicoterapia (…) - Laly solía jugar con una muñeca bebé: la desnudaba, le vendaba alguna parte del cuerpo y, en su rol de médica, procedía a aplicarle una inyección con el fin de dormirla y operarla para quitarle bichos de su vagina"* (p.137).

Otro ejemplo otorgado por López (2014) que pese a no ser un mismo juego del tipo reiterativo, podemos apreciar el Fort-Da implicado en la "identificación con el agresor" en su paso de lo pasivo a lo activo: *"hasta que, por último, procedió a tirarme sobre mi boca unas gotas blancas de yogur (un pote de crema blanca para manos). –Debes guardar el secreto de lo que aquí pasó... No debes recordar nada de lo sucedido al despertar –me susurró, esta vez con una voz entre áspera y ronca"* (p.266).

Pasando ahora al terreno de una agresión (lesión) física o corporal, J.D Nasio (2007) nos resume en tres efectos posibles las lesiones o heridas físicas:
"-Real: percepción somatosensorial de una excitación violenta que toca los tejidos orgánicos.
-Simbólico: formación súbita de una representación mental y consciente del lugar del cuerpo donde se produjo la lesión.
-Imaginario: puesto que el cuerpo se vive como exterior al yo, la sensación dolorosa será percibida imaginariamente como si emanase de la herida, y la herida como un hostigador de quien uno quiere deshacerse" (p.20)
Según Nasio (2007) ante una lesión, puede *"suceder que el aflujo de energía dolorosa golpee otras neuronas diferentes de aquellas donde se inscribe lo imagen de la agresión. Otras neuronas, por ejemplo, que contenían las huellas de acontecimientos desgraciados vividos y luego olvidados por el sujeto"* (p.31). En otras palabras, para Nasio (2007), cada *"vez que un dolor nos aflige, venga del cuerpo o del espíritu, se mezcla inextricablemente con el dolor más antiguo que revive en nosotros"* (p.33).

Según Deleuze (1988) para el caso de "*Leibniz no dice que la percepción semeje un objeto, sino que evoca una vibración recogida por un órgano receptor: el dolor no representa el alfiler, ni su movimiento de traslación «como el de una rueda de carroza», sino los mil pequeños movimientos o latidos que irradian en la carne; «el dolor no semeja los movimientos de un alfiler, pero puede semejar perfectamente los movimientos que este alfiler causa en nuestro cuerpo, y representar esos movimientos en el alma»; el blanco «no semeja un espejo esférico convexo», sino una infinidad de «pequeños espejos convexos tal como vemos en la espuma al mirarla de cerca». La relación de semejanza es aquí como una «proyección»: el dolor, o el color, son proyectados sobre el plano vibratorio de la materia, de la misma manera que el círculo es proyectado en parábola*" (p.123).

Pasando a brindar ahora un ejemplo clínico sobre una fijación del dolor o "conmoción". Una paciente que atendí, durante las sesiones se quejaba de tener dolores en el costado de sus muslos, al preguntarle en dónde, desplazó su mano por ciertas zonas de su alrededor. Posteriormente la paciente hablaba que por años había sido golpeada por su ex-marido de quien se separó hace más de 10 años. En una de las sesiones le consulté en qué lugares le pegaba su ex-marido y ella con un gesto idéntico, enmarcó con su mano las mismas zonas que le aquejaba dolores en las sesiones anteriores. Uno podría rápidamente atribuirlo como un síntoma de conversión corporal histérico, sin embargo, la inscripción sintomática como neurosis histérica, no es igualmente simbolizada para este caso, más bien, son residuos aún dolientes de una fijación en su cuerpo como traumatismo o "conmoción". El dolor o displacer psíquico hace resonar o retumba a lo lejos las huellas anquilosadas de un dolor vivenciado, el cuerpo resuena bajo esa repetición dolorosa que ha sido fijada en su cuerpo.

Tomando en cuenta a W. Bion, entendemos que durante el Trauma, el contenedor está roto, los contenidos (objetos bizarros) son los contenedores mismos ardientes y fisuran los posibles pliegues envolventes (membranas) para digerir y alfabetizar los elementos beta. Es el contenido quien sustituye al contenedor mismo, transformando el continente en fragmentos aislados (signos de percepción) que no logran "barreras de contacto". Bion (1970) lo resume en que el *continente extrae tanto del contenido, que éste queda sin sustancia. El continente puede sacar todo "fuera del" contenido; o puede que el contenido ejerza "presión" para que el continente se desintegre*" (p.104). En resumidas cuentas, la patología emerge cada vez que contenedor-contenido se confunde y/o cuando el continente se fractura o se congela.
Si podemos resumir parte de lo expuesto, diremos, que en el Trauma es una fijación de Signo de Percepción en pura contigüidad al estímulo in-metabolizado, la Fobia una representación-cosa metaforizada o desfigurada (seudo-metabolizada), la identificación con el agresor como un Fort-da del yo perverso, y, la elaboración es el enlace a representaciones-palabra metabolizadas.

Como vimos, en el inconsciente persisten huellas traumáticas o Signos de Percepción que no han sido ligadas por el proceso secundario ni por el principio del placer, huellas que por su condición de traumáticas son también enigmáticas para el propio sujeto, de modo que lo que enigmático-traumático se repite.
Es allí donde el Psicoanálisis adquiere una diferenciación importante a un proyecto estrictamente Deconstructivo, ya que, la repetición en la serie de diferencias, marca lo que en el trabajo psicoanalítico es la repetición del síntoma, el retorno de lo reprimido o lo no-ligado al sistema prc/cc. En el psicoanálisis el fracaso es su guía, lo irresuelto es su eje, el malentendido es su pregunta.

En Psicoanálisis, para hacer un breve cuadro esquemático, podemos encontrar 4 tipos o formas de Repetición (compulsión a la repetición) en lo Clínico:

1) **Repetición pura:** goce mortífero, adicciones severas, pulsión de muerte, desligación, juego autista o estereotipias motrices, Trauma, Fijación, borradura del tiempo, voracidad pura, Energía libremente móvil.

2) **Repetición de algo irresuelto:** lo que no se recuerda se actúa (repite), intento de reparar, resolución de logro frustrado, venganza, Fort-da (de lo pasivo a lo activo), reactualización o recreación de la transferencia pasada, elección de objeto narcisista.

3) **Repetición del retorno de lo reprimido:** pasaje de lo activo a lo pasivo (masoquismo y exhibicionismo), formación sustituta del deseo bajo síntomas, inhibiciones, síntomas neuróticos, desplazamiento y condensación de deseos desalojados de la conciencia bajo diversos disfraces sintomáticos, lo displacentero para el "yo" es placer o goce para el "Ello".

4) **Repetición de un placer:** generador de ligaduras, conformación de un cuerpo libidinal, constitución de barreras anti-estímulo, juego creativo, espacio transicional, pulsión de vida, Energía ligada.

Por supuesto en un mismo paciente podemos encontrar varias de ellas en su particularidad o incluso todas, por lo cual no siempre es posible aislar o encontrar sólo una en estado puro. Resulta por ello muchas veces difícil en el diagnóstico percatarse de cuál repetición estamos en frente.

4. Constitución del Yo: Pliegues, Barreras y Retardos

Partiremos nuestra exposición sobre la constitución de los pliegues, barreras y retardos del Yo, articulando lo que hemos revisado sobre la ligación. Siguiendo a Deleuze (1968), estas masas de excitaciones a dominar, encuentra mediante la "*respuesta freudiana que la excitación como libre diferencia debe, de alguna manera, ser "investida", "ligada", maniatada, de modo que su resolución sea sistemáticamente posible. Lo que en general vuelve posible no el placer mismo sino el valor de principio tomado por el placer, es el vínculo o la investidura de la diferencia: se pasa así de un estado de resolución dispersa a un estatuto de integración que constituye la segunda capa del Ello o el comienzo de una organización*" (p.155). Más adelante Deleuze (1968) sosteniendo aquello, prosigue en decir que: "*El ojo liga la luz, es él mismo una luz ligada, (...) el ojo, el yo vidente se llena con una imagen de sí mismo contemplando la excitación que él liga*" (p.155). Así es como vemos que en el Ello se van conformando distintas capas que maniatan una organización que va posteriormente a constituir un "yo" o un grupo de "sistemas neuronales PSI" (barreras de contacto). Vale decir, en la obra "El yo y el ello" Freud (1923) describe que "*el yo es la parte del ello alterada por la influencia directa del mundo exterior (...) una continuación de la diferenciación de superficies*" (p.27). Así mismo, el "*yo es sobre todo una esencia-cuerpo; no es sólo una esencia-superficie, sino, él mismo, la proyección de una superficie*" (Freud, 1923:27). Freud (1923) en una cita, ahí mismo aclara que cabe "*considerarlo, entonces, como la proyección psíquica de la superficie del cuerpo, además de representar, como se ha visto antes, la superficie del aparato psíquico*" (p.27-28).
En otras palabras, algo envuelve y parcela un lugar propio. De este modo queda delimitado, parcelado un lugar dentro del vasto universo, un espacio retorcido dentro del espacio, un "ser en el ser" podríamos decir.

De la misma forma, Derrida (1968) lo resume en que los "*dos valores aparentemente diferentes de la différance se anudan en la teoría freudiana: el diferir como discernibilidad, distinción, desviación, diastema, espaciamiento, y el diferir como rodeo, demora, reserva, temporización.*" En el fondo serían las vías facilitadas espaciales y el retardamiento temporal.

Mientras que para Deleuze (1983) se apuntarían a las siguientes preguntas: "*¿Cómo podría contener mi cerebro las imágenes, si él es una entre las demás? Las imágenes exteriores actúan sobre mí, me transmiten movimiento, y yo restituyo movimiento: ¿cómo estarían las imágenes en mi conciencia si yo mismo soy imagen, es decir, movimiento? Y, en este nivel, ¿es que puedo tan siquiera hablar de mí, de ojo, de cerebro, de cuerpo? Lo hago por simple comodidad, pues todavía nada se deja identificar de esa manera. Más bien sería un estado gaseoso.*
Yo, mi cuerpo, sería más bien un conjunto de moléculas y átomos sin cesar renovados. ¿Es que puedo siquiera hablar de átomos? Estos no se distinguirían de los mundos, de las influencias interatómicas. Es un estado demasiado caliente de la materia para que distingamos en ella cuerpos sólidos. Es un mundo de universal variación, universal ondulación, universal chapoteo: no hay ejes ni centro, derecha ni izquierda, alto ni bajo...

Este conjunto infinito de todas las imágenes constituye una suerte de plano de inmanencia. La imagen existe en sí, sobre este plano. Este en-sí de la imagen, es la materia: no algo que estaría escondido detrás de la imagen sino, por el contrario, la identidad absoluta de la imagen y el movimiento. La identidad de la imagen y el movimiento es lo que nos lleva a concluir inmediatamente en la identidad de la imagen-movimiento y la materia.

«Decid que mi cuerpo es materia, o decid que es imagen...» La imagen-movimiento y la materia-flujo son estrictamente lo mismo. Este universo material, ¿es el del mecanismo?

No, porque (como demostrará La evolución creadora) el mecanismo implica sistemas cerrados, acciones de contacto, cortes inmóviles instantáneos. Sin embargo, efectivamente es en este universo o sobre este plano donde recortamos sistemas cerrados, conjuntos finitos; él los hace posibles por la exterioridad de sus partes. Pero él mismo no lo es. Es un conjunto. Pero un conjunto infinito: el plano de inmanencia es el movimiento (la cara del movimiento) que se establece entre las partes de cada sistema y de un sistema al otro, que los atraviesa a todos, los agita y los somete a la condición que les impide ser absolutamente cerrados. También él es un corte; pero, a pesar de ciertas ambigüedades terminológicas de Bergson, no es un corte inmóvil e instantáneo, es un corte móvil, un corte o perspectiva temporal" (p.90-91).

Tomando en cuenta el "sistema cerrado", no olvidemos el cambio de paradigma que Freud dibuja en 1923 sobre el aparato psíquico, que equivale a un sistema cerrado, pasando por el dibujo de Freud en 1932 sobre el aparato psíquico, donde claramente, aparece como sistema semi-cerrado o semi-abierto. Puesto que en dicho dibujo de 1932, el aparato psíquico esta semi-replegado como sistema-cerrado, en donde debajo del aparato psíquico está abierto o semi-abierto desde el Ello a los estímulos del mundo exterior. Es decir, el aparato psíquico ya no está como sistema-cerrado en 1923, de modo que el cambio que agrega Freud en su dibujo de 1932, establece una apertura semi-cerrada o semi-abierta al sistema. En otros términos, no está cerrado en sí, lo cual permite entenderlo como un pliegue que se invagina a sí mismo, que separa de cierta forma, un medio interno de un medio externo, pero semi-contorneado, semi-abierto, semi-envuelto, donde sujeto-objeto, externo-interno no es completamente ajustado por completo, por ello, en el Ello abierto al mundo externo y sus estímulos, dan cuenta, como lo dice Bergson, del plano de la inmanencia, la cara del movimiento, lo "que les impide ser absolutamente cerrados".

Ante las respuestas que Bergson facilita a Deleuze (1983) en sus interrogantes, Freud en cambio, en su texto "Proyecto" (1895), a su manera, formula con respecto a las "barreras del aparato psíquico", tres maneras de precisarlo: "Limitados", "Reducidos" y "Pausados". La última de ellas, "pausados" o discontinuos, ya fue detallada por Freud con respecto a la percepción discontinua (momento a momento) en el block o pizarra mágica de 1924. La función de "periodo" fue detallada por Freud (1924) en su texto "El problema Económico en el Masoquismo, como la descarga que cuantitativamente adquiere montos diversos en distintos intervalos de tiempo (resumiendo).

Quiere decir, para el mundo exterior (inorgánico o entrópico) a mayor cantidad o intensidad, mayor cualidad, hay una correlación directa sin resistencia más que la propia inorgánica del material (no es autopoiético como diría F. Varela). Diferente es en el caso del aparato psíquico (orgánico), quien cualifica las cantidades bajo estas tres reglas de "selección", "discontinuidad" y "periodo". Por otro lado, son reducidos por la propia resistencia del propio complejo neuronal "la *naturaleza de las envolturas nerviosas actúa como una criba, de manera que en las distintas terminaciones nerviosas no todos los tipos de estímulos pueden ser efectivos. Los estímulos que realmente llegan a las neuronas perceptivas poseen una cantidad y una característica cualitativa; en el mundo exterior forman una serie de la misma cualidad (que los estímulos) y de creciente (magnitud de) cantidad, desde el umbral hasta el límite del dolor*" (Freud, 1895:225-226).

El yo entonces, se des-pliega en sus propios pliegues conformados, variando su forma contrayéndose sucesivamente adoptando diversas formas de sí mismo en cada lugar y rincón biográfico narrado de sí mismo. Por tanto el yo no permanece eterno (en su con-formación), el yo está atravesado por un devenir que va más allá de él, el yo está montado encima de algo que desconoce, o sea, por el tiempo o por el movimiento propio del Ello. Como lo explica Freud en el capítulo III de "Inhibición, síntoma y angustia" (1926), esto significa que en un primer momento, "*el yo y el ello coinciden, no siendo el primero sino una parte especialmente diferenciada del segundo*" (p.2839). Mediante esta manera, "*resulta decisivo el hecho de ser el yo una organización, y el ello, no. El yo es, en efecto, la parte organizada del ello*" (Freud, 1926:2839).

Por otra parte, considerando en principio "*el punto de partida de la evolución mental no existe seguramente ninguna diferenciación entre el yo y el mundo exterior, o sea, que las impresiones vividas y percibidas no están ligadas ni a una conciencia personal sentida como un "yo", ni a unos objetos concebidos como exteriores: se dan sencillamente en un bloque indisociado, o como desplegadas en un mismo plano, que no es ni interno, ni externo, sino que está a mitad de camino entre estos dos polos, que sólo poco a poco irán oponiéndose entre sí.*
Pero, a causa precisamente de esa indisociación primitiva, todo lo que es percibido está centrado en la propia actividad: el yo se halla al principio en el centro de la realidad, precisamente porque no tiene conciencia de sí mismo, y el mundo exterior se objetivará en la medida en que el yo se construya en tanto que actividad subjetiva o interior. Dicho de otra forma, la conciencia empieza con un egocentrismo inconsciente e integral, mientras que los progresos de la inteligencia sensorio-motriz desembocan en la construcción de un universo objetivo, dentro del cual el propio cuerpo aparece como un elemento entre otros, y a este universo se opone la vida interior, localizada en ese cuerpo propio" (Piaget, 1964:24-25).

En otra línea propuesta por Ferenczi (1909) argumenta que el "*recién nacido experimenta todo de forma monista, diríamos, ya se trate de un estímulo exterior o de un proceso psíquico. Sólo más tarde aprenderá a conocer la "malicia de las cosas", unas que son inaccesibles a la introspección, rebeldes a* la voluntad, mientras que otras quedan a su disposición y sometidas a sus deseos. El monismo se convierte en dualismo. Cuando el niño excluye los "objetos" de la masa de sus percepciones, hasta entonces unitaria, como formando el mundo exterior y a los cuales, por vez primera, opone al "yo" que le pertenece más directamente; cuando por primera vez distingue lo percibido objetivo (Empfindung) de lo vivido subjetivo (Gefühl), efectúa en realidad su primera operación proyectiva, la "proyección primitiva". Y si más adelante desea desembarazarse de los afectos desagradables al modo paranoico, no tiene necesidad de un sistema absolutamente nuevo: de la misma forma que ha objetivado anteriormente una parte de su sensorialidad, expulsará una parte aún mayor del yo al mundo exterior, transformando todavía más afectos subjetivos en sensaciones objetivas." Complementario sigue siendo Piaget (1969) tras proponer que "mediante una actividad estructuradora, continua, partiendo de un estado de indiferenciación caótica entre sujeto y objeto. En efecto, en el punto de partida de su evolución mental, el niño es arrastrado en sentidos contrarios por dos tendencias aún no armonizadas entre ellas y que siguen siendo relativamente indiferenciadas en la medida en que no han encontrado el equilibrio que las relaciona entre sí. Por una parte, el niño está obligado a acomodar sus órganos sensomotores o intelectuales a la realidad exterior, a las particularidades de las cosas de las que tiene que aprender" (p.181). No obstante, el propio Piaget (1959) detalla que dicho "equilibrio" es constantemente perturbado-transformado: "la homeostasis no comporta, en realidad, balances exactos, sino que testimonia frecuentemente la presencia de excesos por protección, y como por precaución, en caso de perturbaciones (...) la imagen que sugieren los hechos no es la de una balanza precisa, sino de una protección contra el error. Es por ello que las constancias perceptivas que deberían ser, por su naturaleza de conservación a través de las transformaciones, el asiento de rigurosos «balances», testimonian, al contrario, importantes sobrecompensaciones" (p.134-135).

En su monografía sobre Foucault, Deleuze (1986) retrata en el yo, lo que "el adentro siempre era el plegamiento de un supuesto afuera (...) el adentro siempre será el doblez del afuera (...) se seguirán los pliegues, se reforzarán los dobleces, de desgarro en desgarro, uno se rodeará de plegamientos que forman una «absoluta memoria», a fin de convertir el afuera en un elemento vital y renaciente" (p.130). Continuando Deleuze (1986) sobre los pliegues de un yo, es "como si las relaciones del afuera se plegasen, se curvasen para hacer un doblez y dejar que surja una relación consigo mismo, que se constituya un adentro que se abre y se desarrolla según una dimensión propia: la «enkrateia», la relación consigo mismo como control «es un poder que se ejerce sobre sí mismo en el poder que se ejerce sobre los otros" (p.132). Sobre lo cual Deleuze (1986) concluye que todo "el adentro se encuentra activamente presente en el afuera, en el límite de los estratos. El adentro condensa el pasado (período largo), en modos que de ninguna manera son continuos, pero que lo confrontan con un futuro que procede del afuera, lo intercambian y lo recrean. Pensar es alojarse en el estrato en el presente que sirve de límite: ¿qué puedo ver y qué puedo decir hoy en día?" (p.154). Llama la atención entonces el recurso de una exterioridad fuera de todas las exterioridades conocidas por el humano: el cielo o el infierno. La pregunta ancestral, si existe un afuera que nos "libere" o es más bien una ilusión de un retorcimiento del espacio que nos hace mirar e influir en cómo observamos desde afuera hacia un adentro o de un adentro hacia una afuera. No es más que una distancia en superficie que se extiende y se retuerce en sus pliegues. Si no hay un afuera puro o un adentro puro, todo esta entretejido o barnizado de escritura tras escritura, huellas tras huellas conformadas, trazos de trazos, no hay un origen ni un original, como tampoco un fijo-esencialista Yo o Sujeto. Solo hay entubamientos de superficies proyectadas.

Acercándonos aún más a los principios de la constitución psíquica, para Anzieu (1985) la piel "*posee una primacía estructural sobre todos los otros sentidos, al menos por tres razones. Es el único sentido que recubre todo el cuerpo. En sí misma contiene diferentes sentidos (calor, dolor, contacto, presión...) cuya proximidad física entraña la continuidad psíquica (...) el tacto es el único de los cinco sentidos externos que posee una estructura reflexiva: el niño que toca con el dedo las partes de su cuerpo experimenta las dos sensaciones complementarias de ser un trozo de piel que toca, al mismo tiempo que de ser un trozo de piel que es tocado. Según el modelo de la reflexividad táctil es como se construyen las otras reflexividades sensoriales (escucharse emitir sonidos, oler su propio olor, mirarse en el espejo), y después la reflexividad sensorial del pensamiento (p.71-72).*" Aquella reflexividad, implica según Anzieu (1985) que "*tener un Yo es poderse replegar sobre sí mismo. Si la hoja externa se adhiere demasiado a la piel del niño (...) el Yo del niño es ahogado por su desarrollo, es invadido por los Yo del entorno (...) Si la hoja externa es demasiado laxa, el Yo carece de consistencia (p.72).*"
Para Winnicott (1959) en su texto "El destino del objeto transicional", coincide en el replegarse aludiendo que "*el mundo que paulatinamente es reconocido como DISTINTO DE MI por el bebé sano en desarrollo que ha establecido un self, con una membrana limítrofe y un adentro y un afuera; el universo en expansión, a partir del cual el hombre se contrae [coratracts], por decirlo así. Ahora bien, los bebés y los niños y los adultos traen hacia dentro suyo la realidad exterior, como ropaje para revestir sus sueños, y se proyectan en los objetos y personas externos enriqueciendo la realidad exterior mediante sus percepciones imaginativas.*"
Anzieu (1985) siguiendo a Winnicott, enfatiza la "*función psíquica que se desarrolla por interiorización del holding materno. El Yo-piel es una parte de la madre -especialmente sus manos- que ha sido interiorizada (p.109).*"

En cuanto a las percepciones y sus coordinaciones, W. Reich (1948) nos detalla que "*los movimientos de un recién nacido no están todavía coordinados en una función total y en consecuencia no existe en ellos "finalidad" ni "significado". Cierto es, ya están claramente formadas las reacciones de placer y de ansiedad; pero no encontramos aún movimientos coordinados que indiquen la existencia de conciencia total y de conciencia de sí mismo. Debemos suponer que en el recién nacido la autopercepción ya existe y opera en forma cabal, mas no de una manera coordinada, unitaria. Las manos se mueven por sí mismas y también los ojos, que no están enfocados sobre los objetos. Las piernas muestran sólo movimientos carentes de significado y de finalidad, sin relación alguna con los movimientos de otros órganos. Durante los* primeros meses de vida, se desarrolla poco a poco la coordinación de los movimientos independientes y separados. Debemos suponer que se establece progresivamente algún tipo de contacto funcional entre los numerosos órganos; con los contactos más numerosos, comienza a desarrollarse la unidad. Con toda probabilidad no estamos muy lejos de la verdad si también admitimos un desarrollo y coordinación de las funciones de las diferentes percepciones.

En consecuencia, sobre la base de que la autopercepción depende del movimiento plasmático, en la existencia uterina y posuterina la autopercepción sería sólo algo brumoso, dividido en numerosas experiencias separadas del propio ser, conforme a la división de los movimientos plasmáticos de los órganos. Al aumentar la coordinación de los movimientos, sus percepciones también se coordinan entre sí, una a una, hasta que gradualmente se llega al punto en que el organismo se mueve en forma coordinada como un todo y por lo tanto las numerosas percepciones distintas del ser están unidas en una percepción total del ser en movimiento.

Hasta ese momento, según debemos concluir, no podemos hablar de una conciencia plenamente desarrollada. "Finalidad" y "significado" de la actividad biológica parecen surgir como funciones secundarias, concatenadas de cerca con este proceso de coordinación (...) Debe advertirse que finalidad y significado derivan aquí de la función de coordinación, y no a la inversa. "Finalidad" y "Significado" son, por lo tanto, funciones secundarias, totalmente dependientes del grado de coordinación de los movimientos de los órganos individuales" (p.360).

Desde el punto de vista económico y erógeno, la piel, según S. Bleichmar (1998) "puede ser una zona erógena particular, a partir de la estimulación parcial de algunos lugares. Lo hemos visto hace tiempo con el caso de una paciente de una terapeuta, que trajimos al seminario, que era una niñita que había estado en estimulación precoz por una serie de problemas orgánicos y le habían hecho masajes en la panza, y cuando llegó a la primera entrevista con la terapeuta se levantó la camisita y quería que ella le acariciara la panza. ¿Por qué? Porque era el lugar donde algo lograba como una organización de la angustia, que aparecía allí dispersa a nivel de la ligazón en una zona erógena. Porque la particularidad de la zona erógena es que es lugar de efracción, y al mismo tiempo es lugar privilegiado de evacuación. El chupeteo, la masturbación, en fin, todo lo que conocemos. Entonces, en este caso la piel in situ era una zona erógena. Pero la piel como zona erógena no es toda la piel del cuerpo, la piel del cuerpo es potencialmente zona erógena, pero solo algunas zonas de la piel que han sido altamente erogenizadas por el contacto devienen zonas erógenas. Pero no devienen totalidad, sino que conservan su carácter parcial, como cualquier zona erógena, y tienen una peculiaridad: no tienen resolución más que a través de otra zona erógena. Porque la excitación en una zona de la piel se resuelve a través de formas distintas de evacuación. Salvo en aquellos que han quedado plasmados, donde puede aparecer en forma de picazón hasta arañarse, que se asemejan a formas de masoquismo primario porque parecería que no lograron una resimbolización. Pero al mismo tiempo está la idea de la piel como un continente unificador o de ligazón, que tiene que ver con el holding de Winnicott -si ustedes quieren- o con las formas de unificación que posibilitan, desde la mirada del otro, una totalidad" (p.320).

Lo citado nos abre pistas sobre las barreras o las para-excitaciones tanto de la piel como del yo en su conformación. Por tanto, Anzieu (1985) cita al autor Federn, quien con un parecido a las "posiciones o fases" de Klein, explica que *"las fronteras del Yo "están en cambio perpetuo". Varían con los individuos y en el mismo individuo según los momentos del día o de la noche, según las fases de su vida, encierran contenidos diferentes (p.100)".* Estos cambios atraen la atención, por ejemplo, en casos de sintomatología depresiva desde *"el envolverse o taparse; se da el caso de pacientes en quienes facilita el reconocimiento de que están abatidos (niños, inclusive) el hecho de que en sesión, por más calor que haga, no se quiten el abrigo, hasta acostarse en el diván con el sobretodo puesto. Búsqueda activa de calor o de una demasía de calor, que personalmente considero una restitución de la más arcaica envoltura corporal"* (Rodulfo, 1989:131).

Podemos ampliar los aspectos erógenos en su función de orificios. J.P Sartre (1943) lo señala indicando que *"buena parte de nuestra vida se pasa tapando agujeros, llenando vacíos, realizando y fundando simbólicamente lo pleno. El niño reconoce, desde sus primeras experiencias, que él mismo tiene orificios. Cuando se pone el dedo en la boca, trata de tapar los agujeros de su cara, espera que el dedo se funda con los labios y el paladar y tape el orificio bucal, como se tapa con cemento la grieta de la pared. Busca la densidad, la plenitud uniforme y esférica del ser parmenídeo; y, sí se chupa el dedo, lo hace precisamente para diluirlo, para transformarlo en una pasta engomada que obture el agujero de su boca (...) la experiencia del agujero, cuando el niño ve la realidad, incluya el presentimiento ontológico de la experiencia sexual en general; el niño tapa el agujero con su propia carne, y el agujero, antes de toda especificación sexual, es una espera obscena, un llamamiento de la carne"* (p.826).

A consencuencia de su articulación, durante la alimentación las *"cualidades se unen a ciertas características temporales del sabor, es decir, a su modo de temporalización. Ciertos sabores se dan de una sola vez, otros son como cohetes de efecto retardado, otros se entregan gradualmente, algunos se atenúan lentamente hasta desaparecer, y otros se desvanecen en el momento mismo en que uno cree apoderarse de ellos.*
Estas cualidades se articulan con la densidad y la temperatura; expresan, además, en otro plano, el aspecto visual del alimento. Si como un pastel rosado, el sabor es rosado; el leve perfume azucarado y la untuosidad de la crema de mantequilla son lo rosado. Así, comemos rosado como vemos azucarado. Se comprende que, con ello, el sabor recibe una arquitectura compleja y una materia diferenciada: esta materia estructurada -la cual nos evoca un tipo de ser singular- es lo que podemos o asimilar o rechazar con náuseas, según nuestro proyecto original. No es, pues, en modo alguno indistinto que nos gusten las ostras, los caracoles o las langostas, por poco que sepamos dilucidar la significación existencial de tales alimentos.
De modo general, ningún gusto ni tampoco ninguna inclinación son irreductibles: todos ellos representan cierta elección de apropiación del ser" (Sartre, 1943:828).

Otro cimiento erógeno a considerar en la constitución del cuerpo, se encuentra bajo la *"inscripción en la zona erógena muscular de un elemento de dureza inherente a la posibilidad de bipedestación. Como lo ha señalado muy bien Pierre Legendre, la posición erecta se presenta al niño con los títulos del Cuerpo Ideal (…) no se trata sólo de lo muscular: el destino de la bipedestación depende de que a través del elemento de dureza algo se entube como columna vertebral, recomponiendo así la imagen inconsciente del cuerpo"* (Rodulfo, 1992:122-123).

Sobre la representación inconsciente del cuerpo, en el trabajo de Maurice Merleau-Ponty (1945) en su libro "Fenomenología de la Percepción", se pregunta: *¿Por qué los recuerdos que uno evoca al amputado pueden hacer aparecer el miembro fantasma? El brazo fantasma no es una rememoración, es un semipresente, el mutilado lo siente actualmente replegado en su pecho sin ningún índice de pasado (…) Es preciso que el brazo fantasma sea el mismo brazo lacerado por la metralla, y cuya envoltura visible se ha quemado o podrido en alguna parte, que acosa al cuerpo presente sin confundirse con él. El brazo fantasma es, pues, como la experiencia contencionada de un antiguo presente que no se decide a devenir pasado. Los recuerdos que se evocan delante del amputado inducen un miembro fantasma no como una imagen invoca en el asociacionismo a otra imagen, sino porque todo recuerdo vuelve a abrir el tiempo perdido y nos invita a tomar de nueva la situación que evoca"* (p.104). Es decir, "*las excitaciones procedentes del muñón mantienen al miembro amputado en el circuito de la existencia. Marcan y guardan su sitio, hacen que no sea anonadado, que cuente aún en el organismo, preparan un vacío que la historia del sujeto llenará*" (Merleau-Ponty, 1945:115).

Más adelante, similar a como Freud (1911) definió la psicosis de Schreber, Merleau-Ponty (1945) prosigue con definir los mecanismos defensivos de ciertos amputados en decir que al estar "*empeñado en una situación a la que no se consigue hacer frente, pero a la que no quiere abandonarse. Más que aceptar el fracaso o hacerse atrás, el sujeto, en este atolladero existencial, hace estallar el mundo objetivo que le cierra el camino y busca en sus actos mágicos una satisfacción simbólica. La ruina del mundo objetivo, la renuncia a la verdadera acción, la fuga en el autismo son condiciones favorables a la ilusión de los amputados por cuanto ésta supone también la obliteración de la realidad*" (p.115). Estas percepciones alucinatorias que colindan cercana a la Psicosis, en los miembros fantasmas, "*la iniciativa viene de nosotros, nada responde del exterior a la misma (…) Se desliza por el tiempo como por el mundo. La persona que me habla en sueños ni siquiera abre los labios, su pensamiento se comunica mágicamente a mí, sé lo que me dice incluso antes de que haya dicho nada. (…) Toda alucinación es, primero, alucinación del propio cuerpo. «Es como si yo oyera con mi propia boca.» «El que habla se sostiene en mis labios», dicen los enfermos. En los «sentimientos de presencia» (leibhaften Bewustheiten) los enfermos experimentan inmediatamente a su lado, tras ellos o en ellos, la presencia de alguien que no ven nunca, sienten cómo se aproxima o se aleja*" (Merleau-Ponty, 1945:352).

Ante las viscitudes indicadas, la "instalación" del yo según Silvia Bleichmar (1998) también *es correlativa al eje de la temporalidad. ¿Qué es lo que posibilita que el sujeto se sienta como un existente que permanece? El yo es aquello que garantiza la existencia en el medio del cambio y que hace que algo tenga una perduración. Si no hay yo, cada experiencia es única, es puntual en sí misma."* Además "*nos permite articular el transcurso del tiempo y rompe la ilusión puntual de la permanencia indefinida (...) es la estructura del yo la que determina el carácter del espacio y el tiempo como intuiciones constitutivas de la experiencia cognitiva. Tiempo y espacio no son posibles en términos de categorías si no está instalado un yo que pueda discriminar y hacer la continuidad de la experiencia, y que se localice como un lugar en el espacio a partir del cual el espacio cobra sentido*" (p.256). Por ello, siguiendo a Federn, Anzieu (1985) asemeja sus posiciones con Deleuze al comentar que el "*sentimiento del Yo comprende tres elementos constitutivos, el sentimiento de una unidad en el tiempo (una continuidad), el de una unidad en el espacio en el momento presente (más precisamente, de una proximidad) y, finalmente, el de una causalidad (...) En el funcionamiento preconsciente, el sentimiento de unidad del Yo en el tiempo es muy variable; puede estar conservado al menos parcialmente (p.101)*".

Por otra parte, continuando con lo elaborado por Anzieu, las funciones "*yoicas que tienen que ver con la construcción del espacio, el concepto de límite y su relación con la piel. Según Anzieu, los niños muy pequeños aún no han logrado la maduración de esas funciones y por eso para un bebé: no hay diferencia entre el espacio y los objetos que habitan el espacio. Por lo tanto, cuando uno desplaza un objeto, uno desplaza al mismo tiempo la parte del espacio en la cual se encuentra dicho objeto. Y él mismo es un objeto que forma parte del espacio y que puede ser atravesado por otra parte. Por eso, cuando un objeto es puesto en movimiento corre el riesgo de no parar y por lo tanto (genera) la angustia de ser atravesado por el objeto (...) el niño se pone a gritar en el momento en que el objeto se acerca (Anzieu, 1987b:12)*" (Ulnik, 2011:182).

Ampliando lo referido a la constitución del espacio, Sami-Ali (1974) en su libro "El Espacio Imaginario" considera que "*la intuición primordial del espacio es esencialmente imaginaria, puesto que entraña la posibilidad de un ordenamiento basado en la espacialidad del cuerpo propio. Nos enseña, además, que el espacio es al principio una superficie sin profundidad (...) una superficie plana regida por relaciones de inclusión recíproca*" (p.26). Dando ejemplos al respecto Sami-Ali (1974) menciona la "*dificultad para distinguir la derecha de la izquierda; las confunde tanto en su persona como en los demás, porque se esfuerza en situarse en el espacio con respecto a la posición del otro. Durante el examen preliminar se sienta frente a mí; le muestro entonces mi mano derecha y mi mano izquierda, y le pido que haga lo mismo. Sin la menor vacilación, como sí su cuerpo fuese la imagen refleja del mío, llama izquierda a la mano derecha y viceversa, de suerte que parece apresado por un espacio simétrico*" (p.28-29). De esta forma, algunos "*errores sistemáticos del niño se relacionan con una singular experiencia del espacio como forma de organización perceptiva que engloba, en una totalidad imaginaria, el cuerpo propio y el del otro*" (Sami-Ali, 1974:32). Ejemplos claros sobre dichas dificultades imaginarias del reflejo son los "*fenómenos como la apraxia, donde se es* "*incapaz de hacerse el nudo de la corbata porque imita el gesto sin atinar* a invertir, aprisionado como está en un espacio engañoso donde el cuerpo propio se reduce a una sucesión de imágenes del otro" (Sami-Ali, 1974:36). Desde aquí se entiende la importancia de dislocar o des-enfocar la imposición espacial de otro, recordando que "*el acceso a la tercera dimensión no solo implica que el otro determina la posición espacial del niño, sino que este puede localizar al otro en relación con él. Esta última adquisión cimenta, por sí sola, la reversibilidad de las relaciones espaciales, porque permite al niño dominar el espacio, en vez de ser dominado por este*" (Sami-Ali, 1974:37).

Para la confección de un espacio que de lugar a una cierta unidad, debemos comprender también que la "*evolución del espacio práctico es enteramente solidaria de la construcción de los objetos. Al principio, hay tantos espacios, no coordinados entre sí, como campos sensoriales (espacios bucal, visual, táctil, etc.) y cada uno de ellos está centrado en los movimientos y actividad propios. El espacio visual, por ejemplo, no conoce al principio las mismas profundidades que el niño habrá de construir más adelante. Al final del segundo año, en cambio, existe ya un espacio general, que comprende a todos los demás, y que caracteriza las relaciones de los objetos entre sí y los contiene en su totalidad, incluido el propio cuerpo. La elaboración del espacio se debe esencialmente a la coordinación de los movimientos, y aquí se ve la estrecha relación que existe entre este desarrollo y el de la inteligencia sensorio-motriz propiamente dicha*" (Piaget, 1964:26-27) Queremos decir, siguiendo a Piaget (1964) que en esta relación, "*el lactante comienza a interesarse esencialmente por su cuerpo, sus movimientos y los resultados de tales acciones. Los psicoanalistas han llamado "narcisismo" a ese estadio elemental de la afectividad, pero hay que comprender muy bien que se trata de un narcisismo sin Narciso, es decir, sin conciencia personal propiamente dicha*" (p.29). Finalmente, los espacios a desarrollar se "*inicia con la construcción de una multiplicación de espacios heterogéneos (bucal, táctil, visual, etc.), cada uno de los cuales está centrado sobre el cuerpo o la perspectiva propias; después, a consecuencia de una especie de revolución copernicana en pequeño, el espacio acaba constituyendo un continente general, que abarca todos los objetos, incluido el propio cuerpo, y de esta forma está totalmente descentrado*" (Piaget, 1964:114). Podemos añadir anteriormente desde Piaget (1947) en su libro "Psicología de la inteligencia" que en "*el nivel de los dos primeros estadios (reflejos y hábitos elementales), no podría siquiera hablarse de un espacio común a los diversos dominios perceptivos, pues hay tantos espacios, heterogéneos entre sí, como campos cualitativamente distintos (bucal, visual, táctil, etc.) Sólo en el curso del tercer estadio la asimilación recíproca de esos diversos espacios se hace sistemática, en virtud de la coordinación de la visión con la aprehensión*" (p.125).

Por estas razones, cuando llegamos al nivel de "*la relación «fort»«da», una vez constituida, dejará de ser una imagen particular de una situación dada para convertirse en un esquema de representación que moldeará todas las situaciones ulteriores de separación. Empero, este esquema reviste la característica singular de que implica una estructura espacial originaria que corresponde a la proyección del objeto en el espacio, a su distanciamiento efectivo, y a la creación de la dimensión de profundidad*" (Sami-Ali, 1974:46).

En otros términos, para Sami-Ali (1974) en "*el juego de «fort»-«da» aparece una nueva dimensión en el espacio: al lanzar el carrete «allá», el niño define simultáneamente un «aquí» donde él se encuentra, y se sitúa en relación con un «afuera» que sólo existe como correlato de una intención agresiva que parte del «aquí» (...) En suma, el niño está «aquí» y «allá» a la vez, en la cuna y afuera, lo que determina un estado de cosas muy complejo*" (p.49). Tal como lo hemos investigado en el Apartado anterior de "Trauma y Repetición: Recorridos y Fuerzas", resulta "*muy significativo que el niño arroje el carrete a su «propia cuna cubierta por un dosel», haciéndolo desaparecer allí donde él mismo se oculta a las miradas de los demás. Las relaciones que el niño establece con la madre pasan, en consecuencia, por una primera relación narcisista consigo mismo, lo cual es corroborado de la manera más notoria por una observación de Freud: «Un día que la madre se había ausentado durante muchas horas, fue recibida a su regreso con unas palabras que en un principio parecieron incomprensibles: "Nene, o-o-o-o". Sin embargo, pronto se averiguó que durante sus largas horas de soledad el niño había hallado el medio de hacerse desaparecer a sí mismo. Había descubierto su imagen reflejada en un gran espejo que llegaba casi hasta el suelo, y al agacharse hacía que esa imagen especular "desapareciera" de su vista». En este caso, la situación de separación con la madre es vivenciada enteramente según el modelo de las relaciones entre el cuerpo propio y su imagen especular*" (Sami-Ali, 1974:48).

Por otra parte, aclarando lo que hemos dejado inconcluso sobre el "Yo" y lo "Prc", Silvia Bleichmar (1998) los diferencia para la Clínica en cuanto que "*el yo y el preconciente tampoco se superponen, aun cuando es el yo el que toma a su cargo los beneficios que le puede producir el preconciente, o ataca las posibilidades lógicas que el preconciente le brinda. ¿Por qué? Porque el preconciente no es sujeto; el único lugar de habitación del sujeto está en el yo, si es que uno sigue pensando que hay un sujeto que se reconoce como existente imaginariamente.*
Entonces el preconciente habitado por el yo es el lugar en donde puede instalarse el sujeto, pero el preconciente, sí, sería todo aquello que tiene que ver con coordenadas de la lógica y con organizaciones que posibilitan el pensamiento y el lenguaje en términos formales y en términos de estructura. A partir de eso, si el yo habita el preconciente y hay un fracaso en los procesos de simbolización o de pensamiento, estos serán defensivos. Y ahí es posible el análisis. Cuando son los intereses en el sentido amplio del yo, intereses de la vida o intereses amorosos, intereses narcisísticos, los que pueden llevar a la fractura de la lógica o a la imposibilidad de reconocimiento de aspectos de la lógica, ahí sí el psicoanálisis, en el sentido estricto, es el que puede ayudar.
¿Por qué? Porque propicia una aparición de aquellos elementos en el inconciente que están atacando constantemente al yo e imposibilitando las relaciones lógicas del yo en el interior del preconciente. Pero puede existir lo otro, que es el preconciente, en un momento deshabitado del yo, con lo cual hay que constituir algo ahí, o recomponer algo, en el caso por ejemplo de las esquizoidias muy graves, o de esa cosa tan extraña que fue el síndrome de Asperger, del cual hemos dejado de oír hablar pero que se caracteriza justamente por la existencia de la lógica del preconciente deshabitado de un sujeto amoroso" (p.322). Ampliando mayormente la diferencia y relación entre

el "Yo" y lo "Prc", Bleichmar (2005) continúa estableciendo que el "*preconsciente produce los cortes y diferenciaciones, el yo produce las atribuciones de sentido; al producir atribuciones de sentido hace fallar también la lógica del proceso secundario, es decir, puede no ver o rehusarse a ver características del objeto, ahí está la defensa del yo (...) el yo tiene una relación que permite producir sentido, pero al mismo tiempo sus pasiones permanentemente lo ponen en conflicto con la lógica (...) capaz de producir sentido a la realidad exterior y al mismo tiempo hace patinar constantemente el conocimiento de esta realidad (...) mediante sus defensas pone en riesgo el conocimiento de la realidad: la renegación, la represión, la denegación, son mecanismos yoicos (...) sin yo no habría sentido de lo que se conoce, no habría representación libidinal de lo que se conoce, pero al mismo tiempo, hay siempre defensas en juego que ponen en riesgo el conocimiento*" (p.410-411).*
Con este tipo de referencias, nosotros hemos entendido que la primera tópica (Icc, Prc, Cc) no se excluye con la segunda tópica (Yo, Ello, Super-Yo), más bien, se articulan y se complementan entre ellas. Sin olvidar también que el "*lenguaje surge del cuerpo y constituye una especie de emisión. El cuerpo es aquello sobre lo cual el lenguaje vacila, y el cuerpo lleva sus propios signos, sus propios significantes, de formas que permanecen en su mayor parte inconscientes*" (Butler, 2004:280).
Siguiendo a S. Felman, Butler (2004) expone que "*el cuerpo da lugar al lenguaje y que el lenguaje conlleva propósitos corporales y performa actos corporales que no siempre pueden ser comprendidos por aquellos que utilizan el lenguaje para lograr ciertos objetivos conscientes*" (p.281).

No podemos acabar este Apartado sin antes abordar ciertos aspectos del "espectro autista", la discapacidad orgánica y el retraso mental. Si nos remontamos en el libro de E. Levin (2003) "Discapacidad, clínica y educación", los "*niños tomados y nombrados como discapacidad tienen la enorme dificultad de no poder modificar su lugar, de no poder cambiarlo; de este modo, son piezas de un museo negro (en tanto mortal) y vivo (en tanto apariencia de "monstruosidad"). Si un niño, por la discapacidad que porta y por la posición simbólica que ocupa, está siempre en un mismo lugar frente a esa realidad inamovible, frente a lo imposible de modificar, ya no podrá más que reproducir siempre lo mismo.*
Justamente para producir un nuevo sentido, una diferencia, una alteridad, algo tendrá que no estar en su lugar. Los niños nos enseñan ese mágico encanto de no estar nunca en un solo lugar, de producir lugares diferentes donde reconocerse distinto. Por eso, la infancia nunca encaja del todo en un molde, ni en una escena, pues lo infantil, por serlo, nunca está en un solo lugar. La fijeza en la representación es lo opuesto a la perspicaz infancia instituyéndose" (p.87). La movilidad y el encuentro de su propio devenir están en juego para abrirse a nuevas diferencias. Para los casos como la temporalidad, la "*duración no transcurre sino que sigue, sigue siempre en el mismo sitio monótonamente. El niño en su estereotipia instituye un pasar que dilata y absorbe toda subjetividad posible. Es una duración desierta y uniforme, carente de articulación y diferencia, no despierta a la temporalidad del acontecimiento, al movimiento de la sucesión temporal del acontecer infantil, queda fijado a un instante inapelable.*

La estereotipia en el niño es atemporal, sólo dura en un movimiento inmóvil, pues no tiene tiempo. A diferencia de un sueño que inmoviliza el movimiento a través de las imágenes" (Levin, 2003:102).

La diferencia, la movilidad subjetiva que se abre al acontecimiento de una durabilidad, es la pregunta que nos convoca a responder a partir de E. Levin (2003): *"¿Qué ocurre con el niño que nunca puede partir? ¿Qué pasa con otro, que siempre recorre el mismo mar del mismo modo, a la misma frecuencia y con igual potencia? Este último crea e inventa un estereotipar, un universo igual y homogéneo, o la estereotipia lo inventa o crea a él, en su inmodificable y periódica repetición-reproducción invariable y esencialmente eficaz.*
Pero ¿cuál sería la eficacia de la estereotipia? La eficacia de lo estereotipado reside en la anulación de lo diferente, de cualquier alteridad que rompa ese fugaz y tenso "equilibrio" homogéneo (...) En esta realidad no hay posibilidad de cambios ni de combinatorias, no existen caleidoscopios, pues en la promiscuidad de lo mismo procura conjurar las diferencias.
El niño se totaliza en lo estereotipado que culmina representándolo todo. Cualquier minúsculo cambio con nuevas combinatorias provoca una vivencia caótica, de "fin de mundo", de disociación fractal, de quiebre imaginario. Ante esa vivencia insostenible, la reiteración de lo mismo vuelve entonces a totalizarlo en el mismo lugar, en la in-diferencia, en el espanto de lo siniestro.
La estereotipia o su sucedánea, la representación estereotipada, tiende a no tener equívocos, ni fallidos, ni errores. En ese campo, la literalidad no admite metáforas, ni metonimias, ni ficciones, y designa a la cosa en sí misma, lo que nos hace recordar el concepto kantiano del objeto en sí. Kant postula el carácter "en sí" del objeto, independientemente de cualquier relación con la representación de ese sujeto. En ese sentido, la estereotipia en posición de objeto "en sí", se opone a la representación escénica" (p.140-141).

Debemos abrir las preguntas que Gilles Deleuze no se interrogó: ¿Cuál es el lugar de la "diferencia" y "repetición" en la discapacidad y en el espectro autista (estereotipias)? Aunque sean Hume y Bergson las propuestas de Deleuze, cualquier Psicomotricista o Psicólogo puede interrogarse espacios que van más allá. Valioso es el proceso de "repetición" y "diferencia" para neuróticos y psicóticos desplegado por Deleuze en 1968, pero también, hay que investigar en autistas y "discapacitados" sus propias formas en el "devenir". No podemos decir por ejemplo, que Piaget superó a Kant, pero si podemos decir que Piaget sumó y exploró cosas que Kant no sistematizó ni abordó en forma más empírica.
Desde la psicomotricidad o el psicoanálisis, la "discapacidad" y el espectro autista, la repetición, no logra tal "diferencia" en el devenir. Así como la pesadilla es el punto muerto de la diferencia, es la repetición del trauma. El Trauma en Deleuze no es tan visible tal como lo es en Freud. Hay como de antemano, siempre una "garantía" en Deleuze que la diferencia siempre es devenir, no obstante, existen límites en el autismo y las "discapacidades".
Es cierto que Deleuze distingue lo que "se repite porque se reprime" y lo que "se reprime porque se repite". En lo segundo estaría la diferencia. Sin embargo, si se repite, no garantiza una diferencia. Para el autismo o en la "discapacidad" no se puede reprimir: ni desplazar, ni condensar. Ciertamente Deleuze en 1968 da en el clavo en lo que refiere a las "síntesis pasivas" (concepto que

revisaremos en el próximo Capítulo) bajo los modos que establece Bergson y Hume. Pese a ello, en el discapacitado hay falta de dicha "síntesis pasiva" como fueron formuladas por Deleuze. Recordemos que G. Deleuze posteriormente realzó la figura del "Cuerpo sin Órganos" como un devenir sin contornos fijos orgánicos, pero en el caso del discapacitado, la situación ya es aquella o cobra distintos rumbos insuscitados. El "discapacitado" es el lugar epistemológico de aquel "Cuerpo sin Órganos", pero, no se logra aquel Devenir o aquella diferencia creadora vitalista. Hay que leer también un cuerpo trágico, mutilado, un cuerpo sin órganos no como una apertura al vitalismo Bergsoniano, sino como un cierre de las aperturas. Por esto mismo, Freud (1930) estuvo en sintonía con aquello a la manera pesimista de Schopenhauer al detallar en su libro "El Malestar en la Cultura" (libro que reducidamente se lo lee como un malestar únicamente en la sociedad, cuando también Freud abarca especialmente al cuerpo orgánico), la condición mortal del cuerpo humano, sus limitaciones frente los embates geográficos, sus dolores y las enfermedades propias de la vejez que podrían combatirse con sustancias (drogas) que amortigüen su malestar.

En algunos casos el límite, la tragedia, la pesadillas o el trauma. Dan cierre o la anulación de la diferencia en su vitalista repetición. Por lo tanto, hay que considerarlos en su propia forma de desplegarse o sus pliegues particulares.
Y por favor, no confundir, no hablamos que el discapacitado o el autista no tendrían su propias formas de síntesis y vitalismo de diferencias. Si bien Gilles Deleuze admiró a los psicóticos por su capacidad creadora y de abolir límites. Deleuze no consideró a las estereotipias del Autismo, la akinesia del Parkinson, ni el Retraso mental como destinos "diferentes" de la diferencia.

Aclarando dichas diferencias en lo diferente, desde otro lugar, cobra forma poder comprender la primera gramática del yo, como "sujeto-sujetado-en" o como sujeto-sujetado-al-espacio-en-el-tiempo. Entonces, desde allí tenemos la estructura gramatical básica: "yo soy", "el sujeto es", pues el verbo "ser" en sus conjugaciones (soy, es, fuí) siempre estará presente en una oración, por lo tanto, el verbo será el núcleo del predicado, los adverbios entonces vienen a posteriori tras el aprendizaje o distinciones entre las diferenciaciones de las huellas que van dejando a su paso los placer-displaceres en cada una de las particularidades psíquicas o subjetivas.
Esto último es importante para dar cuenta de una pre-gramática al "yo soy", la cual es la gramática del Ello o del Icc, que es pre-yoica, o sea, no despliega distinciones o asimetrías como dirá Matte-Blanco. La gramática del Ello es placer-displacer, no dice en dónde, ni para quién o qué parte de una representación objetal o del yo cumple su función, es más bien un "lugar sin lugar" que pueda ser representado por un alguien o sujeto ante un predicado. La gramática que referimos ahora, es crucial para la conformación del yo, ya que inicialmente el placer y displacer van conformando la diferenciación entre lo que es grato y doloroso (huellas que dejan placer o displacer), las cuales se organizan según Freud (1915) en que "lo exterior, el objeto, lo odiado, habrían sido idénticos al principio. Y si más tarde el objeto se revela como fuente de placer, entonces es amado, pero también incorporado al yo, de suerte que para el yo-placer purificado el objeto coincide nuevamente con lo ajeno y lo odiado"

(p.131). Mientras que para Klein (1952) la importancia "*del yo para desarrollar paso a paso defensas que le permitan en cierta medida elaborar las ansiedades, es parte esencial del proceso de modificación de la ansiedad. En el estadío más primitivo (esquizo-paranoide), la ansiedad es contrarrestada por defensas extremas y poderosas, tales como escisión, omnipotencia y negación. En el estadío siguiente (posición depresiva), las defensas sufren, según hemos visto, importantes cambios caracterizados por la mayor capacidad del yo para tolerar la ansiedad*" (p.93-94).

Estos momentos constitutivos van acorde a lo sostenido por Freud (1926) donde "*Puede también suceder, en efecto, que el aparato anímico emplee, antes de la precisa separación del yo y el ello y antes de la formación de un super-yo, métodos de defensa distintos de los que pone en práctica una vez alcanzadas estas fases de su organización*" (p.2878).

Por ejemplo, desde la escisión como un primer orden al "caos" inicial, que agrupa lo plancetero por un lado de lo displacentero, captando, bajo la memoria de los sistemas mnémicos cada vez más complejos, los modos de adquirir o rechazar rastros u objetos que brindan gratificación o displacer. Todo aquello produce el montaje entre lo grato interno y lo ingrato como lo externo. Acercarse a lo grato y distanciarse de lo ingrato, la piel cumple la primera capa yoica de barrera entre lo deseable e indeseable. En tal sentido, en la gramática del inconsciente, el bebé inicialmente queda capturado, atrapado por los objetos que lo atraen, pasivamente. No elige algo anticipándose, es un otro que imprime, estampa algo en el sujeto, lo sujeta a traves del deseo y el llamado del otro (tal como lo vimos en el apartado de la Represión Originaria).

Otro modo de decirlo es que primero son, los trazos, las huellas, el recorrido, luego viene la demora, el paso del tiempo, la distinción en superficie del yo/no-yo, las diferencias (distinciones) que contrastan con el pasado en el presente, la reflexión como recorrido que retro-acciona el flujo (agarrando o incorporando nuevas vías asociativas), la demora como rodeo de las motilidades, etc (resumamos una vez más, primero es proceso primario, después proceso secundario, primero es ello luego es el yo).

Desde la demora, la espera, el retardo con sus espacios para un rodeo que permita maniatar o ligar la excitación tanto endógena como exógena del sujeto. El aplazamiento es lo que permite adentrarse al principio de realidad tal como lo hemos visto. Todo aquello facilita por ende, un espacio del pensar esos pensamientos, también las vías asociativas se enriquecen de tal forma que permitan digerir esos elementos beta, temporalizar el tiempo por muy arcaico que sea en sus inicios.

No abordaremos aquello en mayor detalle por ahora, pero servirá como apunte o esbozo en que el "yo" a medida que se configura, se van configurando también un ordenamiento psíquico básico, que apunte a dar "orden" al "caos", constituyendo la función del lenguaje o las huellas acústicas del sistema Prc articuladas, que implica una importante materialidad psíquica al campo del yo o la identidad del sujeto, las cuales fueron en su origen implantadas o seducidas a partir de un otro primordial bajo la represión originaria. Si todo aquello resulta truncado, podríamos apreciar como nos indica Rodulfo (1989) que el "*ataque somático aparece como un defecto en la construcción del yo. Donde el yo del sujeto debe nacer, allí en su lugar está la lesión. Es una forma de decir su existencia mostrando su desgarradura*" (p.117). Si por un lado, "*el bebé se pega a la piel cuando se lo alza y se amolda al cuerpo del otro. Cuando ese pegado se hace sobre una superficie de una textura hecha de yuxtaposición de elementos heterogéneos, allí el despegue será con ruptura de la piel*" (Rodulfo, 1989:118).

Finalmente, para Piera Aulagnier (1984) una de las funciones del *"yo consistirá en transformar esos documentos fragmentarios en una construcción histórica que aporte al autor y a sus interlocutores la sensación de una continuidad temporal. Sólo con esta condición podrá anudar lo que es a lo que ha sido y proyectar al futuro un devenir que conjugue la posibilidad y el deseo de un cambio con la preservación de esa parte de cosa "propia", "singular", "no transformable", que le evite encontrar en su ser futuro la imagen de un desconocido, que imposibilitaría al que la mira investirla como la suya propia. El proceso identificatorio es la cara oculta de ese trabajo de historización que transforma lo inaprehensible del tiempo físico en un tiempo humano, que remplaza un tiempo perdido definitivamente por un discurso que lo habla. Discurso muy selectivo porque no sólo el historiador reconstruye siempre parcialmente ese pasado en función del presente, sino porque tendrá que sustituir el relato del conflicto que ha opuesto el identificado al identificante, primero y el yo a sus ideales, después, por el relato del conflicto que lo ha opuesto, y lo opone, a la respuesta que le enviaron y le envían esos otros por él investidos"* (p.190).

Muy distinto y contrario a todo lo que hemos desarrollado, contrasta con lo formulado por Lacan (1954-1955) desde su Seminario 2, especialmente, en su intento de desligar, excluir al "Yo" con lo "Inconsciente", queremos decir, la "cadena Significante" (el Inconsciente está estructurado como un Lenguaje y el Inconsciente es el discurso del Otro) es una cosa a un lado y el "Yo" con sus funciones estarían de otro (lo Imaginario o la libido). La lógica Significante por tanto, opera fuera de las mallas del Yo (moi), más allá de lo Imaginario o la imagen en el estadio del espejo. Más bien hacia la palabra, al discurrir del habla-ser a un encuentro que lo posicione como sujeto (je) escindido ante lo que dice y lo que el yo "cree ser eso dicho" (sujeto del Inconsciente).

Lacan (1955) defiende su postura en el Seminario 2 donde aclara que: *"El mundo del símbolo, cuyo fundamento mismo es el fenómeno de la insistencia repetitiva, es alienante para el sujeto o, más exactamente, es causa de que el sujeto se realice siempre, en otro lugar, y de que su verdad le esté siempre en alguna parte velada. El yo está en la intersección de uno y otro. Hay en el simbolismo fundamental una inflexión hacia lo que forma imagen"* (p.315). En el cierre de su Seminario 2, Lacan (1955) concluye que el *"yo se inscribe en lo imaginario. Todo lo que es del yo se inscribe en las tensiones imaginarias, como el resto de las tensiones libidinales. Libido y yo están del mismo lado. El narcisismo es libidinal. (...) llegamos al orden simbólico, que no es el orden libidinal en el que se inscriben tanto el yo como la totalidad de las pulsiones. Tiende más allá del principio del placer, fuera de los límites de la vida, y por eso Freud lo identifica al instinto de muerte. Releerán ustedes el texto y verán si les parece digno de aprobación. El orden simbólico es rechazado del orden libidinal que incluye todo el dominio de lo imaginario, comprendida la estructura del yo y el instinto de muerte no es sino la máscara del orden simbólico"* (p.481). En resumen, todo lo que tenga que ver con la pulsión desligada en su dimensión mortífera (compulsión a la repetición), no tendría absolutamente nada que ver con el Ello o el Yo, sino más bien, todo radicaría en el orden Simbólico (en lo Otro).

A pesar de las graves polémicas que sucita un autor como J.A Miller (1999), coincidimos en lo que plantea en cómo se *"describe progresivamente un Otro cada vez más inflado, más enorme. Al comienzo, en El seminario 2, es el Otro sujeto. En El seminario 5 es el lugar del código, que se torna abstracto, un lugar simbólico, supraindividual, inmortal, casi anónimo. Finalmente se vuelve sinónimo del campo mismo de la cultura, del saber; es el lugar de las estructuras del parentesco, de la metáfora paterna, del orden del discurso, de la norma social. Puede confundirse tanto con el dios de los filósofos como con el dios de Abraham, y al mismo tiempo incluye su ausencia de garantía. El Otro entonces es siempre en Lacan una suerte de englobante completamente inflado, enorme, que implica casi todo -casi porque queda exceptuado el sujeto. Al mismo tiempo, lo utilizamos de tal manera que puede encarnarse en un ser (el padre, la madre, etc.), y estar lógicamente reducido a la articulación mínima de un significante con otro significante.*
Respecto de esto, ¿cómo nos servimos del sujeto? Siempre está ligado al Otro como por un sistema de vasos comunicantes: cuanto más se infla el Otro, más se reduce el sujeto a su mínima expresión. En ese momento, Lacan lo escribe con una S mayúscula, lo designa en su inefable y estúpida existencia, como se expresa; está reducido a casi nada justamente porque todas sus determinaciones están en el Otro. La operación lacaniana, la operación conceptual consiste en separar, con el nombre del sujeto y del Otro, al sujeto de todas sus determinaciones, que son transferidas al Otro (...) Correlativamente, cuanto más se infla el Otro, más se vacía el sujeto hasta confundirse con un agujero, con diferentes modos del agujero. Y esto condujo a Lacan a su símbolo $, a utilizar la teoría de los conjuntos y a identificar al sujeto con el conjunto vacío." (p.218)
Bajo esta misma situación del vacío o desaparición, Lacan (1959) en el Seminario VI remite que *"en ese discurso del Otro que es el inconsciente, algo falta {fait défaut} al sujeto (...) por la estructura misma que instaura la relación del sujeto con el Otro en tanto que lugar de la palabra, algo en el nivel del Otro falta que permita al sujeto identificarse allí como precisamente el sujeto de ese discurso que él sostiene, algo que hace que el sujeto allí desaparezca como tal".* Por lo demás, Lacan (1958) en su conferencia "La significación del Falo", enuncia que el *""Ello" habla en el Otro, decimos, designando por el Otro el lugar mismo que evoca el recurso a la palabra en toda relación en la que interviene. Si "ello" habla en el Otro, ya sea que el sujeto lo escuche o no con su oreja, es que es allí donde el sujeto, por una anterioridad lógica a todo despertar del significado, encuentra su lugar significante. El descubrimiento de lo que articula en ese lugar, es decir en el inconsciente, nos permite captar al precio de qué división (Spaltung) se ha constituido así"* (p.657).

Finalmente, el Yo para Lacan correspondería al Yo-ideal especular y a la facultad cognitiva del Yo-Consciente, aquel lugar, donde se distorsiona el sujeto en una supuesta totalidad o en un síntoma cómplice que intente tapar la "Falta" estructural del sujeto barrado ($). El Yo por tanto, no lograría capturar en su especularidad ningún orden simbólico o cadenas significantes, mucho menos, podría dar cuenta de que lo inconsciente estaría estructurado como un lenguaje, justamente, lo que estaría por fuera del Yo. Vale decir, la Estructura Simbólica anquilosa y atrapa al sujeto y está fuera de sí bajo la red de sus significantes en lo Otro. Finalmente es un muñeco de ventrílocuo (casillero vacío que se desfallece). Algo toma posesión fuera de todo referente libidinal o campo pulsional. La primacia estructurante de lo Simbólico es palpable y muy clara.

El sujeto para Lacan, estaría arrojado a la estructura del Lenguaje, lo intersubjetivo estaría reglado más bien hacia lo transindividual que surge en el lenguaje, mejor dicho, el sujeto es efecto del lenguaje, de los significantes que lo refieren a otro significante.

La deshidratación yoica que postula Lacan se hace patente, puesto que cualquier marco teórico Kleiniano que explique la asunción de un objeto interno o de una fantasía entre objetos buenos y malos bajo el mecanismo de la escición, dejan de ser aquí formas de lo inconsciente, ni siquiera bajo la forma de representación-cosa como en Freud, ni tampoco como elementos beta como lo estudia Bion. Incluso para Lacan (1956) en el S.3 todo aquello sería ajeno a Freud, especulando que: "*El uso primario de nociones sacadas de su contexto, como la de prueba de realidad, o de nociones bastardas como la de relación de objeto, el recurso a lo inefable del contacto afectivo y de la experiencia vivida, todo esto es estrictamente ajeno a la inspiración de la obra de Freud*" (p.339).
Lacan otorga demasiado rol protagónico a su teoría en lo que refiere a cómo las representaciones-palabras son tratadas como "cosa", lo cual sería lo único Inconsciente propiamente tal.

Más aún, como dijimos, Lacan (1977) en su Seminario XXIV (24) en su clase 8, menciona que: "*Ese inconsciente en el cual Freud no comprendía estrictamente nada, son representaciones inconscientes. ¿Qué es lo que puede ser eso, representaciones inconscientes? Hay ahí una contradicción en los términos: unbewusste Vorstellungen. Yo he intentado explicar eso, fomentar eso para instituirlo al nivel de lo simbólico. Eso no tiene nada que ver con representaciones, este simbólico, son palabras y, en el límite, se puede concebir que unas palabras son inconscientes. No se cuenta incluso más que eso a montones: en el conjunto, ellas hablan sin saber absolutamente lo que dicen. En lo cual el inconsciente no tiene cuerpo más que de palabras.*" Queda claro que se trataría de un Cuerpo de palabras en su eco. Esto pese que Lacan en su anterior Seminario 23 sobre Joyce abordó el "<u>Ego</u>" como nudo en función suplente que retiene el Imaginario suelto o liberado.
Lacan (1977) posteriormente en la misma clase 8, explicita también algunas de sus diferencias con Freud: "*¿El inconsciente? Yo propongo darle un otro cuerpo, porque es pensable que uno piensa las cosas sin pesarlas. Allí son suficientes unas palabras; las palabras hacen cuerpo, eso no quiere decir para*

nada que uno comprenda allí nada. Eso es el inconsciente, uno está guiado por palabras con las cuales uno no comprende nada. De todos modos, tenemos el incentivo de eso cuando la gente habla a tontas y a locas, es completamente claro que ella no da a las palabras su peso de sentido. Entre el uso de significante y el peso de significación, la manera en que opera un significante, hay un mundo. Ahí está lo que es nuestra práctica: es aproximar cómo operan unas palabras." No puede quedar duda alguna que desde sus primeros Seminarios hasta los últimos, su postura no ha variado sustancialmente, en especial, su distanciamiento que contradice a Freud.

Por otro lado, dicha postura deshidrata al Yo en sus diversas funciones y conformaciones, reducen al yo como "función del desconocimiento" y de una imagen creada existente fuera de sí, alienada en el estadio del espejo: *"la conciencia está en la captura imaginaria del yo por su reflejo especular y en la función de desconocimiento que permanece ligada a ella"* (Lacan, 1966:791).

Lacan entonces nos ofrece a cambio: un "**$ujeto**". "Sujeto" ahuecado donde el mismo Gaufey (2009) se lo cuestiona: *"¿cómo mi sujeto sin historia y sin espesor puede cambiar de estado? ¿En qué toda esta carga emotiva es asunto suyo? Después de haberlo vaciado concienzudamente de toda sustancia, ¿iría ahora a llenarlo de afecto para otorgarle mejor el César de la intensidad de lo vivido?"* (p.144).

Todo lo abordado en su riqueza por Freud en Proyecto (1895), Introducción al Narcisismo de 1914, en Nuevos caminos a la Terapia de 1918 respecto a la psicosíntesis del yo, lo abordado en el Yo y el Ello en 1923, así como en sus Nuevas Conferencias de 1932, adquieren, una dimensión secundaria o directamente anulada en los pasajes Lacanianos. Dando prioridad incluso a los registros "S.I.R" por sobre la Metapsicología Freudiana de lo tópico, económico y dinámico.

Toda referencia al yo como ligador de angustia, de inhibición de la pulsión, de constitución psíquica, de lugar identitario biográfico (etc), queda relegada al olvido como dimensión Clínica.

En el Seminario 2 vemos la incomodidad que sentía O. Mannoni frente a las formulaciones de lo Simbólico en Lacan:

"O. MANNONI: Lo que me molesta es que tengo la sensación de que este doblez imaginario no corta solamente, sino que es el alimento indispensable del lenguaje simbólico, y que el lenguaje, si se lo priva completamente de ese alimento, se convierte en la máquina, es decir, en algo que deja de ser humano.

[Lacan:] Nada de sentimiento. No vaya a decir que la máquina es una malvada y estorba nuestra existencia. No se trata de eso. La máquina es únicamente la sucesión de los pequeños 0 y los pequeños 1, y además, el problema de si es humana o no está totalmente resuelto: no lo es. Sólo que también hay que averiguar si lo humano, en el sentido en que usted lo entiende, es tan humano.

O. MANNONI: Es una cuestión muy grave.

[Lacan:] Sin embargo la noción de humanismo, sobre el cual no les daré un seminario, me parece bastante cargada de historia para que podamos considerarla como una posición particular realizada en un campo totalmente localizado de lo que Imprudentemente seguimos llamando humanidad" (p.471).

Por tanto, es fundamental en la perspectiva Lacaniana evitar las intervenciones interpretativas, puesto que apuntarían únicamente a robustecer la transferencia imaginaria o más bien la resistencia del analista en su deseo de comprender al Yo de su paciente. Para Lacan no hay nada que comprender, ni tampoco predecir de éste, puesto que sería limitar la finalidad del análisis en su apertura o despliegue de su discurso o sus cadenas significantes. El Yo para Lacan, tiene por función el desconocimiento, la ilusión, y, por lo tanto, la alienación ante los Amos. Hay que oír según Lacan otra voz, no la voz del afecto o los significados subjetivos que no son más que un océano sin fondo de eterna navegación sin rumbo o dirección. El rumbo o la Dirección de la cura estaría en no responder a la Demanda del paciente, habría que posicionarnos como analistas en el lugar tercero donde devuelva al analizante su petición como mensaje invertido en una interrogación o un enigma: "¿Qué quiere el Otro de mí?".

Ceder a la Demanda del paciente, sería ceder a engordar la capa imaginaria del yo del analizante bajo identificaciones. Esto último, estancaría finalmente el análisis en una dualidad paciente-analista o entre el "yo y tu" circular-especular. Por eso para Lacan, una falta de intervención simbólica, conlleva a revalsar el campo imaginario y su paranoia ante su exceso. Hay que apuntar fuera de él, desde la sorpresa, el enigma, darse apertura al encuentro con una "Falta" que permitirá dialectizar la dirección de la cura. En otras palabras, dar cuenta del perpetuo desencuentro del encuentro entre los significantes y sus significados (no existe la relación sexual), entre lo que el "Yo dice de sí mismo" y lo que desde Otro en sus redes significantes habla fuera del Yo (puesto que el Yo no tendría aspectos ni instancias Inconscientes).

Cuando hablamos de "despertar sorpresa en donde solo había certeza". Esto último da énfasis a la frase que Lacan (a su capricho) re-traduce a su antojo: "donde Ello era, el sujeto debe advenir". Para Lacan, no es el Yo el que debe advenir, sino el sujeto barrado ($), encontrado en su falta fundamental (en cuanto desfallece) como la pieza anular que promueve su deseo metonímico y sus fantasmas como las respuestas al Deseo del Otro: ¿Qué quiere el Otro de mí? (Che vuoi?). Esto puesto que el Otro o la batería (tesoro) de Significantes no puede darle todos o el ultimo significante que lo complete a sí mismo, ya que el Otro-barrado tiene su propio agujero. Cambiando la religión de la *cruz* por la religión de la *barra*. El yo o lo Imaginario cree adivinar lo que el Otro desea de él, incluso, cree que el Otro sabe algo que él mismo no sabe de sí y demanda o forma la petición de un (querer) saber bajo su demanda de amor (al analista). Por tanto, persiste en su síntoma el creer que exista un Otro completo que le permitiría completar el sentido o lugar de su Yo como referente final de su identidad o completud.

Para Lacan (1956) la Dirección de la Cura es donde "*el analista interviene concretamente en la dialéctica del análisis haciéndose el muerto, cadaverizando su posición, como dicen los chinos, ya sea por su silencio allí donde es el Otro [Autre], con una A mayúscula, ya sea anulando su propia resistencia allí donde es el otro [autre], con una a minúscula. En los dos casos, y bajo las incidencias respectivas de lo simbólico y de lo imaginario, presentifica la muerte. Pero además conviene que reconozca, y por lo tanto distinga, su acción en uno y otro de esos dos registros para saber por qué interviene, en qué instante se ofrece la ocasión y cómo actuar sobre ello"* (p.405).

Entonces cuando el hedor putrefacto del analista, el paciente (termina pacientemente aceptándolo) lo acepta como tal, vale decir, ya sin miramientos a repetir una demanda de amor al Otro que le de algo que lo complete fálicamente, estaremos ya arribando finalmente al dichoso fin del análisis. En otras palabras, es entender que en todo duelo por la castración en su añoranza edípica, implicaría, conservar una nostalgía nunca obtenida pero siempre deseada. Similar al Budismo ascético, hay que asesinar y descomponer dicho deseo perdido a priori a su búsqueda. Para que la putefracción opere, el camino debe partir con un analista muerto o de aspecto cadavérico que logre emanar un olor particular de descomposición, que su intensidad de nausea-angustia, será transitado por senderos que el mismo paciente, pacientemente debe oler donde menos le gustaría. Queremos decir, si no se le presenta al paciente o analizante un cuerpo muerto, un S.S.S u Otro-barrado desfalleciente que le permita como resorte apuntar al deseo oculto de su demanda. Jamás conocería la muerte de su Fantasma ni el cómo podría atravesar su Fantasma con aquellos mantos imaginarios que le ocultan la muerte de la "Cosa" (previamente "asesinada" por la palabra). Mientras el paciente, pacientemente confronta la muerte cara a cara, puntuando o marcando cada evasión u obstaculo que le impida tocar lo Real o atravezar su fantasma, es el aspecto del vacío de Otro(barrado) sin un supuesto saber quien disolverá, desintegrará y pulverizará todo rastro de intentar tapar el vacío o la nausea existencial. Por esto mismo, justamente, la primera barrera a derribar para alcanzar este fin de análisis, es "fenomenológicamente" en una nueva "epoché", poner "entreparentesis" las capas o pliegues del Yo (moi), en pos de alcanzar fríos significantes o puntos de goce que re-velen la des-corporización del sujeto, no sin antes, diluir lo imaginario y sus defensas yoicas como la niebla ilusoria del fantasma que obstinadamente quiere acaparar un objeto o un deseo que lo complete. Aquello sería eliminar o corroer el anillo imaginario para operar más limpiamente con la formalización de los nudos Simbolico-Real. Es decir, carcomer la carne del cuerpo y ver sus huesos. Lacan (1953) en Función y Campo de la Palabra lo aclara: *"la abstención del analista, su negativa a responder, es un elemento de la realidad en el análisis. Más exactamente, es en esa negatividad en cuanto que es pura, es decir, desprendida de todo motivo particular, donde reside la juntura entre lo simbólico y lo real"* (p.297). No obstante, surge la paradoja, que aún así, lo Imaginario sigue siendo el lugar donde partiremos nuestro trabajo y desde donde se anuda lo Simbólico entre lo Real para tener "Consistencia". Hay que erradicar lo Imaginario pero siendo "lo suficientemente buenos" para no perderlo por completo y des-personalizar con crisis existencial de continuidad al sujeto o paciente en juego. A diferencia del Budismo más ascético que consta de una crítica al pensamiento egoico o nivel egoico o de la vida del ego, el Budismo humecta esta cadaverización del yo con una salida a la armonía o equilibrio del deseo del "justo medio". En cambio, en el Psicoanálisis lacaniano, lo que prima es: que así como en la Psicología del Yo, el fin de sus análisis es la identificación fuerte y positiva con el Ideal (super-yo) del analista, del mismo modo, de manera inversa, Lacan busca que el paciente se identifique con el cadaver y la nada especular que transmite como el fin de análisis. Mientras el paciente, pacientemente trata de dotar de humanidad o revivir de modo casi instintivo gregario el cadaver a quien se confronta, que de paso, se confrontaría con su propio "vacío" o "nada" Real. El gran Otro o el A, está tachado, pero intenta infructuosamente dotarlo de un supuesto saber para preguntarse continuamente: ¿Qué quiere el Otro de mi? (*Che vuoi?*) recreando su respuesta bajo un Fantasma, para así, rechazar la idea de que el Otro también está castrado y que por ende no hay relación sexual (un saber dado predeterminado).

Ampliando su relación con la muerte, Lacan (marzo, 1961) en su Seminario 8, define que esto "*nos permite, al menos, concebir que algo de esto sea posible, y que efectivamente pueda haber alguna relación del analista con Hades, la muerte, como lo ha escrito en el primer número de nuestra revista una de mis alumnas, con la más bella altura de tono. ¿Juega él o no con la muerte? Por otra parte, yo mismo he escrito que, en esa partida que es el análisis, y que seguramente no es estructurable únicamente en términos de partida entre dos, el analista juega con un muerto. Volvemos a encontrar ahí ese rasgo de la exigencia común, que debe haber en ese pequeño otro que está en él algo que sea capaz de jugar el muerto*". Otro ejemplo, es el que Bernardi (2010) exponiendo la conferencia que S. Leclaire en 1972 dió en Argentina: "*Nosotros no pensamos que la transferencia sea la presencia de sentimientos reales. Nosotros consideramos como transferencia lo que se despliega en el campo de nuestra no-respuesta al deseo del paciente. (...) Nosotros no respondemos como persona humana (...) para no tener necesidad de recurrir a esta especie de ambiente sentimental. El sentimiento, por definición, es la confusión*" (p.56-57).

Cuando el paciente-enfermero se de cuenta de lo esteril de sus métodos imaginarios demandados, se rendirá, aceptará su derrota y la inutilidad de su Fantasma que ya ha terminado por castrar y atravezar (ya no seguirá depositando su objeto @ al analista). Lo inhumano es lo que nos guía a lo más humano. Por esta razón autores como Ferenczi, Balint o Winnicott serían los analistas más antónimos y opuestos a Lacan en lo que respecta al deseo del analista en su "acto analítico" mediante el sostenimiento del S.S.S y el cadaver de su semblante. La empatía, para Lacan es el mayor pecado capital, comprender al paciente es la ruina absoluta del análisis, mas vale tener las manos quietas, trabajar en la abstinencia.

Para la Clínica, de igual modo lo comprendía Foucault (1966): "*Todo saber analítico está, pues, invenciblemente ligado a una práctica, a esta estrangulación de la relación entre dos individuos, en la que uno escucha el lenguaje del otro, liberando así su deseo del objeto que ha perdido (haciéndole entender que lo ha perdido) y liberándolo de la vecindad siempre repetida de la muerte (haciéndole entender que un día morirá)*" (p.368).

En respuesta, Piaget (1968) critica a Foucault declarando que "*al generalizar los poderes del lenguaje mismo, en el juego de sus posibilidades tensas hasta el extremo, lo que se anuncia es que el hombre está "terminado" y que, al llegar a la cima de toda palabra posible, no llega al corazón de sí mismo, sino al borde de lo que lo limita: en esta región en la que ronda la muerte, en la que el pensamiento se extingue*" (p.110-111).

El psicoanalisis lacaniano, en resumen, busca re-castrar apres-coup al sujeto ($), bañarlo de una nueva castración más mortificante que la ya vivida, puesto que toda castración ha sido aún "insuficientemente buena".

Al sujeto se le construye una Falta a su medida, desde lo que integra, sintetiza o lo que despliega su yo. Se intenta cavar algo que lo haga falta, que desfallesca (que su Falta emerja), hacer que ese hoyo negro construido nuevo, tenga el valor (combustible) de la verdad o fin de análisis. Para que haga engullir la identidad de sus deseos dispuestos por su anhelo edípico. Se pretende situar un sujeto ($) en Falta, barrado, en conjunto vacío, ahuecado, en agujero o desfalleciente. Concretamente como lo define Lacan (1958): "*el deseo es la metonimia de la carencia de ser*" (p.593).

Sin embargo, contrario a ese tipo de "Clínicas" o "Direcciones", al Sujeto no le faltaba nada, pero, como ya vimos, se le asigna (impone) una marca de una Falta de todas las faltas como brújula lejana a (per)seguir. Por tanto, toda "falta" que cree tener el sujeto, es en realidad una falta actual que taparía y obstruiría la supuesta verdadera Falta de todas sus faltas: "la Cosa". De esta forma, ya tendríamos el camino pre-fabricado como punto de inicio y de fin.

Y por el lado del "deseo", Deleuze (1973) extrema su crítica de la "Falta" al decir que la "*soldadura deseo-falta, va de suyo entonces que el deseo está definido en función de un campo de trascendencia. El deseo es deseo de lo que no hay. Esto comienza con Platón y continúa con Lacan (...) si el deseo está, a nivel de su fundamento, orientado a lo Otro, abierto sobre una trascendencia, si sufre esta primera maldición, ¿qué puede venir a llenarlo? Lo que lo llenará, y esto nunca será más que una apariencia, es el objeto hacia el que tiende. No lo llenará lo Otro ya que es inalcanzable, es la pura trascendencia*" (p.191-192).

Finiquitando ahora con los famosos "Cortes de Sesión" de tiempo variable o las "Sesiones Breves" de Lacan y sus discípulos. Quienes bajo un verdadero Conductismo de Goce (conductismo temporal) o Conductismo de Discursos, optan por cortar la Sesión, dando cierres abruptos o sorpresivos a las sesiones. Un Conductismo Goce-Tiempo cortando sesiones y ver si algo "Real" se logra realmente. Donde incluso, el uso de la palabra o el alargar un dialogo con el paciente se intenta evitar, en función de huir de todo manto Imaginario (e incluso Simbólico), tocando consigo un supuesto Real o punto de Goce (J.A Miller).

La propia F. Dolto (1991) en su Autobiografía se cuestiona dicha intervención titulándola como "seudoteoría lacaniana de las sesiones cortas": "*Estoy totalmente en contra! He visto tantos estragos debido a ello , a ese sadismo que hace que la persona se sienta mal paciente , pues se deshace uno de ella: "si no tienes más que decir, váyase". ¡El análisis no es un taxímetro! Se necesita tiempo para poder callarse o a veces tiempo para poder hacer dos o tres sesiones en una (...) el tiempo de alguien que ha sido preparado para escuchar. Entonces el otro tiene que saber al menos de cuánto tiempo dispone por el dinero que nos da. Desde mi punto de vista, hay que respetar el tiempo de esa persona. No debe irse porque el siguiente está brincando de impaciencia detrás de la puerta y ella lo sepa. Eso es en cuanto al tiempo*" (p.140-141). Por su parte, E. Roudinesco (1986) detalla los actings y psicodramatismos del propio Lacan: "*Hace variar hasta el infinito la duración de las sesiones y su espaciamiento en el tiempo: de un minuto a una hora o de una sesión por semana a diez por día (...)* "*Las sesiones duraban entre un minuto y una hora, con un promedio de diez minutos. Podía hablar sentado o incluso de pie. Cuando estaba en su escritorio, Lacan me daba la espalda y leía, escribía, cosía fajos de billetes con grapas o hacía nudos borromeanos. Era capaz de cambiar bruscamente de marco simbólico. Por ejemplo, hablábamos de un problema editorial o universitario. Luego, con una palabra, pasaba a la sesión: 'Ahora, voy a escucharlo*" (p.49-55). Mientras que más alejado del gremio lacaniano, André Green (1994) reflexiona sobre los efectos nefastos del conductismo o acting variable: "*los lacanianos hablan de la Ley, pero en la práctica interrumpen las sesiones de manera forzada y arbitraria. Hablan de la primacía del significante, pero no le dan a las personas ni siquiera el tiempo para hablar. ¿Qué se puede analizar en las sesiones que duran unos cinco minutos? Ni siquiera hay tiempo para contar un sueño. Hablan del Nombre del Padre, pero parecen más madres posesivas y abusivas*".

Desde aquí nos preguntamos: ¿Qué o quién autoriza el detener precipitadamente las asociaciones o discursos del paciente sin que contenga una contra-transferencia evidente a lo que dice su paciente? ¿No ampliará el poder absoluto del analista sobre su paciente como un golpe de tapa-boca de madre abusiva, como máxima sumisión ante el tiempo de parir-expulsar la sesión? ¿Será suficiente con excusarse que dicho tiempo es del propio inconsciente del paciente y no de su poder de corte? ¿Qué efectos podrán conllevar más que claros signos de quiebres que reviven experiencias de abandono o rupturas traumáticas al perder la voz, puesto que inexorablemente implica huír prematuramente del tratamiento en su incubación? ¿Hasta qué punto este corte de Lacan, fue un Fort-Da Perverso contra sus pacientes ante su trauma de Marienbad en 1936 por la escansión que le propinó E. Jones?

En contraste a Lacan, cobra mucha mayor coherencia y ética lo que propone Freud (1918) sugiriendo no otorgar satisfacciones prematuras o interpretaciones salvajes a los pacientes (neuróticos) en las primeras sesiones, pues esto implicaría acallar las asociaciones y la emergencia de su particular deseo inconsciente para analizar. Dice Freud (1918) que la "*abstinencia no supone la ausencia de toda satisfacción -cosa, naturalmente, imposible- ni ha de interpretarse tampoco en su sentido vulgar de abstención del comercio sexual*" (p.2459). Además Freud (1918) aclara que "*el enfermo buscará preferentemente la satisfacción sustitutiva en la cura misma, en la relación de transferencia con el médico e incluso tenderá a encontrar por este camino una compensación total de las privaciones que en otros terrenos le han sido impuestas. Desde luego, habremos de hacerle alguna concesión a este respecto, y más o menos amplia según la naturaleza del caso y la idiosincrasia del enfermo. Pero no es conveniente extremar la tolerancia. El analista que se deja arrastrar por su filantropía y otorga al enfermo una tolerancia excesiva comete la misma falta económica de que se hacen culpables nuestros sanatorios no analíticos. Estos tienden exclusivamente a hacer que la cura resulte lo más grata posible, para que el enfermo busque de nuevo en ellos un refugio cada vez que la vida le presente alguna de sus dificultades. Pero con ello renuncian a fortificarle ante la vida y a aumentar su capacidad para resolver sus problemas personales*" (p.2460).

Capítulo IV
1. Lenguaje: Proceso Secundario y Sistema Preconsciente

Todo aquello que con algún esfuerzo puede ser llevado a la consciencia, como lo denominó Freud, se llama Preconsciente. Son aquellos contenidos que tienen "implantado" una representación-palabra que permite la facilitación para llevar a cabo una toma de conciencia o en algún lugar de ella. Más claramente, "«¿Cómo algo deviene conciente?» se formularía más adecuadamente así: «¿Cómo algo deviene preconciente?». Y la respuesta sería: «Por conexión con las correspondientes representaciones-palabra». Estas representaciones-palabra son restos mnémicos; una vez fueron percepciones y, como todos los restos mnémicos, pueden devenir de nuevo concientes" (Freud, 1923:22).

Lo preconsciente es también todo aquel campo de remisiones latentes que están operando en el momento que la consciencia tenga asociación de sí. De modo que no es posible al momento de pensar alguna idea en particular, tener a mano o en plena conciencia, todas las demás asociaciones o ideas que convergen o divergen, mas bien, existe un manto de asociaciones preconscientes latentes que operan como articulador de un orden lógico. Es como si al sacar un pedazo o detalle de la memoria, estuviera ese pedazo engrapado o adherido a otras cadenas menos visibles o latentes, pero que logran ser "pensamientos motivados" en lo que conscientemente se tiene atención. Freud (1900) llamó a esta propiedad las "asociaciones meta" o "representaciones-meta". En la Interpretación de los Sueños, Freud (1900) lo aborda del siguiente modo: "*no es cierto que nos entreguemos a un decurso de representaciones sin meta alguna cuando en el trabajo de la interpretación de los sueños resignamos nuestra reflexión y dejamos emerger las representaciones involuntarias. Es comprobable que no podemos renunciar sino a las representaciones-meta que nos son conocidas, y cuando ellas cesan cobran valimiento representaciones-meta ignoradas —o como decimos de manera imprecisa: inconscientes— que pasan a gobernar el determinismo del decurso de las representaciones involuntarias*" (p.522).

En la nota agregada de 1914 al mismo párrafo, Freud citando al filósofo Hartmann dice que: "*la ley de la asociación de ideas guiada por representaciones-meta inconscientes en términos claros, aunque sin percatarse totalmente del alcance de esta ley. Se propone así demostrar que "toda combinación de representaciones sensibles, en caso de que no esté librada puramente al azar, sino destinada a llevar a determinada meta, necesita de la ayuda de lo inconsciente*" (p.522). Prosigue Freud (1900) en aclarar que "*ningún enlace era demasiado laxo y ningún chiste demasiado desdeñable como para que no estuviesen autorizados a constituir los puentes entre un pensamiento y otro. Pero la comprensión correcta de semejante tolerancia no tarda en alcanzarse. Toda vez que un elemento psíquico se enlaza con otro por una asociación chocante y superficial, existe también entre ambos un enlace correcto y que cala más hondo, sometido a la resistencia de la censura*" (p.523).

De este modo, para Freud (1900) hay representaciones-meta más ignoradas que otras, que no obstante, ejercen su influencia desde lo más latente el destino de las representaciones-meta. Vale decir que "*el abandono de las* representaciones-meta conscientes se entrega a unas representaciones-meta ocultas el gobierno sobre el decurso de las representaciones, y que las asociaciones superficiales son un sustituto, por desplazamiento, de otras sofocadas que calan más hondo" (p.525). Ordenando este concepto desde lo económico o energético, Freud (1900) señala que "desde una representación-meta, una cierta magnitud de excitación que llamamos «energía de investidura» se desplaza a lo largo de las vías asociativas seleccionadas por aquella. Una ilación de pensamiento «descuidada» no ha recibido esa investidura; si ella ha sido «sofocada» o «desestimada», es que se le volvió a retirar la investidura; en cualquiera de los dos casos queda librada a su excitación propia. En ciertas condiciones, la ilación de pensamiento investida con una meta {zielbesetzt} es capaz de atraer sobre sí la atención de la conciencia, y por intermedio de esta recibe una «sobreinvestidura»." (p.583).

Aportando un ejemplo sobre representaciones-meta y sus asociaciones, Freud (1916) en su Conferencia 6, despliega el ejemplo del olvido de un nombre: "me es empero inaccesible. La reflexión, aun la más empeñosa, de nada rae vale: he ahí lo que enseguida me dice la experiencia. Pero en todos los casos, en lugar del nombre olvidado puedo hacer que se me ocurran uno o varios nombres sustitutivos. Sólo después que se me ha ocurrido espontáneamente uno de estos se hace evidente la concordancia de tal situación con el análisis de sueños. Es que el elemento onírico tampoco es el justo: no es más que un sustituto de otro, el genuino, que yo no conozco y debo descubrir mediante el análisis del sueño. Y otra vez, la diferencia no reside sino en que, en el olvido de nombres, sin vacilar reconozco al sustituto como el no genuino, mientras que en el caso del elemento onírico sólo trabajosamente obtenemos esta concepción. Ahora bien, también en el olvido de nombres hay un camino que lleva del sustituto al elemento genuino que es inconciente, al nombre olvidado. Si dirijo mi atención a estos nombres sustitutivos y hago que acudan ulteriores ocurrencias sobre ellos, tras desvíos más breves o más largos llego al nombre olvidado y descubro que los nombres sustitutivos espontáneos, así como los evocados por mí, mantenían un vínculo con el olvidado, estaban determinados por él.

Quiero presentarles aquí un análisis de este tipo: Cierto día advierto que ya no poseo el nombre de ese pequeño país de la Riviera cuya capital es Montecarlo. Es bien enfadoso, pero es así. Me sumerjo en todo lo que sé sobre ese país, pienso en él príncipe Alberto de la casa de Lusignan, en sus matrimonios, en su predilección por investigar las profundidades marinas y en todo cuanto puedo reunir, pero de nada me vale. Abandono entonces la reflexión y dejo que se me ocurran nombres sustitutivos en lugar del perdido. Acuden con rapidez. Montecarlo mismo, después Piamonte, Albania, Montevideo, Colico. Albania es el primero que me resulta llamativo en esta serie; enseguida se sustituye por Montenegro, al parecer siguiendo la oposición entre lo blanco y lo negro. Después veo que cuatro de estos nombres sustitutivos contienen la misma sílaba mon; capturo de repente el nombre olvidado y exclamo en voz alta: ¡Monaco! Por consiguiente, los nombres sustitutivos han partido en efecto del olvidado; los cuatro primeros, de la primera sílaba; el último reproduce la división silábica y toda la sílaba final. Además, con facilidad hallo lo que me ha escamoteado ese nombre por un tiempo" (p.100-101).

Una situación un tanto distinta al olvido de nombres o sustantivos, ocurre con los "Recuerdos Encubridores" (Deckrinnerungen). Para Freud (1901) en su libro Psicopatología de la vida cotidiana, el *"olvido de nombres no constituye más que una perturbación momentánea –pues el nombre que se acaba de olvidar ha sido reproducido cien veces con exactitud anteriormente y puedo volver a serlo poco tiempo después-; en cambio, los recuerdos encubridores son algo que poseemos durante largo tiempo sin que sufran perturbación alguna, dado que los recuerdos infantiles indiferentes parecen poder acompañarnos, sin perderse, a través de un amplio período de nuestra vida"* (p.65). Acentuando su diferencia, el *"olvido de nombres, sabemos que los nombres sustitutivos son falsos, y en los recuerdos encubridores nos maravillamos de retenerlos todavía"* (Freud, 1901:66).

Uno estaría tentado en asumir que los recuerdos más nítidos deberían ser aquellos que impresionaron enormente, sucesos de gran significancia que a primeras son transparentemente compresibles, no obstante, cada uno de nosotros aguarda (encuentra) recuerdos detallados de circunstancias de lo más banales o irrelevantes posibles. El evento o recuerdo mismo mantiene el recuerdo en sí y no otro suceso anterior ni posterior sin ninguna relevancia o importancia. Nos salta la interrogante del por qué tal escena que aparentemente no tiene ningún enlace significativo o de importancia se recuerda tan nítidamente, incluso, sin el mayor esfuerzo cuando recordamos nuestro pasado. Irrumpen dichos recuerdos en circunstancias que no tendrían ningún asidero posible de asociación ¿Por qué al recordar eventos de mi infancia se vienen a la mente sucesos o imágenes sin inicio, desarrollo ni final? ¿Son imágenes o fotografías fijadas en los recuerdos por un absoluto azar que no guarda relación subjetiva con ningún mérito asociativo que valga la pena? Por supuesto que podemos recordar un olor o sabor de alguna comida pretérita consumida que actualmente no disponemos de aquél entonces y recordarlo. Pero si impresiona el *"haber olvidado algo importante nos asombra aún más que recordamos algo aparentemente nimio"* (Freud, 1899:330).

Concretizándolo con un ejemplo que Freud llama "recuerdo de falso-enlace" o como más adelante lo llamará como contra-carga emanada desde el sist Prcc. Freud (1899) nos aclara que muchos de *"los recuerdos infantiles más tempranos de algunas personas tienen por contenido impresiones cotidianas e indiferentes que no pudieron provocar afecto ninguno en el niño, no obstante lo cual quedaron impresas en su memoria con todo detalle, no habiendo sido retenidos, en cambio, otros sucesos importantes de la misma época, ni siquiera aquellos que, según testimonio de los padres, causaron gran impresión al niño. Cuentan así los Henri de un profesor de Filología, cuyo primer recuerdo, situado entre los tres y los cuatro años, le presentaba la imagen de una mesa dispuesta para la comida, y en ella, un plato con hielo. Por aquel mismo tiempo ocurrió la muerte de su abuela, que, según manifiestan los padres del sujeto, conmovió mucho al niño. Pero el profesor de Filología no sabe ya nada de esta desgracia, y sólo recuerda de aquella época un plato con hielo, puesto encima de una mesa"* (p.145).

Entre los muchos casos posibles de sustitución de un contenido psíquico, el recuerdo encubridor consiste en la sustitución de los elementos importantes de un suceso por los más insignificantes del mismo, convirtiéndose en un desplazamiento por contigüidad asociativa, o, atendiendo a la totalidad del proceso, en una represión, seguida de una sustitución por algo contiguo (local y temporalmente)". Jean Laplanche (1976) lo explica en cuanto "*condensa a la vez, como la teoría del recuerdo encubridor lo muestra, lo anterior y lo posterior por relación al punto de coagulación de una cantidad de dimensiones pulsionales, de una cantidad de deseos. Aquí la secuencia cronológica lineal no es esencial; un recuerdo encubridor puede hallar el origen de su subsistencia, de su nitidez, de su carácter "desubjetivizado", en el hecho de que viene a reagrupar secuencias significativas que aparecieron cronológicamente después de él (...) esas imágenes de redes que se entrecruzan en puntos de convergencia que él llama a veces puntos nodales*" (p.87).

Anteriormente, Freud (1891) en su estudio sobre "La Afasia", se había percatado que "*el hecho de que se conserven mejor las series de palabras que las palabras aisladas, y que las palabras sean más fáciles de evocar cuanto más difusas son sus asociaciones. La regla anterior se aplica a series tales como la de números sucesivos, días de la semana, meses, etc. El paciente de Grashey no podía encontrar directamente un número, pero eludía esta dificultad mediante un rodeo consistente en contar desde el comienzo hasta llegar al número pedido. Algunas veces se puede recitar una serie completa de asociaciones, pero no una parte de ella aisladamente*" (p.101). Sumado en lo que respecta al aislamiento, fue para Freud (1891) evidente que "*las palabras que con mayor facilidad se pierden son las que tienen el sentido más específico, es decir las que pueden ser suscitadas sólo por pocas y definidas asociaciones*" (p.101). Desde esta forma, una asociación, sin importar cuál sea, estará remitida a otras vías, ya sean tomadas a plena consciencia o sólo a lo preconciente de manera latente o incluso de forma más inconsciente. Caso contrario, las asociaciones o huellas escaparían por vía primaria o bajo proceso primario a lo inconsciente.

Concretizando lo ya expuesto, Freud (1905) en su libro "El chiste y su relación con lo inconciente", otorga indicaciones sobre los enlaces o conexiones de los Chistes: "*el placer de chiste que provoca ese «cortocircuito» parecerá tanto mayor cuanto más ajenos sean entre sí los círculos de representaciones conectados por una misma palabra, cuanto más distantes sean y, en consecuencia, cuanto mayor resulte el ahorro que el recurso técnico del chiste permita en el camino del pensamiento. Anotemos de pasada que el chiste se sirve aquí de un medio de enlace que el pensar serio desestima y evita cuidadosamente*" (p.116). Como nota de página, Freud (1905) define entonces que "*parece decisiva en el uso lingüístico para llamar «bueno» o «malo» a un chiste. Si por medio de un chiste de doble sentido o de modificación leve paso, a través de un atajo, a otro círculo de representación, cuando en verdad entre los dos círculos no existe al mismo tiempo un enlace provisto de sentido, he hecho un chiste «malo». En él sólo una palabra, el «pointe» del chiste, es el enlace existente entre las dos representaciones dispares. Un caso así es el del ejemplo antes utilizado: «home-roulard». En cambio, un chiste «bueno» se produce cuando la expectativa infantil resulta atinada y con la semejanza de las palabras se indica en realidad, al mismo tiempo, otra semejanza esencial*" (p.116).

Adentrándonos mayormente en lo investigado por Freud (1905) sobre los chistes: "*Un segundo grupo de recursos técnicos del chiste —unificación, homofonía, acepción múltiple, modificación de giros familiares, alusión a citas— deja ver como su carácter común el siguiente: en todos los casos, uno redescubre algo consabido cuando en su lugar habría esperado algo nuevo. Este reencuentro de lo consabido es placentero, y tampoco nos resultará difícil discernir en ese placer un placer por ahorro, refiriéndolo al de un gasto psíquico. Todos parecen admitir que el redescubrimiento de lo consabido, el «reconocimiento», es placentero*" (p.116). En resumen, siguiendo a Freud (1905), finalmente "*aquellos juegos cuyo carácter consiste en acrecentar la alegría del reconocimiento poniéndole obstáculos en el camino, o sea, produciendo una «estasis psíquica» que es eliminada con el acto de conocer*" (p.117).

Por otra parte, si estudiamos lo señalado por Ferenczi (1915) en su texto "Análisis de las comparaciones", nos remite que en el campo de las comparaciones, "*Quien concentra su atención en la busqueda de una comparación sólo se preocupa de las analogías, de los parecidos, y es totalmente indiferente respecto al material del que va a extraer su comparación. Hemos indicado que, en tales circunstancias, este material indiferente proviene casi siempre del inconsciente rechazado. Ello nos obliga a examinar atentamente las comparaciones de los pacientes desde el punto de vista del inconsciente; en efecto, el análisis de las comparaciones junto con el análisis de los sueños, de los actos frustrados, y de los síntomas, es un arma no despreciable de la técnica analítica.*" Por otro lado, en consideración a las "asociaciones-meta" la "*fuga de ideas del maníaco permite al contenido psíquico más severamente rechazado llegar sin esfuerzo a la superficie; podemos suponer que, contrariamente al melancólico cuyo mundo afectivo está inhibido, eso le resulta indiferente. En la parafrenia (demencia precoz), que consiste esencialmente en una indeferencia por el mundo exterior y por toda relación objetal, constatamos que tales secretos, tan celosamente conservados por los neuróticos, son expresados con absoluta simplicidad*" (Ferenczi, 1915).

Pasando a otro tema, con respecto a la articulación lógica del Lenguaje en lo Preconciente, éste se beneficia del Yo, como la instancia que permite otorgar los espacios respectivos de su acción, para elaborar, por ejemplo: temporalidades verbales, distinciones entre sujeto-predicado, junto con una identidad del yo que adquiere la biografía reconocida en su preconciente. Retomando lo trabajado por Silvia Bleichmar (1998) "*hay que diferenciar entre modos de operar y contenidos. Los contenidos del preconciente, para Freud, eran las representaciones-palabra. Los modos de operar del preconciente tienen que ver con la lógica, en cuanto lógica de la negación, exclusión -en cuanto tercero excluido-, lo que podemos llamar lógica en términos de Aristóteles*" (p.282). Estos modos de operar que son propios del proceso secundario, para "*una afirmación, un enunciado implica precisamente que uno niega otras posibilidades de enunciados. Si digo: "Soy hombre", inmediatamente queda claro que escojo un significante en el orden de lo masculino. O si digo: "Soy mujer", en el orden de lo femenino. No soy simultáneamente hombre y mujer.*" (Bleichmar, 1998:283). Desde aquí es donde comprendemos la noción lógica de "*el tercero excluido, tomando las categorías de Freud. En la medida en que hay elementos que están en presencia, algo queda excluido y no se lo puede hacer introducir. Entonces la categoría de preconciente es la que permite articular simultáneamente frases que tienen que ver con el discurso en el sentido de la lengua, en el sentido de la lingüística, y por otra parte organizaciones lógicas*" (Bleichmar, 1998:283).

Según como veremos en este Apartado, existe un trabajo conjunto entre el yo como tejido narcisístico y lo preconciente para la conformación u operación de la consciencia, la atención, la reflexión, etc. A todo este conjunto lo llamaremos con cierta plenitud operatoria o lógica: el Proceso Secundario.

El proceso secundario, seria en resumen la acción conjunta del yo, más lo preconciente con sus respectivas representaciones-palabra unidas a las representaciones-cosa. Los distintos efectos de su articulación, dan lugar al principio de no-contradicción, la negación, y la temporalidad, debidas a este conjunto.

Posicionándonos hacia al campo de las cogniciones, en cuanto al fenómeno del pensar, lo entendemos como un "*obrar tentativo con pequeños volúmenes de investidura, semejante a los desplazamientos de pequeñas figuras sobre el mapa, anteriores a que el general ponga en movimiento sus masas de tropa. El yo anticipa así la satisfacción de la moción pulsional dudosa y le permite reproducir las sensaciones de displacer que corresponden al inicio de la situación de peligro temida. Así se pone en juego el automatismo del principio de placer-displacer, que ahora lleva a cabo la represión de la moción pulsional peligrosa*" (Freud, 1932:83). Si recordamos, esto tiene cabida palpable también en lo que Breuer y Freud (1893) refieren cuando "*el hombre encuentra en la palabra un subrogado del hecho, con cuyo auxilio puede el afecto ser también casi igualmente descargado por reacción (Abreagiert). En otros casos es la palabra misma el reflejo adecuado a título de lamentación o de alivio del peso de un secreto (la confesión). Cuando no llega a producirse tal reacción por medio de actos o palabras, y en los casos más leves, por medio de llanto, el recuerdo del suceso conserva al principio la acentuación afectiva*" (p.44).

Tal como lo afirma Deleuze (1983) en su libro I sobre Cine, comenta que "*nuestra percepción y nuestro lenguaje distinguen cuerpos (sustantivos), cualidades (adjetivos) y acciones (verbos). Pero las acciones, en este sentido preciso, han sustituido ya el movimiento por la idea de un lugar provisional al que éste se dirige, o de un resultado que él obtiene; y la cualidad ha sustituido el movimiento por la idea de un estado que persiste a la espera de que otro lo reemplace; y el cuerpo ha sustituido el movimiento por la idea de un sujeto que lo ejecutaría, o de un objeto que lo padecería, o de un vehículo que lo transportaría*" (p.92). Estas sustituciones, Deleuze (1985) las profundiza en su Libro II sobre Cine, comprendiendo que "*al sustituirse la imagen por un enunciado se dio a la imagen una falsa apariencia, se le retiró su carácter aparente más auténtico, el movimiento. Pues la imagen-movimiento no es analógica en el sentido de la semejanza: no se asemeja a un objeto al que ella representaría. Bergson lo demostró ya en el primer capítulo de Materia y memoria: si de lo móvil extraemos el movimiento, ya no hay distinción ninguna entre la imagen y el objeto, porque la distinción sólo es válida si hay inmovilización del objeto. La imagen-movimiento es el objeto, es la cosa misma captada en el movimiento como función continua. La imagen-movimiento es la modulación del objeto mismo. Aquí encontramos lo «analógico», pero en un sentido que ya no tiene nada que ver con la semejanza"* (p.45-46).

Por otra parte, Deleuze (1985) inspirado en Charles Peirce, *"Considera que hay tres clases de imágenes, no más: la primeridad (algo que no remite más que a sí mismo, cualidad o potencia, pura posibilidad, por ejemplo el rojo que hallamos idéntico a sí mismo en la proposición «no te has puesto tu vestido rojo» o «estás de rojo»): la segundeidad (algo que no remite a sí mismo más que por otra cosa, la existencia, la acción-reacción, el esfuerzo-resistencia); la terceridad (algo que no remite a sí mismo más que vinculando una cosa con otra, la relación, la ley, lo necesario"* (p.50).

Más adelante Deleuze (1985) siguiendo a Peirce, establece que en el signo se *"combina las tres clases de imágenes pero no de cualquier manera: el signo es una imagen que vale para otra imagen (su objeto), bajo la relación de una tercera imagen que constituye su «interpretante», siendo ésta a su vez un signo, y así hasta el infinito. De donde Peirce, al combinar los tres modos de imagen y los tres aspectos del signo, obtiene nueve elementos de signos y diez signos correspondientes (porque todas las combinaciones de elementos no son lógicamente posibles)." Si nos preguntamos cuál es la función del signo con respecto a la imagen, parecería ser una función cognitiva: no es que el signo haga conocer su objeto, al contrario, él presupone el conocimiento del objeto en otro signo, pero le añade nuevos conocimientos en función del interpretante. Son como dos procesos al infinito. O bien, lo que es igual, diremos que la función del signo es «volver eficientes las relaciones»: no es que las relaciones y las leyes carezcan de actualidad en cuanto imágenes, sino que además carecen de esa eficiencia que las hace actuar (...) la imagen-percepción recibía el movimiento sobre una cara, pero la imagen-afección es lo que ocupa el intervalo (primeridad), la imagen-acción, lo que ejecuta el movimiento sobre la otra cara (segundeidad), y la imagen-relación, lo que reconstituye el conjunto del movimiento con todos los aspectos del intervalo (terceridad funcionando como cierre de la deducción) encontremos con seis tipos de imágenes sensibles aparentes, y no con tres: la imagen-percepción, la imagen-afección, la imagen-pulsion (intermediaria entre la afección y la acción), la imagen-acción, la imagen-reflexión (intermediaria entre la acción y la relación), la imagen-relación"* (p.51-53).

Desde Silvia Bleichmar (2006) revisando su artículo "La deconstrucción del acontecimiento", buscando la manera de definir lo no articulable en el lenguaje, basándose en la semiótica de Peirce *"con su sistema triádico en indicios, íconos y símbolos, para marcar que el signo no se reduce a lo lenguajero aunque a su significación sólo se pueda acceder por medio del lenguaje.*
El "indicio" sería la categoría semiótica para abordar estos signos de percepción, con la intención de dar cuenta de un elemento dentro del conjunto heterogéneo de representaciones que constituyen el psiquismo. Haciendo la salvedad de que las diferencias entre "signo de percepción" e "indicio" no son sólo efecto de pertenecer a campos conceptuales distintos -el primero es un

concepto psicoanalítico, metapsicológico, que da cuenta de los elementos psíquicos que no se ordenan bajo la legalidad del inconciente ni del preconciente, que pueden ser manifiestos sin por ello ser concientes, que aparecen en las modalidades compulsivas de la vida psíquica, en los referentes traumáticos no sepultables por la memoria y el olvido, desprendidos de la vivencia misma, no articulables, mientras que el segundo es parte del ordenamiento que propicia la construcción de un sistema en el cual el sujeto se ve inmerso en un mundo de signos que operan a la búsqueda o produciendo significación, en cuyo caso el indicio es inseparable de la categoría de sujeto del enigma, volcado a la resolución de un interrogante (…) lo que caracteriza al indicio es que no hay, a su respecto, regla de interpretación, no hay "interpretante", no es triádico. En el caso del símbolo existe el elemento presente, aquel al cual remite, y un tercero que permite su interpretación (…) El índice -o indicio- está en contigüidad con el objeto, es, podríamos decir hoy, metonímico, pero a diferencia del ícono, no representa al objeto, sino que da cuenta de su presencia (en el caso de los íconos, pensemos en el sistema de señalización de rutas, con sus dibujitos que dan cuenta de las curvas, la presencia de animales, o el riesgo de deslave, y que está a mitad de camino entre algo que conserva siempre un atributo del objeto en su grafía pero que puede ser leído dentro de un universo compartido y tomar carácter simbólico."

Notemos encima de esto, que bajo la adquisición o desarrollo del lenguaje infantil "muestra, por una parte, que la formacion de los adverbios de tiempo esencialmente tiene lugar con posterioridad a la de los adverbios espaciales y que, por otra parte, expresiones como "hoy", "ayer" y "mañana" no tienen en un principio ningun sentido temporal claramente definido (…) algunas lenguas en las cuales aun las diferencias cualitativas de pasado y futuro con frecuencia se borran completamente, parece llevarnos un paso todavía más atras. En la lengua Ewe uno y el mismo adverbio sirve para designar tanto el "ayer" como el "mañana". En la lengua Schambala se usa la misma palabra para referirse tanto al pasado remoto como para apuntar al futuro distante (…) los negros Ntu conciben el tiempo como una cosa, y por esto para ellos solo hay un hoy y un no-hoy; si esto ultimo fue ayer o sera mañana les es indiferente, sobre ello no reflexionan porque para ello se requiere no solo la intuicion, sino el pensamiento y la representacion conceptual de la esencia del tiempo" (Cassirer, 1923:208-209). Prosiguiendo con Cassirer (1923) vemos que una "deficiente condensacion indica una peculiaridad fundamental de la representacion del tiempo en esas lenguas. Puesto que solo cuentan con la simple distincion entre el ahora y el no ahora, propiamente hablando solo existe el sector relativamente pequeño de la conciencia que se encuentra directamente iluminado por el ahora" (p.210). Esto se incluye también en los procesos donde S. Bleichmar (2006) denomina en que "no hay posibilidad de inscripción de la ausencia en los primeros tiempos de la vida y la ausencia siempre es una presencia representacional, la ausencia en sí misma no es representable (...) más que por el preconciente, que maneja la lógica de la negación, el tercero excluido y la representación de la ausencia, que luego en la cultura toma la forma del cero (…) Entonces, decimos que la representación del cero va ligada a esta representación de la ausencia, que es una adquisición tardía también en la infancia" (p.96).

Sintetizando o resumiendo lo anteriormente expuesto, el yo enlaza como herramienta los recursos lógicos del preconsciente que posibilitan las asimetrizaciones de las asociaciones y los empleos lingüísticos. El preconsciente brinda los articuladores lógicos que el propio yo no puede sustentarse, pero, el yo brinda el molde de su articulación libidinalmente. Mientras que la separación Icc/Prc surge en la medida, en que el yo, como receptáculo de la memoria (en su permeabilidad), brinda un dominio motriz nuevo, junto con la evocación voluntaria del recuerdo (adquisión preconsciente).

Esto lo podemos ver en Freud en su carta 52 a Fliess de 1896 en lo que respecta al aparato psíquico, donde algo se excluye, se diferencia algo frente a otro (una figura de un fondo), se ilumina una vía asociativa en desmedro de otras que la contornea.

Evidentemente lo "tercero excluido" está mano a mano por lo patentado por Matte-Blanco respecto al nivel de la asimetría. Puesto que sólo de esta manera, se pueden "pensar los pensamientos" o "asociar el devenir asociativo". De no ser así, las distinciones no existirían y harían imposible el proceso secundario de la reflexión.

Por esto mismo, si nos fijamos en la Figura (imagen expuesta a continuación) que Freud (1896) expone en su Carta 52 aparece primero a la izquierda "P" (percepciones) con 3 inscripciones. Luego donde ocurre la primera trascripción en los "Ps" (Signos de percepción), se reordenan los nexos causales con 4 inscripciones. Posteriormente en el sistema "Ic" (inconsciente) prosiguen las 4 inscripciones pero reordenadas con otros nexos de recuerdos alejados de la mera contigüidad causal. Finalmente en el pasaje tópico de la tercera trascripción al sistema "Prc" (preconsciente) y al "Coc" (consciente), ambos cuentan con solo 3 inscripciones, dando cuenta que ocurrió una pérdida de inscripción o tercero excluido para las investiduras *conscientes de acuerdo con ciertas reglas* (p.275). Como según se detalla en la imagen dibujada por Freud:

Al respecto, Matte-Blanco (1981) grafica que *"si la teoría de la relatividad fuera formulada en palabras, tomaría cerca de 30 páginas desarrollarla y, entonces, sería prácticamente incomprensible para la mayoría de la gente. Pero si se emplean fórmulas, entonces el hombre puede circundar el obstáculo y entender. En otras palabras, las fórmulas son como los títulos de temas que pueden ser entendidos. Trabajando con estos títulos el hombre puede lograr entender realidades que estarían fuera de su alcance si tuviera que tener presente en su mente todo lo que hay bajo el título."*
Esto ejemplifica una vez más la importancia del "principio del tercero excluido" en el proceso secundario, en donde algo que entra a operar va dejando otras materias relacionadas resonándolas desde lo latente en lo preconsciente. No se podría reflexionar algo como la teoría de la relatividad si mantenemos en

simultaneidad "simétrica" todas las asociaciones que la asocian. No es posible abordar todas las partes en su totalidad, se requiere particionar su conjunto a un modo más operacionalizable, no es por tanto excluir una parte del todo, es más bien integrar las partes ordenadamente a un todo que se integra, pudiéndose entonces, utilizar fórmulas matemáticas como un operario lógico que facilite las particiones del todo a comprender.

O. Sacks (1989) en una extensa Nota a pie de Página comenta que a *"Einstein, cuando le preguntaron sobre su propio pensamiento, escribió: «Las palabras o el lenguaje, tal como se escriben o se hablan, no parecen desempeñar ningún papel en el mecanismo de mi pensamiento. Las entidades psíquicas que parecen servir como elementos de éste son ciertos signos e imágenes más o menos claras [...] de tipo visual y algunas de tipo muscular. Las palabras y otros signos convencionales sólo hay que buscarlos, laboriosamente, en una segunda etapa.» (...) Penrose, que es por su parte geómetra, llega a la conclusión de que las palabras son casi inútiles en el pensamiento matemático, aunque puedan ser muy adecuadas para otros tipos de pensamiento. No hay duda de que un jugador de ajedrez, un programador informático o un músico o un actor o un artista visual llegarían a conclusiones más o menos similares. Es evidente que el lenguaje, estrictamente considerado, no es el único vehículo o instrumento del pensamiento. Quizás necesitemos ampliar el campo del «lenguaje», de manera que abarque matemáticas, música, interpretación, arte..., todo tipo de sistema representativo"* (p.80-81).

Enfocándonos en las primeras conformaciones de síntesis o contracciones imaginativas que abren a un pasado desde un punto presente (retenido). Para Deleuze (1968) sobre lo referente a las "síntesis pasivas", lo entiende como lo que se contrae o retiene de un punto temporal "A" ante un "B", es decir, hay una diferencia que A será distinto de B, pero que además algo viene antes o después de A o B (frente un A espero un B). O sea, si escuchamos un reloj mecánico después de un "Tic", esperamos otro "Tic" o de un "Tic" contraido esperamos un "Tac". Queremos decir, que el resultado de *"la contracción no es una reflexión. Estrictamente hablando, forma una síntesis del tiempo. Una sucesión de instantes no hace el tiempo, sino que lo deshace. Marca tan sólo el punto de su nacimiento, siempre abortado (...) Esta síntesis contrae los instantes sucesivos independientes los unos en los otros"* (p.120). De este modo, la contracción o síntesis pasiva va *"precediendo toda memoria y toda reflexión. El tiempo es subjetivo, pero es la subjetividad de un sujeto pasivo"* (Deleuze, 1968:120). En otras palabras, se trata del *"orden de la pasividad constituyente, las síntesis perceptivas remiten a síntesis orgánicas, así como la sensibilidad de los sentidos, a una sensibilidad primaria que somos. Somos agua, tierra, luz y aire contraídos, no sólo antes de reconocerlos de representarlos, sino antes de sentirlos. Todo organismo es, en sus elementos receptivos y perceptivos, pero también en sus víceras, una suma de contracciones, de retenciones y de esperas. En el nivel de esta sensibilidad vital primaria, el presente vivido constituye ya en el tiempo un pasado y un futuro. Esto futuro aparece en la necesidad como forma orgánica de la espera"* (Deleuze, 1968:123).

Posteriormente desde Deleuze (1988) entendemos que en la contracción (retención) "*la materia está llena de órganos, o los órganos pertenecen plenamente a la materia, porque sólo son la contracción de varias ondas o rayos: lo propio de un órgano receptor es contraer las vibraciones que recibe. Está en el origen de un principio de causalidad física, puesto que recoge el efecto de una infinidad de causas («igualdad de la causa plena y del efecto entero»).Hay, pues, una gran diferencia entre la causalidad física siempre extrínseca, que va de un cuerpo a todos aquellos de los que recibe el efecto hasta el infinito en el universo (régimen del influjo o de la interacción universal), y la causalidad psíquica siempre intrínseca, que va de cada mónada por su cuenta a los efectos de percepción del universo que ella produce espontáneamente, independientemente de todo influjo de una mónada sobre otra. A esas dos causalidades corresponden dos cálculos, o dos aspectos del cálculo que debemos distinguir incluso si son inseparables: uno remite al mecanismo psicometafísico de la percepción, el otro, al mecanismo fisicoorgánico de la excitación o del impulso*" (p.125). Por otro lado, para Deleuze (1968) vemos que "*la síntesis pasiva, que constituye nuestro hábito de vivir, es decir, nuestra espera de que "aquello" continúe, que uno de los dos elementos sobrevenga después del otro, asegurando la perpetuación de nuestro caso. Cuando decimos que el hábito es contracción, no hablamos, por consiguiente, de la acción instantánea que se compone con la otra para formar un elemento de repetición, sino de la fusión de esta repetición en el espíritu que contempla. Es preciso atribuir un alma al corazón a los músculos, a los nervios, a las células, pero un alma contemplativa cuyo rol se limita a contraer el hábito*" (p.124). En el proceso de estas contracciones y contemplaciones "*el cansancio marca ese momento en que el alma ya no puede contraer lo que contempla, en el que contemplación y contracción se deshacen. Estamos compuesto tanto de fatigas como de contemplaciones (...) extrema "saciedad", como una "fatiga" desde el punto de vista de la síntesis pasiva*" (Deleuze, 1968:129). Finalmente, en tanto sujeto pasivo no "nos contemplamos a nosotros mismos, pero no existimos más que contemplando, es decir, contrayendo aquello de lo cual procedemos (...) El placer es un principio en tanto es la emoción de una contemplación que colma, que contrae en sí misma los casos de distensión y de contracción. Existe una beatitud de la síntesis pasiva; y todos somos Narciso por el placer que experimentamos contemplando" (Deleuze, 1968:125).

Podemos resumir que el yo en los comienzos de sus síntesis pasivas, no contiene un pleno orden, si no que sigue múltiples pautas o rodeos que se repiten. Por cada retención esperamos una repetición de lo contraído. El yo se va constituyendo antes que opere el lenguaje como función, posteriormente, enlazada dicha función, se va diferenciando aún más el yo como identidad propia de sí. El yo por su parte, temporaliza los recorridos inicialmente en un proceso (primario) primitivo de atracción-repulsión de huellas placenteras-displacenteras, que van configurando las primeras capas yoicas, así como el primer remanente del proceso secundario con una temporalización de recorridos y de retardos que inhiben o prolongan el acto motor automático-inmediato, esto, a través de la pausa, la espera y la retención de algo que debe advenir o crearse como objeto. Por último, esto lo detallaremos cuando veamos en este mismo Apartado la "tonalidad musical".

Así como en la "retención" que menciona Gilles Deleuze, Jean Piaget por su lado, incorporó la noción de "permanencia de objeto" a partir de los últimos estadios de la etapa sensorio-motriz. Donde al ocultarse un objeto, el niño ya puede retener que escondido el objeto, todavía permanece (existe) oculto en otro plano espacial visual, pese a que no lo ve directamente. Prosiguiendo, Piaget también añade la noción de "conservación" en la etapa operacional concreta, donde al dividir arcilla o al jalar una cuerda que cambia de posición espacial, el niño logra distinguir que los cambios en una dimensión espacial no implica un cambio de forma o contenido. Por tanto, en una etapa anterior a dicho estadio, la retención por si misma no es suficiente, pues la retención en dicho estadio no procede a sostener la variablidad espacial dimensional del objeto como una unidad fija de contenido o volumen espacial. Esto repercute según Piaget, que al ocurrir un cambio físico de volumen, lo retenido o imaginado se tranforma en otra propiedad desde su lógica pre-simbolica o pre-operacional: Si el hielo se derrite en el vaso con agua, el hielo desapareció, ya no forma parte del espacio en el vaso. En otras palabras, en la etapa operacional concreta, existe suficiente integración o síntesis en las tres dimensiones de un objeto, por ejemplo, que al variar las formas de un líquido o arcilla, puede distinguir la conservación de un mismo contenido, en un volumen que se modifique alto de lo ancho, como también sin equiparar ciertas propiedades de lo alto, igualándolas a las del ancho. De otro modo, confundirá lo alargado y fino de una arcilla como algo de mayor contenido que una arcilla gruesa y compacta (aunque tenga la misma masa o contenido ambas). Vale decir, la modificacion de una propiedad dimensional, modificará otra dimension aledaña como la masa o contenido.

Por esta razón, para Piaget, las agrupaciones posibles en la etapa pre-operacional o pre-simbolica, se dan de a pares, es decir, se coordinan de a dos y no se opera englobando al conjunto completo para alguna operacion requerida (multi-causal y correlacional), como por ejemplo, el establecer una seriacion de tamaño (de menor a mayor) del conjunto global. Tal como Piaget presenta en el experimento de las varillas en su agrupación por tamaño o seriación de tamaño, los niños en etapa pre-operacional, generalmente coordinan las formas a pares, puesto que sus niveles de retención no logran una organización más eficiente en operar: Como elegir la pieza más grande o más pequeña de todo el conjunto y luego desde ella serializar, a diferencia en la etapa pre-operatoria que agrupa pieza por pieza en fragmentos de pares esparcidos sin orden.

Vale decir, en la etapa pre-operacional, el niño aún no posee suficiente retención o contracción para la capacidad de "reversibilidad". La "reversibilidad" desde Piaget permite al niño retraer hacia el punto de vista anterior para sedimentar un espacio de trabajo de agrupación o síntesis. Por ejemplo, se torna posible poder contar enumeraciones de manera inversa, como saber que 9+8 es igual a 8+9 (conmutatividad). O sea, el razonar de manera bidireccional siguiendo bajo retenciones imaginativas procesos de causas-efectos paso a paso en sus acciones, repasando los puntos que pudieron quedar irresueltos en algún proceso. En rigor, es recordar no solo el cambio espacial-temporal de A y B, sino que también retener en su imaginación bidireccionalmente (de A a B y de B a A) los cambios o recorridos intermedios que van de un punto a otro, contemplándolo como un proceso lineal, para luego en un proceso global multi-causal. Jean Piaget (1940) define esta capacidad de reversibilidad, cuando el niño *"es capaz, por este mismo hecho, del razonamiento: A < B; B < C, por tanto, A < C. Pero se ve inmediatamente que esta construcción supone la operación inversa (la reversibilidad operatoria): cada término es concebido simultáneamente como más pequeño que los siguientes (relación <) y como más grande que todos los precedentes (relación >) y esto es lo que le permite al sujeto encontrar su método de construcción, así como intercalar nuevos elementos después de haber construido la primera serie total"* (p.70).

Continuando con Jean Piaget (1956), evidentemente hay que entender que esta *"reversibilidad se desarrolla progresivamente durante la evolución mental del niño: mientras que el nivel sensorio-motor no conoce más que una reversibilidad práctica en el espacio próximo (el «grupo de desplazamientos» que se constituye durante el segundo año de desarrollo) y mientras qué las representaciones preoperatorias no presentan en el plano del pensamiento más que una semirreversibilidad relacionada con las regulaciones o compensaciones aproximadas (corrección de un error como consecuencia de su propia exageración, etc.), las operaciones concretas comportan dos formas paralelas de reversibilidad (la inversión o negación en el caso de las operaciones de clases y la reciprocidad en las operaciones de relaciones); finalmente, al nivel de las operaciones formales, el grupo INRC fusiona estas dos formas de reversibilidad en un sistema único, por composición de las inversiones y las reciprocidades"* (p.164).
Con ello se puede resolver, por ejemplo, ecuaciones matemáticas de primer o segundo grado que implican la adquisión de una reversibilidad. Comprender que en una ecuación lo que pasa al otro lado de la igualdad se convierte en su operatoria opuesta (de suma pasa a resta o de división se convierte en multiplicación). La capacidad de resolver las ecuaciones radica en que las funciones reversibilidad sostengan el equilibrio de la ecuación para así ir despejando la "X" o cifra incógnita.

A partir de la etapa Operacional Formal, según desarrollado por Piaget & Inhelder (1969) allí el sujeto *"se revela apto para combinar ideas o hipótesis, en forma de afirmaciones y negaciones, y de utilizar así operaciones proposicionales desconocidas por él hasta entonces: la implicación (si... entonces), la disyunción (o... o... o los dos), la exclusión (o... o) o la incompatibilidad (o... o... o ni uno ni otro), la implicación recíproca, etc"* (p.136).
Agregando, por ejemplo, que las operaciones Formales en dicha Etapa, permiten distinguir (excluir) en *"un péndulo cuyas oscilaciones pueden variarse modificando la longitud del hilo, mientras que el peso suspendido al extremo de éste, la altura de caída y el impulso inicial no desempeñan ningún papel. También aquí los sujetos del nivel de las operaciones concretas lo hacen variar todo a la vez; y, persuadidos de que la variación de los pesos desempeña un papel (como, por lo demás, casi todos los adultos no físicos), no consiguen —o consiguen muy difícilmente— excluirla, porque modificando a la vez la longitud del hilo y el peso, hallan, en general, buenas razones, a su modo de ver, para justificar la acción de éste. Por el contrario, disociando los factores como hemos visto, el preadolescente comprueba que el peso puede variar sin modificar la frecuencia de oscilación, y recíprocamente, lo que implica la*

exclusión del factor peso; y que lo mismo ocurre con la altura de caída y con el impulso que el sujeto puede dar al móvil a la salida de éste" (Piaget & Inhelder, 1969:147).

Ahora bien, si pudiéramos artificialmente o en modo ficticio aislar (hipotéticamente) la Etapa Operacional Formal, separándola (imaginemos por un momento) del proceso primario o la simetría y de sus procesos económicos-afectivos. Tendríamos frente a las simetrías de la parte por el todo, confusión contenido-continente y las analogías por similitud superpuestas: Propiedades que se tornarían menos laxas en su principio de generalización o especulaciones y conjeturas menos ozadas a la generalidad. Se distinguirían con mayor agudeza la complejidad de una serie de variables o factores que conjugan en un conjunto, sin operar, con una sola variable que sustituya el valor de las demás en juego. Se podría aislar una variable de conjunto, retroalimentando solo con ella (sin invadir o confundirse en otras variables), más información a los cambios del sistema o estructura teórica. Ordenar las ideas principales ante las ideas secundarias o irrelevantes de un tema o concepto (proporcionar síntesis y podar banalidades). Poder diferenciar que ante una imaginación posible, éstas no se convierten necesariamente en un hecho fáctico empírico-real. Poder modificar teorías o hipótesis de un sistema con nuevos elementos que se añaden o sustraen al conjunto conceptual, sin necesariamente pulverizarse las anteriores relaciones conjugadas. Formularían hipótesis retroalimentadas bidireccionalmente entre lo general y lo particular. Comprender que una causa puede generar varios efectos o entender que un efecto puede derivarse a múltiples causas. Efectuar procesos complejos que integren diversas variables tanto abstractas como concretas. Manejar simultáneamente distintas variables, combinándolas (reagruparlas) y así formular nuevas respuestas no encontradas en el sistema mismo. Despejar o distinguir una serie de nuevas diferencias no registradas en el sistema para análisis, etc...

Sin embargo, este hipotético robot humanoide, similar al "Funes el memorioso" de Borges. No podría detectar el mínimo denominador común o la "pauta que conecta" en distintos fenómenos o realidades, ni tampoco entre-leer en distintas disciplinas o teorías los elementos básicos o más elementales que permitan maniobrar conjuntamente parte o buena parte de ellas. Tampoco podría interrogarse en sitios donde no se habían formulado preguntas, produciendo consigo nuevos caminos investigativos pausibles. La Creatividad no tendría cabida puesto que su ambigüedad y su fluir constituvo no tendrían posibilidad. Por ejemplo, siguiendo a Winnicott (1967): "*La defensa organizada contra la desintegración despoja al individuo de lo que constituye una precondición del impulso creativo, y en consecuencia le impide llevar una vida creativa (...) gran parte del placer que procura el arte en sus diversas formas obedece a que la creación del artista permite al oyente o al espectador aproximarse a la no integración sin correr riesgos. Por lo tanto, cuando el logro del artista es potencialmente grande, el fracaso en un punto cercano al logro puede causar gran sufrimiento al público porque lo conduce muy cerca de la desintegración o del recuerdo de la desintegración y lo deja allí. De este modo, la apreciación del arte mantiene a la gente en el filo de la navaja, ya que el logro está muy cerca del fracaso penoso. Esta experiencia debe considerarse parte de la salud"*. O más bien: "*¿Qué es lo que roza este peligro y que llega de hecho a evitarlo, a evitarlo tan magistralmente? Ésto es lo interesante. ¿Quiénes son los que rozan este primer peligro del diagrama, pero precisamente debido a que son grandes pintores, lo evitan?*" (Deleuze, 1981:105). Todo esto se debe porque dichas capacidades y abstracciones reflexivas, necesitan del proceso primario para complementar al proceso secundario hasta su Etapa de Operación Formal. Por ejemplo, una idea poética abstracta como "revolver las emociones" o tener "calambres en el alma" (Charly García), nacen o se construyeron creativamente a partir de experiencias, placeres-displaceres, manipulaciones, sedimentaciones de sus huellas mnémicas kinésicas o adquiridas en la Etapa sensorio-motriz. Siempre puede uno preguntarse, cómo las Leyes Físicas de la fuerza centrífuga pudieron ser formalmente escritas, no sin antes experimentar kinésicamente girando en juegos infantiles o verlo con algún juguete amarrado, donde la tensión o impulso que se genera al girar un cuerpo a cierta velocidad se suelta. ¿Cómo se podría crear una sistematización de datos a modo estadístico, si nunca se ha jugado clasificar, ordenar, ni apilar figuras, letras, icónos, números, etc?

En síntesis, como ya lo hemos dicho, nunca nos cansaremos en repetir que ambos procesos conjuntos son finalmente las dos caras de una misma moneda. Más aun, para encontrar, por ejemplo, abordajes estéticos en la propia geometría, David Hume (1751) menciona que "*Euclides expuso exhaustivamente todas las cualidades del círculo; pero en ninguna proposición dijo una sola palabra acerca de su belleza. La razón de esto es evidente: la belleza no es una cualidad del círculo; no reside en ninguna parte de esa línea cuyas partes equidistan de un centro común; es solamente el efecto que esa figura produce en la mente, cuya peculiar constitución o estructura la hace susceptible de tales sentimientos. En vano buscaríais la belleza en el círculo; en vano trataríais de encontrarla en las propiedades de esa figura, haciendo uso de los sentidos o de razonamiento matemáticos*" (p.189). Lo matématico en sí no contiene el sentido de belleza o su placer, falta algo más para que ella misma sea bella y supere nuestra indiferencia.

No tan solo las capacidades del proceso secundario u operatorias concretas-formales serían más o menos "consistentes" en la medida que se manipulen o se experimenten Etapas sensorio-motores previas, también, hace falta, además, las variables económico-afectivas en el proceso, ya sean, convergentes o divergentes en pensamiento. Si por ejemplo (el caso me fue aportado por una niñera que cuidaba niños de diferentes edades), a un niño de 5 años, quien ya mantiene diferenciaciones estables a lo que refieren las relaciones entre lo continente y lo contenido. En este caso, sus relaciones lógicas de continente-contenido, se refieren a la cadena alimenticia. El niño aprendió que en relación a tamaño hay animales grandes que se comen a los más pequeños y que los animales pequeños no pueden comerse a los grandes. Puede entender que un León se come a un conejo y que un conejo no come leones. Por supuesto, a dicha edad, no tiene la noción global de la cadena alimentacia ni para comprender en cada enlace de la cadena que si un animal es "A>B y B>C = A>C". El niño sabe que un león puede comerse una persona y que una persona puede comer vacas, pese que en tamaño, una vaca es más grande, aunque no lo paresca por no ponerse de pie y ser alta.

Prosiguiendo, el niño sabe que un león no come leones o que un conejo no come conejos, una vaca no come vacas, etc. Por tanto, para el niño no es lógico que una persona coma personas, ni hablar que sepa algo de caníbales. No obstante, la niñera, al leerle un cuento de una fábula donde un animal se come a otro, al finalizar la historia, la niñera le dice al niño que ella se comerá el libro, el niño entre asustado y riendo le dice que no, que no puede. La niñera le insiste de forma seria que se lo comerá ya que ella es más grande que el libro. El niño se asusta y aunque no está en su relación que las personas comen libros. Lo creyó posible. La niñera al ver que el niño comenzaba a creerle, le dijo que se lo podría comer a él, el niño le dijo que las personas no comen personas, pero la niñera le dijo que ella es grande, en eso el niño se asustó y se puso a llorar. Más allá de la cruel broma a un niño, con tan solo apelar a la emocionalidad, las relaciones entre continente-contenido y su asociación de mayor a menor en el niño, puede verse trastocadas o desfiguradas a base de procesos económicos-afectivos. Logrando confundir una imaginación posible con lo fáctico. Aunque el niño tenga una noción estable de la cadena alimenticia, puede bajo situaciones emocionales trasfigurarlos.

Si lo llevamos al terreno adulto, si un sujeto se encuentra alterado por un Trauma o Pánico y le inventamos algo imposible que pueda suceder, lo podría creer o creerlo por unos instantes, pues no logra en su proceso secundario definir o delimitar con exactitud lo probable de lo posible.

Por esta razón, por valiosos que sean los aportes de J. Piaget, carece de una perspectiva lo suficientemente económico-afectiva o dinámica para complementar lo que definimos en este libro. De ningún modo podríamos sostener que cada Etapa transciende completamente la anterior abarcando la totalidad de los procesamientos en reemplazo. Nosotros defendemos que una Etapa fácilmente podría infiltrarse o colonizarse en otras. Incluso, que alguien despliegue procesos secundarios operacionales Formales, no excluye que pueda tener en su condición pre-simbolismos o una diversa cantidad de lógicas pre-operacionales, sin que sea un sujeto psicótico. El mismo Piaget (1969) lo resalta al despejar que *"las edades características que se obtienen, incluso examinando un gran número de niños, sólo son medias; su sucesión, aunque real globalmente, no excluye los encabalgamientos ni las regresiones individuales momentáneas. Después, existen toda clase de desfases cuando se pasa de una prueba especial a otra: un niño que pertenece a una etapa determinada en lo que concierne a una cuestión particular de causalidad puede ser muy bien de una etapa más avanzada en lo referente a una cuestión próxima de causalidad. Lo mismo que en la ciencia una concepción nueva puede aparecer en un dominio cualquiera sin penetrar durante años en las otras disciplinas, una conducta individual o una noción reciente no se generaliza de golpe"* (p.201).

Por ejemplo, un sujeto experto en Ciencias "exactas" con creencias fanático Religiosas y con variadas Supersticiones. Queremos decir, podemos desarrollar un pensamiento secundario de Etapa Lógico Formal, pero, si el sujeto se encuentra en un estado colérico o maniaco, sería inusual esperar que mantenga una lógica formal asociativa, siendo mucho más esperable que produzca una serie de discursos de carácter al menos operacional concreto y algunos pre-simbólicos (posición esquizo-paranoide).

No olvidemos que en el caso Schreber, fue un sujeto letrado y podía sostener perfectamente una gran variedad de temas ilustrados, pudiendo incluso, pasar desapercibido como Paranoide. Recuerdo también, el encuentro que tuve con un profesor retirado de Epistemología en la Universidad. Comenzamos a conversar sobre las diferencias entre Parménides y Heráclito. El profesor en retiro expresaba de forma lúcida las paradojas de Zenón y los límites del pensamiento Lógico, cuando de pronto, en ese punto de la conversación, el profesor comenzó a despersonalizarse, comentando que ahora ya no distingue el sueño de la realidad y que no sabe "dónde está" y que además estuvo preguntando a los demás "si ellos saben". En dicho momento, yo no estaba enterado que el profesor en retiro mantenía sintomatología psicótica (razón por la cual abandonó la docencia académica). Confieso que fue bastante inquietante reconocer su plena lucidez y en un abrupto instante advertir una despersonalización psicótica.

En resumen, las mezclas o transposiciones, son tan variadas como las revisadas en los cinco estratos de la bilógica en Ignacio Matte-Blanco. Por estas razones, para el Psicoanalisis, lo principal no es estudiar las Etapas de forma Lineal o de un fin evolutivo ideal. Más bien, al Psicoanálisis le interesa analizar cómo se superponen las distintas lógicas del aparato psíquico, rastreando los caminos discursivos y asociativos.

Lo aportado por Jean Piaget en la etapa sensorio-motiz, Freud a su manera, en textos anteriores, ya la había estudiado por ejemplo en la "Adición metapsicológica de los sueños" (1915), como la "*capacidad de procurarse por medio de sus percepciones una primera orientación en el mundo distinguiendo un «afuera» y un «adentro» por referencia a una acción muscular. Una percepción que se hace desaparecer mediante una acción es reconocida como exterior, como realidad; toda vez que una acción así nada modifica, la percepción proviene del interior del cuerpo, no es objetiva [real}. Es harto valioso para el individuo poseer un tal signo distintivo de realidad objetiva (…) tenemos que atribuir con exclusividad al sistema Cc (P) esta operación de orientarse en el mundo distinguiendo entre un adentro y un afuera. Cc tiene que disponer de una inervación motriz por la cual se establezca si la percepción puede hacerse desaparecer o se comporta como refractaria. No otra cosa que este dispositivo necesita ser el examen de realidad"* (p.231). Ahora bien, Freud desde "Proyecto" ya hablaba en 1895 sobre "Signos de Cualidad o de descarga" y "Signos de Realidad", en cuanto a las señales para descargar una "catexia desiderativa" que está bajo la "alucinación satisfactoria del deseo" o en espera expectante de su objeto para así descargarse en una "acción específica". Frente a la "catexia desiderativa", Freud (1895) señala que "*es preciso dirigir la atención a los signos de cualidad (porque éstos pertenecen a percepciones que podrían conducir a la satisfacción), para dejarse guiar luego, por el signo de cualidad, hacia la percepción recién surgida*" (p.97). En consecuencia, como regla, "*cuando aparezca un signo de realidad, la catexia perceptiva que exista simultáneamente deberá ser hipercatectizada*" (Freud, 1895:98).
Estos procesos podrían asemejarse aproximadamente a los estadios I, II y III de la Etapa sensorio-motriz de Piaget.

Si recordamos lo expuesto sobre la "reversibilidad" de Piaget, para Freud esto fue un campo de estudio que tempranamente abandonó por 1915 en sus ensayos que nunca publicó. No obstante, algo de aquello podemos rastrear en "Proyecto" de 1895 cuando se refiere a la lógica de la "atención" en cuanto a recursos de los "signos de cualidad o realidad". Los cuales para permitirnos una reflexión detallada de nuestras asociaciones o recorridos cognitivos de diferentes huellas mnémicas, se requieren los Signos de cualidad que permitan al aparato orientarse en qué trazo o lugar del pensamiento se estaba previamente transitando. Similar a cuando uno tira migajas de pan (puntos de referencia) en el recorrido de un túnel o laberinto para después no perderse en el punto de entrada para salir o retomar. Por ende, para Freud (1895) *"el pensamiento que es acompañado por la catectización de los signos de realidad cogitativa o de los signos de lenguaje representa la forma más alta y segura del proceso cogitativo cognoscitivo"* (p.100-101). Lo que presta mayor capacidad a *"la memoria de los procesos cogitativos sólo es posible gracias a los signos de cualidad, ya que en otro caso no se podrían diferenciar sus trazas de las que dejan las facilitaciones perceptivas. Podemos atenernos a que un recuerdo real no debería modificarse, normalmente, al reflexionar sobre el mismo; pero, por otra parte, es innegable que el pensar sobre un tema deja trazas extraordinariamente importantes para una próxima reflexión al respecto, y es muy dudoso si tal resultado surge exclusivamente de un pensar acompañado de signos cualitativos y de consciencia. Deben existir, pues, facilitaciones cogitativas (facilitaciones de pensamiento), pero sin que obliteren las vías asociativas originales"* (Freud, 1895:106).

Otras de las facultades o capacidades del pensamiento reflexivo de proceso secundario, basándonos en Freud (1895) radican también en el *"pensamiento reproductivo o recordante, que en parte coincide con el práctico, pero que no lo cubre totalmente. Este recordar es la condición previa de todo examen realizado por el pensamiento crítico; persigue un determinado proceso cogitativo en sentido retrógrado, retrocediendo posiblemente hasta una percepción, y al hacerlo procede, una vez más, sin un fin dado (en constraste con el pensamiento práctico) y recurriendo copiosamente a los signos de cualidad. En este curso retrógrado el proceso se encuentra con eslabones intermedios que hasta entonces permanecieron inconscientes y que no dejaron tras de sí ningún signo de cualidad"* (p.107). Por otro frente, existe además para Freud (1895) el *"pensamiento crítico, procediendo tranquilamente, sin ninguna finalidad práctica y recurriendo a todos los signos de cualidad, trata de repetir todo el decurso de la cantidad (Qi), con el fin de comprobar algún error de pensamiento o algún defecto psicológico. El pensamiento crítico es un pensamiento cognocitivo que actúa sobre un objeto particular: precisamente sobre una serie de pensamientos (cogitativa)"* (p.115).

Junto a estos procesos indicados por Freud (1895), podemos encontrar *"errores que pueden ocurrir en el pensamiento cognocitivo son evidentes: la parcialidad, cuando no se evitan las catexias intencionales, y la falta de integridad, cuando no se han recorrido todos los caminos posibles"* (p.114). En otras palabras, la "parcialidad" es cuando se toma la parte por el todo, donde se enfoca la atención a una sola variable de toda una complejidad. En el segundo caso, la "falta de integridad" se refiere al apresuramiento reflexivo que no se detiene a puntualizar detenidamente los ejes o enlaces asociativos que engloban las distintas variables en juego.

Como suponemos, se requiere en el mismo proceso de pensamiento secundario de una "memoria de señal" (signos de cualidad) asociativa que oriente a modo "tonal" reversible los puntos de relanzamiento para recordar el despliegue de un discurso. Sin embargo, dicho mecanismo psíquico no siempre es tan efectivo o pulcro, puesto como hemos revisado en los anteriores Apartados, las vías asociativas tiene diversas huellas que pueden provocar displacer, por lo cual, están además los signos de percepción, en contigüidad, referidos a ellos mismos sin encadenamiento, donde no ocurre una síntesis objetal con representaciones-cosa. No olvidemos que *"una defensa cogitativa primaria, que en el pensamiento práctico toma el desencadenamiento de displacer como señal de que una vía determinada habrá de ser abandonada; es decir, de que la catexia de la atención deberá dirigirse en otro sentido. Aquí, una vez más, es el displacer el que dirige la corriente de cantidad (Qi)"* (Freud, 1895:110-111).

En otros términos, si una palabra, frase o evento generó un placer-displacer, al recordarse mnémicamente dicho suceso, se gatilla una señal de placer o displacer que prosiga o corte las vías asociativas en su modificación económica (siempre y cuando estemos en el terreno o en la esfera de la ligazón donde prima el principio de placer). Puede ser gradualmente más preconciente o conciente el proceso como una inhibición de barreras de contacto o llegar al punto de una represión que otorgue un sustituto o distorsión. Puesto que en el primer caso hay una toma de conciencia que luego se desaloja o busca rechazarse, mientras en el segundo caso, la tendencia o moción pulsional se distorciona con una catexia colateral (contra-investidura) cada vez que busca emerger, sea por un factor interno o desencadenante. No es fácil, claro está, delimitar cuánto de interno o desencadente es un momento de otro.

Si la "psicosíntesis", justamente, buscase agrupar o reunir más calamidades, el dolor se tramita como un intento de elaboración para la posterior tramitación en el principio del placer. Si las heridas son muy extensas y sin mayor elaboración, es posible que un malestar, retumbe en otros malestares colindantes análogos, vicariandose en un estado de displacer angustioso mayor y sin freno. Otras veces, un síntoma, una inhibición, escicion o fragmentación, puede intentar aislar un monto de angustia o sus llaves de paso, por un cierto precio a nuestra libertad psíquica, ante un yo bañado por ortopedias sustitutas de calma momentaneas. A menos que, un estado afectivo prime sobre las representaciones, como en el caso de las irrupciones o hemorragias que barren las barreras representativas (elementos alfa), provocando el fracaso de las defensas.

Retomando los procesos de "reversibilidad" para objetos en el espacio, Piaget (1947) refiriéndose a lo demostrado por H. Poincaré, *"la noción del desplazamiento como tal supone la diferenciación posible entre los cambios de estado, sin inversión, y los cambios de posición precisamente caracterizados por su reversibilidad (o por su corrección posible, gracias a los movimientos del propio cuerpo). Es evidente, pues, que sin la conservación de los objetos no* podría existir "grupos", ya que todo aparece como "cambio de estado": el objeto y el grupo de los desplazamientos son, pues, indisociables, constituyendo uno el aspecto estático y el otro el aspecto dinámico de la misma realidad. Pero hay más todavía: un mundo sin objeto es un universo de tal naturaleza que no tiene diferenciación sistemática alguna entre las realidades subjetivas y exteriores, un mundo, en consecuencia, "adualístico" (p.126). Más aún, en los primeros estadios sensorio-motores, "no podría siquiera hablarse de un espacio común a los diversos dominios perceptivos, pues hay tantos espacios, heterogéneos entre sí, como campos cualitativamernte distintos (bucal, visual, táctil, etc)" (Piaget, 1947:125). De este modo, se requiere la reversibilidad y conservación de objeto, ya que la noción de "grupo supone justamente la actitud inversa: una descentración completa, de tal modo que el propio cuerpo se halla situado como un elemento entre los demás, dentro de un sistema de desplazamientos que permiten distinguir los movimientos del sujeto de los de los objetos" (Piaget, 1947:126-127). De este modo, Piaget (1947) aclara que en la descentración del sujeto, inicialmente, "el objeto no se halla constituido, y los espacios, luego el espacio único que tiende a coordinarlos, permanecen centrados sobre el sujeto (...) lo cual demuestra nuevamente el primado de la perspectiva egocéntrica y la ausencia de noción de objeto, que explica, a su vez, la ausencia de "grupo" (...) es decir, centrado sobre la acción propia" (p.127). Queremos decir que lo memorizado se centra mayormente en la acción propia, no tanto el recorrido del objeto por sí mismo, puesto que el niño al perder de vista algún objeto que se ocultó detrás de una cortina, tenderá a recuperarlo partiendo centradamente en su propio movimiento inicial, vale decir, "el hecho mismo, de que el sujeto no tome en cuenta los desplazamientos sucesivos del objeto y lo busque tras la primera cortina (...) demuestra que ese grupo naciente permanece en parte "subjetivo", es decir, centrado sobre la acción propia" (Piaget, 1947:127).

A modo de ejemplo, según las formas egocéntricas, Piaget (1947) refiriéndose a los "preconceptos", desarrolla que un "niño de 2-3 años dirá indiferentemente "el" caracol o "los" caracoles (...) sin decidir si los caracoles encontrados en el curso del mismo paseo, o los discos vistos de vez en cuando en el cielo, son un solo individuo, caracol o luna única, o una clase de individuos distintos (...) el sujeto no maneja todavía las clases generales, por falta de distinción entre los "todos" y los "algunos" (...) el caracol reaparece en diferentes lugares (...) esquema que permance a mitad de camino entre lo individual y lo general, no es todavía un concepto" (p.142).

J. Piaget (1947) desarrolla la constitución de los conceptos o su simbolización, indicando que en el "índice, el significante constituye una parte o un aspecto objetivo del significado, o incluso está unido a éste por una relación de causa y efecto: las huellas en la nieve son, para el cazador, el índice de la presa, y el extremo visible de un objeto casi enteramente oculto es, para el bebé, el índice de su presencia" (p.138). Con respecto al "símbolo", "para un niño que juega a las visitas, un guijarro que representa un bombón como simbolizado; y cuando el mismo niño considera, por "adherencia del signo", un nombre como inherente a la cosa nombrada, mira, sin embargo, ese nombre como significante, aun cuando haga de él una especie de etiqueta atribuida sustancialmente al objeto designado" (Piaget, 1947:139). Lo que en términos Freudianos sería distinguir que la palabra no es la cosa. En resumen, para

Piaget (1947) un símbolo debe definirse como una relación de semejanza entre el significante y el significado, mientras que el signo es "arbitrario" y reposa necesariamente sobre una convención. Agregando que "*el verdadero símbolo no comienza sino cuando un objeto o gesto representan, para el sujeto, algo distinto de los datos perceptibles (...) esquemas simbólicos, vale decir, esquemas de acción nacidos de su contexto, que evocan una situación ausente (por ejemplo, fingir estar dormido)*" (p.139). Otro ejemplo sería el paradigmático juego del "Fort-Da" del carretel. Por otro lado, el "*juego simbólico comporta siempre, así, un elemento de imitación, funcionando como significante, y la inteligencia en sus comienzos utiliza indistintamente la imagen a título de símbolo o significante (p.140)*".

Jean Piaget (1947) diferenciado el "símbolo" del "signo", describe a este último como el lugar que "*el lenguaje transmite al individuo un sistema completamente preparado de nociones, de clasificaciones, de relaciones, en suma, un potencial inagotable de conceptos que en cada individuo se reconstruyen (...) de toda esta colección, el niño comienza por tomar solamente lo que le conviene, ignorando soberbiamente todo lo que sobrepasa su nivel mental (...) una palabra destinada a ser vehículo de un concepto general no engendra, por de pronto, sino un preconcepto, semiindividual y semisocializado (la palabra "pájaro" evocará así al canario familiar, etc.)*" (p.174). Por esta misma razón, nos aclara S. Bleichmar (1998) que "*ningún sujeto construye su realidad de acuerdo con el lenguaje del diccionario, sino de acuerdo con la construcción y desconstrucción de los discursos recibidos. Esto me parece que es una cuestión fundamental. Nadie organiza el mundo por el diccionario de la lengua española, sino que lo organiza a partir de los modos en los cuales, en su comunidad originaria de pertenencia, se articulan significaciones que se contraponen a las representaciones inscriptas en principio, de modo que no es solo el lenguaje el que da una organización del mundo, sino los discursos recibidos, y no solo los discursos -digamos- deseantes particulares edípicos, sino aquellos que tienen que ver con las formas de inscripción ideológica de la realidad. En este sentido me parece que este es el lugar en donde habría que plantearse un concepto que tiene que ver con la producción de subjetividad, que es el modo en el cual el yo ordena u organiza tanto las estructuras deseantes como las estructuras del mundo, según formas recibidas y articuladas entre la lengua*" (p.340). Sobre las estructuras deseantes, no olvidamos ni descuidamos los alcances emocionales de estos procesos que ya nos alertó David Hume (1751) al sostener que una "*utilidad es sólo una tendencia hacia un cierto fin; y si el fin nos resultara totalmente indiferente, habríamos de sentir la misma indiferencia hacia los medios. Se requiere, pues, que un sentimiento se manifieste, a fin de dar preferencia a las tendencias útiles sobre las perniciosas*" (p.182).

Podría ser exagerado, pero no sería disparatado decir que los Procesos Primarios de Freud serían similares a la Etapa Sensorio-Motriz y Etapa Pre-operacional en Piaget. Mientras que el Proceso Secundario de Freud sería análogo a la Etapa Operacional Concreta y Etapa Formal en Piaget.

Si pasamos a recordar lo expuesto sobre el origen Antitético de las palabras (Capítulo I, Apartado 1) por Freud (1910) y K. Abel (1884), aquellas Tesis fueron abordadas críticamente por E. Benveniste en 1956, sin embargo, Sami-Ali en su libro "El sueño y el Afecto", defiende la Tesis referidas por Freud y Abel en que "*estos ejemplos abundan en la lengua árabe, gran ausente en un debate atravesado de parte a parte por el etnocentrismo*" (Sami-Ali, 1997:90). Específicamente, Sami-Ali (1997) señala en contraposición a Benveniste que los "*addâd (en singular didd, que significa contrario o disímil) son o bien palabras que poseen dos significaciones opuestas, o bien palabras con varias significaciones de las que al menos dos se oponen radicalmente. Adjetivos, sustantivos, verbos o adverbios, sólo el contexto determina su significación preponderante. Y puede ocurrir que el uso suprima el equívoco al fijar un sentido a expensas del otro. De este modo, incidentalmente, al consultar un diccionario, se puede descubrir que una palabra usual posee en realidad dos sentidos antitéticos*" (p.90). Sobre esta cita podemos agregar o comentar algunas cosas: Nos recuerda al "himen" o "fármacon" que desarrolló Derrida, en cuanto dichos términos pueden evocar, a su vez, su contrario, manteniéndose consigo una diferencia que no es posible fijar totalmente (una encima de otra), dada su polivalencia en el errar de su lectura (lo marginal puede ser central en donde la jerarquía intenta ocultar sus fisuras). Como lo expresó Derrida (1972) "*no se dejan ya resumir o «decidir» en el dos de la especulación binaria ni establecer en el tres de la dialéctica especulativa (por ejemplo, «diferenzia», «grama», «huella», «cala», «de-limitación», «fármacon», «suplemento», «himen», «marca-marcha-margen», y algunas otras, ya que el movimiento de esas señales se transmite a toda la escritura y no puede pues encerrarse en una taxonomía acabada, y aún menos en un léxico en tanto que tal), destruyen el horizonte trinitario. Lo destruyen textualmente: son las señales de la diseminación (y no de la polisemia) porque no se dejan en ningún punto sujetar por el concepto o el tenor de un significado*" (p.39-40).

Otro aspecto a considerar es el "uso" performativo mismo de las palabras que avalan a su contexto, similar a lo elaborado por Wittgenstein sobre que una "significación", significa por su uso y no por su encierro de diccionario. Y por último, tal vez lo más importante en añadir, es la condición del "tercero excluído" sobre la exclusión a expensas de otro que permite pronunciar o preponderar su sentido socio-cultural. En otras palabras, tanto para Freud y Abel se basan en lo diácrónico y evolutivo del Lenguaje en la adaptación de las civilizaciones. Postura que va en vereda contraria a las vertientes Estructuralistas que omiten las condiciones graduales de aparición extra-lingüísticas cerrándose en un Pan-lingüismo fonocéntrico a-histórico (véase Capítulo III, Apartado 3).

Para Sami-Ali (1997) lo antitético de "*los addâd en la lengua árabe no es signo de carencia, sino de una riqueza semántica tal, que estas palabras de sentidos antitéticos coexisten con otras que designan sin equivoco los sentidos antitéticos (...) Concretamente, los addâd pueden significar, o bien las dos direcciones opuestas de una acción transitiva (bâ'a: vender y comprar) o intrasitiva (tala'a: aparecer y desaparecer), o bien la coincidencia del sujeto y el objeto a raíz de una acción en la que el agente forma una unidad con lo actuado (wâmeg: amante y amado). Por otra parte, los addâd pueden significar o bien el objeto mismo (sarim: mañana y noche), o bien una cualidad del objeto (aswad: blanco y negro), o bien relaciones espaciales (dûn: arriba y abajo, delante y detrás), o por último relaciones temporales (ba'd: después y antes)"* (p.92-93).

Podemos adentrarnos de otro modo a la concepción del yo a partir de la composición musical. Considerando tal como en la música, la "tónica", es la nota o acorde principal que proporciona al oído la sensación de reposo hacia un punto de resolución, tal cual lo hace el punto en la escritura. Generalmente está colocada al final de la melodía, con el fin de dar la sensación de un final o punto de término a un tema compositivo (o la entrada y salida de un compás a otro). En otras palabras, es la ordenación de los elementos melódicos y armónicos alrededor de un eje llamado "tónica". También lo podemos pensar como los rasgos prosódicos del lenguaje cuando la entonación de la voz marca el tono final de una enunciación o para remitir el turno de respuesta a otro.

En el sistema tonal es tan importante la nota inicial como la nota final que concuerde en un reposo conclusivo. Hay discursos que son más ambiguos puesto que abren temas y no siempre cierran. Por ejemplo, cuando llega un paciente con una partitura que no se comprende, nosotros no debemos arreglarla o recomponerla, ni hacer tampoco lo que hizo Bach con los arreglos Corales antiguos, más bien, se impulsa a que el sujeto (neurótico) aprenda a componer con sus propios arreglos la melodía que mejor le agrade y tenga sentido. Por ejemplo, si tomamos en cuenta lo prosódico o la prosodia desde lo no verbal, Boysson-Bardies (2003) nos indica que "*la dinámica melódica organizada del habla es esencial para "oír" el lenguaje*" (p.56) Puesto que "*ayudan a la segmentación del discurso, pues la entonación se combina con la sintaxis para dar las indicaciones sobre los bloques concretos que se deben segmentar para comprender su sentido*" (p.57). Aterrizándolo de modo concreto, vemos que en la "*lectura de los discursos de Hitler revela la gran banalidad de su pensamiento, pero esta última estaba oculta tras un asombroso manejo de las entonaciones y mediante un juego de la voz cuyos efectos magnetizaban a las multitudes*" (p.58). Por otra parte, la "*prosodia también tiene una función primordial en el aprendizaje del lenguaje. Antes del nacimiento, el niño ya es sensible a ella; y después se apoya en ella para segmentar el lenguaje. Naturalmente, la comunicación afectiva, tan importante para el niño pequeño (...) se transmite a través de la prosodia*" (p.59).
Si de pronto, con lo que llega el paciente podemos oír notas muy disonantes o notas que se repiten sin sentido en la partitura. Podemos señalar esa nota disonante y elaborar con alguna partitura perdida u olvidada algo que acobije dicha armonía. Podemos ver en los pacientes, anotaciones musicales de acordes que no logran resolución (descarga) de la tensión musical, instrumentos que dejaron de sonar o que chillan muy fuerte aún si mantienen la notificación armónicamente. En la Psicosis se crean bases o varios puntos de tonalidad anárquicos, sin saber cuál es el principal en la multiplicidad de partituras o voces que hablan atonalmente a un mismo tiempo hacia una posible resolución (véase el dodecafonismo musical de Schönberg).

Podemos pensar que el yo es un mínimo orden de centro tonal, donde antes de aquello, el yo no podía suturar o puntualizar o silenciar las notas (asociaciones o ritmos que otorguen algún patrón musical de tensión y relajación).

Otra forma de expresarlo es que el pronombre, es una nota donde se posiciona el sujeto bajo lo que dice o enuncia, el lugar o sostén donde se enuncia y delimita desde "dónde lo dice". En cada frase o enunciado podemos rastrear una sintaxis que tiene su propia nota tonal en una frase que organiza los demás elementos remitiéndose a un centro posible que no se desplace a cualquier lugar incoherenciado (un centro donde las asociaciones remitan a un yo-consciente de sí). Típico ejemplo son las muletillas: "a dónde iba", "y entonces", "qué te iba a decir", "mmm… esteee" o los chilenismos: "cachai", "está bien po", etc. Como queriendo recuperar (invocar) el hilo (lugar) de lo que se iba diciendo, así como también remarcar el final de una afirmación.

Podríamos decir que las asociaciones en lo secundario se retraen a un punto de inicio o se retrotrae a un punto de partida que lo relanza. Similar en los compases de trinos o pentagramas. Ese punto de anclaje o de guía es el yo, que organiza libidinalmente como memoria la distinción de lo placentero y displacentero en un cierto orden mínimo entre el yo/no-yo y con respecto al antes-durante-después temporal. Para pensar los pensamientos como vimos en la obra de Bion (asociar las asociaciones o reflexionar hacia adelante o hacia atrás las ideaciones), se requiere un campo que utilice los engranajes o huellas (en el campo de la memoria) que permitan una mayor distinción de diferenciaciones y poder sintetizarlas relacionalmente en nuevos conjuntos.

Por otro lado, en la Psicosis (o estados Maniacos) el centro tonal o de la tonalidad se rompe, se disgrega en el proceso primario o en la ensoñación, no hay punto de regreso, es un tajo abierto sin retroacciones o punto de remisión (no se distingue cuando algo fue primero o sucesor ni anterior melódicamente), lo cual es evidente que la tonalidad es allí abolida. Claro está, desde aquel centro, no todas las asociaciones o notas se remiten (acoplan) a un "yo", otras navegan y resuenan en diversas capas más profundas o arcaicas de lo inconsciente. Por ejemplo, Rodulfo (1989) exponiendo los casos de adolescentes con psicosis paranoides, su escritura presenta "*la abolición de signos de puntuación. Flujo sin cortes (apenas con la intensificación de algunas mayúsculas) de muy difícil lectura, al no haber puntos aparte ni tipo alguno de escansión, ni paréntesis, ni guiones; pura apertura de palabras y palabras, rellenando todos los blancos de la página*" (p.130).

La consciencia humana tiene límites de no más de 7 a 9 objetos o ideas a la vez, pues a más ideas simultáneas, es más difícil memorizar y lograr alguna síntesis. Sobre todo, si hay muchos temas sonando al mismo tiempo, no lograrán puntualizar las tonalidades respectivas o seguir su serie armónica. Del mismo modo, si uno escucha una conversación en mitad de su enunciación, al momento de cerrarse los enunciados, no se comprende. A modo de ejemplo, las fugas de J.S Bach a 6 voces son más difíciles de escuchar que una de 2 a 3 voces. Si bien las 6 fugas sonando al mismo tiempo, pese que poseen una dirección tonal (contrapunto), sigue siendo más sencillo de comprender unos trinos con una nota base. Es así como podemos comprender que en los niños, las oraciones que emiten son más breves, o, dialogarles en oraciones con más predicados, les será imposible de asimilar o entender por las largas cadenas enunciativas que implica mayor grado de ordenamiento retroactivo desde su base o punto referencial tonal.

Mencionemos que para Schopenhauer (1819) "*la esencia de la melodía es una continua desviación y apartamiento de la tónica a través de mil caminos, no solo a los niveles armónicos de la tercera y la dominante sino a cualquier nota: a la séptima disonante, a los intervalos aumentados, pero siempre termina en un retorno al bajo fundamental: por todos esos caminos expresa la melodía el multiforme afán de la voluntad, pero también expresa su satisfacción mediante la recuperación final de un intervalo armónico y, en mayor medida, de la tónica*" (p.316). Los retornos (rodeos) sostenidos en la dimensión tonal del lenguaje musical, "*las melodías ágiles y sin grandes desviaciones son alegres; las lentas que caen en dolorosas disonancias y no vuelven a la tónica más que a través de muchos compases son tristes, en analogía con la satisfacción demorada y dificultada. El retraso en el nuevo movimiento de la voluntad, el languor, no podría expresarse más que manteniendo la tónica, lo cual enseguida produciría un efecto insoportable: a eso se aproximan ya las melodías muy monótonas y sosas. Las frases breves y claras de la música rápida de baile parecen hablar solamente de la felicidad común que se consigue fácilmente; por el contrario, el allegro maestoso, en sus grandes frases, sus largos desarrollos y sus amplias desviaciones, señala un mayor y más noble afán hacia un fin lejano y su consecución final. El adagio habla del sufrimiento de una aspiración grande y noble que desdeña toda felicidad mezquina.*
¡Pero qué admirable es el efecto del modo menor y mayor! Qué asombroso es que el cambio de medio tono, la entrada de la tercera menor en vez de la mayor, nos imponga inmediata e inevitablemente un sentimiento penoso e inquieto del que el modo mayor nos libera con la misma rapidez. El adagio en modo menor logra la expresión del máximo dolor y se convierte en la más conmovedora queja" (Schopenhauer, 1819:317). La fuerza sonora que retumba para Schopenhauer (1819), "*si la música intenta ajustarse demasiado a las palabras y amoldarse a los acontecimientos, se está esforzando en hablar un lenguaje que no es el suyo. Nadie se ha mantenido tan libre de este defecto como Rossini: por eso su música habla su propio lenguaje con tanta claridad y pureza que no necesita para nada las palabras*" (p.318).

Un lenguaje o idioma con su respectiva sintaxis, proporciona un sistema tonal que referencia las articulaciones específicas que coherencia entre sustantivo, adjetivo, predicado y verbo.
En resumen, el lenguaje es una malla de partitura o pentagrama que intenta capturar todos los ruidos y sensaciones. Cada idioma tiene su respectivo canon de escalas que es difícilmente traducible a otro código de anotación musical (véase el aporte musical de las escalas por Claude Debussy). Si bien el niño desde su desarrollo temprano es capaz de distinguir mayores diferencias fónicas (fonemas) o sonoras, no posee una pentatónica que organice acordes de corcheas o fusas, ni tampoco octavas y mucho menos fugas que se entretejen complejamente de 2 o hasta 6 voces contrapuntísticamente en complejas sintaxis.

Se debe trasquilar de algún modo el caos sonoro a una simplificación que anude una articulación, aun al costo de perder sonidos o capacidades fonéticas, en donde su finalidad radica que el sustantivo no se confunda con el adjetivo, ni el verbo con el predicado, ni el predicado con el adjetivo, ni el sujeto con el predicado, etc. Situaciones de "confusión o simetría", ya hemos desglosado en lo que ocurre en el proceso primario. Por ende, en el desarrollo del lenguaje de un niño, vemos que pese a introyectar un idioma, lo organiza a su ritmo y modo, con sintaxis más breves en su comienzo. Sus puntos tonales o de base son muy distintos a los de un adulto que tiene montado encima en la complejidad de su yo un proceso secundario a partir del gran motor primario. La dificultad de comprender o traducir a un niño radica en esto. Es como un violín desafinado en gritos que va afinándose a un modo que permita poder distinguir qué acordes o ritmos son los que toca (un allegro, andante, lento, adagio, etc).

Podríamos resumir lo expuesto con una cita de Leclaire (1975) en su libro Matan a un niño: "*Son las mismas notas, las mismas letras, las que constituyen la trama y engendran el fabuloso despliegue de las fugas y cánones. El tema principal, de misteriosa y apacible estabilidad, divide en una serie de notas las relaciones, tan seguras como naturales, de los intervalos de quinta, de tercera y de cuarta, como el arco iris despliega en su maravilla la gama de los colores fundamentales; ellos se combinarán inicialmente en orden inverso, en movimientos contrarios, dentro de la simplicidad de los intervalos fundamentales (diatonía); luego, muy pronto, entrarán en juego los infinitos matices de las relaciones intermedias, de los colores compuestos (cromatismo), como otros tantos efectos posibles, necesarios, milagrosos, del tema original. «El tema principal», escribe un comentarista anónimo, «aparece en las diferentes fugas bajo aspectos diversos. Hace nacer contravoces, acoge elementos de las voces provenientes del contrapunto, se transforma a través de ese proceso gigantesco como la personalidad humana*" (p.81).

Falta abordar en las partituras y ritmos las siguientes preguntas: ¿Qué entendemos por silencio? ¿Qué categoria tendría? ¿Es un mínimo de silencio lo mismo que la distancia mínima o lo que hemos denominado antes como diferencia? ¿Un lugar breve abierto que es capaz de delinear lo que sea en su espacio? ¿Es el reseteo constante del receptor de estímulos en la percepción lo que brinda un primer acercamiento al silencio o como pausa (Freud, 1924)? ¿Un ínfimo tiempo que nos protege de la saturación? ¿Ruidosa saturación maniaca que no se detiene hasta bajar el volumen? ¿Son los silencios y las puntuaciones los resortes que constituyen los énfasis figura/fondo en lo Preconsciente? ¿O serían agujeros vacíos místicos new age que fisuran lo "Real" operando distinciones desde ellas como las modas lacanianas?

Comprendamos que está el silencio a su modo progresivo, tal como una nota musical despierta su efecto, donde en la cúspide de su sonido va perdiendo aliento y se degrada con el sonido del silencio siempre de fondo. Emerge como un orientador del contraste sonoro entre el sonido y su desfallecimiento en el todo homogeneo del silencio, lo que ocurre por ejemplo, con una descarga pulsional (en placer o displacer) que se puede sentir sonoramente o imperceptible en un goce sin tiempo que lo pueda distinguir de otros. También puede ocurrir al sobreponer una nota sobre otra y sentir su diferencia: "algo cambió, algo se fue y sobrevino a otra cosa". Para ello, se debe retener al recuerdo la "primera" impresión, que a su diferencia, se encuentra ahora la otra (esta otra). De no ser así, no podríamos significar algo distinto del otro, es decir, el punto o la diferencia demarca ese "entre" cosas. Algunas no se distinguen, otras se distinguen sin que la conciencia lo registre cabalmente, pero toda diferencia de puntuación es el constraste, no es algo en sí, la diferencia o el punto, el punto jamas significa algo por si mismo, es en donde el punto se posiciona que el punto adquiere su notoriedad, a su vez, por los "entre" silencios que se distingue.

En el para-sí de Sartre, como consciencia de sí, es como un silencio que permite una distancia minima para el pensamiento de los pensamientos, para que así, los pensamientos, no sean pensamientos en puro flujo primario, sino pensamientos de los recorridos de los pensamientos (asociar las asociaciones). O sea, la distancia al recorrido, permite, el dejar ser un mero flujo que recorre, más bien, algo que recorre los recorridos. Digamos que la luz puntualiza que algo se recorre, pero no sabe que es todo lo se que se recorre, solo recorre un recorte del recorrido por un momento en la limitación de su conciencia. De las cuales, la misma conciencia deja a su paso una huella o recorrido de excedente que desconoce de sí. Las palabras que inocentemente se empleaban, esconden varias vías asociativas que recomandan lo que "el yo creía estar pensando". Esta formulación está indicada en Freud (1917) donde lo "*anímico en ti no coincide con lo consciente para ti; que algo ocurra en tu alma y que además te enteres de ello no son dos cosas idénticas. De ordinario, el servicio que trasmite noticias a tu conciencia te basta para tus necesidades. Puedes mecerte en la ilusión de que te enteras de todo lo más importante. Pero en muchos casos, ese servicio noticioso falla y tu voluntad no llega más lejos que tu saber. Ahora bien, en todos los casos esas noticias de tu conciencia son incompletas y a menudo sospechosas; llegas a conocer los acontecimientos cuando ya se consumaron y no los puedes cambiar*" (p.134-135).

Es el cuidador o el objeto primordial quien otorga las primeras directrices de puntualizaciones, de pausas, de frenos, de retardamientos. Funciona como un operador de desaceleración, permite vivenciar una disminución, una gradualidad en la tensión, un reconocimiento de ritmos, pausas, aceleraciones o desaceleraciones que se recuerdan.

¿Cuál sería la primera pausa? Este sería sin duda la distensión de una necesidad: va de a poco remarcando una diferencia de un estado a otro estado, por gradientes. La excitación se dosifica, se digiere, se pone o se acota un fin de algo, el término de un cese de una necesidad o excitación, algo ya deja de ser, se acaba.

Antes de las separaciones Tópicas, en el Ello no hay puntuación ni silencios, pese a su homogeneidad, no se reduce a un silencio homogéneo, es una masa caótica llena de ruido, siempre en vías de componer otra cosa a su ritmo, es un ritmo nunca callado, no importa cuántos siglos viva un yo montado sobre el ello, nunca lo silenciará y no podrá hacerlo parte de sí. Se necesita para el caos un mínimo orden para configurar un yo, una serie de diversas puntualizaciones que retarden las asociaciones por los diques que apuntan a diversas vías. Así, habrán ciertos diques que apenas suturan, de los cuales generarán grandes hemorragias emocionales, otras, suturan en un silencio de tal modo, que la sola inhibición, censura, escape es lo único reconocible de esa puntuación. En este último caso, la masa asociativa se sepulta por una sustitución, que hace cerrar el paso de otras vías asociativas, quedando muchas veces, la repetición de la vía sustitutiva y otras las descargas adheridas sin reconocimiento de su origen, solo una grieta.

No debemos pensar que todas las puntuaciones son iguales, algunas son meros puntos suspensivos "..." que develan postergación, otras un punto seguido, que permiten seguir las asociatividades del mismo rubro pero desde otra perspectiva. Está el punto aparte que aleja más las asociaciones temáticas unas de otras, por último, está el punto final. Hasta aquí podemos abrir la pregunta si la "desinvestidura" o una "contra-carga", puede ser análoga o usada como un punto o modos de silencios. Caso contrario a como son los *"materiales de adolescentes paranoicos, cuya escritura llama mucho la atención por la abolición de signos de puntuación. Flujo sin cortes (apenas con la intensificación de algunas mayúsculas) de muy difícil lectura, al no haber puntos aparte ni tipo alguno de escansión, ni paréntesis, ni guiones; pura apretadura de palabras y palabras, rellenando todos los blancos de la página, banda restitutiva frente a la amenaza inminente de caos y desintegración"* (Rodulfo, 1989:130).

El proceso secundario en un comienzo es bastante arcaico, apenas sostiene distinciones claras, se va enriqueciendo a medida que emerge como un articulador lógico Preconsciente, lo que permitirá alimentar o sostener aspectos más organizados del yo. Como campo articulador, lo Preconsciente permite mantener en consciencia algo y no cualquier cosa (principio del tercero excluido), se enfoca o mantiene la atención de un contenido medianamente organizado en la memoria, separando tópicamente lo que no tiene relación lógica o simultánea con otro contenido, o, ya sea, manteniendo agrupado lo que tenga relación asociativa lógica por sobre otros contenidos. Se articulan o se arman conjuntos semi-abiertos que se configuran en la medida que los valores o huellas inscritas, adquieren su valor según la posición diferenciada de algo por otro. No sólo se trata que un fonema suena distinto de otro fonema, o que un color no puede ser igual a otro, sino que una gama de colores puede tener tonalidades opacas o claras, así como una serie de sonidos, notas o huellas puede tomar matices más graves o agudas. Más en simple, que el frío tenga diferencia con el calor, es una cosa, pero otra cosa es relacionar que una sensación fría tiene algo que ver (en relación) con una sensación de calor, aunque no sean la misma, y así, poder con ello inscribir huellas mnémicas que permitan distinguir con mayor gradualidad (como si fueran fugas) algo más frío o menos frío (invertidamente o revertidamente como fugas) y posteriormente complejizarlo en otros espacios como el cuerpo o el clima (proyectivamente). En otras palabras, si *"un bebé que vive sucesivamente una percepción de frío glacial y otra de calor abrasador no tiene por qué integrar, por sí solo, que se trata de un par contrapuesto, que una percepción es "la contraria" de la otra. Es indispensable que un adulto, en especial mediante el lenguaje, intervenga para establecer el lazo significane entre las dos series de percepciones (...)*

mediante las sensaciones corporales y la orientación interactiva, el bebé conseguirá precisamente delimitar de modo gradual tales pares de opuestos contrastados: dulce/ácido, caliente/frío" (Golse & Bursztejn, 1992:26).

De este modo en su desarrollo constitucional psíquico, no cualquier asociación se asociará en cualquier lugar o en un efecto de pura impredicibilidad al azar, más bien, se irá organizando en la medida que obtenga casillas lógicas donde articularlo en su sistema. Como lo vimos anteriormente (Capítulo II), hacer lo heterogéneo del aparato psíquico, volverlo homogéneo en su elaboración para su operación lógica bajo el proceso secundario.

Sabemos que un bebé reacciona al probar lo ácido por vez primera, pero para que luego tenga noción de que existe toda una gradualidad que va desde lo más ácido hasta lo más básico, calculado del 1 al 14 como PH, implica múltiples articuladores lógicos que distingan y otorguen relaciones entre ellos (como campo de magnitudes).

La matemática resulta ser uno de los operadores lógicos diferenciadores de diferencias más aplicable o ampliable en su uso, pues la enumeración se puede dividir o multiplicar en ínfimos o extensas cifras cada vez más y más precisas. Transportar o trasladas conjuntos de eventos o relaciones a los conjuntos matemáticos nos parece de lo más normal o cotidiano. Sin percatarnos de todo el desarrollo psíquico que implica el empleo rutinario de dicha abstracción matemática en la vida cotidiana.

Si aterrizamos lo abordado en el plano de la adquisición lectora, Bettelheim y Zelan (1981) en su libro "Aprender a Leer", mencionan el caso de un niño con aparentes dificultades lectoras, quien leyendo la historia de unos "osos detectives", aquellos *"osos son incapaces de dar con la calabaza que se describe en muchas páginas, aunque los ositos descubren varias pistas sobre su paradero. Después de leer la historia con bastante interés a lo largo de unas treinta páginas, el muchacho leyó defective (deficiente) donde decía detective en el siguiente pasaje: "Está en el granero. ¡Ya la tenemos! Pásame el equipo de detective". Esto sucedió a pesar de que anteriormente había leído correctamente la palabra detective, con lo que demostraba que era muy capaz de leer la palabra, que sabía cuál era su significado y de qué manera encajaba en la narración"* (p.93-94). Este error de lectura corresponde a lo que Freud (1901) en Psicopatología de la vida Cotidiana llamó como los "lapsus" de lectura. Más en profundidad, Bettelheim y Zelan (1981) describen que *"los niños, cuando están aprendiendo a hablar, cometen errores cambiando el orden de las letras porque no oyen, o no oyen claramente, la diferencia entre palabras cuyo sonido es parecido y que tales errores son análogos a los que cometen otros niños al aprender a leer. Se supone que estas inversiones, especialmente en los niños muy pequeños, están relacionadas con la confusión al oír las consonantes iniciales y finales de las sílabas, lo cual explica, por ejemplo, que confundan las palabras lemon (limón) y melon (melón). Cuando un niño de dos años invierte estas palabras, diciendo frecuentemente melon cuando lo correcto sería decir lemón, se supone que lo hace porque le resulta más fácil recordar la m de lemon, toda vez que es la última consonante de la primera sílaba de la palabra y, por lo tanto, dicen melon, que empieza con m.*

Si esta suposición fuera correcta, el mismo niño de dos años debería hacer inversiones al hablar diciendo también *lemon* en lugar de *melon*. Pero, de hecho, aunque ambas palabras formaban parte de su vocabulario, nunca dijo *lemon* en vez de *melon*. La explicación está en que el niño había chupado limones y los había encontrado agrios, por lo que los había rechazado; en cambio, le encantaba sorber el jugo de los melones. Para cerciorarse de que el pequeño conocía la diferencia entre ambos frutos, se le preguntó por el color de cada uno, a lo que respondió que los limones son amarillos y los melones son anaranjados, pronunciando correctamente y sin dificultad el nombre de los dos. Lo que superficialmente podría parecer una sencilla confusión lingüística en realidad era la expresión de la preferencia por un fruto y el rechazo del otro. Esto lo mencionamos aquí no tanto con la intención de destacar la etiología de todas las confusiones de esta clase como para indicar que no hay que suponer automáticamente que semejantes inversiones y sustituciones se deben a deficiencias auditivas o visuales. A veces puede que así sea, pero a menudo estas sustituciones e inversiones son motivadas por predilecciones, preocupaciones, temores o deseos preconscientes" (p.178-179). En otros términos, los asuntos emocionales, placer-displacer o conflictos inconscientes inciden en el aprendizaje.

Freud (1891) por su parte expresa los errores típicos de lectura: "*Cuando leo pruebas de imprenta, para lo cual procedo a prestar particular atención a las imágenes visuales de las letras y otros signos de la escritura, se me escapa el sentido de lo leído,si en una novela paso por alto todos los errores de imprenta, puede ocurrir que del nombre de los personajes no recuerde más que una impresión confusa, y, tal vez, que son largos o breves y contienen una letra llamativa, una «X» o una «z». Al leer en voz alta, en cuanto tengo que prestar particular atención a las imágenes sonoras de mis palabras y a sus intervalos, corro el peligro de cuidarme demasiado poco del sentido, de modo que tan pronto me fatigo, leo de forma que otras pueden entenderme pero yo mismo ya no sé lo que he leído. Es un fenómeno de atención dividida*" (p.89).
Esto me recuerda al breve ensayo de Ferenczi (1923) sobre "Miedo y Auto-Observación Narcisista": "*Las personas llenas de "miedo" cuando actúan en público, ya se trate de hablar, de representar una comedia o de interpretar música, nos muestran que en aquellos momentos se hallan a menudo inmersas en un estado de auto-observación: escuchan su propia voz, observan cada uno de sus gestos, etc., y esta división de la atención entre el interés objetivo dedicado al objeto de su producción y el interés subjetivo por su propio comportamiento perturba la realización motriz, fonatoria u oratoria que en tiempo normal es automática. Es un error creer que a tales individuos les perjudica su excesiva modestia; por el contrario, es su narcisismo quien se muestra demasiado exigente por lo que concierne a su propia apariencia. A la observación negativa y crítica se añade igualmente una observación positiva e ingenua en la que los actores se encandilan de alguna forma con su propia voz u otras producciones propias, olvidando completamente el contenido de las mismas. El desdoblamiento de la personalidad cuando se habla es a menudo el síntoma de una duda interior respecto a la sinceridad de lo que se dice.*"

Por otro lado, el Psicoanálisis debe abrirse más allá del campo fonocentrista o del campo fonoaudible del lenguaje. Dicho reduccionismo o monismo lo vemos en La Dirección de la Cura de Lacan (1958): "*Puesto que se trata de captar el deseo, y puesto que sólo puede captárselo en la letra, puesto que son las redes de la letra las que determinan, sobredeterminan su lugar de pájaro celeste, ¿cómo no exigir al pajarero que sea en primer lugar un letrado?*" (p.610). Más todavía, Lacan (1956) en su texto Situación del Psicoanálisis aclara que: "*Una escritura, como el sueño mismo, puede ser figurativa, está siempre como el lenguaje articulada simbólicamente, o sea que ni más ni menos que éste es fonemática, y fonética de hecho, desde el momento en que se lee*" (p.442). Trasladándolo a lo clínico, Lacan (1958) en su artículo la Juventud de Gide remite que: "*sólo se puede tratar de método psicoanalítico, ese método que procede al desciframiento de los significantes sin consideraciones por ninguna presupuesta forma de existencia del significado*" (p.711).

Recapitulando, las representaciones-palabras tal como lo formuló Freud (1891) en sus Estudios sobre las Afasias, las huellas auditivas son sólo una parte de la gestación o conformación de las representaciones-palabras. Queremos decir, que en el leguaje sordo-mudo, el Psicoanálisis no toma con suficiente seriedad o diferenciación para la constitución psíquica estos campos que exceden de la fonología. Especialmente, este ha sido un interrogante importante para el propio Arthur Schopenhauer (1851): "*Hay que preguntarse, pues, qué ventajas tiene el signo auditivo sobre el signo visual para inducirnos a dejar la vía directa del ojo a la mente y adoptar una vía indirecta tan larga, como es el hacer que el signo visible habla a la mente de los demás, tan sólo a través del signo auditivo*" (p.80). Este fonocentrismo nace en cuanto "*llegamos a un lenguaje para el oído antes de haber pensado en inventar uno para la vista. Pero, además resulta también más breve, cuando ello es necesario, reducir el lenguaje visual a lenguaje para la vista del todo nuevo y de un género por complemento diferente; tanto más enseguida descubrimos que el número infinito de palabras se puede reducir a poquísimos sonidos y, por consiguiente, mediante éstos se pueden más fácilmente expresar*" (Schopenhauer, 1851:81). No obstante, es viable apreciar que ante el fonocentrismo de la audición, "*el órgano de la vista puede captar modificaciones mucho más variadas que el oído; pero no somos capaces de reproducirlas para el ojo si la ayuda de ciertos instrumentos como lo podemos hacer para el oído. No seremos tampoco capaces de reproducir y cambiar los signos visibles con la rapidez de los signos auditivos, gracias a la agilidad del órgano lengua. Esto es, pues, lo que hace del oído, de modo natural, el sentido esencial del lenguaje y, por consiguiente, también de la razón*" (Schopenhauer, 1851:81). De esta manera, el imperio de lo fonoaudible cobra su prioridad significante como una Ley "dicha".
Para no delegar injustamente el terreno fonológico como la máxima o única forma de expresión humana legítima, daremos un vistazo al lenguaje de gestos o señas para abrir y definir con mayor precisión las constituciones subjetivas que se pueden gestar por sobre los alcances fonológicos del desarrollo.

Buscando otros horizontes más allá del fonocentrismo en el lenguaje, S. Bleichmar (1998) distingue que "*el lenguaje de señas es una estructura semiótica, mientras que el lenguaje gestual sigue participando, de alguna manera, de lo indiciario. Sigue ligado a la representación del objeto del mundo. Por eso tiene un carácter puntual y no más general. Puede independizarse de*

236

cierto circuito cerrado dentro de un grupo familiar, pero lo que lo caracteriza es que es inarticulable. Es lo que Piaget trabaja como signo y Saussure trabaja como símbolo, precisamente, el carácter singular, mientras que el lenguaje de señas tiene una forma de universalidad, es más, de posibilidad de articulación" (p.334).

Por lo demás, O. Sacks (1989) basándose en Isabelle Rapin, puntualiza el lugar de la interrogación y su dificultad en los lenguajes de señas: "*Al hacerles preguntas a los niños [sordos] sobre lo que acababan de leer, comprobé que muchos de ellos tienen una deficiencia lingüística sorprendente. No poseen ese instrumento lingüístico que proporcionan las formas interrogativas. No es que no conozcan la respuesta a la pregunta, es que no entienden la pregunta... Le pregunté a un niño: «¿Quién vive en tu casa?» (Le tradujo la pregunta en lenguaje de señas su profesora.) El niño se quedó sin saber qué decir. Luego vi que la profesora convertía la pregunta en una serie de frases declarativas: «En tu casa tú, mamá...» Se le iluminó la cara con una expresión de comprensión súbita y me hizo un dibujo de su casa con todos los miembros de la familia, incluido el perro... Comprobé una y otra vez que los profesores vacilaban en general al hacer preguntas a sus alumnos, y solían expresar dudas en frases incompletas en las que los niños podían llenar los huecos.*

Esa gran carencia de los sordos no es sólo una carencia de formas interrogativas (aunque la falta de formas interrogativas, como dice Rapin, sea especialmente perniciosa, porque desemboca en una falta de información), es una carencia de técnicas lingüísticas, e incluso de competencia en el dominio del lenguaje, muy característica de los escolares sordos" (p.101-102).

Podemos encontrar una importancia ontológica (existencial) que adquieren las formas del preguntarse o interrogarse por el "ser de algo", en cuanto, pueda ser algo más (abierto o posible) en sus atributos o en su valor de distinción posicional, como también, la inquietud existencial interrogada, que nos posibilita un lugar humano referencial, distinto a la del animal mayormente instintivo.

Desde lo gestual o lo mímico en la constitución posterior al lenguaje fonético, "*cuando en lugar del ademán utiliza el sonido como medio y como substrato sensible. En el desarrollo histórico del lenguaje este proceso de sustitución no se lleva a cabo de golpe. En las lenguas de los pueblos primitivos puede reconocerse aun en nuestros días con toda claridad cómo en ellos no sólo coexisten el lenguaje mímico y el lenguaje fonético, sino que este último, en cuanto a su formación, aún está afectado por el primero. Por todas partes tiene lugar aquella penetración característica en virtud de la cual los "conceptos verbales" de estas lenguas sólo pueden captarse y comprenderse completamente si se les entiende al mismo tiempo como "conceptos manuales" (manual concepts) y mímicos. El ademán está conectado con la palabra, las manos están conectadas con el intelecto de tal modo que verdaderamente parecen formar parte de él. Aun en el desarrollo del lenguaje infantil el sonido articulado va separándose sólo gradualmente del conjunto de los movimientos mímicos; aún etapas relativamente avanzadas del lenguaje del niño muestran al sonido: articulado en aún completamente enclavado en esta totalidad mímica. Pero en cuanto se ha verificado la separación, el lenguaje, con este nuevo elemento en que se mueve, ha adquirido también un nuevo principio fundamental de estructuración*" (Cassirer, 1923:162-163). No olvidemos tal como lo hemos desarrollado que "*la única posibilidad que tiene el lenguaje de instalarse en su carácter significante es que haya un preconciente que lo haya constituido lógicamente y un yo que necesite transmitir y transmitirse relaciones no pragmáticas con los objetos, porque esto es lo que me parece más importante. El lenguaje es lo que permite la transmisión de los elementos no pragmáticos, en el sentido de que no está sometido a la inmediatez*" (Bleichmar, 1998:337). Esta inmediatez como veremos tiene que ver con la limitación que adquieren los códigos gestuales a la hora de comunicar.

En este sentido, la articulación del sonido en las gestualidades, Cassirer (1923) sostiene que mientras "*el sonido sólo sirve para acentuar los ademanes en las diversas modalidades de señalar e indicar, aún no consigue salir de la esfera del gesto vocálico. Así se comprende el hecho de que casi siempre sean los mismos sonidos los que se emplean en las más diversas lenguas para designar ciertas determinaciones de lugar. Prescindiendo del caso en que vocales de diversa cualidad y tono sirven para graduar la expresión de la distancia espacial, es en ciertas consonantes y grupos consonánticos donde reside una tendencia sensible perfectamente determinada. Ya en los primeros balbuceos de los niños se separan marcadamente los grupos fonéticos con una tendencia esencialmente "centrípeta", de aquellos que tienen una tendencia "centrífuga". La m y la n se dirigen claramente hacia adentro, mientras que los sonidos explosivos, la p y la b, la t y la d, que se profieren hacia afuera, revelan la tendencia contraria. En el primer caso, el sonido indica un impulso que revierte en el sujeto, mientras que en el segundo, el sonido implica una referencia al "mundo exterior", una indicación, un remitir, un rechazar. Si allá corresponde a los ademanes de coger, abrazar, atraer hacia sí, acá corresponde a los ademanes de mostrar y rechazar*" (p.184).

2. Representación-cosa y Representación-palabra: Conjuntos semi-abiertos

Desde sus trabajos más tempranos, Freud (1891) en su estudio sobre "La Afasia", menciona que la "*palabra; pues, es un concepto complejo, construido a partir de distintas impresiones; es decir, corresponde a un intrincado proceso de asociaciones en el cual intervienen elementos de origen visual, acústico y cinestésico.*

Sin embargo; la palabra adquiere su significado mediante su asociación con la "idea (concepto) del objeto", o por lo menos esto es lo que sucede si consideramos exclusivamente los sustantivos. La idea, o concepto, del objeto es ella misma otro complejo de asociaciones integrado por las más diversas impresiones visuales, auditivas, táctiles, cinestésicas y otras. Según lo enseñado por la filosofía, la idea del objeto no contiene otra cosa; la apariencia de una "cosa", cuyas "propiedades" nos son transmitidas por nuestros sentidos, se origina solamente del hecho de que al enumerar las impresiones sensoriales percibidas desde un objeto dejamos abierta la posibilidad de que se añada una larga serie de nuevas impresiones a la cadena de asociaciones (J. S. Mill). Esta es la razón por la cual la idea del objeto no se nos presenta como cerrada, más aún como difícilmente cerrable, mientras que el concepto de la palabra se nos aparece como algo que es cerrado, pero capaz de extensión" (p.90-91). Este complejo asociativo, Freud (1891) lo grafica del siguiente modo:

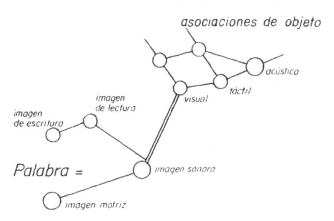

Como vemos en la imagen, el complejo de asociaciones de objeto semi-abiertos donde la palabra es construida mediante varios nexos diversos en impresiones, la idea del objeto no es cerrada, no obstante la palabra aparece como algo cerrado aunque capaz de extensión en base de las impresiones que se originan. Dicho enlace, Freud lo denominó representación-cosa como una agrupación emergente en sus diversos elementos, sean estos olfativos, visuales, gustativos, táctiles y a veces auditivos. No toda inscripción deviene representación-cosa, puesto que no toda impresión o huella desperdigada o divergente, está re-organizada en conjuntos semi-abiertos con propiedades convergentes-emergentes. Recordemos que en la Carta 52, Freud (1896) define la multiplicidad compleja de registros que se reorganizan de tiempo en tiempo y acogen nuevos elementos según la interpenetración donde el "*mecanismo psíquico se ha generado por superposición de capas y que de tiempo en tiempo el material preexistente de huellas mnémicas experimenta un reordenamiento según nuevos nexos, una retrascripción (...) la memoria no preexiste de manera simple, sino múltiple, está registrada en diversas variedades de signos*" (Freud, 1896:274)

Podríamos decir, que es un lugar donde se entretejen o se injertan diversos elementos, donde el espacio y tiempo de las huellas se ordenan a un modo emergente propio bajo el desplazamiento y condensación.

Cuando opera rudimentariamente el desplazamiento y la condensación ya podemos entrever una organización que da cuenta de las representaciones-cosa. Cuando comienza a operar el principio de Generalización o simetría, las analogías y contigüidades comienzan a organizar el aparato psíquico, aunque, no sin el holding o reverie materno (represión originaria).

Avanzando con Silvia Bleichmar (1998) "*las primeras inscripciones en el aparato no son representaciones-cosa, son inscripciones que pueden o no devenir representaciones-cosa cuando sean reprimidas. Por otra parte hay que tener en cuenta que en el inconciente hay elementos arcaicos que nunca serán transcriptos en palabras, elementos que pueden ser transcriptos en palabras o, incluso, elementos secundariamente reprimidos, como las fantasías originarias, o como las articulaciones de los mandatos, o como ciertas constelaciones edípicas que constituyen fantasías que se caracterizan por tener una articulación lógica en el proceso secundario y al mismo tiempo por no ser "desoldables" de manera que funcionan en bloque según un modo más de proceso primario. Pueden ser investidas en conjunto, y no se separan como las representaciones-palabra que devienen representación-cosa*" (p.293).

Entendamos desde Freud (1896) que al no producirse una traducción para el material psíquico ante la "*nivelación cuantitativa. Cada reescritura posterior inhibe a la anterior y desvía de ella el proceso excitatorio. Toda vez que la reescritura posterior falta, la excitación es tramitada según las leyes psicológicas que valían para el período psíquico anterior, y por los caminos de que entonces se disponía. Subsistirá así un anacronismo, en cierta provincia regirán todavía unos «fueros» (...) La denegación {Versagung) de la traducción es aquello que clínicamente se llama «represión». Motivo de ella es siempre el desprendimiento de displacer que se generaría por una traducción, como si este displacer convocara una perturbación de pensar que no consintiera el trabajo de traducción*" (p.276).

La representación-cosa sigue los lineamientos del devenir asociativo del proceso primario, un complejo remite a otro para otro punto de remisión sucesiva. Además la representación-cosa no posee tal como Freud lo desarrolló: principio de no-contradicción, duda, distinciones temporales, negación, etc. Aspectos que sí desarrolla el proceso secundario o preconsciente. En cambio, en la representación-cosa, opera una conjunción, algo semejante se iguala por otra cosa análoga, una parte del conjunto se iguala al todo del conjunto (simetría). No obstante, si mencionamos un "conjunto", es inevitable proferir la pregunta: ¿Qué constituye dicho conjunto de partes intercambiables?

En el nivel de la representación-cosa, gracias a la Represión Originaria (vías facilitadas en maternaje, reverie o holding) sucederán las convergencias que "algo se iguale o se identifique con algo", la simetría de la parte por el todo. Las múltiples huellas mnémicas se complejizan en reordenamiento de conjunto semi-abierto.

Ahora bien, si recordamos la imagen del Apartado anterior de este mismo Capítulo (1. Lenguaje: Proceso Secundario), desde la multiplicidad de huellas mnémicas a las re-inscripciones inconscientes (representación-cosa), está la S.P (Wz) o Signos de Percepción. De aquello, S. Bleichmar (1993) distingue "*al menos dos estratos diferentes en el inconsciente: aquel irreductible a toda traducción, indiciático, no integrado, constituido por fragmentos de objetos, y ese otro, más estructurado, fantasmatizable, que ha operado una traducción posible (aunque no sea pasible de pasar al preconciente sin otra tramitación). En este sentido, los signos de percepción no son homonogables a la "representación-cosa" (Sachvorstellung, representación de cosa, dirá Laplanche, en el sentido intencional, pero que en el inconciente devendrá una verdadera "representación-cosa", vale decir que ha perdido toda referencia a la cosa misma). Si la representación-cosa aparece en oposición, en la obra freudiana, respecto a su par, la "representación-palabra" (Wortvorstellung), es para marcar, centralmente, su modo de funcionamiento en proceso primario - significantes des-significados-, lenguajeros pero desarraigados del código de la lengua, pasibles de ser retrascritos al proceso secundario, y, a partir de ello, de hacerlos devenir concientes. La "representación-cosa" es ya una primera trascripción, una traducción de los signos de percepción, destinada a ser fijada en el inconciente a partir de la represión originaria. Los "signos de percepción" pueden ser no sólo efecto de una implantación primerísima, no trascrita, sino de una "intromisión", tanto en los primeros tiempos como en otros tiempos posteriores de la vida (...) Si bien todo pasaje de un sistema psíquico a otro "superior" es parcialmente fallida, si es imposible una simbolización "sin resto" (...) lo que caracteriza a los elementos inscritos por "intromisión", bajo formas traumáticas severas, es su imposibilidad de ser fijados a ningún sistema por la represión (...) Su carácter "altamente individual" deja abierta la posibilidad de estructuraciones psicopatológicas mixtas en razón de ello*" (p.83-84). Como lo revisamos anteriormente, los Signos de Percepción pertenecen a la lógica de lo traumático, la pura descarga sin metabolización, la fijación por pura contigüedad o simultaneidad.

Es durante la represión originaria donde se produce la escicion o polarización entre pecho bueno y pecho malo como las primeras agrupaciones de conjunto general. Las huellas, primariamente se entretejen en lo placentero (distensión o relajo) y displacentero (tensión o angustia). Tomando esquemáticamente a Klein podríamos decir que el objeto bueno y el objeto malo equivalen a una escisión que divide las aguas brutalmente en dos. Aquí todavía no vemos operar el desplazamiento o la condensación, pero si vemos cómo se liga gracias a la reverie o holding los desplazamientos que se refinarán en la sensación de "duración" temporal (del durante), constituyendo el "luego" o el "antes". Estamos aquí a medio camino entre los Signos de percepción y la representación-cosa, puesto que, la contigüidad en este caso opera de modo más disruptivo sin diferir o postegar, ni tampoco en retardar desde un pasaje al acto polarizado.

Por su lado, en la represión primaria el yo/ello y lo Icc/Prc ya están mayormente diferenciados o establecidos tópicamente gracias a la represión originaria (aunque nunca es rigido en todo lugar tópico). Momento donde funciona la condensación y desplazamiento de las representaciones-cosa en sus desfiguraciones defensivas y contra-cargas.

Sin embargo, la riqueza fecunda que mantenía su noción de las representaciones-cosa (Sachvorstellung), en sus textos de Metapsicología, Freud (1915) tanto en su texto "Lo Inconsciente", como en "Adición Metapsicológica de los sueños", por asuntos de operatividad y de esclarecer la materialidad del aparato psíquico, Freud divide tajantemente la "representación-cosa sola" (Sachvorstellung) como algo puramente visual (en sus huellas), tal como se figura en la figurabilidad onírica, donde los pensamientos se transforman en imágenes visuales: "*la regresión de los restos diurnos preconscientes en la elaboración onírica. Los pensamientos quedan transformados en imágenes predominantemente visuales, o sea reducidas las presentaciones verbales a las de cosa correspondientes como si todo el proceso se hallase dominado por la tendencia a la representabilidad. Una vez realizada la regresión, queda en el sistema Inc. una serie de cargas de recuerdos de cosas sobre las cuales actúa el proceso psíquico primario hasta formar, por medio de su condensación y desplazamiento de sus cargas respectivas el contenido manifiesto del sueño. Las presentaciones verbales existentes entre los restos diurnos son tratadas como presentaciones de cosa y sometidas a los efectos de la condensación y el desplazamiento solamente cuando constituyen residuos actuales y recientes de percepciones y no una exteriorización de pensamientos*" (p.2086). Por lo demás, bajo estas nociones, Freud en su texto Lo Inconsciente (1915) detalla que las huellas Conscientes-Preconcientes del aparato: "*No son, como supusimos, distintas inscripciones del mismo contenido en diferentes lugares psíquicos, ni tampoco diversos estados funcionales de la carga, en el mismo lugar. Lo que sucede es que la presentación consciente integra la imagen de la cosa más la correspondiente presentación verbal; mientras que la imagen inconsciente es la presentación de la cosa sola. El sistema Inc. contiene las cargas de cosa de los objetos, o sea las primeras y verdaderas cargas de objeto. El sistema Prcc. nace a consecuencia de la sobrecarga de la imagen de cosa por su conexión con las presentaciones verbales a ella correspondientes. Habremos de suponer que estas sobrecargas son las que traen consigo una más elevada organización psíquica y hacen posible la sustitución del proceso primario por el proceso secundario, dominante en el sistema Prc.*" (p.2081).
De esta forma, Freud dejó separado el sónido de las palabras dentro del carril de representación-palabra que se unen a la representación-cosa sola. Si bien es cierto que en la representación-cosa existe un protagonismo jeroglífico visual en los sueños, esto no quita ni excluye que las representaciones-cosa mantengan nexos diversos con otras percepciones o huellas mnémicas aparte de las visuales, tal como Freud señaló en sus anteriores obras. Por ejemplo, en la Interpretación de los Sueños, Freud (1900) indica que las primeras huellas mnémicas "*contendrá de todos modos la fijación de la asociación por simultaneidad, y en los más alejados quedará ordenado el mismo material de excitación según otros distintos órdenes de coincidencia, de manera que estos sistemas posteriores representarían, por ejemplo, las relaciones de analogía,*

etc" (p.674). Este registro o complejos de las Huellas Inc o de representación-cosa, "*muestra un tipo de reinscripción de huellas mnémicas provenientes del sistema Ps, no como una copia fiel de ellas, más bien como una referencia alejada de ellas. Por otra parte, constituyen la forman de referir a la representación inconciente, a la que ha sido afectada por el proceso de la represión (...) las representaciones cosa (Sachvorstellung), como complejos perceptivos abiertos que funcionan según las leyes del inconciente, del proceso primario*" (Pérez, 2007).

Por otro lado, es fundamental o sumamente crucial entender la representación-cosa en su dimensión económica pulsional (placer-displacer, carga-descarga) en como se reordena o transcribe los nuevos nexos de analogía "simétrica" de las huellas alejadas. A. Green (1994) contrasta ante la lógica secundaria, que la "*lógica primaria recurre a otros medios: en primer término a representaciones-cosa y afectos, para no mencionar los actos y los estados corporales. Aquí la escala de las asociaciones es más amplia, y los procesos asociativos están menos limitados y son más polisémicos*" (p.335). Vale decir, las representaciones o "Vorstellung" no están definidas o constituídas en unas frías matrices formales sin relación con los afectos, las emociones, placeres-frustraciones, etc. Siguiendo a Pérez (2007), coincidimos en que "*la intención de Freud trasciende los límites de la percepción de los objetos, no será la percepción del mundo material o la del cuerpo la que asigne importancia a los objetos y a la representación que surge por su registro, sino que, al incluir el elemento pulsional introduce un extra que va más allá de la percepción de los objetos para su conocimiento, posicionando a los objetos desde el sentido del placer, de lo que puedan representar desde el punto de vista libidinal para la persona.*"

Desde otro frente, Emilce Dio Bleichmar (1981) coicidiendo con D. Maldavsky sobre la regresión de las Fobias, cita lo siguiente: "*El primer tipo de inscripción se basa en la simultaneidad, cuando el sujeto logra articular las diferentes zonas erógenas a partir de un enlace libidinoso que las unifica, pero no concibe que distintas inscripciones por simultaneidad tengan un núcleo común. Se trata de una concepción contextual del objeto, el cual sólo tiene sentido en el encuadre (Bleger, 1967). El segundo tipo de inscripción (Ics.) se basa en la analogía, cuando logra detectar lo común (el núcleo) en varias inscripciones por simultaneidad, y además, lo común (los predicados) entre la representación del otro, del semejante y la representación del sujeto. La inscripción preconsciente, por fin, se atiene a criterios racionales, propios del proceso secundario y culmina en el pensamiento abstracto de la adolescencia. Cada nuevo nivel de organización formal de las representaciones, que es más complejo y reordena a los anteriores, implica un tipo diferente de dolor psíquico y una distinta relación con el cero. Freud postula que la constitución del aparato psíquico avanza desde los criterios de enlaces basados en la simultaneidad, a los de analogía hasta alcanzar los correspondientes al preconsciente, ligado, en principio, a operaciones concretas y luego a operaciones abstractas y cada uno de estos criterios implica un modo de concebir la causalidad (...) lo que Lacan ha privelegiado como procedimiento de enlace, la concatenación estrictamente significante, es uno entre varios de los mecanismos posibles de simbolización a disposición de la psique, así como Freud lo propuso (...) la lectura del historial del pequeño Hans nos ubica ante un Freud que pareció estar atento a la complejidad de lo que estaba en juego, y en ningún momento redujo la diversidad a lo único. Así como propuso el enlace Wägen-wegen, también consideró la jirafa como pene"* (p.52-53).

Si recordamos lo revisado sobre el "Fort-da" del Capítulo anterior, nos encontramos allí en la etapa donde el esquema sensorio-motriz está acompañado de una palabra que acompaña al gesto que representa a imitar: la partida como "o-o-o-o" y regreso de la madre como "Da". Piaget (1946) otorga un ejemplo para la etapa VI de la inteligencia sensorio-motora de un niño de 1 año y un mes, quien *"emplea la onomatopeya clásica "tch, tch" para designar un tren que pasa delante de su ventana y la repite con cada tren, después sin duda que se lo han sugerido la primera vez. Pero, dice después "tch, tch" en dos tipos de situaciones distintas: por una parte, generaliza su empleo en presencia de vehículos vistos desde otra ventana: autos, coches de caballos y hasta un hombre a pie"* (p.298). Esto quiere decir que el sonido onomatopéyico de "tch, tch", implica una generalización sobre el movimiento en un conjunto ampliamente simétrico. Tenemos entonces las más primitivas representaciones-cosa donde las clases de conjunto no se ordenan en nexos de ninguna sub-clase o parte-todo (primeros contornos de sub-conjuntos). De esta forma, los *"primeros esquemas verbales no son sino esquemas sensorio-motores en vía de conceptualización y no esquemas sensorio-motores puros ni conceptos francos. Del esquema sensorio-motor conservan lo esencial, a saber: ser modos de acción generalizables y que se aplican a objetos cada vez más numerosos. Pero del concepto presentan ya un semi-desprendimiento"* (Piaget, 1946:302-303). Si comparamos el "tch, tch" con el "Fort-da", claramente el primero no adquiere un desprendimiento suficiente, lo que le acercaría más a los Signos de Percepción contiguos-simultaneos, mientras que el "Fort-da" nos encontramos con suceciones de un antes-después más complejo, una síntesis que contrae en la imaginación primitiva (síntesis pasivas en Deleuze) un antes-después, adentro-afuera, placer-displacer, etc. Dicho de otro modo, la *"síntesis pasiva, que constituye nuestro hábito de vivir, es decir, nuestra espera de que "aquello" continúe, que uno de los dos elementos sobrevenga después del otro, asegurando la perpetuación de nuestro caso"* (Deleuze, 1968:124).

Lo que Lacan por su parte omite en la obra de Freud "La Afasia" (Zur Auffassung der Aphasien) de 1891 y en "Proyecto" (Entwurf) de 1895, es que la "Sache" o "Cosa" en alemán, Freud la tomaba (la comprendía) a partir de las obras de post-kantianos o empiristas ingleses como J.S Mill (de su obra Lógica de 1863), donde la "Cosa" incognoscible Kantiana se particiona en múltiples referentes (adjetivos o atributos) a una posible síntesis nunca lograda por completo (la Cosa-en-sí nouménica incognoscible fuera del aparato). A esta división, Freud (1895) la refiere en que *"los complejos perceptuales se dividen en una parte constante e incomprendida -la cosa- y una parte cambiante y comprensible: los atributos o movimientos de la cosa"* (p.112). En este sentido Freud (1891, 1895) para dichos textos da a la Sache (Cosa) la significación de atributos o predicados, así como también, el sentido Kantiano de la Cosa-en-sí.

Luego en 1896 (Carta 52 o 112), como en 1900 (Interpretación de los sueños) y especialmente en 1915 (textos de Metapsicología), Freud añade de forma más clara a lo Inconsciente, en lo incognoscible, lo que define como la "representación-cosa". De este modo, se trataría de otra cosa-en-sí Kantiana, pero que estaría dentro del aparato y no solo fuera de éste (como lo nouménico exterior). Así mismo lo aclaró Freud (1915) en su texto "Lo Inconsciente": "*en otro, la de la rectificación llevada a cabo por Kant, de la teoría de la percepción externa. Del mismo modo que Kant nos invitó a no desatender la condicionalidad subjetiva de nuestra percepción y a no considerar nuestra percepción idéntica a lo percibido incognoscible, nos invita el psicoanálisis a no confundir la percepción de la consciencia con el proceso psíquico inconsciente, objeto de la misma. Tampoco lo psíquico necesita ser en realidad tal como lo percibimos. Pero hemos de esperar que la rectificación de la percepción interna no oponga tan grandes dificultades como la de la externa y que el objeto interior sea menos incognoscible que el mundo exterior*" (p.2064).

Desde un planteamiento contrario, Lacan por su parte reviste dichas referencias con su versión (o desvío) que desde su Estructura, en el sujeto ($) habría una "Falta" que remite a su incompletud y el perpetuo desencuentro de su deseo, a través, de la muerte de la "Cosa" (Das Ding), a Causa por la entrada al Lenguaje o la Cadena Significante: "*el símbolo se manifiesta en primer lugar como asesinato de la cosa, y esta muerte constituye en el sujeto la eternización de su deseo*" (Lacan, 1966:306). Así mismo lo reconoce Safouan (2001), sobre aquel forzamiento del desvío: "*Algunos analistas hablaron del "desvío" que Lacan hace sufrir, por las necesidades de la causa, al pasaje del texto del "Entwurf", donde Freud habla de la división del complejo del prójimo, Nebenmensch, en dos partes; una de las cuales consiste en las cualidades variables, formulables como atributos, y la otra es constante y permanece unida a sí misma como una cosa. La observación es justa.*" (p.140-141) Mientras que para Assoun (1993) "*Freud acude a J.S. Mill, el autor de Lógica y de Examen de la filosofía de Sir William Hamilton; autor, como sabemos, traducido por Freud en 1880. Lo que toma de él es la idea de que la «representación de objeto» agrega incesantemente posibilidades nuevas, estando constituida por un «aflujo de impresiones sensoriales» nuevas de «la misma cadena asociativa*" (p.99) En donde claramente, para Assoun (1993) fue "*evidente que Freud leyó y trabajó en particular el primer libro de Lógica de J.S. Mill, y que comprendió el partido que podía sacarle eventualmente.*" (p.102) A modo de resumen, Assoun (1993) nos remite que "*Freud se instala de algún modo espontáneamente en un marco de pensamiento «representacional». En este sentido, la Vorstellungslehre freudiana prolonga una problemática cuyos elementos quedaron establecidos en Reinhold y que hacía pie en las adquisiciones kantianas. Este modelo, forjado en la bisagra de los siglos XVIII y XIX, halló empleo en el meollo de la institución de la «psicología científica alemana», desde la «mecánica de las representaciones» herbartiana hasta el proyecto de «psicofisiología» de Wilhelm Wundt*" (p.104).

Podemos rastrear este extravío de Lacan en la obra de Freud (La Afasia de 1891, Proyecto de 1895, Lo Inconsciente de 1915 y Adición Metapsicológica de 1915). La "Sache" que define allí Lacan no es lo mismo que Sachvorstellung de Freud, son más bien totalmente distintas. Lacan otorga la "Sache" como equiparación de una función utilitaria, similar al ser-a-la-mano (Zuhandenheit) de Heidegger, dado en el mundo como una revelación del objeto en cuanto su función de utilidad: "*El ser-a-la-mano es entendido habitualmente por Heidegger como el modo de ser (Seinsart) propio de la cosa-de-uso (Gebrauchsding), es decir, de todo lo utilizado o utilizable para algo*" (Bengoa, 1994).

Si buscamos el concepto de la instrumental "Sache" que define Lacan (1959) en su Seminario VII: "*La sache es efectivamente la cosa, producto de la industria o de la acción humana en tanto gobernada por el lenguaje (...) en la génesis de esta acción, las cosas están siempre en la superficie, siempre al alcance de ser explicitadas*". Este concepto, sería similar a la "representación-objeto" (Objektvorstellung) que Freud (1891) desarrolló en "La Afasia". Como sabemos, la representación-objeto (Objektvorstellung), no es lo mismo que la representación-cosa (Sachvorstellung), confusión que parte de J. Strachey en denominarla como sinónimos en las traducciones. Tal como lo sostiene Pérez (2007) en la versión de "*Strachey sostiene que la Objektvorstellung de 1891 es equivalente de la Sachvorstellung de 1915. Afirmación cuestionable desde dos puntos: las diferencias cronológicas y contextuales, así como la ruptura que se opera al interior de la noción de objeto, y que, a la postre, nos permite establecer una diferencia entre el objeto del conocimiento conciente de 1891 (Objektvorstellung), del objeto pulsional del inconsciente de 1915 (Sachvorstellung)*".

En su texto "La Afasia" (1891) Freud no hace distinción aún entre representación-objeto y representación-cosa. Pero la representación-cosa (Sachvorstellung) o complejo Icc de la cual Freud elabora posteriormente a partir de 1896 (Carta 52 o 112), sobretodo en 1900 (Interpretación de los sueños), no significará lo mismo que señaló Freud en 1891 en "La Afasia" sobre la representación-objeto (Objektvorstellung) como conjuntos abiertos.

Retomando la versión de "Sache" que define Lacan (1959), es justamente la vinculación que Freud da a la representación-objeto cognoscitiva. Lacan vincula la "Sache" (objeto humano industrial) con la "Wort" (palabras significantes solas, a la letra). De esta forma, para Lacan (1959) la "*Sache y Wort están pues estrechamente vinculadas, forman una pareja. Das Ding se sitúa en otra parte*" (p.60). Por lo demás, Lacan (1959) tiene en claro que "*Freud habla de Sachvorstellung y no de Dingvorstellung. Asimismo, no en vano las Sachvorstellungen están ligadas con las Wortvorstellungen, mostrándonos así que hay una relación entre cosa y palabra. La paja de la palabra sólo aparece en la medida en que hemos separado de ella el grano de las cosas y es primero esta paja la que llevó este grano*" (p.59).

De esta manera, Lacan extravía en la obra de Freud (quizás para forzar lo que Freud diga a su convenencia) todo lo fecundo referido a la representación-cosa, para luego, oponer a la Sache junto al Wort por un lado, frente a su concepto místico del "Das Ding". En otras palabras, "*Freud no habla solamente de Wortvorstellung, habla también de representación-cosa, no habla solo de representación-palabra, habla de Sachvorstellung. Sin embargo Lacan ya metió la Sache dentro de la Wort para hacernos creer que todo lo que está en el psiquismo es Wort y lo que está fuera es Ding. No sé si se dan cuenta de lo que ha hecho; se comió una categoría (...) en la medida en que la Sache es un objeto del mundo, producido... sobre la cosa se produce la Sache, y está atravesada siempre por el lenguaje, lo que está en el psiquismo es siempre del orden de la Wortvorstellung y no de la Dingvorstellung o de la Sachvorstellung"* (Bleichmar, 1998:337-338). Esta estrategia de parte de Lacan se funda al promover la lectura del texto "La Represión", en vez del texto "Lo inconsciente" o "Adición Metapsicológica" de Freud (1915). Pues en el texto La Represión, Lacan funda la cuestión de la represión, como meramente una represión del significante, en donde opera solamente la "agencia-representante-de-la-representación", omitiendo con ello, toda la relación del complejo de cosa con sus nexos y sus dimensiones económicas.

En otros sentidos, Lacan durante su Seminario VII en 1959 al presentar su "Das Ding", meses después, en el Coloquio de Bonneval (el 6to organizado por Henry Ey), Laplanche (1960) en su exposición del estudio de lo Inconsciente, otorga (arroja) luz, a lo que Lacan vetó o "forcluyó" de una pieza vital en la obra de Freud referida justamente a la representación-cosa junto a su dimensión económica pulsional.

No obstante, pese a lo referido, Lacan se acerca de alguna manera precaria al concepto de representación-cosa definida por Freud, cuando elabora a momentos algo similar que bautiza como "Das Ding" en cuanto catexia desiderativa o anhelada de "volver a encontrar", que sería equivalente a la "pre-concepción" que planteó W. Bion. Para ello, Lacan (1959) en el S.VII pone como centro al "Das Ding" como aquel lugar de fuerza gravitatoria que hace movilizar (como motor causal) las "Vorts" o representaciones para diseñar "*la articulación efectiva de un discurso, de una gravitación de las Vorstellungen bajo la forma de Vorstellungsrepräsentanzen de esas articulaciones inconscientes. Se trata de ver, en tales circunstancias, a qué denominamos Sachvorstellungen. Estas deben situarse en oposición polar con el juego de palabras, con las Wortvorstellungen, pero a este nivel, unas no son sin las otras. Das Ding es otra cosa -es una función primodial, que se sitúa en el nivel inicial de instauración de la gravitación de las Vorstellungen inconscientes*" (p.79).

El manto místico anti-empírico, su "Ens rationis" o "concepto vacío sin objeto", Lacan (1959) lo explícita aludiendo que para la Sache, además de su referencia industrial antes referida, se "*dirá Sache para los asuntos de la religión, pero también se dirá que la fe no es Jedermannding, cosa de todo el mundo. Meister Eckhart emplea Ding para hablar del alma y sabe Dios que en Meister Eckhart el alma es una Grossding, la mayor de las cosas -ciertamente, el no emplearía el término de Sache*" (p.80).

Lacan (1959) también articula de modo místico lo Das Ding diferenciándolo radicalmente de la representación-cosa o Sachvorstellung, indicando que "*la Cosa no sólo no es nada, sino literalmente no está -ella se distingue como ausente, como extranjera. Todo lo que se articula de ella como bueno y malo divide respecto a ella al sujeto irrepresiblemente, irremediablemente diré, y sin ninguna duda en relación a la misma Cosa. No existen el objeto bueno y el objeto malo, existe lo bueno y lo malo y después existe la Cosa. Lo bueno y lo malo ya entran en el orden de la Vorstellung, están allí como índices de lo que orienta la posición del sujeto, según el principio del placer, en relación a lo que* nunca será más que representación, búsqueda de un estado elegido, de un estado de anhelo, de espera, ¿de qué? De algo que siempre está a cierta distancia de la Cosa, aunque esté reglado por esa Cosa, la cual está más allá" (p.80). Quiere decir que para Lacan existe algo anterior al placer y dolor, más allá de todo lo empíricamente abordable en todo plano especulativo. Se diseña así una mística distancia ad hoc a su "Cosa" a priori "más allá". Sumamos la reiteración de Lacan (1959) sobre la "mística distancia", al mencionar que en el lenguaje o las palabras al "*contener quiere decir retener, gracias a la cual una distancia y una articulación primitivas son posibles, gracias a la cual se introduce la sincronía, sobre la cual puede luego desplegarse la dialéctica esencial, aquella en la que el Otro puede ser el Otro del Otro. Ese Otro del Otro sólo está allí por su lugar. Puede encontrar su lugar aun cuando no podemos encontrarlo en ningún lado en lo real, aun cuando todo lo que podemos encontrar en lo real para ocupar ese lugar, sólo vale en la medida en que ocupa ese lugar, pero no puede aportarle ninguna otra garantía más que la de estar en ese lugar. Hemos situado así otra topología, la topología que instituye la relación con lo real*" (p.83).

Si recordamos lo que desarrollamos en el apartado del Capítulo anterior "La Represión Originaria", veremos que Lacan establece una especie de instinto natural al incesto, como un proyectil balístico que no encuentra resistencia, flotando en un vacío donde solamente por medio de la Ley, del Otro (A), la cultura, es únicamente la forma de poner frenos a los instintos incestuosos. Sin dar cuenta del "Ello" entre la diada madre-hijo que desea vorazmente otra cosa, puesto que la pulsión no está innatamente armonizado a un solo objeto perfecto acoplado de su deseo (incesto o la Cosa). Así mismo lo aclara Lacan (1959) en el S.VII aludiendo que "*ley del incesto se sitúa como tal a nivel de la relación inconsciente con das Ding, la Cosa. El deseo por la madre no podría ser satisfecho pues es el fin, el término, la abolición de todo el mundo de la demanda, que es el que estructura más profundamente el inconsciente del hombre. En la medida en que la función del principio del placer reside en hacer que el hombre busque siempre lo que debe volver a encontrar, pero que no podría alcanzar, allí yace lo esencial, ese resorte, esa relación que se llama la ley de interdicción del incesto.*" (p.85). De este modo, Lacan (1959) articula "*los diez mandamientos en la medida en que éstos están ligados del modo más profundo a lo que regula la distancia del sujeto con das Ding, en la medida en que dicha distancia es precisamente la condición de la palabra, en la medida en que los diez mandamientos son la condición de subsistencia de la palabra como tal*" (p.87). Añadiendo Lacan (1959) también que "*el Soberano Bien, que es das Ding, que es la madre, que es el objeto del incesto, es un bien interdicto y que no existe otro bien (...) ¿Qué significa esto? Significa, es la dirección en la que los encamino, que lo que se buscó en el lugar del objeto irrecuperable, es justamente el objeto que se encuentra siempre en la realidad. En el lugar del objeto imposible de volver a encontrar a nivel del principio del placer, surgió algo que no es más que lo siguiente, que se encuentra siempre, pero bajo una forma completamente cerrada, ciega, enigmática: el mundo de la física moderna*" (p.88).

Lacan (1959) posteriormente en su S. VII se dedica situar su "Das Ding" desde una perspectiva moral, para preservar la condición Estructuralista de su concepto: *"das Ding en tanto que correlato mismo de la ley de la palabra en su origen más primitivo, en el sentido de que ese das Ding estaba ahí desde el comienzo, que es la primera cosa que pudo separarse de todo lo que el sujeto comenzó a nombrar y articular, que la codicia de la que se trata se dirige, no a cualquier cosa que yo deseé, sino a una cosa en la medida en que es la Cosa de mi prójimo. Ese mandamiento adquiere su valor en la medida en que preserva esa distancia de la Cosa en tanto que fundada por la palabra misma (…) sólo tuve conocimiento de la Cosa por la Ley. En efecto, no hubiese tenido la idea de codiciarla si la Ley no hubiese dicho -Tú no la codiciarás. Pero la Cosa encontrando la ocasión produce en mí toda suerte de codicias gradas al mandamiento, pues sin la Ley la Cosa está muerta. Ahora bien, yo estaba vivo antaño, sin la Ley. Pero cuando el mandamiento llegó, la Cosa ardió, llegó de nuevo, mientras que yo encontré la muerte. Y para mí, el mandamiento que debía llevar a la vida resultó llevar a la muerte, pues la Cosa encontrando la ocasión me sedujo gracias al mandamiento y por él me hizo deseo de muerte"* (p.103).

Finalmente para Lacan Das Ding guarda relación con las primeras prohibiciones fundamentales del orden socialmente estructurado, que estampe el primer reconocimiento de la "Cosa" y de su distancia. Distancia para Lacan, necesaria, ya que sin ella no se podría "despegar" un punto de alejamiento al tabú prohibido. Digamos resumidamente que en un primer deseo de incesto, se interdicta la Ley que distancia la "Cosa" (la palabra asesina la Cosa como diría Lacan), en donde el orden simbólico o cultural nos gravitaciona a cómo posicionarnos en nuestros primeros deseos alejados de la "Cosa". En otras palabras, solo accedo al "deseo" si no accedo a la "Cosa" (Das Ding). Por lo tanto, persiste Lacan en atribuir la primacía de lo Simbólico sobre lo Real y lo Imaginario. Prediseñando un a priori distante ad hoc para fomentar un concepto que no se encuentra presente en la obra de Freud: "Das Ding". Para así dotarlo de consistencia Estructuralista gravitacional ad hoc entre el sujeto $ y el Otro (A).

Lo Preconciente no son solo "palabras" (wort) que arman conjuntos a las representaciones-cosa. También lo Preconciente puede ser memoria episódica, kinésica, auditiva y visual que se pueden articular entre sí, asi como también, lo matemático y sus símbolos. En otras palabras, lo Preconsciente es todo aquello que puede vía proceso secundario facilitarse a la consciencia o tomar control volitivo. Pueden existir manifestaciones Preconscientes enigmáticas que tienen su estatuto o contenidos inconscientes o representación-cosa aún no articulables a voluntad (tales como un pensamiento obsesivo, una emoción o una canción recurrente). La representación-cosa es mayormente simétrica pues no es homonogable a la asimetrización del proceso secundario. El proceso primario o representación-cosa se mueve simétricamente con su propia energía y movimiento representacional sin que nos percatemos cada paso, incluso, algunos niveles del mismo Preconsciente no lo percatamos, pero aun así funcionan en lógica asimétrica del proceso secundario.

Hay que entender que en sus comienzos, lo Preconsciente tiene variadas limitaciones en su amplitud, en su conformación compleja adquiere mayores vías de sustentabilidad y operatoria. Si por ejemplo, podemos recordar un paisaje visual deliberadamente, en parte, es gracias al preconsciente con sus articuladores lógicos, las ligaduras primarias, represiones originarias, constitución del yo en su diferenciación espacial e identitario, junto con las presiciones del lenguaje (al mismo tiempo y en distintas intensidades en cada etapa). Dicho de otro modo, si un paciente repite un acting out escenificado, si logra recordar lo suficiente, podría recobrar cierta voluntad en lo preconsciente de sus huellas o representaciones-cosa que escapan vía proceso primario su control, del cual, resulta en la repetición. Por eso para Freud el acto de recordar retroactivamente podría hacer consciente lo inconsciente vía exploración de su preconsciente.

Por esta misma razón, se hace contraproducente dotar a la representación-palabra como lo único o esencial particular que da status asimétrico al proceso secundario. Por eso, desde Piaget, podemos ver estructuraciones de lógicas que no necesariamente contemplan a todo criterio posible las letras o palabras verbales. Vale decir, toda unión entre palabra y cosa como representación-objeto es preconsciente (aunque también se puede escapar a lógicas simétricas como en la Neurosis obsesiva de sustitución). No todo preconsciente es la unión de representación-palabra a una representación-cosa, lo preconsciente se alimenta también de otras reglas o lógicas asimétricas, son procesos secundarios preconscientes pero no siempre adheridos a representación-palabra. Como lo es por ejemplo, crear una melodía o que un sonido remita a otro por asociacion. Aunque como ya lo referimos, los dados asociativos no estan arrojados al mero azar ni bajo una voluntad deliberativa consciente completa, pues siempre algo simétrico o del proceso primario existe bajo los conjuntos de las representaciones-cosa y/o signos de pecepcion.

En semenjanza con lo formulado por Piaget sobre la imitación diferida del VI estadio sensorio-motriz, "*hay modos de traducir, de organizar los pensamientos inconscientes de un modo preconsciente que es anterior a la palabra, o que puede ser simultánea a ella. Son lo que llamamos preconsciente cinético y preconsciente visual. Por ejemplo, cuando un nene se cae y uno le pregunta que pasó, realiza toda la acción, diciendo nene-apumba. Pero no dice sólo nene-apumba, él repite la acción, arma toda la escena nuevamente, se tira al piso, se vuelve a tropezar con lo que se tropezó.*
Entonces, en primer lugar, es necesario el armado de un conjunto de representaciones preconscientes (primero, en el nivel motriz) que abra vías más complejas para re-encontrar la satisfacción (...) es habitual que los niños que se mueven sin rumbo no hayan podido estructurar representaciones preconscientes ya en el nivel del pensamiento cinético. O sea que sus movimientos no sean modos de relatar con acciones (...) sus actos no son acciones, sino manifestaciones de angustia, de desesperación, de estallido interno" (Janin, 2011:103-104).

Ejemplificando, previo al Lenguaje enunciativo, Anna Freud & Burlingham (1965) describen los Traumas infantiles en la II Guerra Mundial: "*Bertram, de tres años y nueve meses, dejó pasar muchas semanas antes de expresar en palabras el hecho que había sido un terrible shock para él: "Papá se la había llevado a mamá en un auto muy grande." Los niños que habían perdido sus padres en los ataques aéreos no hacían referencia a ello durante meses. Sus* madres estaban convencidas que ya habían olvidado todo, cuando, al cabo de un año, por lo menos dos de ellos, contaron la historia completa sin omitir un solo detalle. En todos estos casos la palabra no sirve para descargar su emoción, sino más bien lo contrario. El niño comienza a hablar de estas experiencias cuando los sentimientos que despertaron en el se han manifestado ya en otras formas" (p.55).

Por esta razón, en traumas de guerra, no podemos descartar de forma absoluta talleres de arte-terapia, quien pese a sus limitaciones, logran ligar ciertos signos de percepción y representación-cosa a su modo preconsciente de representatividad o motilidad.

Volviendo el tema del **conjunto**. El conjunto implica mínimamente que ya hay objetos parecidos (en orden común) a otros y que no pueden agruparse en cualquier dirección o lugar. Regresando al punto anterior, recordemos lo visto por Deleuze (1968) en lo que respecta a las síntesis pasivas: es una contracción de un momento presente hacia una contracción esperada. Vemos aquí que se manifiesta un seudo-pasado, pues mientras mantiene cierta atención o tensión de lo contraído en el presente, es ya, un pasado "atrapado" en lo contraído. En un reloj, el "Tic", le sigue el "Tac" una y otra vez ya habiendo contraído tal ritmo o pulso. Aclaremos que en este nivel, no "nos contemplamos a nosotros mismos, pero no existimos más que contemplando, es decir, contrayendo aquello de lo cual procedemos (...) El placer es un principio en tanto es la emoción de una contemplación que colma, que contrae en sí misma los casos de distensión y de contracción. Existe una beatitud de la síntesis pasiva; y todos somos Narciso por el placer que experimentamos contemplando" (Deleuze, 1968:125). Insistimos que las ritmicidades de la diada madre-hijo, son primordiales para dichos efectos, queremos decir, los espacios temporales de la contigüidad adquieren mayor complejidad, los pasajes al acto inmediatos adquieren diferentes colores según la angustia o tensión que haya en juego (o como la diada busca sus propias descargas). Imaginemos el big-bang, donde en ínfimos instantes aparecen elementos que desaparecen, pero a medida que la temperatura disminuye se aprecian partículas más complejas. Similar en el caso de un bebé donde los elementos-beta son articulados en función de las semejanzas: ante un dolor, se espera (contracción de una síntesis pasiva esperada) la leche materna, si lo que recibo no es el misma leche exacta, sigue siendo algo del orden de la "leche", hay algo de leche, algo de las huellas de placer de la leche, las sumo como igual al conjunto contiguo de huellas leche-placenteras, pero ahora incorporando un elemento distinto o cada vez más distinto (pasar de la leche materna a la leche de vaca). En este nivel la parte (nueva o diferente) se puede igualar a un cierto todo (un todo que no implica algo como cierre de una totalidad conjuntiva), algo nebulosamente más amplio que pertenece o forma parte desde la identidad de percepción. Por supuesto, dichos espacios son aún muy susceptibles de desestabilización y carente de jerarquización, donde esta última, la jerarquización, implica la necesidad de articuladores lógicos, esencialmente, el principio del tercero excluido, en donde se impida que las partes se homologuen al todo caóticamente: la pata del perro no es el perro, la bicicleta no es un tren.

Para englobar buena parte de lo desarrollado, daré un ejemplo clínico de una paciente:

Una señora de unos 50 años, rehabilitada de alcoholismo, tenía mucho terror que su hijo saliera en su bicicleta después de su trabajo. La paciente considera que es absurdo que se preocupe a tal magnitud, pero, no puede evitar tensionarse y fantasear que "algo malo va a suceder".

Si hiciéramos el ejercicio general de asociar qué elementos nos asociaría la palabra "bicicleta" más o menos podríamos decir cosas como: vehículo, ruedas, pedales, ejercicio físico y ecológico o no contaminante (tomando en cuenta los tiempos modernos). Pero sin duda, sería algo más extraño o infrecuente que se asocie "bicicleta" con mucha magnitud a muerte o accidente. Evidentemente la bicicleta por si sola como palabra "suelta" al aire, no provocaría tal enlace a la paciente la idea de peligro o accidente. Es más bien la adición entre su hijo más la bicicleta, lo que ocasiona cuadros de ansiedad. Posteriormente en las sesiones, la paciente comenta que su esposo había muerto después de su trabajo, noticia que la tomó por sorpresa estando ella hospitalizada. Continuando otras sesiones, le pregunto a la paciente de qué había fallecido su esposo y me dice: "de un accidente en bicicleta".

Por supuesto, he resaltado solo lo más relevante para el ejemplo, omitiendo toda una serie de detalles del caso que podrían dar más pistas sobre la paciente.

Es notable ver que en este ejemplo se cumple lo referido a la generalización de la parte por el todo, o sea, una parte de la bicicleta toma por completo el carácter representativo de "peligro-muerte", siendo los otros rasgos posibles de asociar (no contaminante, transporte, deporte, etc), que si bien pueden estar en el orden de su preconsciente, gran parte de aquello queda más bien como tercero excluido a lo consciente como lo "peligroso".

Posteriormente serán los cimientos del proceso secundario lo que distanciará aún más un conjunto de otro, proveyendo recorridos nuevos o diversos, rodeos que podrían llegar hasta una verdadera rumiación obsesiva cuando el pensamiento por si mismo se convierte en síntoma, como los casos de Neurosis de Obsesiva: saltando las pulsiones de un conjunto a otro, siguiendo las distancias articuladas por los operadores lógicos del preconsciente. O en otros casos, más notoriamente en la Manía o Psicosis es donde los saltos de un conjunto a otro carecen de sintaxis o articuladores lógicos del preconsciente debido a que el Yo ha sido desbordado en sus pliegues o bordes.

Concretamente, para Sami-Ali (1997) en la Manía o Psicosis Maniacas, "*el acto de enlazar: la unidad es llevada a la multiplicidad. No es que el objeto se divide en sus componentes como en la paranoia, sino que, intacto, cesa absolutamente de existir en sí, para sí, fuera de la relación que lo determina y lo pone en conexión con los otros. Deslizamiento y continuo pasaje de un objeto al otro, a todos los otros (...) acelerado que por todas partes yuxtapone e instaura lazos, sin preocuparse por la distancia así suprimida, ni por la verosimilitud. Lo real es una totalidad que se da enteramente a cada momento, una pura apariencia que se hace y se deshace por oleadas bajo la mirada fascinada. No más que el espacio, el tiempo tamopoco existe, aniquilando por su propia aceleración, para dejar subsistir únicamente una sola dimensión que corresponde a la simultaniedad de los acontecimientos, a su coexistencia absoluta, a una duración instantánea (...) la percepción ha cedido el sitio a la proyección, que desde ahora se despliega sin límite transformando lo real en imaginario. Todo se vuelve posible, y lo concreta la puesta en relación de los objetos más distantes"* (p.147).

El Proceso Secundario permite separar conjuntos que no tengan relación con otros. Aunque de todos modos, como ya vimos, el Proceso Primario se encarga de engrapar, de condensar, conjuntar, asociaciones para combinar en sustituciones o desplazamientos. En cambio, a la lógica del Proceso Secundario se tiene establecido en la lógica a-simétrica consciente. De esta forma, paradojalmente es el proceso primario quien abre los contenidos de los conjuntos hacia otros puntos combinatorios, pero a su vez, el mismo proceso primario puede en caso que el Yo se desborde o se pulverice, ser generador de un "caos" combinatorio. Puesto como vimos anteriormente, no existe el proceso secundario sin el proceso primario desde donde se monta. Pues un exceso de proceso secundario congelaría el aparato psíquico y coagularía su movilidad propia.

Es importante como veremos ahora, que la negación, el no, es un importante delimitador de **conjuntos**, otorgando forma a las representaciones de cosa o de objeto con su respectiva representación-palabra. ¿Si no hay pecho en la espera del pecho, qué podrá hacer el niño? Llorar, pero también podrá pedir otra cosa que le haya ayudado antes en su espera (aparte de la ya señalada alucinación satisfactoria del deseo). Es común ver en la literatura psicoanalítica sobre los estadios psicosexuales, una intensa fijación oral que dan cuenta, los propios cuidados maternos realizados. Por ejemplo: si el bebé tiene frio, le doy de comer, si el niño está aburrido le doy de comer, si el bebé está incómodo, le doy de comer, etc. Estas ligaduras de tensión-placer, puede provocar un desplazamiento de distintos elementos o sensaciones a un destino oral, encriptando los destinos de la pulsión a diversos elementos de fijaciones orales que podrán, algunos, ser sustituidos por otros cambiando o permutando algo por otra cosa equivalente: cambiar el hambre por fumar o la ansiedad por ir a comer (expandiremos esto en el Apartado 2 del Capítulo V).

Esto atañe especialmente en la Represión Originaria o en el complejo de castración, donde el "no" o la prohibición operan como separador y a su vez como desviación de la catexia pulsional. Esto permite la emergencia de una arcaica agrupación o **conjunto semi-cerrado** llamado los "no" (sea en ruido o gesto) o lo prohibido: el conjunto prohibido sería el incesto, la caca, el parricidio, el goce ilimitado, según la literatura psicoanalítica clásica. Así, el conjunto del "no" o de la prohibición, es una anudación entre lo placentero posible y lo displacentero no disponible. Como vimos en Bion, no se trataría de un "no" del que no hay pecho como privación o vacío (percatarse de la ausencia) en donde la angustia o displacer se podrá hacer eminente. Más bien, como nos indica Holland (1985) *"el orden simbólico es definido por el "no" del padre, los negativos del lenguaje y de la cultura, pero también las prohibiciones, los "no harás tal cosa" que Freud asignó al padre disciplinario (...) En el mundo no-metafórico, los padres y las madres dicen "No"* (p.113).

René Spitz (1958) en su libro "El primer año de vida del niño" nos aclara que "*esta negativa se plantea un conflicto entre lo que el niño desea y lo que teme. Lo que teme puede resumirse, en último extremo, en la privación de amor, en la pérdida del objeto. Poco a poco, además, el niño se servirá igualmente del no (gesto o palabra) cuando no reconozca el objeto o la cosa que tenga delante. Hemos señalado que en este período, marcado por el conflicto entre la iniciativa infantil y la aprensión materna, el niño, al negar, parece imitar un gesto negativo de la madre. Podría, pues, suponerse que este gesto se ha grabado en la memoria del niño sencillamente por acumulación de las experiencias prohibitorias impuestas por la madre. Esta explicación mecánica concuerda bien con la hipótesis del refuerzo en la teoría del learning (aprendizaje), pero no satisface al psicoanalista. Los descubrimientos de la escuela de la Gestalt permiten ya una comprensión más profunda del fenómeno. Zeigarnik (1927) pudo demostrar por medio de una serie de experimentos muy simples y claros que el individuo recuerda las tareas inconclusas en tanto que olvida las acabadas. Apliquemos la conclusión hallada por Zeigarnik a las situaciones en que la madre prohíbe o rehúsa algo al niño. El no de la madre impide al niño concluir la tarea que se había impuesto y contribuye de esta manera a grabar en su memoria el recuerdo de la experiencia. El método psicoanalítico, sin embargo, está en disposición de darnos precisiones acerca del proceso dinámico que interviene, que van mucho más allá de la explicación de la teoría de la Gestalt (...) En primer lugar, cada no de la madre representa una frustración afectiva para el niño; ya se le prohíba una actividad o se le impida alcanzar un objeto deseado, o se esté en desacuerdo con la forma de conducir sus relaciones objetales, serán siempre impulsos del ello que se le habrán frustrado. Los vestigios de memoria de la prohibición, de los gestos, de palabras con las que se expresa esto, serán, pues, rodeados por una carga afectiva muy especial que comprende el matiz de la negativa, de la derrota*" (p.69). Por estos motivos, para el niño, "*la aparición del no, en palabra y gestos. R. Spitz considera esta adquisición como un índice de una nueva organización interior. El niño manifiesta con ello que es capaz de identificarse con el sujeto parental que prohíbe y que es sentido como agresor, de comunicarse con él mediante un concepto abstracto*" (Golse & Bursztejn, 1992:22).

Precisemos que existen también representaciones-cosa que se fundan al mismo tiempo que la representación-palabra, o más bien, no son temporalmente o jerárquicamente uno después del otro. Nos referimos al Super-yo o las representaciones-palabra de los mandatos y prohibiciones. Puesto que si bien pueden ser a lo lejos algo de lo preconsciente en su adquisición en la articulación del lenguaje, podemos ver que las primeras adquisiciones del "no" o la prohición, implica al lenguaje en sí mismo (en el próximo Apartado lo estudiaremos sobre "palabra como cosa"). Sin descuidar que el Super-yo como tal, al ser una parte diferenciada del yo en tanto inconsciente mediante la represión (lo que implica la condensación o sustitución sintomática de una cosa por otra). Entendiéndose que la conformación del Super-yo considera como fundamento la contra-carga represiva mediante representación-palabra. Importante así también tener en cuenta que una represión excesiva implica como lo vimos en Klein una fijación o también una imposiblidad o inflexibilidad en la viscosidad de la libido como menciona Freud en 1937 de transformar o sustutir ciertas representaciones de otras. Estas fijaciones por ende, pueden darse ya sea por la sobre-estimulación de una zona erógena en su sentido desligado o adicción (sin un eros que permita nuevos enlaces, nudos o lazos) por alguna falta de represión primordial: aunsencia del "no" materno "esto no, pero esto sí" o de alguna represión de algo placentero pero prohibido por el complejo de castración vía super-yo (profundizaremos en el próximo Capítulo).

Si seguimos el ejercicio de distinguir conceptualmente a la representación-cosa, puede ser útil preguntarse en dónde situar al objeto transicional como representación-cosa. Diriamos que es un objeto que implica representación-cosa del yo y huellas contiguas de la madre (signos de percepción), pero esencialmente condensadas en un mismo objeto, fusionando aspectos de la madre y aspectos suyos en el objeto transicional. El bebé puede distinguir que el pecho no es lo idéntico al osito, pero la sustituye (al menos por un intervalo o periodo lo suficientemente bueno). Decimos que contiene aspectos del yo, ya que proyecta identificaciones con el objeto, o sea, ya no agrederá sádicamente al objeto transicional emergiendo las ambivalencias de morderlo o golpearlo, pero a la vez de cuidarlo y hablarle como si tuviera emociones suyas, aunque, esto acontece más tardíamente cuando hay una mayor a-simetría entre el yo y el no-yo.

Repasando lo aquí deglosado, la Percepción misma es la descarga *discontinua* o reseteo incesante (Freud, 1924). Los Signos de percepción son elementos que implican la casi pura descarga contigua-simultánea. La Representación-cosa implica una aglomeración de cargas en movilidad primaria de conjuntos semi-cerrados. Luego sigue el Preconsciente vía lo tercero excluído, que pueden incluir las mayores contra-cargas o represiones primarias-secundarias. Finalmente, la Consciencia como lo atencional sea o no a través del lenguaje en sus conjuntos cerrados (Objektvorstellung), sin excluir de esto, las funciones coordinadas o motrices del yo (que ilustramos, entre otros textos, con las citas en la "Interpretación de los Sueños" y en el texto "Acaecer Psíquico" de 1911).
Y en tanto la representación-cosa (Sachvorstellung) con el Yo desde sus defensas, integra lo que sería la *"vuelta sobre sí mismo"* o *"trastorno a lo contrario"*, como defensas primarias que se realizan (o metabolizan) en el nivel gramatical pulsional. Temática que ampliaremos a fondo cuando abordemos el Masoquismo y Exhibicionismo (Capítulo VI).

Una de las problematizaciones epistemológicas que ha acompañado tanto a la Clínica como en los Diagnósticos, es hacer enunciable lo visible y hacer de imágenes lo audible. Sabemos que al soñar tal vinculación acontece, la cual Freud (1900) lo llamó "Rücksicht auf Darstellbarkeit" o "Cuidado de la representabilidad": *"se manifiesta en una permuta de la expresión verbal de las ideas correspondientes. Trátase siempre del mismo proceso -un desplazamiento a lo largo de una cadena de asociaciones-, pero desarrollado en esferas diferentes, y su resultado es que en el primer caso queda constituido un elemento por otro, y en el segundo, cambia un elemento su expresión verbal por otra distinta"* (p.553). Vale decir, Freud en sus comienzos ya problematizó la vinculación compleja entre lo visto y lo escuchado (figuraciones, desplazamientos y condensaciones). Principalmente M. Foucault (1963) en su libro "Nacimiento de la Clínica" aborda en profundidad estas cuestiones enfocándose en lo que llama la "arqueología de la mirada", donde en la antigüedad diagnóstica de "*la clínica, ser visto y ser hablado comunican sin tropiezo en la verdad mafiesta de la enfermedad de la cual está allí precisamente todo el ser. No hay enfermedad sino en el elemento de lo visible, y por consiguiente de lo enunciable*" (p.138). Esto quiere decir que pre-existiría una supuesta adecuación armónica u objetiva entre lo observable y lo enunciable. Se podría en todo acto diagnóstico encapsular entre el ruido y la imagen la totalidad del ser y su enfermedad. En otras palabras, se escaparía de la compaginación que el proceso primario brinda al ver y el oír. De esta manera, la "*enfermedad ha escapado a esta estructura que gira de lo visible que la hace invisible y de lo invisible que la hacer ver, para disiparse en la multiplicidad visible de los síntomas que significan, sin residuo, su sentido. El campo médico no conocerá ya estas especies mudas, dadas y retiradas; se abrirá sobre algo que siempre habla un lenguaje solidario en su existencia y su sentido de la mirada que lo descifra, lenguaje indisociable leído y que lee*" (Foucault, 1963:139-140).

Deleuze (1986) en su libro sobre "Foucault" lo sigue de cerca mencionando que lo "*verdadero no se define por una conformidad o una forma común, ni por una correspondencia entre las dos formas. Existe disyunción entre hablar y ver, entre lo visible y lo enunciable: lo que se ve nunca aparece en lo que se dice, y a la inversa. La conjunción es imposible por dos razones: el enunciado tiene su propio objeto correlativo, y no es una proposición que designaría un estado de cosas o un objeto visible, como desearía la lógica; pero lo visible tampoco es un sentido mudo, un significado de potencia que se actualizaría en el lenguaje, como desearía la fenomenología. El archivo, lo audiovisual es disyuntivo. Por eso no debe extrañarnos que los ejemplos más complejos de la disyunción ver-hablar aparezcan en el cine*" (p.92-93). Concluye entonces Deleuze (1986) citando el texto de Foucault "Ceci n'est pas une pipe" de 1973 que "*«entre la figura y el texto hay que admitir toda una serie de entrecruzamientos, o más bien ataques lanzados entre una y otro, flechas dirigidas contra el blanco adverso, labores de zapa y de destrucción, lanzazos y heridas, una batalla...»*", "*«cataratas de imágenes en medio de las palabras, relámpagos verbales que jalonan los dibujos...»*", "*«incisiones del discurso en la forma de las cosas», y a la inversa. Los dos tipos de textos no se contradicen en nada. El primero dice que no existe isomorfismo u homología, ni forma común a ver y a hablar, a lo visible y a lo enunciable. El segundo dice que las dos formas sé insinúan una en otra, como en una batalla. La invocación de una batalla significa precisamente que no existe isomorfismo. Pues las dos formas heterogéneas suponen una condición y un condicionado, la luz y las visibilidades, el lenguaje y los enunciados; pero la condición no «contiene» lo condicionado, lo produce en un espacio de diseminación, y se manifiesta en una forma de exterioridad*" (p.95).

No estamos por supuesto, planteando una radical separación binaria-opositiva-negativa entre lo visual-auditivo, mucho menos que una tenga valor de prioridad por sobre otra, ni tampoco plantear una irremediable o absoluta desunión entre ambas que al unirlas implicaría una especie de ilusión caprichosa al azar. Más bien, lo que queremos acentuar, es puntualizar o sensibilizar que entre la combinación, jerarquización, articulación o enlace de aquellas series, siempre contarán con un excedente diferencial que repetidamente desborda la compaginación de la Idea o concepto que intenta no traspapelarse de su conjunto-límite.

En contraste, para el cumplimiento de una maquinaria de actos diagnósticos descriptivos, por una parte, en la *"mirada se cumplirá en su verdad propia y tendrá acceso a la verdad de las cosas, si se posa en silencio sobre ella; si todo calla alrededor de lo que ve"* (Foucault, 1963:155) y por último, *"en la clínica, como en el análisis, la armazón de lo real está dibujada de acuerdo con el modelo del lenguaje"* (Foucault, 1963:140). De acuerdo con lo expresado por Foucault, el ruido de lo enunciable distorsiona la imagen, mientras que a su vez el lenguaje tendría un ducto purificado para dibujar lo visual. O sea, la relación problemática o en pugna entre lo visto y lo escuchado no se deja amordazar fácilmente como dos mitades perfectamente complementarias. Retomando a Foucault, Deleuze (1986), criticando el fonocentrismo afirma que *"la primacía de los enunciados nunca impedirá la irreductibilidad histórica de lo visible, sino todo lo contrario. El enunciado sólo tiene la primacía porque lo visible tiene sus propias leyes, su autonomía que lo pone en relación con el dominante, con la heautonomía del enunciado. Puesto que lo enunciable tiene la primacía, lo visible le opone su forma propia que se dejará determinar sin dejarse reducir. En Foucault, los lugares de visibilidad nunca tendrán el mismo ritmo, la misma historia, la misma forma que los campos de enunciados, y la primacía del enunciado sólo será válida por esa razón, en tanto que se ejerce sobre algo irreductible"* (p.77-78).

Para finalizar, Deleuze (1986) en su libro sobre Foucault, desglosa que el *"Pensar no depende de una bella interioridad que reuniría lo visible y lo enunciable, sino que se hace bajo la injerencia de un afuera que abre el intervalo y fuerza, desmembra el interior (...) cuando las palabras y las cosas se abren por el medio sin coincidir jamás, es para liberar fuerzas que proceden del afuera, y que sólo existen en estado de agitación, de mezcolanza y de transformación"* (p.116). Finalmente, resulta vital en los diagnósticos descriptivos otorgar un semi-cierre al conjunto de elementos que hagan concordar la mirada y la escucha. Mención aparte, ante las modas francesas (fonocéntricas) que priman el sonido por sobre la imagen y que olvidan que muchas veces **"una imagen vale más que mil palabras"**.

Si regresamos a considerar parte de la discusión sobre la vinculación del sonido y la imagen, llevándola al terreno entre el significante y el significado. Lacan (1956) en su Seminario III, establece *"la superficie de una trama por el punto de almohadillado. Es el punto de convergencia que permite situar retroactivamente y prospectivamente todo lo que sucede en ese discurso"* (p.383). Vale decir, en el discurso de un paciente Neurótico, Lacan (1956) confiesa que: "*No conozco la cuenta, pero no es imposible que se llegue a determinar el número mínimo de puntos de ligazón fundamentales necesarios entre significante y significado para que un ser humano sea llamado normal, y que, cuando no están establecidos, o cuando se aflojan, hacen el psicótico*" (p.384). Por consiguiente, Lacan en el Seminario III puntualiza en aclarar que: "*No digo que éste sea el resorte del mecanismo de la psicosis, digo que el mecanismo de la psicosis se manifiesta en ello (...) reconocer, en los diferentes pisos del fenómeno, en qué puntos se ha salteado el almohadillado. Un catálogo completo de esos puntos permitirá encontrar correlaciones sorprendentes, y percatarnos de que el sujeto no se despersonaliza en su discurso de cualquier manera"* (p.384). Ahora bien, si el mecanismo de la Psicosis se manifiesta en dicha forma y la soltura de las puntadas dan cuenta que no se desabrochan de "cualquier manera". Cabe discutir ahora el lugar de la Represión Originaria. Recordemos que la discusión entre Lacan y Laplanche se remonta justamente en esto: Si la soltura o rotura de los puntos de capitonado dan cuenta de una falla en establecer contra-cargas de ligaduras y represiones primoridales. Si entendemos el sentido Lacaniano de la "forclusión" (verwerfung) como algo "fuera de plazo" en la constitución de la Ley simbólica (castración). Para Laplanche, se hace necesario que el proceso primario adquiera algún tipo de freno tanto a la excesiva soltura (rotura) como a la apretadura (fijadura) de la cadena metonímica, y, junto con ello, dar cuenta de una materialidad posible al punto de almohadillo. Mientras que para Lacan, la discusión no tendría valor alguno por tratarse de una futilidad buscar una cierta sutura entre significantes y significados estables, ya que, el significante siempre cobraría mayor peso o primacía a la significación. Para Laplanche en cambio, las pistas se encuentran en la Represión Originaria, más precisamente en la "metáfora" junto al rol de la represión en cuanto contra-cargas ligadora. No obstante, para Lacan, su axioma de que un "significante representa a un sujeto para otro significante", no tranza ningún posible camino para ermendar una salida posible a sedimentar un ancla (contra-carga, represión, seducción o asimetría originaria, etc) que estabilice el proceso primario, la cadena o los signos.

Aunque Lacan dejó un cierto camino abierto para sortear un posible "catálogo en sus diferentes pisos o número mínimo de puntos de ligazón", la propuesta de Laplanche que giró hacia una respuesta más fiel a Freud como retorno, no tan sólo le pareció errónea a Lacan, sino también estéril. Esto puesto que la propuesta de Laplanche referida a la Represión sobre las Sachvorstellung en sus catexias y descatexias, Lacan las evitó referir (en el Coloquio de Bonneval en 1960). Además, Lacan estuvo impregnado (envuelto) con otra discusión que siempre evitó confrontar, a pesar, de los inútiles intentos de Green en tratar de ponerlo en la mesa para discutirlo con Lacan: me refiero a los asuntos energéticos, económicos y contenidos de Sachvorstellung. Entre muchas ocaciones, Green crítica a Lacan (1964) en el Seminario XI sobre su patológica "amnesia" por el tema Económico de la Metapsicología Freudiana cuando Lacan en dicho Seminario enuncia los cortes discontinuos de las pulsaciones y combinatorias en la pulsión, en contraste, con definir la pulsión al modo Freudiano como "fuerza constante" (konstante kraft) del empuje (Drang): *"como lo muestra usted, la pulsión está a la postre destinada a una combinatoria debido al hecho de la discontinuidad, surge el problema de la contradicción inherente a la energía del sistema, que es concebida como una fuerza constante y, a la vez, sujeta a la variación"* (p.177).

Lacan ante la discusión contra Laplanche, jamás formuló los aspectos económicos (catexia, descatexia y contra-carga) que se encuentran dispersos a lo largo de la obra de Freud sobre las viscitudes de la representación-cosa. A primera vista, Lacan simplifica la discusión contra Laplanche extremando su tesis de que "el lenguaje es condición de lo inconciente" y caricaturiza la postura de Laplanche reduciéndola en que para él "lo inconsciente es condición del lenguaje". Laplanche mismo a lo largo de su obra, se hace cargo de formular la "seducción originaria" o la "situación antropológica fundamental" de la asimetría entre el niño y su cuidador, que genera los llamados "significantes enigmáticos", similares a los "significantes formales" de Anzieu y los "significantes de demarcación" en G. Rosolato. Por lo tanto, la idea de reducir el pensamiento de Laplanche en que "lo inconsciente es condición del lenguaje" es parcialmente cierta, si no consideramos los aspectos fundantes del inconciente en la Represión Originaria que conciernen a los cuidados primordiales. Laplanche (1992) en Entrevista diferencia que: *"cuando yo digo "como un lenguaje", lo que quiero decir es como un lenguaje, es decir, algo que puede tener que ver con el lenguaje pero incluyendo en el lenguaje -esto lo demuestra Freud constantemente- no solamente el lenguaje verbal sino todo tipo de significante, todo tipo de comunicación no verbal. Lo que yo quiero decir con "no estructurado" es que, precisamente, lo propio de la represión y del inconsciente es destruir los lazos estructurados. Entonces el inconsciente, como reprimido, es precisamente lo opuesto al lenguaje (...) en los primeros tiempos de la represión originaria podemos decir esquemáticamente que el yo no existe. El yo es simplemente el cuerpo, y las primeras inscripciones del significante enigmático hay que concebirlas de un modo difícil de pensar, como inscripciones sobre el cuerpo, de pensar en lugares que llegarán eventualmente a ser zonas erógenas. Es solamente en un segundo tiempo, en el momento correlativo a la formación del yo, que éste se vuelve el representante de los intereses del cuerpo, es en este momento cuando se opera el primer intento de traducción, y el primer intento de dominio de esos significantes enigmáticos implantados en el cuerpo".*

De todas formas, Lacan (1956) en su Seminario III continúa su exposición sobre las abrochaduras indicando: *"¿Por qué no concebir que en el preciso momento en que se sueltan, en que se revelan deficientes las abrochaduras de lo que Saussure llama la masa amorfa del significante, con la masa amorfa de las significaciones y los intereses, que en ese preciso momento la corriente continua del significante recobra su independencia? Y, entonces, en ese zumbido que tan a menudo nos pintan los alucinados, en el murmullo continuo de esas frases, de esos comentarios, que no son más que la infinitud de los caminitos. Los significantes se ponen a hablar, a cantar solos. El murmullo continuo de esas frases, de esos comentarios, no es más que la infinitud de los caminitos"* (p.419). A nuestro entender, se generan dislocaciones entre significantes y significados. La independencia desabrocha las significaciones y las pulsiones. Los puentes asociativos se difuminan en infinitos senderos bajo el proceso primario. De esta forma vemos como el significante en cuanto palabra se vuelve cosa en el discurso psicótico. La independencia cobra forma de significantes sin significado, o, también, diversos significantes que refieren a un solo significado o un significado que vincula múltiples significantes sin las abrochaduras propias del campo social o del "Otro". Desde lo postulado por S. Leclaire (1958) *"en el nivel de la psicosis, si las relaciones entre los signos están también perturbadas, no hay aquí más que un aspecto menor de un trastorno mucho más básico: la alteración primera se sitúa en el nivel de la constitución misma del signo. Esta alteración puede lógicamente tomar dos formas, constituyendo una y otra un signo patológico, monstruoso en cierto modo: signo hecho de un significado sin significante, y sobre todo signo hecho de un significante sin significado"* (p.137). Esta situación que estamos definiendo en *"los conceptos y lo significados no pueden conseguir constituirse en signo por asociación estable con un framento de cadena sonora o significante. El signo, así amputado de todo vínculo estable con un significante, introduce el valor propio del significado, es decir, el valor propio del o de los conceptos en cualquier forma que asuma. Cualquier palabra, cualquier cosa, cualquiera forma, cualquier sueño se vuelve significante de un concepto sin nombre"* (Leclaire, 1958:139).

Riffet-Lemaire (1970) siguiendo la obra de Leclaire repecto a la esquizofrenia y la paranoia. Postula que en el *"esquizofrénico, todo significante puede ser llevado a designar un solo y mismo concepto o significado. Dicha de otra forma, el concepto o significado no está ligado de modo estable a un significante"* (p.372). Esto lo podemos ver en lo que respecta a la Esquizofrenia de tipo hebefrénicas, así como también al último estadio sensorio-motor de Jean Piaget cuando ejemplifica el niño que ante cualquier objeto grande en movimiento gesticula el ruido (onomatopéyico incluso) "Tch, Tch". Prosigue Riffet-Lemaire (1970) en lo sostenido por Leclaire, abordando los casos de paranoia con sus delirios en cuanto se asigna que *"un solo significante puede designar cualquier significado. El signficante no está ligado a un concepto definido. Así, por ejemplo, el "perseguidor" (delirio de persecución) será intercambiable"* (p.373). Otro modo de decirlo es que en el paranoico, un mismo significante puede contener múltiples significados, reunidos, bajo contradicciones.

Ahora bien, para los casos que no se correspondan a una psicosis, Leclaire (1975) en su libro "Matan a un niño" establece ciertos límites o frenos al proceso primario (tal como buscó Laplanche), aludiendo en la onomatopeya de "Poordjeli" que *"la representación consciente tiende a anular, borrar, liquidar al representante inconsciente, en tanto y en cuanto impone, una vez formulado e inscripto, la negación de su movilidad intrínseca: la variabilidad de los elementos diferenciales que constituyen al representante inconsciente tiende a ser anulada por la representación consciente. El unicornio fija en un número limitado de figuras determinadas la fuerza viva que encierran las posibilidades ilimitadas de desplazamiento y condensación, inherentes a la movilidad de los elementos que componen al representante inconsciente: la variabilidad posible de las relaciones D-J, P-L, J-L se reduce en gran medida. La fijeza de la representación tiende a suplantar la constancia de la fuerza en su movilidad"* (p.67). Sin embargo, como podemos ver, a diferencia de Laplanche, Leclaire persiste en sustentarlo a través del fonocentrismo.

Si pudiéramos de entrada traducir en términos Freudianos lo "abrochado", "punto de capitonado" o de "almohadillo". Aquello sería cuando se van sujetando los enlaces Preconscientes entre una representación-palabra a una representación-cosa. De este modo, en el proceso secundario se evita el caos transformando vías facilitadas para el discurso. Lo que Lacan reduce en la función de asimetría del proceso secundario es fijarse únicamente en lo retroactivo de un discurso, un S2 re-edita un S1 sin poder hallar una fijación estable de un significante a un signifiado desde los procesos primarios. Solamente se podría siguiendo a Lacan (1958) en el Seminario V que "*la fórmula que les di de la metáfora no quiere decir sino esto - hay dos cadenas, las S del nivel superior que son significantes, mientras que debajo encontramos todos los significados ambulantes que circulan, porque siempre se están deslizando. La sujeción de la que hablo, el punto de capitonado, es sólo un asunto mítico, porque nadie ha podido sujetar nunca una significación a un significante. Lo que sí puede hacerse, por el contrario, es fijar un significante a otro significante y ver cuál es el resultado. En este caso se produce siempre algo nuevo, a veces tan inesperado como una reacción química, a saber, el surgimiento de una nueva significación*" (p.202). Recapitulando en su reducción, *"Lacan, al contrario de Saussure, minimiza todo lo que puede el lazo significante/significado, al punto de reducir a veces el significado a la monotonía de una napa de "significancia" que únicamente sería singularizada por el corte, único y discreto en su materialidad, de cada significante. Porque le importa ante todo la otra cara del significante, aquella que se abre al lazo hacia el otro significante, que genera esa aptitud para crear ese tan propicio "entre dos" significantes del que hace, a partir de 1959, el albergue del sujeto"*. (Gaufey, 2009:128).

A nuestro criterio, un punto de almohadillo o de capitón, es el centro gravitario donde se van conformando agrupaciones aledañas a diversas representaciones-cosa con algunos engrapamientos de representación-palabra. Finalmente los puntos de capitonado van rastreando los caminos que van facilitando la reflexión y la producción de discurso. Por esta razón en la Esquizofrenia se rompe el aparato mental con sus contra-cargas asociativas de la represión primaria, desabrochándo consigo los puntos de almohadillos provocando entonces un discurso sin centros tonales, caotizados, paranoides o hebefrénicos.

Finalizando desde los conjuntos semi-cerrados o semi-abiertos, entendemos el lugar del Devenir, donde nada lo podría llenar o saturar de respuestas, siempre algo se encarna en nuevas preguntas. Cualquier cierre o cláusula canónica que se establezca o que se emplee a dicho Devenir incrusta un delirio encapsulado. Vale decir, toda sociedad y subjetividad en distintos grados o en sus formas, resguarda un cierto delirio basal que sostiene y semi-cierra algunas de las vías y ramificaciones representativas. Puesto que si no existera un semi-cierre de conjunto en su eje o base, se deambula al Devenir sin rodearlo, imposibilitando que lo irrepresentable se aquiete. Sin embargo, la moda Estructuralista a dicho lugar se lo bautizó de mala fé como el seudo-ente del "casillero vacío" (véase apartado 4 del Capítulo II ya expuesto).

3. La Palabra se hace (vuelve) Cosa

Es importante ahora desglosar aun más la representación-cosa, pues como veremos, un número o superstición, puede englobar a muchas partes en un todo y hacerlas equivaler, tal como lo vimos en la simetría de Matte-Blanco. Por ejemplo, en Japón es de mala suerte el número "49" ya que el número 4 suena similar a la palabra "muerte" y el 9 suena similar a la palabra "sufrimiento": Si unimos el "4" con el "9" el efecto de mala suerte sería mayor. Por otro lado, como muchas supersticiones, algunas personas pese a no saber porqué el número "13" sería considerado de "mala suerte", actúan con cautela ante el número de igual modo. Tal como el experimento de los simios que se suben por una escalera para recoger bananas, quienes al momento de subir, los demás simios son golpeados, en donde las próximas generaciones que no han visto el suceso originario prosiguen en cuidarse de no subir a la escalera, aún cuando ya no queden simios del experimento inicial que les advertía a los demás simios de las consecuencias de subir por las bananas.
Es cierto que a modo científico, por mucho que intentemos despejar las cosas hacia la posible realidad, nunca llegaremos a la cosa-en-sí nouménica. Siempre en algún nivel, desde el proceso primario, trataremos, las palabras como cosa o las cosas como otras cosas, fuera de la lógica secundaria: supersticiones y conjeturas apresuradas que nos permitirían desenvolvernos en circunstancias de constantes de incertidumbres.

Ampliando sobre los efectos de las palabras o fonemas, Ferenczi (1910) describe que la *"enunciación de las palabras obscenas está dotada de cualidades que otras palabras no alcanzan, al menos en idéntica medida. Freud señala con acierto que el autor de una broma obscena efectúa un ataque, una acción sexual sobre el objeto de su agresión, y suscita por ello las mismas reacciones que la propia acción. Pronunciar palabras obscenas equivale casi a cometer una agresión sexual, «a desnudar a la persona del sexo opuesto». Decir una grosería representa en grado superior lo que apenas está esbozado en la mayoría de las palabras, es decir, que todo vocablo tiene su origen en una acción no realizada. Pero mientras que las palabras corrientes sólo contienen el elemento motor de la representación verbal en forma de impulso nervioso reducido, la «mímica de la representación», la formulación de un dicho grosero, nos proporciona la clara impresión de estar realizando un acto.*
Esta aportación tan importante de elementos motores a la representación verbal de las palabras obscenas podría provenir, igual que el carácter alucinatorio y sensorial de una obscenidad escuchada, de una perturbación del desarrollo. Tales representaciones verbales puede que hayan quedado a un nivel de desarrollo lingüístico en el que las palabras están mucho más cargadas de elementos motores". Por estos motivos, para S. Bleichmar (2005) *"hablar de un tema cuando el tema está altamente investido o sensorialmente, y la palabra, entonces, se convierte en palabra-acción, digamos, en palabra-cosa, porque solo al nombrarlo no logra una articulación sino lo que hace es despertar huellas"* (p.154). Entonces, para los efectos de un trauma o abuso pasado, Bleichmar (2005) prosigue en remitir que *"cuando el analista intenta*

hablar, él está en una situación de abuso con el paciente (...) la palabra activa la representación y no necesariamente la liga (...) la sola mención del tema produce desbordes emocionales. Con lo cual, se fractura la posibilidad de pensar" (p.155).

Volviendo al tema de las palabras obscenas, tienen el estatuto de ser palabras cargadas o asociadas con un contenido tal que al vociferarlas o incluso pensarlas, generan consecuencias o efectos inmediatos como la reprobación o hasta el castigo. Como lo expone Bleichmar (2005) existe para el Apóstol Juan "*la idea de pecado de pensamiento. Vale decir, si el pensamiento y la acción quedan equiparados, la teoría se convierte en una neurosis obsesiva. Justamente, es el análisis el que tiene que permitir la liberación de la relación entre el acto y el pensamiento y sustraer al sujeto del pecado de pensamiento para que pueda despegarse de la omnipotencia mágica que lo hace creer que lo pensado es realizado*" (p.515). En este sentido, sin duda Freud y Ferenczi se adelantan sustancialmente en lo que posteriormente se llamó la pragmática lingüística (Filosofía Analítica del Lenguaje), en autores como Wittgenstein o Austin, al declarar "*mientras que las palabras corrientes sólo contienen el elemento motor de la representación verbal en forma de impulso nervioso reducido, la «mímica de la representación», la formulación de un dicho grosero, nos proporciona la clara impresión de estar realizando un acto* (Ferenczi, 1910)". Con la palabra no solo se expresa sonidos o evoca representaciones-ideas a un espectador, también con una palabra se realiza un acto de agresión, así tal cual lo menciona Ferenczi (1910): "*Freud señala con acierto que el autor de una broma obscena efectúa un ataque, una acción sexual sobre el objeto de su agresión, y suscita por ello las mismas reacciones que la propia acción. Pronunciar palabras obscenas equivale casi a cometer una agresión sexual, «a desnudar a la persona del sexo opuesto»*".

Este fenómeno no tan solo se puede dar claramente en obscenidades, cuyas palabras permanecen dentro del margen de las "malas palabras", también se presenta en situaciones diversas. Daré un ejemplo personal al respecto: Cuando estaba estudiando mi postgrado en la Universidad, de vez en cuando durante las clases se mencionaba ciertos reglamentos del establecimiento y sus normas. En dichas alusiones, se emplea a veces la palabra "estatuto". Cuando algún compañero o profesor emitía dicha palabra "estatuto", para mí, sin saber por qué, aquella palabra me provocaba una grata sensación, la palabra extrañamente, me gustaba, cosa curiosa puesto que las palabras en general no me provocan tales sensaciones. Sin embargo, al analizar la palabra, ésta contenía en sus fonemas, los sonidos de "tuto". La palabra "tuto", al menos en Chile, se emplea para hacer dormir a los bebés o niños: "Vamos a ir hacer tuto", "haga tuto guagua", etc. Por supuesto en mi cotidianidad, jamás empleaba la palabra "tuto", pues utilizo la palabra dormir o siesta. En mi caso personal, la palabra no tan solo me evocaba inconscientemente huellas infantiles de mi relación a mi madre, cuando niño o bebé tenía que irme a dormir. Además en dicho periodo donde estudiaba, estuve al mismo tiempo trabajando y en otras actividades, por lo cual ciertamente dormía bastante poco y estaba cansado o con bastante sueño durante la mañana. Por lo cual, la palabra o sonido "estatuto", si bien por el lado consciente, asimétrico o desde el proceso secundario me remitía como significado a los reglamentos de la Facultad, inconscientemente me refería a huellas regresivas infantiles que no me percaté pasado un buen tiempo.

En el caso de los niños, se da a menudo que tienen su número favorito o sus palabras favoritas bien atesoradas. En cambio en un adulto, generalmente dicho favoritismo pierde su sentido y no es de interés admirar palabras por encima de otras. Por supuesto, hay excepciones, como en el caso de los poetas, que justamente aquel gusto por las palabras y sus complejas sonoridades son parte de los elementos de ciertas poesías. Para el caso de los números, tuve una paciente que le gustaba jugar con los números, desde niña le gustaba asociar ideas o situaciones con números, empleaba el 2 para mencionar a las parejas, el 7 para cosas perfectas y el número 1 decía que no le gustaba. Podemos pensar que en procesos infantiles esto sea de lo más común y en la adultez algo que de menos frecuencia. Ella tenía un desagrado por el número uno puesto que el año 2001 fue un pésimo año para ella, dado que se separaron sus padres, por si fuera poco, su edad era en dicho periodo de 11 años.

La paciente mantenía relaciones de pareja con amantes, los cuales graficaba con el número 1, pero decía que muchas veces quería que fuera un 1, pero se le aparecía el 2 y eso no le gustaba ya que sospechaba que se estaba enamorando. Un sueño que tuvo con números mi paciente contaba que tras la muerte de su abuelo, semana después soñó que su abuelo desde una niebla, estaba llamándola, cuando se acercó, vio que en su mano su abuelo le iba a dar un 1, lo cual le angustió, pero que el 1 terminaba convirtiéndose en un 7, haciendo alusión que el número 1 si le pones una "raya" se puede asemejar al 7. Asociando respecto al sueño, mi paciente comentaba que tras la muerte de su abuelo, se sentía una mala nieta puesto que no lo cuidó, además que sus tías la increpaban por lo mismo. Pero que de cualquier forma, pese a la distancia, ella sabe que es la nieta favorita de su abuelo y que a pesar de haberse distanciado en los últimos años de su vida, por conflictos familiares, ella sabe que su abuelo la perdona y que por eso le da un 7. Recordemos que en Chile el 7 es un número no sólo de la "suerte" sino que también el número de una nota evaluativa en escala del 1 al 7 como máxima clasificación.

Continuando sobre el trato de las palabras como "cosa" en las vías asociativas, lo podemos apreciar cuando Freud en su libro "Psicopatología de la vida cotidiana", añadiendo en 1912 un ejemplo aportado por Jung, expone el caso de una paciente: *"me relató que desde hacía algunos días le venía constantemente a la boca la palabra Taganrock, sin que tuviese la menor idea de cuál podría ser la causa de esta obsesión. A mi pregunta sobre qué sucesos importantes le habían acaecido y qué deseos reprimidos había tenido en los días anteriores respondió, después de vacilar un poco, que le hubiera gustado mucho comprarse un traje de mañana (Morgenrock), pero que su marido no parecía muy inclinado a satisfacerla. Morgenrock (traje de mañana) y Taganrock tienen no sólo una semejanza de sonido, sino también, en parte, de sentido. (Morgen-mañana, Tag-día, Rock-traje). La determinación de la forma rusa Taganrock provenía de que la señora había conocido por aquellos días a una persona residente en dicha ciudad eslava"* (p.309). Ejemplos más sencillos ocurren a menudo cuando se nos pega una canción en la mente cuya melodía contiene una letra o coro que menciona un suceso actual o preocupante en nuestro presente. Otro ejemplo sencillo es lo que le pasó a un profesor de psicología que tuve en la Universidad donde en plena clase dijo: "Bueno, uds saben que yo estoy cansado, ¡digo! casado (ja, ja, ja)…" Desde aquel lapsus, ya podríamos pensar en este caso, que algo del orden de casarse hay un cansarse.

Otro ejemplo similar al contenido o efecto de las "palabras obscenas" son las llamadas palabras encantadas, frases hechizadas o recitaciones mágicas. Estas supersticiones tienen la particularidad de otorgar a las palabras o frases mismas influencias tele-espaciales, por ejemplo, en rituales de año nuevo, hay personas que anotan en un papel todo lo que desearían para el año venidero (antes que llegue la hora del año nuevo), papel que debe guardar y no abrirse en todo el año para provocar el efecto mágico. Las palabras en este caso, vehiculizan ideas durante un intervalo de un año que buscan hacerse "cuerpo" o un influyente mágico, suponiendo claro, que un ciclo anual en un calendario o traslación terrestre implique un punto de apertura al hechizo. Podría sumarse al papel escrito reglas tales como: "solo se pueden escribir 12 cosas posibles para pedir", dando cuerpo a la idea de los 12 meses y dar así más conexión. Hay una gran diferencia, por ejemplo, cuando se escribe en un libro de saludos o buenos deseos, pues el libro adquiere un valor mayor al ser escrito por personas anónimas o queridas, el trazo queda en el libro y se puede leer una frase concreta escrita por alguien real. En el otro caso, se invoca a un ente espacio-temporal que influye en el destino, ajustado, acorde a las referencias 12 (meses), 365 (días), 4 (estaciones). Vemos así como en la superstición se mezclan (simétricamente) varios niveles, tal como en el sueño o en un síntoma. Algo motiva a una condensación y desplazamientos bajo el deseo, por tanto, la superstición es esencialmente confundir las causas con los efectos o las consecuencias (efectos) por alguna causa errada (o de un azar), que se estima causal por analogías motivadas. Es una forma de dar orden al caos o al azar de un modo sesgado o heurísticamente sin detenimiento.

Sin más, recordemos los experimentos de B.F Skinner con sus palomas, donde descubrió que cuando las alimentaba en sus jaulas cada cierto tiempo a la misma frecuencia por largo tiempo, notaba que cuando estaba por alimentarlas (cercana a la hora fija de alimentación), las palomas se inquietaban si no obtenían su alimento, esperando así el estímulo que merecen. Pero cuando Skinner luego las alimentaba por largo tiempo sin una frecuencia estable, más bien al azar, varias palomas adquirían distintas posiciones curiosas, tales como sostenerse desde una sola pata, con las alas abiertas, el pecho inflado, picoteando la jaula, etc. Skinner de este modo concluyó que las palomas sentían que al estar en cierta posición lograrían el estímulo deseado de recibir comida. Cuando en las palomas se coincidió su postura por el hecho de recibir comida justo en ese momento, finalmente las propias palomas de Skinner adquirieron sus propias supersticiones. Debido a que cuando recibían sus estímulos en un largo periodo de tiempo experimental al azar, asociaban ciertas posturas y conductas con la relación de otorgarles comida. Podemos concluir que las supersticiones aparte de ser enseñadas o adquiridas por motivaciones emocionales o inconcientes, también existe un correlato de condicionamiento operante en los animales no humanos con reforzamientos positivos y negativos más los respectivos ensayos y error para la dicha superstición adquirida a lo largo de su ontogenia.

Otro caso de condensaciones y proyecciones, son los talismanes, son pedazos de papel que guardan frases que pudieron ser dichas por algún mago o algún espíritu y se usa para invocar o erradicar malas energías. Puede decirse en voz alta una frase específica, o si se quiere dejar un conjuro o dejar hechizado algún sitio, se debe escribir la frase y ponerla en el sitio. Puede ser que la mano que escribe inyecte el poder a lo escrito o que el escrito mismo se auto-invoca su propio poder.

Freud en Totem y Tabu (1913) da varios ejemplos, como el tabú a nombrar personas fallecidas e incluso los cambios de nombre propio en alguna tribu o clan: "*Unas de las costumbres tabúes más singulares, pero también más instructivas, entre las que se refieren al luto de los primitivos, consiste en la prohibición de pronunciar el nombre del muerto (...) En algunos de estos pueblos no rige tal prohibición más que durante el período del luto. Otros la conservan permanentemente. De todos modos, siempre va atenuándose con el transcurso del tiempo (...) Ciertas tribus suramericanas consideran que el pronunciar el nombre de un difunto ante sus familiares supervivientes es infringirles una grave ofensa*" (p.78). En procesos de duelo como puede ser la separación de una pareja, no suele ser inusual que la persona prefiera que no nombren a dicha persona, incluso, el mismo sujeto evita decir su nombre en voz alta, si es ser innecesario, para evitar su recuerdo junto al proceso de duelo.

S. Freud (1913) continua refiriendo ejemplos sobre el tabú al nombre de personas fallecidas aludiendo que los "*massai de África recurren al de cambiar el nombre del difunto inmediatamente después de su muerte, pudiendo designarse así sin temor, pues todas las prohibiciones no se refieren sino a su nombre anterior (...) Las tribus australianas de Adelaida y Encounter-Bay llevan más lejos sus precauciones, pues todas las personas de nombre igual o muy parecido al del difunto toman otro distinto (...) Entre los guaycurús del Paraguay daba el jefe nombre distintos a todos los miembros de la tribu en estas tristes ocaciones, y cada individuo respondía en adelante al que le había correspondido, sin vacilación alguna*" (p.78-79) No deja de ser interesante que el nombre propio se convierte en una cosa más allá de un nombre propio, vale decir, la manera palabra del nombre adquiere un valor de cosa que agrupa amplios conjuntos de complejos significados para sí y para la colectividad.

De esta forma se amplia el volver cosas a las palabras, incluso, de forma colectiva en un espacio social generacional.

En resumen, según Freud (1913), "*ven en el nombre una parte esencial y una propiedad importantísima de la personalidad y que atribuyen un pleno valor objetivo a las palabras (...) pues no admiten nunca la existencia de la simple analogía verbal (...) deducen de ella, lógicamente, la de una profunda coincidencia entre los objetos que las palabras análogas designan*" (p.80). Cobra un valor muy patente que la "parte" fonética o escrita de donde proviene el nombre, remite a un "todo". El acto o ritual de bautizo como nombre propio trae aparejado consigo "cosas" o conjuntos que remiten a algo que va más allá de la representación-palabra. Conforma un cierre nodal del conjunto, intentando establecer una equivalencia del nombre con la identidad, "Diego es Diego o Diego se llama Diego". No obstante, como vimos anteriormente en los ejemplos expuestos por Freud, el nombre, está supeditado por el caudal o red social desde donde se imparte, por lo cual, la identidad de un nombre mantiene enlaces con otros nombres por su conexión fonemática, de lo cual, no remite a un conjunto identitario cerrado de "Diego es Diego", el nombre tiene valor identitario con tu tribu o tu pueblo, por lo cual, la identidad del nombre pronunciado aguarda registros móviles como conjuntos abiertos. Así, como su propio nombre ha sido cambiado, se puede establecer un lugar para elaborar el duelo social. Además, Freud (1913) agrega que si ven "*en el nombre una parte de la persona y lo engloben en el tabú concerniente al difunto (…) pronunciar el nombre del muerto puede referirse también al contacto con el mismo*" (p.81).

Por supuesto, existen situaciones sociales donde es posible o permisible poder cambiar su nombre propio, pero no así el apellido (al menos no con la misma facilidad o flexibilidad). Depende de cada cultura donde legalizan las asignaciones de nombre-apellido y su valor de importancia como identidad. Es posible reconocer, en la mayoría de las personas que optan por cambiar su nombre, los efectos de "cosas" en la "palabra" que no agradan al conjunto del sujeto en su (auto)asignación. Por ejemplo, en las escuelas suele ocurrir que un nombre remita a un objeto o evento por su sonido se le adjudique dicha identidad por sobre la mera palabra, convirtiéndose en burlas entre sus pares de establecimientos. Otras, pueden construir neologismos del nombre propio cambiando sus síbalas si ésta conecta con algun objeto particular. Aunque de modo puramente fonético no tiene relación la palabra con la identidad, si es posible ver el efecto de burla o "bullying" que puede generar dichas bromas o acosos en el sujeto quien está marcado o bautizado con dicho nombre.

Freud (1913) lo aclara en "*como en general todos los neuróticos, una total "sensibilidad de complejo" con respecto al enunciado o la percepción auditiva de determinadas palabras y nombres y derivan de su actitud para con su propio nombre un gran número de rigurosas coerciones*" (p.80).

Lo que hemos desarrollado coincide con los aportes de Jean Piaget (1929) quien sostiene que "*los niños consideran los nombres como si pertenecieran a las cosas y emanaran de ellas. Durante la segunda etapa (siete y ocho años), los creadores de las cosas inventan nombres -Dios o los primeros hombres-*" (p.76). Es por ello que "*la incapacidad de disociar los nombres de las cosas es muy curiosa (...) Una niñita de 9 años preguntó: "Papito, ¿existe realmente Dios?" El padre le contestó que no era muy seguro, a lo cual replicó la niña: "¡Debe existir realmente porque tiene un nombre! (...) Pat (10): "¿Antes de tener el sol su nombre ya existía? -Sí. -¿Cómo se llamaba? -Sol. -Sí, ¿pero existía antes de ser llamado sol? -No*" (Piaget, 1929:79). Finalmente, es "*hasta la edad de los diez años, todos los nombres contienen la idea del objeto. Durante la segunda etapa (diez y once años) hay una especie de armonía entre el nombre y la idea; el nombre "calza" bien, va bien, etc. Es decir, que la idea del objeto está aún presente en alguna medida, pero podrían haber sido elegidos otros nombres conteniendo la misma idea. Finalmente, después de los once o doce años, el nombre en sí no contiene nada. Es nada más que un signo*" (Piaget, 1929:83).

Desde una postura similar, para su desarrollo (en los placeres), Freud (1905) postuló que durante *"la época en que el niño aprende a manejar el tesoro de palabras (Wortschatz) de su lengua materna (Muttersprache), le depara un manifiesto gozo «experimentar jugando» con ese material, y entrama las palabras sin atenerse a la condición del sentido, a fin de alcanzar con ellas el efecto placentero del ritmo o de la rima. Ese gozo (Vergnügen) le es prohibido poco a poco, hasta que al fin sólo le restan como permitidas las conexiones provistas de sentido entre las palabras. Pero todavía, años después, las aspiraciones de sobreponerse a las limitaciones aprendidas en el uso de las palabras se desquitan deformándolas por medio de determinados apéndices, alterándolas a través de ciertos arreglos (reduplicaciones, jerigonzas) o aun creando un lenguaje propio para uso de los compañeros de juego. Opino que no importa el motivo al cual obedeció el niño al empezar con esos juegos; en el ulterior desarrollo se entrega a ellos con la conciencia de que son disparatados (unsinnig) y halla gozo en ese estímulo de lo prohibido por la razón. Se vale del juego para sustraerse de la presión de la razón crítica"* (p.120-121). Por ejemplo, en tiempos posteriores, *"Bajo el influjo del alcohol, el adulto vuelve a convertirse en el niño a quien deparaba placer la libre disposición sobre su decurso de pensamiento, sin observancia de la compulsión lógica"* (Freud, 1905:122). Este libre decurso disparatado, en *"el último período de la infancia, y en el del aprendizaje que va más allá de la pubertad, el poder de la crítica ha crecido tanto en la mayoría de los casos que el placer del «disparate liberado» rara vez osa exteriorizarse directamente. Uno no se atreve a enunciar un disparate"* (Freud, 1905:121).

Por otra parte, el trato de las palabras como "cosas" puede adquirir el carácter de una fijación sintomática como de una identidad. S. Freud (1910) en el caso del "Hombre de las ratas", caso del cual, por asuntos de espacio, no expondremos todo el material clínico en su extensión. Pero para quienes conozcan el Caso a modo general, bastará con citar que en el paciente *"«Ratas» tiene una referencia particular a dinero. Cuando ayer tomó prestados de su hermana dos florines, pensó; «Por cada florín, una rata». — Cuando en la primera entrevista yo le comuniqué la condición a propósito de mis honorarios, él se dijo: «Por cada corona, una rata para los niños». Ahora bien, ratas {Ratten} significa para él realmente. . . cuotas {Raten}. Concientemente las pronuncia igual, y lo fundamenta en que la «a» de «ratum» (de «reor») es breve; una vez fue rectificado por un jurista, quien le dijo que no es lo mismo «Ratten» que «Raten» un año antes había salido de garante de un amigo que debía pagar una suma en 24 cuotas [Raten], y se hizo prometer del acreedor que le avisaría antes de cada vencimiento a fin de no ser conminado, como lo estipulaba el contrato, a pagar todo de una sola vez. Así, en «ratas» se conjugan dinero y sífilis. El cuenta ahora en ratas — Moneda de rata. Algo más acerca de la sífilis: es evidente que la representación de que la sífilis roe y devora le ha hecho acordar a las ratas"* (p.225). En el mismo Caso, Freud (1910) amplia en añadir que el paciente, con *"la equiparación ratas-cuotas {Ratten-Raten] se burla al mismo tiempo de su padre, que una vez dijo a su amigo: «No soy más que un flojo {Laue}»,* en lugar de *«lego» {«Laie»},* lo cual le produce terrible embarazo, como todos los signos de-incultura en su padre.

El padre en ocasiones hacía intentos de ahorrar, junto con amagos de una educación espartana, pero siempre aflojaba enseguida" (p.229).
Como podemos apreciar, la palabra "Rat" establece asociaciones que la vuelven "cosa" en sus diversos enlaces inconscientes.

Claro está, aunque se intente "objetividad" no es del todo posible aislar la mezcla simétrica de niveles en la representación-cosa para una "perfecta" expresión gramatical. Si tomamos los 5 axiomas de la Geometría Euclidiana, perfectamente podríamos proyectar con este conocimiento que la Tierra es plana (recta) en su extensión, pues si estiramos o proyectamos las líneas, éstas serán rectas y no se harán curvas a mayor longitud. Pero como sabemos, la Geometría Euclidiana carece de aplicación en los cálculos de órbitas espaciales o graficar las curvaturas espacio-tiempo, pues no considera las curvaturas como medición geométrica. No significa en este ejemplo que la proyección geométrica de Euclides signifique una superstición o pensamiento mágico necesariamente. Estas etiquetas dependerán de la época desde donde se enuncia tal calificativo de "supersticioso" o de "pensamiento mágico". Si por ejemplo, se descubren las falencias o limitaciones de la geometría euclidiana en otros rubros o disciplinas y pese a ello se persiste en utilizarlas a pesar que ya exista conocimiento verificable de su inoperancia, podemos desde allí, en tal época, considerar tal forzosa aplicación como anacrónica o supersticiosa. De esta forma, poco a poco se puede ir deshilando las mezclas de niveles o simplemente diferenciar lo diferente de los conjuntos, como también, se puede generalizar o correlacionar mejor distintos conjuntos con mayor riqueza diferenciante, ámbitos que pertenecen al desarrollo propio del proceso secundario.
Recalco que esto no implica poder acceder a la cosa-en-sí nouménica (véase Capítulo II) o alcanzar la verdad de todas las verdades, pues nunca podremos estar completamente seguros si un conjunto está totalmente cerrado o si aún tiene apertura a nuevas distinciones posibles "de cosas".

Para ir cerrando este Apartado y Capítulo, citaremos lo que el poeta chileno Enrique Lihn (1983) nos enuncia:
> *"Hablar cansa: es indecible lo que es.*
> *Como se sabe: la realidad no es verbal*
> *(cansa el cansancio de decir esto mismo).*
> *De las palabras se retira el ser,*
> *como de la crecida inminente del río (p.20)"*

Confiamos en que las palabras "tocan" las cosas, refieren a ellas, manipulamos imaginativamente sus propiedades antes de manipularlas. Creemos que lo que nos dicen es real o que al menos aguardan una veracidad posible. Por lo tanto, que las palabras se vuelvan cosas, es lo esperable en ciertos umbrales para que lo discursivo social cobre consistencia. Nos dejamos conducir en que nos podemos comunicar y vincular en comprensión mutua al prójimo mediante palabras. Aceptamos que las Escrituras del Código Civil o Penal realmente funcionan en cuanto se estipulan su acuerdo de Ley. Pese, que en la práctica humana se transgreden cotidianamente. De otro modo, caeríamos en un nihilismo vital-libidinal o en una anhedonia existencial. La pérdida del sentido existencial en la Depresión o Melancolías más graves, transcurren con un vaciamiento libidinal nihilista de las palabras a la cosas y al revés.

Capítulo V
1. Neurosis: Síntomas y Defensas

Retomando el tema del devenir o fluir asociativo, sobre el cual no es totalmente al azar, puesto que los "dados" al arrojarse están cargados de un lado de otro. Hemos de aclarar que aunque en un primer nivel más inconsciente (o simétrico) como ya hemos visto, hay pura confirmación, no hay duda, no hay principio de no-contradicción, ni temporalidad, tampoco un lenguaje estructurado en serie de oposiciones binarias exactas de valor, hay movilidad de las cargas, no hay intencionalidad al mundo exterior, hay sustitución de la realidad exterior por la psíquica e independencia del tiempo. Los procesos del sistema inconsciente, no obstante, también actúan en distintos niveles con los sistemas "Cc/Prcc" y del "yo", según sea el caso gradualmente.

Si como dijimos anteriormente, las pulsiones siguen sus propios fines sin verse en conflicto unas con otras, más bien dándose al mismo tiempo y/o comprometiéndose entre ellas hacia metas intermedias. Tal como lo puntualiza Freud (1915) en "Pulsiones y sus destinos": "*Son numerosas, brotan de múltiples fuentes orgánicas, al comienzo actúan con independencia unas de otras y sólo después se reúnen en una síntesis más o menos acabada. La meta a que aspira cada una de ellas es el logro del placer de órgano*" (p.121) o hacia un autoerotismo narcisista que no entra en conflicto con el mundo externo ni consigo mismo.

Cabe preguntarse entonces: ¿De qué conflicto hablamos, cuando hablamos de un conflicto (complejo) inconsciente? ¿Podemos hablar de un conflicto o una contradicción en el Ello?

Podemos encontrar una primera aproximación cuando estudiamos la conformación del principio de realidad a partir del principio del placer, donde la alucinación satisfactoria del deseo no logra otorgar salida o satisfacción a las pulsiones, necesitando entonces un cuidador o un yo auxiliar que digiera o alfabetice los elementos beta del bebé.

En esta primera instancia según como vemos, el conflicto aún no está conformado propiamente tal, puesto que el cuidador inhibe o impide que surja algún conflicto (angustia) mayor, antes que al menos, preexista o se configure una cierta autovalencia o autoconservación de sí mismo.

El bebé por sí solo no alcanza ser un sujeto, no está sujetado a nada desde sí mismo, hace falta que el bebé sea una cara de la misma moneda con la madre, un ser vivo compuesto de madre-bebé tal como lo aclaró Winnicott. Es a partir de la separación, la castración (destete, tabú del incesto), la cultura, el Ello entre la díada, la terceridad ante esta "perfecta díada", en donde se irrumpirá la conflictiva psíquica.

Una posterior instancia estará dada por una parte, por la configuración de un yo o sistema de barreras de contacto o como vimos anteriormente un aglomerado de elementos alfa que sirvan como retículo permeable modificable, permitiendo la propia digestión de lo heterogéneo a un nivel homogéneo que sea parte de la estructura del sujeto en formación. A partir de allí, ya podríamos acercarnos a un primer encuentro con alguna conflictividad o confrontación de contrarios.

No estamos diciendo por supuesto, que toda conflictiva o contrariedad en sus distintos contrastes o diferencias, se atañen o tiene lugar en las capas más accesibles del yo o en la conciencia. Debemos aclarar cuanto antes (en lo referente a la primera tópica) que tal como lo expresó Freud (1917) en su artículo "Una dificultad del Psicoanálisis" que lo "*anímico en ti no coincide con lo consciente para ti; que algo ocurra en tu alma y que además te enteres de ello no son dos cosas idénticas. De ordinario, el servicio que trasmite noticias a tu conciencia te basta para tus necesidades. Puedes mecerte en la ilusión de que te enteras de todo lo más importante. Pero en muchos casos, ese servicio noticioso falla y tu voluntad no llega más lejos que tu saber. Ahora bien, en todos los casos esas noticias de tu conciencia son incompletas y a menudo sospechosas; llegas a conocer los acontecimientos cuando ya se consumaron y no los puedes cambiar*" (p.134-135). Tampoco debemos confundir y otorgar desde la segunda tópica un lugar muy prominente al "yo", a saber: "*el yo y el ello coinciden, no siendo el primero sino una parte especialmente diferenciada del segundo. Cuando confrontamos en nuestro pensamiento esta parte con la totalidad o cuando entre ambas surge realmente la discordia se nos evidencia la debilidad del yo. En cambio, cuando el yo permanece enlazado al ello, sin distinguirse de él, nos muestra una intensa energía. Análogamente sucede en la relación entre el yo y el super-yo. En muchas situaciones se confunden a nuestra vista. Únicamente nos es dado distinguirlos cuando entre ambos surge un conflicto. Con respecto a la represión, resulta decisivo el hecho de ser el yo una organización, y el ello, no. El yo es, en efecto, la parte organizada del ello. Sería injustificado representarse el yo y el ello como dos territorios ocupados por ejércitos enemigos y suponer que en la represión trata el yo de someter una parte del ello, acudiendo entonces lo restante del ello a prestar auxilio a la parte atacada midiendo sus fuerzas con el yo. Esto puede realmente suceder con cierta frecuencia, pero no constituye, desde luego, la situación inicial de la represión*" (Freud, 1926:2839).

En este apartado nos vamos enfocar en cómo este camino de constitución psíquica se adentra a lo que se conoce como conflictiva inconsciente y/o pulsional. Para ello, asignaremos algunos ejemplos de la <u>defensa, la represión, síntoma, resistencia, la contra-carga, la hipercatexia, recuerdo encubridor, psicosomática y la Neurosis</u> como modalidades psíquicas donde no cabría hablar o pensar de algo puramente inconsciente (ello) y/o de algo puramente yoico (consciente). Sería más bien la intersección o la interacción de ambas instancias que a primeras, no son del todo distinguibles entre sí pero que posteriormente es posible analizar sus resultados o sus procesos.
Queremos decir más claramente basándonos en Freud (1915) en su texto sobre, "La "Represión", que "*no es un mecanismo de defensa presente desde el origen; no puede engendrarse antes que se haya establecido una separación nítida entre actividad consciente y actividad inconsciente del alma, y su esencia consiste en rechazar algo de la conciencia y mantenerlo alejado de ella*" (p.142). O como también lo enuncia Freud en el capítulo VII de la Interpretación de los Sueños: "*En los niños, en los que no existe aún la separación y la censura entre el Prec. y el Inc., o en los que comienza a establecerse poco a poco, el deseo es un deseo insatisfecho, pero no reprimido, de la vida despierta*" (p.682).

Esto adquiere mayor sentido cuando entendamos desde las Neurosis que las huellas están compuestas por cargas intensas que buscan descargarse por medio de "formación de síntomas" que buscan resistir la aparición de una angustia mayor (una descarga irrumpida no-ligada o libre). Como lo señala Freud (1926) en el capítulo IX de su texto "Inhibición, Síntoma y Angustia": *"toda formación de síntomas es emprendida con el solo y único fin de eludir la angustia. Los síntomas ligan la energía psíquica, que de otro modo sería descargada en forma de angustia, resultando así la angustia el fenómeno fundamental y el principal problema de la neurosis* (p.2866). En este punto, Freud desarrolla un ejemplo de agorafobia, quien si "*acompañamos por la calle, será presa de un ataque de angustia si le abandonamos. Igualmente sucederá al enfermo de neurosis obsesiva al que, por ejemplo, se le impida lavarse las manos después de haber tocado algo. Es, pues, indudable que la condición de ir acompañado y la ablución obsesiva pretendían y conseguían evitar tales explosiones de angustia* (Freud, 1926:2886). Vale decir, la no realización del síntoma, libera el monto de angustia que estuvo enlazado en el compromiso sintomático del neurótico. De este modo, si "*es impedida, surge realmente el peligro; esto es, se constituye aquella situación, análoga al nacimiento, en el cual se encuentra desamparado el yo*" (Freud, 1926:2867). O sea, si bien el síntoma puede provocar un displacer al yo, puede proveer placer al ello o simplemente, el evitar un suceso más angustioso detrás del síntoma mismo.

Reitero como ya vimos, la importancia de las huellas mnémicas Prcc que organizan manteniendo ciertas vías facilitadas por sobre otras. Vale decir, contra-cargas o acciones que inhiben o procesan un monto angustiante o doloroso. De lo que se irá configurando una memoria volitiva, aspectos que también entran en juego a la conformación del yo, referido como la "asimetrización".

Por último, en lo que respecta a los síntomas o formaciones de compromiso, como los lugares donde se atañen las contra-cargas representativas o hipercatexias que desplazan o desfiguran un monto pulsional. Freud (1915) en su texto La Represión, nos explica que la "*represión no es tan sólo individual, sino también móvil en alto grado. No debemos representarnos su proceso como un acto único, de efecto duradero, semejante, por ejemplo, al de dar muerte a un ser vivo. Muy al contrario, la represión exige un esfuerzo continuado, cuya interrupción la llevaría al fracaso, haciendo preciso un nuevo acto represivo. Habremos, pues, de suponer que lo reprimido ejerce una presión continua en dirección de lo consciente*" (p.2056).

Antes de comenzar en establecer las diferencias entre las Neurosis Obsesivas, Neurosis Histéricas, Neurosis Fóbicas, Psicosomática, etc. Vale la pena recordar lo que menciona Freud (1917) en su Conferencia 22, para más o menos mantener el paso al ritmo: "*¿Son las neurosis enfermedades exógenas o endógenas? ¿Son la consecuencia ineludible de una cierta constitución o el producto de ciertas impresiones vitales dañinas (traumáticas)?*
Y, en particular: ¿Son provocadas por la fijación libidinal (y el resto de la constitución sexual) o por la presión de la frustración? Este dilema no me parece, en su conjunto, más atinado que otro que podría plantearles: ¿El niño

es procreado por el padre o es concebido por la madre? Las dos condiciones son igualmente indispensables, responderán ustedes. En la causación de las neurosis la situación es, si no idéntica, muy parecida. Con respecto a la causación, los casos de contracción de neurosis se ordenan en una serie dentro de la cual dos factores —constitución sexual y vivencia o, si ustedes quieren, fijación libidinal y frustración— aparecen de tal modo que uno aumenta cuando el otro disminuye. En un extremo de la serie se sitúan los casos de los que ustedes pueden decir con convencimiento: A consecuencia de su peculiar desarrollo libidinal, estos hombres habrían enfermado de cualquier manera, cualesquiera que hubiesen sido sus vivencias y los miramientos con que los tratase la vida. En el otro extremo se encuentran los casos en que ustedes se verían llevados a juzgar, a la inversa, que sin duda habrían escapado a la enfermedad si la vida no los hubiera puesto en esta o esta otra situación" (p.316). Finalmente, no debe *"olvidarse que entre unos y otros existe siempre una relación de cooperación y no de exclusión. El factor constitucional debe esperar sucesos que le hagan entrar en acción, y el factor accidental necesita apoyarse en el constitucional para comenzar a actuar. En la mayoría de los casos debemos representarnos una serie de combinaciones «complementarias», en la cual la intensidad que se debilita en uno de los factores es equilibrada por la del otro"* (Freud, 1905:1235).

Resulta significativo contrapesar frente a la moda francesa en su sed de etiquetar (diagnosticar) pacientes bajo formatos de "Estructuras", que en su *"fin de acomodarse a la fastidiosa realidad de que el material con que nos medimos es ajeno a nuestros deseos de sistematizar, el material es rebelde, se resiste, el inconsciente se resiste a la estructuración, el inconsciente es siempre lo que subsiste tras una estructuración teórica. La aporía del nuevo formalismo en psicoanálisis es que apuesta a estructurarlo todo, pero como el costo de estructurarlo todo es la desaparición del inconsciente y la carencia de objeto a estructurar, hubo que "abrir" lo que previamente se había clausurado, e introducir lo real en una versión ad hoc, demasiado tarde para modificar por dentro la situación. Por eso se ha llegado a una extraña convivencia entre una taxinomia maquillada por los tics estructuralistas y el cultivo de una moderna forma de acting out a cargo del terapeuta: las intervenciones en lo real, que terminan por abolir el campo de significaciones a fuerza de corto circuitos"* (Rodulfo, 1989:148). Esta "extraña convivencia" en los recintos Lacanianos, entre un Estructuralismo trasnochado reduccionista y una especie de psicodrama (acting out) Conductistas de lo "Real" o "Goce" (J.A Miller). Forman parte, lamentablemente, de algunas modas Clínicas.

Son por estas razones que desde un plano Clínico Infantil, para B. Janin (2011) en la Clínica se *"suele cuestionar todos los intentos de "encuadrar" los diversos modos del sufrimiento infantil. "Neurosis", "perversión", "psicosis", resultan insuficientes por la extensión y complejidad de la problemática. Es por ello que, sin desconocer la importancia de los grandes cuadros, creo que es fundamental pensar las fallas en la estructuración del psiquismo, las características peculiares de la patología en un aparato psíquico que está en vías de constitución y la incidencia de los otros en esa estructuración"* (p.17).

Comenzando ahora con definir lo que se entiende por **Neurosis Obsesiva**, un caso paradigmático de síntomas obsesivos lo vemos expuesto en el Caso del Hombre de las Ratas, documentado por Freud (1910): *"Después de la partida de su amada se apoderó de él una obsesión de comprensión, que le hizo insoportable a los suyos, pues se obligaba a comprender exactamente cada una de las sílabas pronunciadas por los que a él se dirigían, como si de otro modo se le escapara un gran tesoro. En consecuencia, preguntaba y una y otra vez: «¿Qué has dicho?» Y cuando se lo repetían pretendía que la primera vez habían dicho otra cosa y permanecía insatisfecho"* (p.79). Así, para el caso del paciente relatado, la *"obsesión de comprender alude directamente a este suceso, presentándose estructurada como si el paciente se hubiese dicho: Después de semejante experiencia, debes procurar no interpretar erróneamente las palabras de nadie si quieres ahorrarte muchos disgustos inútiles. Pero semejante propósito queda, no sólo generalizado, sino también - quizá a causa de la ausencia de la mujer amada- desplazado desde su persona a todas las demás, mucho menos interesantes"* (Freud, 1910:1459). En este cavilar de la duda al saber, se emprende toda una generalización (simetría) hacia otros conjuntos más insignificantes o lejos del suceso. De modo que *"la necesidad de la inseguridad o de la duda. La creación de la inseguridad es uno de los métodos que la neurosis emplea para extraer al enfermo de la realidad y aislarle del mundo, tendencia integrada en toda perturbación psiconeurótica. Los enfermos realizan un esfuerzo evidente para eludir toda seguridad y poder permanecer en duda"* (Freud, 1910:1478). Entonces para estos casos, la *"predilección que los neuróticos obsesivos muestran por la inseguridad y la duda constituye para ellos un motivo para adherir preferentemente sus pensamientos a aquellos temas en los que la inseguridad es generalmente humana y en los que nuestros conocimientos o nuestro juicio permanecen necesariamente expuestos a la duda. Tales temas son, ante todo, la paternidad, la duración de la vida, la supervivencia en el más allá y la memoria, a la que solemos dar fe sin poseer la menor garantía de su exactitud"* (Freud, 1910:1478-1479).

Otro factor considerable a tomar en cuenta son los *"actos obsesivos en dos tiempos, cuya primera parte es anulada por la segunda, son típicos de la neurosis obsesiva. Naturalmente, son mal interpretados por el pensamiento consciente del enfermo, el cual los provee de una motivación secundaria, racionalizándolos. Pero su verdadero significado está en la representación del conflicto entre dos impulsos antitéticos de aproximadamente igual magnitud y, que yo sepa, siempre de la antítesis de odio y amor. Presentan especial interés erótico porque nos muestran un nuevo tipo de la formación de síntomas. En vez de encontrar, como regularmente sucede en la histeria, una transacción en una sola representación matando así dos pájaros de un tiro, se satisface aquí a ambos elementos por separado, primero a uno y después a otro, aunque no sin llevar antes a cabo la tentativa de establecer una especie de enlace lógico entre los elementos antagónicos desprovisto a veces de toda lógica"* (Freud, 1910:1459). Por consiguiente, su *"inconsciente integraba los impulsos violentos y perversos tempranamente reprimidos. En su estado normal era un hombre bondadoso, alegre, reflexivo, inteligente y despejado; pero en una tercera organización psíquica rendía culto a la superstición y a la ascesis, de manera que podía entrañar dos convicciones y dos concepciones del universo. Esta* personalidad preconsciente entrañaba, sobre todo, los productos de la reacción a sus deseos reprimidos y no era difícil prever que, de haberse prolongado la enfermedad, hubiera acabado por devorar a la personalidad normal. Actualmente se me ha ofrecido la ocasión de investigar tales fenómenos en una paciente gravemente enferma de neurosis obsesiva y análogamente disociada en una personalidad tolerante y serena y otra sombría y ascética. La sujeto presenta la primera de tales personalidades como su yo oficial, pero vive dominada por la segunda. Ambas organizaciones psíquicas tienen acceso a su consciencia, y detrás de su personalidad ascética se oculta su inconsciente, totalmente desconocido para ella y compuesto de antiquísimos deseos ha largo tiempo reprimidos" (Freud, 1910:1486).

Un ejemplo de defensas obsesivas lo vemos expuesto en el caso del "Hombre de los Lobos", publicado por Freud (1918), quien *"al tener noticia de la muerte de su hermana apenas sintió indicio alguno de dolor. Se compelió a dar muestras de duelo, y con toda frialdad pudo alegrarse de que ahora pasaría a ser el único heredero de la fortuna (…) Era de esperar, desde luego, que el dolor producido por la pérdida de la persona más querida de su familia quedase inhibido en su exteriorización por el efecto continuado de los celos que aquélla le inspiraba y por la intervención de su enamoramiento incestuoso, reprimido e inconsciente (…) Pocos meses después de la muerte de su hermana hizo a su vez un viaje a la comarca donde ella había fallecido, buscó allí la tumba de un gran poeta que era por entonces su ideal y vertió ardientes lágrimas sobre esa tumba.*
Fue una reacción extraña para él, pues sabía que habían pasado más de dos generaciones desde la muerte del venerado poeta. Sólo la comprendió al recordar que su padre solía comparar las poesías de la hermana muerta con las de ese gran poeta (…) otro indicio para la concepción recta de ese homenaje en apariencia dirigido al poeta. Antes había señalado repetidas veces que su hermana se había pegado un tiro, y luego se vio obligado a rectificar: había tomado veneno. Era el poeta quien había muerto de un tiro en un duelo a pistola" (p.1950). En resumen, el paciente llora por alguien lejano vía desplazamiento de afecto obsesivo, de quien indirecta, a modo latente se asociaba con su hermana. Represión obsesiva que también, puede fallar o tropezar tras lamentarse a momentos de algo irrelevante para luego volver a lamentarse por el mismo duelo de forma oscilante e inestable.

Agreguemos en Freud (1915) de su texto La Represión, donde indica que en la Neurosis Obsesiva "*si la representación que sucumbe a la represión es una tendencia libidinosa o una tendencia hostil. Tal inseguridad proviene de que la neurosis obsesiva tiene, como premisa, una regresión, que sustituye la tendencia erótica por una tendencia sádica. Este impulso hostil contra una persona amada, es lo que sucumbe a la represión, cuyos efectos varían mucho de su primera fase a su desarrollo ulterior. Al principio, logra la represión un éxito completo; el contenido ideológico es rechazado y el afecto obligado a desaparecer. Como producto sustitutivo, surge una modificación del Yo, consistente en el incremento de la conciencia moral, modificación que no podemos considerar como un síntoma. La formación de sustitutivos y la de síntomas se muestran aquí separadas y se nos revela una parte del mecanismo de la represión. Ésta ha realizado, como siempre, una sustracción* de libido, pero se ha servido, para este fin, de la formación de reacciones, por medio de la intensificación de una antítesis. La formación de sustitutivos tiene, pues, aquí el mismo mecanismo que la represión, y coincide en el fondo, con ella, pero se separa cronológicamente, como es comprensible de la formación de síntomas. Es muy probable que la relación de ambivalencia en la que está incluido el impulso sádico que ha de ser reprimido, sea la que haga posible todo el proceso.

Pero esta represión, conseguida al principio, no logra mantenerse, y en su curso ulterior, va aproximándose cada vez más al fracaso. La ambivalencia, que hubo de facilitar la represión por medio de la formación de reacciones, facilita también, luego el retorno de lo reprimido. El afecto desaparecido retorna transformado en angustia social, escrúpulos y reproches sin fin, y la representación rechazada es sustituída por el producto de un desplazamiento, que recae, con frecuencia, sobre elementos mínimos e indiferentes. La mayor parte de las veces no se descubre tendencia ninguna a la reconstitución exacta de la representación reprimida. El fracaso de la represión del factor cuantitativo, afectivo, hace entrar en actividad aquel mecanismo de la fuga por medio de precauciones y prohibiciones, que ya descubrimos en la formación de la fobia histérica.Pero la representación continúa viéndose negado el acceso a la consciencia, pues de este modo, se consigue evitar la acción, paralizando el impulso. Por lo tanto, la labor de la represión en la neurosis obsesiva, termina en una vana e inacabable lucha" (p.2059-2060).

Pasando a otros terrenos, sobre la "palabra", Freud (1897) en su Carta 79 a Fliess, explica que para la Neurosis obsesiva ciertas palabras aparentemente inconexas, "se corrobora que la representación-palabra, y no el concepto a ella inherente, es la localidad por donde irrumpe lo reprimido. (Más precisamente, es el recuerdo-palabra.) De ahí que las cosas más dispares tiendan a reunirse como representación obsesiva bajo una palabra multívoca. Para la tendencia a la irrupción, estas palabras ambiguas son, por así decir, como matar varias moscas de un golpe. Valga como ejemplo el siguiente caso: una muchacha que ha asistido a la escuela de costura, y que habría terminado enseguida, es fastidiada por esta representación obsesiva: «No, no debes irte, todavía no has terminado, todavía tienes que hacer más, aprender todo lo posible». Tras ello, el recuerdo de escenas infantiles en que la ponían a la bacinilla, no quería permanecer ahí y experimentaba la misma compulsión: «No debes irte, no has terminado todavía, tienes que hacer más». La palabra «hacer» permite reunir la situación posterior con la infantil. Las representaciones obsesivas a menudo se visten con una peculiar imprecisión de palabra a fin de permitir ese uso múltiple" (p.314-315). En este caso entregado por Freud, generalmente se da en la Neurosis obsesiva una prematuración del Super-yo a expensas de las funciones del Yo. Se instalan los ideales, los deberes y prohibiciones, antes que el yo coordine sus elementos. En otras palabras, "un apresuramiento en el tiempo del desarrollo yoico respecto del libidinal ha de anotarse en la predisposición a la neurosis obsesiva (Freud, 1913:344). Finalmente, los mandatos-palabra (representaciones-palabra) se vuelven "cosa" (representación-cosa) prematuramente, ampliando su conjunto a los conflictos represivos.

Un rasgo común de la Neurosis Obsesiva, es la limpieza y/o la meticulosidad por lo inservible. Si lo graficamos en su modo más explícito posible, lo vemos en el ejemplo que nos aporta Ferenczi (1916) de *"un niño que, para tener "monedas de oro" muy brillantes, se tragaba piezas de cobre, y, las recuperaba en sus excrementos efectivamente limpias y brillantes. Los jugos gástricos habían limpiado la costra de las monedas de cobre. Se trata de una combinación de dos rasgos de carácter: amor al dinero y a la limpieza por una parte, y erotismo anal original por otra."* En este ejemplo se condensa el deseo de convertir la mierda en oro y el intentar sacar brillo a lo que se convirtió en inutilidad.

Otro aspecto característico, es el **desplazamiento** compulsivo de arreglar (solucionar) cosas de un lado a otro, autoengañándose que así "solucionarán" otros temas reprimidos o latentemente "olvidados", intentando evitar que emerja la angustia. En otras palabras, los actos meticulosos de rumiación y/o compulsión, aparentan elaborar algo irresuelto, cuya misma intención meticulosamente ha sido desconectar la intención de hacerlo (postergando). Vale decir, "*el comportamiento obsesivo señala, permanentemente, el caos interno, de modo tal que el orden obsesivo no es curativo a raíz de que sólo puede tramitar las representaciones externas o renegaciones del caos Interno*" (Winnicott, 1958:192). En otros términos, Green (1994) lo define como "*si el obsesivo desplaza interminablemente es porque no puede resistir la tentación de poner en contacto elementos que en esencia son extraños entre sí*" (p.271). Con la finalidad de sentir (autocomplacer) que tras resolver algo en un sitio, resolvería mágicamente aquel otro lugar inaccesible (impedido) por elaborar. Si el obsesivo no logra resolver algo sustituto en un periodo de tiempo, o, no logra liberar su plena compulsión se desatará la angustia. En resumen, el desplazamiento obsesivo al hacer algo compulsivamente distinto a lo que debería o no puede hacer (o que no desea hacer), cree resolver algo que meticulosamente no ha podido ni querido resolver. Por ejemplo, Freud (1907) en su artículo "Los actos obsesivos y las prácticas religiosas (Zwangshandlungen un Religionsübungen)", menciona los ceremoniales neuróticos que consisten "*en pequeños manejos, adiciones, restricciones y arreglos puestos en práctica, siempre en la misma forma o con modificaciones regulares, en la ejecución de determinados actos de la vida cotidiana. Tales manejos nos producen la impresión de meras «formalidades» y nos parecen faltos de toda significación. Así, aparecen también a los ojos del enfermo, el cual se muestra, sin embargo, incapaz de suspender su ejecución, pues toda infracción del ceremonial es castigada con una angustia intolerable que le obliga en el acto a rectificar y a desarrollarlo al pie de la letra*" (p.1337). A veces, el simple echo de saber lo que uno hace es una evasión u obsesión, retroalimenta aun más en ansiedad prologando la acción obsesiva.

Sobre el acto ceremonial de acostarse Freud (1907) describe los siguientes ejemplos: "*el sujeto ha de colocar la silla en una posición determinada al lado de la cama y ha de poner encima de ella sus vestidos, doblados en determinada forma y según cierto orden; tiene que remeter la colcha por la parte de los pies y estirar perfectamente las sábanas; luego ha de colocar las almohadas en determinada posición y adoptar él mismo, al echarse, una cierta postura; sólo entonces podrá disponerse a conciliar el sueño*" (p.1337). Freud más adelante aclara que la mayoría de los actos obsesivos proceden de algun acto ceremonial. Lo que de echo, los actos banales o rutinarios, adquieren ese sello "propio o característico de uno" al momento de ejecutarlo. De las simples manías de orden en las secuencias, hasta las más absurdas e indestructibles rutinas cargan con una fuerte emoción muchas veces implícita.

Agrega Freud (1907) que finalmente, la *"ocultación se hace, además, más fácil a muchos enfermos, por cuanto son perfectamente capaces de cumplir sus deberes sociales durante una parte del día, después que han consagrado, en soledad, un cierto número de horas a sus misteriosos manejos*" (p.1338).

Los rituales o actos ceremoniales, muchos de ellos giran envueltos por "*medio de la máquina, el tiempo se volvió nuestro gobernante. Sólo en nuestras horas libres parece que tenemos cierta oportunidad de elegir. Sin embargo, generalmente organizamos nuestros ocios como programamos nuestro trabajo, o nos rebelamos contra la tiranía del tiempo siendo absolutamente perezosos. Al no hacer nada, excepto desobedecer las demandas del tiempo, tenemos la ilusión de que somos libres, cuando estamos, de hecho, sólo en libertad bajo palabra fuera de la prisión del tiempo*" (Fromm, 1976:127).

Una modalidad Clínica típica que podrían expresar los pacientes con rasgos obsesivos, suelen ser aquellas donde la "*sesión está aquí dominada por una extrema movilidad de representaciones de todas clases. No bien se halla extendido, el paciente tiene mucho que decir. Reflexiones nacidas en la última sesión, de todo lo que ha sido vivido desde esta última, de todo lo que se presenta en curso de sesión. El trabajo asociativo se hace rápidamente, la lengua está suelta, rápida, casi torrencial. El analista está ahogado por el torrente de palabras; éstas forman conjuntos de reflexiones muy ingeniosas, exactas en derecho, que podrían también figurar en una conferencia o en un trabajo escrito.*

Las imágenes se presentan en masa, perteneciendo a un pasado reciente, remontan el curso de un pasado más antiguo, anticipan sobre el porvenir.

Todo es mencionado: las relaciones con el cónyuge, los amigos, los profesionales, los trabajos en curso, las lecturas profanas o sagradas --es decir fuera del campo del análisis o en el campo de éste. El analista debería quedar reducido por ese paciente que le da tanto. Sin embargo, el analista tiene la sensación de que su proceso analítico no está engranado. El tifón de representaciones se atorbellina alrededor de él. Él ocupa el centro, es decir el lugar que no es agitado por ningún soplo. La fuga de las representaciones que no deja de recordar la fuga de las ideas le da la impresión de producciones psíquicas arbitrarias. Es decir, que el paciente podría muy bien también decir lo contrario de todo lo que explica, sin que ello cambie nada fundamental en la situación analítica. Las formaciones del inconsciente están marcadas, cuando el paciente las analiza, por el mismo sello de abundancia estéril. El analizando es experto en encontrar otra vez los filones asociativos de un sueño, de una fantasía, de un lapsus, de un acto fallido. Todo eso carece de consecuencias pues el análisis resbala sobre el diván como el agua sobre las plumas de un pato. No hay ningún enganche mediante el inconsciente, ningún amarraje en la transferencia. La transferencia es aquí volátil, libre como el aire. El analizando es una maravillosa máquina de asociar que funciona perfectamente. La presencia del analista es totalmente superflua. Se podría ausentar discretamente y esto pasaría totalmente desapercibido por el analizando. Esto equivale a decir que el proceso psicoanalítico no ha comenzado de ninguna manera y que la transferencia parece estar aquí bajo el efecto de un sobreseimiento. Todo esfuerzo del analista para subrayar las características de esta situación es anulado ya que es inmediatamente asimilado por el analizando, es decir que su decir es objeto inmediatamente de asociaciones y de interpretaciones, a menudo justas por otra parte, pero sin impacto" (Green, 1973:155-156).

Andre Green (1994) en "Locuras Privadas" indica también cómo la defensa *"obsesiva se detecta si el lenguaje carece de afecto porque el afecto mismo ha sido desconectado o reprimido. En esta situación es mejor no buscar el afecto reprimido ni interpretarlo directamente de manera silvestre; conviene en cambio enlazar el afecto reprimido con la representación preconciente. Esta parece ser la condición para un trabajo interpretativo constructivo. Obrando de ese modo no sólo se restablece el nexo roto sino que también se puede llevar al paciente a percatarse de que el afecto había sido desconectado o reprimido por su lazo con esa misma representación"* (p.331).

De antemano, ojalá se me pueda disculpar lo extenso de la siguiente cita para ir cerrando lo referido a las Neurosis Obesivas. Estos párrafos explicarán del mejor modo posible la conformación y dinámica de la Neurosis Obsesiva. Por lo cual, se me hace un tanto complejo acortar demasiado los párrafos, además, el dar menciones entre medio, solo haría entorpecer la prosa misma de Freud.

En su texto "Nuevas puntualizaciones sobre neuropsicosis de defensa", Freud (1896), en lo referente a las Neurosis Obsesivas nos explica diversos aspectos de sus efectos y conformaciones: *"las representaciones obsesivas son siempre reproches mudados, que retornan de la represión {desalojo} y están referidos siempre a una acción de la infancia, una acción sexual realizada con placer (…) En un primer período —período de la inmoralidad infantil—, ocurren los sucesos que contienen el germen de la neurosis posterior. Ante todo (…) las acciones de agresión sexual contra el otro sexo, que más tarde aparecen bajo la forma de acciones- reproche.*
Pone término a este período el ingreso (…) al recuerdo de aquellas acciones placenteras se anuda un reproche, y el nexo con la vivencia inicial de pasividad posibilita —con frecuencia sólo tras un empeño consciente y recordado— reprimir ese reproche y sustituirlo por un sintoma defensivo primario. Escrúpulos de la conciencia moral, vergüenza, desconfianza de sí mismo, son esos síntomas, con los cuales empieza el tercer período, de la salud aparente, pero, en verdad, de la defensa lograda.
El período siguiente, el de la enfermedad, se singulariza por el retorno de los recuerdos reprimidos, vale decir, por el fracaso de la defensa; acerca de esto, es incierto si el despertar de esos recuerdos sobreviene más a menudo de manera casual y espontánea, o a consecuencia de unas perturbaciones sexuales actuales, por así decir como efecto colateral de estas últimas. Ahora bien, los recuerdos reanimados y los reproches formados desde ellos nunca ingresan inalterados en la conciencia; lo que deviene consciente como representación y afecto obsesivos, sustituyendo al recuerdo patógeno en el

vivir consciente, son unas formaciones de compromiso entre las representaciones reprimidas y las represoras.

Para describir de una manera intuible y con acierto probable los procesos de la represión, del retorno de lo reprimido y la formación de representaciones patológicas de compromiso, uno tendría que decidirse por unos muy precisos supuestos sobre el sustrato del acontecer psíquico y de la conciencia (...)

Existen dos formas de la neurosis obsesiva, según que se conquiste el ingreso a la conciencia sólo el contenido mnémico de la acción-reproche, o también el afecto-reproche a ella anudado. El primer caso es el de las representaciones obsesivas típicas, en que el contenido atrae sobre sí la atención del enfermo y como afecto se siente sólo un displacer impreciso, en tanto que al contenido de la representación obsesiva sólo convendría el afecto del reproche.

El contenido de la representación obsesiva está doblemente desfigurado respecto del que tuvo la acción obsesiva en la infancia: en primer lugar, porque algo actual reemplaza a lo pasado, y, en segundo lugar, porque lo sexual está sustituido por un análogo no sexual. Estas dos modificaciones son el efecto de la inclinación represiva que continúa vigente, y que atribuiremos al «yo». El influjo del recuerdo patógeno reanimado se muestra en que el contenido de la representación obsesiva sigue siendo fragmentariamente idéntico a lo reprimido o se deriva de esto por medio de una correcta secuencia de pensamiento. Si uno reconstruye, con ayuda del método psicoanalítico, la génesis de cada representación obsesiva, halla que desde una impresión actual han sido incitadas dos diversas ilaciones de pensamiento; de ellas, la que ha pasado por el recuerdo reprimido demuestra estar formada tan correctamente desde el punto de vista lógico como la otra, no obstante ser insusceptible de conciencia e incorregible. Si los resultados de las dos operaciones psíquicas no concuerdan, esto no conduce, por ejemplo, a la nivelación lógica de la contradicción entre ambas, sino que en la conciencia entra, junto al resultado del pensar normal, y como un compromiso entre la resistencia y el resultado del pensar patológico, una representación obsesiva que parece absurda. Y si las dos ilaciones de pensamiento llevan a la misma conclusión, se refuerzan entre sí, de suerte que un resultado del pensar adquirido por vía normal se comporta ahora, psicológicamente, como una representación obsesiva.

Toda vez que una obsesión neurótica aparece en lo psíquico, ella proviene de una represión. Las representaciones obsesivas {Zivangsvorstellung} no tienen, por así decir, curso psíquico forzoso {Zwangskurs} a causa de su valor intrínseco, sino por el de la fuente de que provienen o que ha contribuido a su vigencia.

Una segunda plasmación de la neurosis obsesiva se produce si lo que se conquista una subrogación en la vida psíquica consciente no es el contenido mnémico reprimido, sino el-reproche, reprimido igualmente. El afecto de reproche puede mudarse, en virtud de un agregado psíquico, en un afecto displacentero de cualquier otra índole; acontecido esto, el devenir-consciente del afecto sustituyente ya no encuentra obstáculos en su camino. Entonces el reproche (por haber llevado a cabo en la infancia la acción sexual) se muda fácilmente en vergüenza (de que otro se llegue a enterar), en angustia hipocondríaca (por las consecuencias corporalmente nocivas de aquella acción-reproche), en angustia social (por la pena que impondrá la sociedad a aquel desaguisado), en angustia religiosa, en delirio de ser notado (miedo de denunciar a otros aquella acción), en angustia de tentación (justificada desconfianza en la propia capacidad de resistencia moral), etc. A todo esto, el contenido mnémico de la acción-reproche puede estar subrogado también en la conciencia o ser relegado por completo, lo cual dificulta en sumo grado el discernimiento diagnóstico (…)

Junto a estos síntomas de compromiso, que significan el retorno de lo reprimido y, con él, un fracaso de la defensa originariamente lograda, la neurosis obsesiva forma una serie de otros síntomas de origen por entero diverso. Y es que el yo procura defenderse de aquellos retoños del recuerdo inicialmente reprimido, y en esta lucha defensiva crea unos síntomas que se podrían agrupar bajo el título de «defensa secundaria».

Todos estos síntomas constituyen «medidas protectoras» que han prestado muy buenos servicios para combatir las representaciones y afectos obsesivos. Si estos auxilios para la lucha defensiva consiguen efectivamente volver a reprimir los síntomas del retorno [de lo reprimido] impuestos al yo, la compulsión se trasfiere sobre las medidas protectoras mismas, y así crea una tercera plasmación de la «neurosis obsesiva»: las acciones obsesivas. Estas nunca son primarias, nunca contienen algo diverso de una defensa, nunca una agresión; acerca de ellas, el análisis psíquico demuestra que en todos los casos se esclarecen plenamente —no obstante su rareza— reconduciéndolas al recuerdo obsesivo que ellas combaten.

La defensa secundaria frente a las representaciones obsesivas puede tener éxito mediante un violento desvío hacia otros pensamientos, cuyo contenido sea el más contrario posible; en el caso de prevalecer la compulsión de cavilar, por ejemplo, pensamientos sobre cosas suprasensibles, porque las representaciones reprimidas se ocupan siempre de lo sensual. O el enfermo intenta enseñorearse de cada idea obsesiva singular mediante un trabajo lógico y una invocación a sus recuerdos conscientes; esto lleva a la compulsión de pensar y examinar, y a la manía de duda. La superioridad de la percepción frente al recuerdo en estos exámenes mueve al enfermo primero, y lo compele después, a coleccionar y guardar todos los objetos con los cuales ha entrado en contacto. La defensa secundaria frente a los afectos obsesivos da por resultado una serie todavía mayor de medidas protectoras que son susceptibles de mudarse en acciones obsesivas.

Es posible agrupar estas con arreglo a su tendencia: medidas expiatorias (fastidiosos ceremoniales, observación de números), preventivas (toda clase de fobias, superstición, meticulosidad pedante, acrecentamiento del síntoma primario de los escrúpulos de la conciencia moral), miedo a traicionarse (coleccionar papeles, misantropía) y aturdimiento (dipsomanía). Entre estas acciones e impulsos obsesivos, las fobias desempeñan el máximo papel como limitaciones existenciales del enfermo.

Hay casos en los que se puede observar cómo la compulsión se trasfiere de la representación o el afecto a la medida de defensa; otros en que la compulsión oscila periódicamente entre el síntoma de retorno [de lo reprimido] y el síntoma de la defensa secundaria; pero, junto a estos, otros casos en que no se forma representación obsesiva alguna, sino que el recuerdo reprimido está subrogado de manera inmediata por la medida de defensa aparentemente primaria.

Aquí se alcanza de un salto aquel estadio que de lo contrario cierra la trayectoria de la neurosis obsesiva sólo tras la lucha de la defensa. Los casos

graves de esta afección culminan en la fijación de acciones ceremoniales, o en una manía de duda universal, o en una existencia estrafalaria condicionada por fobias.
Que la representación obsesiva y todo cuanto de ella deriva no halle creencia [en el sujeto] se debe a que a raíz de la represión primaria se formó el síntoma defensivo de la escrupulosidad de la conciencia moral, que de igual modo cobró vigencia obsesiva. La certidumbre de haber vivido con arreglo a la moral durante todo el período de la defensa lograda impide creer en el reproche que está envuelto en la representación obsesiva. Los síntomas patológicos del retorno reciben también creencia sólo pasajeramente, a raíz de la emergencia de una representación obsesiva nueva y, aquí y allí, en estados de agotamiento melancólico del yo. La «compulsión» de las formaciones psíquicas aquí descritas no tiene absolutamente nada que ver con su reconocimiento por la creencia, y tampoco se debe confundir con aquel factor que se designa como «fortaleza» o «intensidad» de una representación.
Su carácter esencial es, antes bien, que no puede ser resuelta por la actividad psíquica susceptible de conciencia; y este carácter no experimenta cambio alguno porque la representación a que la obsesión adhiere sea más fuerte o más débil, esté más o menos intensamente «iluminada», «investida con energía», etc" (p.170-174).

Otro asunto que guarda relación con la Neurosis Obsesiva y su conformación, lo podemos dar cuenta mediante el "**carácter anal**", en tanto, su "retención y expulsión". Cobra suma importancia el trabajo desarrollado por Karl Abraham (1921), en que por ejemplo, tales *"pacientes ejecutan frecuentemente dos ocupaciones a la vez, para ahorrar tiempo. Les agrada, por ejemplo, leer, estudiar, o realizar otras tareas mientras defecan. He tropezado repetidas veces con personas que para ahorrar tiempo se ponían o sacaban el saco y el chaleco juntos, o que al irse a acostar dejaban los calzoncillos dentro de los pantalones para ponerse ambas prendas a la vez a la mañana siguiente. Los ejemplos de este tipo pueden multiplicarse fácilmente"* (p.295). Estos casos, ¿no les recuerda a la Neurosis Obsesiva de Kant en sus aparatos inventados para colocarse sus calcetines y subirlos?

Sobre lo retentivo, es característica la búsqueda de perservar algo (para él) bello, rindiendo culto a la belleza para que no se escape. Como diría Klein, al carecer de aspectos yoicos positivos de sí, lo busca en el brillo mismo de los objetos que con su propio yo devaluado los hace brillar para admirar y sentir que posee un objeto bueno. Este tipo de proyecciones otorgadas a los objetos de colección o admiración, Hanna Segal (1964) expone al respecto un caso de Psicosis: *"la paciente dijo que de cualquier modo no veía en la gente "más que proyecciones de personajes de libros". Comentó cuánto le gustaba leer libros; los devoraba. Dijo que los personajes de libros le parecían mucho más reales que cualquier otra persona, y sin embargo eran tan irreales. Los personajes de los libros podían tener cualquier emoción, ella no tenía ninguna. Los personajes de los libros eran maravillosos porque podía hacer con ellos lo que quisiera. Ni siquiera le importaba lastimarlos, ya que ellos nunca cambiaban (...) pone todo su amor en personajes de libros y éstos se convierten en sus objetos ideales.*

Cuando ha proyectado toda su enfermedad –maldad- en personas reales, y todo su amor y cualidades ideales en personajes de libros, ella misma se siente completamente vacía. No tiene emociones ni contenidos, sean buenos o malos. Para contrarrestar esto, necesita devorar libros en un intento de introducir adentro de sí estos objetos ideales y recuperar las partes proyectadas de sí misma que están ahora en ellos" (p.66). Por ello, es importante que el objeto sea perdurable ("ya que ellos nunca cambian"), que no desfallesca, debe ser inmortal para conservar algo insostenible. Entonces, las *"formas en las que puede expresarse el placer de la posesión, son muy numerosas. El coleccionista de estampillas que lamenta profundamente la falta de un ejemplar en su colección, no está muy alejado del avaro, que según la noción popular cuenta sus piezas de oro y se deleita con ellas"* (Abraham, 1921:295).

En otro lugar, continúa K. Abraham (1921) definiendo que *"está estrechamente relacionado con el placer en mirar las propias posesiones. Me refiero al placer en contemplar las propias creaciones intelectuales, cartas, manuscritos, etc., u obras completas de cualquier clase. El prototipo de esta tendencia es la contemplación de los propios excrementos, que para muchas personas es una fuente de placer siempre renovada, y que es en algunos neuróticos una forma de compulsión psíquica.*
Esta acentuación libidinal de la posesión explica la dificultad que tienen nuestros pacientes en separarse de objetos de todo tipo, cuando éstos no tienen ya valor práctico o pecuniario alguno. Tales personas coleccionan a menudo en el altillo toda suerte de objetos rotos, con el pretexto de que pueden necesitarlos más adelante. Y luego, en una u otra ocasión, se desembarazan de una sola vez de todo el lote de desperdicios. Su placer de tener almacenada una masa de materiales, corresponde enteramente al placer de retener las heces.
Encontramos en este caso que la eliminación (evacuación) del material es demorada todo lo posible. Las mismas personas coleccionan pedazos de papel, sobres viejos, lápices usados y cosas similares, y no pueden desprenderse de estas propiedades por largos períodos de tiempo, y luego, en raras ocasiones, hacen un descarte general, que también está asociado con placer" (p.295).

Se puede inferir que en dicha descarga es una acomulación que logra placer de evacuación una vez juntado una cierta cantidad de objetos por un lapso de tiempo. Puesto que deshacerse de los objetos a modo inmediato no es placentero. Por lo que se tolera una gran cantidad de cosas inútiles con el fin de que sea proximamente útil, aún si oculta lo actualmente útil de algun otro objeto. Las formas o caprichos en el modo a evacuar pueden ser diversos, Abraham (1921) relata el caso de *"hábito peculiar de una mujer que también exhibía en otros aspectos rasgos anales desusadamente pronunciados, muestra claramente que tirar objetos equivale' en el inconciente a evacuar los excrementos. Esta mujer no podía tirar los objetos que ya no tenían ninguna utilidad. No obstante, a veces se veía obligada a tirar algunos de estos objetos, de modo que había inventado un método para engañarse a sí misma. Iba desde su casa hasta el bosque cercano llevando el objeto que debía_ ser eliminado -quizás unas ropas viejas- colocado a su espalda bajo los cordones de su delantal. En su camino hacia el bosque "perdía" el objeto, y regresaba a su casa por un camino distinto para no ver de nuevo al objeto "perdido". Por consiguiente, para desprenderse de un objeto, tenía que dejarlo caer desde la parte posterior de su cuerpo"* (p.296). Aún en casos más cotidianos, el rodeo o la dificultad de evacuar los objetos inútiles (heces): *"Las personas que no gustan desembarazarse de objetos usados, por lo general no se adaptan rápidamente a otros nuevos. Compran nuevas ropas, pero no se las ponen; las "guardan" para el futuro, y sólo les provocan un placer real en cuanto cuelgan sin usar en el ropero. La repugnancia a tirar objetos usados o sin valor, conduce frecuentemente a una tendencia compulsiva a utilizar aun a la cosa más insignificante. Un hombre rico solía cortar en pequeñas tiras sus cajas de fósforos vacías, y se las daba a sus sirvientes para encender el fuego"* (Abraham, 1921:296).

Otros modos ejemplares de lo retentivo anal o en lo mezquino se puede graficar en que hay *"una clase de pacientes que evita gastar dinero en cosas que "pasan". Un concierto, un viaje, una visita a una exhibición, implican gasto, y no se obtiene en retribución nada permanente.Conocí a una persona que no iba a la ópera por esta razón; no obstante, compraba partituras para piano de las óperas que no había escuchado, pues de este modo obtenía algo "duradero". Algunos de estos neuróticos no quieren gastar dinero en alimentos, pues ellos no son conservados como posesión permanente"* (Abraham, 1921:294). De este modo, la belleza debe ser eterna, no existe la belleza transitoria o fugaz, lo bello es bello si se conserva y perdura. Siendo aquello lo que no se deja erosionar con el tiempo, como un objeto inmortal a venerar, pues posee algo que el yo del sujeto no posee, e intenta obtenerlo por medio de una posesión del objeto mismo. Como si al poseer algo tan bello se puede ser bello poseyéndolo con dicho esfuerzo o acomulación.

Recordemos que en los inicios, la fuente en *"los excrementos es la primera forma en que el niño "da" o "regala" una cosa; y el neurótico exhibe a menudo la terquedad descrita en materia de dar. En consecuencia, se negará a un pedido que se le hace, pero por su propia voluntad' hará un regalo generoso. Lo importante aquí es preservar su derecho a la decisión.*
Encontramos con frecuencia en nuestros psicoanálisis que un esposo se opone a todo gasto propuesto por la mujer, y después le da "por su libre decisión" más de lo que ella había pedido. A esos hombres les encanta mantener a sus esposas dependientes de ellos financieramente. Asignar dinero en cuotas que ellos mismos determinan, es una fuente de placer" (Abraham, 1921:289). O más bien, una fuente de autoerotismo, donde se erogeniza la voluntad de oposición como evasión narcisistica de la castración. Es por ello que la postergación es un medio clásico de la represión u ocultación a la castración. Como ya lo hemos expresamos con Erich Fromm (1976), la oposición al tiempo frente a los quehaceres, envueltos por *"medio de la máquina, el tiempo se volvió nuestro gobernante. Sólo en nuestras horas libres parece que tenemos cierta oportunidad de elegir. Sin embargo, generalmente organizamos nuestros ocios como programamos nuestro trabajo, o nos rebelamos contra la tiranía del tiempo siendo absolutamente perezosos. Al no hacer nada, excepto desobedecer las demandas del tiempo, tenemos la ilusión de que somos libres, cuando estamos, de hecho, sólo en libertad bajo palabra fuera de la prisión del tiempo"* (p.127).

Se aprende que retener es una forma de hacer resistencia a los imperativos, de este modo al retener, algo no se pierde, se mantiene, perdura, perdura hasta cuando "yo quiera", al placer anal tiene entonces sus propios medios de negar sus faltas o regresar a la omnipotencia como autoerotismo. Con respecto aquello, el propio Abraham (1921) da pistas al asunto del narcisismo y el erotismo anal: "*en cuanto la educación del niño exige una estricta regularidad de las excreciones, así como higiene. Expone a su narcisismo a la primera prueba severa. La mayoría de los niños se adaptan, tarde o temprano, a esas exigencias. En los casos favorables, el niño consigue hacer de necesidad virtud, por decirlo así; en otras palabras, se identifica con las demandas de sus educadores y se siente orgulloso de su logro. Se compensa así la ofensa primaria contra su narcisismo, y el sentimiento original de la autogratificación es reemplazado por la gratificación del logro, del "ser bueno" ante la estimación de sus padres. No todos los niños tienen el mismo éxito en este aspecto. Debe concederse especial atención al hecho de que hay ciertas compensaciones tras las cuales se oculta un obstinado aferramiento al primitivo derecho a la autodeterminación, que a veces irrumpe violentamente con posterioridad*" (p.286).

Podríamos entenderlo como el primer intento de hacerse su propia ley ante la ley. En el caso contrario, se distingue a preservar las demandas ideales, sustituyendo la herida narcisística por un Ideal del yo cultural que cumplirá de modo rígido perfeccionista.

En los acapadores o **acomuladores**, el tiempo devora el espacio, es decir, el espacio es sustituido por un tiempo del tipo: "qué recuerdos", "preciosos pasados", "algun día", "en un futuro". El valor del espacio presente se pierde, como si convivieran dos tiempos paralelos (pasado-futuro) donde solo existe un único espacio que los albergue a ambos. El tiempo mezcla sus aguas en una especie de pasado-futuro sin presente. No es el presente habitable, es más bien el pasado en futuro quien traspone su despliegue en el espacio. Por esta razón, a los pacientes acomuladores con "mal de Diogenes" se les escapa (pierde) la contabilidad del tiempo transcurrido. Es claro que un "mal de Diogenes" es más patológico que un coleccionista, puesto que el coleccionista desplaza la retención acapadora en temáticas más concretas y no en un amplio abanico de objetos que toma el lugar contingente de la pulsión. En el coleccionista, se desea retener y preservar lo bello de un momento pasado en su presente, pero no expulsar su presente con cualquier cosa u objeto contingente como en el "mal de Diogenes". Por supuesto, la línea tajantemente divisoria no es sencilla de establecer, pues dependiendo de la gravedad y sus defensas pueden ser multi-coleccionistas o ir agravando los deseos de retener en la medida que su pasado lo idealiza y su presente lo frustra. Llama la atención en acomuladores que viven en lugares de estrecho espacio, donde almacenan objetos al punto de ser muy dificultoso transitar en sus habitaciones u hogares. Especialmente, si estamos en el nivel anal agudo de un "mal de Diogenes", donde cuesta hacerles entender el cómo ellos podrían aprovechar o utilizar su espacio presente para vivir en condiciones mínimas de salud, sin infecciones, hongos, insectos parásitos o ratas. Más en simple, hacer notar que la incomodidad actual podría tener en su presente un espacio más útil y cómodo, en vez de, almacenar una serie de objetos que no usará en muchos años o décadas. Siendo más provechoso, convivir actualmente dichos espacios presentes para sobrevivir necesidades básicas. En los casos Neuróticos, el sujeto reconoce vagamente que le gustaría tener un poco más despejado su habitación u hogar, pero que le es sumamente difícil desechar un mínimo de cosas que considera, únicamente él, todas valiosas. En el caso de Psicosis, la fijación anal se encontraría sin inhibición o represión alguna, las cuales no considerará ni siquiera como pausible el deshacerse de algún objeto ya que aquello implicaría, más que al Neurótico, destruirse a sí mismo. Más aún, en situación de psicosis aguda, no ven incomodidad alguna en su espacio, ni tampoco desean tener limpio o despejada su habitación u hogar.

Retomando el caso Neurótico y en sus casos más graves como el "mal de Diogenes", vemos que el espacio presente no existe o no es habitable puesto que el pasado como tiempo habita dicho espacio que pertenecería al presente. Por lo cual, se expulsa el tiempo presente desalojándolo. Al arrojar el presente espacio vacío con contenido pasado, debe en su transcurso re-llenar con más pasado el devenir de su "presente". Para no afixiarse de un exceso o acomulación de tiempos pasados, en un mismo espacio presente, como vía de ventilación proyecta una ventana futura donde los objetos retenidos darán sus merecidos frutos esperados para el idoneo futuro.
Vale decir, es un tiempo pasado que prosigue reteniendo anclado un tiempo futuro, con el fin de saltarse todo recorrido por el espacio presente, es decir, esquiva toda posibilidad de habitar lo presente injertando encima tanto el pasado como el futuro. Existe en su propia diacronía, regresar el tiempo al menos por un instante para enmendar su futuro perdido. Para ello, aniquilar su espacio presente es el medio de habitar un tiempo pasado por un futuro con hedor añejo. ¿Recuerdan aquellas revistas antiguas de "cómo será el mundo en 100 años" donde se especulaba estéticas y tecnologías futuras pero influenciadas por el tiempo de su época? Al ver dichas revistas viejas, da cierto extrañamiento por el vértigo que causa aquel "pasado-futurista": ¿De verdad la gente del pasado creía que el futuro se vería así de ridículo bajo esas vestimentas o esas lavadoras extravagantes? Esa misma impresión de extrañamiento entre el pasado y el futuro al hojear dichas revistas, dan cuenta también, los atesoradores de viejos tesoros que sólo su propio dueño es capaz de valorarlos bajo su exceso acomulador. Nietzsche (1874) critica este modo histórico de ser "Anticuario" que "*degenera en el momento mismo en que ya no está animada e inspirada por la fresca vida presente. Entonces la piedad se marchita, la rutina erudita continúa existiendo sin la piedad y gira, en torno a su propio eje (...) se contenta con cualquier tipo de alimento y hasta devora con placer el polvo de quisquillas bibliográficas*" (p.63).

Sin duda, la "retención" del pasado y la "expulsión" del presente, puede incluso, empeorar o agudizarse en los casos donde registremos además, un cuadro melancólico con fijaciones y regresiones (lo estudiaremos en el próximo Apartado). Esto último podría provocar, además, una expulsión o desalojo del futuro, generando la cancelación de todo proyecto existencial. Como si fuese absorbido por un agujero negro de peso melancólico-pasado que atrae con su propia fuerza de gravedad.

Podríamos resumir que el mecanismo defensivo del Neurótico obsesivo radica en manipular los tiempos, tanto en el modo de "expulsar" y de "retener" el tiempo. Por este motivo, no es de extrañar que se obsesionen o fantaseen con temas como: viajes en el tiempo, revivir muertos, coleccionismos, deseos de regresar a otros tiempos, la descomposición y la conservación de productos u objetos.

Antes de abarcar a las **Neurosis Fóbicas** según sus Angustias, recapitulemos en que primero, surge, la angustia de aniquilación del recién nacido, luego el miedo al abandono (como primeras apreciaciones temporal-espacial), después viene la primera simbolización (desplazamiento-condensación) de la angustia Fóbica que sería la primitiva angustia de la castración o de los primeros signos del Super yó (temor a los caballos como en el pequeño Hans).

Las primarias fobias infantiles nos releva también los estadios de constitución psíquica, por ejemplo en la fobia a los payasos, los mimos, a las máscaras o gente disfrazada, tiene "*que ver con la imposibilidad, en el niño, de leer en el otro la anticipación de la acción (...) La expresión es muy importante para el niño en la medida en que da cuenta de qué tiene el otro en la cabeza. Y, justamente, la apariencia impasible o sin expresión de las máscaras, de los payasos, los confunde (...) le derriba la posibilidad de la lectura de las emociones del otro que son la guía que define, en última instancia, el control de las angustias paranoides*" (Bleichmar, 2005:332).

Entonces, la primera Neurosis de un niño siempre es Fóbica. En cuanto el niño le tema algún objeto o escenario concreto, es porque la castración ya está operando conformando una Neurosis. La Castración produce un primitivo Super-yo de Neurosis Fóbica, luego la culpa en el Super-yó generará una Neurosis Obsesiva. Por otro lado, cuando la pulsión se fija en el Exhibicionismo se genera preferentemente una Neurosis Histérica conforme a la vergüenza desde el Super-yo.

Todo niño cruza la Neurosis Fóbica, Neurosis Histérica y Neurosis Obsesiva en algún punto, estas dependerán de sus fijaciones para donde irán luego los Síntomas Neuróticos más prevalentes (temas que avanzaremos en los próximos Apartados).

Como veremos, no es poco frecuente el traspaso de una Neurosis a otra, Freud (1913) expone el caso de una paciente que al enterarse que su marido no podía procrear hijos, fue pasando de una Neurosis Fóbica (histeria de angustia), a mudarse a una Neurosis Obsesiva: "*enfermó cuando supo que no podría dárselos el hombre a quien amaba con exclusividad. La histeria de angustia con la cual reaccionó a esa frustración correspondía, como pronto hubo de comprenderlo ella misma, al rechazo de unas fantasías de tentación por cuyo intermedio se abría paso el no abandonado deseo de tener un hijo. Lo hacía todo para no dejar entrever a su marido que ella había enfermado a consecuencia de la frustración por él determinada (...) el marido comprendió, sin que mediara confesión ni declaración, qué significaba la angustia de su esposa, se mortificó por ello sin demostrarlo y a su vez reaccionó neuróticamente denegándose —por vez primera— al comercio conyugal. Enseguida de esto partió de viaje; la mujer lo creyó aquejado de impotencia permanente y produjo los primeros síntomas obsesivos la víspera de su esperado regreso. El contenido de su neurosis obsesiva era una penosa compulsión a lavarse y a la limpieza, y eran también unas medidas protectoras, de extrema energía, frente a dañinas influencias que otros tendrían que temer de ella. Vale decir, consistía en formaciones reactivas contra unas mociones anal-eróticas y sádicas. En tales formas se veía precisada a exteriorizarse su necesidad sexual después que su vida genital hubo experimentado una desvalorización total por la impotencia del hombre que era para ella el único"* (p.340). Este caso adquiere aún mayor comprensión si entendemos que en *"los neuróticos obsesivos tienen que desarrollar una hipermoral para defender su amor de objeto contra la hostilidad que tras ese amor acecha"* (Freud, 1913:345).

Hay que hacer un alto sobre cómo podemos diferenciar algo en el orden de lo "Fóbico", "Traumático" y "Paranoico". La manifestación de terror, miedo y angustia son similares en cada una de ellas. En la Paranoia a diferencia de la Fobia, prima la proyección masiva bajo el tutelaje del proceso primario en lo que respecta al yo-placer-purificado, *"introyectarse todo lo bueno, arrojar de sí todo lo malo"* (Freud, 1925:254). Vale decir, la hostilidad y displacer se proyecta en los demás, mientras que lo gratificante está solo en mí. En las Fobias, si bien existe a la base, el mecanismo de la proyección, para la conformación de un objeto o situación Fóbica, el síntoma Neurótico Fóbico implica una simbolización o destitución por condensación o desplazamiento. La Fobia busca desde una situación o evento, aislar un elemento que simbolice la totalidad (la parte por el todo), lo cual le permite amurallar las representaciones indeseadas (cercanas) vía represión secundaria a los elementos contiguos que amenazan del fenómeno latente. En cambio, para los Traumas, se relaciona lo afectado bajo el Signo de Percepción sin re-transcripción o metabolización posible (hay pura contigüidad enlazada sin despegarse, sin formar dialéctica ni desfiguración). En el Trauma se recorta o se vuelve silueta un evento abrupto e invasivo. Este recorte o silueta es un intento fallido de hacer "Fobia" (simbolizar o representar la parte por el todo) a un "Trauma", pues la silueta posee una hipercatexia que impide sustituir vía simbolismos o bajo un nuevo engarce dialectizándolo (desfiguraciones que establezcan distancias o amurallamiento). Por ejemplo, lo que Freud llamó a las "Neurosis o crisis de angustia", mejor conocidas como "crisis de pánico", no es del todo correcto situarlas en el orden de la Neurosis Fóbica. La crisis de pánico implica un desborde de Angustia provocado por factores de ansiedad futura en conjunto con exigencias presentes. Más específico, un Síntoma como la agorafobia pueden darse como respuestas a un evento de "crisis de pánico" bajo el temor de que ocurra de nuevo en "espacios abiertos" aquella crisis de pánico. En este nivel, se crea una Fobia secundaria (que maniata) a la crisis de Pánico como defensa o amurallamiento. Similar a la Fobia por Castración, Bleichmar (2005) cita una conferencia de Laplanche sobre la *"función positiva, tranquilizante o cuanto menos estabilizante: transformar una angustia innombrable en un temor perfectamente contorneable; la amenaza de una destrucción absoluta, de una pérdida de sí mismo, transformándose en el riesgo terrible de lo limitado de tener que sacrificar una parte por el todo"* (p.493).

No obstante, hay agorafobias graves que carecen de sentido Fóbico y son más bien intentos fallidos de represión (desfiguración defensiva) Fóbica, por ejemplo, un accidente o atentado (terrorista) masivo, puede ocasionar agorafobia a espacios abiertos. Si bien hay un recorte o silueta de "espacios abiertos", la masividad o lo flotante "amorfo" de la situación, revela una falla en la conformación Fóbica defensiva y recae más bien a un cuadro Traumático. Por esa razón, no se constituye un objeto fóbico lo suficientemente distante o aislado de la masiva hemorragia. En este caso, diríamos más bien que se "Paranoia el Trauma", el Signo de Percepción se proyecta masivamente a los espacios abiertos. De este modo, se puede tener anudada bajo la posición paranoide una posible crisis de pánico, done el objeto persecutorio está masivamente proyectado e intentando resguardar el objeto bueno solo en sí mismo (yo placer purificado). Si en tal caso, el objeto bueno se ve peligrado por una invasión o ansiedad, la defensa Paranoica colapsa y podría gatillar una nueva crisis de pánico. En resumidas cuentas, para Freud (1895) en su texto "Proyecto", el yo-placer purificado opera como una función primaria que *"produce algo así como como una atracción positiva hacia el objeto deseado o, más bien, hacia su imagen mnemónica, mientras que de la vivencia dolorosa resulta una repulsión, una aversión a mantener catectizada la imagen mnemónica hostil. He aquí, pues, la atracción desiderativa primaria y la defensa (rechazo) primaria"* (p.44).

Por otra parte, lo que se conoce como el "Trauma a dos tiempos" (Nachträglichkeit) es más bien una conformación Fóbica posterior de una representación primera a reprimir (desalojar) de aquel primer tiempo. Puesto que en el "Trauma a dos tiempos" es más localizable el recorte o los contornos en objetos o eventos más concretos, donde lo invasivo o tensional llega a destiempo a provocarse (en un segundo tiempo). Inclusive, según las Fantasías que se encuentren, un Trauma a dos tiempos puede ser el motor para las sucesivas represiones secundarias de una Fobia bajo sus disfraces amurallados. Cabe agregar que en un Trauma a dos tiempos, también según su Fantasía retroactiva puede producir síntomas obsesivos (ideas y/o rituales) o conversiones Histéricas. Para graficarlo, Deleuze (1969) señala que *"de las dos series de acontecimientos: esta teoría consiste, primeramente, en mostrar que un traumatismo supone por lo menos la existencia de dos acontecimientos independientes, separados en el tiempo, uno infantil y el otro pospuberal, entre los que se produce una especie de resonancia. Bajo una segunda forma, los dos acontecimientos se presentan más bien como dos series, una pregenital, otra edípica, y su resonancia como el proceso del fantasma. En la terminología que empleamos, se trata pues, no de acontecimientos en sentido estricto, sino de dos series de imágenes independientes, de las que el Acontecimiento sólo se desprende por su resonancia en el fantasma. Y si la primera serie no implicaba una «comprensión» del acontecimiento en cuestión, es debido a que se construye según la ley de las zonas parciales pregenitales, y a que únicamente el fantasma en la medida en que hace resonar las dos series conjuntamente alcanza tal comprensión"* (p.162).

Es común que en accidentes o duelos ocurran traumas que buscan reprimirse de manera Fóbica, tales como no acercarse al mismo lugar del accidente o evitar fechas o temas relacionados. En este sentido, la seudo-fobia está teñida aún de ser influenciada por factores externos o circunstanciales. En otras palabras, los efectos de miedo o Fobia se encuentran todavía altamente relacionados con dependencia a la distancia o acercamiento al evento (Signos de percepción), no existiendo en tal caso, algún desplazamiento o desfiguración que lo haga olvidar (reprimir) pese a estar cerca del fenómeno a evitar.

Freud (1915) en su texto "Lo Inconsciente" designa que en la Fobia "*los elementos que rodean a la representación sustitutiva y se hallan asociados con ella, reciben una carga psíquica de extraordinaria intensidad, que les confiere una especial sensibilidad. De este modo, la excitación de cualquier punto de la muralla defensiva formada en torno de la representación sustitutiva, por tales elementos, provoca, por el enlace asociativo de los mismos con dicha representación, un pequeño desarrollo de angustia, que da la señal para coartar, por medio de una nueva fuga, la continuación de dicho desarrollo. Cuanto más lejos de la sustitución temida se hallan situadas las contracargas sensibles y vigilantes, más precisamente puede funcionar el mecanismo que ha de aislar a la representación sustitutiva y protegerla contra nuevas excitaciones. Estas precauciones no protegen, naturalmente, más que contra aquellas excitaciones que llegan desde el exterior y por el conducto de la percepción, a la representación sustitutiva, pero no contra la excitación*" (p.2071). Por lo tanto, prosigue Freud (1915) en aclarar que en "*este proceso represivo, se consigue poner un dique a la génesis de angustia, pero sólo a costa de graves sacrificios de la libertad personal*" (p.2071).

Siguiendo lo planteado por Rodulfo (1989) a primera vista pareciera que el agorafóbico siente temor a los espacios abiertos, "*parece lo contrario de la claustrofobia si no vamos más allá de lo descriptivo (...) paradójicamente la agorafobia es lo mismo –sólo que al modo de un guante puesto del revés- que su pareja antinómica, porque la experiencia profunda del paciente es que se halla encerrado en ese espacio grande y abierto (...) el espacio en cuestión es como un chicle que se dilata sin dejarse perforar (...) sustancias extensibles pero inagujereables (...) desde la subjetividad inconsciente es tan pequeño en sus dimensiones como aquel espacio de un asensor, por ejemplo, dentro del cual el fóbico puede verse expuesto a un ataque de angustia*" (p.106).

Definir la **Neurosis Histérica** es quizás lo más complejo de la investigación Psicoanalítica. Pese que la Histeria fue un descubrimiento ya existente, antes de las elaboraciones teóricas de Freud. Tanto la Histeria como la sexualidad, quienes dieron comienzo a sedimentar los pilares del Psicoanálisis, siempre en cada época o lugar es importante redefinirlas para evitar que englobe o absorba aspectos que son diferentes en un solo título, sin las distinciones importantes que impregnan su cultura particular.

En esta ocasión, dejo que la Literatura hable y tenga la voz primera para comenzar a definirla poco a poco. Esté presente en la Histeria o no, la necesidad de verse en un reflejo (como la mirada del holding materno) o que alguien o algo me devuelva su reflejo, se presentará incluso en los casos extremos como bien lo grafica Sartre (1944) en su obra teatral "A puerta cerrada":

"*ESTELLE.—(Vuelve a abrir los ojos y sonríe.) Me siento rara. (Se palpa.) ¿No le ocurre a usted algo parecido? Cuando no me veo, tengo que palparme... Me pregunto si existo verdaderamente.*
INÉS.—Tiene usted suerte. Yo me siento siempre desde el interior.
ESTELLE.—¡Ah, sí!... Desde el interior. Pero todo lo que pasa dentro de las cabezas es tan vago... Me da sueño... (Una pausa.) Yo tengo seis espejos grandes en mi dormitorio. Los veo. Yo los veo. Pero ellos no me ven a mí. Reflejan la coqueta, la alfombra, la ventana... ¡Qué vacío está un espejo en el que yo no estoy! Cuando hablaba, me las arreglaba para que hubiera siempre uno en el que poder mirarme. Hablaba, me veía hablar. Me veía tal y como los demás me veían, y eso me mantenía despierta. (Con desesperación.) ¡El carmín! Seguro que me lo he puesto mal. Sea como fuere, no puedo quedarme sin espejo para toda la eternidad.
INÉS.—¿Quiere que yo..., que yo misma le sirva de espejo? Venga, venga; la invito a mi casa. Siéntese aquí, en mi canapé.
ESTELLE.—(Señala a GARCIN.) Es que...
INÉS.—No nos preocupemos por él...
ESTELLE.—Pero vamos a hacernos daño. Usted misma lo ha dicho.
INÉS.—No; vamos, mujer... ¿Tengo yo el aspecto de querer perjudicarla?
ESTELLE.—Pero nunca se sabe...
INÉS.—Más bien serás tú la que me haga daño a mí... Pero eso, ¿qué puede importarme? Si tengo que sufrir, qué más me da que seas tú... Siéntate, anda. Acércate. Más aún. Mírate en mis ojos. ¿Qué ves en ellos?
ESTELLE.—Soy muy pequeñita. Me veo muy mal.
INÉS.—Pero yo sí te veo a ti. De cuerpo entero... Anda, hazme preguntas. Ningún espejo te sería más fiel. (ESTELLE, molesta, se vuelve hacia GARCIN como para pedirle ayuda.)
ESTELLE.—¡Señor! ¡Señor! ¿No le molestaremos con nuestra charla? (GARCIN no contesta,)
INÉS.—Déjalo. El ya no cuenta; estamos solos. Pregúntame.
ESTELLE.—¿Me he pintado bien los labios?
INÉS.—Déjame ver. No, no muy bien.
ESTELLE.—Me lo figuraba. Afortunadamente (Mirada a GARCIN.) no me ha visto nadie. Voy a hacerlo otra vez.
INÉS.—Es mejor. No. Sigue la línea de los labios; voy a guiarte. Así, así. Ahora está bien.
ESTELLE.—¿Tan bien como antes, cuando entré?
INÉS.—Mejor. Más denso, más cruel. Unos labios para el infierno
ESTELLE.—¡Ah! ¿Y eso está bien? ¡Qué rabia, no puedo juzgarlo por mí misma! ¿Me jura que ha quedado bien?
INÉS.—¿No quieres que nos tuteemos?
ESTELLE.—¿Me juras que ha quedado bien?
INÉS.—Eres muy guapa.
ESTELLE.—Pero ¿tiene usted buen gusto? Por lo menos, ¿tiene «mi» gusto? ¡Ah, qué fastidio, qué desagradable!

INÉS.—Tengo tu gusto, puesto que me gustas. Mírame bien. Sonríeme. Yo tampoco soy fea. ¿No valgo más que un espejito yo?

ESTELLE.—No..., no lo sé. Usted me intimida. Mi imagen, en los espejos, estaba... domesticada. La conocía tan bien... Ahora, si voy a sonreír, mi sonrisa irá al fondo de sus pupilas y Dios sabe en qué se convertirá en ellas.

INÉS.—¿Y quién te impide domesticarme a mí? (Se miran. ESTELLE sonríe, un poco fascinada.) ¿Decididamente no quieres tutearme?

ESTELLE.—Me cuesta trabajo tutear a las mujeres.

INÉS.—Y especialmente a las empleadas de Correos, me supongo... ¿No? Pero ¿qué tienes ahí, en la mejilla, más abajo? ¿Es una mancha roja?

ESTELLE.—(Se sobresalta.) ¡Una mancha roja! ¡Qué horror! ¿Dónde?

INÉS.—¡Ah, ya ves, ya ves! Me he convertido en el espejo de las chicas bonitas; ya lo ves, guapa: te he ganado. No tienes ninguna mancha roja, nada absolutamente. ¿Eh? ¿Si el espejo se pusiera a mentir? O si a mí me diera por cerrar los ojos, si me negara a mirarte, ¿qué harías tú entonces con toda esa belleza? No, no tengas miedo: tengo que mirarte, mis ojos estarán abiertos de par en par... Y yo seré buena contigo, buena... Pero tú me hablarás de tú. (Una pausa.)

ESTELLE.—¿De verdad te gusto?

INÉS.—Mucho. (Una pausa.)

ESTELLE.—(Indicando a GARCIN con un gesto.) Me gustaría que él también me mirara."

En el ejemplo vemos también varios procesos tanto de la constitución psíquica, como los propios de una Histeria, en donde la imagen puede ser diluida, inestable, no lograr consistencia, dilatarse, deformarse y de contraerse en cada movimiento de la mirada de otro quien le mire. Es como si el cuerpo estuviera desgarrado por la forma en cómo enfoca la mirada los demás. Vale decir, la Histeria no puede posar su mirada, necesita que los demás la miren y le digan quién es o cómo se ve.

Si en el caso de la Neurosis Obsesiva lo que prima es la culpa, en la Neurosis Histérica lo que prima es la vergüenza.

Para J. Breuer (1895) relatando el caso de Anna O, en "Estudios sobre la Histeria", engloba como causas a *"contraer histeria hallamos en la muchacha todavía completamente sana dos peculiaridades psíquicas:*
(1) El excedente de movilidad {Regsamkeit} y de energía psíquicas no empleado en la monótona vida familiar y sin correspondiente en un trabajo espiritual, sobrante que se aligera en el continuado y progresivo trabajar de la fantasía, y que produce (2) el soñar despierto habitual («teatro privado»), con lo cual se crea el terreno para la disociación de la personalidad mental. Sin embargo, ese soñar permanece todavía dentro de las fronteras de lo normal; el enseñarse, como el meditar mientras se realiza una tarea más o menos mecánica, en sí mismos no condicionan ninguna escisión patológica de la conciencia, puesto que cualquier perturbación de ellos, un llamado por ejemplo, restablece la unidad normal de aquella y, además, no subsiste amnesia alguna. Pero en Anna O. creaba el terreno sobre el cual, de la manera descrita, se establecía el afecto de angustia y de expectativa, después que este hubiera recreado la ensoñación habitual como ausencia alucinatoria" (p.65).

Los síntomas de la Histeria, Breuer y Freud (1895) los dividían en dos efectos: "Ataques disociativos dramatizadores", como los ataques de una supuesta posesión demoniaca o ataques seudo-epiléticos simulados (sin bruscos golpes de cráneo, sin orinarse, etc), que cursan con pérdida disociada de memoria. Otro efecto son las "conversiones corporales" tales como parálisis motoras, sin relación alguna con afecciones orgánicas ni con lesiones de órgano.

Desde Freud (1888) en sus primeras investigaciones, alude que el *"desarrollo de perturbaciones histéricas a menudo requiere, sin embargo, una especie de período de incubación o, mejor, de latencia, durante el cual la ocasión sigue produciendo efectos en lo inconciente. Así, una parálisis histérica casi nunca se genera enseguida de un trauma; por ejemplo, todos los afectados por un accidente ferroviario son capaces de moverse luego del trauma, se encaminan a su casa, en apariencia indemnes, y sólo trascurridos varios días o semanas desarrollan los fenómenos que llevan a suponer una «concusión de la médula espinal». También la curación repentina suele requerir varios días para plasmarse. Corresponde apuntar que en ningún caso, ni siquiera en sus más temibles manifestaciones, la histeria conlleva un serio riesgo de muerte. Aun en la más prolongada histeria se conservan la plena claridad mental y la aptitud para los más extraordinarios logros. La histeria puede combinarse con muchas otras afecciones nerviosas, sean neuróticas u orgánicas"* (p.58).

Posteriormente, Freud (1915) en su texto "La Represión" amplía en los síntomas histéricos *"la posibilidad de hacer desaparecer por completo el montante de afecto. El enfermo observa entonces, con respecto a sus síntomas, aquella conducta que Charcot ha denominado «la belle indiference des hystériques». Otras veces no alcanza esta represión un tan completo éxito, pues se enlazan al síntoma sensaciones penosas o resulta imposible evitar un cierto desarrollo de angustia, el cual activa, por su parte, el mecanismo de la formación de la fobia. El contenido ideológico de la representación del instinto es substraído por completo a la consciencia y como formación sustitutiva -y al mismo tiempo como síntoma- hallamos una inervación de extraordinaria energía -somática en los casos típicos-, inervación de naturaleza sensorial unas veces y motora otras, que aparece como excitación o como inhibición"* (p.2059). De esta forma, en la Histeria, *"la supresión del montante de afecto, queda casi siempre, perfectamente conseguida. El proceso represivo de la histeria de conversión termina con la formación de síntomas y no necesita continuar en un segundo tiempo -o en realidad ilimitadamente-, como en la histeria de angustia"* (Freud, 1915:2059).

Un síntoma histérico conversivo, a modo de ejemplo, puede hacer literal expresiones poéticas como: "Me tocó con la mirada". Padeciéndolo en su cuerpo. Algo imaginario del cuerpo se recorta según los lineamientos de cultura popular: recordemos el guante histérico o las parálisis de brazos y piernas en zonas o lugares donde no siguen los conductos nerviosos de una parálisis orgánica o de una lesión real. En síntesis concordando con Green (1994) *"si el histérico hiper-condensa es porque, en su represión, porfía en crear toda suerte de hiatos entre lenguaje y cuerpo"* (p.271).

En el plano erótico o de seducción, la mirada, la pulsión escópica o el voyerismo cobra un factor erógeno a quién observe. El experimentador u observador afecta como nunca lo observado, la objetividad pura se traspapela, se empapela la transferencia. Recordemos la huída de Breuer ante la transferencia de amor que su paciente le demandaba. En una transferencia de Histeria, la escucha, la mirada a pacientes bajo histeria se erotizan los vínculos, la pareja voyerismo-exhibicionismo se pueden solapar en el circuito pulsional. Por ejemplo, una viñeta de una paciente adulta que me fue comentado por un becado de psiquiatría en el Hospital del Salvador, allí se expone, lo complejo de trabajar como Médico y a la vez como trabajador de la Salud Mental: "Mientras atendía a mi paciente con respecto a las dosis de su tratamiento, la paciente me dice: "doctor, usted se parace a mi papá, ¿le puedo decir papi?" Le dije que mejor me llamara por mi nombre o me dijiera doctor. Luego de eso, la paciente me dice apuntando a un síntoma que no había indicado en ningún momento antes: "Sabe doctor, me duele la guatita, ¿me puede examinar?". Lo cual ella se sube la ropa y me muestra su ombligo". Para los que no sean de Chile, "guatita" viene de "guata" que significa barriga o estómago. El diminutivo "guatita" se utiliza exclusivamente para niños más pequeños. El doctor me comenta lo complicado que fue mirar y palpar su "guatita", dado que corre el riesgo de erotizar el vínculo profesional (vía Edipo), además que como médico, no puede negarse a examinar una paciente respecto algun posible síntoma. De todas maneras, la mayoría quienes hemos trabajado en la Salud Mental, tarde o temprano este tipo de situaciones transferenciales pueden ocurrir.

Avanzando en otros sitios que caracterizan a los síntomas de Histeria, si a partir de las fijaciones anales, lo Neurótico obsesivo se sedimenta a la lógica de dar/no-dar o hacer/no-hacer (el regalo, la caca), en la Histeria a partir de las fijaciones orales es más bien desde la lógica de recibir/ no-recibir. En la Neurosis histérica se atañe también la vergüenza al cuerpo, de no tener su cuerpo deseado, de intentar modificarlo, ser un cuerpo indigno que merece ser reparado dirigido a los ideales estéticos vigentes en su cultura cercana o lejana.

En los síntomas histéricos es común ver sus efectos al vertir los conflictos con su cuerpo como vía de escape a los conflictos (no en el sentido psicosomático, sino en el sentido conversivo y simbólico que implican sus síntomas). Por ejemplo, en la anorexia aguda es común que las mujeres pierdan su menstruación o si es una anorexia más prematura dar paso a no generar (postergar) su primera menarquia. Vale decir, verse con un aspecto infantil a un modo regresivo con pérdida de senos y curvas propias del desarrollo biológico del carácter sexual secundario. De este modo, se aleja de cierta manera de los conflictos propios de la adolescencia. La histeria cumple con lo paradójico de implicarse mucho con el ideario social y de expectativa aspiracional, pero, se implica de tal manera, que se ve no implicada en ella, de las cuales, la histeria se defiende ir más allá hacia un lugar privilegiado. En este lugar, a la anorexia le es importante reconocer los ideales de sus cuidadores, pero a su vez, cuestionarlos en pos de un ideal que se edifica por encima de ellos.

Podemos definir el comienzo y un fatal desenlace de la anorexia con el cuento de Franz Kafka "Un artista del hambre": "*Las gentes se iban acostumbrando a la rara manía de pretender llamar la atención como ayunador en los tiempos actuales, y adquirido este hábito, quedó ya pronunciada la sentencia de muerte del ayunador. Podía ayunar cuanto quisiera, y así lo hacía. Pero nada podía ya salvarle; la gente pasaba por su lado sin verle. ¿Y si intentara explicarle a alguien el arte del ayuno? A quien no lo siente, no es posible hacérselo comprender.*

Los más hermosos rótulos llegaron a ponerse sucios e ilegibles, fueron arrancados, y a nadie se le ocurrió renovarlos. La tablilla con el número de los días transcurridos desde que había comenzado el ayuno, que en los primeros tiempos era cuidadosamente mudada todos los días, hacía ya mucho tiempo que era la misma, pues al cabo de algunas semanas este pequeño trabajo habíase hecho desagradable para el personal; y de este modo, cierto que el ayunador continuó ayunando, como siempre había anhelado, y que lo hacía sin molestia, tal como en otro tiempo lo había anunciado; pero nadie contaba ya el tiempo que pasaba; nadie, ni siquiera el mismo ayunador, sabía qué número de días de ayuno llevaba alcanzados, y su corazón sé llenaba de melancolía (...) Todos lo ignoraban, hasta que, por fin, uno, al ver la tablilla del número de días, se acordó del ayunador. Removieron con horcas la paja, y en medio de ella hallaron al ayunador.

-¿Ayunas todavía? -preguntole el inspector-. ¿Cuándo vas a cesar de una vez?

-Perdónenme todos -musitó el ayunador, pero sólo lo comprendió el inspector, que tenía el oído pegado a la reja.

-Sin duda -dijo el inspector, poniéndose el índice en la sien para indicar con ello al personal el estado mental del ayunador-, todos te perdonamos.

-Había deseado toda la vida que admiraran mi resistencia al hambre -dijo el ayunador.

-Y la admiramos -repúsole el inspector.

-Pero no deberían admirarla -dijo el ayunador.

-Bueno, pues entonces no la admiraremos -dijo el inspector-; pero ¿por qué no debemos admirarte?

-Porque me es forzoso ayunar, no puedo evitarlo -dijo el ayunador.

-Eso ya se ve -dijo el inspector-; pero ¿por qué no puedes evitarlo?

-Porque -dijo el artista del hambre levantando un poco la cabeza y hablando en la misma oreja del inspector para que no se perdieran sus palabras, con labios alargados como si fuera a dar un beso-, porque no pude encontrar comida que me gustara. Si la hubiera encontrado, puedes creerlo, no habría hecho ningún cumplido y me habría hartado como tú y como todos.

Estas fueron sus últimas palabras, pero todavía, en sus ojos quebrados, mostrábase la firme convicción, aunque ya no orgullosa, de que seguiría ayunando."

El cuento de Kafka revela que la intención Histérica (más aguda y/o anoréxica) está en mantenerse deseando, en cuanto evitar o no encontrar la satisfacción. Se relanza a un nuevo deseo apenas roce alguna satisfacción. El Ideal del Yo no se logra consumir en algún cumplimiento, puesto que el Ideal del Yo está dis-puesto en devenir a nuevos deseos. El artista del hambre como lo narra Kafka, su arte es seguir estoico en seguir deseando, por ende, nada le puede gustar. Paradojalmente, ya que nada le puede gustar, no desea algo, más bien, solo busca desear a pesar que nada le apetece. Si nada le gusta, no le queda otra que desear la nada. Así, se desea seguir en nada, a cambio de perpetuar su deseo indomable de insatisfecho. No es que se desee realmente la "nada" o que se coma lo "vacio". En lo Histérico su ideal es tan alto, que necesita frenéticamente compararse al resto para nuevamente idealizar algo mayor a sus "valores" Narcisistas. No es que aspira a la "nada", ni que "desea la nada" o busque satisfacerse en lo "vacio". Más bien la Histeria reboza de muchos deseos, lleno de Ideales y relleno de quejas insatisfechas. Distinto ocurre en los casos de los Neuróticos Obsesivos ascéticos donde intentan desear no desear. En la Histeria se manifiesta la actitud de desear, sentir que algo no está cumplido y que nada ha sido suficiente. Para el artista del hambre descrito por Kafka su hambre no estaba en comer, su hambre estaba en su Ideal, un Ideal tan alto que no era capaz de desear algo (concreto de éste mundo), solamente se alimentaba de un Ideal que lo llevará a su muerte. Reiteramos, no se trata de un Ideal ascético como el de un ayuno extremo, en donde se intenta no desear lo que se desea o también, el no comer por castigo, más bien, la manera histérica de desear lleva a la nada, al deseo Ideal en estado puro, si algo le puede parecer tentador, lo será mientras no lo tenga o tenga nada, pues cuando se obtiene pierde su brillo y deja de ser deseable en sus Ideales.

En resumen, no importa cuánta hambre se tenga, es la voluntad de desear siempre algo más o algo que no existe sino en su Ideal, aún, si se está sufriendo de hambre. Vale decir, este es el punto de satisfacción de la Neurosis Histérica: saborear un Ideal siempre re-Idealizable una y otra vez.

Cotejando la gravedad de los síntomas anoréxicos: el control por el cuerpo y sus logros cada vez más radicales. Es decir, el ideal de no comer, paradójicamente es como su único alimento, no deseas otra cosa que obtener un bajo peso ideal. El problema radica, en que apenas conseguido el ideal (peso) alcanzado, no se alcanza y no hay conformidad por lo cual se destina a bajar más y más de peso. Finalmente la anorexia se va conviritendo en algo más que una mera Neurosis Histérica, transformándose (transportándose) a una Neurosis Obsesiva: la contabilidad exacta de calorías, las horas calculadas de ejercicio, el tiempo exacto de ayuno, el peso corporal exacto que delimitan gramo por gramo o caloría por caloría, etc.

Es por esto que es iatrogénico para la Clínica Diagnóstica abordar la Anorexia solamente en el plano de la Histeria, sin observar las dimensiones del ideal del yo y la culpa de no cumplimiento de metas por control: físico-corporales, el cálculo ínfimo de lo que se consume y el deseo de cadaverizar el cuerpo de forma más literal que en una Neurosis obsesiva.

Por lo tanto, cuando la anorexia pasa a un nivel de mayor gravedad el distingo que podemos notar en la N. Obsesiva del dar o no dar y el recibir no-recibir en la N. Histeria, va perdiendo su separación volviéndose más y más delgada, puesto que el recibir comida se convierte en un no darse comer por el otro, pasamos ahora a la oposición, terquedad, propias de una analidad controladora obsesiva. La vergüenza que fue el conflicto dominante como toda Histeria, va cediendo lugar a una culpabilidad que retroalimenta el síntoma anoréxico. En otras palabras, cuando la Neurosis Histérica se combina con rasgos de la Neurosis obsesiva es porque la gravedad sintomática se va agravando.

Hay que distinguir también, una anorexia por Histeria, a una anorexia por una Depresión Mayor, por ejemplo, el empobrecimiento libidinal que no puede catectizar el mundo (lo des-libidiniza, lo descatexia), no quiere ingerir nada de él, pues no le apetece vivir y/o comer.

Por otra parte, en algunos casos de abuso sexual infantil, no es poco recurrente que los conflictos de recibir/no-recibir sean centrales en el posterior desarrollo psicosexual.

Se suele englobar indistintamente la anorexia y la bulimia como cuadros propios de la histeria contemporánea. Es innegable que algún componente histérico esté en la conformación de un cuadro anoréxico/bulímico. No obstante, lo más importante es rastrear lo que distingue a ambos cuadros y reconocer que en ellos hay muchos otros componentes que solo una Neurosis Histérica a su base.

Por supuesto, también debemos distinguir si en un síntoma Anoréxico se trata de una Psicosis, como fue la Paranoia de envenenamiento del famoso matemático Kurt Gödel, quien por los años setenta se agudizó su delirio de que lo iban a envenenar y se negaba a comer si su esposa no le cocinaba y que además probaran antes su comida. En 1978 tras una larga ausencia de su esposa al ser hospitalizada, Kurt Gödel no confiaba en comer ni en sí mismo, dejándose morir de hambre. La autopsia realizada a Kurt Gödel menciona que pesaba 32 kilogramos cuando falleció.

Resumiendo, podemos apreciar que no tan solo el Neurótico Obsesivo está bañado en mortificantes Ideales. Aunque pase más desapercibido, la Neurosis Histérica conforma un Ideal fuera de alcance o podríamos llamarlo: un Ideal sin objetivos de Ideales (Ens Rationis como diría Kant). Aunque el Obsesivo generalmente mantiene Ideales imposibles como objetivos, cree saber algo de lo que desea o quiere, la Histeria en cambio, no lo puede saber, pues al saber lo que desea pierde su deseo de poder desear un Ideal que no existe. Dicho de otro modo, no sabe lo que quiere, pero quiere algo, ese algo no es nada que se sepa.

El Obsesivo puede dudar de su deseo y por ello postergarlo en su oscilación ambivalente. La Histeria no manifiesta inclinación clara, solo manifiesta insatisfacción.

Insatisfacción que lo lleva a uno de sus objetos de deseo: donde se queja de lo insatisfecho.

¿De qué modo la Histeria encuentra maneras de distanciar el objeto deseado y permanecer así el deseo insatisfecho? Fundamentalmente lo encuentra en la comparación constante con los demás, su motor que alimenta su deseo de seguir deseando. Su deseo es desear lo que otros desean, no desear lo que ya se tiene.

Al respecto, Riffet-Lemaire (1970) menciona que el "histérico no ha recibido suficiente amor o cariño -dice Luce Irigaray. Del deseo de su madre se experimenta a sí mismo (...) por el signo de la incompletud, o sea del rechazo, irrisorio o insignificante por no poder sostener la comparación con el *significante fálico. La identidad respecto a sí mismo del histérico (...) será temida y precaria por este hecho (...) Se agota por ser un objeto ideal que le sería al fin posible aceptar por cuanto conforme al que él presiente en lugar del deseo del Otro (la madre) (...) ningún objeto constituye el todo al cual aspira el histérico, su deseo se halla condenado a un incesante resurgir (...) consiste en destinarlo a la insatisfacción a fin de que renazca sin cesar"* (p.360).

Es en la Histeria donde se puede palpar que la contingencia del objeto pulsional es radical, de esta forma, solo queda el empuje constante de la pulsión, finalmente, la meta no queda satisfecha. El objeto pulsional como lo más variable de la pulsión queda relegado a un objeto Idealizado nunca encontrado, la posición de queja constante de que "nada es lo suficientemente bueno", es su goce primordial. Constantemente pone a prueba el objeto en desafíos, siempre se "podría haber hecho algo más". Ese desear otra cosa, deseando algo más, el esperar algo más, en aquel "más" radica la "nada" del objeto, no es el objeto lo que recibe, solamente sabe tocar el espacio vacío que está afuera del objeto. Como el objeto jamás podrá recubrirlo todo, la mirada siempre estará puesta en el espacio (alrededor) vacío que deja (mirar el vaso medio vacío y no medio lleno). Por eso, en el deseo Histérico, ni la Luna o Sol podrán ser suficientes a lo que busca, pues nada podrá ocultar (opacar) su insatisfacción. Muy bien lo describe la exdiscípula de Nietzsche, Lou Andreas-Salomé (1913) al apuntar en sus Cursos de psicoanálisis que *"es como el amor de la mujer, ocupada sin cesar por conseguir nuevos objetos, por abarcar el mundo en su interior; por ello, sedienta de reciprocidad y amargada de no conseguirla"* (p.99). Dicho desde otra perspectiva, en sus Cursos, Kant (1773) enuncia que se *"estima en mucho las cosas elevadas, pero no por su majestad, sino porque hay otros que las estiman en mucho. Preguntan siempre por el juicio de otros, no por la cosa misma. Le conceden valor a algo no porque tengan conocimiento de ello, sino que hablan imitando las palabras de otros; y a menudo experimentan determinados sentimientos con ocasión de unas palabras dependiendo de lo que hayan experimentado otros"* (p.179).

Desde aquí es común ver en relaciones amorosas que la Histérica se posiciona a momentos como servil y sumisa para esperar que la pareja (generalmente obsesiva) logre atinar a lo que desea. La Histeria levanta sus ídolos con mayor deseo donde más lejano esté a su alcance su ídolo, por tanto, mientras más cerca se esté a su objetivo, menos se atina a su deseo (objeto). Pese a todo en la Histeria, comúnmente se necesita el compañero amoroso Obsesivo para que intente activamente colmar su deseo insatisfecho y controlarlo. La Histeria normalmente se encuentra en posición de pedir y exigir, aspecto que el Obsesivo se ve dominado a cumplir. Si el narcisismo del Obsesivo se ve infatuado, es por las renovadas pruebas, una más difícil que la otra que exige la Histeria. Mientras más difícil sea la petición, el logro, para el Obsesivo más se reviste como una satisfacción narcisista cumplida. Recordemos el regalo de las heces a la madre, propio del carácter anal obsesivo, donde por un lado, busca controlar sus heces mediante la petición o exigencia de la madre, pero por el otro, tiene la ambivalencia de querer cagarse cuando él lo desee. El Obsesivo por lo tanto, más que pedir algo, pide el control, la Histeria en cambio pide la protección. Es por estas dinámicas que la pareja amorosa Obsesiva-

Histérica son tan recurrentes y terminan en frustraciones y malentendidos diversos.

Podemos de alguna manera estar de acuerdo con Lacan (1970) en su Seminario 17 cuando menciona: "*Lo que la histérica quiere (...) es un amo (...) Quiere que el otro sea un amo, que sepa muchas cosas, pero de todas formas que no sepa las suficientes como para no creerse que ella es el premio supremo por todo su saber. Dicho de otra manera, quiere un amo sobre el que pueda reinar. Ella reina y él no gobierna*" (p.137).

Mientras a la Histeria se tiende a relacionarla con la pasividad o sumisión, en cambio, a la Obsesión se lo relaciona mediante la actividad y control. Cuando en realidad, en la Histeria siempre entrevemos una aparente pasividad y sumisión que explota en el momento menos esperado, pasando a la dicotomía del hombre-príncipe azul hacia el hombre-impotente desecho. En cuanto a la Neurosis Obsesiva, existe una aparente actividad y control que se apaga entre la dicotomía de la "mujer-madre" quien lo domina y la "mujer-puta" a quien controla (véase en el texto de Freud "Sobre un tipo particular de elección de objeto en el hombre" de 1910). Por supuesto, estamos refiriéndonos a parejas generales de tipo heterosexual (cisgénero), evidentemente, existen otros tipos de parejas con sus particulares bailes, que excederían en extensión este libro.

Hay que tener cuidado en situaciones Clínicas de Neurosis Obsesivas con tendencias a la intelectualización o racionalización como defensas, así como también, en la oposición o desafío del saber Neurótico Histérico, en donde respectivamente, en cada caso las "*interpretaciones representa una alimentación intelectual forzada que a mi juicio sólo puede llevar a un hambre interpretativa mórbida o a una anorexia casi total hacia el discurso del analista*" (Green, 1994:341-342). Clínicamente cobra importancia entender sobre la "*técnica analítica, la resistencia por hiper-entendimiento (de tipo obsesivo) y la resistencia por hiper-vivencia (de tipo histérico) se han considerado opuestas: es lo que Bouvet llamó resistencia hacia la trasferencia, opuesta a la resistencia por la trasferencia (Bouvet, 1968). Parece que diversas corrientes de pensamiento psicoanalítico desequilibraran esta oposición dando preferencia al afecto en la comunicación emocional entre los dos partícipes, o, en cambio, a la comunicación intelectual entre ellos. La dificultad está en determinar la importancia que es preciso atribuir a cada uno de los terminos de la alternativa, y esto depende de las necesidades del paciente y del proceso psicoanalítico. El principal problema es el desarrollo del proceso psicoanalítico, que según Freud, se sitúa más allá de las dos personas participantes o, según Winnicott, entre ellas*" (Green, 1994:327-328).

Resumiendo las diversas Neurosis de Histeria, Obsesión y Fobia. Concordamos con Green (1980) en su compilatorio "Locuras Privadas" de 1994, cuando define que "*entre histeria y obsesión- que cada uno de esos dos extremos atrae la libido hacia su lado cuando esta no puede llevar a cabo la acción específica, aquella que eliminaría la tensión pulsional por la experiencia de la satisfacción. La histérica convierte en lo somático, el obsesivo, en el pensamiento. Y el fobico, entre los dos, se angustia"* (p.234-235).

Podemos ahora definir lo que hemos desarrollado en este libro en sus distintos apartados, el distinguir en un esquema resumido los siguientes modos represivos o defensivos:
a) Represión Originaria: Nivel Fragmentos, Signos de percepción. Cuidado materno, ambiente facilitador, reverie, holding, handling, vías colaterales, destete. Construcción Clínica.
b) Represión Primaria: Nivel Inconsciente. Representación-cosa, contra-carga, desfiguración, castración. Interpretación en lo Clínico.
c) Represión Secundaria: Nivel Preconsciente, Representación-palabra, dar caza a situaciones análogas, contra-carga que se amplía simétricamente. Rememoración Clínica o toma de consciencia de la parte por el todo.
d) Defensa Secundaria: Nivel Consciente. Desviar atención, distracción, no pensar en un tema particular, inhibición, defensa intencionada y deliberada.

Pasando a otro plano relacionado con la conformación de Neurosis, cabe señalar que la falta de una Castración o límites al niño (de parte del cuidador) podría generar personalidades más adictas y/o impulsivas ante una falta o déficit de la represión originaria (véase Capítulo III). Si la madre siempre complace en todo lo posible al niño y evita lo antes posible sus frustraciones a como dé lugar, no lo castra. Si no lo castra, el niño no tendrá necesidad de oposicionarse-diferenciarse de su madre y creará probablemente un adicto o personalidad sin límites (intolerancia a la frustración). Desde el cuidador, no se manifestarán los espacios que posibiliten engendrar una ausencia-espera, que permitan luego como respuesta: la coquetería histérica de llamar la atención o de oposicionarse analmente a modo obsesivo. Por lo tanto, ante la falta de castración o déficit en represión originaria la única respuesta será el: "ahora mismo ya". Cabe aclarar que pueden darse personalidades impulsivas o adictivas a partir de diversas causas o entrelazamientos de factores, por ende, no siempre es posible encadenar lo adicto e impulsivo solo por la falta de castración o déficit en la Represión Originaria. En resumen, es gracias al retardo, la construcción de un manto psíquico que ligue las ausencias, lo que permitirá otorgar la posibilidad de esperar. Poder esperar es lo que facilita dirigir las pulsiones en producciones sintomáticas de condensación y desplazamiento (desfiguración del objeto literal deseado) bajo la Represión.

Por esta misma razón, un niño gravemente abandonado "no espera nada" de su cuidador, no hay holding o reviere que sostenga la fantasía y el anhelo a esperar.
Todo lo que se desea, se desea ahora-ya mismo, pero, no se espera nada de su cuidador y tampoco tiene la paciencia para esperar que se le entregue algo por algún plazo. Otro posible destino es que el niño abandonado (hospitalismo) simplemente, mutile su deseo, atacando su cuerpo y su aparato de pensar (lo que veremos más adelante como el Spliting, especialmente en la obra de Bion) ya que todo deseo a modo de cortocircuito ya le es, dolor o displacer.

Por otro lado, hablar de la Castración en un niño abandonado va perdiendo su sentido en cuanto solo es posible, en la medida que exista un cuidador lo suficientemente bueno (Winnicott), constantes vivencias de satisfacción o la introyección de un pecho bueno gratificador (Klein). De otro modo, estaríamos hablando de fijaciones traumáticas indigestado de pantallas-beta (Bion) que pervive en una angustia de aniquilamiento constante, que rozan en riesgo literalmente con la muerte misma.

Además, hemos de agregar acorde a los tiempos actuales y las necesidades socio-culturales de cada época o lugar, que más allá de una prevalencia a la Neurosis, también existe la **Psicosomática** como síntoma. No hay simbolismo al cuerpo por el afecto reprimido como en la conversión histérica, ahora, desde lo Psicosomático es más bien el colon irritable, el vértigo, cefaleas, bruxismo, insomnio, taquicardias, etc. Por otra parte, dichos síntomas se frecuentan por el stress o recarga laboral. En tales casos, no hay simbolización posible a digerir por el nivel de sobre-exigencia, por ende, se atañen (afectan) hacia puntos primarios o basales del Yo, por tanto no hay Neurosis propiamente tal.
La flexibilidad laboral en algunas de sus jornadas no permite la conformación de Neurosis por la afectación del yo o cuerpo sobre-exigido. Debido a esto, se afectan a capas del yo o del narcisismo más primarios, alejándose del viejo estilo Neurosis defensiva del Yo frente al Ello o Super yo. Dando pie a como lo remite Freud (1919) a cuadros de Neurosis Traumáticas, donde el peso o protagonismo de la realidad externa cobra su importancia a un punto tal, que éstas ya no otorgan espacios a las Neurosis Fóbicas, Histéricas y Obsesivas acostumbradas. Más claramente "*el yo del ser humano se defiende de un peligro que le amenaza de afuera o que se le corporiza en una configuración del yo mismo*" (Freud, 1919:208). La reacción del sujeto ahora dista ser la Represión, pasando a intervenir más bien los síntomas psicosomáticos. La taquicardia por ejemplo, es un desborde caotizado de la Angustia señal o señal de peligro, se proyecta masivamente un peligro no resuelto, donde las señales de constante taquicardia y crisis de pánico son comunes incluso a una mínima provocación. La demanda laboral con ausencias de descansos y cambios de ritmos, producen desde dolor de cabeza, bruxismo y sensación de vértigos. En cuanto a las incertidumbres y el escaso control de las actividades pueden provocar colon irritable y trastornos del sueño. Las funciones vegetativas más automatizadas y que generalmente tienden a puntos de cierto equilibrio se descuadran abruptamente en diversos cuadros de Neurosis Laborales. Si bien las Neurosis Laborales se expresan en cuadros Psicosomáticos, hay que distinguir que las Neurosis Laborales radican en un gatillante exclusivamente laboral que pueden ser transitorias, careciendo de aquella permanencia de un síntoma psicosomático propiamente tal, bajo un traumatismo o algo irresuelto sin los medios Neuróticos antes revisados.

No hay que olvidar que los síntomas psicosomáticos de una Neurosis Laboral, son los intentos desesperados de los últimos recursos que tiene el aparato psíquico en tramitar de alguna manera posible las tensiones constantemente exigidas, para así, evitar precipitarse hacia un cuadro depresivo y de estallido de angustias. Pues como sabemos, un sujeto bajo los efectos de una depresión grave, es incapaz de responder a su trabajo.

Lo que incide en un medio laboral riesgoso el reaccionar de una forma o de otra, es la conjunción de su 1) biografía, sus fantasías, represiones-defensas, su 2) biología y también su 3) condición material socioeconómica externa. Por ejemplo, si duermes mal por una condición de mucho ruido, produce efectos probables de irritabilidad, o, si no has desayunado o si hace mucho calor en tu medio laboral, etc. Las condiciones ambientales materiales del mundo externo influyen (en los procesos primarios y secundarios), pero reiteramos, habrá que indagar cuál de los 3 factores influye más o menos que los otros factores y en qué medida.

Si mencioné la Neurosis de Guerra o Traumática, justamente, tiene bastante relación con la Neurosis Laboral, tema que nos convoca a continuación. Desde la Psicología experimental se ha probado que ciertos factores laborales estresantes (jefes hostiles, acoso laboral, fatiga mental, etc) producen la misma (casi idéntica) cantidad de Cortisol (hormona del estrés) en el organismo que en un campo de batalla. Según estos estudios, los estilos de respuesta de ataque-huida primitivos del sistema talámico más "primitivo" del Sistema Nervioso Simpático se activan en ciertas irrigaciones sanguíneas, sudoración, taquicardia y colon.

Aclararemos que por lo regular, los pacientes (trabajadores) que consultan o que se encuentran en evaluación de peritaje en Salud mental por posible enfermedad profesional, pueden presentarse (dividirse) dos tipos de Síntomas (que no están debidamente diferenciados en Chile bajo la Ley 17.644 sobre enfermedad profesional). Ambos Síntomas, están igualmente presentes en un posible Diagnóstico de Neurosis Laboral (sin que se los diferencie):

1.- Síntomas Neuróticos: Los cuales son (intentos) defensivos y protectores de irrupción (tensión) de angustias mayores. Los síntomas neuróticos defensivos típicos en el medio Laboral, son: olvidos temporales, falta de concentración, desgano o inhibición, compulsiones (acciones) obsesivas, fobias, pensamientos fijos o rumiantes, ambivalencias afectivas pronunciadas, etc. También incluimos síntomas pre-neuróticos (defensas primitivas) como la Paranoia (proyección masiva), Defensas Maniacas (control, triunfo y desprecio), Desmentidas (Renegaciones), escisiones que giran entre Idealizaciones y Devaluaciones extremadas.

2.- Síntomas Psicosomáticos: Se manifiestan cuando los intentos defensivos han fracasado en su función de ligar o simbolizar (desfigurar) la angustia o tensión de exigencia laboral. Lo que implica mayor gravedad sintomática en comparación a los síntomas defensivos neuróticos. Esto, porque el cuerpo es quien sucumbe directamente el padecer de la ansiedad, tensión o angustia. Aquí no estamos en el terreno de una conversión corporal de la histeria neurótica, pues la fantasía no es lo preponderante, más bien es la precaria o la imposibilidad de metabolizar o digerir (elementos beta) que en un alto volumen de trabajo, escaso tiempo y bajo apoyo, destruyen todo medio-espacio para que un aparato de pensar o la constitución de mecanismos de defensa o represión sean posibles. Síntomas propios de cuadros, síntomas o malestares Psicosomáticos son: cefaleas o jaquecas, taquicardias, vértigos, insomnio, crisis o ataques de pánico, sudoración excesiva, urticaria, colon irritable, etc.

Cuando estamos en el terreno Psicosomático, distan de ser las defensas psíquicas neuróticas o pre-neuróticas las que operan principalmente (aunque no están totalmente excluidas salvo en casos muy graves). Para Freud los síntomas defensivos neuróticos nos protegen (como tapón o contra-carga de irrupciones mayores de angustia o frente a deseos prohibidos) de una angustia mayor y cumplen también la función de una satisfacción sustituta frente a las frustraciones o en búsqueda de ganancias secundarias. En cambio, en lo Psicosomático, allí, fracasa la represión, se imposibilita incluso las defensas pre-neuróticas (en los casos más graves), fracasa la contención de una angustia desplazada (simbolizada, desfigurada) a otro sitio. En otras palabras, el aparato psíquico (represivo y defensivo) sucumbe y se imposibilitan los síntomas defensivos para luchar contra la angustia y las tensiones (laborales).

Por supuesto, los síntomas psicosomáticos tienen o pueden tener correlato psíquico (represivo y defensivo) como también una constitución hereditaria, ya que es básico pensar, por ejemplo: ¿Por qué se afectó el colon y no ocurren vómitos? o ¿por qué sufre desmayo y no cefaleas? Aspecto de los cuales no están desligados a su vez del caudal genético biológico o ambiental.

No obstante, hay síntomas como los desmayos, vómitos y disminución de la líbido sexual, que pueden darse por razones particulares tanto en los síntomas más de tipo Neurótico como de síntomas más de tipo Psicosomático.

Para dar una analogía como ejemplo psicosomático, recordemos que los niños más pequeños frente a tensiones o ansiedades suelen (regresionar en caso de niños más grandes) a síntomas como enuresis o encopresis. Como se sabe, los niños más pequeños no presentan en su aparato psíquico funciones defensivas-represivas propias de los síntomas neuróticos, por lo cual, podríamos decir que los síntomas que se manifiestan en los niños pequeños, son malestares de índole psicosomática (carentes de simbolización o desfiguraciones inconscientes), pues carecen de una diferenciación Ello-Yo (Freud, 1923) y de la diferenciación Inconciente-Preconsciente (Freud, 1915) que permitan las contra-cargas con sus respectivas desfiguraciones, desplazamientos, condensaciones, simbolizaciones defensivas. Defensas que en la primera infancia del niño están comandadas por el holding (Winnicott) o reverie (Bion) del cuidador.

Generalmente en situaciones laborales, la mayoría de las veces (cuando recién consultan) ya se está manifestando a un nivel grave bajo un cuadro o desorden psicosomático con escasa, nula o impedida simbolización (fracaso en la represión) o ligazón psíquica para producir síntomas de tipo neurótico debido al alto volumen y ritmo laboral.

Queremos decir, cuando los síntomas neuróticos represivos defensivos fracasan su intento de maniobrar la tensión psíquica (frustraciones, exigencias, exceso de concentración, etc) ocurre entonces, el fracaso de la represión en seguir manteniendo la contra-carga represiva de lo que retorna como deseo (sustituto) o como irrupción de angustia (recordemos que para Freud el síntoma neurótico cumple la función de evitar un cuadro de angustia mayor, similar cuando una persona fuma para evitar que se gatille una mayor angustia o ansiedad), aparecen los cuadros Psicosomáticos o angustias masivas

(Depresión Mayor). Sobre aquello, Rodulfo (1995) nos explica que *"los síntomas no se producirían por un complejo proceso de represión-vuelta de lo reprimido en una formación de compromiso, sino que devendrían de un montaje de líbido insatisfecha que se transforma en angustia y en un abanico de síntomas físicos asociados"* (p.121).

No obstante, no es sencillo tajantemente trazar lo sintomático-represivo-defensivo puro de un cuadro psicosomático puro, generalmente, existe una mezcla de ambos, donde, por lo general, cuanto más grave sea el síntoma (ya sea por conflictos familiares-sociales, económicos y/o laborales), el síntoma deriva a una manifestación pronunciadamente más psicosomática (de mayor gravedad), donde es allí, reitero, suelen consultar recién los pacientes. Por tanto, es frecuente que existan al mismo tiempo síntomas defensivos-neuróticos junto con cuadros o malestares psicosomáticos. Eso sí, aclaremos que tanto los síntomas neuróticos-defensivos-represivos como los cuadros psicosomáticos, pertenecen, por igual, a un posible Diagnóstico de Neurosis Laboral para evaluar (bajo leyes laborales).

Como muy bien lo expresa Rodulfo (1995) respecto a los problemas psicosomáticos y su relación con el mundo Laboral: *"Nuestra cultura no promueve el orden representacional. No importa que el sujeto, en términos de Marty, esté bien mentalizado. Más bien lo contrario; lo que se espera del sujeto es que hable menos y trabaje más, que imagine menos y produzca más. A menos que sea creativo, una especialización creada para las personas menos serias. Los sujetos con pocas representaciones pueden ser muy exitosos socialmente, en el plano de ganar dinero, por ejemplo, porque desarrollan una hiperactividad. Insisto, en nuestra cultura no se trata de que una persona sea rica en sus representaciones. ¡Qué importa eso! Lo que importa es su eficiencia y su productividad, es decir, que gane plata. Y hay muchos psicosomáticos que ganan mucha plata porque desarrollan una hiperactividad extraordinaria sin registrar cansancio. Ya ven cómo responde a un ideal social. Es con esa hiperactividad que en sus conductas descargan los conflictos y las tensiones.*
Cuando están en actividad y ganando plata, no se enferman. Los psicosomáticos pueden gozar de una excelente salud durante toda su vida. Si pueden sublimar, a través de la motricidad, las tensiones que van acumulando, pueden ser exitosísimos y sanísimos. El problema es el momento en que se enferman. Si se les presenta una pérdida entran en una crisis, una desorganización de la mente -porque no hay mente- que ellos no pueden manejar, no disponen de las representaciones para mediar con esa crisis y al no tener las representaciones empiezan a recorrer médico tras médico, no como el hipocondríaco sino como verdaderos enfermos que se guían únicamente por los análisis clínicos -y allí se da la unión entre el cuerpo desmentalizado del paciente y el de la ciencia-. Y esta estructura ya puede visualizarse desde la niñez en los síndromes de sobreadaptación" (p.120-121).

Continuaundo con Rodulfo (1995) desde un terreno infantil, *"hay que ver si a un niño se le deja espacio para una descarga conductual o no. Si los padres son muy obsesivos o muy fóbicos no permitirán que el niño se descargue en la acción y le dejan sólo el cuerpo como objeto de la descarga"* (p.125). Además que en síntomas psicosomáticos, las *"descargas de dermatitis suplantan las cargas táctiles tan necesarias. Se dan a sí mismos sensaciones táctiles, repitiendo un contacto enloquecedor. Es la madre rallador*" (Rodulfo, 1995:117).

Para un autor tan versado como Sami-Ali (1987) hay dos correlaciones "*que rige todo el campo de la psicosomática:*
a. Una correlación positiva entre proyección y somatización que da lugar, en la conversión histérica, a una psicopatología por exceso de lo imaginario.
b. Una correlación negativa entre proyección y somatización, que culmina en una patología somática no conversional por falta de lo imaginario.
Es pues la relación con lo imaginario lo que determina tanto la somatización histérica como la no histérica, extremos ambas de un continuum en el que son posibles los pasajes, superposiciones y mezclas, según que lo imaginario predomine o sucumba a la represión. Lo que no obstante caracteriza a este modelo es que concibe la somatización no histérica en función de una situación de impase cuya estructura lógica es la de una contradicción que cierra todas las salidas, volviendo al mismo tiempo no elaborable un conflicto próximo de lo impensable psicótico: simultáneamente a o no a, ni a ni no a. La conversión histérica es del orden de una situación conflictual pero no contradictoria, fundada lógicamente por la alternativa: a o no a, y que, consecuentemente, prepara una salida aunque por otra parte sea poco placentera" (p.29).

Otros aspectos comunes sobre los pacientes somatizadores conllevan en que "*Son seres a los que el tiempo libre suele proporcionarles problemas y han de llenarlo con deportes o quehaceres realizados siempre de manera compulsiva. La escuela francesa de psicosomática, con Marty (1980) y de M'Uzan (1963), llamó vida operativa a este tipo de existencia, que se corresponde en la esfera del comportamiento al pensamiento del mismo nombre. Obstinados, exigentes; las cosas han de fluir siempre según sus deseos. Cuando este estilo vital encuentra una resistencia seria aparecen los estallidos, auténticas explosiones agresivas. La somatización surge también a la manera de un raptus o como equivalente del mismo*" (Caparrós, 2004:56).

Por estas circunstancias, aparecieron los (sobre)Diagnósticos como el Déficit Atencional para niños con o sin hiperactividad y para adultos. Por otro lado, junto con la saturación de información y la prematuración del desarrollo (en las exigencias escolares por competencia) surgen los diagnósticos de "asperger", así como los pacientes diagnosticados de "borderline" o "limítrofes" como la estadística psiquiátrica ahora más de moda (los "impulsivos" y "dependientes"). Estos son los diagnósticos más prevalentes del S.XXI lo que antes lo fue la Neurosis.

2. Fijación y Regresión

Como se podrá apreciar, la fijación suspende la supuesta contingencia objetal de la pulsión, en donde el objeto sería lo más variable del destino de la pulsión. Puntualmente Freud en Pulsiones y destinos de Pulsión (1915) lo señala así: *"Es lo más variable en la pulsión; no está enlazado originariamente con ella (...) En el curso de los destinos vitales de la pulsión puede sufrir un número cualquiera de cambios de vía {Wechsel}; a este desplazamiento de la pulsión le corresponden los más significativos papeles"* (p.118). No obstante, como aquí veremos, la fijación contradice lo contingente o variable del objeto en el destino pulsional. No siempre el objeto es del todo variable, mediante la fijación, a tal llega su influencia que determinará los posibles síntomas neuróticos, puesto que la constitución de un síntoma, recoge a su molino fijaciones libidinales pretéritamente satisfactorias. Por esto mismo, ya en el mismo texto, Freud (1915) recalca que: *"Puede ocurrir que el mismo objeto sirva simultáneamente a la satisfacción de varias pulsiones; es, según Alfred Adler [1908], el caso del entrelazamiento de pulsiones. Un lazo particularmente íntimo de la pulsión con el objeto se acusa como fijación de aquella. Suele consumarse en períodos muy tempranos del desarrollo pulsional y pone término a la movilidad de la pulsión contrariando con intensidad su desasimiento"* (p.118).

Por esta razón, con bastante frecuencia el síntoma es una articulación difícil de suspender, pues se instala en raíces libidinales que evaden la representabilidad o proceso secundario. En tal nivel, estaríamos en las cargas o hiper-catexias en su fijación más inconscientes, conjuntos-cerrados que tienen carácter de adicción en su recorrido libidinal en-cerrado.

Por otro lado, del mismo modo que un síntoma desde algún vértice se articuló con aquellas fijaciones, de igual manera se podrían rastrear los ligamentos o ligaciones que dieron a la fijación, su fijación. Concluyamos que el síntoma en su constitución saca en su reserva las huellas de placer más pretéritas para burlar el juicio consciente. Por ende, la satisfacción pulsional posible en un síntoma no se crea desde la nada o desde un mero azar constitutivo. Por otra parte, sería un error considerar la fijación como lo central o medular de un síntoma, ya sea, en su constitución, en la prioridad de su efecto o ya sea en su posible resolución clínica. Que la fijación pulsional sea un germen importante en un síntoma, no significa que sea lo principal. No obstante, hay patologías y repeticiones clínicas donde sí tienen mayor incidencia la fijación pulsional, especialmente en las adicciones.

Esto no quiere decir que todo apuntalamiento libidinal o catexia de objeto implique necesariamente una fijación. Por ejemplo, podríamos decir que cualquier elección de objeto narcisista puede ser considerada una fijación, lo cual sería un error si no observamos que se trata más bien de una identificación entre los "ideales del yo" y el "yo ideal" (temática que abordaremos en el Capítulo VI). Además, eso no resta que puedan sumarse o darse ambas situaciones en su catexia propia. Cuando nos referimos a fijaciones, estamos hablando de aquellas surgidas a partir, por ejemplo, de la Represión Originaria especialmente.

Freud (1917) en la Conferencia 22, asemeja la fijación en donde emerge la regresión como un *"pueblo en movimiento ha dejado tras sí poderosos contingentes en las estaciones de su migración, los que siguieron avanzando se inclinarán a retirarse a estas estaciones si son derrotados o tropiezan con un enemigo muy poderoso. Pero también, mayor peligro correrán de ser derrotados cuanto mayor sea el número de sus miembros que se quedaron atrás"* (p.311). Es decir, tras los embates situacionales o frustraciones vivenciales, el regreso a un área de satisfacción anterior alejada del conflicto es el movimiento pulsional buscado. Agregando a lo dicho, *"al hablar de la regresión como lo hicimos hasta aquí, relacionándola con la fijación, mentamos exclusivamente el retroceso de la libido a estaciones anteriores de su desarrollo, vale decir, algo por entero diverso de la represión en cuanto a su naturaleza y completamente independiente de ella"* (Freud 1917:312).

La fijación por otro lado, tiene su protagonismo también en lo que se refiere al Complejo Edípico o en los objetos primordiales. Al respecto, podemos desde Freud (1912) comprender que la *"ocasión más próxima y más fácilmente comprobable y comprensible de la emergencia de una enfermedad neurótica hemos de verla en aquel factor exterior, al que puede darse en general el nombre de frustración. El individuo conservaba la salud mientras su necesidad de amor era satisfecha por un objeto real del mundo exterior, y contrae una neurosis en cuanto pierde tal objeto y no encuentra una sustitución del mismo. (…) La frustración ejerce una influencia patógena, provocando el estancamiento de la libido y sometiendo al individuo a una prueba, consistente en ver cuánto tiempo podrá resistir tal incremento de la tensión psíquica y qué caminos elegirá para descargarse de ella"* (p.1718).

Continuando con lo referido, Deleuze (1969) por su parte comenta que *"los puntos de fijación, que son como faros que atraen a los procesos regresivos, se esfuerzan siempre por obtener que la misma regresión regrese, cambiando de naturaleza al cambiar de dimensión hasta que alcance la profundidad de los estadios en los que todas las dimensiones se abisman. Queda una última distinción entre la regresión como movimiento por el que una dimensión se abate sobre las precedentes, y ese otro movimiento por el que una dimensión recarga la precedente bajo su propio modo. Junto a la represión y el retorno de lo reprimido hay que hacer sitio para estos procesos complejos por los que un elemento característico de una cierta dimensión recibe como tal una carga de la energía completamente diferente que corresponde a otra dimensión: por ,ejemplo, las conductas de subversión criminal no pueden separarse de una operación de la voz de lo alto, que recargó el proceso destructivo de profundidad como si fuera un deber fijado para siempre y lo ordena en tanto que el superyó u objeto bueno"* (p.175-176).

Además podríamos explicar con respecto a la génesis de esta elección de objeto a partir de Freud (1912) que en *"las dos corrientes cuya influencia asegura una conducta erótica plenamente normal: la corriente «cariñosa» y la corriente «sensual».*
De estas dos corrientes es la cariñosa la más antigua. Procede de los más tempranos años infantiles, se ha constituido tomando como base los intereses del instinto de conservación y se orienta hacia los familiares y los guardadores

del niño. Integra desde un principio ciertas aportaciones de los instintos sexuales, determinados componentes eróticos más o menos visibles durante la infancia misma y comprobables siempre por medio del psicoanálisis en los individuos ulteriormente neuróticos. Corresponde a la elección de objeto primario infantil" (p.1711). Vemos aquí entonces, cómo el objeto "irremplazable" que se ahonda en aquellas elecciones de objeto primario infantil no son abandonadas o resignadas. Prosiguiendo en esta constitución de elección de objeto amoroso, Freud (1912) resalta las fijaciones entre las corrientes "cariñosas" y "sexuales": *Estas fijaciones cariñosas del niño perduran a través de toda la infancia y continúan incorporándose considerables magnitudes de erotismo, el cual queda desviado así de sus fines sexuales. Con la pubertad sobreviene luego la poderosa corriente «sensual», que no ignora ya sus fines. Al parecer, no deja nunca de recorrer los caminos anteriores, acumulando sobre los objetos de la elección primaria infantil magnitudes de libido mucho más amplias. Pero al tropezar aquí con el obstáculo que supone la barrera moral contra el incesto, erigida en el intervalo, tenderá a transferirse lo antes posible de dichos objetos primarios a otros, ajenos al círculo familiar del sujeto, con los cuales sea posible una vida sexual real. Estos nuevos objetos son elegidos, sin embargo, conforme al prototipo (la imagen) de los infantiles, pero con el tiempo atraen a sí todo el cariño ligado a los primitivos"* (p.1711).

Freud (1912) opina también que cuando hay una frustración libidinal, o una pérdida objetal primaria, la *"libido se aparta de la realidad, es acogida por la fantasía (introversión), intensifica las imágenes de los primeros objetos sexuales y se fija en ellos. Pero el obstáculo opuesto al incesto obliga a la libido orientada hacia tales objetos a permanecer en lo inconsciente. El onanismo, en el que se exterioriza la actividad de la corriente sensual, inconsciente ahora, contribuye a intensificar las indicadas fijaciones. El hecho de que el progreso evolutivo de la libido, fracasado en la realidad, quede instaurado en la fantasía mediante la sustitución de los objetos sexuales primitivos por otros ajenos al sujeto en las situaciones imaginativas conducentes a la satisfacción onanista, no modifica en nada el estado de cosas"* (p.1711-1712).

En resumen, podemos recordar en el caso del "Hombre de los Lobos" (Freud, 1918) la fijación que tenía Sergei Pankejeff por las criadas o empleadas. Es claro en este caso, que las pulsiones sexuales (parciales) están atestadas de fijaciones eróticas de diversa fuente o índole: *"En la tormentosa excitación sexual de su pubertad, el sujeto intentó aproximarse físicamente a su hermana, y cuando ésta le hubo rechazado con tanta decisión como habilidad, se volvió en el acto hacia una muchachita campesina que servía en la casa y llevaba el mismo nombre que su hermana. Con ello dio un paso decisivo para su elección heterosexual de objeto, pues todas las muchachas de las que posteriormente hubo de enamorarse, con evidentes indicios de obsesión muchas veces, fueron igualmente criadas, cuya ilustración e inteligencia habían de ser muy inferiores a la suya (...) como factor decisivo a su elección de objeto una tendencia a rebajar a su hermana y a suprimir aquella superioridad intelectual suya, que tanto le había atormantado un periodo de su vida"* (p.1949).
Junto a otros ejemplos, se puede amar *"siguiendo el tipo de la elección narcisista de objeto, lo que uno fue y ha perdido, o lo que posee los méritos que uno no tiene. En fórmula paralela a la anterior se diría: Se ama a lo que*

posee el mérito que falta al yo para alcanzar el ideal. Este remedio tiene particular importancia para el neurótico que por sus excesivas investiduras de objeto se ha empobrecido en su yo y no está en condiciones de cumplir su ideal del yo. Busca entonces, desde su derroche de libido en los objetos, el camino de regreso al narcisismo, escogiendo de acuerdo con el tipo narcisista un ideal sexual que posee los méritos inalcanzables para él" (Freud, 1914:97). Platón en Fedro, estableció: *"Ama, pues, pero no sabe qué; no comprende ni sabría decir lo que le pasa; parécese al hombre que por contemplar mucho tiempo unos ojos enfermos siente que se oscurece su vista; desconoce la causa de su turbación, y no observa que se ve en su amante como en un espejo. Siente que en su presencia, se aplacan sus tormentos; lo echa de menos como el amado a él, experimenta un afecto que es como la imagen del amor que por él se tiene"* (p.172).

Cuando descubrimos algún patrón de elección objetal recurrente (desde que se tiene memoria), inquebrantable en su sustitución y sin cansancio en su re-elección o repetición, estaremos sin duda en el campo de alguna fijación. Por supuesto, el tejido o telar de tal fijación sexual, contiene diversos hilos que motivan o facilitan su conformación hasta convertirse en fijación.
Estas características son importantes para apreciar aquellas fijaciones difícilmente móviles o imposibles en des-adherir, ejemplo: "siempre he sido heterosexual, siempre me han gustado las mujeres rubias o altas por sobre otras mujeres".

La identidad o el Yo siempre es un conjunto semi-abierto o semi-cerrado, si algún objeto se atasca o pesa demasiado, lo que hace es romper los límites del conjunto desde sus propias respectividades. También puede acontecer que dicho peso no solo rompa los límites del conjunto semi-cerrado, a su vez, el peso de alguna fijación de objeto puede congelar toda posibilidad de abrirse a nuevas impresiones (asociaciones) y se solidifica en adicciones o en una identidad fija maniaca. Lo que finalmente podrían gatillar distorsiones que afecten a la ipseidad que se abre y se cierra en el yo.

En otras palabras, es claro usando las nociones de Conjuntos que el feto es parte de un subconjunto de otro mayor (madre). No obstante, no es posible delimitar tajantemente sus límites, pues algo como el cordón umbilical está en una zona de intersección mutua entre el conjunto mayor (madre) y el subconjunto (feto). Tras el nacimiento, la intersección mutua desaparece, pero como ya muy bien lo graficó Winnicott "el bebé no existe" o el conjunto bebe-propio-delimitado no existe. Existe para-sí como "bebé" pero a su vez no. El conjunto madre sigue engullendo al conjunto-bebé aunque no totalmente como en el embarazo. En el proceso acontece una nueva intersección mutua llamada "fenómeno transicional", aunque esta vez, no es conforme a estar ligado al cuerpo entero del conjunto madre. Ahora, una parte del cuerpo cumple la función global de las necesidades (pecho, olor, tacto, mirada). Conforma un lazo de intersección mutua en donde cada conjunto está semi-abierto o semi-cerrado del uno para el otro en una diada madre-hijo. Importante es rescatar que en los procesos transicionales gestaran luego los "percursores de los objetos transicionales", marcando una primera (nueva) separación al conjunto madre. Esta separación extrae consigo alguna fijación vivenciada o inscrita en las huellas de placer-displacer con el conjunto madre. En el conjunto niño, existe entonces un "objeto transicional" que le permite separarse por momentos de la madre. Dicho objeto transicional posteriormente se degrada, se disuelve o fragmenta en distintos tópicos de los nuevos conjuntos que va conformando el niño, de modo que el objeto transicional que unifica en su conjunto variados aspectos de la madre, se dilata en unidades que se condensan con otras compaginaciones o sustituciones. Así mismo lo confirma Winnicott (1971) en su libro Realidad y Juego: "*Se permite que su destino sufra una descarga gradual, de modo que a lo largo de los años queda, no tanto olvidado como relegado al limbo. Quiero decir con esto que en un estrado de buena salud el objeto transicional no "entra", ni es forzoso que el sentimiento relacionado con él sea reprimido. No se olvida ni se lo llora. Pierde significación, y ello porque los fenómenos transicionales se han vuelto difusos, se han extendido a todo el territorio intermedio entre la "realidad psíquica interna" y "el mundo exterior tal como lo perciben dos personas en común", es decir, a todo el campo cultural*" (p.22).

En casos distintos (retomando lo anterior), ocurren fijaciones en grados de fetichismo, que son conjuntos infranqueables a la transposición. De allí en distintos grados o niveles, se gestan los olores favoritos, el sabor favorito, la orientación sexual, etc. Pautas que no son del todo explicadas desde una represión primaria, sino más bien desde una represión originaria de erogenización de bordes en el cuerpo (bajo las ligaduras o desligaduras del placer y displacer), lo que genera las respectivas fijaciones o preferencias de cada uno.

Por ejemplo, para una fijación "*oral es esa diferencia de contacto, de gusto, de calor, ese corte en el flujo que la pulsión capta. La fuerza de la necesidad se apropia del pecho, ingurgita la leche, pero la fuerza de la pulsión gira alrededor, se centra en ese corte del flujo, en esa diferencia de gusto o de temperatura, para culminar en su satisfacción*" (Leclaire, 2000:212). Podemos apreciar que la baja de tensión o el aumento de tensión es la misma que desea ser buscada por su fijación. La particularidad provocada de la diferencia sobre una tensión, queda registrada como huella de diferencia lo cual otorga un corte por donde libidinalmente fijarse la pulsión oral. Como ejemplo clínico de fijación oral, una paciente que atendí, tenía una fijación donde todos los días a cierta hora necesitaba comprar algo dulce. Su lengua quedaba fijada a su palar sintiendo el contacto dulce del chocolate adherido, la paciente comentaba que sólo comiendo algo salado era capaz de dejar de comer dulces (no existiendo otro modo). Como podemos notar, el corte del dulce por lo salado es justamente lo que limita el goce voraz de su oralidad.

Sin embargo, las fijaciones tienen distintos grados o adherencia (viscosidad) libidinal. Las fijaciones respectivas son objetos que no son del todo sustituibles por medio de condensaciones o desplazamientos, muchas veces fracasan en su movilidad o traslado a nuevos conjuntos semi-abiertos. Tal es el caso en el objeto transicional que a "*la larga el objeto transicional puede convertirse en un objeto fetiche y por lo tanto persistir como una característica de la vida sexual adulta*" (Winnicott, 1971:26). El fetichismo como fijación es el ejemplo más claro de un conjunto cerrado. La libido en tales casos gira en una especie de circunferencia perfecta a dicha zona, sin poder galoparse a otro conjunto semi-abierto, puesto que el circuito está cerrado en el giro del retorno incesante (fijación o adicción). Fijaciones diversas de este estilo lo vemos en los conjuntos de adicciones, la centralidad del conjunto es tal que varias vías facilitadas recaen en dicho "hoyo negro" que atrae con su gravedad la libido a sus círculos centrípetos que no permite relanzar nuevas catectizaciones a objetos diversos para conformar o combinar los conjuntos semi-abiertos.

Así sucede tal como lo grafica Silvia Bleichmar (1998): "*en el caso de la compulsión yo creo que no hay traducción. Algo permanece idéntico. Justamente, el goce que se fijó se sigue produciendo en la misma forma, no hay traducción (...) Una vez que se fijó la escena, o se fijó el modo, esto persiste idéntico. Lo que caracteriza ciertas escenas perversas o las fetichistas es el hecho de no hay transposición de ningún orden, todo permanece dentro de una cierta fijeza. De modo que lo que caracteriza a la compulsión es, precisamente, su no modificación. Más todavía, uno podría decir que cuando se produce un desplazamiento de la compulsión, ahí hay, justamente, una transcripción o traducción. Pero en ese desplazamiento se dejó de lado el modo de satisfacción que estaba en juego hasta ese momento. ¿Qué quiero decir con esto? Supongan que alguien deje de fumar y comience a comer vorazmente. Por supuesto que una compulsión cedió, la compulsión a fumar desapareció, lo que apareció es la compulsión a comer. El problema es si uno puede llamar a esto una transcripción en el sentido de una sustitución a otro sistema, o es lateral, está dentro del mismo modo de resolución. ¿Por qué? Porque la traducción, cuando hay represión, implica pérdida y pasaje. Algo de lo originario queda inhibido y algo pasa*" (p.328).

Debemos entender también que la motivación o el empuje a una conformación de nuevos conjuntos (para el) del bebé que marquen separaciones como destete o castración se debe en parte, a que la madre propicia los cierres o bordes del conjunto del bebé, permitiendo los propios pliegues del yo que permitan la distinción o separación del inicial "yo-madre", hacia al "yo y tú" (yo/no-yo). Puesto como resulta evidente, aquel conjunto madre está inserto en un conjunto aún mayor llamado "Cultura" que dicta normas o reglas para ir definiendo en cierta medida o en parte las separaciones Edípicas o de Castración. Lo es en parte, pues el conjunto madre tiene sus propias fijaciones y deseos propios (Ello de la madre). Recordemos que toda castración o límite, produce frustración, momentos de angustia, odio, rabia, resentimientos, tensiones. Cuando Freud habla de "your majesty, the baby", se refiere aquel momento donde el complejo de castración no se inicia propiamente tal, la diada madre-bebe son uno solo, no hay separación alguna que propicie algún tipo de conflicto basal.

No obstante, en términos de fijaciones como las adicciones, hay una falta de represión primaria y secundaria que permitan canalizar las sustituciones o combinaciones (por las fallas en las Represión Originaria y sus ligaciones). En la falta (ausencia) de articuladores lógicos en el Proceso Secundario, podría provocar cuadros de adicción o dependencia objetales. En donde la distancia se anula, el objeto posee al yo generando corto-circuitos pulsionales: si no tengo tal objeto, yo "no existo". Por esto mismo, es importante prestar atención a ciertas formas de adicción o fijaciones libidinales en los complejos electrónicos a los niños, tales como un celular, tablet, que pueden convertirse en cosas-instrumentales externas como sustituto de la represión primaria, vale decir, un placer sin corte, sin nuevos enlaces que hagan dar cuenta del "ya no más", "no puedes tenerlo por siempre". Diana Rabinovich (1985) plantea que mediante el auge tecnológico "*ha venido a proporcionarnos una gama de posibilidades masturbatorias insospechadas para el siglo pasado. Por eso se dice tanto que la TV deja idiota, es lo que se decía el siglo pasado de la masturbación. Algo de razón quizás tenían. Precisamente, en la medida que aparece un cierto tipo de goce auto, auto en tanto autosuficiente, el sujeto puede finalmente lograrlo por sí mismo y no se puede desprender de él. Las características de estos gadgets que debemos al discurso de la ciencia es precisamente que uno se queda pegado a ellos, eso es lo que habitualmente se dice. Sería interesante preguntarse qué hubiera pensado Freud de la adhesividad de la líbido con el objeto TV. Desde este punto de vista el Don es todo lo contrario, es la fiesta, la reunión de la comunidad, algo así como el momento de la glorificación del intercambio social, mientras que estos gadgets (palabra que Lacan conserva del inglés) tienden a aislarnos y a producir, al mismo tiempo que una masificación, un goce cada vez más autoerótico y autista*" (p.25). Ejemplos serían hoy el consumo de pornografía en la red, sexo virtual, las memorias externas que almacenan audios, imágenes y videos que son posibles de reproducirse una y otra vez hasta el puro cansancio (las cuales van reemplazando el uso de nuestra memoria cotidiana ante la saturación de información). Instrumentos electrónicos que extienden la posibilidad de no perder, no detenerse, no olvidar cada vez menos cosas. Los dispositivos de memoria en su almacenamiento, impiden, cada vez más cortar los lazos o desfigurarlos. Se convierten en una expansión de nuestra memoria en tanto nos permite obtener un verdadero índice (listado) de nuestro registro mnémico en múltiples íconos y carpetas organizadas de archivos. Por ende, la fijación adherente a la dependencia de estos artefactos digitales se vuelve cada vez más importante e insospechada libidinalmente.

Los artefactos electrónicos en los niños no cumplen funciones de Transicionalidad, más bien inhiben la exploración y solo aumentan la fijación libidinal. Ni siquiera cumplen como Objeto Transicional, son el reemplazo a la madre ausente y carente. Un Objeto Transicional (lo suficientemente bueno) es aquel que permite o ayuda como apoyo a explorar el mundo y jugar sin aislarse en fijaciones. Algunos artefactos electrónicos no propician la creatividad o el juego exploratorio, por ende, no es Transicional.

Siguiendo a Winnicott, hay madres (cuidadores) demasiado suficientemente buenas con exceso de pecho bueno, donde no existe prácticamente un destete (represión originaria). Un exceso de pecho bueno, un exceso de holding que a largo plazo imposibilitaría los fenómenos transicionales y la sublimación respectiva a la frustración. Por ende, la fijación del vínculo es tal, que no hay forma de catectizar otros objetos y se congelarán en fijaciones o regresiones excesivas. En cuanto experimente una mínima frustración, se regresiona de inmediato, tal como un alcohólico en forma su adulta.

Dando paso ahora a ejemplificar un Caso de fijación masturbatoria compulsiva infantil, expondré el caso de una niña, que desde sus cuatro años experimenta una compulsión masturbatoria genital. Se trata de una niña que hoy en día tiene 7 años, vive con su padre, madre y una hermana de 2 años. La familia socioeconómicamente es de clase acomodada. Tanto el padre como la madre trabajan realizando clases universitarias de mañana y tarde. Cuentan con una empleada doméstica, más una niñera encargada de vigilar y jugar con los niños del hogar. La niñera, quien me facilitó los detalles del caso, comenzó a cuidar a la niña cuando ella cumplió los 4 años de edad. La niña asiste a un Colegio privado de alto rendimiento escolar.

Informados los padres por el aviso de sus profesoras de párvulo, le señalan que la niña se masturba en horas de clases y recreos en público. Masturbación que también hace en su casa, especialmente, cuando la dejan momentos a solas (sin ser observada). La niñera comenta que la niña se masturba frecuentemente, la mayor parte del tiempo, abriéndose de piernas rozando su vulva contra el suelo, apoyándose con la palma de sus manos. La compulsión tuvo una intensidad, que incluso, ha tenido lesiones (dolorosas raspaduras) en sus nalgas debido al roce con el suelo. Anteriormente a la alerta del Colegio, los padres no habían tomado ninguna medida o decisión hasta que el Colegio les avisó.

En un principio, ante la masturbación de la niña en público, los padres aceptaron la decisión del colegio para ser derivada a una psicóloga del mismo establecimiento. Como primera medida se indagó en descartar si existía algún índice o indicador de abuso sexual, de los cuales, en distintas pruebas psicodiagnósticas no han arrojado elementos ni indicadores: tanto en horas de juegos, test proyectivos, dibujos y discursos que pudiesen abrir asociación cercana al tema. Lo único que da pista al origen sería su caso de enuresis donde casi todas las noches se orina en la cama. En el relato se da cuenta que cuando a la niña la limpian y le cambian de ropa en las mañanas cuando la levantan de la cama (al estar orinada), le realizan minuciosos lavados al interior de sus genitales con algodones, sentada en el lavamanos del baño, abriéndoles las piernas para limpiarla. No olvidemos lo que Freud (1905) enunció sobre los cuidados que "*con su ternura despierta el instinto sexual de su hijo y prepara su posterior intensidad. Considera sus actos como manifestaciones de «puro» amor asexual, puesto que evita con todo cuidado excitar los genitales del niño más de los imprescindiblemente necesario al proceder a la higiene de su cuerpo. Pero el instinto sexual no es tan sólo despertado por excitaciones de la zona genital. Lo que llamamos ternura exteriorizará notablemente un día el efecto ejercido sobre las zonas erógenas*" (p.1225).

La Psicóloga denominó a la actividad masturbatoria, "hacer el vaivén", de modo que cuando se refiere o le refieren a su masturbación, le mencionan "los vaivenes".

La niñera detalla que en toda actividad, sea juegos, ver televisión, dibujar, generalmente los acompaña con movimientos masturbatorios. Por otro lado, la niñera agrega que la niña aumentó sus "vaivenes" masturbatorios al nacer su hermana menor, incluso, la niña comenzó a volver a chuparse el pulgar (hábito que no realizaba cuando la niñera comenzó a cuidar a la niña desde sus cuatro años).

De parte de la terapia con la psicóloga, se puso incapié en mejorar la obediencia a sus padres, aconsejando a los padres que buscaran brindar actividades extraprogramáticas a la niña, además de asistir al colegio (recordemos que dicho colegio tiene elevada exigencia académica). Respecto a los "vaivenes" masturbatorios, la psicóloga aconsejó a la niña que no hiciera los vaivenes en público. La terapia comenzó cuando la niña cumplió los 5 años (poco antes de nacer su hermana) y ya cumpliendo los 7 años, la niña sigue masturbándose en la sala de clases, en el auto (paseos) o en público (en los juegos de parques), aunque en pequeña menor medida. Sin embargo, la niña ha aprendido a masturbarse con osos de peluche entre sus piernas. Sumado con su "vaiven" en el suelo, la niña pone su palma debajo de su vulva para generar más fricción con su clítoris. La niñera comenta que la niña termina cansada, con el rostro sonrojado e irritable, de modo que no ve en la descarga una manera eficiente de calmarse al mediano plazo. Cuando la niñera ve a la niña masturbándose, tiene deseos de decirle a la niña: "no lo hagas más", "no está bien hacerlo", "hagamos otra cosa para que dejes de", pero, comenta la niñera, que los padres no desean que se le diga algo a la niña, hasta esperar a la psicóloga para saber qué hacer.

Cuando se le pregunta a la niña por qué realiza "los vaivenes", la niña dice: "No puedo parar. No puedo estudiar y me desconcentro". La niña no remite en ningún caso a alguna fantasía o fantasma sexual que motive o movilice el acto compulsivo de la masturbación. Es solamente una fricción mecánica sin fantasía, no existe una fantasía que lidere o comande una regularidad (similar al juego monótono y motriz de los niños autistas). Su masturbación es arcaica, es un Yo-piel erogenizado que no se acopla a fantasías o fantasmas sexuales narcisistas que puedan maniatar la masturbación compulsiva a ciertos eventos más específicos, en vez de ser, un polimorfo compulsivo que acompaña a toda actividad cotidiana.

Algunos comentarios que podemos realizar al Caso recién expuesto, nos obliga a retomar lo que explicamos en las pautas de crianza en el Capítulo III de este libro. Lo primero que salta a la luz es el modo en cómo los padres destinan los límites y cuidados a la niña a través de agentes externos familiares, vale decir, niñeras, profesores y psicólogos. Es evidente que en los tiempos de hoy, sobretodo, en familias más pudientes, sea de lo más normal y esperable. No obstante, los diques primordiales y represiones originarias que debieron establecerse, no se consumaron. La niña no tiene noción de pudor arcaico y menos de vergüenza. No existen castigos, miedos, culpas, pudores básicos con su cuerpo ni vergüenzas (véase en el Capítulo VI). Las únicas vías colaterales que se establecen a las pulsiones sexuales, son diques externos, del tipo: "saquen a pasear al perro, hasta que se canse, que ya no de más por las distintas activades impuestas, solo así nos liberaríamos de la líbido que no se descarga." El grave problema de estas intervenciones es intentar reducir la líbido o pulsión a un mero asunto de descargar montos, dejando el aparato psíquico sin ninguna huella o ligación que establezca asociaciones o diques colaterales de ningún tipo. La niña podrá hacer mucha actividad física, pero eso no merma ni soluciona su fijación genital compulsiva. Podríamos pensar como hipótesis que la niña está agobiada por las actividades escolares y que la compulsión masturbatoria es lo que le permite remitir la ansiedad o angustia.

Es más, una saturación de "actividades físicas conductistas" para distraer su líbido sexual, puede provocar el efecto contrario, sobre-estimularla más en tensiones diversas, hipótesis que se confirmaría, dado que la niña no ha dejado de masturbarse en público durante las horas de clases. Básicamente si la compulsión masturbatoria descendió levemente, se debe a que la mantienen frenéticamente o compulsivamente distrayéndola de su compulsión (no creo necesario recalcar la paradoja conductista que esto implica).

Si recordamos los casos de masturbación infantil en la basta literatura psicoanalítica, la instalación del pudor: "no te toques, eso es sucio, nos vamos a enojar, etc", es de las primeras cosas que se instala para poner diques. Dando espacios que algo en relación al cuerpo no puede ser exhibido, que existen espacios más o menos privados para ciertas pautas culturales (desvestirse, ir al baño). Así como los padres por general, saben que si un niño está frecuentemente chupándose el dedo o no hacen ningún intento o esfuerzo (represión originaria) en quitarle el chupete, como también en destetarlo del pecho, es esperable que los dientes del menor a su desarrollo puberal tengan problemas y su fijación se mantenga pasada la pubertad. Como bien sabemos, las pulsiones no son algo instintivo adaptativo perfectamente equilibrado en homeostásis como en otros animales mamíferos.

Los padres por su parte, no saben qué hacer, solo esperan órdenes de la psicóloga de turno, sobre qué otras pautas conductuales podrían aplicar a la menor.
No es problemático que unos padres no sepan qué hacer, ningún padre sabe cómo criar a priori un hijo, el problema radica, en que se quedan pasivos e intencionalmente "no sabe-dores" de crianza, ya que dejan el saber pleno al "Otro" o un profesional que "todo lo sabe". Por tanto, la crianza se fragmenta, la castración y la represión originaria no opera consistentemente, no se establece vías colaterales a la pulsión.
Se presenta en este caso, algo característico de ciertas nuevas parentalidades: de ser lo menos castradores o limitadores a sus hijos. Quieren evitar a toda costa que el hijo se frustre, especialmente, tienen un horror inconsciente de que sus hijos frente a los límites, sus retoños lo odien. Olvidan que la crianza no es solo sonrisas, felicidad, cariños, también, la crianza conlleva, odio, frustraciones o venganzas. Esto último que permanece (hoy cada vez más) escindido en los padres, proyectan este espacio hacia los profesionales, a modo de: "que ellos se hagan cargo, no nos mancharemos las manos, que ellos castren, eso no lo haremos nosotros, para eso pagamos a profesionales".
Desde un punto de vista sociológico, podemos notar diferencias donde en lo educativo, "las sociedades primitivas la educación se transmite directamente en la cotidianidad y no requiere, entonces, el ejercicio disociado que implica en nuestra cultura. Las formas tradicionales de impartición de la educación y de los diques están mucho más estructuradas (...) el mito del buen salvaje se vino abajo cuando se ve la rigidez moral de las culturas primitivas (...) De manera que nosotros tenemos mucha mayor movilidad" (Bleichmar, 2005:93). Es decir, los medios tradicionales familiares de la castración, diques, asignación de valores, en sociedades más modernas ya no encajan por la misma fuente. El contenedor se fragmenta y pierde su consistencia dispersándose en diversos espacios, lo que proporciona o promueve infinidades de nuevos Ideales

sociales y variedades de prácticas sociales respecto a las libertades y prohibiciones (asunto que veremos en el Apartado sobre el Ideal del Yo).

La crianza que confecciona ideales del yo, represiones originarias y super-yó, debe mantener cierta regularidad o consistencia. En otras palabras, si la consistencia se estira (difumina) en distintos profesionales (como cada vez más sucede hoy en día por la proliferación fragmentada de distintos profesionales del saber "PSI"), la represión originaria queda fraccionada o fragmentaria, sin diques sostenidos o lo suficientemente colaterales para evitar la compulsión masturbatoria que vemos en este caso.

Para que posteriormente a partir de la "pubertad", en la búsqueda de un objeto amoroso-sexual, *"el amor es la capacidad de "obviar las represiones", uno de sus aspectos es la superación de la vergüenza. El cuerpo a cuerpo supone la intimidad, no sólo en su realidad, sino por efecto de un retorno sobre las "formaciones reactivas".*

Muchas de las rarezas de la vida sexual del obsesivo se aclaran a través del choque entre la fijación en el objeto pregenital y el mantenimiento en paralelo de fuertes formaciones reactivas" (Assoun, 1999:103).

Es importante complementar que la propia ocultación, velamiento, escondite, reserva, especialmente en los tabúes o restricciones sociales, son un motor importante a la hora de libidinizar fijaciones. Freud (1905) define que la *"ocultación del cuerpo, que progresa junto con la cultura humana, mantiene despierta la curiosidad sexual, que aspira a completar el objeto sexual mediante el desnudamiento de las partes ocultas. Empero, puede ser desviada («sublimada») en el ámbito del arte, si uno puede apartar su interés de los genitales para dirigirlo a la forma del cuerpo como un todo"* (p.142). Esta definición expresada por Freud transparenta la curiosidad sexual infantil bajo el manto de ocultación y restricción social.

En el caso del fetichismo o parcialismo, es claro que el carácter parcial de la pulsión se aprecia mejor en su calidad de fijación. La detención libidinal donde *"el interés se detiene como a mitad de camino; acaso se retenga como fetiche la última impresión anterior a la traumática, la ominosa [unheimlkh]. Entonces, el pie o el zapato —o una parte de ellos— deben su preferencia como fetiches a la circunstancia de que la curiosidad del varoncito fisgoneó los genitales femeninos desde abajo, desde las piernas;'* pieles y terciopelo —esto ya había sido conjeturado desde mucho antes— fijan la visión del vello pubiano, a la que habría debido seguir la ansiada visión del miembro femenino; las prendas interiores, que tan a menudo se escogen como fetiche, detienen el momento del desvestido, el último en que todavía se pudo considerar fálica a la mujer"* (Freud, 1927:150). Son también las claves para dar cuenta que lo parcial queda de alguna forma aislado o más bien fijado a un objeto fetiche de carácter sexual.

Freud, en su nota agregada de 1910 a su texto "Tres Ensayos sobre la Teoría Sexual", expresa que el *"psicoanálisis ha llenado una de las lagunas que subsistían en la comprensión del fetichismo señalando la importancia, en la elección del fetiche, de un placer de oler coprófilo, perdido por represión. El pie*

el niño considera todo cuanto pertenece a su persona. El niño está, se diría, orgulloso de sus excreciones, y las usa al servicio de su autoafirmación frente a los adultos. Bajo el influjo de la educación, las pulsiones coprófilas e inclinaciones del niño caen poco a poco bajo la represión; el niño aprende a mantenerlas en secreto, a avergonzarse de ellas y a sentir asco ante sus objetos. Pero en rigor el asco no llega tan lejos como para recaer sobre las excreciones propias; se conforma con desechar tales productos cuando provienen de otro. El interés que hasta entonces se dedicaba a los excrementos es reorientado hacia otros objetos; por ejemplo, de la caca al dinero, que sólo más tarde cobra sustantividad para el niño" (p.360).

Un caso que me fue relatado cuando asistí a mi cátedra de Psiquiatría en el Hospital Psiquiátrico Dr. José Hortwitz Barak en mi pregrado de Psicología, se trataba de un paciente que se tragaba monedas de 100 pesos, de las antiguas monedas en circulación (poseen un tamaño más grande y grueso). Según relataban los médicos psiquiatras del Hospital, se creía que se trataba de un caso de Psicosis. Cuando luego de varias entrevistas diagnósticas, un médico de turno le consultó al paciente qué ocurría cuando defecaba en el baño tras tragarse dichas monedas. El paciente, allí relató que al momento de defecar le gustaba sentir como las monedas gruesas pasaban por las paredes de su recto, bordenado su ano. De modo que lo que se pensaba como signo de psicosis, era más bien algo de la fijación en su erotización anal. Este caso nos recuerda (en parte) lo que vimos sobre la fijación anal expuesto por Ferenczi (1916) de *"un niño que, para tener "monedas de oro" muy brillantes, se tragaba piezas de cobre, y, las recuperaba en sus excrementos efectivamente limpias y brillantes. Los jugos gástricos habían limpiado la costra de las monedas de cobre. Se trata de una combinación de dos rasgos de carácter: amor al dinero y a la limpieza por una parte, y erotismo anal original por otra."*

Radicalmente distinto, fue el caso de Psicosis que estudiamos en el equipo psiquiátrico en mi pasantía clínica en Hospital del Salvador, de un paciente que se tragaba pilas "para prenderse", caso que aplica a una psicosis en vez de una perversión o fijación.

Socarides (1988) agrega otros ejemplos de cropofilia, citando los *"pacientes descritos por Tarachow era un trasvestista no psicótico que vestía con ropas femeninas ceñidas, corsés, aparatos que construía como un pene artificial y se lo introducía en el recto. Este acto representaba la penetración homosexual anal, pero también implicaba un juego con las heces en el orificio anal. El paciente realizaba estos actos mientras vestía prendas femeninas ceñidas. Su mayor placer consistía en casi expulsar el objeto del ano, aunque manteniéndolo ahí indefinidamente.*
Al igual que a mi paciente anteriormente citado, finalmente lo expulsaba "con gran pesar". Al paciente le gustaba estar sucio, defecaba en sus prendas trasvestistas y dormía con ellas puestas" (p.532).

Tomando en cuenta las Memorias del Caso Schreber mencionadas por Freud con respecto al delirio de ser "fecundado por dios" y su relación con los "nervios divinos". Freud (1911) extrajo el siguiente relato: *"Como todas las demás funciones de mi cuerpo, también las ganas de defecar son estimuladas en mí por un milagro. Ello sucede siendo impulsados los excrementos hacia adelante y luego, a veces, nuevamente hacia atrás, en los intestinos, o cuando yo he* realizado el acto de la defecación y no queda material suficiente, ensuciando los escasos restos del contenido intestinal aún subsistentes los bordes de mi orificio anal. Trátese en todo ello de un milagro del Dios superior, milagro que se repite cotidianamente varias docenas de veces cuando menos y con el cual se enlaza la idea, incomprensible para los hombres y sólo explicable por el absoluto desconocimiento en que Dios está de las circunstancias orgánicas de los vivos, de que el acto de defecar es, en cierto modo, lo último; esto es, que con el estímulo milagroso de las ganas de defecar queda conseguida la destrucción de la razón y lograda la posibilidad de una retirada definitiva de los rayos (...) Cada vez que las ganas de defecar son milagrosamente estimuladas en mí, quedan estimulados simultáneamente los nervios de alguna de las personas que me rodean para obligarla a ocupar el retrete e impedirme realizar el acto de la excreción. Es este un fenómeno que he observado regularmente innumerables veces (millares de veces) durante los últimos años, siendo, por tanto, imposible que se trate de una mera coincidencia casual"* (p.1496-1497).

Esto se puede anudar a la "persistencia de una intensa identificación femenina primaria con la madre lo llevó a un conflicto crucial: el deseo de ser una mujer, de tener genitales femeninos, de tener relaciones sexuales como mujer, de dar a luz a un bebé. Este complejo preedípico producía amenaza de engolfamiento y pérdida del sí mismo (disolución del yo), mientras el peligro de la castración se intensificaba poderosamente. La solución que se intentó ante estos temidos eventos consistió en la formación de varias fantasías perversas, que simultáneamente protegían del miedo nuclear, defendían y gratificaban a la vez impulsos instintivos y deseos primitivos" (Socarides, 1988:536).

Finalmente, la Fijación anal o placer retentivo-expulsivo, Abraham lo ejemplifica con un paciente que: "se vio impedido de escribir su tesis doctoral por una larga resistencia. Después de que varios motivos de ella salieran a luz, encontramos el siguiente: declaró que vacilaba en comenzar su trabajo, pues una vez empezado ya no podría abandonarlo. Esto nos recuerda la conducta de ciertos neuróticos respecto a sus excreciones. Retienen al contenido del intestino o de la vejiga tanto tiempo como les resulta posible. Cuando finalmente ceden a una necesidad que ya es demasiado fuerte, no hay más retención, y evacúan todo el contenido. Debe observarse en especial que hay aquí un doble placer, el de retener los excrementos, y el de evacuarlos. La diferencia esencial entre las dos formas de placer reside en que en un caso el proceso es prolongado, y en otro tiene un curso rápido. En lo que atañe al paciente mencionado, el demorado comienzo del trabajo significaba la conversión del placer en la retención, en placer en la evacuación" (p.292).
Aquí vemos un "trastorno al contrario", de lo "activo" en la retención a la "pasividad" de la descarga, pero a su vez en un circuito de ida y vuelta, ya que hay algo de pasivo en postergar y hay algo activo en accionar activamente la descarga.
La angustia al no descargar, le provoca displacer (falla la defensa obsesiva), tiene que antes, estar todo sumamente despejado y en perfecto orden para efectuar su descarga. Cualquier obstáculo lo obstina a continuar reteniendo, esperando que en algún punto existirá un momento más propicio, a pesar que dicha espera puede ser en sí incómoda. Por ende, subestimaríamos si considerarmos aquellas personas como intolerantes a la frustración, más bien,

parecen masoquistas consigo mismo, pueden resistir abstinencias de las cuales incluso pueden sacar un provecho secundario en ser admirado por lo especial que llegan ser frente alguna presión social que se lo exija (temática que abordaremos en el próximo Capítulo).

Siguiendo a Winnicott, los objetos transicionales, así como también los precursores de los objetos transicionales son elementos que pueden permitir comprender la constitución de algún fetiche. Supongamos que un niño atesora un objeto transicional al que está muy apegado y su cuidador opta abruptamente por quitárselo sin nada a cambio. En tal situación, seguramente, el niño podría desarrollar o mantener una alta fijación por dichos aspectos que disfrutaba de su objeto, tales como su olor, su textura, su calor, etc. Así, les será difícil de sustituir cuando tenga posibilidad de acceder a ellos y posiblemente quede fijado en ellos de ese aparente "algo nuevo" que experimenta.

Es como si en la fijación el mensaje fuese: "puedes castrarme, obligarme a cambiar de objeto, pero de todos modos quedará (re)marcada una fijación pulsional perversa que recordará por la eternidad la satisfacción que se me prohíbe y aunque sustituya mis deseos por otros, siempre quedará en mis síntomas una ganancia especifica motivada en la clandestinidad por sus huellas". Es así como frecuentamos en los niños que aún no desarrollan un síntoma propiamente tal, vemos cuadros regresivos como el chupeteo, voracidad alimenticia, apego corporal o intolerancia a todo tipo de separación, la masturbación compulsiva, rascarse bruscamente, etc. No es de extrañar tampoco, que en los adultos proliferan algunas veces los síntomas adjuntados a cuadros regresivos también. Esto último es más frecuente cuando las defensas del síntoma no alcanzan a contra-restar la angustia (recordemos lo revisado en psicosomática).

Cuando ocurre una regresión, la regresión se encadena precisamente donde las fijaciones estuvieron, no se regresiona a cualquier azar. La regresión plantea en su mayor desnudes el fracaso de la represión, el síntoma no logra sustituir y cae en una satisfacción directa a las fijaciones primordiales. No está demás recalcar que una salida hacia las viscitudes regresivas dan cuenta de un "aparato de pensar" incapaz muchas veces de metabolizar o simbolizar sus propias huellas.

Queremos hacer ahora una aclaración, hay rasgos o aspectos del trauma que gatillan regresiones. Sin embargo, me adelanto en decir que el trauma sería algo así como una fijación anti-pulsional o una anti-fijación o una fijación de dolor contraria a la fijación de un placer rehusado (adictivo). Vale decir, el Trauma es una fijación en su dimensional anti-libidinal, el Trauma es una fijación (en las huellas) del dolor. Distinta a la fijación sexual o adictivas que fueron placenteras. Por lo tanto, en ambas fijaciones se pueden presentar regresiones. De parte de la fijación como sustituto de un deseo y de parte del trauma como alejamiento del dolor por medio de alguna fijación placentera que bloquee el recuerdo o la irrupción de angustia.

Para Freud en su Conferencia 18 (1917) refiere en la constitución de *"las neurosis traumáticas dan claros indicios de que tienen en su base una fijación al momento del accidente traumático. Estos enfermos repiten regularmente en sus sueños la situación traumática; cuando se presentan ataques histeriformes, que admiten un análisis, se averigua que el ataque responde a un traslado total [del paciente] a esa situación. Es como si estos enfermos no hubieran podido acabar con la situación traumática, como si ella se les enfrentara todavía a modo de una tarea actual insoslayable; y nosotros tomamos esta concepción al pie de la letra: nos enseña el camino hacia una consideración, llamémosla económica, de los procesos anímicos. Más: la expresión «traumática» no tiene otro sentido que ese, el económico. La aplicamos a una vivencia que en un breve lapso provoca en la vida anímica un exceso tal en la intensidad de estímulo que su tramitación o finiquitación {Aufarbeitung} por las vías habituales y normales fracasa, de donde por fuerza resultan trastornos duraderos para la economía energética.*
Esta analogía no puede sino tentarnos a llamar traumáticas también a aquellas vivencias a las que nuestros neuróticos aparecen fijados. Esto nos prometería brindarnos una condición simple para la contracción de neurosis. La neurosis sería equiparable a una enfermedad traumática y nacería de la incapacidad de tramitar una vivencia teñida de un afecto hiperintenso" (p.251-252).

Caso completamente distinto es el llamado "Trauma a dos tiempos" o "Nachträglichkeit", donde lo que en un primer momento o primera escena no fue escandaloso en lo económico, que bajo, una segunda (nueva) escena o evento, retroactiva el primer escenario (se re-significa de modo traumático), donde se activarán las angustias, vergüenzas, temores o culpas al resignificarse en un segundo momento, lo de aquella primera experiencia (indiferente). La re-transcripción o re-significación secundaria de aquello que presentaba indiferencia (en un primer momento), retroactivamente a "dos tiempos" produce el Trauma. Ejemplos lo podemos ver en caso de "la joven y el pastelero" en el Proyecto (1895) de Freud.

Tanto en la fijación como en el Trauma operan en su modo más desnudo el "yo placer purificado". Freud (1915) en "Pulsiones y sus destinos" lo define como un *"yo-placer purificado que pone el carácter del placer por encima de cualquier otro. El mundo exterior se le descompone en una parte de placer que él se ha incorporado y en un resto que le es ajeno. Y del yo propio ha segregado un componente que arroja al mundo exterior y siente como hostil. Después de este reordenamiento, ha quedado restablecida la coincidencia de las dos polaridades: Yo-sujeto {coincide} con placer. Mundo exterior {coincide} con displacer (desde una indiferencia anterior)"* (p.131). Por lo tanto, no es inusual que bajo un trauma severo que corrompe al yo, posteriormente se destine hacia una salida defensiva paranoide, donde la grieta dejada a su paso por el trauma sea el único modo de responder en su momento.

El trauma al cual nos estamos refiriendo como distinto al llamado "Nachträglichkeit" o trauma en dos tiempos, nos referimos más bien al Trauma que ocurre ante una ataque físico que puede desgarrar o amputar algún órgano-extremidad o la pérdida abrupta de un objeto primordial (guerra o accidente). En tales casos, la catexia o proceso libidinal tiene plenamente adherida su "viscosidad" en una parte vital de su constitución psíquica temprana. Por ende, acontecida la tragedia, brutalmente el aparato psíquico queda descolocado en poder articularse a un porvenir, pues, cortar estrepitosamente con la fijación implica: destruir los recuerdos del yo (splitting), obstruir las emociones (represión masiva), fijarse frenéticamente a un objeto o actividad, alucinaciones táctiles, visuales o sonoras, etc.

No da tiempo para la reacción o la preparación subjetiva para elaborar tal situación. Por tanto, la reacción al desgarro implica la movilización a defensas muy arcaicas que velen, oculten, la resignada satisfacción por el objeto perdido. O también puede implicar con toda su desnudes la regresión pulsional a sus etapas más tempranas (terror a la soledad, paranoia, masturbación crónica, chupeteo, voracidad alimentaria, etc). Como podemos apreciar, el yo placer purificado emerge desocultado, en caso contrario, nos encontraríamos con depresiones o melancolías graves que podrían tener carácter suicida. Cabe decir, que es obvio para cualquiera comprender que no es lo mismo la muerte espontánea de una madre (objeto primordial), que la muerte preparada o noticiada de una madre que se sabe que le quedan algunos años de vida. Aunque claro, eso no quita que la noticia previo a una desgracia no implique a veces un verdadero trauma también en sí mismo. Tal como lo explica Freud (1917) en Duelo y Melancolía: "*el duelo normal supera también la pérdida del objeto, y absorbe, mientras dure, igualmente todas las energías del yo (...) La realidad impone a cada uno de los recuerdos y esperanzas, que constituyen puntos de enlace de la líbido con el objeto, su veredicto de que dicho objeto no existe ya, y el yo, situado ante la interrogación de si quiere compartir tal destino, se decide, bajo la influencia de las satisfacciones narcisistas de la vida, a cortar su ligamen con el objeto abolido. Podemos, pues, suponer que esta separación se realiza tan lenta y paulatinamente, que al llegar a término ha agotado el gasto de energía necesario para tal labor*" (p.2098-2099).

Destaquemos ahora que no toda fijación guarda un carácter de adicción necesariamente, pero las fijaciones tienen como condición contradecir la contingencia o flexibilidad de un objeto. En el fetichismo, generalmente el objeto o el acto a seguir, es la condición necesaria para poder efectuar un acto sexual, sin él no hay descarga o climax alguno.

En la fijación fetichista o neurótica la necesidad impulsiva o irrefrenable de algún objeto o evento no posee las dimensiones globalizantes de una adicción severa, terreno donde se juega el "todo o nada", es decir, la angustia emerge o no emerge, no hay posibilidad de espera ni sustitución, la fijación exige el ahora ya, el cada vez más el objeto o evento mientras más pase el tiempo sin él.

Mientras avanzamos se hace patente que no siempre se hace fácil distinguir la catexia, el apuntalamiento de una adicción o fijación libidinal. Como sabemos, hay fijaciones más transitorias que otras, algunas son producto de una regresión libidinal a satisfacciones pretéritas, otras, se agudizan según diversas circunstancias y otras son características de toda una vida casi sin variaciones o recambios. La represión originaria o primaria no siempre puede transformar del todo las fijaciones producidas por sus huellas de placer. En tales niveles, como en las adicciones, el placer puede ser tal que se resiste a detenerse, provocando una tensión de carga que no es capaz de descargar todo lo que hay en juego: sin cable a tierra que ataje el derroche, conllevando al agotamiento o desplome. Vale decir, una gran fijación o adicción representaría una "apuesta" por todas esas satisfacciones inhibidas, frustradas o simplemente imposibilitadas, donde en un pequeño "zurco", drenan las diversas mociones pulsionales en una sola válvula de escape a descargar.

Deleuze (1981) lo expresa en "*Aquel que vomita es entonces abyecto. No se trata solamente de lo que he comido, sino que todo mi cuerpo intenta escaparse por uno de mis orificios. ¿Y el grito? Es similar. He aquí entonces que llamo abyección, pero sin ningún sentido peyorativo, al esfuerzo del cuerpo para escaparse de ese modo. Pero además es un esfuerzo siempre doble: cuando intento escaparme por uno de mis orificios, siempre intento escaparme también por un orificio exterior, por un espacio ínfimo (...) En Bacon, el tipo vomitando y que manifiestamente se agarra del lavado, intenta escaparse por el agujero de desagüe. Todo su cuerpo tiende a huir por allí*" (p.83).

Cuando la angustia trata de descargarse arrastra a sus aguas el contenido del estómago y sube las fauces en un río que abre la represa de la boca. Debemos pensar que en la bulimia no siempre se vomita por alta ingestión de alimentos que provoca una indigestión psíquica provocando su expulsión oral. También la propia bulimia, más allá de no haber consumido alimentos, el acto de vomitar es empleado a efectos de calmar la angustia o la ansiedad. Su expulsión se abyecta en un orificio que asume el lugar del descargar, siendo capaz, no pocas veces, de erosionar los orificios (úlcera de esófago, daño dental producto de los fluidos ácidos que arrastra consigo el río de angustia-ansiedad). Similar cuando se construye una nueva abertura al cerzenar los pliegues de la piel para que desde allí se descargue con sangre, algo de la angustia. Siguiendo el ejemplo de la bulimia, en sus casos más graves, suple el polifónico coro de dolores y ansiedades en un solo grito bajo una sola garganta que grita en nombre del inmenso coro. Desgarrando la carne de la farínge, puesto que es la única válvula de escape que toma el centro gravitario por su fijación.

En el caso de las adicciones o toxicomanías, el brillo del pecho tóxico se proyecta encima del yo, infatúa al narcisismo, acercándolo al Ideal del Yo aturdiendo al Superyo. De este modo se celebra siempre antes de llegar a cualquier meta. Se encandila maniacamente en la sordera del Ideal cumplido frente al super-yo silenciado. No necesita nada más que la fijación al pecho, pero no al pecho bueno, sino al pecho tóxico sin destete.

La sustancia funciona como seudo-catalizador alucinatorio, como seudo-metabolizador, simultáneamente como un represor y como desmentida auxiliar ante la ansiedad, angustia, estrés, traumas, conflictos, culpas, vergüenzas, etc. Cuando un paciente adicto severo se estabiliza en su abstinencia, comienzan a resurgir sus propios mecanismos defensivos, en cuanto réplicas de lo que en consumo empleó como defensa. Es decir, según el tipo de sustancias específicas consumidas, no son al azar las utilizadas, pues revelan los mecanismos de defensa que necesitaron para parchar ciertos aspectos que le desagradan de sí mismos y su entorno. Por ejemplo, no es lo mismo un paciente adicto a la codeína o tramadol que un paciente que intente regularse con ansiolíticos junto a la cocaína para sostener distintas fases en su seudo-funcionalidad adictiva.

Cuando no desean recordar, reconocer daño al prójimo, angustiarse por quiebre de su imagen narcisista maniaca, se comportan defensivamente con evitación, desmentidas, racionalización, proyección delirante, etc: las mismas que en cada sustancia ejercía el mismo efecto en cada uno de ellos.

Si bien todos usamos mecanismos defensivos, los mecanismos defensivos de los drogodependientes severos son cercanos a la Psicosis y otros son directamente psicóticos (por tanto muy endebles en fracasar su defensa).

Permanecen largo tiempo desmintiendo sus conflictos hasta que de pronto colapsan emocionalmente en una Posición Depresiva, tomando en cuenta el daño causado a sus seres queridos y oscilan a su vez a la Posición Esquizo-paranoide culpando a los demás.

En las Toxicomanías o adicciones severas, fatalmente se exacerba la desaparición de los puntos medios o zonas grises de placer (satisfacción), ya que todo es angustiante o "aburrido" en el mejor de los casos. En los adictos las formas de placer-displacer son polarizadas, el placer moderado o zonas grises ya no existe, los pacientes deben volver a reconstruirlas. Por lo tanto, es importante abrir el espacio clínico para que los pacientes puedan re-encontrar o buscar modos de placer de mediana intensidad, expandiendo su círculo de "placer moderado" poco a poco, sin caer (como siempre) en los máximos de una pulsión mortífera, que lo re-sumerge, a cruentas consecuencias que le cierran aún más las posibilidades y salidas de otras satisfacciones.

La exacerbación del Ello, la Defensa Maniaca, la destrucción del proceso secundario por el uso de las drogas, deben ante "Ello" retomar en cuenta el trabajo del "Yo".

Para los casos de Toxicomaniacos o adictos agudos, el concepto de Tolerancia a la Frustración (postergar el placer inmediato) debe volver a reformularse. En tales pacientes, se debe tomar en cuenta la funcionalidad del Yo en su ligación a lo Preconsciente o Proceso Secundario, no como una adaptación a un ideal norte-americano competitivo-laboral, sino de retomar las funciones del Yo destruidas que ya no ligan ni metabolizan nada como Proceso Secundario, pues, es únicamente la droga o sustancia la que cumple el papel de seudo-metabolizar algo ilusoriamente.

Cuando un Toxicómano deja las drogas, su proceso secundario se le aparece "vacío" ·de contenido y necesitan del proceso primario para "llenarse" nuevamente bajo el efecto de las sustancias o drogas. Por eso mismo, en periodos de abstinencia, literalmente olvidan y re-aprenden de nuevo a cómo es vivir bajo un proceso secundario sin la distracción expansiva del proceso primario.

Como sabemos, los drogodependientes, adquieren placer anulando el proceso secundario y exacerbando el proceso primario. Es importante re-enseñarles el placer del proceso secundario, como también, es fundamentalmente necesario investigar las fuentes históricas que conllevaron a la adicción.

Para este tipo de intervenciones Clínicas, se corren riesgos donde el drogodependiente te utilice como su nuevo objeto de droga dependiente vía pecho-inodoro en transferencia (Meltzer). Si bien es una dinámica de doble filo, para los casos de adicción severa, concuerdo con Winnicott (su ética) en que sería aún peor, no ofrecer un holding en su comienzo, para luego poder destetarlo poco a poco. Especialmente, si estamos en contextos de marginalidad o vulnerabilidad social de apoyo sin recursos económicos

Si el alcohol o la sustancia deja de ser un contenedor social para metabolizar vinculos en comunidad o festividad (ritual), al parcializarse objetalmente, se adentra extendiendo sus límites en diversas funciones suplantando actividades: juego, comida, sexo, sociabilización, trabajo, crianza, dormir, etc. El <u>pecho tóxico sin destete</u>, en su parcialidad objetal, reduce quehaceres o roles convocándose para una sola funcionalidad. La grupalidad-contenedor se disgrega en un consumo solitario o en el mejor de los casos, compartiendo una sustancia para abaratar costos en silencio su A-dicción, olvidando con quienes o cuales estuvo. El consumo se vuelve cada vez más nómade, las personas con quienes consume puede ser cualquiera, la relación parcial es solo al consumo, no hay nombres, identidades, ni biografías grupales, no hay historias a construir en la grupalidad tóxica a este nivel. En la fijación del pecho tóxico que no se desteta, en este nivel, ya no es padre, amante, hijo, hermano, ni trabajador. Es cada vez más, lo que consume.

Resumiendo algunos aspectos, siguiendo a S. Abadi (1996): "*En las adicciones observamos el uso fetichizado de un objeto externo que brinda seguridad, protección y completud. El falso self es una parte entronizada del self, idealizada y utilizada a la manera de un fetiche. Más adelante esta función podrá estar desplazada sobre alguna cualidad personal hipervalorada.*
En la patología del objeto transicional el garante del ser se halla en el afuera y a lo largo de la vida será transferido sobre alguna posesión material o estará en el origen de las conductas adictivas.
En un caso hay dependencia de un objeto externo y en otro la dependencia es de un aspecto interno.
¿Por qué un individuo hace una adicción y otro construye una estructura narcisista sobrevalorando un aspecto de su propia persona? ¿Corresponden a distintos momentos del psiquismo o a distintos tipos de fallo?
Creemos que en el caso del objeto transicional patológico, la madre evita la relación personal con el niño: las cosas concretas serán las encargadas de brindarle calma y acompañamiento.
En el otro modo de relación, la madre le transmite al hijo su certeza de que será capaz y maduro para auto sostenerse y prescindir de ella. También se apoya excesivamente en su capacidad de comprender y tolerar las ausencias. Le atribuye cualidades adaptativas que el niño tiene que asumir aunque se sienta frustrado o atemorizado (...) Las integraciones patológicas, el autosostenimiento, el uso adictivo de objetos, son algunos ejemplos de esta consolidación cicatrizal cuyo objetivo es la restauración de la identidad perdida" (p.153-154).

En la Ludopatía existe un fracaso en el triunfo: El éxito acentúa la condena. Ganar dinero con poco esfuerzo y en ínfimo tiempo, descoordina, descalibra, las nociones previas de «esfuerzo-ganancia», «riesgo-costo» a otros umbrales. Dicho exceso inesperado es como consumir de golpe una droga sin anticipar: Remueve y desenmarca los criterios previos en zonas de placer. Terminando en la deuda impagable, buscar préstamos, embargue de hogar. Mientras se va perdiendo se alza la fantasía de: "A mayor tiempo-dinero perdido, se recuperará como mágico-rebote", "Si se pierde, hay que seguir hasta que se gane", "A mayor pérdida, más pronto advendrá el ganar". Esquivan la deuda acumulada idealizando la ganancia del "*momento*", el cual vale más que todo el tiempo y dinero perdido.

Apila cada uno de los conflictos, apostándolo todo de una vez, metiendo todas sus fichas en la misma bolsa: Todo o Nada. Jugando contra dios, frente al azar, doblegar a lo que dicte el destino, controlar el espacio-tiempo. En otras palabras, transferencialmente en su **Reversión de Perspectiva** (como diría Bion), juega como paciente, pero apuesta contra el terapeuta. Puesto que se posiciona ante él como quien compite por poder seguir jugando al premio del cual arriesga en apostarlo todo, incluyendo el tratamiento.

Retomando el ámbito sobre la satisfacción pulsional. No es que se pierda una satisfaccion nunca re-encontrada como diría Lacan (suponiendo que se podría aislar de forma absoluta un primer placer o "Das Ding"). La supuesta "primera" huella de satisfacción (imaginemos que exista algo como primero de primer placer como mito ejemplificador), es lo que reorganiza las próximas metas al placer, sea por su exceso o por su diferencia. Queremos decir, cuando se re-encuentra exactamente la misma estimulación no alcanza tener siempre exactamente la misma intensidad, salvo, que pase un cierto tiempo (periodo) que haga reorganizar la estimulacion al nivel de aquella primera vez en un climax de placer logrado. Recordemos que en los casos de toxicomanias más graves, el consumo de sustancias que van generando el efecto sedante o placentero, suelen ir subiendo las medidas de sus dosis, provocando una adicción más severa que al comienzo. Esto porque el organismo poco a poco se va acostumbrando o acoplando a las sustancias, por ende, no genera el mismo efecto en su intensidad, debiendo consigo, aumentar las dosis para alcanzar la sensación esperada, como lo fue en su primera vez en su alteridad novedad. Esta es la razón por la cual ciertos consumidores de drogas (moderados) dejan esperar cierto intervalo de tiempo entre un consumo al otro de vuelta, precisamente para evocar en una nueva oportunidad, más probabilidades de sentir el mismo efecto más intenso o lo más cercano a éste. Similar a lo que ocurre en relaciones sexuales, donde una intensidad de orgasmo suele ser distinto si se producen coitos frecuentes en menor cantidad de tiempo de espera.

Incluso, contraponiéndonos más sobre aquel concepto del "Das Ding", podemos decir que más que una búsqueda nunca alcanzada en el deseo, podemos ver en las fijaciones de diversas adicciones que el objeto se vuelve a re-encontrar a un punto tal que lo revive tal cual, en como se le puede rememorar o hacer reminecente en un sueño o alucinación de deseo. La búsqueda en tales fijaciones moviliza que toda la líbido se centre en el objeto de consumo, menospreciando libidinalmente nuevas catexias que articulen nuevos modos (nexos) de libidinización mayormente diversificada o dosificada. Dicho esto, es patente que el componente económico libidinal desde su intensidad de placer o descarga, juega un papel crucial para comprender estos fenómenos. Por supuesto, no estamos diciendo que la única causa de una adicción a drogas se deba al acostumbramiento del organismo, también juega como factor de riesgo la propia ansiedad o angustia que vive cada sujeto en su respectiva biografía quien comanda las salidas o vías de escape a los montos tensionales de angustia o goce desligado.

Si la satisfaccion o el objeto estuviera realmente perdido como satisfacción mítica (Das Ding), pues nadie en el segundo, tercer o cuarto intento regresaría a consumir ciertas drogas. Aunque se deba aumentar a veces su dosis, si el consumo es prolongado, esto mismo ya implica que la sustancia retoma las huellas de placer (hasta en su punto de alucinación satisfactoria del deseo) de lo satisfecho previo, por tanto, no está perdido, más bien, está atenuado, apagado en su intensidad inicial.

Usualmente al ver una pelicula o escuchar reitradamente una misma canción o chiste, suele perder el efecto de placer si se prolonga a lo mismo (alcanza su tedio). Algunos placeres rondan por mayor tiempo que en otros en alcanzar el tedio o aburrimiento, pero, se deberá indagar también, qué huellas, fijaciones o procesos inconscientes están simultáneamente en distintos campos de intensidad, para que un evento adquiera tal nivel de tedio o de frescura constante para cada paso del tiempo.
Asi mismo, una añoranza o nostalgia no es algo que esté estructurado o determinado como binario de encendido o apagado, su cualidad económica de intensidad es importante. Incluso el displacer también es distinto en algunos casos que una primera "mítica" vez, uno se acostumbra a la frustración o al tedio o a una jornada laboral extenuante, aunque se usen mecanismos defensivos para soportarlo. La misma rutina diaria se tolera libidinizando otros intereses, rasaltando algunos mecanismos defensivos por sobre otros para operar en las exigencias laborales cotidianas. Por esto mismo, se aprecia en la Salud Ocupacional la idea de "nuevos desafíos para superar el tedio laboral" y poner atención a los efectos de trabajos más rutinarios.

Esto también se aplica o se asemeja a lo que respecta a un proceso de Duelo en cómo la Líbido se reorganiza. No basta que el mundo exterior o su estructura cambie, no es tan sencillo. Las fijaciones libidinales que sostienen el proceso de Duelo no permite que sea tan a cielo o tajo abierto la modificación de sanación en Duelo, requiere de su tiempo, más aún, cuando la "sombra del objeto perdido se proyecta encima del yo" (Freud, 1915), donde se depositan huellas incluso "eternas". Se puede acompañar para que el proceso no ensombre al yo o que no se fije algún trauma o melancolía. Como bien nos aclara Freud (1915) en "*el suicidio y en el enamoramiento extremo -situaciones opuestas- queda el yo igualmente dominado por el objeto, si bien forma muy distinta*" (p.2097).

Para finalizar lo expuesto, es una lástima que no podamos revivir siempre cuando queremos, la intensidad de un evento o suceso con la misma pasión de aquel clímax, pero al mismo tiempo, si esto fuese así siempre, sería el fin o nuestra muerte. Seriamos adictos y monótonos sin vestigio de salida a nuevas orientaciones o perspectivas (no habría pulsión a la curiosidad o al desarrollo de aprendizaje). Nos anudariamos a un solo corto-circuito reiterativo (fijación adictiva), sin espacio a explorar nuevas experiencias desde la más temprana edad, sin dar paso a una complejización del aparato psíquico y de paso a la propia sobreviviencia del sujeto infantil.

3. La Desmentida (Perversión)

Recordando una vez más lo que hemos visto anteriormente sobre la lógica del sistema Inconsciente, donde dos mociones o más pueden ser independientes al mismo tiempo sin contradecirse ni oponerse. El mecanismo defensivo más común en el carácter o posición perversa, es la "desmentida".

Freud aborda esta temática fundamentalmente en su texto el Fetichismo de 1927, arguyendo la siguiente idea con respecto a lo que se emplaza frente a la castración: "*parece que la percepción permanece y se emprendió una acción muy enérgica para sustentar su desmentida.*" Quiere decir con esto Freud (1927) que la "*ha conservado, pero también la ha resignado; en el conflicto entre el peso de la percepción indeseada y la intensidad del deseo contrario se ha llegado a un compromiso como sólo es posible bajo el imperio de las leyes del pensamiento inconciente —de los procesos primarios—*" (p.149). Estas leyes son justamente como las vimos: "independientes al mismo tiempo pero sin contradecirse ni oponerse".

Pasando ahora al texto "Esquema de Psicoanálisis" de Freud (1938), finaliza este desarrollo deduciendo en resumen que esas "*dos actitudes subsisten una junto a la otra durante toda la vida sin influirse recíprocamente. Es lo que se tiene derecho a llamar una escisión del yo*" (p.205). En otras palabras, empleando la segunda tópica, podríamos decir que una parte del Ello se ha conservado intacta en sus exigencias alejada de cualquier criterio de realidad o proceso secundario (de la castración), mientras que por otro, el yo pálidamente afronta la castración o la ley con un ideal del yo narcisista o Súper-yo permisivo.

No obstante, este mecanismo defensivo no deja algo sin residuos en su proceso, pues "*Algo otro lo ha remplazado; fue designado su sustituto, por así decir, que entonces hereda el interés que se había dirigido al primero. Y aún más: ese interés experimenta un extraordinario aumento porque el horror a la castración se ha erigido un monumento recordatorio con la creación de este sustituto* (Freud, 1927:149)". Podríamos decir que es su objeto fetiche, su trofeo, se erige en una idolatría fetichista de triunfo, una particular contra-carga o contra-investida: "*Perdura como el signo del triunfo sobre la amenaza de castración y de la protección contra ella*" (Freud, 1927:149). Es una especie de recuerdo singular o encubridor de dicho proceso de desmentida que brinda la separación o "escisión del yo", con respecto a la posición que toma frente a la castración. A la realidad no aceptada le brinda un sustituto que permite negar dicha realidad al mismo tiempo aceptándola, comportándose simultáneamente en su negación y oscilante en dichas dos formas. De modo que Freud (1938) lo aclara en Esquema: "*La creación del fetiche ha obedecido al propósito de destruir la prueba de la posibilidad de la castración, de suerte que uno pudiera escapar a la angustia de castración*" (p.204). Sin embargo Freud (1938) en la Escisión del yo "*al mismo tiempo desarrolla, en plena contradicción con su aparente valentía o despreocupación, un síntoma que prueba que ha reconocido, sin embargo, aquel peligro*" (p.277). Por lo tanto, es un dejo del residuo en dicho proceso, no se puede desmentir la castración y a su vez afirmarla sin un objeto fetiche en reemplazo. Queremos decir, que por mucho que se escinda aquellos aspectos, hay un objeto fetiche que da cuenta del punto que entrecruza ambas posiciones contradictorias.

Con respecto al fetiche como perversión sexual, así como lo define Freud (1927) "*Los demás no reconocen el significado del fetiche y, por consiguiente, tampoco se lo prohíben; le queda fácilmente accesible, y resulta cómodo obtener la satisfacción ligada con él. Lo que otros varones requieren y deben empeñarse en conseguir, no depara al fetichista trabajo alguno*" (p.2994). Quiere decir que el uso de algún objeto fetiche como una prenda de vestir (u objeto que tenga alguna relación con la persona con interés sexual en cuestión) o alguna parte del cuerpo particular, le permite al fetichista acceder a un placer sexual que a otros no es posible experimentar bajo esas vías.

En la instalación del fetiche bajo el mecanismo de la desmentida, provoca una fijación que "*se ajusta a cierto proceso que nos recuerda la abrupta detención de la memoria en las amnesias traumáticas. También en el caso del fetiche el interés se detiene, por así decirlo, en determinado punto del camino: consérvase como fetiche, por ejemplo, la última impresión percibida antes de la que tuvo carácter ominosa y traumática* "(Freud, 1927:2995). Retomando o inspirándonos en el texto Lo Ominoso de Freud (1919), aquello que "siempre se supo" y de pronto re-aparece frente un fetiche que busca desmentir algo "siempre sabido que pudiese retornar", lo que sería la castración que se intentó desmentir.

Por otro lado, un ejemplo de esta detención, es cuando Freud (1927) más adelante describe que "*las prendas interiores, que tan a menudo se escogen como fetiche, detienen el momento del desvestido, el último en que todavía se pudo considerar fálica a la mujer*" (p.150).

Debemos aquí ser claros y precisos que el Fetiche al comportar como elemento la contigüidad, esto último se aprecia en similitud al "recuerdo encubridor". Se hace necesario por tanto distinguirlos, en tanto, la desmentida bajo el fetichismo corresponde a un asunto sexual o de fijación, en cambio, en la desmentida en su sentido más amplio tiene que ver con reconocer algo y a la vez negarlo a modo escindido, vale decir, un rechazo a una percepción de la realidad. En el recuerdo encubridor, la distorsión del recuerdo mnémico hacia algo contiguo "irrelevante" (bajo la represión) tiene un efecto de desconocimiento en la propia memoria, digámoslo así, surge lo encubierto en vez del recuerdo relevante, de modo que es una represión en vez de una desmentida. Pero en la desmentida, por otro lado, puede emerger y a su vez rechazarse el recuerdo mismo sin los síntomas neuróticos (como en la reminiscencia histérica).

No debemos pensar que el establecimiento de un fetiche o desmentida implica una exclusión a otros mecanismos defensivos tales como la represión, más bien, la desmentida implica una posición contradictoria a una misma percepción que no necesariamente afecta a todo el manto o campo de la realidad exterior como subjetiva. Así lo aclara Freud al decir que "*la diferencia esencial entre neurosis y psicosis reside en que en la primera el yo sofoca, al servicio de la realidad, un fragmento del ello, mientras que en la psicosis se deja arrastrar por el ello a desasirse de un fragmento de la realidad*" (Freud, 1927:150).

De ser masiva o amplia la gama de realidades a las que se empeñó una desmentida, podría tratarse de un cuadro más psicótico de "fragmentación" o de estructuración Perversa. Esto lo aclara Freud (1938) en su texto Esquema: "*Este estado de cosas nos permite comprender también que con tanta frecuencia el fetichismo alcance sólo una plasmación parcial. No gobierna la elección de objeto de una manera excluyente, sino que deja espacio para una extensión mayor o menor de conducta sexual normal, y aun muchas veces se retira a un papel modesto o a la condición de mero indicio. Por tanto, los fetichistas nunca han logrado el completo desasimiento del yo respecto de la realidad objetiva del mundo exterior*" (p.205).

Para otorgar un ejemplo sobre la renegación (desmentida), Freud (1927) lo ejemplifica mediante el "análisis de dos jóvenes averigüé que ambos no se habían dado por enterados, en su segundo y su décimo año de vida, respectivamente, de la muerte de su padre (...) a pesar de lo cual ninguno había desarrollado una psicosis (...) más bien "el yo había desmentido un fragmento sin duda sustantivo de la realidad, como hace el yo del fetichista con el hecho desagradable de la castración" (p.150).

De esta forma concluye en su ejemplo que solamente "*una corriente de su vida psíquica no había reconocido la muerte del padre, pero existía también otra que se percataba plenamente de ese hecho; una y otra actitud, la consistente con la realidad y la conformada al deseo, subsistían paralelamente. En uno de los dos casos, esa escisión pasó a ser la base de una neurosis obsesiva de mediana gravedad; en todas las situaciones de su vida el joven oscilaba entre dos premisas: una, que el padre seguía con vida y estorbaba su actividad, y la contrapuesta, que tenía derecho a considerarse el heredero del padre fallecido. Me es posible, en consecuencia, mantener la expectativa de que en el caso de la psicosis una de esas corrientes, la acorde con la realidad, faltaría efectivamente* (Freud, 1927:2996)."

Anteriormente Freud (1915) en su texto "Adición Metapsicológica", nos indicó sus primeras pistas con el concepto de "**amentia**" de Meynert: "*La amentia es la reacción frente a una pérdida que la realidad asevera pero que debe ser desmentida {Verleugnung} por el yo como algo insoportable. A raíz de ello el yo rompe el vínculo con la realidad, sustrae la investidura al sistema Cc de las percepciones (o quizá le sustrae una investidura cuya particular naturaleza puede ser todavía objeto de indagación). Con este extrañamiento de la realidad queda eliminado el examen de realidad, las fantasías de deseo —no reprimidas, por entero concientes— **pueden penetrar en el sistema y ser admitidas desde ahí como una realidad mejor** (...) la amentia nos ofrece el interesante espectáculo de una desavenencia del yo con uno de sus órganos, quizás el que le servía con mayor fidelidad y el que estaba más íntimamente ligado a él*" (p.232). Sin embargo, en la "amentia" no ocurre la "escisión del yo" como pasa en la desmentida propiamente tal. Puesto en que la "amentia" o la "confusión alucinatoria", puede penetrar la alucinación del deseo ante lo que se ha perdido.

Más adelante, como hemos venido aclarando, Freud (1938) en uno de sus últimos ensayos "La Escisión del Yo en el proceso de Defensa" explica: "*Debe entonces decidirse, o bien por reconocer el peligro real, darle la preferencia y renunciar a la satisfacción instintiva, o bien por negar la realidad y pretender convencerse de que no existe peligro, de modo que pueda seguir con su satisfacción. Así, hay un conflicto entre la exigencia del instinto y la prohibición por parte de la realidad. Pero en la práctica el niño no toma ninguno de estos caminos o más bien sigue ambos simultáneamente, lo cual viene a ser lo mismo. Replica al conflicto con dos reacciones contrapuestas y las dos válidas y eficaces. Por un lado, con la ayuda de ciertos mecanismos rechaza la realidad y rehúsa aceptar cualquier prohibición; por otro lado, al mismo tiempo, reconoce el peligro de la realidad, considera el miedo a aquel peligro como un síntoma patológico e intenta, por consiguiente, despojarse de dicho temor. Hay que confesar que ésta es una solución muy ingeniosa. Las dos partes en disputa reciben lo suyo: al instinto se le permite seguir con su satisfacción y a la realidad se le muestra el respeto debido. Pero todo esto ha de ser pagado de un modo u otro, y este éxito se logra a costa de un desgarrón del yo que nunca se cura, sino que se profundiza con el paso del tiempo. Las dos reacciones contrarias al conflicto persisten como el punto central de una escisión del yo. Todo el proceso nos parece extraño porque damos por sabida la naturaleza sintetizadora de los procesos del yo. Pero en esto estamos claramente equivocados. La función sintetizadora del yo, aunque sea de extraordinaria importancia, se halla sujeta a condiciones particulares y está expuesta a gran número de trastornos*" (p.3375-3376).

En su mismo ensayo, Freud (1938) aclara algo importante que da más comprensión: "*Una amenaza de castración en sí misma no tiene por qué producir una gran impresión. Un niño rehusará creer en ello porque no puede imaginar fácilmente la posibilidad de perder una parte de su cuerpo tan altamente estimada*" (p.3376). De este modo siguiendo el ejemplo de la primera impresión de algunos niños que se traumatizan con la visión de los genitales del sexo femenino, cuando aclaman para evitar una angustia de castración: "*si sintió algún temor fue calmado por la reflexión de que lo que le faltaba a la niña aparecería más tarde: le crecería un pene después. Cualquiera que haya observado bastantes niños pequeños podrá recordar que ha encontrado estas consideraciones a la vista de los genitales de una hermanita pequeña*" (p.3376). Más allá si tal ejemplo tiene sentido justificable, es útil para comprender como en la obra de Freud, aquel pensamiento mágico cubre lo que no se quiere ver, no hay negación de la realidad, se acepta, pero se transfigura algo en su lugar. De este modo, retomando la teoría freudiana del "trauma en dos tiempos" para la Represión, no necesariamente un suceso traumático lo será en el mismo momento, muchas veces en la pubertad se ligará con otro elemento que desmantela el suceso vivido bajo otro matiz y ante un trauma angustioso se liga a otro elemento como contra-carga a la aparición consciente. Esto se puede comprender a cabalidad en algunos niños cuando "*la amenaza revive el recuerdo de la percepción que hasta entonces ha sido considerada como inofensiva y encuentra en ese recuerdo la temida confirmación (...) A partir de entonces no puede evitar el creer en la realidad del peligro de la castración* (Freud, 1938:3376). Desde aquí podemos seguir en cambio las propias fallas de la Desmentida: "*Lo amenazaron con que el padre lo castraría, e inmediatamente después, de manera simultánea a la creación del fetiche, aflora en él una intensa angustia ante el castigo del padre, angustia que lo ocupará largo tiempo*" (Freud, 1938:277).

No obstante, la Desmentida ya había sido desarrollada antes por Freud (1919) en lo que se refiere a la figura del doble como efecto de la Desmentida, puesto que "*el doble fue en su origen una seguridad contra el sepultamiento del yo, una «enérgica desmentida [Dementierung] del poder de la muerte» (O.Rank), y es probable que el alma «inmortal» fuera el primer doble del cuerpo. El recurso a esa duplicación para defenderse del aniquilamiento tiene su correlato en un medio figurativo del lenguaje onírico, que gusta de expresar la castración mediante duplicación o multiplicación*" (p.235), de una imagen del cuerpo no mutilada por los límites o castrada por la posible muerte. Así mismo, "*estas representaciones han nacido sobre el terreno del irrestricto amor por sí mismo, el narcisismo primario, que gobierna la vida anímica tanto del niño como del primitivo; con la superación de esta fase cambia el signo del doble: de un seguro de supervivencia, pasa a ser el ominoso anunciador de la muerte*" (Freud, 1919:235).

Por supuesto, esta misma Desmentida que atañe a los basamentos del yo-piel en desmentir la muerte, no está exenta tampoco de los fracasos, pues esta misma Desmentida bajo el efecto defensivo del doble posee retornos como la ominosa muerte anunciada e inesperada. Comprendemos desde aquí que las abruptas manifestaciones hipocondriacas tienen lugar en esta identificación con aquella muerte que retorna justo en el lugar donde debería haber estado la imagen del doble cubriendo el velo de la muerte. Como si la frase "memento morire" se encarnara en anunciar el quiebre de la imagen del vivo y retorna aquella imagen del cuerpo propio moribundo desmentido al extrañamiento reconocido como un doble. La Desmentida en este caso cobra un alto precio por haber sido rechazada y sepultada. Esto en Literatura se le conoce como el efecto "Doppelgänger" (doble caminante). Tal como muy bien lo graficó Oscar Wilde en el Retrato de Dorian Grey, muy bien detallado por Otto Rank en 1914. Si queremos acercarnos a esta sensación de lo ominoso, imaginemos que no podamos vernos en un espejo por décadas y que de pronto en el momento menos esperado, se logre ver uno mismo su propio reflejo envejecido, en ese instante sorpresivo de sentir un extrañamiento cercanamente reconocido y posteriormente al reconocimiento, pensar: "¿Ese seré yo? Sí, ¡soy yo!". Aquel reflejo se fractura en una despersonalización, siendo lo que nosotros podríamos anunciar como el estado ominoso.

Daremos aquí ejemplos de una desmentida sexual o fetiche. Se trata de una noticia publicada el 2014, ocurrida en Minnesota, donde John R. Lind un empleador que estaba "enamorado" de su colega: Sin que ella lo notara vertía semen en su café. Este acto demuestra un claro pasaje fetichista: vertir semen y que su colega tome su café es como que chupara sus fluidos, que sería lo más cercano a chupar su propio pene Podemos ver que el empleador si da cuenta de la realidad y no está psicótico ya que sabe que no puede obligarla a beber de su semen. Entonces en un acto contradictorio fetichista hace su acto sin que ella se percate, ya que asume la castración haciendo que ella no se percate, pero por otro lado, la rechaza vertiendo su semen en el café, de esta forma en la sustitución de la desmentida anula o borra una parte del ritual sexual normal (seducir, conocer, etc.), y mediante su desplazamiento fetichista une la "parte con el todo" y allí logra su cometido pulsional.

También, podemos analizar los sacerdotes católicos que promulgan el valor de la virginidad, quienes son, bastante incestuosos hacia sus madres: Como el Ideal que sean sus madres vírgenes, en tanto no hayan tenido coito con su padre. Que la propia Madre sea Virgen, es Desmentir que tuvo sexo con su Padre, el rival. Se adora así la Virginidad de la virgen y a su hijo concebido sin "Pecado". Dado que como hijo no puede competir contra su padre al ser castrado, regresiona a una idealizada infancia sin curiosidad sexual. Se identifica a seguir la imagen de quien nació sin pecado en una madre virgen por un padre castrado que tampoco tuvo coito con ella. Así se refugia a la idealidad del Celibato a quien se identifica, cuya figura está en la infancia idealizada de un niño asexuado (que en realidad es hiper-reprimido), por tanto, desmiente la sexualidad tanto del padre y de madre. Así mismo Idealiza la virginidad y "pureza" en la misma desmentida perversa Edípica.
No especularé si esto guarda relación con los casos de Pedofilia con este tipo de Edipo, yo creo que sí, pero argumentar en sus detalles aquello, es un estudio que merece considerar otros factores complejos caso a caso y no Edipizarlo todo.

Debemos hacer un alto y aclarar ciertos aspectos teóricos Kleinianos respecto a las Defensas Maniacas frente a la Desmentida, puesto que en ambos hay un reconocimiento de la pérdida o de la Castración en dónde hay un fuerte rechazo a su aceptación. En las Defensas Maniacas podemos encontrar lo que se llama: el control, triunfo y desprecio (devaluación). Los cuales, permiten mantener intacto el narcisismo del yo y su dependencia al objeto. La diferencia con la Desmentida está en que tras la Defensa Maniaca es más manifiesta su preocupación por la pérdida objetal y el mantener su narcisismo intacto pese a su dependencia. En la Defensa Maniaca vemos un desarrollo dependiente o sin autovalencia de sobrevivir ante la pérdida, es, podríamos decir, un Neurótico que ve bajo amenaza su Narcisismo así como su relación de objetos. Si bien, es perfectamente posible que un Perverso cuestionado de su lugar o posición frente a los demás, también emplee recursos de Defensas Maniacas para defenderse. En la Defensa Maniaca se busca inflar el Narcisismo para no reconocer la dependencia mediante acciones o actitudes precisas. En la Desmentida no es necesaria tal acciones puestas en juego, dado que la escisión atañe a una actitud en diversas esferas ligadas a la ley o la autoridad, más aún, lo contradictorio es más viable de observar en una Desmentida que una Defensa maniaca. En cambio, bajo la Defensa Maniaca se afianza un discurso lo más coherente posible sobre el desprecio, el triunfo y el control hacia otro a quien depende. Podríamos ver que la Defensa Maniaca está más cerca de una Neurosis o estado fronterizo que a una Perversión propiamente tal.

Tenemos que aclarar por supuesto que el mecanismo de la desmentida no basta para dar cuenta de un perverso o psicópata, todo perverso desmiente

334

pero lo que lo particulariza es su posición narcisística ante los otros rechazando la Castración.

Y para terminar con el tema de la "escisión" en Freud, con el fin de aclarar las diferencias con las de M. Klein, Freud (1938) finaliza su ensayo "Esquema" en que "*la escisión del yo que hemos descrito no son tan nuevos ni tan extraños como a primera vista pudiera parecer. Que con respecto a una determinada conducta subsistan en la vida anímica de la persona dos posturas diversas, contrapuestas una a la otra e independientes entre sí, he ahí un rasgo universal de las neurosis; sólo que en este caso una pertenece al yo, y la contrapuesta, como reprimida, al ello. El distingo entre ambos casos es, en lo esencial, tópico o estructural, y no siempre resulta fácil decidir frente a cuál de esas dos posibilidades se está*" (p.205).

Debemos ahora hacer otro alcance según el marco teórico Kleiniano sobre la "escisión del yo" con respecto a la "escisión del yo" que habla Freud en 1927 y 1938, puesto que en la versión Kleiniana su diferencia se refiere más bien a los aspectos gratificantes e ingratos del yo o del si mismo que no están integrados o reconocidos. Se mantienen separados lo valioso de lo penoso en lo que es socialmente viable, percibiéndose con una alta estima y otras como una pésima persona polarizadamente ante pequeñas variantes de su contexto o entorno social. Mientras en la escisión del yo en Freud bajo el yo-placer purificado tiene que ver con lo interno y externo al yo en su constitución.

Recordemos que tanto la escisión del yo en Klein, así como también la escisión de objeto, consiste en una agrupación de conjunto: lo bueno-placentero se asemeja a otras huellas buenas-placenteras y lo malo-displacentero se asemeja a otras huellas o malo-displacenteras. Es un nivel que atañe a lo pre-sintético, no hay matices grises, ni promoción de nueva figurabilidad o simbolización. La escisión Kleiniana (tanto del objeto como del yo) agrupa polaridades que las mantiene inconexas unas de otras, se viaja de un polo al otro sin mediaciones o dialécticas. En esta lógica, estamos en la lógica de las agrupaciones o sumatorias polarizadas, aún no estamos transitando por la lógica de las combinaciones de la parte por el todo o de un todo condensado a varias partes en la lógica de las represiones más sintéticas (neuróticas).
No hay que olvidar que mientras más polarizada sea la escisión kleiniana, más radical, abrupta o rígida será la represión (secundaria) desde el yo para que algo no emerja desde la conciencia. Ya que la escisión opera tempranamente como una de las primeras organizaciones psíquicas entre el placer-displacer en su reconocimiento. Aunque por supuesto, cuando el aparato psíquico se complejiza, lo placentero y lo displacentero no siempre son tan sencillos de delimitar.

Si intentamos establecer una diferenciación Diagnóstica, podríamos decir que el Neurótico se engaña a sí mismo aun cuando quiere engañar a los demás, pero el Perverso engaña a los demás sin engañar su deseo. Mientras que el Psicótico no puede engañar ni a los demás, ni a sí mismo. Al final, para nuestra posible sanidad, siempre necesitamos engañar (velar) algo o alguien, dependiendo qué dimensión se trate. Pero para un Psicótico el deseo y la realidad son uno solo. El Neurótico engaña su deseo y el Perverso engaña su realidad. El Psicótico no engaña por lo literal del delirio, su delirio y su deseo son reales en ambos lados. El Neurótico duda si su deseo o delirio es real, poniédolo a prueba primero en su fantasía. El Psicótico en cambio no tiene esta opción abierta para el camino desde la duda hacia la fantasía.

No obstante, con la desmentida el perverso aun así se engaña, pues cree tener un saber-verdad de placer absoluto, por lo tanto al desmentir corta un pedazo de la realidad a su conveniencia (preferentemente los límites y prohibiciones propios de la castración) y desecha lo inútil a sus propósitos rechazándolos a un segundo plano. Este proceso propio de la desmentida, escinde una parte de un saber-verdad que le conviene y deja el exceso restante a otro camino como rechazado, comportándose como si no existiese, quedando como resultado: su "verdad plena" del placer.

Mientras en la fantasía (neurótica) histérica, se busca engañar para engañarse a sí misma. El perverso se deja engañar para luego triunfar y hacer creer que ha sido engañado de su verdad (como en las ganancias masoquistas).

Sin embargo, la desmentida al igual que la represión también fracasa y también presenta sus propios retornos, puesto que la escisión del yo se hace aguas. Estos retornos en lo fallido, puede pasar por paranoias delirantes transitorias o compulsiones neuróticas transitorias como mecanismos suplentes al fracaso de una desmentida. Esto debido que el goce perverso navega por territorios fuera de Ley o de lo que moralmente se es culpable. Mantener la actitud perversa, bajo la desmentida puede ser de gran peso a sostener, lo que se suple con paranoias u obsesiones para estabilizarse. Por supuesto, el Perverso también puede transitar por conformaciones Fóbicas a medio camino entre la Paranoia y lo Obsesivo. De este modo, un Perverso no está exento de poder reprimir aunque sea transitoriamente. No siempre le es posible desmentir cada límite que provoque una huella de displacer, si así fuese, en tal nivel la escisión del yo provocaría una Psicosis defensiva que trituraría al yo y su identidad consigo. Todo aquello para el Perverso es producto de evitar el duelo de la pérdida o la castración que alguna vez pudo haber asumido pero rechazó establecer. Por lo tanto, la melancolización de un Perverso puede abrir un tajo irreparable, que pasando por un inicio obsesivo, pasa a una profunda paranoia que podrá o no traspasarla para ligarse a una "fase depresiva" o neurótica por la falta o pérdida narcisista por la Castración.

El tratamiento clínico del Perverso, deberá pasar por este recorrido si algo de ese "bien-en-sí" o el goce-perverso incestuoso pueden suplirse por otros medios represivos o neuróticos. Esto debido a que la pérdida de su narcisismo está fuertemente adherido (fijado) a un ideal del yo con un Super yo benevolente, por tanto, no existe una distancia clara entre su yo ideal y su ideal del yo. Ambas están ligadas o fijadas mediante la desmentida o la escisión del yo. La posición narcisista es muy importante para las funciones perversas, una herida narcisista puede ser fatal y descompensarlo rotundamente como hemorragia.

Ahora bien, ¿en qué se diferencia la desmentida para un Perverso, de una desmentida para una Psicosis? La desmentida de la Psicosis es para mantener una estabilización narcisista, que al producirse le permite desde allí construir un delirio o neocreación del mundo. El Perverso no realiza una neocreación del mundo, más bien, realiza una neocreación de la libido en sus modos de gozar o consumar el placer, tal como en el caso de los fetichismos más variados.

Si desde la Perversión se rechaza la realidad a razón del Ello. En cambio, para la Psicosis se rechaza, o más bien, no se inscribe la realidad a razón del Yo en situación desbordada en sus pliegues caóticos. No obstante, puede ocurrir que un cuadro Psicótico para no brotar en (nuevas) psicosis agudas, se endurece sus delirios o se mantiene rigideces defensivas seudo-neuróticas, como también, pueden desmentir la Castración para suplir su identidad cuando está a punto de derrumbarse.

A continuación, expondré un caso clínico de una paciente con ganancia Perversa de su enfermedad. Las atenciones Clínicas se realizaron en Atención Primaria de la Salud en un Hospital Público. Las sesiones para el usuario son por lo tanto gratuitas. Era una paciente con variados Diagnósticos Psiquiátricos que variaban a lo largo de 15 años: Desde el Eje I del DSM IV estaban asignados la Esquizofrenia Paranoide, Bipolaridad Tipo I, Esquizofrenia Esquizo-afectiva y en el Eje II del DSM IV aparecía como agregado lo Limítrofe (Borderline) e Histeria aguda. Según los registros de la ficha Clínica, los Diagnósticos Psiquiátricos, al parecer cambiaban según el efecto que los antipsicóticos y anti-depresivos producían en sus síntomas más manifiestos.

La paciente, vive con un hermano más la pareja de éste. Recibe desde que tuvo su primera crisis psicótica un sueldo por parte de su padre y otro pago de un hermano que vive en el extranjero (sueldos que retomaremos al final del caso). Tiene una hija de 14 años que la cuida una tía abuela, puesto que perdió la custodia. El padre de su hija paga pensión mensual.

En las sesiones, la paciente fundamentalmente expresaba su queja de ser molestada por su hermano y padre por temas referentes a volver a estudiar para terminar sus estudios de Derecho (la faltaba realizar el Examen de Grado que lo tiene congelado por 10 años), buscar algún empleo y hacer quehaceres básicos del hogar (como ordenar su cama y limpieza). Expresaba que su enfermedad comenzó por un lado, cuando tuvo sexo anal y por el otro al quedar embarazada. Su brote psicótico se agudizó mayormente cuando supo que su padre no le regalaría un departamento para ella y su hija.

De los 10 años que lleva congelada su carrera desde su Exámen de Grado, la paciente ha congelado anteriormente otros 5 años durante su Pregrado. En los últimos 10 años, la paciente ha permaneciendo en una situación entre intentar trabajar o estudiar. Esta situación actual ha sido motivo de tensión y conflicto en su familia, de la cual ella quiere irse de su casa, expresando que únicamente allí abusarían de ella. Comenta que la relación con su madre es muy mala, agregando que mientras no le de dinero, no quiere saber nada de ella.

A menudo pelea con su padre por la herencia del hogar. Desde que tuvo su primera crisis ha deseado tener su casa propia para vivir allí con su hija.

Cuando la atendí, se trataba de una paciente con síntomas maniacos de humor sexual explícito y erotomanías. Presentaba delirios paranoides de persecución y telepatía. Por otro lado, padecía de ideas obsesivas de incesto, lesbianismo y pedofilia.

Durante las sesiones, la paciente tiende a erotizar las situaciones más banales, lo cual se hacía necesario cuidar cada comentario respecto a contenidos sexuales, de los cuales ella misma hablaba en sesión con humor maniaco. Cuando se intentaba indagar en temáticas más allá de la esfera cotidiana (ordenar su cama, bañarse, limpieza), irrumpe con algún comentario cambiando abruptamente de tema, tales como la masturbación, sexualidades anales y sobre la supuesta violación de su madre.

Al notar que los Diagnósticos Psiquiátricos en los Informes se contradecían, opté al inicio leer los síntomas de la paciente sólo desde la Psicosis Paranoide, cometiendo el error que el Diagnóstico me cerrara la posibilidad de analizar, entre otras cosas, la posición Ganancial Perversa que la paciente buscaba camuflar. Al centrarme en el Diagnóstico del inicio, produjo mucho ruido la ganancia perversa de la paciente, de la cuales, incluso, algunas veces dudé si realmente era Psicótica y fue allí donde me dejé llevar por desocultar lo Perverso para afinar el Diagnóstico. Llamaba mi atención, la forma torpe en que intentaba despistar su posición perversa, dejaba en franca evidencia la paciente en que decir "yo soy Psicótica" era una ganancia primaria para mantenerse alejada de todo tipo de responsabilidades desde: ordenar su cama, realizar limpieza en el hogar, estudiar o buscar trabajo. A esto último, la paciente indicaba que ella no trabajaría en trabajos "para gente pobre y sin prestigio". Mi mayor error fue no flexibilizar el Diagnóstico y abrirlo en que era posible y no contradictorio mantener un Diagnóstico inicial de Paranoia y leer también su Perversión como una forma funcional de su Estructura Psicótica de anudar su delirio, para así mantener consistente su identidad (no caer en brotes agudos de síntomas positivos). Quiero decir, que en ese entonces consideraba los aspectos Psicóticos y Perversos como contrapuestos en Estructuras (que se excluían mutuamente). Debo agregar que por aquel entonces yo estaba recién graduado y lamentablemente la impronta Estructural Diagnóstica (Lacaniana) inflexible de mi Universidad: "si eres A eres A, si eres B eres B y no A y/o C", me marcó al egresar.

Como ya dijimos, todos nosotros nos autoengañamos y engañamos a los demás, pero hay niveles, en donde engañar, se convierte en la única identidad posible para el sujeto. No es lo mismo una hipocresía Neurótica que se autoengaña inconscientemente y desfigura su identidad (para sí y los otros) de forma parcial en temáticas específicas, que una Hipocresía o engaño de un Perverso. Con Perverso me refiero a muchas formas, incluso, en las que atañen a un Psicótico Paranoide, donde perfectamente puede libidinalmente ser Perversos para evitar ser "atrapado" de algún "secreto" o posición ganancial (como la paciente que estamos revisando).

En este caso que expongo, había una parte velada sin deformación, solo tapada, que no quieren que sepamos, caso contrario, reaccionan con un violento Acting en sesión (irrupción maniaca de chistes sexuales, aumento de persecución delirante, seducción, etc). Distinguimos, lo Neurótico represivo de la Pervesión en su intento de Desmentida, justamente, porque hay sujetos donde su identidad principal, lo más importante, es la elaboración de una mentira masiva de su identidad, con el intento de engañar a los demás y distanciar toda castración posible. Si se descubre, se rompe todo en un Acting. Dicho esto, es más que evidente que no solo en Neurosis se presentan salidas libidinales perversas, también ocurren en las Psicosis sus propias desmentidas.

Continuando con las sesiones del caso, la posición ganacial Perversa que produjo ruido al Diagnóstico de Paranoia, fue aquello donde al abrir relato de la paciente, se tocó un punto, en donde explota un Acting agresivo, en el que ya dejas de ser transferencialmente cómplice de su Fantasía o hipocresía ganancial. Es allí cuando lo Clínico se torna paradójico, pues cuando descubres cierto meollo del paciente, en sí mismo, muchas veces implica un Acting como respuesta al des-velamiento, donde la Cura viene por levantar la hipocresía o levantarla lo suficiente para no dejarla al desnudo. Pero para la paciente en cuestión, se reveló con ello que el dinero que ganaba en total (de su padre, ex-pareja y hermano en el extranjero) le era suficiente para vivir cómodamente fuera de la casa de su hermano, cuyo hospedaje allí, le servía para ahorrar dinero (comida y transporte), evitar limpiar y evitar cocinar. Al descubrir o levantar la defensa perversa más ganancial que tenía, explotó en la sesión su Paranoia y me atacó en un fuerte Acting verbal, donde transferencialmente ya no era engañado por ella (más bien me convertí en el hermano y en el padre que disputaban su ganancia perversa).

El caso clínico que expongo, está entretejido en una serie de dilemas Psicosociales que expondré a continuación: Existen muchos Diagnósticos de Salud Mental que declaran desahuciados a los pacientes para ejercer cualquier oficio, profesión o autovalencia, siendo legalmente tutelados por el Estado o por protección familiar. Es evidente que ciertos pacientes con sintomatología psicótica aguda los predestina a ser una carga social-familar de por vida, donde la solución es prestar apoyo económico (hospitalización en caso de brotes agudos que atenten contra sí mismo o los demás y ayuda farmacológica) y psicoeducación familiar para subsanar el desgaste de los cuidadores. No obstante, en otros casos, se produce, sin querer, una triangulación de salidas perversas entre paciente-familia-institución, donde antes de explorar las potencialidades o las "Zonas de Desarrollo Próximo" (Vigotsky) se limitan en pos de un Diagnóstico abrupto que corta toda apertura de crecimiento o desarrollo.

Para el caso de la paciente que vimos, no se trataba de una paciente grave que estuviera desausiada en poder ordenar su cama o realizar limpieza básica en el hogar (logró llegar al último año de su Carrera en Derecho). Incluso, en algunos Hospitales Psiquiatricos existen programas de "empleos, cuidados e higiene personal" con Terapeutas Ocupacionales, donde adoptando las limitaciones y potencialidades del paciente, se les restaura un lugar social donde ser reconocidos y no aislarlos del ámbito social.

En el caso de la Paciente, cuando recibía propuestas de empleo, se rehuzaba a asistir a entrevistas aludiendo que sus familiares la querían explotar para luego quitar su dinero, cuando en la realidad, era mantenida por sus miembros familiares, del cual provocaba a su vez, el disgusto de su medio familiar cercano. Por otra parte, tenía los medios económicos suficientes para vivir sola, pero aludía que lavar sus pertenencias y cocinar le era un tedio.

El motivo de consulta de la paciente era poder tener una mejor relación con su familia. De este modo, la finalidad Clínica (que ya estaba 15 años prácticamente estancada en el mismo punto, pasando de terapeutas en psiquiatras año tras año), que es distinta a una Neurótica, podría ser: 1) Cortar con la ayuda económica y forzar a la paciente a trabajar, con el riesgo de que deserte persecutoriamente de las sesiones y con riesgo a una agudización de sus síntomas psicóticos (paranoides), dejándola más inválida para cualquier oficio o esfuerzo. 2) Mantener su ganancia perversa con su familia, mientras que al mismo tiempo la familia se queja de la paciente, manteniendo el círculo vicioso por más años (agresiones, status quo del tratamiento), tal como estaba muy bien registrado en los Informes Clínicos. 3) Exigir a la familia de la paciente que no solicite nada a la paciente, ni que haga ningún esfuerzo en el hogar y se mantenga con la ayuda económica sin quejas, conllevando a eliminar definitivamente todo intento de desarrollar sus capacidades o su Zona de Desarrollo Próximo (Vigotsky), dejándola desahuciada más de lo que debería, cerrando más su posibilidades de destino, aislándola de toda comunidad social (exceptuando el Hospital). 4) El desafío que intenté optar, era, por supuesto, intentar encontrar una salida que no fueran las tres primeras, tratando de analizar e indagar poco a poco un modo de anudamiento donde la paciente pudiera desarrollar sus potencialidades, mientras encontramos alternativas para que su familia no siguiera criticando más agresivamente a la paciente por no hacer nada en casa. Claramente, como ya se expuso, mi intento tuvo la falla de rigidizar el Diagnóstico sin poder balancear lo Psicótico y lo Perverso de modo que no atentara a desocultar algo que arruine el proceso clínico prematuramente.

En resumen, hay que tener en cuenta también, si los pacientes Psicóticos podrían tener alguna ganancia de enfermedad que posibilite ganancias Perversas, sin que aquello, haga dudar el Diagnóstico principal y no caer en el error que estoy exponiendo. Puesto que algunas defensas Paranoides agudas ante el desgarro del Yo (brote psicótico), su manera de no despersonalizarse más psicóticamente era permanentemente engañando y abusando de Otro para mantener su Identidad consistente entre ella y los Otros que supuestamente, se pueden aprovechar de ella. De esta forma mantenía una distancia y cierto límite a sus delirios de persecución, centrados, en una temática principal que se repite y no proyectando masivamente varios ejes en crisis psicóticas.

No obstante, también, hay casos de Psicosis, donde en vez de ganancia perversa por su condición, se genera una culpa psicótica melancólica muy grave, que incluso, podría conllevar intentos de suicidio.

Hace falta distinguir contemplando lo que afirma Silvia Bleichmar (2006) retomando el concepto de "envidia" en Klein para diferenciarlo de una "voracidad", indicando como diferencia que en la envidia es donde está instalada una fantasía, donde más que desear al objeto, es más bien la fantasía de que otro sujeto no lo tenga. De este modo, en la voracidad, "*sigue el modelo pulsional: el otro humano no cuenta pues de lo que se trata es de apoderarse del objeto. Supongan el caso de una persona que golpea a otra para robarle; en realidad, el otro no le importa, solo el quedarse con el objeto que tiene. Es muy diferente de alguien que para robar a una mujer, la viola, la humilla y la despedaza; esto está atravesado por la envidia no por la voracidad. En Klein, la envidia, respecto a la voracidad, tiene que ver con la relación intersubjetiva, mientras que la voraCidad se vincula con el objeto de la pulsión. La envidia en Klein es simplemente deseo destructivo del portador del objeto y no deseo del objeto. Si se combinan, se arma la dupla voracidad/envidia*" (p.103). Explayándose aún más en el caso de la voracidad, "*no piensa ni en lo que le puede pasar, ni en lo que le puede pasar a los padres, ni en lo que le puede pasar a otro. En ese momento está compelido por la voracidad de adquisición de ese objeto. En ese caso, si entendemos el funcionamiento metapsicológico, no se le puede interpretar que lo hizo para dañar a los padres. Este es el punto que me interesa destacar para marcar la diferencia. Cuando se plantea que lo hizo para dañar a un tercero, o a otro, uno está atribuyendo una direccionalidad a la pulsión de muerte que la subjetiviza. Por ejemplo, es muy habitual el caso del analista que entiende los acting out del paciente como ataques hacia él*" (Bleichmar, 2006:104).

Considerando ahora, el Sadismo, en su dimensión más amplia, hay un párrafo de Freud (1930) en el Malestar en la Cultura que expresa la raíz de algo que nos pertenece a todos los seres humanos en su más íntimo sadismo que contrasta con el devenir social en la especie humana: "*el ser humano no es un ser manso, amable, a lo sumo capaz de defenderse si lo atacan, sino que es lícito atribuir a su dotación pulsional una buena cuota de agresividad. En consecuencia, el prójimo no es solamente un posible auxiliar y objeto sexual, sino una tentación para satisfacer en él la agresión, explotar su fuerza de trabajo sin resarcirlo, usarlo sexualmente sin su consentimiento, desposeerlo de su patrimonio, humillarlo, infligirle dolores, martirizarlo y asesinarlo. «Homo homini lupus»:*" *¿quién, en vista de las experiencias de la vida y de la historia, osaría poner en entredicho tal apotegma?*" (p.108).

Jacques Derrida (2000) extiende la idea de agresión de Freud hacia una crueldad que no tiene oposición binaria del tipo "bondad-crueldad", puesto que la crueldad o el sadismo no guarda un equilibrio dicotómico o en perfecta correlación con la bondad o caridad: "*Freud piensa, como el Nietzsche de La genealogía de la moral, que la crueldad no tiene contrario, que está ligada a la esencia de la vida y de la voluntad de poder (…) una crueldad que no tendría término contrario o que, en todo caso, sería irreductible, de manera tal que todo término contrario tendría que vérselas sólo con ella, quiero decir esto: hay sólo diferencias de crueldad, diferencias de modalidad, de calidad, de intensidad, de actividad o de reactividad dentro de la misma crueldad. Por ejemplo (pero podríamos multiplicar estos ejemplos), Freud escribe: No lleva a nada querer abolir las tendencias agresivas de los hombres [...]. Los bolcheviques también esperan poder hacer desaparecer la agresión humana garantizando la satisfacción de las necesidades materiales e instaurando por otra parte la igualdad entre los miembros de la comunidad. Tomo esto como una ilusión [Ich halte das für eine Illusion]. Después de haber explicado por qué el odio no desaparece, y que no se trata de desarraigar las pulsiones de agresión cruel, Freud preconiza un método, en realidad una política de diversión indirecta: hacer de manera tal que esas pulsiones crueles sean desviadas, diferidas y que no encuentren su expresión en la guerra. Y agrega esto: A partir de nuestra mitológica doctrina de las pulsiones, encontramos fácilmente una fórmula que indica las vías indirectas para combatir la guerra (...) hacer actuar la fuerza antagonista de Eros, el amor y el amor a la vida, contra la pulsión de muerte. Hay, pues, un contrario de la pulsión de crueldad incluso si ésta no conoce fin. Hay un término oponible, incluso si no hay término que ponga fin a la oposición."* Es importante que la catectización del mundo en su afán de unir objetos y preservarlos de la destrucción, no garantiza, o más bien, no logra ligar por completo la pulsión de muerte, el goce mortífero o incestuoso voraz entre humanos. Por otra parte, recordando la famosa frase de Freud sobre los dos imposibles: educar y gobernar. Derrida (2000) recuerda que en la obra de Freud, *"se opone a una restricción de los derechos soberanos del Estado. Esta pulsión de poder político se pliega a las actividades y a las demandas de otro grupo cuyas aspiraciones son puramente, acusa Einstein, mercenarias y económicas. A pesar de la ingenuidad que Freud le atribuye en cuanto a las cosas de la psique, Einstein adelanta aquí una hipótesis que va en el mismo sentido de lo que será la respuesta de Freud, a saber, la de una pulsión de crueldad (es decir, en el fondo, una pulsión de muerte) que va de la mano, sin reducirse a ello, de esta pulsión de poder (Bemächtigungstrieb) que tiene un lugar original en Más allá del principio de placer. ¿Qué hacer con una irreductible pulsión de muerte y una invencible pulsión de poder en una política y un derecho progresistas, es decir, confiados, como en el Siglo de las Luces, en alguna perfectibilidad?".* Sin olvidar tal como lo señaló Winnicott (1940) que *"se cree que los niños no pensarían en la guerra si no se les hablara de ella. Pero quien se tome la molestia de averiguar qué es lo que ocurre bajo la superficie de una mente infantil descubrirá por sí mismo que el niño ya sabe mucho sobre la codicia, el odio y la crueldad, así como sobre el amor y el remordimiento, el ansia de triunfar y la tristeza".*

No debemos pensar que la Desmentida conlleva necesariamente a una actitud libidinal Perversa con el mundo, así como tampoco la desmentida implica necesariamente convertirse en psicópatas o sociópatas. La desmentida por sí misma generalmente no basta para producir aquello, deben sumarse otra serie de condiciones para que "ello" surja. Además, es importante considerar los factores socioculturales en juego a la hora de diagnosticar, por ejemplo, *"no es lo mismo un sueño zoófilo de un chico campesino, de una cultura de ovejas, donde muchos se inician con las ovejas, al sueño de un colega que se coge una osa panda (...) Quiero decir que hay que tener en cuenta la cultura de pertenencia del soñante"* (Bleichmar, 2005:529).

Podemos describir tres tipos de actitudes libidinalmente Perversas del carácter:
1- **Perverso Polimorfo**
2- **Psicópatas**
3- **Sociópatas**

Con respecto a la primera actitud libidinal, la **Perversa Polimorfa**, como se sabe, Freud (1905) en sus "Tres Ensayos" la ha estudiado detenidamente como la posición originaria del niño, el amoral sin ligamientos desde la Represión Primaria o Castración. Un Ello sin miramientos a los cánones sociales de ningún tipo, el punto cúlmine donde las pulsiones son anárquicas y parciales en su mayor extremo. Solamente en su desarrollo *"más tarde se presentarán como inhibiciones en el camino de la pulsión sexual y angostarán su curso a la manera de unos diques (el asco, el sentimiento de vergüenza, los reclamos ideales en lo estético y en lo moral). En el niño civilizado se tiene la impresión de que el establecimiento de esos diques es obra de la educación, y sin duda alguna ella contribuye en mucho"* (p.161).

Si bien el niño Perverso Polimorfo transita por diversos diques que amoldan los embates del Ello, especialmente en el Complejo de Castración propio del Edipo Occidental, por ejemplo. Podemos aun así rastrear actitudes libidinales en la "adultez" que den forma a este carácter perverso-polimorfo.

En distintas culturas se ha trasmitido la historia del niño abandonado en la selva y criado por lobos, osos, perros, etc. Quizás esa sea la mejor imagen reconocible para ir explicándonos. Esta figura, arquetípicamente es la del marginado, el que no tuvo contacto alguno con la civilización, dejado a su suerte a los embates de sus pulsiones sin regulación cultural alguna. Así lo postula Freud (1916) en su Conferencia 13 al indicar que las regulaciones o *"estas barreras no existen desde el principio, sino que se erigen poco a poco en el curso del desarrollo y de la educación. El niño pequeño está libre de ellas. No conoce todavía ningún tajante abismo entre hombre y animal; sólo más tarde se desarrolla en él la arrogancia con que aquel se aparta de este. Inicialmente no muestra asco alguno frente a lo excrementicio, sino que lo aprende poco a poco bajo el imperio de la educación; no atribuye un valor particular a la diferencia de los sexos, más bien les imputa a ambos la misma formación genital; dirige sus primeros apetitos sexuales y su curiosidad a los seres más allegados, y a quienes más ama por otras razones: padres, hermanos, personas encargadas de su crianza; por último, muestra lo que vuelve a irrumpir luego en la exaltación de un vínculo amoroso: no sólo espera placer de los órganos sexuales, sino que muchos otros lugares del cuerpo reclaman esa misma sensibilidad, procuran análogas sensaciones placenteras y, así, pueden desempeñar el papel de genitales. El niño puede ser llamado, entonces, «perverso polimorfo»; y si no advertimos más que rastros de la práctica de estas mociones en el niño, esto se debe, por una parte, a su menor intensidad por comparación a la que poseen en épocas más tardías de la vida, y, por la otra, a que la educación sofoca en el acto, con energía, todas las exteriorizaciones sexuales del niño. Esta sofocación continúa, por así decir, en la teoría, en cuanto los adultos se empeñan en no ver un sector de las exteriorizaciones sexuales infantiles y en disfrazar otro mediante una reinterpretación de su naturaleza sexual, hasta que a la postre pueden desconocer el todo (...) Cuando los niños son abandonados a su arbitrio o están bajo el influjo de la seducción, suelen dar muestras bien visibles de una práctica sexual perversa*" (p.190-191). Cabe agregar según Freud (1905) que es *"instructivo que bajo la influencia de la seducción el niño pueda convertirse en un perverso polimorfo, siendo descaminado a practicar todas las trasgresiones posibles. Esto demuestra que en su disposición trae consigo la aptitud para ello; tales trasgresiones tropiezan con escasas resistencias porque, según sea la edad del niño, no se han erigido todavía o están en formación los diques anímicos contra los excesos sexuales: la vergüenza, el asco y la moral. En esto el niño no se comporta diversamente de la mujer ordinaria, no cultivada, en quien se conserva idéntica disposición perversa polimorfa (...) es imposible no reconocer algo común a todos los seres humanos, algo que tiene sus orígenes en la uniforme disposición a todas las perversiones"* (p.173-174).

La empatía o el identificarse con el posible dolor que sienta otro-prójimo, es un mecanismo anclado en los desarrollos culturales, por lo cual, es un punto crucial para la convivencia humana como: "no hagas a otros lo que no te gustaría que te hicieran", siempre y cuando haya sido oportunamente sociabilizado a un modo suficiente. Entonces, si *"la conciencia moral es sin duda algo «en nosotros», no lo es desde el comienzo. Es en esto un opuesto de la vida sexual, que efectivamente está ahí desde el comienzo de la vida y no viene a agregarse sólo más tarde. Pero el niño pequeño es notoriamente amoral, no posee inhibiciones internas contra sus impulsos que quieren alcanzar placer"* (Freud, 1932:57). Sus pasajes al acto o la brutalidad de sus acciones, muchas veces contrasta fuertemente con una posición infantil o de cierta inocencia pueril. Son muy frecuentes en este tipo de Carácter libidinal, la ausencia del asco primario, fuertes fijaciones en fluidos corporales o fijaciones anales a la suciedad, junto con los más variados fetiches sexuales imaginables. En este nivel de carácter libidinal se torna complicado dar cuenta si hay o hubo mecanismos defensivos de Desmentida, puesto que aquí habría una falta de represión y una cierta inutilidad del uso de la Desmentida, pues el reconocimiento de la Castración es bastante difusa por la crianza adquirida. De este modo, suele ser usual que al cometer un delito, sean bastante torpes en ocultar la evidencia de sus crímenes.
Personajes que podríamos catalogar en este sitio estarían: GG Allin, Albert Fish, Jeffrey Dahmer e Issei Sagawa: el Caníbal Japonés hijo de padres de la más alta elite social.

Para la actitud segunda, la **Psicópata**, prevalece el circuito pulsional del Sadismo, con una sed muchas veces delirante de venganza. Esta sed de venganza, puede convertirse en un verdadero delirio psicótico en donde el carácter gira netamente en reparar alguna humillación o daño narcisístico supuestamente violado e injustificado (querulante). Más allá de lo realmente vivido de un abuso y/o humillación, la fantasía sádica de la venganza es parte vital de su vida y sus deseos. Cualquier acto o suceso que vaya en contra de sus proyectos o ideales del yo, retroalimentan aún más la necesidad de salvajismo en su pasaje al acto. En este sentido la proyección masiva del odio y el sadismo es predominante y el principio de generalización simétrico de Matte-Blanco cobra un carácter muy difícil de distinguir entre la Perversión o la franca Psicosis. Por tanto, las personas a quien apunta su odio son puestas en posición de meros objetos, la posición depresiva desaparece y permanece en su máxima agudeza la posición esquizo-paranoide. El objeto persecutorio toma el mayor peso de la identidad. Es por ello que es sumamente complejo diferenciar diagnósticamente un delirio paranoide persecutorio de un deseo libidinalmente psicópata.

Para otros casos de carácter libidinal Psicópata, está en el deseo irrefrenable de alcanzar el máximo nivel de satisfacción fuera del alcance de toda Ley o Castración. Las represiones que conforman, son transitorias Neurosis Obsesivas o Fóbicas que solamente aplazan o retardan el deseo hambriento del pasaje al acto.
Generalmente mantienen fijaciones sexuales de algún patrón (por fetiche y/o venganza) que se pueden rastrear en sus delitos seriales. Se manifiesta en su narcisismo, un orgullo superior de tener poderes únicos que burlan la Ley social. Tienden a tener bastante mesura en no ser descubiertos al ocultar sus crímenes o asesinatos.
Frecuentemente cuando son atrapados o capturados, revelan tendencias narcisistas Exhibicionistas y Masoquistas al público cuando su circuito pulsional del Sadismo es abruptamente frenado.
Casos que podríamos catalogar en este tipo de carácter libidinal perverso serían: Andrei Chikatilo, Carl Panzram, Ted Bundy y Aleksandr Pichushkin.

En la actitud tercera, la **Sociópata**, hay un fin del liderazgo, de delegar funciones y acciones a una multitud o agrupación. Es por el empleo de la seducción, la manipulación, del pervertir al otro como instrumento el motor de su placer y objetivos. Claramente la desmentida de la Castración se lee en su intento de no ser participe directo (a la acción) y permanecer como espectador Voyerista de los crímenes como el autor intelectual. Como tal, la mayoría de los perversos sociópatas conocen las reglas sociales y sus prohibiciones, desde donde se mentaliza en diseñar planes con fines que lo pueden muchas veces exculpar de cualquier crimen o delito posible. Suelen poseer excelentes habilidades de sociabilización y convertirse en seres muy seductores para detectar con quienes puede entablar poco a poco la confianza para aliarse a proyectos perversos. Sociópatas reconocidos mundialmente son Charles Manson, Idi Amin y Adolf Hitler.

Por supuesto, no negamos que pueden presentarse en menor o mayor grado alguna de las otras actitudes libidinales perversas (mixturas) junto con otras.

Concluiremos o resumiremos este Apartado tomando en cuenta los confines éticos o morales citando al gran filósofo David Hume (1751): "*Extinguid todos los sentimientos y predisposiciones entrañables a favor de la virtud, así como todo disgusto y aversión con respecto al vicio; haced que los hombres se sientan indiferentes acerca de estas distinciones, y la moral no será ya una disciplina práctica ni tendrá ninguna influencia en la regulación de nuestras vidas y acciones*" (p.37).

4. La Fragmentación (Splitting)

Hanna Segal, una discípula directa de Melanie Klein nos introduce del siguiente modo este fenómeno: "*Cuando los mecanismos de proyección, introyección, escisión, idealización, negación e identificación proyectiva e introyectiva no alcanzan a dominar la ansiedad y ésta invade al yo, puede surgir la desintegración del yo como medida defensiva. El yo se fragmenta y escinde en pedacitos para evitar la experiencia de ansiedad. Este mecanismo, muy dañino para el yo, generalmente aparece combinado con la identificación proyectiva: de inmediato se proyectan las partes fragmentadas del yo*" (Segal, 1964:35).

Esto fue explorado por la misma Melanie Klein (1952) cuando agrupa la "desintegración" como una forma defensiva extremada de la "escisión", que se diferencia de las defensas como la "represión" que "*en contraste con las primitivas formas de escisión, que conducían a estados de desintegración, la represión no tiene normalmente por resultado la desintegración del si-mismo. Puesto que en este estadío existe mayor integración tanto dentro de las partes conscientes como inconscientes del psiquismo, y puesto que en la represión la escisión efectúa predominantemente una división entre lo consciente y lo inconsciente, ninguna de las partes del si-mismo está expuesta al grado de desintegración que podía surgir en los estadíos anteriores. Sin embargo, el grado en que se recurre a los procesos de escisión en los primeros meses de vida influye vitalmente en el empleo de la represión en un período ulterior*" (p.95). De este modo, para Winnicott (1945), en los inicios del lactante se comprende que para el splitting, "*el estado primario no integrado provee una base para la desintegración y que ese retraso o ausencia con respecto a la integración primaria predispone a la desintegración como forma de regresión, o como resultado de algún fracaso en los demás tipo de defensa*" (p.205).

Por esta razón, Klein (1952) menciona que mientras existe la "*escisión del pecho en dos aspectos, amado y odiado (bueno y malo), existe una escisión de distinta naturaleza que origina la sensación de que el yo, así como su Objeto, están despedazados; tales procesos subyacen a los estados de desintegración*" (p.75). Prosiguiendo con Klein (1963), nuevamente confirma que hay "*otros innumerables procesos de escisión, tales como la fragmentación y un fuerte impulso a relegar las figuras terroríficas a los estratos más profundos del inconsciente (...) A partir del estadio más temprano, estos procesos se ven reforzados por repetidas experiencias de frustración, que nunca se pueden evitar por completo*" (p.281).

Continuando con esta noción, H. Segal agrega que "*la desintegración es el más desesperado de todos los intentos del yo para protegerse de la ansiedad. A fin de no sufrida el yo hace lo que puede por no existir, intento que origina una aguda ansiedad específica: la de hacerse pedazos y quedar pulverizado*" (Segal, 1964:35).
Y así mismo, tal cual como ya lo dijo Ferenczi (1932): "*Si un trauma golpea el alma o el cuerpo desprevenidos (...) tiene sobre el cuerpo y la mente un efecto destructivo, o sea, que desordena por descomposición. Falta el poder que mantenía unidos los fragmentos y elementos singulares. Elementos de órgano,*

fragmentos y elementos psíquicos se disocian. En lo corporal esto significa sin duda la anarquía de órganos, partes y elementos de órgano, cuya cooperación recíproca es la que hace posible la función total, o sea, la vida; en lo anímico, la violencia intrusiva causa (...) una suerte de explosión, de destrucción de asociaciones psíquicas entre los sistemas y los contenidos psíquicos, que pueden llegar hasta los elementos más profundos de la percepción" (p.118). Obviamente, cuando hablamos de una fragmentación, no es atribuible a una mera descomposición al puro azar: *"Toda vez que nos muestra una ruptura o desgarradura, es posible que normalmente preexistiera una articulación. Si arrojamos un cristal al suelo se hace añicos, pero no caprichosamente, sino que se fragmenta siguiendo líneas de escisión cuyo deslinde, aunque invisible, estaba comandado ya por la estructura del cristal"* (Freud, 1932:54). Dependiendo de la rotura o su Splitting, podrá ser más o menos pausible seguir las líneas de su escisión.

Finalmente Ferenczi (1932) en su Diario Clínico expresa que ante *"una tortura anímica o física, la esperanza de que tarde o temprano todo cambiará instala fuerzas para soportar el sufrimiento. Y así conserva también la unidad de la personalidad. Pero si la cantidad y la índole del sufrimiento superan la capacidad de comprensión de la persona, uno se entrega, no soporta más, ya no vale la pena reunir estas cosas dolorosas en una unidad, uno se ve partido en pedazos. Ya no sufro más, dejo de existir, al menos como yo total (...) El cese del sufrimiento total y su remplazo por fracciones de sufrimiento acaso traiga consigo aquel alivio repentino"* (p.231-232).

Añadamos que influyen en intensificar o acentuar lo traumático, lo que Aron (1996) graficó donde *"uno de los aspectos más perjudiciales del trauma era la confusión que engendran los padres en su intento por negar y encubrir los incidentes abusivos. Relacionaba directamente esta confusión, evocada por los padres, a la etiología de la escisión y fragmentación del sí mismo (...) es lo incomprensible de la experiencia lo que traumatizaba al paciente y lo llevaba a la destructuración del sí mismo"* (p.275).

Rastreando y diferenciado en mayor detalle bajo la obra de Ferenczi el concepto de Splitting, según Gutiérrez-Peláez (2010): *"los expertos en escuela inglesa remiten al concepto de splitting en Ferenczi para explicar los mecanismos de fragmentación descritos por los autores pertenecientes a esa escuela. Al acudir a las traducciones de esos textos en castellano, se encuentra que dicho término aparece como escisión"*. Estas diferenciaciones son importantes no confundirlas ya que es *"claro al revisar la obra de Freud que el Spaltung puede presentarse tanto en casos de psicosis como neurosis, distinto a lo planteado por Ferenczi en cuanto al splitting. De esta manera se podría plantear que 'fragmentación' y no 'escisión' es una traducción más adecuada para splitting"* (Gutiérrez-Peláez, 2010). Situándolo en un meollo más Clínico, en la obra de Ferenczi es claro que el *"splitting es la defensa frente a la situación traumática: la desintegración aparece como la mejor manera de impedir los efectos del trauma. A modo descriptivo, Ferenczi apunta al splitting como una ausencia de defensas, de manera que permite ver con más precisión a qué se refiere cuando habla del abandono de sí, pero se entiende que ese* abandono de defensas es, precisamente, la defensa misma. En Ferenczi, a diferencia del Spaltung freudiano, no se trata de una parte del yo que acepta la realidad y otra que la desmiente, sino de una parte que se mantiene viva y otra que ha muerto como efecto del trauma (como defensa frente a éste), sin que en ninguna de las dos (en el caso de que fueran dos solamente) haya registro del evento traumático. Queda una parte que lidia con la realidad, pero de una manera desprovista de afectos, ajena a su existencia y como si la viviese algún otro. Para Ferenczi, splitting tiene que ver con la incidencia de los traumas, los cuales aumentan los efectos de la fragmentación" (Gutiérrez-Peláez, 2010).

No olvidemos que esta fragmentación, Freud (1915) también la tomó en cuenta en la "**psicosis alucinatoria**", pues aquella "se vuelve posible cuando el yo del enfermo se ha fragmentado hasta el punto en que el examen de realidad ya no impide la alucinación" (p.233).

Por su parte, Sosnik (2006) nos explica siguiendo a Bion que cuando "la intolerancia a la frustración, el odio a la realidad (interna y externa), el odio a las emociones y a la vida misma desencadenan ataques contra el aparato mental, desde ahí, el odio o la intolerancia a la realidad es de tal magnitud que lleva a atacar el propio aparato mental capaz de percibirla y produce la evacuación del mismo".

Por tanto podríamos resumir que "el odio a la realidad es de tal magnitud que lleva a atacar el aparato mental capaz de percibirla" (Etchegoyen, 2002:822).

Rodulfo (1988) expresa este ataque del siguiente modo: "Lo único que puede sentir este chico es que su boca es mala, si en su boca no hay placer, su boca es mala. Si hay un estado de no gratificación, de mutilación de cualquier experiencia placentera, entonces, no puede hacer uso de la proyección, de echarle la culpa a otro. Lo malo, entonces, es desear. Si el deseo no le produce ninguna vivencia de satisfacción, lo único que puede hacer es librarse de eso.

Hanna Segal (1984) en un Simposio sobre la pulsión de muerte, lo ejemplifica como "una violencia constante dirigida contra sí misma. Estaba realmente muy cerca de creer que el único medio inmediato de curar el más leve dolor de cabeza era cortarse la cabeza. Tenía constantemente el deseo de deshacerse de sus miembros, de sus órganos, en particular de su vagina, para no experimentar percepción o pulsión que pudieran provocarle frustración o angustia. Estos ataques contra sí misma, que iban manifiestamente más allá de los ataques contra los objetos internos, suscitaban manifestaciones somáticas, por ejemplo una anestesia parcial de los órganos sexuales, migrañas, etc., así como una angustia hipocondríaca permanente" (p.38). O sea, que pasa a promover el deseo de no desear. Pero el deseo de no desear no es una idea: "me gustaría no desear". El deseo de no desear es un acto destructivo, es tratar de amputarse el órgano de deseo. Es todo el fenómeno culminatorio que vemos en el autismo y la psicosis, de cortarse un dedo, de cortarse los genitales, etc., o de dejar de hablar o dejar de comer, etc. dejar todo un movimiento deseante."

Por su parte, Winnicott (1958) ya tenía nociones de estos procesos en su texto "Psicología de la Separación", argumentando que a "veces podemos demostrar que la pérdida simultánea de la madre y su pecho crea una situación en la que el bebé pierde no sólo el objeto, sino también el aparato para utilizarlo (la boca). La pérdida puede ahondarse hasta abarcar toda la capacidad del individuo, en cuyo caso, más que una desesperanza de redescubrir el objeto perdido, habrá una desesperanza basada en la incapacidad de salir en busca de objeto" (p.91).

Más contemporáneamente, André Green (1993) en su trabajo sobre lo Negativo, lo aborda en su noción de la función desobjetalizante de objeto, como un Narcisismo negativo de aspiración al nivel cero, por medio de la desligación. Lo cual se opone radicalmente al trabajo del Duelo, pues cuando "más nos acercamos a la represión propiamente dicha, más se acompaña la polaridad ligazón-desligazón de una religazón en lo inconciente posibilitada por otros mecanismos (desplazamiento, condensación, doble trastorno, etc.). Cuanto más nos alejamos de la represión, más comprobamos, el ejercicio de los otros tipos de defensa primarios (escisión, forclusión), que la desligazón más tiende a prevalecer, y limita o impide la religazón (…) Por destructiva que sea su acción, su propósito intrínsecamente desobjetalizante se manifiesta sobre todo como ataque a los vínculos (Bion, Lacan). El éxito de la desinvestidura desobjetalizante se manifiesta en la extinción de la actividad proyectiva, que se traduce fundamentalmente por el sentimiento de muerte psíquica (alucinación negativa del yo) que precede a veces en poco a la amenaza de pérdida de la realidad externa e interna" (p.124-125).

Debemos distinguir como se plantea en la "Adición Metapsicológica de los sueños", como Freud (1915) esquematiza que en "el sueño, la sustracción de la investidura (libido, interés) recae sobre todos los sistemas en igual medida; en las neurosis de trasferencia es retirada la investidura prcc; en la esquizofrenia, la del Icc, y en la amentia, la de la Cc" (p.233).
Podemos entender que la sustracción de investidura que se atañe en la Esquizofrenia (representación-cosa), junto con la amentia (aparato Cc o perceptivo), fusionándolos se condensa buena parte de lo que hemos revisado como el Splitting.

Cruzando en terreno hacia la "**Despersonalización**", W. Reich da un notable ejemplo en su libro "Análisis de Carácter" en su tercera edición de 1948: "Lo oigo a usted, lo veo, pero como en la lejanía... como a gran distancia... sé muy bien que en este momento estoy temblando, lo siento... pero no soy yo, es otra cosa... [después de una larga pausa]. Me gustaría desembarazarme de este cuerpo; yo no soy este cuerpo; quiero estar donde están las «fuerzas" (p.353).
Resulta evidente entonces la vinculación que existe entre el splitting y la despersonalización: "se oye hablar, pero como su autopercepción está separada del proceso biológico al cual pertenece, sus palabras le suenan extrañas y lejanas; las palabras pierden su contacto con las cosas que indican, como lo describiera Freud en forma tan correcta; éste es el comienzo de la desorganización del habla" (Reich, 1948:355). Esta desorganización o pérdida de contacto, "puede experimentarse en algunos casos sino como la experiencia del "alma que abandona el cuerpo" o "el alma fuera del cuerpo". Como la percepción tiene sólo un contacto débil —y ese contacto finalmente se interrumpe— con las funciones bioenergéticas que refleja subjetivamente, uno

experimenta de manera muy típica un "autoalejamiento" o "alejarse uno mismo a distancias muy grandes". En consecuencia, los procesos de proyección, trance, despersonalización, alucinación, etc., tienen como base una escisión (...) entre excitación corporal y percepción psíquica de esta excitación, aleja la sensación corporal a una gran distancia" (Reich, 1948:356). Para W. Reich es indispensable distinguir entre la "insensibilidad emocional" propia de una represión neurótica donde la autopercepción es conservada, de una escisión de la autopercepción proyectada fuera de sí.

O en otras palabras, podríamos resumir junto a Reich que la "disociación y la producción de palabras sin sentido aumentaban cuando aumentaba la escisión. Al desaparecer ésta retornaba la función normal del habla y de la asociación y la paciente comenzaba a sentir las corrientes corporales nuevamente como suyas. Esto permitía establecer la conclusión de que la función de autopercepción, tomada en su totalidad, dependía del contacto entre la excitación objetiva y el sentimiento subjetivo de esa excitación. Cuanto más estrecho era este contacto, tanto mayor la intensidad de la autopercepción" (Reich, 1948:358).

Sobre lo que hemos expuesto, a modo concreto, Bejla Goldman (2003) en su libro "Nuevos nombres del trauma", nos relata el siguiente ejemplo de Jorge Semprun, quien al escribir su obra "La escritura o la vida" relata que ante un episodio traumático "el hecho de escribir lo confrontaría con ese real imposible que fuera su martirio en Buchenwald. Finalmente lo escribe en otro idioma al materno, o sea se traduce a sí mismo, pone un testimonio cifrándose en otra lengua para despersonalizar en parte lo vivido y transformarlo en acontecimiento (p.35)." Otro ejemplo que nos da Goldman (2003) respecto a la vivencia traumática es de Marguerite Duras: "Sé que lo he hecho, que soy yo quien lo ha escrito, reconozco mi letra y el detalle de lo que cuento, vuelvo a ver el lugar, la Gare d' Orsay, los trayectos, pero no me veo escribiendo este Diario. ¿Cuándo lo escribí, en qué año, a qué horas del día, en qué casa? No sé nada (p.40)."

Ferenczi (1932) nos brinda como ejemplo de la despersonalización en la sesión clínica, la siguiente situación: "Los ataques violentos solían terminar con una sensación de estar muerta, con un amortecimiento total. La paciente se sentía como despedazada o, mejor dicho, conseguía desprenderse de la parte restante de su persona. El alma se sentía a distancia infinita, o a una altura colosal, pero con esa suelta realidad se habilitaba para ver todo lo que ocurría en la persona y cerca de ella (p.160)". En otros aspectos, D. Anzieu (1985) comenta que "si el sentimiento de unidad del Yo desaparece de la vida despierta, se produce fenómenos de despersonalización y de la confusión patológica del presente con el pasado ("deja vu")" (p.102).

Si recordamos lo revisado anteriormente sobre el "Hospitalismo" respecto a sus efectos subjetivos, de similar modo un "niño desvalido es maltratado, p. ej., lo hambrean ¿Qué sucede cuando el sufrimiento se acrecienta y supera la entereza del pequeño ser? El lenguaje usual define lo que sigue a esto con la expresión: "el niño se pone fuera de sí". Los síntomas del ponerse-fuera-de-sí *(vistos desde afuera) son: falta de reacción en punto a sensibilidad, espasmo muscular general, al que a menudo sigue una parálisis general ("ausencias") (...) esta "ausencia" no es enteramente un no ser sino, sólo, un no ser aquí"* (Ferenczi, 1932:75). Cabe adelantar, que en los próximos Apartados, indagaremos que el "estar-fuera-de-sí", corresponde a una proyección masiva del yo y de su aparato perceptivo en cuanto "fuera de sí". Vale decir, la sensación de estar-fuera de sí mismo, es propio de toda despersonalización como base.

Entendemos así que *"en momentos de peligro extremo la inteligencia se separa del yo, y aun la de todos los afectos anteriores, que estaban al servicio de la conservación de la persona propia (miedo, angustia, etc.), en vista de la inutilidad de los afectos en general se suspenden y se trasmudan en una inteligencia desafecta con un círculo de acción mucho más grande"* (Ferenczi, 1932:157). Esto explicaría según Ferenczi (1932) donde radica *"ahí la insensibilidad cuando está presente. La ayuda externa que se echa de menos se remplaza así por la creación de un sustituto más antiguo. Desde luego, no sin la alteración de la personalidad anterior. En los casos más extremos de esta clase, el extrañamiento del propio-ser fue tan completo que hasta se perdió el recuerdo de todo el proceso. Pero deja marcada una influencia en el carácter de la persona que lo sufrió, por ejemplo nuestra paciente (...) que en verdad no confía en nadie salvo en ella misma, y que ahora se legitima triunfante en el análisis. En jerga psicoanalítica, yo hablaría entonces aquí de un caso de división narcisista de sí."* (p.158). Cuando la ayuda externa o un vínculo primario no ofrece allí su apoyo, *"se pierde toda esperanza en la ayuda de terceras personas, y sintiendo por completo agotadas las fuerzas defensoras propias, la gracia del agresor es la única esperanza que resta. Si me someto a su voluntad tan enteramente que dejo de existir, si no me le resisto, quizá me perdone la vida: si resigno toda lucha de resistencia, al menos tengo más esperanza en que el ataque sea menos destructivo. Un cuerpo enteramente muerto recibe menos destrucción (...) Si el cuerpo está como muerto, con una distensión muscular total, y casi sin circulación, una herida de cuchillo sangrará menos"* (Ferenczi, 1932:157)."

Theodor Reik (1927) conceptualiza la *"despersonalización"* como *"un estado psíquico particular en el cual el yo trata de sustraerse a un ataque violento o a una supremacía de determinadas vivencia. Se trata, por lo tanto, de un intento de huida de individuo frente a sentimientos afecto para afrontar lo cuales el yo no se considera suficientemente fuerte"* (p.53). Por estas razones, en casos de niños abandonados u Hospitalizados en carencia de cuidadores primarios "suficientemente buenos", para Reik (1927) el niño se *"quejaba de la carencia de todo sentimiento e interés, de su indiferencia y extrañamiento de su ambiente. El el mento psicológico central era una autoobservación en apariencia muy aguda, carente de afecto. Le daba la impresión de haberse convertido en un laboratorio de observación"* (p.57).

Se puede producir la despersonalización, en otras circunstacias como por ejemplo, el *"estado de despersonalización aparece cuando las esperanzas de reunirse con su marido son frustradas por un obstáculo imprevisto e insalvable. Con anticipación a ello estaba llena de proyectos esperando ansiosamente la* reunión y siendo capaz de apartar todas sus dudas. Al recibir la noticia de que por mucho tiempo sería imposible el encuentro, la despersonalización se presentó bruscamente" (Reik, 1927:58-59). Un carácter esencial de la despersonalización es justamente su aspecto brusco de irrupción. Se puede familiarizarse con que dicho estado devendrá, pero resulta impredecible adelantar en qué momentos aparecerá o no. Theodor Reik (1927) en esta misma línea, en una cita de página comenta: "La ruptura afectiva con el propio pasado, así como el proceso defensivo provocado por el acercamiento a él, o a elementos que le pertenecen, determinan condiciones psicológicas favorables para la aparición de la despersonalización. Un enfermo caía en estado de despersonalización en cuanto su yo debía aceptar una parte del pasado (...) cada vez que aparecían recuerdos de aquella época de la infancia. Frente a esa época se sentía como una extraña, afirmando que ese pasado no era el suyo" (p.59). Esto último resulta crucial a lo que ya hemos mencioado sobre el extrañamiento a su propio pasado: "Sé que soy yo, pero no siento que soy yo, estoy en otro lado observando como una película que no tiene nada que ver conmigo aunque me reconozco en ella". Similar forma la ha descrito Freud en su texto sobre lo Ominoso que también hemos revisado anteriormente, claro que, no necesariamente produce los estados de despersonalización aquí descritos.

Se nos esclarece que el estado de despersonalización puede emerger mediante fuentes diversas en las desglosadas. Estas pueden provenir de un estado alterado de consciencia vía drogas, experiencias ominosas (Freud, 1919), respiración agitada. No negamos algún sustrato biológico en el equilibrio senso-perceptivo corporal, como también de síntomas psicóticos propios de la constitución de un yo-piel desmembrado o a vías de fragmentarse. Por tanto, no podemos monopolizar el síntoma de la despersonalización solamente en la categoría de traumatismo psíquico.

Conviene aclarar que los quiebres **psicóticos** de la identidad y la pulverización fragmentaria del yo, no implican necesariamente una lesión permanentemente expuesta o roturas congeladas inmóviles sin posibilidad alguna de ligazón o cierta síntesis. Entendiendo que los síntomas que se sintetizan en un Psicótico son distintas a las síntesis o síntomas de un Neurótico.

El síntoma o síntesis del Psicótico lo protege más bien de un derrumbe yoico. Las Defensas y síntomas seudo-neuróticas de un Psicótico intentan recubrir un pulverizado Yo fragmentado en una coherencia o síntesis posible. Por tanto, bajo la posición Paranoide de un delirio, Freud (1911) en el caso Schreber menciona que el delirio es un intento de restitución (reparación) del mundo, donde la identidad, gira por completo o casi por completo en delirio paranoide y/o megalomaniaco, y que, sólo desde él emana las posibles vías de síntesis temporalizantes (posibles continuidades existenciales). Así, es el yo placer-purificado como la base donde se puede ligar libidinalmente su entorno. En estos casos de Psicosis, el Síntoma toma el papel que posibilita una cierta continuidad o un broche (soporte) para que se mantenga algún tipo de proceso secundario del principio de realidad (tercero excluído). De otro modo, podría suceder lo que Freud (1915) nos señaló sobre la "psicosis alucinatoria" donde *"se vuelve posible cuando el yo del enfermo se ha fragmentado hasta el punto en que el examen de realidad ya no impide la alucinación"* (p.233).

Similar sucede en la "amentia" de Meynert, donde *"el yo rompe el vínculo con la realidad, sustrae la investidura al sistema Cc de las percepciones. Con este extrañamiento de la realidad queda eliminado el examen de realidad, las **fantasías de deseo** —no reprimidas, por entero concientes— **pueden penetrar en el sistema** y ser admitidas desde ahí como una realidad mejor"* (Freud, 1915:232). Vale decir, la amentia no queda congelada, también sobrevienen síntesis donde *"el delirio se presenta como un parche colocado en el lugar donde originariamente se produjo una desgarradura en el vínculo del yo con el mundo exterior"* (Freud, 1924:157). Podríamos decir que el "parche colocado" en la Psicosis re-inventa (repara) una parte de su vínculo con el mundo. Mientras que el parche colocado en la formación perversa sería la fijación libidinal o del objeto fetiche (neo-creación libidinal).

El ataque al aparato perceptual o de pensar, ocuparía un rol similar al de la amentia, pero no llega necesariamente al *"delirio alucinatorio de la amentia es una fantasía de deseo claramente reconocible, que a menudo se ordena por entero como un cabal sueño diurno"* (Freud, 1915:228).

Distinto al Neurótico quien bajo sus síntomas protege una vía para evitar cuadros de angustias y/o evitar cuadros de ansiedad aún más graves. En suma, el Yo neurótico no se pulveriza ni se fragmenta en dicha síntesis.
Cabe agregar sobre el Spliting o la Fragmentación (desintegración), estas pueden provocarse o manifestarse tanto en un cuadro Psicótico como en uno Neurótico con resultados generalmente diferentes, aunque no siempre es posible separarlos tajantemente, pues como lo señala su nombre, la Fragmentación es una medida súbita y de emergencia.

Podemos resumir que el Splitting tiene tres posibles manifestaciones (no necesariamente excluyentes):
a) Ataques al aparato de pensar o perceptual, que impiden la inscripción (trazos) de nuevas huellas mnémicas, las cuales podrían conllevar cuadros de amnesia (vacíos de memoria que son distintos al mero olvido de una represión con sus desfiguraciones defensivas de condensación y desplazamiento).
b) Despersonalización en cuanto a las fisuras y desbordes en el Yo-piel con proyecciones fuera-de-sí.
c) Quiebres de la identidad (trituración o pulverización del yo) que podrían conllevar a personalidades múltiples, identificaciones psicóticas o identificación con el agresor.

(Hay que aclarar que la "identificación con el agresor" puede gestarse sin necesariamente una fragmentación (splitting), solo podría bastar con el Fort-Da de lo pasivo a lo activo. No obstante, hay identificaciones con el agresor que son mucho más agudas que se gestan primero por una intensa pulverización o trituración, que para ligarse en alguna posible síntesis, se vuelca hacia un Fort-Da que otorgue alguna continuidad existencial, identificándose con un agresor.)

Capítulo VI
1. Identificación: Constitución Subjetiva

Comenzaremos este apartado analizando un proceso psíquico que muchas veces guarda relación con el "splitting" o la "fragmentación", el cual es la "identificación con el agresor".

Bajo los aportes de Ferenczi (1932) en su Diario Clínico, la experiencia traumática que conforma el Splitting, puede dar paso al desarrollo de una identificación con el agresor como una forma complementaria defensiva, puesto que "*en el momento del desvanecimiento total del tono muscular (epileptoide del espasmo general, opistotono), se abandonó la esperanza de recibir una ayuda externa o una mitigación del trauma. La muerte, que en cierto modo ya está presente, no se teme más, desde luego desaparecen todos los reparos morales y otros en vista del final inevitable; el individuo abandona toda expectativa de recibir ayuda desde afuera y sobreviene un último intento desesperado de adaptación, análogo al hacerse el muerto de los animales. La persona se divide en un alma que puramente sabe, que observa los sucesos desde fuera, y en un cuerpo por completo insensible*" (p.156). Hasta aquí, con Ferenczi se instala lo que hemos revisado respecto al Splitting, posteriormente, para dar cuenta el traspaso a la identificación con el agresor. Ferenczi (1932) agrega que: "*Hasta donde el alma puede todavía en general sentir, vuelca su interés a lo único sensible que resta de todo el proceso, a saber: el sentir con el agresor. Es como si alma, cuya única función es la de reducir tensiones sensibles, evitar dolores, en el momento de la muerte de la persona propia volcara automáticamente su función de aminorar el dolor a los dolores, tensiones y pasiones del atacante, la única persona sintiente, o sea, se identificará con ellos.*
El desaparecer la persona propia donde otras todavía permanecen en la escena sería entonces la raíz más profunda del por lo demás tan enigmático masoquismo, del sacrificio (...) de la identificación con tensiones y dolores ajenos, tan insensata desde el punto de vista psicológico o egoísta (...) Entonces, no siento en absoluto el dolor que me infligen porque yo no existo. En cambio, siento la satisfacción placentera del atacante, que todavía puedo percibir" (p.156-157).

Siguiendo a S. Ferenczi, Elena Gómez (2013) relata que la "*ansiedad del niño cuando es agredido lo lleva a someterse como un autómata, a adivinar los deseos de su agresor y gratificarlos; también se produce una introyección, sobre todo del sentimiento de culpa del agresor. Cuando el niño se recupera del ataque se siente confuso, dividido, inocente y culpable a la vez. La negación de lo ocurrido fuerza los mecanismos de esicisión, con la consecuente fragmentación, atomización y pérdida del sentimiento de sí mismo. Una de las partes disociadas puede experimentar un proceso de pseudomadurez*" (p.246).

Como vemos a este nivel, no es propiamente tal un masoquismo, es más bien como lo ha trabajado muchas veces Ferenczi una "identificación con el agresor": Bajo el castigo me identifico en una fantasía de venganza. Para no introyectar una idea negativa de mi mismo, introyecto al castigador para suplir la angustia.

Para este nivel, vemos una introyección que desemboca en una fantasía de sadismo. Sin embargo, tal como lo señala Laplanche (1992) hablar de una introyección primaria es ipsocentrar la mente como endógena, sin percibir más claramente la seducción originaria que traumatiza o erogeniza al sujeto. Por tanto, aquí, la violencia viene de la alteridad y luego es resituada en introyecciones (identificaciones) y proyecciones (sadismos). La descarga de frustraciones en la rabia, el trauma, se sitúa en la identificación con el agresor como lugar pulsional del sadismo (mientras esté contemplado en su fantasía). Si sus cuidadores primarios o figuras paternas han sido quienes lo han golpeado o abusado, desde una Fase Depresiva como dirá Klein, va integrando los aspectos positivos y negativos de su cuidador, para conservar una imagen segura de sus cuidadores, que se ve luego en la necesidad de introyectar el castigo a modo de identificación para no caer en un odio exacerbado a sus padres.

En este último ejemplo, lo vemos claramente en la "transformación a lo contrario" en el destino de la pulsión, de lo pasivo a lo activo, tal como en el fort-da.

Un ejemplo de paciente que había sido abusada sexualmente por su padrastro a los 6 años de edad, comenta que a partir de su pubertad, ocasionalmente, sueña que ella abusa de niños. La paciente me comenta que jamás haría tal cosa y que nunca ha tenido pensamientos conscientes de tendencias pederastas. Si nos fijamos en el sueño quién es el agente de la acción, aparentemente es ella misma la que activamente abusa de niños. No obstante, hay que notar que lo pasivo se transformo en activo como un modo de defensa ante el trauma en cuestión. En otras palabras, soñar con el suceso o evento traumático en donde ella misma es la abusada pasivamente, impediría una de las funciones principales del sueño: el cual es mantener el descanso. Puesto que si soñara tal cosa en bruto despertaría en una pesadilla traumática. Para ello, algún rincón de su yo, se identifica parcialmente con el abusador para no ser ella quien revive el trauma. El splitting cumple su función tal como lo hemos desarrollado con este mismo propósito. El suceso traumático o su recuerdo se diluye en una identificación con el agresor, donde el trauma pasivo cambia a un lugar activo aunque sólo sea identificándose al agresor a modo de sueño.

Desde un ejemplo para la identificación con el agresor que no incluya un efecto traumático (splitting) como tal, es el ejemplo de la niña que otorga Anna Freud (1936): "*Por miedo a los fantasmas, aquélla no se animaba a cruzar a oscuras la antesala de su casa. No obstante, en cierta oportunidad de pronto vuelve a afrontar esa situación, y a partir de entonces es capaz de cruzar la habitación temida, pero haciendo al mismo tiempo toda suerte de movimientos extraños. Poco después triunfalmente comunicó a su hermanito el secreto de la dominación *de su miedo: "No tienes nada que temer en la antesala" ——le dijo. "Haz como si fueras el mismo fantasma que podrías encontrar". De esta manera aclárese el significado de los gestos mágicos: representaban los movimientos que ella imaginaba hacían los fantasmas*" (p.126). Situación muy similar la escuchamos en un "*niño en la obscuridad, presa del miedo, se tranquiliza canturreando. Camina, camina y se para de acuerdo con su canción.*

Perdido, se cobija como puede o se orienta a duras penas con su canción. Esa cancioncilla es como el esbozo de un centro estable y tranquilo, estabilizante y tranquilizante, en el seno del caos. Es muy posible que el niño, al mismo tiempo que canta, salte, acelere o aminore su paso; pero la canción ya es en sí misma un salto: salta del caos a un principio de orden en el caos, pero también corre constantemente el riesgo de desintegrarse" (Deleuze & Guattari, 1980:318). Vemos en estos ejemplos, cómo la identificación puede cursar como una defensa donde la distancia entre uno y otro queda superficialmente abolida.

Incluso en los pasajes a la conformación del Ideal del Yo y del Super-yo, Ferenczi (1928) en su texto "La adaptación de la familia al niño", desarrolla el ejemplo de un niño que al *"mostrarse más bien insoportable, recibía reprimendas todas las semanas, incluso por anticipado. Mientras le pegaban, pensaba conscientemente: "Qué bien cuando sea padre y pegue a mi hijo". En su imaginación estaba desarrollando ya en aquel momento su futuro papel de padre, su propio ideal del Yo. Tal identificación significa un cambio en parte de la personalidad. El Ego se enriquece a partir del mundo entorno, y ésta es una adquisición no hereditaria. También así se vuelve uno consciente. Primero se teme al castigo, y luego se identifica uno con la autoridad que castiga. De este modo el padre y la madre reales pueden perder importancia para el niño, ya que él ha establecido en sí mismo una especie de padre y madre interiores. Así se constituye lo que Freud ha llamado el Super-Ego. El Super-Ego es pues el resultado de una interacción entre el Ego y una parte del medio circundante. Una excesiva severidad puede resultar perjudicial para el niño a lo largo de su vida, dotándolo de un Super-Ego demasiado rígido".*
En resumen, el Super Yo engloba aquellas cicatrices que va dejando el complejo de Edipo y la Castración.

Una identificación sobre cambios de roles de lo "pasivo a lo activo" o Fort-Da, lo vemos en la narración de un sueño de una niña que relata Anna Freud (1927): *"estaban todas mis muñecas y también mi conejito. Luego yo me fui, y el conejito rompió a llorar desconsoladamente, y yo le tenía mucha lástima. Creo que ahora siempre hago como el conejito, y por eso lloro tanto como él."* Naturalmente, en realidad sucedía lo contrario, pues el conejo la imitaba a ella, y no ella al conejo. La niña misma representa en este sueño a la madre y trata al conejo como ésta la trató a ella. Por fin, había hallado, en esta asociación onírica, el reproche que jamás pudo enrostrarle conscientemente a la madre: el haberla abandonado siempre, precisamente cuando más la necesitaba" (p.44).

Tomando en cuenta los límites de la integración del yo en su relación al "sentimiento de soledad", Melanie Klein (1963) postula que pese *"nunca se logra una integración total, tampoco es posible comprender y aceptar plenamente las propias emociones, fantasías y ansiedades, y esto subsiste como un factor importante en la soledad. El anhelo de comprenderse a sí mismo se encuentra también ligado a la necesidad de ser comprendido por el objeto bueno internalizado. Encontramos una expresión de tal anhelo en la fantasía universal de tener un hermano gemelo, fantasía sobre la que Bion llamó la atención en un trabajo inédito. Según la hipótesis de Bion, esta figura gemela representa a las partes no comprendidas y escindidas y apartadas que* el individuo anhela recuperar, con la esperanza de alcanzar totalidad y una comprensión plena; ocasionalmente, dichas partes se viven como partes ideales. En otros casos, el hermano gemelo representa también un objeto interno totalmente confiable, de hecho, idealizado" (p.308). Como nos aclara Klein, existe una interdependencia entre la compresión de sí y ser comprendido por otro. De este modo surgirá una forma de dar respuesta frente a la vivencia de soledad, puesto que la "soledad puede nacer de la convicción de que no se pertenece a ninguna persona o grupo; esta convicción tiene, en realidad, un significado mucho más profundo. Por mucho que progrese la integración, ésta no logra eliminar la sensación de que no se dispone de ciertos componentes del sí-mismo porque están escindidos y apartados y es imposible recuperarlos. Como veremos más adelante en forma más detallada, algunas de estas partes escindidas y apartadas han sido proyectadas en otras personas, lo cual contribuye a crear la sensación de que no se está en posesión total del propio si-mismo, que uno no se pertenece por completo a si mismo ni, por lo tanto, tampoco a nadie más. Además, se tiene la vivencia de que también las partes ausentes se sienten solas. Ya he señalado que ni siquiera las personas sanas logran superar por completo las ansiedades paranoides y depresivas, las cuales constituyen la base de cierto grado de soledad" (Klein, 1963:308-309).

Para Winnicott (1958) es importante en el desarrollo del recién nacido, los momentos iniciales de relajación y no-integración (precursor transicional): "el descanso tiene que incluir la relajación y una regresión al estado de no-integración (…) un bebé en desarrollo que ha sido bien cuidado puede relajarse y permanecer no integrado" (p.168). Si el bebé es sostenido (holding) en su inicial no-integración estando relajado: "Del estado no integrado se pasa a una integración durante momentos o períodos breves, y sólo en forma gradual se vuelve un hecho el estado general de integración (...) La integración es promovida asimismo por el cuidado ambiental" (Winnicott, 1958:166). Cuando hablamos de integración o síntesis, Winnicott (1958) lo refiere a la continuidad existencial, como sentir a modo constante o contínuo el olor o calor del cuidador. De modo que al "inicio teórico hay un estado no integrado, una falta de integridad tanto en el espacio como en el tiempo. En esta etapa no hay percatamiento" (p.166). Sin embargo, las integraciones que ocurren de forma Prematura o forzada, puede resultar inhabilitante para futuros procesos transicionales del desarrollo, tales como la rigidez para propiciar fenómenos transicionales. Es decir, la integración prematura: "recae en una reacción excesiva a la intrusión proveniente de fuentes externas. Esto es resultado de una falla en el cuidado" (Winnicott, 1958:170). En otras palabras, "se establece de un modo fijo, con insistencia excesiva y demasiadas defensas, y no posibilita la relajación, la no-integración descansada" (Winnicott, 1958:170).

Posteriormente, ya estando constituida una integración más compleja se vuelve insoportable el ya no estar integrado, esto comienza "a medida que el self va cobrando fuerza y se vuelve más complejo, esta regresión a la no-integración se aproxima cada vez más a un estado doloroso de desintegración" (Winnicott, 1958:168).
Reapitulemos con Winnicott (1958) "antes de que cada individuo cree el mundo de nuevo, hay un estado simple de ser, así como el incipiente percatamiento de

la continuidad del ser y de la continuidad de la existencia en el tiempo. El caos sobreviene por primera vez en la historia del desarrollo emocional del individuo por obra de las interrupciones reactivas del estado de ser, en especial cuando dichas interrupciones son demasiado prolongadas. El caos es al principio un curso de ser interrumpido, y la recuperación se produce merced a la re-experiencia de la continuidad; si la perturbación sobrepasa un grado tolerable de acuerdo con las experiencias previas de la continuidad del ser, en virtud de leyes económicas elementales ingresa, en la constitución del individuo, una cierta cuota de caos. El caos se vuelve significativo exactamente en la medida en que se discierne cierta especie de orden" (p.191).

En los orígenes o en los primeros momentos de la identificación, para Freud (1932) en su Conferencia 31: "*La identificación es una forma muy importante de la ligazón con el prójimo, probablemente la más originaria; no es lo mismo que una elección de objeto. Podemos expresar la diferencia más o menos así: Cuando el niño se identifica con el padre, quiere ser como el padre; cuando lo hace objeto de su elección, quiere tenerlo, poseerlo; en el primer caso, su yo se modifica conforme al modelo constituido por el padre (...) La identificación y la elección de objeto son ampliamente independientes entre sí; pero también puede uno identificarse con aquella misma persona a la que, por ejemplo, ha elegido como objeto sexual y transformar el propio yo con arreglo al de ella (...) Cuando hemos perdido un objeto o hemos tenido que renunciar a él, nos compensamos, a menudo, identificándonos con él, erigiéndolo de nuevo en nuestro yo, de manera que, en este caso, la elección de objeto retroceda a la identificación*" (p.3136). Posteriormente con el "*complejo de Edipo el niño se vio precisado a renunciar también a las intensas investiduras de objeto que había depositado en los progenitores, y como resarcimiento por esta pérdida de objeto se refuerzan muchísimo dentro de su yo las identificaciones con los progenitores que, probablemente, estuvieron presentes desde mucho tiempo atrás. Tales identificaciones, en su condición de precipitados de investiduras de objeto resignadas se repetirán luego con mucha frecuencia en la vida*" (Freud, 1932:59). Además, desde la 2da Tópica, Freud (1932) agrega que "*identificándose con el objeto, se recomienda al ello en remplazo del objeto, quiere guiar hacia sí la libido del ello (...) el yo acoge dentro de sí gran número de tales precipitados de antiguas investiduras de objeto*" (p.72). En otras palabras, podemos resumir los alcances citando uno de los últimos apuntes de Freud (1938) antes de morir: "*Tener y ser en el niño. El niño prefiere expresar la relación objetal mediante la identificación: yo soy el objeto. El tener es ulterior, y vuelve a recaer en el ser una vez perdido el objeto. Modelo: el pecho materno. El pecho es una parte de mí, yo soy el pecho. Más tarde, tan sólo: yo lo tengo, es decir, yo no lo soy...*" (p.3431). Este genial párrafo lo podemos resumir en: "Al tener, ya no soy".

Podemos dar cuenta no tan solo la belleza poética incrustada en su formulación teórica, sino el cómo se condice con las formulaciones éticas de Erich Fromm en su libro "Tener o Ser" de 1976: "*En resumen, consumir es una forma de tener y quizá la más importante en las actuales sociedades industriales ricas. Consumir tiene cualidades ambiguas: alivia la angustia, porque lo que tiene el individuo no se lo pueden quitar; pero también requiere* consumir más, porque el consumo previo pronto pierde su carácter satisfactorio. Los consumidores modernos pueden identificarse con la fórmula siguiente: yo soy = lo que tengo y lo que consumo" (p.43). Prosigue Fromm (1976) en añadir que en "último término, la afirmación "yo (sujeto) tengo O (objeto)" expresa una definición de yo mediante mi posesión de O. El sujeto no soy yo, sino que yo soy lo que tengo. Mi propiedad constituye mi yo y mi identidad. El pensamiento subyacente en la afirmación "yo soy yo", es "yo soy yo porque tengo X": X se equipara aquí a todos los objetos naturales y las personas con que me relaciono mediante mi capacidad de dominarlos, de hacerlos permanentemente míos. En el modo de tener, no hay una relación viva entre mi yo y lo que tengo. Las cosas y yo nos convertimos en objetos, y yo las tengo, porque tengo poder para hacerlas mías; pero también existe una relación inversa: las cosas me tienen, debido a que mi sentimiento de identidad, o sea, de cordura, se apoya en que yo tengo cosas (tantas como me sea posible). El modo de existencia de tener no se establece mediante un proceso vivo, productivo, entre el sujeto y el objeto; hace que objeto y sujeto sean cosas. Su relación es de muerte, no de vida" (p.83-84). Lo que en síntesis se traduce en que "Si yo soy lo que tengo, y si lo que tengo se pierde, entonces ¿quién soy? Nadie, sino un testimonio frustrado, contradictorio, patético, de una falsa manera de vivir. Como puedo perder lo que tengo, necesariamente en forma constante me preocupa esto. Tengo miedo a los ladrones, de los cambios económicos, de las revoluciones, de la enfermedad, de la muerte, y tengo miedo a la libertad, al desarrollo, al cambio, a lo desconocido. Por ello estoy continuamente preocupado, y sufro una hipocondría crónica, en relación no sólo con la pérdida de la salud, sino con cualquier otra pérdida de lo que tengo; me vuelvo desconfiado, duro, suspicaz, solitario, impulsado por la necesidad de tener más para estar mejor protegido" (Fromm, 1976:110). Las formulaciones de Erich Fromm plantean una crítica o mirada ética al mundo mercantilista de consumo que se convierte en un medio para plasmar una identidad anclada en posesión de objetos. Siguiendo a Piera Auglanier (1979), se rescata que entre el ser y el tener, el "yo es la instancia que planteará una separación entre la categoría del ser -lo que es- y la categoría del haber -lo que se tiene-, entre lo que uno querría llegar a ser y lo que uno querría poseer" (p.132).

Desde la Filosofía, abordando a J.P Sartre con respecto a la especularidad perpetua del reflejo de nuestra identidad. A partir del "ser-para-sí" Sartriano, éste se proyecta como algo que no es, actuando como algo que siempre se desplaza cuando se lo intenta alcanzar. El ser-para-sí es entonces una trascendencia en perpetuo movimiento, y por lo tanto (reflejo) inalcanzable en su forma acabada, dentro del campo inmanente del arrojo a la existencia. Así lo explica Sartre (1943): "El para-sí no puede huir hacia un trascendente que él no es, sino hacia un trascendente que él es. Esto quite toda posibilidad de detención a esa huída perpetua; si cabe usar de una imagen vulgar, pero que hará captar mejor mi pensamiento, recuérdese el asno que va arrastrando un carricoche en pos de sí y que procura atrapar una zanahoria fijada al extremo de un palo sujeto al varal. Cualquier esfuerzo del asno para coger la zanahoria tiene por efecto hacer avanzar el coche entero y la zanahoria misma, que permanece siempre a igual distancia del asno. Así corremos tras un posible que nuestra propia carrera hace aparecer, que no es sino nuestra carrera y que se define por eso mismo como fuera de alcance. Corremos hacia nosotros mismos y somos, por eso mismo, el ser que no puede alcanzarse" (p.289). A modo de resumen, Sartre (1943) dice que "el sí, por principio, no podía habitar la conciencia. El sí es, si se quiere, la razón del movimiento infinito por el cual el reflejo remite al reflejante y éste al reflejo" (p.166). De este modo, podríamos resumir que sobre-identificarse, por ejemplo, con algún rol laboral, sería un intento de borrar dicha distancia entre reflector-reflejado, como también el o-posicionarse a la posición que define Sartre como: "el que es lo que no es y el que no es lo que es".

Avanzado en este asunto, para Sartre (1943) es importante definir, por un lado, el "Circuito de la ipseidad a la relación entre el para-sí y el posible que él es; y «mundo» a la totalidad del ser en tanto que atravesada por el circuito de la ipseidad" (p.164-165). Más a fondo, desde Sartre (1943) la "caracteristerística de la ipseidad (Selbstheit), en efecto, es que el hombre está siempre separado de lo que él es por toda la amplitud del ser que él no es. El hombre se anuncia a sí mismo del otro lado del mundo, y retorna a interiorizarse hacia sí mismo, a partir del horizonte: el hombre es «un ser de lejanías" (p.59). Recordemos que la ipseidad se entiende como el momento de reconocimiento de sí en la experiencia del arrojamiento al mundo. Además, retomando el "yo" o el Ego, para Sartre (1943) "la trascendencia del Ego: como polo unificador de las vivencias, el Ego es en-sí, no para-sí. Si fuera «de la conciencia», en efecto, sería por sí mismo su propio fundamento en la traslucidez de lo inmediato. Pero entonces sería lo que no sería y no sería lo que sería, lo que no es en absoluto el modo de ser del Yo" (p.165). Aparte que "el Ego aparece a la conciencia como un en-sí trascendente, como un existente del mundo humano, no como de la conciencia. Pero no ha de concluirse que el para-si sea una pura y simple contemplación «impersonal». Simplemente, lejos de ser el Ego el polo personalizante de una conciencia que, sin él, permanecería en el estadio impersonal, es, al contrario, la conciencia en su ipseidad fundamental quien permite la aparición del Ego, en ciertas condiciones, como el fenómeno trascendente de esa ipseidad" (Sartre, 1943:166).

Añadamos como instancias, que "el yo y el sujeto están equiparados salvo cuando el sujeto se interroga sobre el yo, y ahí sí se abre una diferencia. Cuando el sujeto se interroga sobre el yo, el yo y el sujeto no quedan equiparados porque esa interrogación se hace desde un punto que no abarca la totalidad del yo, sino que abarca la posibilidad del sujeto cognoscente de entender al yo también como algo ajeno a sí mismo" (Bleichmar, 2005:288). Agregando como complementación el aporte de M. Heidegger, respecto al "Dasein", "ser-ahí" o "ser-en-el-mundo": quien arrojado al mundo ante la pregunta por el Ser. Heidegger (1927) nos explica que "con la pregunta por el quién del Dasein. Se ha podido ver que inmediata y regularmente el Dasein no es él mismo, sino que está perdido en el uno-mismo" (p.309). Explayándonos sobre la pérdida de la pregunta por el quién del ser en el "uno-mismo" o lo "inauténtico" o el "Man", nos podemos preguntar: "¿Qué es lo motivante de este "fugitivo" decir "yo"? La caída del Dasein, por la que éste huye de sí mismo hacia el uno. El que de un modo "natural" dice "yo" es el uno-mismo" (Heidegger, 1927:313). Puesto que en su intento, al "decir "yo", el Dasein *apunta, sin duda, al ente que es cada vez él mismo* (Heidegger, 1927:312)". No obstante, finalmente bajo "*el "yo" se expresa aquel sí-mismo que inmediata y regularmente no es el que yo propiamente soy*" (Heidegger, 1927:313).

Si seguimos a Freud (1921) en su texto "Psicología de las masas y análisis del Yo", entendemos que "*la identificación aspira a configurar el yo propio a semejanza del otro, tomado como «modelo»*" (p.100). Por estas bases, resulta importante graficar lo que aportó P. Auglanier (1979) en su libro "Los Destinos del Placer", ya que del lado del cuidador o del portavoz "*es el yo anticipado al cual la madre habla y responde. Antes que la psique tenga acceso a un funcionamiento que le torne posible pensar el yo, su yo y el yo del otro (...) hay una sobrecarga de lo que plantea la madre como potencialidad de ese yo que ella anticipa y del cual idealiza un poder muy preciso: el de ejercer una acción sobre la realidad para que ésta se torne conforme a sus esperanzas*" (p.130). Para entonces, como resultado "*el yo que deberá advenir toma un carácter de exterioridad, de no identidad en relación con el yo materno que lo enuncia. Por más idealizado, moldeado, deformado que esté el yo del niño por el deseo-voz de la madre, es inmediatamente pensado por ella como no idéntico al suyo propio. El yo que adviene ya ha sido marcado por este índice de exterioridad, de diferencia en su relación con el yo de la madre. Por supuesto, esto guarda relación o se produce con aquel maternaje que no provenga de una madre psicótica frente al infans*" (Auglanier, 1979:131). El yo del portavoz al niño "*le responderá como si esas manifestaciones fueran la obra de ese yo aún no advenido pero que el portavoz anticipa (...) ofrece a la psique el primer material del objeto complementario que retomará (...) Es este yo futuro al que ella nutre, al que catectiza, al que torna posible*" (Auglanier, 1979:129).

Otro camino importante para la contribución de la identificación es la noción de "justicia" o de "igualdad". Si por ejemplo, "mi hermano es mi hermano", somos hijos del mismo padre o cuidador, por tanto, eso nos hace o nos posiciona como iguales y no diferentes ante su amor. Se espera que un padre (aunque inconscientemente revele ambivalencias al respecto) ame por igual a sus hijos. En general, aunque los padres lo nieguen, tienen a su hijo preferido, pero, debe dar señal de igualdad de trato para que la hermandad no rivalice más de lo necesario y así conformar un trato igualitario. Así como el discurso de la Castración Edípica clásica "con mamá, no", similarmente va con los padres al decir "amo a mis hijos por igual". Es decir, "yo soy hijo y hermano de", en la medida que mis padres me entregan el mismo amor, al menos desde su intención consciente, que como bien sabemos, inconscientemente otras cosas ocurren en lo familiar o en las fantasías de rivalidad y comparación que luego surgen. Si aquella igualdad de amor entre los hermanos se quiebra, aparece la problemática de la desigualdad e injusticia (luchas, rencores o resignaciones). Más en simple, manteniéndonos a tono con el libro de Freud "Psicopatología de la vida cotidiana", si un padre con varios hijos comete lapsus que confunden los nombres de sus hijos por otros, podemos pensar que se ha instaurado la Ley de igualdad en el inconsciente de los padres respecto a sus hijos, es decir, a mayor confusión, mayor simetría entre sus hijos. Silvia Bleichmar (2005) menciona que "*gran parte de las quejas en el interior de las familias que, por supuesto, están motivadas en muchos casos por los celos de los hermanitos, sin embargo dan cuenta de un pedido de igualación respecto a ciertas condiciones que, en algunos casos, responden a una necesidad de una demanda de justicia en el interior de la familia y, en otros casos, responden a una demanda de igualitarismo que está dado por la intolerancia de la diferencia y de la alteridad*" (p.503). En este punto, la idea de justicia proviene de la igualdad y mediante la igualdad se establece la posible hermandad que vigila un trato justo. Por ejemplo, si en hermanos gemelos, desde la primera infancia el padre le dice que uno es mejor o bello que el otro, puede causar estragos, quizás, irreparables. Distinto es, en el caso de un hermano muy mayor (con amplia diferencia de edad) ante su hermano menor quien por general lo protege en la convivencia familar. Freud (1921) en su texto "Psicología de las masas", remite por su lado a la "*envidia primitiva. Nadie debe querer sobresalir; todos deben ser y obtener lo mismo. La justicia social significa que nos rehusamos a nosotros mismos muchas cosas, para que también los demás tengan que renunciar a ellas, o lo que es lo mismo, no puedan reclamarlas. Esta reivindicación de igualdad es la raíz de la consciencia social y del sentimiento del deber (…) Así, pues, el sentimiento social reposa en la transformación de un sentimiento primitivamente hostil en un enlace positivo de la naturaleza de una identificación*" (p.2595).

Como es de suponer, la identificación contempla los aspectos imitativos e incluso se combina un rol no menor en las conformaciones de síntomas. En tales efectos, Freud (1921) enuncia que en "*un síntoma neurótico, la identificación se enlaza a un conjunto más complejo. Supongamos el caso de que la hija contrae el mismo síntoma patológico que atormenta a la madre, por ejemplo una tos pertinaz. Pues bien, esta identificación puede resultar de dos procesos distintos. Puede ser, primeramente, la misma del complejo de Edipo, significando, por lo tanto, el deseo hostil de sustituir a la madre, y entonces, el síntoma expresa la inclinación erótica hacia el padre y realiza la sustitución deseada, pero bajo la influencia directa de la consciencia de la culpabilidad: «¿No querías ser tu madre? Ya lo has conseguido. Por lo menos, ya experimentas sus mismos sufrimientos». Tal es el mecanismo completo de la formación de síntomas histéricos.*
Pero también puede suceder que el síntoma sea el mismo de la persona amada (así, en nuestro «Fragmento del análisis de una histeria», imita Dora la tos de su padre), y entonces habremos de describir la situación diciendo, que la identificación ha ocupado el lugar de la elección de objeto, transformándose ésta, por regresión, en una identificación. Sabemos ya que la identificación representa la forma más temprana y primitiva del enlace afectivo. En las condiciones que presiden la formación de síntomas, y, por lo tanto, la represión, y bajo el régimen de los mecanismos de lo inconsciente, sucede, con frecuencia, que la elección de objeto deviene de nuevo identificación, absorbiendo el Yo las cualidades del objeto. Lo singular es, que en estas identificaciones, copia el Yo unas veces a la persona no amada, y otras en cambio, a la amada. Tiene que parecernos también extraño, que en ambos casos, la identificación no es sino parcial y altamente limitada, contentándose con tomar un solo rasgo de la persona-objeto" (p.2586).

Profundizando estos lineamientos, Freud (1919) en su texto "Lo Ominoso", detalla lo que sucede en *"la identificación de una persona con otra, de suerte que pierde el dominio sobre su propio yo y coloca el yo ajeno en lugar del propio, o sea: desdoblamiento del yo, partición del yo, sustitución del yo; finalmente con el constante retorno de lo semejante, con la repetición de los mismos rasgos faciales, caracteres, destinos, actos criminales, aun de los mismos nombres en varias generaciones sucesivas"* (p.2493).

Por otro lado, Grinberg (1976) en su libro Teoría sobre la identificación expresa que en *"condiciones regresivas, especialmente en los estados psicóticos, hay reemplazo o desintegración de las identificaciones normales del yo y del superyó por las identificaciones de tipo mágico que son más primitivas. De modo que E. Jacobson establece la diferencia entre los tres estadios de identificación según los distintos grados de participación del proceso primario: sentirse fundido con el objeto; vivenciarse como siendo el mismo que el objeto; o sentirse parecido, al objeto, en el caso de que el proceso secundario tenga mayor influencia"* (p.14).

Desde el punto de vista de E. Zuleta (1985) tomando en cuenta el *"narcisismo, observando el fenómeno de la manía de grandeza. En la forma directa de la identificación con una figura grandiosa, fabulosa, histórica, como Napoleón; también se da en muchas formas indirectas y mucho más difíciles de captar, incluso en las formas de la culpa delirante, que es el caso que Freud observa de aquel individuo que se considera a sí mismo el ser más vil que pisa sobre la superficie de la tierra y se considera culpable de todo lo malo que está ocurriendo en la vida familiar y nacional; para eso tiene que ser muy importante el tipo, y a su modo también eso es manía de grandeza. Freud muestra cómo esta manía de grandeza, en su forma directa o indirecta, es un intento final ante la angustia de que el Yo mismo va a desaparecer, se va a disolver"* (p.210).

La importancia de la identificación en los actos sexuales, Piera Aulagnier (1962) los explica presentando en el Seminario IX de Lacan que la *"diferencia, sobre el plano del goce, el acto masturbatorio del coito, diferencia evidente pero imposible de explicar fisiológicamente, es precisamente que el coito, en tanto que los dos partenaires hayan podido en su historia asumir su castración, hace que en el momento del orgasmo el sujeto va a volver a encontrar, no como algunos lo han dicho una suerte de fusión primitiva — pues después de todo no se ve por qué el goce más profundo que el hombre pueda experimentar debería forzosamente estar ligado a una regresión tan total — sino por el contrario ese momento privilegiado en el que por un instante él alcanza esa identificación siempre buscada y siempre fugitiva donde es, él, el sujeto, reconocido por el otro como el objeto de su deseo más profundo, pero donde al mismo tiempo, gracias al goce del otro, él puede reconocerlo como aquél que lo constituye en tanto que significante fálico. En ese instante único demanda y deseo pueden durante un instante fugitivo coincidir, y es esto lo que da al yo esa expansión identificatoria de la que extrae su fuente el goce"* (Clase Mayo de 1962, Version crítica p.470).

Pasando ahora en abordar la identificación o una "identidad colectiva", para David Hume (1751) se consideran las dimensiones de intensidad, como por ejemplo el caso de "*un patriota que sirve a nuestro país en nuestro propio tiempo disfruta siempre de mayor consideración que aquellos cuya influencia beneficiosa se dejó sentir en épocas lejanas o en naciones remotas; pues el bien que resultó de su generoso humanitarismo, al estar menos conectado con nosotros, parece más borroso y nos afecta con una simpatía menos intensa. Y puede que reconozcamos que el mérito es igual de grande en ambos casos; pero no por ello nuestros sentimientos serán elevados a una altura igual. En esto, el juicio corrige las desigualdades de nuestras emociones y percepciones internas*" (p.108). Otro tipo de identificación que podemos encontrar es la identificación "potencial" o "virtual". Según Sartre (1968) mediante una entrevista otorgada, Sartre invocó un llamado a los Franceses en 1958, aludiendo, "*nosotros los franceses somos asesinos*", en el contexto de buscar la liberación (al igual que Camus) de los Argelinos. Sartre intentaba en dicha retórica asumir que ese Otro "francés-asesino" que apoya el crimen, bien puede ser otra identificación potencial mía de no haber tenido otra crianza. Por eso Sartre (1968) en su entrevista fue enfático en decir: "*¿por qué identificarnos con quién está en la cima?*". Dando como ejemplo a los astronautas, donde el humano que destaca, destacará por todos nosotros. Sin embargo, Sartre nos dirige, también, hacia la identificación en potencia con lo más bajo (racismos, crímines) de nuestros actos humanos. Vale decir, es justo identificarse con el éxito de un hombre conquistando el espacio, como un éxito de la humanidad, dado que si algún humano hubiese tenido dicha educación, dieta y recursos también podríamos nosotros mismos alcanzar tal meta. A su pluma, F. Nietzsche (1874) resume lo expuesto en que "*Con ese "nos", él se eleva, sobre la efímera y singular existencia individual, para identificarse con el espíritu de su casa, de su estirpe, de su ciudad. A veces saluda, a través de siglos lejanos, oscuros y confusos, al alma de su pueblo como su propia alma*" (p.60).

No obstante, de la misma manera, esto nos debiese virtualmente identificarnos, también, con lo más sórdido de los crímines entre nos-otros los humanos. En otras palabras, siguiendo la ética de Sartre, colegimos las mejores proezas o hazañas para nuestros regazos o fantasías como ideales presentes o futuros. Por otro lado, se reprime la identificación con lo negativo de nuestra humanidad para no encarnarlo como un mérito nuestro de igual forma o medida. A modo ético, adhiriendo a Sartre, tanto para-sí como para-otro debemos movilizarnos con responsabilidad de lo que potencial o virtualmente podríamos-ser (nos guste identificarnos o no). Pues tal como lo dijo Nietzsche (1874): "*Puesto que somos el resultado de generaciones anteriores, somos además el resultado de sus aberraciones, pasiones y errores y, también, sí, de sus delitos. No es posible liberarse por completo de esta cadena. Podemos condenar tales aberraciones y creernos libres de ellas, pero esto no cambia el hecho de que somos sus herederos. Llegaremos, en el mejor de los casos, a un antagonismo entre nuestra naturaleza ancestral, hederitaria, y nuestro conocimiento o, tal vez, a la lucha de una nueva y rigurosa disciplina contra lo que ha sido legado e inculcado a lo largo del tiempo; cultivamos un nuevo hábito, un nuevo instinto, una segunda naturaleza, de forma que la primera desaparezca. Es, por así decir, una tentativa de darse a posteriori un pasado del que se querría proceder, en contraposición a aquel del que realmente se procede*" (p.66).

2. Narcisismo: Ideal del Yo y Super Yo

Para un primer acercamiento, es necesario establecer la diferencia entre "yo-ideal" e "Ideal del yo". Freud (1932) postula que es el "*ideal del yo con el que el yo se mide, al que aspira a alcanzar y cuya exigencia de una perfección cada vez más vasta se empeña en cumplir. No hay duda de que ese ideal del yo es el precipitado de la vieja representación de los progenitores, expresa la admiración por aquella perfección que el niño les atribuía en ese tiempo*" (p.60). En otras palabras, se diferencia el yo-ideal narcisista presente ante un "idel del yo" aspiracional de proyectos. Donde en ambos puntos o posiciones, se comparan sus distancias aspiracionales o logros.

Freud (1921) en el Cap.VII de su texto "Psicología de las Masas y Análisis del Yo" nos explica que "*la distancia entre este ideal del Yo y el Yo actual es muy variable, según los individuos, y que en muchos de ellos, no sobrepasa tal diferenciación en el seno del Yo, los límites que presenta en el niño*" (p.2588). Posteriormente surgirá el "*velar por el aseguramiento de la satisfacción narcisista proveniente del ideal del yo, y con ese propósito observase de manera continua al yo actual midiéndolo con el ideal*" (Freud, 1914:92). En su Cap.XI, Freud (1921) relaciona aquella diferencia con los casos de Manía-Melancolía, donde el "*maníaco, el Yo y el ideal del Yo se hallan confundidos, de manera que el sujeto, dominado por un sentimiento de triunfo y de satisfacción, no perturbado por crítica alguna, se siente libre de toda inhibición y al abrigo de todo reproche o remordimiento. Menos evidente, pero también verosímil, es que la miseria del melancólico constituya la expresión de una oposición muy aguda entre ambas instancias del Yo, oposición en la que el ideal, sensible en exceso, manifiesta implacablemente su condena del Yo, con la manía del empequeñecimiento y de la autohumillación*" (p.2602). Definiremos la diferencia entre Manía y Melancolía más adelante en este mismo apartado.

Como suele ocurrir en el mundo moderno, el dinero puede convertirse en una pantalla para intentar fusionar la distancia entre el yo-ideal con el Ideal-del-yo, con el fin de tapar la falta que existe entre sus metas. Es interesante como en la sociedad de producción-consumo, el mercado en su competitividad social, el sujeto bajo su identidad por ser parte (objeto) del sistema económico o sus intercambios, se deja (consciente o no) comandar o abandonar por la oferta y demanda. Se procura un cierto "*«abandono» del Yo al objeto, que no se diferencia ya del abandono sublimado a una idea abstracta, desaparecen por completo las funciones adscritas al ideal del Yo. La crítica ejercida por esta instancia enmudece, y todo lo que el objeto hace o exige es bueno e irreprochable. La conciencia moral cesa de intervenir en cuanto se trata de algo que puede ser favorable al objeto, y en la ceguedad amorosa, se llega hasta el crimen sin remordimiento. Toda la situación puede ser resumida en la siguiente fórmula: el objeto ha ocupado el lugar del ideal del Yo. (...) entre la identificación y el enamoramiento en sus desarrollos más elevados, conocidos con los nombres de fascinación y servidumbre amorosa, resulta fácil de describir. En el primer caso, el Yo se enriquece con las cualidades del objeto, se lo «introyecta» según la expresión de Ferenczi; en el segundo, se empobrece, dándose por entero al objeto y sustituyendo por él su más importante componente. (...) en el caso de la identificación, el objeto desaparece o queda abandonado, y es reconstruído luego en el Yo, que se modifica parcialmente conforme al modelo del objeto perdido. En el otro caso, el objeto subsiste, pero es dotado de todas las cualidades por el Yo y a costa del Yo"* (Freud, 1921:2590)". Es así como el ritmo del intercambio bursátil se sigue condescendientemente abnegado a sus funciones, muchas veces sin juicio critico.

Como muy bien lo expresa Arthur Schopenhauer (1851) en su libro Parerga y Paralipómena en su Capítulo III "De lo que uno tiene": "*El dinero sólo es lo bueno absoluto, porque no provee únicamente a una sola necesidad in concreto, sino a la necesidad en general, in abstracto*" (p.83). El dinero al no ser algo concreto, es potencia abstracta de algo, pero el dinero por si mismo o aislado es una nada, pero, a la vez, lo puede entrever "todo". Esto incluye (entrevé) al mismo Ideal del Yo: Su Ideal de ganar dinero para conseguir más dinero (cosas). El dinero como figura simbólica representa, a su vez, el intercambio y su posible potencial de generar dicho movimiento. El dinero representa el intercambio simbólico como código universal, pues es un lenguaje que permite escribir cualquier mensaje con el misma notación (código) universal, para establecer qué sería lo transable o intercambiable. Por otro lado, el dinero representa también el posible potencial para poder generar movimiento por su valor ajustado entre la oferta y demanda. Dicha oferta-demanda, puede potenciar más o menos su poder. Por otra parte, los efectos socio-económicos de la oferta y demanda en el mercado influyen en el valor posicional del yo-ideal ante su ideal del yo.
No descuidamos obviamente, que hay momentos donde el poder del dinero es tan potente que es capaz de reajustar el balance entre la oferta-demanda a modos corruptos. Además, puede controlar lo que se podría o no intercambiarse, modificando las Leyes del intercambio mismo: Monopolios, Colusiones, Corrupciones, Evasiones y Sobornos. Por supuesto, en sociedad occidentales, se contrapesa el poder del dinero-mercado, mediante los Derechos Ciudadanos (del Consumidor) y del Niño que ponen freno a la lógica instrumental del dinero. No obstante, el dinero en calidad de potencia abstracta, puede su instrumentalidad infiltrarse para coaptar políticamente las funciones de los Derechos Humanos Civiles fundamentales en sociedades Modernas.

El dinero, por supuesto, no satisface todos placeres o goces, solamente organiza algunos sintagmas del deseo (el orden del consumo y del tiempo a gozar). Mientras el Narcisismo es una forma de inflación económica del ego, aparenta también no padecer la falta ante su Ideal del yo, por tanto, puede intentar (disfrazar) ser uno mismo su propio objeto de satisfacción (narcisístamente). El sujeto que se sobre-identifica con su rol laboral de productor, intenta tapar la falta que posee, rellenando su Ser con lo imaginario social que le otorga su rol. A modo similar, el ascetismo o ideal ascético también, por su parte, es una forma de ocultar aquella distancia "deseando no desear", pues tal como dice Nietzsche (1878) en "Humano demasiado humano": "*No tiene espíritu quien busca espíritu*" (p.288). Vale decir, quien busca la espiritualidad es porque no la tiene.

Enfocándonos en la entrada o apertura a la esfera laboral o al rol trabajador, Ricardo Rodulfo (1992) expone que *"este salto o paso cualitativo que media entre juego y trabajo. Para ello será bueno insistir en una caracterización de la adolescencia como un inmenso campo transicional de ensayo, un verdadero laboratorio de experiencias, juegos a ser "como si...", tanteos, vacilaciones, respuestas cuya intensidad "patológica" no debe ocultarnos su transitoriedad, identificaciones alternadamente alienantes y lúdicas, etc"* (p.147). Refiriéndose al Yo-ideal e Ideal del yo, Rodulfo (1992) contrasta la función primera "*como una cierta estatuaria presente, un ya-ahí cuya perfección a la vez fascina y aplasta al sujeto y que lo opone al segundo, cuya dimensión asintónica, que implica necesariamente el futuro, su cualidad de horizonte, de quizá llegar a ser (...) la inercial adhesividad a un Yo Ideal cuya misma idealización impide el que se juegue con él, que por ende cierra el paso a todo ensayo posible (...) tan fijados a un Ideal -como tal, no necesariamente propio del sujeto, muy habitualmente un ideal familiar que le preexiste- que les es imposible todo lo que tenga que ver con movimiento, con devenir, lo cual naturalmente vuelve muy difícil que la dimensión del trabajo, como tal instrínsecamente ligada a un ideal por venir, pueda constituirse*" (p.148). Por otra parte, Rodulfo (1992) define "*la posibilidad de pasaje de la posición hijo a la posición padre y, por la otra, la posibilidad de pasaje del jugar al trabajar (...) una divisoria de aguas entre el trabajo, que queda del lado de un padre nunca destituido de su lugar por el sujeto y del juego que (...) queda del lado del por siempre hijo*" (p.149). Efectivamente, retomando la idea de P. Aulagnier sobre el "yo portavoz", para Rodulfo (1992): "*Todo niño debe apoyarse, en su crecimiento incesante, en lo que haya de cierto proyecto anticipatorio familiar referido a él (...) el sujeto va extrayendo, a su propia manera imprevisible, los materiales para irse haciendo un ser. En mi opinión, la adolescencia se revela como un período crítico de índole muy específica, donde por primera vez, ciertas lagunas, ciertas fallas o agujeros en ese proyecto anticipatorio se ponen en evidencia (...) se encuentra con que ya no tiene materiales que extraer del archivo familiar, como si éste sólo funcionara hasta cierta altura de la niñez*" (p.149). Una falla en la función heredable donde "*el Ideal del Yo carece de la categoría del trabajar y de cierta imago anticipatoria del sujeto como adulto trabajando, el crecimiento del adolescente acusa esa carencia como de la falta de un motor para seguir avanzando*" (Rodulfo, 1992:150).

Avanzando en lo referido a la pantalla de fusionar el yo-ideal con el Ideal del yo, es complementario lo señalado por Žižek (2004) en su libro "Órganos Sin Cuerpo" donde: "*Si un rey empuña el cetro y ciñe la corona, sus palabras serán tomadas como palabras de rey. Esas insignias son externas, no una parte de mi naturaleza: me las pongo, las llevo para ejercer poder. Como tales, me "castran"; introducen una escisión entre lo que soy inmediatamente y la función que ejerzo (i. e., No estoy nunca completamente al nivel de mi función) (...) se produce por el propio hecho de que me encuentro atrapado en el orden simbólico y asumo un mandato simbólico. La castración es el verdadero hiato entre lo que yo soy inmediatamente y el mandato simbólico que me confiere esa "autoridad*" (p.107-108). En su Seminario VI, Lacan (1959) en la Clase 20, explica "*que aquí el falo se presenta precisamente bajo una forma radical donde él es algo, en tanto que este algo está para mostrar en el exterior, lo que está en el interior imaginario del sujeto, que en último término no hay casi que sorprenderse por que cierta convergencia se establezca entre la función imaginaria de lo que está aquí, en lo imaginario, en postura de extraposición, de extirpación, casi desprendido, pero no todavía desprendido del interior del cuerpo, lo que se encuentra más naturalmente pudiendo ser llevado a la función de símbolo, sin por eso ser desprendido de su inserción radical, de lo que le hace sentir como una amenaza a la integridad de la imagen de sí."*

Bajo esa ilusión fálica mediante el dinero, más adelante Žižek (2004) dice: "*hay que pensar el falo no como el órgano que expresa inmediatamente la fuerza vital de mi ser, mi virilidad, y todo lo demás, sino, precisamente, como tal insignia, como una máscara que me pongo de la misma manera que el rey o el juez se ponen sus insignias. El falo es un "órgano sin cuerpo" que llevo encima, que está unido a mi cuerpo sin llegar a ser nunca "parte orgánica de él", siempre presente como un suplemento incoherente y excesivo*" (p.108). Esa máscara que uno se pone encima es una identificación primordial a la horda, al falo colectivo simbólico, a la castración por la identificación colectiva primaria bajo una forma de impuesto tributario, dejando entonces parte de nuestro ideal-del-yo en manos de un objeto común. Así mismo, lo podemos desprender desde Freud en el último apartado al Capítulo VIII de "Psicología de las Masas y Análisis del Yo": "*tal masa primaria es una reunión de individuos, que han reemplazado su ideal del Yo por un mismo objeto, a consecuencia de lo cual se ha establecido entre ellos una general y recíproca identificación del Yo*" (p.2592). Más aún, esto es tan crucial, que tal como lo dice Freud en "Análisis Profano" de 1926, se requiere antes que nada, como ideal social un cierto desarrollo del yo unificado en las que "*todas nuestras instituciones sociales están constituidas para personas con un yo unitario, normal, al que se puede clasificar de bueno o malo y que llena su función o es excluido de ella por una influencia poderosa. De aquí la alternativa legal de responsable e irresponsable*" (Freud, 1926:2935). De este modo se hace necesario "desde la masa primaria" reemplazar una parte de su ideal del yo por un mismo objeto, para tener lugar en la posición legal de responsable e irresponsable. Lo que conlleva entonces a una serie de presupuestos en las diversas prácticas sociales que comparten un ideal sobre los seres humanos como "yoes" con autonomía, elección y responsabilidad sobre sí, dotados de una aspiración psicológica de autorrealización, que llevan su vida, real o potencialmente, como una especie de empresa de sí. (Rose, 1996). De esta manera la introyección de estos ideales configuran la salida del yo-ideal identificado pre-edípicamente con el deseo de la "madre", hacia la apertura de un ideal-del-yo como proyecto, que organice desde la castración o la Ley Cultural, la asunción del sujeto en el flujo social atravesado por sus propios deseos.

En otros términos, lo que "*da garantías de una legalidad universal en la cual el sujeto no está solo, sino que comparte con otros una forma de percepción de la realidad que posibilita que no quede expuesto a la destrucción del otro, no solamente a la destrucción de sí mismo*" (Bleichmar, 2005:412). Cabe añadir, tal como lo revisamos en el Apartado anterior, el sentimiento social o lo universal, desde Freud (1921) está emparentado también en que "*Nadie debe querer sobresalir; todos deben ser y obtener lo mismo. La justicia social significa que nos rehusamos a nosotros mismos muchas cosas, para que también los demás tengan que renunciar a ellas, o lo que es lo mismo, no puedan reclamarlas. Esta reivindicación de igualdad es la raíz de la consciencia social y del sentimiento del deber (...) Así, pues, el sentimiento social reposa en la transformación de un sentimiento primitivamente hostil en un enlace positivo de la naturaleza de una identificación"* (p.2595).

Notemos también que en distintos rincones sociales (mayormente occidental) se celebra la competitividad en las más diversas e inusuales disciplinas. ¿Cuál es el afán de buscar en un grupo al mejor? ¿Qué deseos esconde la búsqueda del mejor? ¿Estos procesos psicosociales son espontáneos por orden natural? ¿Surgen por azares del destino civilizador? Será como dice Freud (1930) en el "Malestar en la Cultura": ¿Por la sublimación inherente a nuestras pulsiones destructivas de base? ¿Las posibles guerras son sublimadas y recreadas en disputas por competencias hacia el primer lugar? Aunque sabemos que parte de la naturaleza, en el sentido evolucionista darwinista, infinidades de especies luchan por conseguir territorios y parejas sexuales. No obstante, tal situación no es del todo posible homologarla o ampliarla al complejo ser humano. Para nosotros, congenian o confluyen factores psicosociales que distribuyen las posibilidades del campo libidinal y sus diversas reglas del juego.

Si observamos lo señalado en los análisis grupales de W. Bion, vemos como espontáneamente surge el "Supuesto Básico" del Grupo como "Apareamiento". Como si fuese el anhelo inconsciente de buscar el nacimiento del próximo líder de un clan o padre robusto que otorgue orden a la cofradía. En el modelo social occidental, está plenamente naturalizado en diversos disfraces quién es el líder o de qué manera podemos establecer cuánto y cómo se es mejor que el otro. Para entender quién está por sobre otro, es preciso colocar en un punto cúlmine al "mejor de todos" (al primer lugar), para que desde él, podamos definir gradualmente el lugar socio-espacial de nuestras dignidades o derechos. El juego de las autoestimas, el narcisismo, el yo ideal, está impregnado por dichas zonas terrenales. Pero no hay que confundir que la competencia radique únicamente en la competencia vía individualidad o individualismo, sino también en "Narcisimos Colectivos" (Erich Frommm). En esta última, siguiendo a W. Bion cobra el "Supuesto Básico" grupal como "Ataque-Huída" mediante una colectividad de "nosotros vs ellos".

Volviendo a la competitividad hacia un "primer lugar", hay un elemento que implanta una semilla de hostilidad a la fraternidad: Debes competir ante quien consideres tu propio hermano, ya sea para luchar por la herencia o dinastía de linaje. No pueden existir dos ganadores por igual. Es la lucha por la diferencia en cuanto lucha de competencia. Quien no lucha terminará sometido y quien venza será titular de ventajas y respetos. Desde muy temprana edad (en occidente), se posiciona a los niños en juegos de competencia (Agon), tanto académicas, deportivas, artísticas e incluso de seducción. Dejando de lado o sin espacio suficiente a otros juegos (definidos por Callois) como: juegos de azar (Alea), mímica o disfraz y la distorsión o estimulación senso-perceptivas. No descuidamos que en medio de la competitividad individualista occidental, la válvula directa de escape ante el Agon sea muchas veces la distorsión senso-perceptiva como reemplazo toxicomaniaco a la represión o desmentida.

En la Modernidad occidental, lo que prima es sin duda el valor simbólico fálico del Capital o de la posesión: Mi falo se define por lo que tengo y el dinero que dispongo (recordemos lo revisado por Erich Fromm). En occidente se valora el haber luchado y vencido a un otro. En el Supuesto Básico de "Apareamiento" (señalados por W. Bion), se busca al "mejor" o "primer" lugar para evitar los riesgos, con el fin de ser lo más eficiente en los costos de producción. Sabemos que el discurso occidental en la Modernidad de hoy, conjuegan otros diversos modos de valoración, no sólo fomentando las luchas por competencia para el "primer lugar". Hay despliegues de muchísimos Ideales del Yo que se enfrascan con ser "el mejor": cumplir el deseo de ser el vencedor, acumular batallas, sentirse vivo en las guerras (político-económicas), hambriento de nuevos desafíos y rivales. Por lo tanto, no dudarían en ningún instante comparar sus atributos fálicos-narcisísticas frente a otros en el terreno de la competencia. Es sus despliegues de lenguaje, no se reconoce otro idioma que ese.

Quienes hayan leído este recorrido: ¿No se hace obvia la íntima relación de base con el Capitalismo Moderno Occidental? Es palpable suponer que si tenemos una educación por la competividad individual, sumado a una sociedad de limitados recursos a repartir (caso chileno). Frente a la pobreza, se torna más probable que surja en consecuencia, una identidad subjetiva anclada a un Ideal del Yo bajo un Capitalismo que carezca de sostenibles proyectos socio-comunitarios o colectivos a largo plazo (ya sea proviniendo de un Estado o de las iniciativas privadas).

Según lo estudiado en el Apartado anterior, los síntomas se enlazan entre otras fuentes con los mandatos Super yoicos. Un interesante ejemplo presenta S. Ferenczi (1917) en su texto "Compulsión al Tocamiento Simétrico del Cuerpo", refiriendo a la conformación del Super-yo en una Neurosis Obsesiva: *"Un gran número de neuróticos, pero también muchos individuos normales, sufren una curiosa compulsión supersticiosa Cuando tocan determinada parte de su cuerpo por azar o intencionadamente, se sienten obligados a tocar también la parte simétrica correspondiente. Por ejemplo, si han tocado la oreja derecha con su mano derecha, sienten la necesidad de tocar del mismo modo la oreja izquierda con su mano izquierda, si no lo hacen, les asalta la angustia, como ocurre generalmente cuando se contraría una manifestación obsesiva (…) Tuve ocasión de analizar a una joven que, junto a otras manifestaciones neuróticas, presentaba también esta particularidad (pero no la sentía subjetivamente como una perturbación). La pregunta directa sobre el origen del síntoma no condujo, como de costumbre, a ninguna explicación. La primera asociación nos llevó a escenas de la infancia. Una institutriz severa a la que temía mucho vigilaba atentamente para que los niños, al asearse, no olvidaran lavar correctamente sus dos orejas, sus dos manos, etc., y no se contentaran con lavar tan sólo la mitad de su cuerpo. Este recuerdo podría incitarnos a considerar la "compulsión de tocamiento simétrico" simplemente como un "automatismo de mandato post-hipnótico", que puede persistir durante años tras la orden recibida (…) La hermana mayor de la paciente, que por lo demás se halla exenta de toda neurosis, comparte sin embargo con ella este síntoma de "compulsión de tocamiento simétrico del cuerpo".*

Quisiera detenerme en este "automatismo de mandato post-hipnótico" del cual refiere Ferenczi. No es un misterio (antes de los comienzos del Psicoanálisis) que la sugestión hipnótica puede tener efectos más o menos notables de manera inconsciente. Sabemos que hay acciones que se realizan sin tener razones ni explicaciones o se realizan por un aparente "porque sí". De aquí me detengo a pensar que en buena medida la constitución del Super yo está mediatizada por aquel "automatismo de mandato post-hipnótico", pues el Super yo justamente resguarda la serie de mandatos y prohibiciones. Esto apunta a modo gráfico lo expresado por Aldous Huxley (1932) en su obra "Un Mundo Feliz":

"—Hasta que, al fin, la mente del niño se transforma en esas sugestiones, y la suma de estas sugestiones es la mente del niño. Y no sólo la mente del niño, sino también la del adulto, a lo largo de toda su vida. La mente que juzga, que desea, que decide... formada por estas sugestiones. ¡Y estas sugestiones son nuestras sugestiones!".

No estamos aquí refiriéndonos a los "estados hipnoides" de Breuer, ni tampoco al método sugestivo hipnótico de establecer un estado de semi-dormido. Sin embargo, al igual que en los estados hipnóticos sugestivos logrados donde no se recuerda cómo ni cuándo se adquirió un mandato o pensamiento, el Super yo cuenta con el mismo carácter. Es pertinente entonces, atribuir al Super yo un vínculo con lo "post-hipnótico". Esta alusión que nos ofrece Ferenczi no es inocente si lo miramos en lo que Freud acuña en cómo las representaciones-palabras encapsulan un mandato o ley en el Super yo. Del mismo modo cuando Freud indica que el Super yo es una parte diferenciada del mismo Yo, una parte diferenciada o inscripta de un modo particular, bajo representaciones-palabra en forma de mandatos y prohibiciones. Siguiendo a S. Bleichmar (2005) el Super yó da cuenta de lo "*discursiva e inscripta bajo modos coagulados (...) los enunciados superyoicos no circulan e inclusive tienen una forma anacrónica (...) preservan de la circunstancia, es decir, ponen por encima de la circunstancia la preservación de los valores universales de los seres humanos. Desde esta perspectiva, entonces, uno puede decir que el superyó es de origen heterónomo, pero al mismo tiempo el sujeto piensa que proviene de sí mismo, o en algunos casos, de la moral divina*" (p.411).

G.C Lichtenberg en 1793 pone el acento al lugar de diálogo o de tercero sobre la consciencia moral: "*Cuando sueño que alguien me contradice y me alecciona, soy yo quien me alecciono, es decir, reflexiono. Pero sucede que la reflexión es percibida en forma de diálogo. ¿Podemos entonces asombrarnos de que al encontrar una serpiente los pueblos primitivos (Eva es un ejemplo) expresaran sus pesamientos diciendo "me habló la serpiente"? (...) Puesto que no sabemos con exactitud dónde pensamos, podemos desplazar nuestros pensamientos adonde nos plazca. Así como se puede hablar de tal modo que parezca que las opiniones vienen de un tercero, así podemos pensar como si nos lo comunicaran*" (p.247). Comprendemos con ello que la inscripción de los mandatos Super yoicos, dan cuenta de "*la no homogeneidad de las instancias. Vale decir, el hecho de que el superyó también implica pluralidad (...) pluralidad de enunciados. E inclusive pluralidad de enunciados contradictorios (...) los enunciados que lo constituyen pueden ser enunciados contradictorios (...) Quiero decir con esto que el superyó le propone al yo mandatos que son contradictorios, no mandatos homogéneos*" (Bleichmar, 2005:484-485). En conclusión, "*los enunciados del superyó pueden tener carácter contradictorio no solamente porque provienen de la contradicción del adulto que da su mandato al niño, sino porque los distintos preceptos son contradictorios entre sí (...) en forma de propuestas normativas que pueden entrar en contradicción para el sujeto que se ve obligado a seguirlas (...) la propuesta freudiana clásica, que es "Como tu padre has de ser-Como tu padre no has de ser"* (Bleichmar, 2005:486).

El Ideal del yo se diferencia del Super-Yo en que el Ideal del Yo está sujeto a las aspiraciones y anhelos que pueden estar más emparentados con el Ello. Mientras que el Super-Yo está más emparentado con el Complejo de Castración que resguarda todas las medidas prohibitivas, inhibitorias y fóbicas-persecutorias.

Quiero decir, en el Super-yo están los "no debes, no deberías, para lograr X debes y no debes". El Ideal del yo es la aspiración, el proyecto buscado, la promesa de la "salida edípica", para poder salir con el ideal requiero un agente punitivo que castigue mis errores en la medida que me equivoco (Super-yo).

Mientras "*la formación del ideal aumenta las exigencias del yo y es el más fuerte favorecedor de la represión (...) No nos asombraría que nos estuviera deparado hallar una instancia psíquica particular cuyo cometido fuese velar por el aseguramiento de la satisfacción narcisista proveniente del ideal del yo, y con ese propósito observase de manera continua al yo actual midiéndolo con el ideal (...) La incitación para formar el ideal del yo, cuya tutela se confía a la conciencia moral, partió en efecto de la influencia crítica de los padres, ahora agenciada por las voces, y a la que en el curso del tiempo se sumaron los educadores, los maestros y, como enjambre indeterminado e inabarcable, todas las otras personas del medio (los prójimos, la opinión pública)*" (Freud, 1914:92). No olvidemos que el "*super-yo conservó así caracteres esenciales de las personas introyectadas: su poder, su rigor y su inclinación a la vigilancia y al castigo (...) El imperativo categórico de Kant es, por tanto, el heredero directo del complejo de Edipo*" (Freud, 1924:2757).

El Ideal del Yo nace en respuesta a las prohibiciones como un medio sustituto de sortear las frustraciones de la Castración (su Narcisismo fálico). El Super-Yo por ende siempre implica reconocimiento (inconsciente) de la Castración. El ideal del Yo, en cambio, busca la forma de aliarse con el Ello en una forma de promesa futura: "algún día podré, ya verán luego de, recuperaré X cosa, etc". Entendemos así que el "*desarrollo del yo consiste en un distanciamiento respecto del narcisismo primario y engendra una intensa aspiración a recobrarlo. Este distanciamiento acontece por medio del desplazamiento de la libido a un ideal del yo impuesto desde fuera; la satisfacción se obtiene mediante el cumplimiento de este ideal*" (Freud, 1914:96).

S. Freud (1914) demuestra que en la problemática del ser humano, éste "*se ha mostrado incapaz de renunciar a la satisfacción de que gozó una vez. No quiere privarse de la perfección narcisista de su infancia, y si no pudo mantenerla por estorbárselo las admoniciones que recibió en la época de su desarrollo y por el despertar de su juicio propio, procura recobrarla en la nueva forma del ideal del yo. Lo que él proyecta frente a sí como su ideal es el sustituto del narcisismo perdido de su infancia, en la que él fue su propio ideal"* (p.91).

Cuando va ocurriendo la Castración, en el Super-yo conformado se van instalando y posibilitando la separación del Yo-Ideal hacia un Ideal del Yo. El Ideal del Yo nace en respuesta al Super Yo (castración), pues la Castración obliga a desencajar el Yo-ideal hacia un Ideal del Yo en pos de un "proyecto o promesa futura" con sus respectivas Fantasías. La Castración es el dar cuenta que: "ya no soy todo para mis padres, no pueden siempre consentir a mis caprichos, hay límites a mis deseos y fantasías, etc". Acatar las normas del Super-Yo inicialmente es para evitar la Castración en función de conseguir el amor al Padre o cuidador (que por supuesto tienen funciones narcisísticas) y el Ideal del yo es un modo de evitar la Castración por un proyecto mediante el amor al Ello. De este modo, una caída, fracaso o una mayor distancia frente al Ideal del Yo que se aguarda, más probablemente, sumergirá al sujeto en una angustia. Esto se debe porque *"en el ideal del yo está "el que seas médico o que seas modelo", o en el ideal del yo lo que está es que seas un ser humano productivo. Si lo que está es que seas médico o que seas modelo, aparece ahí como "serás lo que debas ser o, si no, no serás nada". Esa lógica binaria es del yo ideal, no del superyó. El superyó lo que hace es poner en correlación el ideal con la ley, mientras que el yo ideal se define precisamente por la lógica binaria"* (Bleichmar, 2005:213).

Agreguemos que si no va surgiendo un distanciamiento de idearios o ideales narcisísticos o mejor dicho, cuando no se promueve el lugar de un destino o proyecto para alcanzar un Ideal del Yo, no sin haber podido antes, digerir o metabolizar la Castración y darle frente a los límites del Super-yo. Silvia Bleichmar (1998) indica que los niños *"que han quedado adheridos a un narcisismo primario, muy relacionado con el yo ideal, no quieren aprender porque aprender es ser cuestionados. Mientras que la gente muy narcisista en el sentido del ideal del yo, y muy voluntariosa, aprende montones de cosas y hace montones de cosas porque se sobrepone, en la medida en que quiere lograr el objetivo. Entonces creo que lo banal es pensar que hay un solo tipo de narcisismo, y no ubicar la problemática del narcisismo en el interior de toda la estructura. Cada problema tiene un carácter de singularidad que tiene que ser trabajado"* (p.458). Continuando con este "narcisismo primario", abordando un caso clínico parental (padre que evita a toda costa que la madre castre o ponga pautas a su hijo), Silvia Bleichmar (2005) acentúa el resultado problemático que un padre, tenga una *"falla en la consciencia moral, que tiene que ver con el universal de la ley, lo lleva a transmitirle al hijo modos fallidos de la pautación básica. En cierto momento él se queja y dice: "Yo siento que mi hijo sufre, ¿cuál es el problema si él quiere dormir en mi cama? ¿Cuál es el problema si quiere tardar más tiempo en controlar el pipí o el popó? ¿O si quiere comer con las manos? La madre es una mujer dura (...) es el rechazo a toda pautación (...) empiezan a aparecer trastornos severos en el chico, que tienen que ver con una transgresión permanente, donde además la madre es constatemente descalificada (...) no es necesariamente un paciente perverso. Es como si hubiera una cierta ingenuidad respecto a la norma. Cuando él habla de por qué no le pide la mujer dinero a su padre, hay como una cierta ingenuidad"* (p.321-322).

Para el hijo en cuestión, esta *"falla del superyó del padre se transmite como falla en la articulación de las prohibiciones básicas que posibilitan la represión originaria. Con lo cual, queda subordinado el niño a algo que es del orden del riesgo de la desorganización yoica, y no del riesgo de la desorganización superyoica"* (Bleichmar, 2005:320). En otras palabras, la falta o falla de Castración o las normas superyoicas heredables al niño, más que imposibilitar la asunción de un Ideal del Yo junto a las defensas neuróticas, lo que genera, es más bien la aunsencia de represión originaria que organice las pulsiones desinhibidas y fijadas en estadios perversos polimorfos (pre-edípicos).

La frustración o castración tienen también importantes implicancias en el sustento del próximo Ideal del Yo, puesto que las Fantasías son provenientes de la frustración o de un retraso de lo deseado anhelado. Para ello, es importante consignar un espacio de suficiente narcisismo (autoestima) para dar cabida a un lugar futuro, de promesa o de proyecto. Por lo tanto, un exceso de Castración, puede ser vivida como Traumática, coartando todo sentido posible a un ideal o proyecto futuro. En este caso, no tan solo existiría un Super Yo sádico, además, ni siquiera se podría libidinizar el mismo Super-Yo como un mandato ideal masoquista a seguir (servir a los futuros ideales del Padre al pie de la letra sin cuestionamiento). Es vital que exista un Yo-ideal lo suficientemente libidinizado o narcisado para anudar hacia un camino futuro cualquiera que sea. Una destitución desgarradora, un daño Narcisista puede lograr un trauma que podría instalar al sujeto a un perpetuo presente sin Narcisismo (autoestima) alguno para proferirse futuro. Lo cual no quiere decir que esto sea inmodificable.

En un modo inverso, bajo la hiper-narcización del Yo-ideal y sus Ideales del Yo, para S. Bleichmar (2005) existe también *"una actitud de mucha gente de endiosar a los niños y de ofrecerles una serie de cosas que no van a poder sostener en el futuro, con lo cual la caída narcisista va a ser un porrazo fenomenal y esto no está dado por la minusvalía, sino por la discordancia existente entre posibilidades y representaciones. La cantidad de niñas (...) que fueron hijas únicas hasta los 4 o 5 años y viven como princesas destronadas es impactante. No hay nada que las satisfaga (...) tiene que ver con un ideal fálico en el cual estuvieron instaladas mucho tiempo y del cual caen de golpe. Son mujeres decepcionadas por una promesa incumplida"* (p.304). Hugo Bleichmar (1996) por su lado explica que en esta *"hipernarcisización primaria"*, sujetos donde son *"elegidos por sus padres como dioses, identificados desde los comienzos de su vida con padres megalómanos que volcaron sobre sus hijos su propio sentimiento de grandiosidad y excepcionalidad. Si la denominamos primaria es para destacar que no resulta de una compensación defensiva del psiquismo frente a traumatismos narcisistas sino de una identificación primaria a la grandiosidad de los padres y a la imagen que los padres tuvieron del sujeto (...) por creer que le deben reconocimientos especiales y que está destinado a la gloria, cuando nada de esto ocurre cada episodio deviene traumatizante para su narcisismo"* (p.246). Por tanto, a la hora de la castración (familiar, económico o social), la autoestima descenderá en una caída estrepitoza de altura hasta el fondo del suelo, generando, un agujero en el piso del cual no se sale de tal depresión. Es crucial distinguir una "hipernarcisización primaria" bajo un Yo grandioso, de una "hipernarcisización defensiva reactiva o secundaria" propias de la Defensa Maniaca de M. Klein.

También puede acontecer un Super-yo conformado sádicamente en sus identificaciones paternales. Silvia Bleichmar aclara que no siempre la severidad de un Superyó sádico proviene de una excesiva represión autoritaria sádica o que provenga alimentado de un voraz Ello quien para ligarse a un ideal social debe ferozmente reprimirse en mandatos severos ante sus "fuerzas voraces". S. Bleichmar (2005) pone el acento más bien en situaciones de padres "*que cualifican con un sadismo terrible cualquier acción de enfrentamiento. Ustedes saben que esto es muy común en los padres débiles. Los padres débiles cualifican las acciones de los hijos como destructivas. Y las cualifican como destructivas en función de su propia debilidad. Con lo cual dan una imagen en el otro muy culpabilizante, de omnipotencia destructiva que, en realidad, el niño no tiene pero que está ligada a esta fragilidad narcisista del adulto (...) le ofrecen al niño un sistema de representaciones acerca de sí mismo, que es un sistema de representaciones en el cual se ve como omnipotentemente destructivo y no se reconoce en una intersubjetividad en la que el otro no puede tolerar ningún aspecto de independencia o de fortaleza*" (p.524).

Por supuesto, puede ocurrir como se da en algunos "adolescentes" de familias adineradas, que no tienen aspiración o motivaciones a largo plazo como proyecto o promesas futuras. No ha habido en ellos un proceso de Castración o prohibición que los movilice a una oposición o reacción estable por la cual jugar en sus Fantasías futuras. Esto es debido también en cómo se dan transversalmente en las sociedades modernas la saturación de un stock de ideales diversos de consumo en la adolescencia, en donde cada uno es tan plausible como cualquier otro ideal del stock. Como así también, en el Capitalismo tardío bajo la Globalización, se van ampliando los modelos (Ideales) de "ser adulto", ya sea en sus medios de consumo, laboral, género y familiar. Esta última, presenta crisis de identidad similares a las del rango adolescente, puesto que los rangos etarios son de un conjunto mayor. Por otra parte, si antes la adolescencia comprendía tan solo las edades "Teen", ahora, se amplían a los "veinteañeros" poniendo y quitando rangos etarios a la adultez tales como los "post-adolescente" o términos como "adulto-joven", etc.

Recalcando lo referido al anterior párrafo, muchas veces el propio o mismo Super Yo puede ser fuente de un Ideal del yo, quiero decir, la misma prohibición se convierte en el ideal masoquista a seguir. Hijos que por un temor excesivo a la Castración obedecen sin miramientos a lo establecido en primera entrega, conformándose con dicha legalidad como el único camino a seguir sin los cambios de ruta que serían propios de una adolescencia moderna. De similar manera también podemos ver una aceptación sin critica alguna a las reglas por motivos de privación o sobrevivencia de alguna familia o grupo afectivo, donde más que una castración de algún tercero, la realidad impera un sometimiento necesario para la sobrevivencia, si a esto además le sumamos en la privación cultural de una reducida oferta de ideales o diversos escenarios de aspiración de vida.

No es aquí el lugar más indicado para desarrollar extendidamente el tema de la "adolescencia" o "pubertad", sobre aquel limbo entre lo infantil y adulto. Es claro, que lo adolescente es una construcción social anclada en valores culturales específicos, que, sin el auge de los ideales de la Modernidad no podrían presentarse una posición crítica que renueve los ideales trasmitidos, los cuales permite con relativo éxito fisurar el orden establecido circular reproductivo. Vale decir, lo principal de la adolescencia como agente social, radica especialmente en interrogar y reinventar lo heredado.

Es importante recalcar lo de la "promesa futura" y el "Super-Yo", pues en esto radicarán las diferencias con la posición Perversa de un Ideal del Yo. El ideal del Yo de un Perverso no comprende bajo la Ley (igualitaria y fraterna) la "promesa futura" o la postergación sustitutiva de anhelos. El Narcisismo del Perverso en su Ideal es un "ahora yo soy quien merezco gozar sin límites". Sin embargo, aquello no sería posible sin un déficit importante del Super-Yo, pero, vayamos más despacio para hacernos entender.

Recordemos partiendo por Freud (1932) en su Conferencia 31 que si *la conciencia moral es sin duda algo «en nosotros», no lo es desde el comienzo. Es en esto un opuesto de la vida sexual, que efectivamente está ahí desde el comienzo de la vida y no viene a agregarse sólo más tarde. Pero el niño pequeño es notoriamente amoral, no posee inhibiciones internas contra sus impulsos que quieren alcanzar placer. El papel que luego adopta el superyó es desempeñado primero por un poder externo, la autoridad parental. El influjo de los progenitores rige al niño otorgándole pruebas de amor y amenazándolo con castigos que atestiguan la pérdida de ese amor y no pueden menos que temerse por sí mismos. Esta angustia realista es la precursora de la posterior angustia moral; mientras gobierna, no hace falta hablar de superyó ni de conciencia moral. Sólo más tarde se forma la situación secundaria que estamos demasiado inclinados a considerar la normal: en el lugar de la instancia parental aparece el superyó que ahora observa al yo, lo guía y lo amenaza, exactamente como antes lo hicieron los padres con el niño*" (p.57-58).

Ahora, diferenciado lo Perverso de la Manía. En lo segundo su diferencia radica en que la fusión del Yo-ideal con el Ideal del Yo se acortan sus distancias, además, es un "ideal completo" sin promesas futuras nuevas, pero no deja de tener Super-yo, o sea, la Manía si está contrapesada , no lo convierte en un perverso o sádico. No obstante, la diferencia con el Perverso radica en que no existe un Super-Yó, ya sea por déficit de castración o desmentidas. Incluso, si existiera Super-yo en Perversos más Neurotizados (como sabemos, obviamente no es posible generar una tajante absoluta división entre Neurosis vs Perversión), lo sádico "se vuelca sobre la misma persona" como castigo por haber cometido el error de no alcanzar la meta. Es decir, en lo Perverso, todavía existe una separación entre Yo-ideal e Ideal del yo. Que a diferencia de la Manía aún existe un mandamiento moral.

Pareciera que Metapsicológicamente Perversión y Manía son parecidos por la razón que en ambos el papel del Super-yo pierde relevancia, pero, en cada una de ellas, las razones de su disminución provienen de fuentes distintas. En lo Maniaco, el Super-yó pierde su rumbo por encontrarse "encandilado" por la luz del objeto que cae encima del Yo. Vale decir: "Yo soy el objeto Ideal y mi misma luz". En este terreno el Super-yo pierde sus coordenadas de prohibiones o mandatos, pues el exceso de Narcisismo rompe los límites entre el Ideal del yo y el Super Yo. Para el caso del Perverso, el Super yo, desde el comienzo presenta falencias, por lo que deja el Ideal aliado al Ello de la forma más directa posible, en otras palabras, los Ideales no presentan límites o frenos al medio socio-cultural, el Ello se vuelve indomable frente a cualquier mandamiento. En el Perverso su proyecto del máximo Goce fuera de la Ley aún está vigente, aún está por verse a su destino prometido. Espera a lo que fue destinado sin límites o barreras morales. Reconoce la Castración, pero su Ideal se contruye por fuera de la Ley. O sea, en la medida que reconoce la Castración, conforma su Ideal, para así desmentir su línea o barrera.

El Ideal del Yo es una respuesta a la Castración por donde quedó marcado el mandato Super-yoico para ajustar la sociabilidad hacia los otros. Pero la respuesta del Ideal del yo ante aquel precario Super-yo Perverso, que ante su Ello, la desmentida generada desgenera todo pacto, vale decir, el pacto social de "donar" una parte de su libertad en pos de la libertad colectiva, no tiene cabida alguna en lo Perverso. Esa don-ación o "Don" la desmiente, la reciprocidad del intercambio no establece una Ley de la igualdad, solamente emerge una justicia por su derecho a gozar. No existe la igualdad de los otros, el narcisismo infatuado por la desmentida, borra los límites de una empatía por un igual fraterno.
Si resumimos lo expuesto de un modo bastante grotesco, diríamos que así como en la Psicosis se rompen o disuelven las huellas (representaciones), en la Perversión se corrompe y se exacerban las pulsiones (deseos).

No olvidamos que así como el Super yo se convierte a veces en el mismo Ideal del yo, como en el caso de devotos religiosos o militares. Un Perverso en nombre del racismo, la guerra puede ser un pez en el agua sin salirse de la Ley, esto porque la Ley ha sido socioculturalmente disuelta o abolida por un Ello u odio iracundo a un enemigo común. Se tratan de situaciones o acontecimientos extremos Bio-Socio-Económico-Geográfico-Culturales que hacen despertar las salidas Perversas Polimorfas o Sádicas, ante una sociedad resquebrajada en sus cimientos colectivos basales.

Pasando ahora al terreno de la delincuencia, mejor conocido como lo "anti-social", no podemos agrupar dichos aspectos como lo propiamente Perverso que desmiente la castración. Esto porque se puede producir una vulnerabilidad tal de recursos materiales que obliga a transgredir las normativas legales para sobrevivir en un ambiente hostil. Es allí donde el Super Yo carece a momentos de sentido por lo contextual y se vuelve permisivo ante la carencia y peligrosidad. Por supuesto que también en este terreno hay delitos que están directamente empañados en puro Ello, tales como crímenes pasionales o a "sangre fría" que llegan a convertirse en una completa desmentida a la castración conllevando a la Perversión propiamente tal.

Está el caso contrario, quien bajo similares condiciones sociales vulnerables, se abre un espacio ideal aspiracional de: "saldré de este sitio a como de lugar". Posibilitado por un Ideal del Yo rígido que se alía con el Super-Yó en sus prohibiciones y abstinencias como gestor moral de rigidizar aún más el camino a seguir. De este modo, queremos consignar (nuevamente) que no existe una separación tajante o absoluta entre el Ideal del Yo y el Super Yo, pues todo ideal tiene a su vez una prohibición en sí misma y toda prohibición tiene a su vez un ideal. Lo cual otorga comprensión sobre todo a los Neuróticos Obsesivos que tan frecuentemente adquieren sus altos ideales junto a una gran prohibición pulsional al borde del Masoquismo moral.

Remontándonos al campo Narcisista sobre los efectos que podrían producir la pérdida objetal de una elevada estimación o investimiento libidinal. Trasladándonos entonces a las situaciones del Duelo y Melancolía, podríamos comenzar siguiendo a Freud (1921) en "Psicología de las masas y análisis del Yo", que la "*sustitución del objeto abandonado o perdido, por la identificación con él, o sea la introyección de este objeto en el Yo, son hechos que ya conocemos, habiendo tenido ocasión de observarlos directamente en la vida infantil (…) el caso de un niño, que entristecido por la muerte de un gatito, declaró, a poco, ser él ahora dicho animal y comenzó a andar en cuatro patas, negándose a comer en la mesa, etc*" (p.2587). Como se puede apreciar, la identificación con lo perdido se puede convertir en una forma de abordar el duelo, que en algunos casos, podría transformar el narcisismo en una melancolía. De modo que ahora, iremos detallando la diferencia entre el Duelo y la Melancolía.

Tomando en cuenta el libro de Nicolás Caparros (2004), donde hace alusión a una carta que Freud envía a Ferenczi en Noviembre de 1915, Freud en dicha carta expresa que "*cuando el objeto perdido todavía tiene existencia psíquica y empuja al trasfondo a todos los demás objetos. (...) Lo propio del duelo es consumir todo el interés y toda la libido: la melancolía muestra la misma huella en forma de inhibición. No vemos obligados a admitir que la melancolía también ha perdido algo pero quizá no sepa qué. El Yo está en duelo porque ha perdido su objeto por desvalorización, pero proyecta el objeto sobre sí mismo y se encuentra entonces él mismo desvalorizado.*
La sombra del objeto se cierne sobre el Yo y lo oscurece. El proceso del duelo no se desarrolla a expensas de las cargas de objeto sino de las cargas del Yo (...) En la identificación histérica, el Yo está modelado sobre el objeto de la misma manera, pero la carga objetal no se suelta, persiste en lo inconsciente con una fuerza exagerada y somete al Yo (incluso a la censura del Yo). En la identificación narcisista de la melancolía la carga de objeto es levantada, el Yo se ampara de su imagen y la censura del Yo' queda intacta. En vez de un conflicto entre Yo y objeto hay uno entre Yo-objeto y censura del Yo. Pero en los dos casos la identificación es expresión del enamoramiento" (Caparros, 2004:318-319). Para finalizar la exposición de esta carta respecto al Duelo y la

Melancolía, Caparros (2004) cierra el sentido de la carta de Freud a Ferenczi en que queda "*el recuerdo, la huella mnésica, el objeto interno. Y también permanece la libido desligada por la pérdida que debe retornar al yo hasta encontrar un nuevo vínculo. Mientras tanto, corre el peligro de quedar como energía libre, no-ligada, que evoca y tal vez provoca esa angustia que Freud describió en su primera teoría, allá por 1894*" (p.321).

Lograr el Duelo para Freud (1926) implica que "*bajo la influencia del examen de realidad, que impone definitivamente la separación del objeto, puesto que el mismo no existe ya. Se plantea así a este afecto la tarea de llevar a cabo tal separación del objeto en todas aquellas situaciones en que él era de una elevada carga. El carácter doloroso de esta separación (…) por la elevada carga de anhelo, imposible de satisfacer, y concentrada en el objeto por el acongojado sujeto, durante la reproducción de las situaciones en las cuales ha de efectuarse un desligamiento de los lazos que lo mantenían atado a él*" (p.2883).

Esto resuena en concordancia con el pertinente desarrollo de Peskin (2015) en lo referido al Duelo: "*En las primeras etapas de una pérdida se evidencia una inflamación yoica que produce desde la retracción más intensa hasta la mayor agresividad y actuaciones. El imaginario yoico intenta, anteponiéndose, taponear el agujero que trae la pérdida producida por una nueva falta en lo real. El yo vuelve a ofrecerse, como lo había hecho en la primerísima infancia, a modo de tapón para evitar la hemorragia libidinal, que amenaza toda estabilidad subjetiva (…) se ponen a trabajar, tal como Freud señala todos los recursos simbólicos, intentando dar cuenta de lo perdido. Se sabe a quién o qué se perdió, pero no se sabe qué se perdió con lo perdido (…) pasado un tiempo, lo simbólico intenta tomar el mando, al desplazar las vivencias yoicas imaginarias iniciales (…) Se trata de una tarea difícil porque es un esfuerzo de creación de sentido, como el aprendizaje de las primeras palabras, pero con la dolorosa carga de estar urgidos por el agobio de la ausencia de recursos. Hay un cierto saber disponible por los duelos previos, pero este es nuevo (…) Sería entonces la creación de una nueva realidad que incluya la ausencia de lo perdido (p.30-31)*".

Avanzando con Melanie Klein (1952), durante un "*duelo normal el sujeto también se ve llevado a reinstalar la persona amada y perdida en su yo (...) No solamente se retiran y reinvisten las catexias referidas al objeto amado y perdido, como dice Freud, sino que durante este proceso el objeto perdido se establece en el interior (...) Cada vez que surge la pena, ésta mina el sentimiento de segura posesión de los objetos internos amados, porque reactiva las ansiedades tempranas por los objetos dañados y destruido*" (p.86). Por este motivo, mientras el duelo esté en proceso, si se recuerda lo perdido, la sombra de lo perdido ensombrece al resto del tejido, así como también si emerge alguna ansiedad o angustia de otra fuente. La parte contagiará al "todo".

Durante estos despliegues, "*la vuelta a la realidad característica del proceso de duelo constituye no solamente el medio de renovar los lazos con el mundo externo, sino también de restablecer el mundo interno destruido. El duelo involucra en esta forma una repetición de la situación emocional vivenciada por el bebé en la posición depresiva. Porque presionado por el temor a perder la*

madre amada, el bebé lucha con la tarea de establecer e integrar su mundo interno y construir sólidamente los objetos buenos dentro de si.
Uno de los factores fundamentales que determinan si la pérdida del objeto amado (por muerte u otras causas) conducirá a la enfermedad maníaco-depresiva o será normalmente superada consiste, de acuerdo con mi experiencia, en el grado de éxito de la elaboración de la posición depresiva durante el primer año de vida y en la firme introyección de los objetos buenos en el interior" (Klein, 1952:86-87).

Se entiende entonces prosiguiendo con el texto "Duelo y Melancolía" de Freud (1917) que en *"el duelo normal supera también la pérdida del objeto, y absorbe, mientras dure, igualmente todas las energías del yo (...) La realidad impone a cada uno de los recuerdos y esperanzas, que constituyen puntos de enlace de la líbido con el objeto, su veredicto de que dicho objeto no existe ya, y el yo, situado ante la interrogación de si quiere compartir tal destino, se decide, bajo la influencia de las satisfacciones narcisistas de la vida, a cortar su ligamen con el objeto abolido. Podemos, pues, suponer que esta separación se realiza tan lenta y paulatinamente, que al llegar a término ha agotado el gasto de energía necesario para tal labor"* (p.2098-2099). Para los procesos de Duelo, al igual que *"consideramos natural, que el individuo aquejado de un dolor o un malestar orgánico cesa de interesarse por el mundo exterior, en cuanto no tiene relación con su dolenciá. Una observación más detenida nos muestra que también retira de sus objetos eróticos el interés libidinoso, cesando así de amar mientras sufre. La vulgaridad de este hecho no debe impedirnos darle una expresión en los términos de la teoría de la libido. Diremos, pues, que el enfermo retrae a su yo sus cargas de libido para destacarlas de nuevo hacia la curación.*
'Concentrándose está su alma', dice Wilhelm Busch del poeta con dolor de muelas, 'en el estrecho hoyo de su molar'. La libido y el interés del yo tienen aquí un destino común y vuelven a hacerse indiferenciables. Semejante conducta del enfermo nos parece naturalísima, porque estamos seguros de que también ha de ser la nuestra en igual caso. Esta desaparición de toda disposición amorosa, por intensa quc sea, ante un dolor físico, y su repentina sustitución por la más completa indiferencia, han sido también muy explotadas como fuentes de comicidad. Análogamente a la enfermedad, el sueño significa también una retracción narcisista de las posiciones de la libido a la propia persona o, más exactamente, sobre el deseo único y exclusivo de dormir" (Freud, 1914:2022).

Rescatando el concepto de "objeto reliquia" en Pierre Fedida, como una de las formas de elaboración del Duelo. S. Bleichmar (2005) lo define como *"los restos del muerto que quedan no solamente como testimonio de su vida sino habitados por su vida (...) ese objeto que queda como resto ante la pérdida de un ser humano, queda como sacralizado en el sentido religioso del término. Es como una sacralización laica. Es muy difícil desprenderse de él, forma parte del duelo normal (...) que siempre quede algo a guardar, sea un documento, sea una copa, sea algo, se guarda como si no se tolerara una pérdida definitiva y absoluta, porque esos objetos materiales están habitados en al medida en que están atravesados por recuerdos, y estos recuerdos están investidos por la presencia viva del objeto perdido (...) los objetos de los muertos quedan investidos sagradamente en términos de que forman parte, durante algún tiempo, de algo así como una suerte de culto privado (...) No se abandona, se va perdiendo por el camino, se va gastando hasta que llega el momento en que queda prácticamente desacralizado y entonces queda abandonado en algún lugar de la casa. Nadie se atreve a tirarlo y al mismo tiempo ya no tiene el valor sacro que tenía al comienzo"* (p.354). Por supuesto, todo esto estará atravesado según la pauta cultural de cómo ritualizar o sacralizar los duelos, junto al grado de retención anal que tenga un individuo (acaparamiento retentivo o mal de Diógenes en casos extremos). Precisamente, su diversidad abarca desde "*los cuartos de los niños muertos, como lugares que quedan transformados como museos (...) se tiran las cenizas en algún lugar, no en cualquier lugar (...) nunca se tiran en cualquier lado, siempre se arma un ritual privado con las cenizas (...) hay culturas en las cuales se guardan las cenizas en urnas especiales, y se convive con eso. Así como hay culturas en que los muertos son enterrados cerca de las casas"* (Bleichmar, 2005:355).

Silvia Bleichmar (2005) prosigue en dar ejemplos de "objetos reliquias" que no necesariamente guardan relación con la muerte en sí. Más bien "*marca el amor al objeto, precisamente en el momento en que aquello que lo representa ha dejado de ser parte de él. El zapatito que se cuelga no es el zapatito que usa el niño. El dientito que antes se engarzaba (...) cuando se caía, las mujeres lo llevaban engarzado en oro colgando de la pulserita (...) alude la pérdida. La característica que tiene es que, en lugar de marcar la ausencia del objeto, lo que marca es el paso del tiempo (...) "Yo tuve un niño así" (...) la nostalgia de los padres por el hijo que van perdiendo a medida que el niño crece (...) si bien es una alegría para los padres, tiene un costado de pérdida y de duelo importantes"* (p.357-358).

Hay que distinguir otros procesos de Duelo que están a medio camino, cojeando en un limbo que no inician su elaboración sino aparece o emerge antes un objeto reliquia que haga movilizar la simbolización. S. Bleichmar (2005) por ejemplo, para los casos de "Desaparecidos en Dictaduras" o "Catástrofes naturales", el duelo se "*cierra, a veces, cuando aparece el cuerpo, los restos (...) Si bien por las características que tiene ya fue duelado mucho tiempo, pero lo que da es como el derecho al duelo, mientras que la categoría de desaparecido no permite el duelo definitivo (...) Ocurre también a veces, sin ir a situaciones históricas tan terribles, situaciones más cotidianas, por ejemplo, gente que tiene padres muy mayores con Alzheimer o con gran deterioro, donde sienten que hace mucho tiempo que han perdido a los padres, y sin embargo están vivos, con lo cual no pueden hacer el duelo"* (p.365). Para esta última situación, cobra mucha relevancia "*lo que generamos en nuestros pacientes es el derecho a duelar lo que ya no tienen aunque esté vivo (...) reconocemos que el objeto existe no solamente por su existencia biológica sino por la función que cumple, por los intercambios simbólicos que genera, podemos perfectamente decirle a alguien que, aunque tiene a la madre o al padre vivos pero en estado de deterioro extremo: "Bueno, hace mucho tiempo que usted..."* (Bleichmar, 2005:366).

Tal como anteriormente distinguimos entre el "detalle" y el "fragmento". El "objeto fetiche" a diferencia del "objeto reliquia" guarda una relación metonímica más literal sin metáfora con lo ausente o perdido. Entendamos siguiendo a Bleichmar (2005) que "*el objeto reliquia nunca pierde el trasfondo del todo (...) son detalles que están recortados del objeto pero que nunca dejan de tener el trasfondo del objeto. Siempre representan al objeto, son como sinécdoques generalizantes, en el sentido de que un elemento remite a la totalidad (...) el objeto reliquia es más metafórico-metonímico, mientras que el objeto fetiche aparece más en el orden de lo metonímico, recortado de las fuentes. Por eso tiene un carácter mucho más de realidad en sí*" (p.392-393).

En este sentido, hay similitudes entre el objeto transicional y el objeto reliquia. Así como el objeto transicional es una versión metafórica-metonímica de la madre (es y no es la madre), el objeto fetiche (la ropa interior) es un pedazo en sí mismo literal metonímico de la madre. Podríamos pensar que la relación entre objeto fetiche y objeto reliquia es similar a la relación entre "fragmento" y "detalle". Pero en ambos casos se trataría de un "detalle" que remite al todo, solo que en el objeto fetiche la parte está investida a una magnitud tal, que desmiente el paso del tiempo sin otra desfiguración que la parte literal que recobra totalmente el todo, haciendo "como sí". Mientras que en el objeto reliquia, se recorta una parte para envolver una simbolización cargada de afecto que no desmiente el paso del tiempo o la muerte, no hace un "como sí", que teniendo la parte se tiene al todo en sí. Esto porque si recordamos el "fragmento", lo incidiario o el Signo de Percepción, a pesar de ser puramente metonímico como en los objetos fetiche, sus fragmentos (signos de percepción) no le remiten a un todo, ni siquiera para desfigurarlo y dialectizarlo simbólicamente, asi como tampoco, el desmentir su fondo a un todo. El objeto reliquia y el objeto transicional son similares en cuanto a ambos, al paso del tiempo afecta su posición y valorización. En el caso del objeto transicional se reconoce el desgaste mismo del objeto, va perdiendo relevancia según sus nuevas catexias de objeto. Por igual, el objeto reliquia, también admite el paso del tiempo, la degradación, no pretendiendo aparentar "como sí", ni desmintiendo que el objeto sigue vivo al reemplazar la parte por el todo en el objeto fetiche, como tampoco, investiéndolo (desmintiéndolo) como si fuese el objeto vivo en sí. Del mismo modo, en el objeto transicional no se desmiente haciendo como sí la madre sea aquel objeto mismo o desmentir cuando se encuentra ausente.

Si observamos la Melacolía diferenciándola con el proceso de Duelo, "*la pérdida del objeto es una pérdida del yo, y el conflicto entre el yo y la persona amada, es una disociación entre la actividad crítica del yo y el yo modificado por la identificación*" (Freud, 1917:2095). Por entonces, cobra importancia la identificación con el objeto perdido en la conformación de la Melancolía. A esto se agrega "*que la elección de objeto haya tenido efecto sobre una base narcisista; de manera que en el momento en que surja alguna contrariedad que pueda la carga de objeto retroceder al narcisismo. La identificación narcisista con el objeto se convierte entonces en un sustituto de la carga*" (Freud, 1917:2095). Como ya lo vimos anteriomente, queda claro que las "*identificaciones con el objeto no son tampoco raras en las neurosis de transferencia, constituyendo, por el contrario, un conocido mecanismo de la formación de síntomas, sobre todo en la histeria*" (Freud, 1917:2095).

Prosiguiendo con las definiciones sobre la melancolía otorgadas por Freud (1932), va ocurriendo que *"en sus períodos sanos el melancólico puede ser más o menos severo consigo mismo, como cualquier otra persona, en el ataque melancólico el superyó se vuelve hipersevero, insulta, denigra, maltrata al pobre yo, le hace esperar los más graves castigos, lo reprocha por acciones de un lejano pasado que en su tiempo se tomaron a la ligera, como si durante todo ese intervalo se hubiera dedicado a reunir acusaciones y sólo aguardara su actual fortalecimiento para presentarse con ellas y sobre esa base formular una condena. El superyó aplica el más severo patrón moral al yo que se le ha entregado inerme, y hasta subroga la exigencia de la moralidad en general; así, aprehendemos con una mirada que nuestro sentimiento de culpa moral expresa la tensión entre el yo y el superyó"* (p.56). Bajo las culpas melancólicas, es donde el Super yó castiga hasta lo más hondo del ser, dado que la pérdida del objeto formó parte de lo más hondo de su ser. Por ejemplo, la muerte de un hijo, de su pareja amorosa o de alguien querido donde los destinos futuros albergaban bastante proyección futura y expectativas posibles. Quiero decir, en una pérdida objetal de gran importancia donde uno mismo se siente culpable por la pérdida, es germen propicio para constituir un malestar melancolizante de autoreproche y autocastigo mortificante. Por ejemplo, *"la necesidad de castigo es justamente una forma de defenderse del sentimiento de culpa: es para no tener el sentimiento de culpa, para no asumirlo, que uno prefiere castigarse"* (Etchegoyen, 2002:780).

Para el caso melancólico, no se logra movilizar una función simbólica de sustituir algo por otra cosa, es decir, hay un objeto que no se ha podido transformar o distanciar. En la melancolía, la pérdida no se distancia ni tampoco puede desprenderse, por lo tanto, el sujeto melancólico ante la pérdida está identificado en el lugar de la muerte y la derrota, las cuales introyecta (incorpora). Junto a ello, no es simbolizada la pérdida misma, no se desprende de ella, se conserva sin transformar, queda un vínculo no destetado, no se establece la condensación, desplazamiento o sustituciones en las vías asociativas. Esto porque la distancia entre el ideal que dependía del objeto, quedó fijado como un ideal perdido que englobaba todos los destinos o proyectos posibles, mientras que el el yo-ideal se odia a sí mismo en su equivocación o no lograr todo lo posible, siente que la pérdida debió ocurrir a él en vez del objeto. De esta forma, la distancia fijada en los dos puntos de comparación, provoca un vértigo, naúsea o angustia existencial en la cual desorienta la líbido narcisista. El futuro ya no tiene puentes, el presente tiene una piedra que al empujarla al futuro, sólo permite lamentarse del pasado. Es similar a la propiedad de la física, cuando al empujar una muralla con cierta fuerza, a su vez, la muralla devuelve la misma fuerza en el sentido contrario. Se estanca, se hunde, etc.

El melancólico sabe lo que ha perdido, pero no sabe lo que está perdiendo, es más bien una pérdida del "sentimiento de sí" (Selbstgefühl). En la melancolía-depresiva aguda (de mayor gravedad), más que una identificación con el objeto perdido en su contorno, hay finalmente una identificación con la pérdida misma sin bordes o figurabilidad de contorno posible para elaborar desde algún punto de base.

La Melancolía como malestar Narcisista puede ocurrir tanto en la Neurosis como en la Psicosis. Siendo incluso difícil disernir con plena exactitud si en un cuadro depresivo-melancólico grave, los autoreproches, la desesperanza o la culpabilidad son parte de un cuadro Narcisista a modo Neurótico o Psicótico.

Haciendo un paralelo con la Melancolía, para Freud (1917) en *"el suicidio y en el enamoramiento extremo -situaciones opuestas- queda el yo igualmente dominado por el objeto, si bien forma muy distinta"* (p.2097). Esto quiere decir, que una estimación de alto investimiento libidinal a un objeto, en el cual se amordaza buena parte de la fuerza pulsional, su abrupta pérdida, podría generar destinos que marcarían un pasaje al acto suicida. De modo que durante la *"vida amorosa, el no-ser-amado deprime el sentimiento de sí, mientras que el ser-amado lo realza. Hemos indicado ya que el ser-amado constituye la meta y la satisfacción en la elección narcisista de objeto. Además, es fácil observar que la investidura libidinal de los objetos no eleva el sentimiento de sí. La dependencia respecto del objeto amado tiene el efecto de rebajarlo; el que está enamorado está humillado. El que ama ha sacrificado, por así decir, un fragmento de su narcisismo y sólo puede restituírselo a trueque de ser-amado"* (Freud, 1914:95). Este trueque como sabemos, proviene del Don, el primer Don que todos hemos recibido alguna vez (cuidadores o padres). Por lo tanto, el *"amar en sí, como ansia y privación, rebaja la autoestima, mientras que ser-amado, hallar un objeto de amor, poseer al objeto amado, vuelven a elevarla"* (p.96). Por esto mismo, el amar sin ser correspondido es una humillación o un sacrificio inútil donde no permite un vínculo de Don/Contra-Don o de reciprocidad o trueque. En cambio, si aquello no ocurre, el *"enamoramiento consiste en un desborde de la libido yoica sobre el objeto. Tiene la virtud de cancelar represiones y de restablecer perversiones. Eleva el objeto sexual a ideal sexual. Puesto que, en el tipo del apuntalamiento (o del objeto), adviene sobre la base del cumplimiento de condiciones infantiles de amor, puede decirse: Se idealiza a lo que cumple esta condición de amor"* (Freud, 1914:97).

Situándonos en el terreno de la Manía o lo Maniaco. Si bien en el Super Yo se concentran los mandatos del tipo: "así debes o no debes ser". En el "Yo-ideal" en cambio se concentra las estimaciones o síntesis de lo que "uno es o ha sido", según la distancia frente al Ideal del Yo y en cómo el Super-yó castiga o cuestiona lo realizado en el pasado. La distancia que provoca o deja la escisión entre el Ideal del yo al yo-ideal imprimen una vertiginosa oscilación en su Narcisismo. Si a esto se le suma la pérdida de un objeto valioso podría conllevar a estados maniacos-depresivos.

Una Manía puede pasar a "ciclar" rápidamente a una Melancolía (o al revés), puesto que mientras la fase Maniaca la distancia entre el Yo-Ideal e Ideal del Yo es abolida, en ella reaparece abruptamente en el ciclo melancólico-depresivo el Super-Yo (castración, frustración, decepción, etc) y efectúa la correspondiente oscilación de la Manía a la Melancolía, abriendo allí abismantes distancias sin puntos medios o zonas grises para el Narcisismo. Las distancias, de este modo, son extremas y polarizadas. Van desde la idealidad maniaca sin distancias a la caída en gran altura por un precipicio depresivo-melancolizante. En otras palabras, a mayor intensidad sean los síntomas maniacos, es probable que mayormente intensos sean los malestares depresivos o melancólicos posteriores.

Como nos explica Freud (1917) en su texto "Duelo y Melancolía", para los casos que "ciclan" desde una Melancolía hacia una Manía: "*La peculiaridad más singular de la melancolía es su tendencia a transformarse en manía, o sea, en un estado sintomáticamente opuesto. Sin embargo, no toda melancolía sufre esta transformación. Algunos casos no pasan de recidivas periódicas, cuyos intervalos muestran cuanto más un ligerísimo matiz de manía. Otros presentan aquella alternativa regular de fases melancólicas y maniacas, que constituye la locura cíclica*" (p.2097).

Durante la Fase Maniaca, "*el yo se encuentra en un estado de embriaguez beatífica, triunfa como si el superyó hubiera perdido toda fuerza o hubiera confluido con el yo, y este yo liberado, maníaco, se permite de hecho, desinhibidamente, la satisfacción de todas sus concupiscencias*" (Freud, 1932:57). Siguiendo a Winnicott (1935) en su artículo "Defensa Maniaca" señala que la "*defensa maníaca podría engarzarse con la ausencia de autocrítica que clínicamente la acompaña. Por la misma naturaleza de la defensa maníaca, deberíamos dar por sentada nuestra incapacidad para conocerla directamente por medio de la introspección, en el momento en que esa defensa está operando (...) la defensa maníaca actúa en nosotros cuando menos probable es que sintamos como si nos estuviéramos defendiendo contra la depresión. En tales momentos es más probable que nos sintamos alborozados, felices, ocupados, excitados, de buen humor, omniscientes, «llenos de vida» y que, al mismo tiempo, estemos menos interesados que de costumbre en cosas serias y en lo horrible que es el odio, la destrucción y las muertes*".

Para entonces, en lo "*maniaco nos evidencia su emancipación del objeto que le hizo sufrir, emprendiendo con hambre voraz nuevas cargas de objeto*" (Freud, 1917:2098). Estás nuevas cargas o intereses, son voraces como si el Ello hubiera dejado un tajo plenamente abierto en medio del Yo sin restricción o inhibición, ante el extravío del Super-yó que no logra vislumbrarse por ser encandilado por la inflada luz del Yo en estado maniaco. No obstante, para los ciclos maniaco-depresivos, libidinalmente, todo lo que sube tiene que bajar, los efectos maniacos de la inflación en su corto plazo, se resienten en el largo plazo con su resaca vital-existencial. Es común asociar el estado de plena Manía, como si se hubiese consumido cocaína o algún estimulante, solo que, es el propio cuerpo quien lo metaboliza sin dichas sustancias.

Con este fin frente a una Depresión, desde las Manías "*la depresión existe pero es negada o anulada. Todos los aspectos de la depresión (inercia, pesadez, oscuridad, seriedad) se reemplazan con los opuestos (actividad, liviandad, luminosidad, ligereza). Es una defensa útil, pero que tiene su precio: el retorno de la inevitable depresión, que deberá soportarse en privado*" (Winnicott, 1963).

Inspirándonos desde la obra de W. Bion, el Psicótico Maniaco puede recrear su propio continente al creerse un "Dios", siendo simultáneamente a su vez el contenido y lo continente. Al estar saturado su continente, se infinitiza el contenedor a cualquier vértice (límite) delirante posible. Contenido y continente forman uno solo: No hay contenidos en distintos conjuntos ni conjuntos para distintos contenidos (plena saturación maniaca). El continente es tan hiperlaxo y caótico que el contenedor se confunde con sus contenidos sin delimitaciones claras. Se presenta una infinitización de conjunto donde simétricamente no se distingue contenido-continente, parte-todo, es decir, la parte reemplaza al todo o el todo y la parte son equivalentes. En resumidas cuentas, la patología emerge cada vez que contenedor-contenido se confunde. Distinto es cuando el contenedor no está saturado, donde la función alfa puede operar para digerir los nuevos contenidos no-saturados y así producir la pasta para edificar nuevas barreras de contacto plegables.

Sin embargo, sería injusto patologizar prematuramente lo maniaco-depresivo o la bipolaridad. Existen diversas categorías de lo "bipolar" en los manuales de Psiquiatría, que van desde cambios de humor o estados afectivos durante la semana, a cuadros de psicosis maniacas con intentos de suicidio, anudadas, a pérdidas de consciencia o vacíos de memoria. Descartando, por supuesto, lo que se conoce como la Manía psicótica cicladas con Melancolías de pasaje al acto (conocidas como la Bipolaridad Tipo I en los manuales psiquiátricos). Las manifestaciones hipomaniacas, ciclotimias o distimias con hipomanías, en cambio, no es sensato considerarlos siempre como afecciones graves ni como patologías, más bien, habría que considerlo como defensas legítimas (defensas útiles como dijo Winnicott) y necesarias para el ser humano en los distintos procesos de su devenir existencial. Concretamente, en situaciones de duelo, catástrofes, explotación laboral, pérdida de miembro o extremidad corporal, lesiones que dejan con total ceguera, incertidumbres y depresiones sin redes de apoyo. Por lo tanto, una salida o escape hipomaniaco que altere su estado afectivo junto a su humor, en una especie de discordancia o exageración de la personalidad (visto desde afuera), puede ser lo que se necesita para tragar fuerzas e intentar con dicha energía, luchar frente la adversidad o la desdicha permanente. Ya sea: Patalear aceleradamente con energía, darlo todo con su último aliento, negar los escenarios adversos, minimizar los riesgos, apostar en grande, olvidarse de sus derrotas y humillaciones narcisísticas. No es quizás lo más idóneo, ni lo más sano, pero es la única herramienta que tiene (ante un capitalismo globalizado que cicla financieramente de modo maniaco-depresivo) para levantarse de su estado depresivo-melancólico para probar suerte nuevamente en este mundo del cual anteriormente se ha rendido en la angustia.

Otro rasgo importante del fenómeno identificatorio o del narcisismo, lo apreciamos en el sentimiento de la "**vergüenza**". Como entrada, es apreciable que la vergüenza nos inserta en comandos sociales específicos. Siendo la vergüenza el instante, donde particularmente surge un quiebre entre la imagen que idealizo de sí (yo-ideal), y de la imagen que cae al verse incongruente frente a un otro. O mejor dicho: "caer en la vergüenza", "he caído en vergüenza" frente a los demás.

Más detalladamente, con la "vergüenza" podemos entrever varias implicancias que fueron desarrolladas en el libro "El perjuicio y el ideal" de Paul Laurent Assoun (1999). Comprendiendo que *"el hecho mismo de tener vergüenza permite asegurar que en mí hay un sentimiento del error, sensación de ser falible. No existe vergüenza sin imaginario del error, pero, ¿dónde está el error?, ¿cuál es su objeto?, "¿de quién es el error?". La vergüenza le plantea al sujeto un problema espontáneo de autointerpretación: puede reaccionar pensando que "es grave" o, por el contrario, que "es demasiado tonto", pero está ahí: su vergüenza debe tener alguna razón. Puede identificarse con ella o maldecirla, pero en cuanto existe, forman un par, él y su vergüenza"* (p.96).

En la vergüenza es crucial la presencia de un tercero que haga de testigo para sentir vergüenza, o sea, me percato que sucumbo a la vergüenza en la medida que otro o tercero es testigo de ella. La vergüenza también se expresa en magnitudes, pasando desde un chiste o un acto fallido frente a otro, hasta una herida narcisista humillante. La *"vergüenza supone que el otro es susceptible de "hacerme un reproche" por algún "incumplimiento". Enrojecer supone que la mirada del otro me alcanzó, que mostré algo de vergonzoso en el otro. ¿De qué otro se trata? Del que se supone que ve o sabe algo sobre mí, que tiene con qué hacerme poner colorado. Asumamos que este círculo nos entrega toda la dialéctica de la vergüenza.*
Por lo tanto, la vergüenza se vincula con el error, con el ideal y con el otro - trilogía que organiza la dialéctica del sujeto de la vergüenza" (Assoun, 1999:97).

Sobre lo perverso o lo sin-vergüenza, notamos que el *"perverso no es solamente que no siente vergüenza en los casos en los que los otros sí lo hacen, sino el que motiva su goce en la vergüenza. ¿Dónde estaría el placer transgresor si no existiera allí -en el actuar perverso- de qué tener vergüenza? Allí donde había inhibición, llega el acto perverso: y allí, precisamente, está el espacio de la vergüenza.*
No es una paradoja decir que en el perverso se constituye el objeto de la vergüenza -entendamos un objeto-causa de placer-. Allí donde los demás sienten vergüenza, el perverso hace un acto y obtiene asombrosas "prestaciones" (Leistungen) y los otros son reclutados como testigos o cómplices de esta vergüenza activada" (Assoun, 1999:102). Por esta misma razón, es común asociar lo perverso a un sin-vergüenza

Para las situaciones Melancólicas, vemos que *"el melancólico expone su indignidad y su abyección de manera vergonzante. No solamente se vuelve inaccesible a la vergüenza (...) Grita que hay de qué tener vergüenza y, peor aun -no hay palabras lo suficientemente fuertes para nombrar sus errores-, proclamar esta Vergüenza de ser parece que a él no le da vergüenza.*
Freud vio con claridad esta secreta indecencia del melancólico que ofrece el cuerpo desnudo de su sufrimiento a la mirada del prójimo, le da de comer a esa desnudez -en contraste con el neurótico que se preocupa por mantener su vergüenza en secreto o de maquillarla" (Assoun, 1999:102). Diferenciación aún más clara cuando vemos que en la Neurosis Histérica se evita caer en la vergüenza, en cambio, en el Melancólico se es un desvergonzado de ella.

Puesto que en el melancólico los ideales sociales pierden sentido o posible alcance y solo quedaría su reproche Super-yoico.

Cobra relevancia entonces la asociación entre vergüenza y Melancolía, debido que "*la vergüenza es irritación frente a la pérdida de objeto y a la caída narcisista. Si el melancólico puro pierde hasta el sentimiento de la vergüenza es porque el sujeto "abatido por el objeto" no se preocupa más de él mismo. La vergüenza concierne en sí misma a la protesta narcisista: ese miedo de "perder la cara" confirma, a contrario, que existe, que queda... una cara por perder (...) Se reconstruye, alrededor de la herida del ideal, testimoniando que permanece en sufrimiento del ideal.*
Hay una "parte sujeto" y una "parte objeto" de la vergüenza. Una parte cae en el oprobio, otra levanta la cabeza para decirse: aun cuando... La vergüenza es la prueba de que sigue habiendo un sujeto... para sentirla" (Assoun, 1999:106-107).

Terminando con el libro de Assoun (1999) cerraremos en que "*la vergüenza manifiesta primero una modalidad del "ser clavado" en sí mismo, que se siente como un exceso de ser. Ser vergonzoso es sentirse identificado con uno mismo hasta la náusea. El ser vergonzoso es el ser desnudo, expuesto por su desnudez -física o moral- a darse a ver al otro sin posibilidad de "evasión" - concepto al que Emmanuel Lévinas le dio todo su alcance en su primera filosofía- : "Lo que aparece en la vergüenza es [...] el hecho de estar limitado a uno mismo, la imposibilidad radical de huir para ocultarse de uno mismo, la presencia irremisible del yo en uno mismo". Dicho de otro modo: "Es nuestra intimidad, es decir, nuestra presencia en nosotros mismos la que es vergonzosa".*
La vergüenza es una especie de náusea: ésta, originariamente "mareo", se presenta como asco. Pero éste tiene como característica volver el cuerpo del sujeto tan sensible a sí mismo que no puede tomar la menor distancia respecto de lo que sucede. El acercamiento extremo de uno como otro es el principio común de la náusea y de la vergüenza. La vergüenza es náusea moral (la náusea puede ser una especie de vergüenza física)" (p.105).
Otra vinculación con la vergüenza lo vemos aparejado con la identificación. Por ejemplo, Freud (1898) comenta en la Carta 97 a Fliess, un caso de vergüenza e identificación sintomática de un "*mozo de veinticinco años que apenas puede caminar a causa de rigidez en las piernas, espasmos, temblores, etc. Me pone a salvo de todo diagnóstico equivocado la angustia que lo hace andar prendido de las faldas de su madre como el bebé que se esconde detrás (...) Se avergüenza ante cualquiera que lo vea caminar así, y considera natural esa vergüenza. Modelo: un tío tabético, con el que se ha identificado ya desde los trece años a causa de la etiología aceptada (una vida disoluta)*" (p.317). Quiero agregar que la identificación del "caminar tabético" de su tío corresponde a los efectos de la sífilis avanzada que produce un particular ruido en los pies al andar. Con lo mencionado, Freud (1898) en su Carta aclara que la "*vergüenza aparece como mero apéndice de los síntomas y tiene que corresponder a otras ocasiones. El paciente acepta mi esclarecimiento de que, sin embargo, su tío no se avergüenza de su modo de caminar. La conexión entre vergüenza y caminar era correcta años atrás, cuando tuvo su gonorrea, que desde luego se le notaba al caminar, y también años antes, cuando continuas erecciones*

(carentes de meta) le estorbaban la marcha. Además de ello, el fundamento del avergonzarse se sitúa a mayor profundidad. Me ha contado que el año anterior, cuando vivían junto al [río] Viena (en el campo), las aguas empezaron a crecer de pronto y se apoderó de él una angustia espantosa de que llegaran a su lecho, es decir, que su dormitorio se inundara, y ello durante la noche. Ruego parar mientes en la ambigua expresión; yo sabía que este hombre se mojaba en la cama de niño. Cinco minutos después me contó espontáneamente que aún en edad escolar solía mojarse en la cama, y la madre lo amenazó con ir a contárselo al maestro y a todos sus condiscípulos. Pasó una angustia grandiosa. A esto corresponde entonces el avergonzarse. Toda su historia juvenil culmina, por una parte, en el síntoma de las piernas, y por la otra desprende el afecto que le pertenece, y ambos están soldados ahora para la percepción interior. En el medio es preciso interpolar toda la historia infantil sepultada" (p.317-318).

Por su parte, S. Bleichmar (2005) en su libro "Vergüenza, culpa, pudor", realiza una diferenciación con la vergüenza en que *"el pudor es un sentimiento más primario, narcisístico, vinculado a la presencia del propio cuerpo, a la opacidad yoica. Quiero decir que la posibilidad de ocultar el cuerpo es la posibilidad de también de ocultar el pensamiento, es la posibilidad de diferenciarse del otro (...) alteridad de una manera muy primaria (...) el pudor aparece cuando el niño siento como que hay cosas que no deben ser vistas por el otro, con lo cual ya hay una primera caída del narcisismo primario (...) por un lado, no lo dejan entrar a uno al baño y después salen desnudos a exhibirse, hay un juego que muestra claramente este vaivén entre el reconocimiento de los aspectos que no son perfectos ante el otro y la recuperación narcisista del niño maravilloso en la exhibición. Por otra parte es interesante que este esconderse se produzca en relación en principio a las funciones excremenciales y en relación en algunos casos a la diferencia anatómica (...) el pudor es parte del reconocimiento de que uno no es el objeto maravilloso del otro ser humano, vale decir, hay algo en uno que puede no ser visto como algo extraordinario o narcisístico en la mirada del otro"* (p.538). Mientras que en el caso de la vergüenza, *"es un sentimiento que está a mitad de camino entre pudor y la culpa (...) la vergüenza está centrada en el desmedro narcisístico de la acción realizada, mientras que la culpa está centrada en aquello que se le ha hecho al tercero"* (Bleichmar, 2005:539) Puntualizando aparte, Bleichmar (2005) diferencia la "vergüenza" de la "culpa", indicando que *"un sujeto puede sentir vergüenza ante algo que también le produce culpa"* (p.539). Como también puede darse la culpa pero sin sentir vergüenza, como ocurrió con uno *"de los pilotos que arrojaron la bomba de Hiroshima se suicidó (...) Estos no tenían por qué sentir vergüenza porque eran avalados por su cultura, con lo cual la culpa trasciende la vergüenza y en algunos casos la vergüenza no significa realmente que el sujeto se sienta culpable sino que siente que ha dejado de ser bien visto por aquellos que colocan el lugar del ideal del yo. Lo que me interesa marcar es que no hay posibilidad de vergüenza si alguien no ocupa el lugar de ideal del yo, mientras que la culpabilidad es algo que remite a la conciencia moral"* (Bleichmar, 2005:540). Finalizando con su libro, entendemos que *"la vergüenza puede ser algo muy alejado de la sexualidad, en el sentido de algo claramente del orden del narcisismo que ya no tiene nexos tan directos con lo sexual, como lo tiene el pudor"* (Bleichmar, 2005:80).

3. **Proyección e Introyección**

Iniciando este apartado, vale la pena, preguntarse lo que Freud (1905) en su libro "El chiste y su relación con lo Inconsciente", se interroga: "¿Por qué no reímos de nuestros propios chistes? ¿Y qué papel desempeña el oyente?" A lo que Freud responde: *"nadie puede contentarse haciendo un chiste para sí solo. Es inseparable del trabajo del chiste el esfuerzo a comunicar este; y ese esfuerzo es incluso tan intenso que hartas veces se realiza superando importantes reparos"* (p.137). En otras palabras, *"me alegra si puedo hacer reír a otro comunicándoselo. Pero del chiste que se me ha ocurrido, que yo he hecho, no puedo reír yo mismo, a pesar del inequívoco gusto que siento por él. Quizá mi necesidad de comunicar el chiste a otro se entrame de algún modo con ese efecto de risa denegado a mí, pero manifiesto en el otro"* (Freud, 1905:137). Estudiar estos fenómenos y otros a analizar, será lo que abordaremos en este Apartado.

No sabemos si el humor es la clave que nos mueve a la felicidad, o es el humor aquello que oculta nuestra falta de felicidad. Ya que tal como dijo Nietzsche: "Einzig der mensch leidet in der welt so qualvoll, dass er gezwungen war, das lachen zu erfinden" (el animal más sufriente de la tierra se vió obligado a inventar la risa).
También la inteligencia humana se mide por el grado de humor que manifieste, como es la capacidad de acoplarse a las humoradas de los demás, saber encontrar en cada situación la lógica humorística oculta.
El chiste es similar a una pieza musical: lo que es ruido y silencio en la música, en el humor es chiste y seriedad respectivamente.
La música requiere del silencio para gestarse o manifestarse y de ella confluir en un devenir de aparecer y desaparecer. Una nota musical al ser interpretada tiende a perder su climax sonoro y va decayendo exigiendo que la siguiente nota la alimente. En el humor pasa exactamente lo mismo, la carcajada decae en sonrisa y si su efecto emocional es perdurable podrá dejar un grato recuerdo o sensación de plenitud. Sabemos que un *"Buen número de los chistes en circulación alcanzan, así, cierto lapso de vida, cierto ciclo vital que se compone de un florecimiento y una decadencia que termina en su completo olvido. El afán de los hombres por ganar placer de sus procesos de pensamiento crea, entonces, nuevos y nuevos chistes por apuntalamiento en los nuevos intereses del día. La fuerza vital de los chistes actuales en modo alguno es propia de estos; la toman prestada, por el camino de la alusión, de aquellos otros intereses cuyo decurso determina también la peripecia del chiste"* (Freud, 1905:119).
Puede ser una desgracia en la naturaleza humana que lo bueno, el tiempo lo haga menos bueno. No obstante, el humor no puede ser independiente de la seriedad o el aburrimiento como su opuesto complementario.

De tal modo, todo constructo de "seriedad" oculta su propia burla, el mismo molde de cerradura que encierra el humor en algo que no debe salir, se escapa por la misma hendidura, desocultándose por la misma coacción histórica los límites de ella y su cada vez más débil estructura que debe ceder a otra. Se presiente a priori el moho de los contratos. Es por esto que aquí todo rol social lleva o esconde un actor social, en cuanto un papel de un rol se diferencia cada vez más por un actor multifacético que puede esconder representaciones diversas o incluso opuestos al rol que hace o ejerce.

Por tanto, bajo el humor nada tiene un rol serio que me conlleve a tomármelo totalmente en serio y definirme totalmente por ello. El humor en tanto crítica, en estos casos puede ser visto como un arma sátira o crítica que pone en ridículo cualquier gesto. Las lealtades ingenuas desde el humor (crítico) siempre son ridiculizadas como un absurdo donde nada tiene el peso y bloque formal necesario para que se respete sin la más mínima queja o duda.

Una herramienta del humor satírico es la exageración, más particularmente la de caricaturarización de algún fenómeno social. Desenmascara en forma más clara y brillante, la humorada escondida. Nos hacemos cargo con humor de nuestras mismas denuncias y concretamos en abolir la seriedad jerárquica.

Es preciso también manejar el contexto pragmático del chiste: "*Aquel cuyo estado de ánimo depende de graves pensamientos no será el juez más apropiado para confirmar con sus risas que el chiste ha conseguido su propósito de salvar el placer verbal. Para poder constituir la tercera persona del chiste tiene el sujeto que hallarse de buen humor o, por lo menos, indiferente. Idéntico obstáculo encuentran el chiste inocente y el tendencioso, agregándose en este último un nuevo peligro posible: la oposición a la tendencia que el mismo intenta favorecer. La disposición a reír de un excelente chiste obsceno no podrá constituirse cuando el mismo se refiera a una persona estimada por el oyente o ligada a él por lazos de familia*" (Freud, 1905:1110).

El buscar un otro para contar un chiste, para volver a contarlo y verse de nuevo como si fuese la primera vez que lo escuchara (nuevamente), pero a través de un otro que ríe de éste. Al compartir un sentido del humor, "*el placer que el chiste ha producido se muestra con mucha más claridad en la tercera persona que en su propio autor. Tenemos que contentarnos con decir «más claramente», aunque nuestro deseo sería preguntarnos si el placer del oyente no es mucho más intenso que el del autor; pero, como puede comprenderse, nos falta todo medio de comparación o medida. Vemos, sin embargo, que el oyente testimonia su placer con grandes risas después que la primera persona ha relatado, generalmente con grave gesto, el chiste, y que al contar de nuevo un chiste que hemos oído, nos vemos obligados, para no echar por tierra su efecto, a conducirnos en el relato en la misma forma que su autor se condujo al comunicárnoslo*" (Freud, 1905:1111).

Es importante en dicho proceso del chiste que además: "la tercera persona como oyente del chiste. Tiene éste que coincidir psíquicamente con la primera persona lo bastante para disponer de las mismas retenciones internas que la elaboración del chiste ha vencido en la misma. El individuo acostumbrado a dichos crudamente «verdes» no podrá extraer placer alguno de un ingenioso y sutil chiste desnudador, y las agresiones de N. no serán comprendidas por las personas acostumbradas a dar libre curso a su tendencia al insulto. De este modo, cada chiste exige su público especial, y el reír de los mismos chistes prueba una amplia coincidencia psíquica."

En un terreno más complejo como el caso de un chiste cómplice, el *"chiste tendencioso necesita en general de tres personas; además de la que hace el chiste, una segunda que es tomada como objeto de la agresión hostil o sexual, y una tercera en la que se cumple el propósito del chiste, que es el de producir placer (...) a saber, que no es quien hace el chiste, sino el oyente inactivo, quien ríe a causa de él, o sea, goza de su efecto placentero"* (Freud, 1905:94).

Remontándonos en sus comienzos para la inclusión de un tercero, durante *"la época en que el niño aprende a manejar el tesoro de palabras (Wortschatz) de su lengua materna (Muttersprache), le depara un manifiesto gozo «experimentar jugando» con ese material, y entrama las palabras sin atenerse a la condición del sentido, a fin de alcanzar con ellas el efecto placentero del ritmo o de la rima. Ese gozo (Vergnügen) le es prohibido poco a poco, hasta que al fin sólo le restan como permitidas las conexiones provistas de sentido entre las palabras. Pero todavía, años después, las aspiraciones de sobreponerse a las limitaciones aprendidas en el uso de las palabras se desquitan deformándolas por medio de determinados apéndices, alterándolas a través de ciertos arreglos (reduplicaciones, jerigonzas) o aun creando un lenguaje propio para uso de los compañeros de juego. Opino que no importa el motivo al cual obedeció el niño al empezar con esos juegos; en el ulterior desarrollo se entrega a ellos con la conciencia de que son disparatados (unsinnig) y halla gozo en ese estímulo de lo prohibido por la razón. Se vale del juego para sustraerse de la presión de la razón crítica"* (p.120-121). Por ejemplo, en tiempos posteriores, *"Bajo el influjo del alcohol, el adulto vuelve a convertirse en el niño a quien deparaba placer la libre disposición sobre su decurso de pensamiento, sin observancia de la compulsión lógica"* (Freud, 1905:122). Este libre decurso disparatado, en *"el último período de la infancia, y en el del aprendizaje que va más allá de la pubertad, el poder de la crítica ha crecido tanto en la mayoría de los casos que el placer del «disparate liberado» rara vez osa exteriorizarse directamente. Uno no se atreve a enunciar un disparate"* (Freud, 1905:121). Es notable la referencia de Freud al balbuceo oral característico del niño que se repite en a veces absurdas entonaciones que carencen de sentido y solo adquiere sentido de goce únicamente en el niño o junto algún compañero de juego.

Es claro que en la Represión Originaria, existe una mayor pasividad, persisten las introyecciones y/o identificaciones, no obstante, el yo-placer purificado expulsa primitivamente lo displacentero brindando contornos a una externalidad. De esta manera, el yo se constituye entre la introyección y proyección (expulsión). Freud (1895) en su texto "Proyecto" definía el yo-placer purificado como una funcionalidad primaria o mejor dicho, como un "estado desiderativo" que *"produce algo así como como una atracción positiva hacia el objeto deseado o, más bien, hacia su imagen mnemónica, mientras que de la vivencia dolorosa resulta una repulsión, una aversión a mantener catectizada la imagen mnemónica hostil. He aquí, pues, la atracción desiderativa primaria y la defensa (rechazo) primaria"* (p.44).
Aquella expulsión primitiva según como auxilie el holding, permitirá que lo displacentero conforme un borde que delimite (repliegue) el yo como lo placentero y lo displacentero como un externo. Si el cuidador o el holding es "lo

suficientemente bueno", permitirá introyectar gradualmente aspectos displacenteros en el yo (Super Yo) y placenteros en lo exterior (Idealización). En cambio, si los elementos beta indigestan produce un rechazo, expulsión o proyección masiva. Ahora bien, una "proyección propiamente tal", implica una distinción mínima entre el yo/no-yo con la capacidad de proyectar aspectos placenteros-displacenteros introyectados, los cuales permite circular lo pasivo en activo o lo activo en pasivo, es decir, "el retorno a la misma persona", pasar de lo amenazante a poder amenazar y/o de amenazar a sentirse amenazado. Lo inscrito retorna sobre sí, no existe la expulsión masiva de elementos beta que vacían la psíquis o borre representaciones-cosa como en los estadios más arcaicos de un bebé o del yo-placer purificado. Sin embargo, esto no implica que una expulsión-rechazo borre toda huella psíquica, pues rastros del indicio como Signos de Percepción podrían permanecen sin dialéctica ni distancia frente a la pura contigüidad. Por lo tanto, debemos reconocer la fase previa de "expulsión-rechazo" masiva que luego devendrá proyección de lo introyectado en la distinción yo/no-yo de los pliegues o barreras yoicas (previamente introyectadas o conformadas). En lo expulsado-rechazado no hay dialéctica o retorno de sí (ipseidad), cuando emerge el "retorno sobre la misma persona" sea en lo activo-pasivo o en el Fort-da pasivo-activo, vemos que se desempeña la "proyección propiamente tal", que podrá también operar tomando sus formas en Traumas, Paranoias y Fobias. Vale decir, si ocurre algún tipo de retorno, sea cual sea, debe existir una conformación mínima de un yo como "punto tonal" introyectado donde regresar "a sí". Recordemos entonces lo que expusimos sobre Laplanche (1977) en "Problematicas III" referido a cómo "*surge la necesidad de tratar a estas excitaciones internas como si fueran externas, es decir, tratarlas por medio de la proyección. Tratarlas mediante la proyección no quiere decir, por supuesto, que se las ponga afuera de manera definitiva, sino que se las pone afuera para reintegrarlas adentro y, en este caso, con una barrera. Si ustedes quieren, el modelo sería no el de una proyección, sino de una proyección-introyección (...) proyectando estas excitaciones internas en un primer tiempo, y luego haciéndolas ingresar nuevamente, pero ya provistas de una barrera*" (p.231). En otras palabras, se va conformando o haciéndose contorno proyecciones en el tiempo-espacio para lidiar con la ansiedad o angustia.

Por tanto, cuando hablamos de proyección propiamente tal, no existe sin un yo y una introyección previa, caso contrario, habría un rechazo-masivo o vaciamiento que no retorna, salvo en los trazos o huellas que dejó el trauma mediante Signos de Percepción. Del mismo modo, cuando hablamos de introyección propiamente tal, no existe sin un yo/no-yo diferenciado y una proyección previa, caso contrario, habría una alucinación o solipsismo que no retorna a cada momento a sí mismo, salvo en adicciones severas en fijación.

Un ejemplo de la proyección que en el siguiente apartado desarrollaremos con más detenimiento, lo vemos en la transmudación pulsional entre mirar/ser-mirado del circuito voyerismo-exhibicionismo o del Sadismo-Masoquismo. Si bien en la mudación Sadica a la masoquista hay una proyección de un atacante en el otro que toma su lugar, existe también una mudación introyectada de ser uno el atacado. Lo mismo ocurre en el paso del voyerismo al exhibicionismo, si bien hay una proyección de un tercero que es el mirador, hay a su vez una introyección de tomarse como uno a quien(es) lo observan en sus fantasías. Es común por lo tanto, en las fantasías emerger estás dinámicas de intercambio de roles proyectadas e introyectadas de un lado al otro según sea la pasividad o actividad fantaseada.

Fuera del rango sádico o exhibicionista, podemos ejemplificarlo en el Aforismo de Nietzsche (1878) de "Humano demasiado humano": "*Hay casos en que la compasión es más fuerte que la pasión misma. Por lo general solemos sentirnos más a disgusto cuando uno de nuestros amigos es culpable de alguna ignominia, que cuando nosotros mismos lo somos. Es porque nosotros tenemos más fé que él en la pureza de su carácter, y porque nuestro amor hacia él es, sin lugar a duda, más intenso a causa de esta fe, que él no tiene a sí mismo*" (p.58-59). Siendo así, estos traspasos de roles identificatorios bajo proyecciones, son algo bastante cotidiano.

Por otra parte, ¿qué pasa con la introyección? Ferenczi (1912) en su artículo "El concepto de Introyección" comenta: "*He llamado introyección a esta unión entre los objetos amados y nosotros, a esta fusión de tales objetos con nuestro yo, y estimo -lo repito- que el mecanismo dinámico de todo amor objetal y de toda transferencia sobre un objeto es una extensión del yo, una introyección*". Para que surja la introyección en su función de ampliación psíquica o de inscripción de huellas más complejas en su semejanza y contigüidad, es necesaria como hemos visto un yo auxiliar, holding o reverie que permita enriquecer los enlaces asociativos psíquicos.

Pero también, el placer de la unión objetal, cuando pierde o se esfuma, se busca revivir produciendo una "alucinación satisfactoria del deseo". En su estado inicial la introyección se puede manifestar en los anhelos bajo alucinación satisfactoria de deseos, omnipotencia infantil en el narcisismo primario. Vale decir, en lo arcaico al no existir distinción de barreras entre yo/no-yo no hay modo de proyectar lo placentero a un objeto externo del mundo, por lo tanto, se alucina en la ensoñación. En la "Adición Metapsicológica", Freud (1915) indica que "*la alucinación consiste en una carga del sistema Cc (P): carga que no es efectuada como normalmente desde el exterior, sino desde el interior, y que tiene por condición el avance de la regresión hasta este sistema, pasando por alto, así, el examen de la realidad*" (p.2089). De este modo, cuando hablamos de la "*inversión de curso de la excitación, desde el sistema Prec. hasta la percepción, a través del sistema Inc., es al mismo tiempo un retorno a la fase de la realización alucinatoria de deseos*" (Freud, 1915:2086). Desde el comienzo, esta inversión a la alucinación, "*al principio de nuestra vida anímica provocábamos la alucinación del objeto anhelado cuando sentíamos su necesidad. Pero la imposibilidad de conseguir por este medio la satisfacción, hubo de movernos muy pronto a crear un dispositivo, con cuyo auxilio conseguimos diferenciar tales percepciones de deseos de una satisfacción real y aprender evitarlas en el futuro. O dicho de otro modo: abandonamos en una etapa muy temprana la satisfacción alucinatoria de deseos y establecimos una especie de examen de la realidad*" (Freud, 1915:2088).

Ahora bien, posteriormente, a la introyección propiamente tal, emerge luego el deseo de retornar el placer perdido, de recuperar la satisfacción ocurrida, pero, en este nivel (a diferencia en alucinación del placer) existe ya una noción básica de que "algo se perdió" o ese algo "está afuera siendo no parte de mi" (yo/no-yo) y como tal se proyecta un objeto deseado en un espacio-tiempo. Aquello lo podemos apreciar más claramente en el carácter anal o rasgos anales, donde la introyección tiene especial función en la psicosexualidad anal. La retención, acaparar todo de sí, coleccionar y almacenar es propiamente la versión opuesta a la proyección. Pues para no perder lo perdido se busca engullir los objetos para sí, puede ser un tatuaje, canibalismo, "mal de Diogenes", coleccionar objetos de valor resguardados celosamente. No es difícil apreciar esto en las Neurosis obsesivas, donde realizan inmensos rodeos para retener lo que se puede perder antes que ocurra alguna posible pérdida, algunos viven en verdaderos mausoleos o basurales donde no pueden deshacerse de sus objetos sin importar si es prácticamente puro excremento. Si los objetos tienen alguna característica que brinde placer se introyectan masivamente, desecharlos o gastarlos implica expulsar algo valioso retenido de su pasado-presente-futuro. Es común ver objetos que buscan conservarse como "nuevos", el mínimo rasguño podría encolerizar, la Neurosis Obsesiva de conservar lo nuevo tal cual fue o lo más cercano a como fue a la primera vez que otorgó placer. Es claro por otra parte, que en la acumulación de objetos existe en parte la proyección, pues lo que deseo recuperar, anhelo tener o ser se proyecta en un objeto temporeo-espacial para alcanzar. La catexia busca apuntalar o acercar lo placentero, proyectando lo perdido o anhelado para adquirirlo, ya sea un ideal o un objeto concreto. Pues de no haber alguna noción de proyección en juego, habría simplemente alucinación satisfactoria de deseo (absoluta introyección).

La introyección tiene una función importante en la constitución del yo, aunque si se pierde un objeto o se cae algún "ideal del yo" es como si se perdiera o se arrancara un pedazo del yo. Ocurre que en ciertos duelos se suele expresar: "siento que han arrancado una parte de mi", esto puede remitir a que el brillo del objeto perdido recae sobre el yo.

Pasando a otro terreno, la introyección también tiene funciones en la identificación o en la conformación del Super-yo y los "ideales del Yo". De este modo, no necesariamente la introyección radica solamente en acaparar objetos externos, como en las marcas de los tatuajes, vestirse como algún famoso o alguien a quien se admire o en los clásicos pegotines o adornos que visten los niños en sus ropas con abudancia. Además, son parte de las introyecciones masivas las adicciones graves o dependencias agudas fijadas libidinalmente. La adicción es un exceso de tensión e inhibición de la descarga, lo cual no excluye que en las adicciones existan también las proyecciones en su conformación.

Por otro lado, la lógica anal en la introyección radica en un "todo o nada": si pierde algo bueno o placentero pierde todo lo bueno de sí mismo o del Yo. El descargar o el deshacerse de algo sin el pleno control es frecuentemente una angustia. Desde aquí es posible comprender en las Melancolías lo que sucede cuando la "sombra del objeto recae sobre el yo", se introyecta lo perdido identificándose con el objeto, tomando su lugar. De modo más concreto lo podemos ver en niños que tras la muerte de su perro o gato buscan comportarse como aquel animal para no perderlo a pesar que se retiene lo penoso del recuerdo. De modo que en la Melancolía se puede llorar mil veces por un ser querido y no "soltarlo" jamás por aquel placer nostálgico inconfundible y único que posee (provee). En resumen, nadie como un Neurótico Obsesivo sabe que todo placer o descarga puede conllevar a una posible pérdida, por eso, no es poco frecuente que pensamientos sobre el futuro y la muerte sean temáticas recurrentes ya sea en lo manifiesto o bajo lo latente. Sin embargo, como en la analidad no todo tiene que ver solamente con lo retentivo, también existe la postergación y la fantasía de algún día expulsar lo adquirido a como ellos desean alguna vez: "eliminaré estas cosas inútiles guardadas pero sólo cuando tenga todo el tiempo necesario antes", "algún día gastaré todos estos ahorros acumulados por años cuando siga ahorrando lo suficiente para", "mis ahorros son para mis hijos y nietos no son para mí". Asuntos como la postergación, el ahorro son conductas propias de la analidad, lo que no quita consigo la fantasía de expulsar y "mandar a la mierda la mierda guardada". Por supuesto, no todas las introyecciones tienen relación con la analidad o con la Neurosis obsesiva, como revisamos también pueden tener relación con las identificaciones, ideales del yo, melancolías, Manías, etc. Debemos aclarar que no todas las introyecciones son únicamente huellas de placer, también pueden introyectarse huellas de displacer o mandatos Super yoicos y no solo ideales del Yo. En el Ideal del Yo, por ejemplo, pueden ser la culpa, las vergüenzas y fracasos en su autoestima. Las cuales, por supuesto, pueden ser proyectadas en formas como el Fort-da hacia un otro. Introyecciones en el Super yo pueden ser los castigos autopunitivos, Masoquismo Social y prohibiciones.

Para otorgar un ejemplo claro sobre las introyecciones, las podemos apreciar en los sueños. A todos nos ha pasado que al despertar de un sueño de angustia o pesadilla, algunas veces, tras despertar, nos quedamos consigo varios minutos o incluso horas con la sensación o emoción del sueño ocurrido. Un caso interesante de esta misma introyección llevada a un nivel más extremo lo ejemplifica Socarides (1988) relatando el caso de un paciente que al despertar de un sueño, *podía regresar al sueño o ir a otro sueño. Esto le daba la fantasía de estar participando en "algun tipo de... imágenes en mi mente - una sensación, como de estar en el cine- también puedo hacer esto durante el día. Si me siento mal, o estoy muy intranquilo me puedo acostar y empezar a 'soñar'".*
Recordó que a la edad de 21 años, cuando iba a su estudio: era característico en mí entrar en una especie de mundo de sueños porque era muy placentero. [¿Cómo entraba en él?] Es fácil recordar los elementos del sueño de algo que he soñado y creer que son reales. Por ejemplo, si recuerdo en un sueño a alguien atacándome, por ejemplo un perro, simplemente regreso a eso. Si los sueños ya tuvieran dos días, sería muy difícil "regresar a ellos". Puedo regresar porque en realidad nunca he dejado el sueño -nunca lo he abandonado.
Le pregunté si en esas ocasiones simplemente volvía a dormirse.
No, simplemente te vuelves a conectar. Si un hombre te está atacando, parte de ello es creer que realmente había un hombre ahí, y volver a conectarte es volver a recordar la sensación y meterte en ella [un elemento consciente de voluntad]. Como si estuvieras en un escenario y nunca te hubieras salido del

teatro. Regresas ahí dentro, porque no solamente es la situación, es toda la atmósfera. Tan sólo el escenario no es suficiente para controlar un sueño adicional. Cuando regreso estoy prácticamente consciente de que estoy soñando, no estoy despierto ni dormido: es un estado de duermevela. Antes de despertar, no estoy consciente de que estoy soñando, cuando ya estoy despierto decido regresar. En realidad no estoy despierto ni dormido porque durante todo este tiempo estoy consciente de que me tengo que levantar para ir a trabajar. El "sueño" estaría compuesto como un sueño regular. La única diferencia entre unos sueños y otros, de los que hemos analizado, es que los que he tenido en la noche son mucho más hilados, y los otros más fragmentados.
Le mencioné que a mi modo de ver era más fácil que los "sueños controlados" (es decir, los de la noche) podrían ser mejores que los "no controlados". Él difirió.
No, parece tan natural. Por ejemplo, si yo tengo hoy la sensación de ansiedad, tal vez antes de ir, a visitar a mis padres, me siento cansado y ansioso. Por lo tanto piensas en tu familia, haces algo, ves una habitación. Tiene el elemento de un sueño o está distorsionado" (p.563-564).

Si intentamos responder a la pregunta: ¿Qué es primero, la proyección o la introyección? Diríamos que si bien en el pasaje a la descarga inmediata sin freno o postergación es propio de una expulsión o rechazo masivo por el displacer, no obstante, también existe la adquisición mnémica de las distintas huellas de placer que son introyectadas. De modo que responder a qué fue primero si la introyección o la proyección (expulsión), pues sería lo mismo a responder si es primero el placer o primero el displacer. Como se sabe, placer-displacer pueden darse conjuntamente, alternadamente, así como prioritariamente en un polo de otro primando más o menos según cada sujeto. Además como hemos revisado, tanto la proyección propiamente tal y la introyección propiamente tal con la distinción tópica yo/no-yo incluye cierto nivel de proyección en la introyección o de introyección en la proyección, pues en tal estadio no hay una absoluta introyección ni una absoluta proyección que son propios de estadios arcaicos o agudamente psicóticos.
Con respecto a los Objetos Transicionales vemos que el objeto transicional engloba tanto proyecciones como introyecciones. Es la madre que aún no se separa de su dependencia infantil, resguardando y atesorando dicho objeto, pero también proyecta en dicho objeto las cualidades de su madre, proyectando muchas veces su sadismo o frustraciones en el objeto, aunque también intenta conservarlo o repararlo en caso de ser posible.
Resumamos entonces, por un lado, la masividad de la proyección (rechazo) da cuenta de intolerancia a la frustración (tensión) y la masiva introyección da cuenta de una intolerancia a las pérdidas. Hay que aclarar que un modo de proyectar o introyectar no siempre se excluyen uno del otro.

Ambas modalidades de introyeccion (acercar) y proyección (alejar) encontradas en el yo-placer purificado, se necesitan en ciertos momentos del desarrollo psíquico, no obstante, el nivel psíquico desde el yo-placer-purificado estamos posicionados en la Paranoia (lo malo es externo y lo bueno está en mí). No olvidemos también que lo proyectado en las Psicosis Paranoides comunmente "*padecen el delirio de ser observados. Se nos quejan de que sin cesar, y hasta en su obrar más íntimo, son fastidiados por la observación de unos poderes desconocidos, aunque probablemente se trata de personas; y por vía alucinatoria oyen cómo esas personas anuncian los resultados de su observación: «Ahora va a decir eso, se viste para salir, etc.». Esa observación no es por cierto idéntica a una persecución, pero no está muy lejos de esta; presupone que se desconfía de ellos, que se espera sorprenderlos en acciones prohibidas por las que deben ser castigados. ¿Qué tal si estos locos tuvieran razón, si en todos nosotros estuviera presente dentro del yo una instancia así, que observa y amenaza con castigos, con la sola diferencia de que en ellos se habría separado más tajantemente del yo y desplazado de manera errónea a la realidad exterior?*" (Freud, 1932:55). En las psicosis usualmente no queda claro dónde empieza y dónde termina la proyección corporal o dónde se almacenan sus pensamientos. La auto-observación o la auto-crítica siempre contiene niveles de proyección e introyección (no necesariamente psicóticos), donde el "*yo puede tomarse a sí mismo por objeto, tratarse como a los otros objetos, observarse, criticarse, y Dios sabe cuántas otras cosas podrá emprender consigo mismo. Para ello, una parte del yo se contrapone al resto. El yo es entonces escindible, se escinde en el curso de muchas de sus funciones, al menos provisionalmente. Los fragmentos parcelados pueden reunificarse luego*" (Freud, 1932:54). Es allí donde la consciencia juzga un posible "objeto interno" displacentero o desagradable de sí mismo, como algo dentro de uno mismo pero fuera de sí en el conjunto, para así observarse como parte momentaneamente escindible del conjunto del yo. Desde la consciencia moral-juiciosa, se mide en el "Ideal del Yo" la proyección de la distancia con el "Yo-ideal" sintetizado de su presente, lugar donde se juzga bajo el "Ideal-bueno" lo "malo-incumplido". Lo actual o su resultado presente, se mide con la meta ideal por alcanzar, mientras la distancia proyectada entre un punto a otro es medido por un Juez (observador-consciente) que decide el castigo, penitencia, grado de culpa o angustia a cargar (señal de angustia). Con la esperanza que dicho escarmiento, deje huellas que recuerden nunca más cometer el mismo error (cometido el error, dejará una marca de angustia o culpa para que alerte a lo lejos un posible escenario que aguarde las mismas condiciones), evitándonos así una nueva equivocación. Que en caso de ser cometido de nuevo, más se juzga punitivamente una parte del conjunto del yo como miserable. Por supuesto, mientras más grande sea el error que aumente la distancia entre un yo-ideal con su Ideal del Yo, más severa o intensa será la angustia o la culpa.

Las funciones de la autoobservación o autocritica pueden comandar diversas funciones simultáneas, provocando como dice Freud (1932) contraposiciones: "se escinde provisionalmente y los fragmentos parcelados pueden reunificarse". Las parcialidades (partes) del yo o conjuntos del yo entre contraposiciones de mandatos e ideales heterogeneos (no-homogenos), la observación o crítica de sí, presenta fugaces posturas donde las fluctuaciones de distancia entre lo "Ideal" y lo "actual" es muy variable en su campo, las cuales reflejan la ida y vuelta del reflejo-reflectante del para-sí, sin encontrar un punto totalmente detenido en la especularidad reflectora. Como revisamos, se proyectan mediciones constantes en los puntos introyectados de la "idealidad". Es como una dialéctica que retroalimenta la reflexión de sí mismo o para-sí, vale decir, según la intensidad de la fijación (por sus múltiples causas), se co-modifica el Yo-ideal y el Ideal del yo en su proceso. Por supuesto, en los casos Maniaco-

Melancólicos graves, la co-modificación es extremadamente polarizada, no tan sólo en cómo varian las distancias entre lo Ideal y lo Actual, sino también en cómo los intereses libidinales pueden variar sus elecciones objetales o metas. Quizás la descripción otorgada nos suene críptica de entender, pero, se hace necesario "solidificar" (momentáneamente) esta marea fluída de "escindibles conjuntos" para distinguir o explicar los efectos posibles a revelar. Entendamos que durante el fluir de la consciencia en sus respectivas auto-observaciones, atenciones y reflexiones se aguardan diversas temáticas que van y vienen según el estado subjetivo-afectivo (suben o bajan su importancia entre-mezclado con otras ideaciones) con sus respectivas aspiraciones-metas. En dicha situación o proceso se calculan o re-evaluan los alcances futuros y pasados.

Como lo hemos visto, aunque en la paranoia existe una proyección masiva delirante, aún se busca en la paranoia introyectar lo bueno o placentero de sí, para no explusarse masivamente como en los estadios más arcaicos como el bebé o bajo psicosis más agudas (hebefrénicas). Entonces, por más delirante sea la paranoia, generalmente conserva cierta noción del yo o su distinción yo/no-yo previamente introyectada. Hay un punto de vista o sostén instalado donde se observa lo que se proyecta, como también, se despliega lo que se introyecta. Como ya dijimos, por el otro costado, una masividad introyectiva genera alucinaciones de anhelos, puesto que no hay una conjugación de una proyección que proyecta en lo espacio-temporal, lo deseado o anhelado.

Queremos decir, el pliegue de la distinción adentro y afuera conjuga en cierto equilibrio basal lo introyectado y proyectado. No puede existir dicha distinción sin una mezcla entre proyección e introyección: mi mente está "dentro" de mi cuerpo y el mundo está "fuera" de mi cuerpo. Solo así, puede existir un "ser-en-el-mundo" que se arroja a sí, pero retorna sobre sí (ipseidad) en lo reflejado-reflejante. Por supuesto, en fenómenos psicóticos como la despersonalización, existe una proyección de las coordenadas espaciales del yo fuera del cuerpo, como el estar viviendo fuera del cuerpo, vivir como estando en una película ajena a uno mismo (verse a sí mismo como si viera su vida fuera de sí en una especie de pantalla proyectiva de cine). Caso contrario, acontece en los sueños, donde existe una masiva introyección o retraimiento del yo que permite alucinar en los sueños. De modo que en las Psicosis más agudas o graves pueden presentarse conjuntamente masivas proyecciones e introyecciones delirantes o alucinantes. Por ejemplo, en las psicosis se proyecta masivamente en el mundo externo un objeto altamente anhelado, el psicótico, sabe que afuera de su cuerpo hay un objeto afuera que él ve, apodícticamente. Como también puede darse que lo ocurrido en el mundo externo se introyecta masivamente, las cuales se proyectan masivamente provocando una confusión de identidad o el yo. Por ejemplo, cuando fuí prácticante en el Psiquiátrico, un paciente decía: "yo maté a Osama Bin Laden" y "todos uds son mis hijos".

Tomando como ejemplo el caso Schreber, cuando Freud (1911) comenta las fantasías apocalípticas de Schreber, daban cuenta del retraimiento del mundo sobre el yo donde el mundo exterior perdía consistencia y se intentaba recuperar delirando un mundo desolado apocalíptico: *"ha sustraído de las* personas de su entorno, y del mundo exterior en general, la investidura libidinal que hasta entonces les había dirigido; con ello, todo se le ha vuelto indiferente y sin envolvimiento para él, y tiene que explicarlo, mediante una racionalización secundaria, como cosa «de milagro, improvisada de apuro». El sepultamiento del mundo es la proyección de esta catástrofe interior; su mundo subjetivo se ha sepultado desde que él le ha sustraído su amor" (p.65). A propósito de aquella "racionalización secundaria" delirante, Freud (1911) lo explaya expresando que "no se puede afirmar que el paranoico, aun en el apogeo de la represión, haya retirado por completo su interés del mundo exterior (...) El paranoico percibe el mundo exterior, se da razón de sus alteraciones, la impresión que le produce lo incita a operaciones explicativas" (p.69). Más adelante, Freud (1911) establece que en el delirio, el mundo lo "edifica de nuevo mediante el trabajo de su delirio. Lo que nosotros consideramos la producción patológica, la formación delirante, es, en realidad, el intento de restablecimiento, la reconstrucción" (p.65). En otras palabras, para Freud el delirio más que algo patógeno, es una manera de dar consistencia al mundo.

En el caso Schreber también se presentaba el ideal del yo psicótico y mesiánico de salvar el mundo convirtiéndose en la esposa de dios, para lo cual debía emascularse para procrear hijos Schreberianos: "Schreber forjó la fantasía de que si él fuera mujer sería más apto para tener hijos y así halló el camino para resituarse en la postura femenina frente al padre, de la primera infancia. Entonces, el posterior delirio, pospuesto de continuo al futuro, según el cual por su emasculación el mundo se poblaría «de hombres nuevos de espíritus Schreberiano», estaba destinado a remediar su falta de hijos. Si los «hombres pequeños» que el propio Schreber halla tan enigmáticos son hijos, nos resulta bien comprensible que se reunieran sobre su cabeza en gran número; son, realmente, los «hijos de su espíritu». (Freud, 1911:54)" Como notarán, pese a su deseo, la falta de hijos para Schreber, es, según nos cuenta a causa de la infertilidad de su esposa. Más allá si la infertilidad es por causa de Schreber o de su esposa, lo cierto es que la postura femenina frente a dios de emascularse para remendar la falta de hijos, es una proyección de su ideal del Yo, "reconstruyendo" en su delirio la infertilidad, para introyectar los "rayos o nervios de dios" con el fin de fertilizar el mundo con "hombres nuevos de espíritus Schreberiano". Puesto que para Schreber es su deber ofercerse de forma voluptuosa como mujer bajo sus rayos divinos, aquel goce que dichos rayos buscan en su cuerpo por ser fecundado.

Freud (1911) en el mismo texto sobre su análisis al caso Schreber, desarrolla la **Gramática del delirio paranoico.** En su estudio sobre la Gramática de la contradicción respecto al delirio de persecución, Freud trabaja la frase: "«Yo lo amo [a] varón»", frase que se puede contradecir de los siguientes modos:
El delirio de persecución, proclamando en voz alta:
«Yo no lo amo, pues yo lo odio» (…), no puede devenirle consciente al paranoico en esta forma. El mecanismo de la formación de síntoma en la paranoia exige que la percepción interna, el sentimiento, sea sustituida por una percepción de afuera. Así, la frase «pues yo lo odio» se muda, por proyección, en esta otra: «El me odia (me persigue), lo cual me justificará después para odiarlo»" (Freud, 1911:58-59). De modo que la frase queda: "«Yo no lo amo -

pues yo lo odio - porque *ÉL ME PERSIGUE*». La observación no deja ninguna duda sobre que el perseguidor no es otro que el otrora amado." (Freud, 1911:59).

Una forma típica de la contradicción "*lo registra la erotomanía (...)* «Yo no lo amo — yo la amo — porque *ELLA ME AMA*» (...) puede suceder que el sustituto de proyección «ella me ama» sea relegado de nuevo por la frase «Pues yo la amo»" (p.59).

En otra forma tenemos el "*delirio de celos del alcohólico. El papel del alcohol en esta afección se nos ha vuelto inteligible en todos sus aspectos. Sabemos que este medio de goce cancela inhibiciones y deshace sublimaciones. No es raro que el varón sea empujado al alcohol por el desengaño con la mujer, pero esto, por regla general, equivale a decir que ingresa en la taberna y en la sociedad de los varones, donde halla la satisfacción del sentimiento que echa de menos en su hogar con la mujer. Y si estos varones devienen objetos de una investidura {Besetzung} libidinosa más intensa en su inconsciente, se defiende de ella mediante la tercera variedad de la contradicción: «No yo amo al varón - es ella quien lo ama», y sospecha de la mujer con todos los hombres a quienes él está tentado de amar.*" (Freud, 1911:59-60).

En resumen dice Freud (1911): "*una frase de tres eslabones como "yo lo amo" admitiría sólo tres variedades de contradicción. El delirio de celos contradice al sujeto, el delirio de persecución al verbo, la erotomanía al objeto. Sin embargo, es posible además una cuarta variedad de la contradicción, la desautorización en conjunto de la frase íntegra: «Yo no amo en absoluto, y no amo a nadie», y esta frase parece psicológicamente equivalente —puesto que uno tiene que poner su libido en alguna parte— a la frase: «Yo me amo sólo a mí». Esta variedad de la contradicción nos da entonces por resultado el delirio de grandeza, que podemos concebir como una sobrestimación sexual del yo propio y, así, poner en paralelo con la consabida sobrestimación del objeto de amor*" (p.60).

En la Erotomanía puede ocurrir no tan solo la idea paranoide de que el otro me ame dado que proyecta el "yo lo amo". La idea de ser muy codiciado puede articularse con defensas del tipo: "cómo ella no me puede amar si yo la amo tanto, es imposible que ella no me ame también." Hay una simetría en la proyección, "ella me debe amar también como yo la amo a ella". Un paciente que tuve, me refería el desencuentro amoroso de una mujer que frecuentemente lo rechazaba y ante ello exclamaba: "ella no sabe que en realidad le gusto, si tan solo me diera una oportunidad ella lo sabría", "¿cómo no me puede amar ella si yo la amo tanto?" En su caso particular, la idea de no ser correspondido le era inconcebible de admitir, por lo cual no renunciaba a su oportunidad mientras permanezca tenazmente amándola obsesivamente reteniendo el objeto de amor para no perderlo, pese a los múltiples rechazos de quien ama.

Otra modalidad proyectiva es la idea que un otro me odie porque tú también lo odias: sí yo odio esta persona, es obvio que yo también le debo desagradar. En otras palabras, las certezas de un lugar o sitio se intercambian como certezas en otro lugar. Como lo podrán notar, los afectos e ideas se trasladan de forma literal según la pasividad-actividad, objeto y verbo. Por otra parte, el contenido del traslado o mudado puede optar por defensas reactivas contrarias: no lo amo, lo odio o al revés. En el caso Schreber, al que revisamos, se puede combinar con una construcción más delirante: no tengo deseos homosexuales, solo deseo ser penetrado por dios por una causa noble mayor. En Schreber, lo que se articula es tanto la distorsión Yoica por delirios maniacos de grandeza, la amplitud del conjunto abierto en las representaciones-cosa, como la sustitución de la realidad externa por la interna.

Sobre las Proyecciones, no es poco frecuente oír la expresión que dice: "me atrapó la historia, me envolvió la trama" ya sea por un libro, una película o el relato de un tercero. No está demás decir que en tales efectos hubo algo de la biografía personal de quien lee o mira lo identifica de alguna manera íntima. Hanna Segal (1964) exponiendo al respecto un caso de Psicosis, "*la paciente dijo que de cualquier modo no veía en la gente "más que proyecciones de personajes de libros". Comentó cuánto le gustaba leer libros; los devoraba. Dijo que los personajes de libros le parecían mucho más reales que cualquier otra persona, y sin embargo eran tan irreales. Los personajes de los libros podían tener cualquier emoción, ella no tenía ninguna. Los personajes de los libros eran maravillosos porque podía hacer con ellos lo que quisiera. Ni siquiera le importaba lastimarlos, ya que ellos nunca cambiaban (…) pone todo su amor en personajes de libros y éstos se convierten en sus objetos ideales. Cuando ha proyectado toda su enfermedad –maldad- en personas reales, y todo su amor y cualidades ideales en personajes de libros, ella misma se siente completamente vacía. No tiene emociones ni contenidos, sean buenos o malos. Para contrarrestar esto, necesita devorar libros en un intento de introducir adentro de sí estos objetos ideales y recuperar las partes proyectadas de sí misma que están ahora en ellos. En esta secuencia también se trasluce por qué convierte en objetos ideales a personajes de libros, en vez de personas reales*" (p.66). Podemos a esto sumarle (no sólo en Psicosis) el típico comentario tras haber leído o seguido una serie novelesca o al terminar de ver su último capítulo, se comenta: "al terminar de leerlo, siento ahora un vacío, me he despedido de todos los personajes". De este modo, no suele ser infrecuente encontrar personas que inician con sumo placer una historia, pero que al acercarse el final suelen dejar abruptamente la novela en cuestión, sin saber nunca el final y la despedida, mantienen en el recuerdo una historia "aún viva" que "algún día se retomará" o que "si no me la termino, nunca se acabará". Recordemos lo visto sobre las pérdidas en la analidad introyectiva. Por ende, resumiendo con Hume (1751) al "*Leer un libro de historia parece que es sosegado entretenimiento; pero no sería entretenimiento en absoluto si nuestros corazones no palpitasen con emociones correspondientes a las que son descritas por el historiador*" (p.102).

Otro caso son las películas de terror, en ellas, algunas veces resuenan huellas de displacer en su modalidad fóbica o incluso traumática que pueden provocar tras ver la película (generalmente de noche) efectos de miedo y paranoia transitoria. Desde allí se re-actualiza con la nueva introyección, una angustia flotante que se catexia proyectando a diferentes formas o siluetas a modo persecutorio. Si la película luego provoca su efecto generando varias pesadillas (con despertar nocturno) posteriores, estaríamos en el orden de una re-actualización invasiva de un Trauma. En estos casos la separación tópica yo/no-yo por medio de las proyecciones e introyecciones acontecidas en la película, ya no logran distinguir claramente la mera "ficción" con la "realidad".

No es difícil colegir que si uno se identifica apasionadamente (con lo que uno desea ser), frente algún héroe de una historia que tenga cualidades salvadoras y que el placer de seguir la historia, esté en su logro por conseguir su victoria. Es comprensible que si en algún momento, el héroe fracasa abruptamente en su hazaña, provoque un displacer al lector u oyente. Las historias recrean y tocan diversas fantasías de antigua data que han quedado fosilizadas, siendo, la lectura de un libro o una película quien justamente concede humectar los restos óseos disecados.

Aun cuando sean escenas, vivencias y ocurrencias de situaciones que jamás hemos vivido, nos sumergimos en el relato inconscientemente con los elementos de nuestra biografía, para hacerlos calzar con fantásticas historias donde el personaje que nos "atrapa", empatizamos a como él se sentiría o como siendo la otra persona conocida querida u odiada se sentiría. Como lo indicó Freud (1920) con respecto a las actuaciones teatrales: *"la imitación y el juego artístico de los adultos, que, a diferencia de los infantiles, van dirigidos ya hacia espectadores, no ahorra a éstos las impresiones más dolorosas -así en la tragedia-, las cuales, sin embargo, pueden ser sentidas por ellos como un elevado placer. De este modo llegamos a la convicción de que también bajo el dominio del principio del placer existen medios y caminos suficientes para convertir en objeto del recuerdo y de la elaboración psíquica lo desagradable en sí. Quizá con estos casos y situaciones, que tienden a una final consecución de placer, pueda construirse una estética económicamente orientada"* (p.2513). Con similar claridad lo expone D. Hume (1751) al referir que *"pasiones, incluso las más desagradables, como el sufrimiento y la ira, producen satisfacción cuando son animadas por la poesía en virtud de un mecanismo natural que no es fácil de explicar"* (p.148)

Como muy bien lo detalló Freud (1914) en su Introducción al Narcisismo, la identificación con personajes no significa necesariamente una identificación con quienes somos, es también con quienes pudimos ser, quienes fuimos y también con quienes deseamos ser. Siempre tendrán para nosotros, mayor valor e importancia aquellas historias o relatos que leemos una y otra vez con la misma emoción, o de aquellas historias que nuevamente volvemos a desplegar en cada nueva etapa biográfica. Considerando la enumeración de Freud (1914) para la identificación o *"la elección de objeto. Se ama: 1.° Conforme al tipo narcisista:*
a) Lo que uno es (a sí mismo).
b) Lo que uno fue.
c) Lo que uno quisiera ser.
d) A la persona que fue una parte de uno mismo" (p.2026).

Lógicamente dichos relatos, de forma similar a las fantasías sexuales, el guión o historia deben recomenzar en un cierto inicio, dando así, el rodeo necesario a su desenlace o clímax, sino, el efecto emocionante-excitatorio (in crescendo) de una historia, en tanto las repetimos, no obtendrían su efecto buscado de emocionarnos. La historia o fantasía sexual, necesita iniciarse desplegando la fulguración de tensión hasta el clímax para emocionarnos o excitarnos, una y otra vez bajo el mismo rodeo.

Desde aquí, podemos comprender a los típicos libros de Auto-ayuda convertidos en Best Sellers, sobre supuestas biografías de vidas reales que han pasado por diversos calvarios que pese a todos los obstáculos han sorteado la clave del éxito. No es poco frecuente que algunos tras leer dichos libros se sientan más empoderados, dispuestos a llevar a cabo las guías que orientarán las claves del éxito. No obstante, con mucha más frecuencia, se ve que el efecto identificatorio no excede por unas cuantas semanas o a lo mucho meses tras su lectura. Esto debido a que el peso de los otras fantasías van reacomodándose a la rutina diaria. Diríamos tal como lo abordó Freud respecto a las críticas de las sesiones hipnóticas, son pan para hoy, pero hambre para mañana.

Las distintas fantasías se van mezclando con otras análogas, se van desfigurando en otras, se reduce el guion o se amplía el guion. Toda fantasía tiene a un personaje que toma rol protagónico según los caudales de lo pasivo o activo de la pulsión en la identificación.
Cada elemento o miembro del elenco de una fantasía refieren variados aspectos de sus múltiples apuntalamientos pulsionales, sean rechazados o deseados.
El papel principal puede estar contenido en quien unos menos cree identificarse, o que el papel principal en donde se identifica el yo, solo existe gracias a recuerdos reprimidos que dan forma al guion de la escena fantaseada.
Esto podrá suceder como nos dice Hume (1751), solo si "*dentro de la pieza teatral, cada emoción provocada por un poeta hábil se comunica a los espectadores como por arte de magia; y éstos lloran, tiemblan, se resienten, se alegran y se enardecen con todas las pasiones que afectan a varios personajes del drama. Siempre que algún episodio de la obra trunca lo que deséabamos e interrumpe la felicidad de nuestros personajes favoritos, sentimos una notable ansiedad y preocupación. Y cuando su sufrimiento proceden de la traición, crueldad o tiranía de un enemigo, nuestros corazones son afectados por el más vivo resentimiento contra el autor de esas calamidades*" (p.101).

Finalmente, las fantasías inconscientes portan el mismo tipo de elaboración que se presenta en los sueños. La tensión o la descarga pueden estar repartidas en los distintos personajes y escenas. Toda la fantasía inconsciente o el sueño forman parte de todo el efecto del tejido subjetivo de quien lo porta.
Las fantasías pueden producirse en el momento mismo en que algo es frustrado y promueve la búsqueda de fantasía como un sustituto de satisfacción, similar en los propios sueños. La fantasía se diferencia de los sueños en que los sueños están más moldeados por las desfiguraciones del proceso primario con mayor "revoltijo". La fantasía, en cambio, es una mezcla curiosa entre el proceso primario y el proceso secundario en diversos niveles, dependiendo que tan reprimido o escindidos estén los objetos en la(s) escena(s).

Pasando ahora, en su otro polo, del lector al autor, Ferenczi (1901) antes de conocer a Freud, menciona que: *"Las únicas fuentes verdaderas de la psicología del amor son actualmente la poesía y la literatura. En el fondo, el poeta lírico es, por él mismo, un auténtico psicólogo: libera en el lector las corrientes que atraviesan su alma, despertando y suscitando en su espíritu miles de emociones parecidas a las suyas.*

El trabajo personal del romancero constituye de esta forma una verdadera investigación científica en la medida en que no sólo sus sentimientos es lo que examina bajo su escalpelo sino también aquellos de sus semejantes. A menudo, evita la simple observación de los hechos y debe recurrir a verdaderos métodos experimentales. Procede de esta forma cuando imagina sus héroes; los coloca en situaciones complejas, observa atentamente sus reacciones, reflexiona sobre la manera en que él "debe" hacerlos reaccionar en tales condiciones, en función de su carácter, de sus singularidades, innatas o adquiridas bajo la influencia de las circunstancias exteriores dadas." Así mismo, operan las vertientes de la proyección-introyección a la hora de gestar una obra.

4. Masoquismo-Sadismo y Voyerismo-Exhibicionismo

Podríamos haber tratado antes el tema, por ejemplo, del Masoquismo, pero decidí dejarlo en los últimos apartados de este texto, debido a que el Masoquismo engloba diversos capítulos o apartados de lo expuesto y era necesario dar mención aquellos antes, para comprender a mejor cabalidad lo que ahora prosigue.

Para comenzar expondremos el caso de un paciente masoquista de Theodor Reik (1941) quien antes de iniciar una relación sexual, solicitaba ser azotado en las nalgas por una mujer robusta, mientras usaba pantalones negros inclinado de rodillas. El paciente de Reik, se presentó aludiendo que ya no logra encontrar satisfacción en dicho preámbulo (que incluso a veces bajo su escena llegaba al orgasmo). Posteriormente en su análisis, el paciente da cuenta de detalles infantiles que dan pistas a su acto masoquista. Al principio narra los baños de barro con su madre: *"en penumbras no vio al principio a su madre, sino solamente nalgas y piernas negras. Su madre estaba parada, inclinada hacia adelante levantando algo, una esponja quizás o una toalla. No era de extrañar de que sus nalgas y piernas estuvieran negras, acababa de salir de un baño de barro. En ese momento el pequeño experimentó un repentino y casi irresistible impulso de aproximarse a su madre y darle una palmada en el trasero"* (p.22). De este modo, para Reik (1941) es viable interpretar que los pantalones negros, guardan relación con las piernas de barro de su madre: *"la determinación del detalle: "pantalones negros". Estos representaban el barro negro en la parte inferior del cuerpo de su madre tal como él lo viera entonces. En la situación masoquista copiaba la posición de su madre. Se colacaba en su lugar identificándose con ella"* (p.22-23). El acto de nalguear se remonta a las nalgadas que daba su padre a las sirvientas o mujeres de su casa: *"El padre del paciente, hombre jovial y algo robusto, acostumbraba a repartir palmadas juguetonas entre las mujeres de la casa; su esposa, las criadas, la niñera y las parientes femeninas por igual (...) Él paciente tomaba la parte pasiva ocupando el lugar el lugar de la mujer a quien su padre acariciaba. La mujer que debía golpearlo en las nalgas representaba la figura original del padre zurrador que expresaba de esta manera su ternura"* (Reik, 1941:23).

Mientras que las pistas que otorgan los enlaces de la pérdida de satisfacción, se remiten al mentón con vellosidad de la mujer que lo iba a nalguear, de la cual representó una represión secundaria a la imagen homosexual que disponía sobre su padre: *"había echado una mirada a la cara de la mujer y a la estola de piel que llevaba sobre los hombros (...) el aspecto de la mujer con la boa de piel debe haberle hecho recordar a su padre. La piel alrededor del cuello y el mentón de la mujer había producido el recuerdo de la barba del padre. En este momento el paciente experimentó una sensación decisivamente pavorosa. La idea reprimida –"Mi padre me golpea como a una mujer o me usa como una mujer"- amenazó irrumpir en su consciencia y repelida (...) El paciente pronto encontró que se le hacía imposible la repetición de la escena masoquista con la misma mujer. Las mujeres que fueron llamadas a reemplazarla eran examinadas cuidadosamente para detectar vello sobre el labo superior o en el mentón. Tal inspección, sin embargo, no podía dejar de descubrir alguno que otro cabello. De modo que, después de esos intentos de corta existencia por revivir la vieja situación satisfactoria, todas las mujeres resultaban inútiles"* (Reik, 1941:24).

Respecto al caso del masoquista que es golpeado por una mujer, Reik (1941) aclara que en la fantasía inconsciente la *"tentación de adoptar una actitud pasiva femenina hacia el padre se enfrenta con el gran impedimento de la ansiedad de castración. Dedicarse a un hombre significará renunciar a su propia masculinidad. La temida castración debe ser evitada y reemplazada por un castigo más suave. De esta forma, el deseo de ser azotado y de ser amado se unen en una sola expresión masoquista (...) La precedencia de la mujer se prueba por el hecho de tener que realizar ella el castigo y por el hecho de que el placer y satisfacción dependen de ella. En esta situación irreconocible, la presencia de una mujer sigue probando que es el objeto original de amor. La persona que castiga es por tanto figura compuesta: es la mujer amante y amada pero con el gesto mortificante del padre (...) Por lo tanto, la figura compuesta consiste en dos personas: la persona a quien uno se esforzaba por poseer y la otra por la que se deseaba ser poseído. La figura dejada de lado y la nueva, la adorada y la temida, se han fundido en una sola"* (p.27). Recordemos aquí lo que revisamos (Capítulo II, Apartado 3) sobre la condensación o el caso reverso introyectado de la fantasía histérica (Freud, 1909) que en sus crisis actuaba tanto como atacante y atacada. En otros términos, bajo *"sus dos formas, activa y pasiva, aparecen siempre conjuntamente en la misma persona. Aquel que halla placer en producir dolor a otros en la relación sexual está también capacitado por gozar del dolor que puede serle ocasionado en dicha relación como de un placer. Un sádico es siempre, al mismo tiempo, un masoquista, y al contrario. Lo que sucede es que una de las dos formas de la perversión, la activa o la pasiva, puede hallarse más desarrollada en el individuo y constituir el carácter dominante de su actividad sexual"* (Freud, 1905:1186). Retomando el caso revisado de la nalgada masoquista, Reik (1941) concluye que en sus deseos inconscientes, está el *"ser empleado por el padre tal como este usa a la madre y obtener satisfacción sexual de él. Además existe otro rasgo, más oculto que manifiesto. Cuando el masoquista toma la actitud femenina ocupa el lugar de la mujer con el padre y la suplanta (p.28)"* Por último, en el mecanismo de la *"inversión había producido en verdad un disfraz efectivo. Hay mucha distancia desde la idea: "Quiero recibir placer sexual de mi padre" hasta la realidad: "Me azota una mujer" (...) Además surgió más tarde un recuerdo sexual en el cual se describe como un niño que juega con su padre rodando por el piso; presentaba a su padre las asentaderas esperando con placentera anticipación un alegre azote"* (Reik, 1941:25).

Siguiéndolo de cerca en los planteamientos de T. Reik, Piera Aulagnier (1962) exponiendo para el Seminario 9 de Lacan, relata que en el *"obsesivo, podríamos decir, es verdaderamente aquél que castiga bien porque ama bien, es aquél para quien la nalgada del padre ha quedado como la marca privilegiada de su amor y que busca siempre a alguien a quien darla, o de quien recibirla. Pero, habiéndola recibido o dado, habiéndose asegurado de* que se lo ama, el goce, es en otro tipo de relación con el mismo objeto que lo buscará, y que esta relación se haga oralmente, analmente o vaginalmente, no será perverso en el sentido en que yo lo entiendo, y que me parece el único que pueda evitar poner la etiqueta perverso sobre un gran número de neuróticos o sobre un gran número de nuestros semejantes. El sadismo se vuelve una perversión cuando la nalgada ya no es buscada o dada como signo de amor, sino cuando es en tanto que tal asimilada por el sujeto a la única posibilidad existente de hacer gozar a un falo, y la perspectiva de este goce se convierte en la única vía ofrecida al perverso para su propio goce (p.476)".

Según Freud (1924) "las fantasías de sujetos masoquistas (e impotentes muchas veces a causa de ello), las cuales culminan en actos onanistas o representan por sí solas una satisfacción sexual. Con estas fantasías coinciden luego por completo las situaciones reales creadas por los perversos masoquistas, bien como fin en sí, bien como medio de conseguir la erección y como introducción al acto sexual. En ambos casos -las situaciones creadas no son sino la representación plástica de las fantasías- el contenido manifiesto consiste en que el sujeto es amordazado, maniatado, golpeado, fustigado, maltratado en una forma cualquiera, obligado a una obediencia incondicional, ensuciado o humillado. Mucho más raramente, y sólo con grandes restricciones, es incluida en este contenido una mutilación. La interpretación más próxima y fácil es la de que el masoquista quiere ser tratado como un niño pequeño, inerme y falto de toda independencia, pero especialmente como un niño malo" (p.2753-2754).

Como hemos visto desde Freud, en lo gramatical del Caso Schreber (1911) o en Pegan a un niño (1919), Lacan (1968) en su Seminario XV expone en función de ello, lo siguiente: "Precisamente por esto el fantasma no es más que un montaje gramatical donde se ordena siguiendo distintas alteraciones el destino de la pulsión, de modo que no hay otra forma de hacer funcionar al yo (je) en su relación al mundo que haciéndolo pasar por esta estructura gramatical, pero al igual que el sujeto, en tanto que yo (je), es excluido del fantasma, como se ve en "un niño es pegado", donde el sujeto sólo aparece como sujeto pegado en la segunda fase, y esta segunda fase es una reconstrucción significante de la interpretación (...) el fantasma está cerrado sobre sí mismo, habiendo volcado el sujeto que pasa al acto su esencia de sujeto en lo que queda como articulación del pensamiento, a saber la articulación gramatical de la frase". En ese "no estoy en escena" o en ese "no soy yo allí", aquella gramática da más cuenta del objeto y de la escena misma que del sujeto en una frase de acción verbal. Vale decir, hay un verbo sin sujeto que se identifique o se agencie como el "soy yo": "¿Quién era el niño azotado? ¿El fantaseador mismo o un extraño? ¿Era siempre el mismo niño o uno cualquiera cada vez? ¿Quién lo azotaba? ¿Un adulto? ¿Y quién, en tal caso? ¿O el niño fantaseaba que él mismo azotaba a otro? Ninguna de estas preguntas recibió esclarecimiento, sino sólo esta única, esquiva, respuesta: «No sé nada más sobre eso; pegan a un niño»" (Freud, 1919:179).

Lo que en la práctica Lacan (1968) aclara que: "si Freud habla de pensamientos del sueño, es que, detrás de sus secuencias agramaticales hay un pensamiento, cuyo estatuto está por definir, que no puede decir ni "luego yo soy" ni "luego yo no soy", y Freud articula esto muy precisamente cuando dice que el sueño es esencialmente egoístico, implicando que el Ich del soñador está en todos los significantes del sueño absolutamente disperso, y que el estatuto que queda a los pensamientos del inconsciente es el de ser cosas".

Abordando el tema de la identificación, Reik (1941) alude que: "No resulta siempre obvio con quién se identifica la persona en sus fantasías. Ciertamente con la víctima, el ser pasivo de la escena, pero también con la figura cruel activa. Frecuentemente se identifica con un espectador que no participa de la escena pero que sin embargo se encuentra en misteriosa familiaridad con los pensamientos y sentimientos de los personajes activo y pasivo" (p.54). Más al detalle, Freud (1919) define por un lado "El «ser-azotado» de la fantasía masculina, como la llamaré en aras de la brevedad y espero que sin dar lugar a malentendidos, es también un «ser-amado» en sentido genital, pero al cual se degrada por vía de regresión. Por ende, la fantasía masculina inconciente no rezaba en su origen «Yo soy azotado por el padre», según supusimos de manera provisional, sino más bien «Yo soy amado por el padre». Mediante los consabidos procesos ha sido trasmudada en la fantasía conciente «Yo soy azotado por la madre». La fantasía de paliza del varón es entonces desde el comienzo mismo pasiva, nacida efectivamente de la actitud femenina hacia el padre" (p.194-195). Cuando incurre una represión que disfraza los objetos y las gramáticas, "el varón cambia persona y sexo del que pega, sustituyendo al padre por la madre, y conserva su propia persona, de suerte que al final el que pega y el que es azotado son de distinto sexo (...) El varón se sustrae de su homosexualidad reprimiendo y refundiendo la fantasía inconciente; lo curioso de su posterior fantasía conciente es que tiene por contenido una actitud femenina sin elección homosexual de objeto" (Freud, 1919:195). Tal como lo estudiamos en el hombre azotado con pantalones negros, el "muchacho, que quería huir de la elección homosexual de objeto y no ha mudado su sexo, se siente empero como mujer en su fantasía conciente y dota a las mujeres azotadoras con atributos y propiedades masculinos. La niña, que sí ha resignado su sexo y en el conjunto ha operado una labor represiva más radical, no se suelta empero del padre, no osa pegar ella misma, y puesto que ha devenido muchacho, hace que sean principalmente muchachos los azotados" (Freud, 1919:196).

En cuanto a las características de lo propiamente masoquista, "la preparación imaginativa reviste mucha importancia (...) el masoquista no puede presindir de la fantasia, que está representa una introducción indispensable" (Reik, 1941:47). Reik (1941) entonces diferenciándolo con el Sadismo o el Voyerismo respecto al rol de las fantasías, expresa que ambos "también son capaces de satisfacerse sin tal preparación. Si al pasearse por un bosque un voyer tiene oportunidad de ver una mujer desnuda, no es necesario ninguna fantasía preliminar para producir en él una fuerte excitación sexual" (p.47). Sin embargo, Reik (1941) aclara que: "No quiero esto decir que no sea preludio esencial o poco importante en otras perversiones, pero en el masoquismo es absolutamente indispensable" (p.48). Incluso lo reitera en casos por ejemplo de lo "metonímico" o desplazamiento hacia un "detalle basta para generar un impulso masoquista (...) en el cual el matar un pollo se había convertido en el eje de una fantasía masoquista. Más tarde la mera visión de una pata de pollo *era suficiente para producir excitación sexual (...) La visión de la pata de pollo es simplemente factor que libera este material psíquico ya preparado. Es exactamente como escuchar, tenuemente tocadas al piano, las primeras notas de una vieja melodía familiar (...) el bien conocido desplazamiennto hacia un detalle, un rasgo singular que se convierte en subsituto y representante del todo. La voz ronca de un hombre puede poner en funcionamiento toda la fantasía masoquista de una mujer. El ruido del hierro, despertar la agradable fantasía de ser encadenada de una persona"* (Reik, 1941:48-49). Resumiendo a T. Reik (1941) entendemos que *"la fantasía precede a la práctica masoquista, que la excitación sexual ya comienza cuando él planea jugar la escena y se prepara para ello, arreglando por anticipado las prendas que ha de vestir y demás (...) Lo que la persona ha imaginado tiene que ser puesto en acción en escenas ante espejos y frecuentemente en prácticas pervertidas con una compañía más tarde"* (p.51). Reik (1941) tomando prestado la palabra de un paciente, su tendencia a la "sincronización", *"la excitación sexual seguía un curso de tiempo que correspondía exactamente al curso de los acontecimientos en el escenario de sus fantasías (...) De este modo la eyaculación siempre tenía lugar en el mismo momento, es decir, en el preciso instante en que el Sumo Sacerdote hundía el cuchillo"* (p.51). Añade Reik (1941) con respecto a las fantasías masoquista que *"estas fantasías y acciones de ninguna manera se reducen al campo visual. De acuerdo a mi impresión, la palabra también juega su papel. Hay masoquistas verbales que se excitan sexualmente cuando se imaginan injuriados o insultados"* (p.52).

S. Žižek (1994) describe los roles o papeles que en *"el masoquismo, a diferencia del sadismo, es intrínsecamente teatral: la violencia es la mayoría de las veces simulada, e incluso cuando es "real" funciona como componente de una escena, como parte de una representación teatral. Además, la violencia nunca es llevada a cabo hasta su conclusión: siempre permanece suspendida, como la repetición interminable de un gesto interrumpido. Es precisamente esta lógica del rechazo lo que nos permite entender la paradoja fundamental de la actitud masoquista. Es decir, ¿cómo es la típica escena masoquista? El hombre- siervo establece de manera fría, comercial, los términos del contrato con la mujer-amo: lo que ella habrá de hacerle, qué escena debe ensayarse infinitamente, qué vestido habrá de usar, cuán lejos habrá de ir en la tortura física real (cuán severamente habrá de azotarlo, de qué modo preciso habrá de encadenarlo, dónde habrá de estampar las puntas de sus tacos altos, etc.). Cuando finalmente pasan al juego masoquista propiamente dicho, el masoquista mantiene constantemente un tipo de distancia reflexiva; nunca da verdadera rienda suelta a sus sentimientos ni se abandona totalmente al juego; en el medio de éste, puede asumir repentinamente la postura del director, dando instrucciones precisas (pon más presión en ese punto, repite ese movimiento...), sin "destruir la ilusión" en lo más mínimo. Una vez que el juego ha terminado, el masoquista adopta la actitud de un burgués respetable y comienza a conversar con la Dama Soberana de una manera casual, impersonal: "Gracias por el favor. ¿Nos vemos el próximo fin de semana?", etc. Lo que tiene una importancia crucial es la total externalización de la más íntima pasión del masoquista: los deseos más íntimos se convierten en objeto del contrato y de la negociación"* (p.140-141).

Sobre la dinámica o economía de la "tensión", Reik (1941) señala que en los inicios de satisfacción, puede darse en el niño un placer "*al ser levantado, o dejado caer, al ser hamacado o hecho girar, y al ser mecido. El placer del movimiento pasivo en el que no hay nada doloroso, es en esencia de naturaleza sexual. Pueden citarse aquí las reacciones de muchos adultos por la vibración en los viajes en tren, barco o avión. El efecto de excitación sexual de ciertas emociones es bien conocido. Bajo la acción de la ansiedad y temor, de miedo u horror, los niños se sienten a veces estimulados sexualmente y comienzan a masturbarse. Efectos tales como la ansiedad son por cierto desagradables en esencia y sin embargo proporcionan excitación sexual*" (p.31). Vale decir, no es que la ansiedad por vía directa equivalga a una excitación sexual, más bien, la tensión en tales situaciones se busca resolver en una descarga u orgasmo sexual para aliviar la tensión. O como lo diría Freud (1905) "*es probable que en ella se reúnan varias tendencias psíquicas para producir un solo efecto*" (p.1186). Similar cuando en una fijación oral se genera el apaciguamiento de múltiples tensiones, estableciendo el comer como principal vía. Para el caso del dolor, Reik (1941) da el ejemplo de una niña que para ser bella debía experimentar dolor y recuerda que pese al dolor de peñizcarse las mejillas para no verse pálida: "*Daba bienvenida al dolor por un propósito determinado. Le gustaba sentirlo como indicio que se estaba poniendo más bonita (...) No buscaba el dolor, sino el efecto relacionad con el dolor*" (p.32). De este modo Reik (1941) es tajante siempre en afirmar a lo largo de su obra que sólo "*puede convertirse masoquismo erógeno en combinación con ciertos procesos psíquicos*" (p.32). Freud (1924) añade que "*en la serie gradual de las sensaciones de tensión sentimos directamente el aumento y la disminución de las magnitudes de estímulo, y es indudable que existen tensiones placientes y distensiones displacientes. El estado de excitación sexual nos ofrece un acabado ejemplo de tal incremento placiente del estímulo y seguramente no es el único. El placer y el displacer no pueden ser referidos, por tanto, al aumento y la disminución de una cantidad a la que denominamos tensión del estímulo, aunque, desde luego, presenten una estrecha relación con este factor. Mas no parecen enlazarse a este factor cuantitativo, sino a cierto carácter del mismo, de indudable naturaleza cualitativa (...) Quizá sea el ritmo, el orden temporal de las modificaciones, de los aumentos y disminuciones de la cantidad de estímulo*" (p.2752-2753). Otorgando los ejemplos aportados por Freud (1905): "*si se cuenta la tensión de la excitación sexual entre las sensaciones displacientes se tropieza en seguida con que dicha tensión es sentida como un placer. La tensión provocada por los procesos sexuales aparece siempre acompañada de placer, e incluso, las modificaciones preparatorias del aparato genital traen consigo una especie de satisfacción (...) Los ojos, que forman la zona erógena más alejada del objeto sexual, son también la más frecuentemente estimulada en el proceso de la elección por aquella excitación especial que emana de la belleza del objeto, a cuyas excelencias damos, así, el nombre de «estímulos» o «encantos». Esta excitación origina, al mismo tiempo que un determinado placer, un incremento de la excitación sexual o un llamamiento a la misma. Si a esto se añade la excitación de otra zona erógena, por ejemplo, de la mano que toca, el efecto es el mismo: una sensación de placer, incrementada en seguida por el placer producido por las transformaciones preparatorias, y, simultáneamente, una nueva elevación de la tensión sexual, que se convierte pronto en un displacer claramente perceptible cuando no le es permitido producir nuevo placer. Más transparente es aún otro caso: cuando, por ejemplo, en una persona no excitada sexualmente se estimula una zona erógena por medio de un tocamiento. Este tocamiento hace surgir una sensación de placer; pero al mismo tiempo es más apto que ningún otro proceso para despertar la excitación sexual que demanda una mayoración de placer. El problema está en cómo el placer experimentado hace surgir la necesidad de un placer mayor (es tocar el pecho de una mujer)"* (p.1217-1218).

Por otra parte, recordemos que lo sexual es aquello que no busca necesariamente lo autoconservativo, más bien, el goce-pulsional o la zona erógena implicada no se sostiene en miras de perfectos equilibrios homeoestáticos adaptativos instintuales. Por lo tanto, los medios de conseguir tensión sexual o acumulación de carga libidinal para su posterior descarga no brotan necesariamente bajo las dimensiones instintuales de equilibrio adaptativo orgánico. Puesto que el grado o bagaje instintual del ser humano, es uno de los más precarios en el reino mamífero, por ende, su dimensión es más bien pulsional en constantes desequilibrios y des-adaptaciones contingentes (que amplian sus posibilidades de creación y flexibilidad), que de una autoconservación homeoestática equilibrada (pre-determinada y determinista a sus fines). Por ejemplo, el hábito de chuparse el pulgar no es una fijación que desaparezca en un instinto pre-programado como si fuese un interruptor de encendido-apagado De no existir diques en la crianza bajo represiones originarias o las aperturas a vías colaterales, puede generar deformación en los dientes o su paladar, cuestión que no permite ningún perfecto equilibrio instintual adaptativo.

Ante la curiosa paradoja de una búsqueda del castigo o el displacer, Reik (1941) la interroga: *"¿En qué consiste la necesidad de castigo y dónde se origina? Evidentemente, no constituye una formación psíquica elemental o primaria, y tiene que haberse originado, sin duda, en la previsión del castigo o en el consiguiente temor (…) La previsión del castigo produce en el yo cierta tensión o apresión. Al no producirse este castigo, la tensión aumenta, pues las imágenes con que se lo anticipa se tornan más vividas (…) El suspenso es peor que la realidad. El deseo de que el castigo se produzca inmediatamente es la primera expresión de la creciente necesidad de castigo (…) el mecanismo favorito para lograrlo es la precipitación al desenlace"* (p.434-435). A modo de resumen el masoquismo se encadena de la siguiente manera: *"una creciente tensión de ansiedad, la falta de tolerancia para esta tensión, la anticipación del castigo por la fantasía, el suspenso, la precipitación del desenlace"* (p.435). En otros términos, digamos que un castigo fantasiado causa ansiedad o angustia, sin embargo, más temido resulta ser la espera o el suspenso de que ese castigo llegará en algún momento no posible de predecir. Durante el letargo a su espera bajo suspenso, tensiona más al sujeto en cuestión, quien prefiere, como salida a descarga de su ansiedad tensional, la búsqueda directa del castigo.

Reik (1941) señala también otro de los secretos que ostenta el masoquista, la venganza, *"la fantasía: "¡Ya verán!" tiene incalculables consecuencias* psíquicas. *La fantasía de venganza, al renovar la sufrida injusticia o al repetirla en la acción masoquista, justifica la cólera y la consiguiente reacción de desafío. Pocas cosas producen tanto placer en este mundo como la realización de un impulso de venganza largo tiempo insatisfecho"* (p.275). Inclusive, esto se resguarda con *"la certeza de que un día u otro resultará victorioso. A pesar de todas las desventajas y de la falta de aprecio, será ampliamente rehabilitado y avergonzará a los que disminuían su valor comparándolo con otros"* (p.276). Pueden aceptar pasivamente la humillación, con la alimentación de una certeza que les será correspondida algún día. Aquí es por donde Reik (1941) encuentra la raíz de la actitud del sujeto masoquista en su tendencia a fracasar o sabotearse, que *"alienta una ardiente ambición, y por extraño que parezca, este fuego es alimentado aun por el fracaso (...) Inconscientemente, buscará, sin embargo, las peores condiciones. Parece seguir la línea de mayor resistencia contra sí mismo, en lugar de la de mayores ventajas"* (p.276-277). Por otra parte, este efecto se relaciona o se puede sumar junto a la vanidad, *"¿Puede percibirse en la conducta de los masoquistas la secreta demostración de que son mejores que los demás? (...) reside en el hecho de que se consideran mejores, más capaces de abnegación y más tolerantes y resistentes que el medio que los rodea"* (p.283). Además, bajo esta posición, el masoquista *"espera que la comunidad en que vive reconocerá sus méritos y su valor: así como la superioridad de su carácter y la de sus trabajos. Aunque ahora desdeñado, humillado e insultado, sus adversarios pronto habrán de inclinarse ante él y humillarse a sus plantas"* (p.349). Para Reik (1941) todo aquello sería para el masoquista *"una profunda e idealista convicción de que la justicia gobierna el mundo. Están ciertos de que si uno peca debe sufrir, y de que si se es bueno se será recompensado"* (p.340).

En este nivel, disponemos de la erudición de Nietzsche (1887) en su libro "La Genealogía de la Moral", pues esta fantasía narcisista de soportar los embates en pos de una recompensa futura, la podemos encontrar incluso en un masoquismo social o colectivo: *"Cuando los oprimidos, los pisoteados, los forzados, se dicen, movidos por la vengativa astucia propia de la impotencia: "¡Seamos distintos de los malvados, es decir, seamos buenos!". Y "bueno" es todo el que no violenta, el que no ofende a nadie, el que no ataca, el que no salda cuentas, el que delega la venganza a Dios"* (p.47). Más a fondo, Nietzsche (1887) se pregunta: *"¿En la esperanza de qué? Esos débiles, alguna vez, en efecto, quieren ser también ellos los fuertes, no hay duda, alguna vez debe llegar también su reino, nada menos que "el reino de Dios"* (p.51).
Se proyectan objetos protectores buenos mediante supuestas fuerzas espirituales o deidades que otorguen un arco de triunfo venidero como justicia divina por la eternidad. No se trata de combatir o protegerse, sino de delegar (proyectar) las fortalezas, a entidades divinas que darán justicia a la medida de sus deseos en venganza, ya sea por su presente o por sus antepasados.

Es indispensable aquí recordar lo autopunitivo que persiste en los masoquistas en su desvergonzada necesidad de humillarse públicamente, por ser supuestamente alguien que no merece vivir dignamente. Freud (1917) en su texto "Duelo y Melancolía", describe que en realidad son *"reproches cuya misión es encubrir los restantes y dificultar el conocimiento de la verdadera situación. Estos reproches proceden del pro y el contra del combate amoroso, que ha conducido a la pérdida erótica (...) Sus lamentos son quejas; no se avergüenzan ni se ocultan, porque todo lo malo que dicen de sí mismos se refiere en realidad a otras personas, y se hallan muy lejos de testimoniar, con respecto a los que los rodean, la humildad y sometimiento que correspondería a tan indignas personas como afirman ser, mostrándose, por el contrario, sumamente irritables y susceptibles y como si estuvieran siendo objeto de una gran injusticia (...) Al principio existía una elección de objeto, o sea enlace de la líbido a una persona determinada. Por la influencia de una ofensa real o de un desengaño, inferido por la persona amada, surgió una conmoción de esta relación objetal, cuyo resultado no fue el normal, o sea la sustracción de la libido de este objeto y su desplazamiento hacia uno nuevo"* (p.2094-2095). Este tipo de situaciones o sus similares conlleva al masoquista muchas veces adquirir un "rasgo demostrativo", que en sus discursos de lamentos, ocultan quejas de su merecida dignidad, camuflando con ello su responsabilidad posible, culpando al mundo de su desdicha o suerte.

Hay que distinguir ahora la "autoagresión" de lo "Masoquista" propiamente tal, debido que en la autoagresión en niños se revela que: *"En fases muy tempranas la energía agresiva puede descargarse en el propio cuerpo del niño, del mismo modo en que la 'energía 'sexual (libido) se descarga en actividades autoeróticas. Ejemplo de esto son las actividades de golpearse la cabeza en niños pequeños, un equivalente autodestructivo de las actividades rítmicas de balanceo autoerótico. El golpearse la cabeza ocurre con menos frecuencia que el balanceo, considerándose esta conducta casi anormal y puede a veces resultar en daño verdadero. Esto también es así 'con respecto .a la poco frecuente actividad autodestructiva de tirarse de los cabellos en bebés y niños pequeños"* (Anna Freud, 1947:109). Del mismo modo, se debe distinguir el "Sadismo" de la "heteroagresión", ya que en este último, no existe una fantasía sádica elaborada como tal, más bien hay una descarga agresiva (acto) inmediata a un objeto (generalmente hostil). Tal como lo expone Laplanche (1976) en su Problemáticas III *"el sadismo como pulsión sexual, deriva de una pulsión o de una actividad no-sexual que consiste simplemente en extender su dominio sobre el objeto. Habría por lo tanto, en el comienzo, una actividad de apoderamiento que no obtendría placer de la destrucción del otro, y que sólo se haría sexual en virtud de un movimiento de apuntalamiento y de vuelta (...) La pulsión de apoderamiento no se detiene inicialmente en el niño ante el dolor del otro, pero, hecho esencial, tampoco busca este dolor"* (p.104). A modo de resumen, *"el sádico goza él mismo masoquistamente de los dolores que provoca en los otros, mediante la identificación con el objeto sufriente"* (Laplanche, 1992:196).

Expandiendo ahora lo que hemos revisado respecto al par Masoquismo-Sadismo, aprovechando este apartado, abordaremos a continuación el par Voyerismo-Exhibicionismo.

Recordemos que Freud (1915) sostuvo que el Voyerismo guarda una relación de "actividad" frente al Exhibicionismo que se relaciona a la "pasividad". Sin embargo, es viable comprender primero que el Voyerismo guarda una relación de pasividad frente al "placer de tocar" que es activo. La conformación del pliegue de la piel o más bien el yo-piel como proyección de superficie, promueve consigo el tocar como el referente pulsional erógeno como parte de la oralidad primaria.

Es evidente que el par pulsional del tocar/ser-tocado también guarda una relación de actividad/pasividad respectivamente. Vale decir, el placer de ser tocado pasivamente es anterior a la actividad intencional del tocar como fuente de placer. Ahora bien, en el caso del voyerismo es viable pensarlo como la etapa posterior que limita el placer de tocar (tocarlo todo), en tanto pasiva (puedes mirar, no tocar).

Freud (1915) habló que en la "primera etapa a)" del voyerismo finalmente estaba el placer de ver su propio cuerpo, *"inicialmente la pulsión de ver es autoerótica, tiene sin duda un objeto, pero este se encuentra en el cuerpo propio. Sólo más tarde se ve llevada (por la vía de la comparación) a permutar este objeto por uno análogo del cuerpo ajeno"* (p.125). Pero aquí, sostendremos que esta primera etapa a) del voyerismo radica como una satisfacción posterior al placer de tocar. Queremos decir, que en aquel placer de observar su propio cuerpo autoeróticamente, está antes, el placer de tocar su propio cuerpo erógeno.

¿Qué hace que se bifurque el par sadismo-masoquismo y el giro voyerismo-exhibicionismo haciendo que en un caso prime uno o del otro? ¿Podría ser acaso que en relación al sadismo-masoquismo, lo que encontremos es una prioridad el placer de tocar, mientras en el par voyerismo-exhibicionismo persiste una primacia a no ser tocado?

Quizás podamos inferir que en lo que respecta al sadismo está cercano al placer de tocar y en el masoquismo está primando el placer de ser tocado.

En cuanto al voyerismo es importante considerarlo como un efecto gracias al límite o dique al placer de tocar bajo la represión originaria, y por otro lado, comprendemos entonces al exhibicionismo guardando relación a la represión del placer de ser tocado.

Claro está, en el caso del par sadismo-masoquismo está contemplado el placer de tocar sin suficientes inhibiciones. En cambio, el par voyerismo-exhicionismo estaría relacionado más a la inhibición del placer de tocar.

Otro alcance que podemos observar es que en el contacto pre-genital previo al coito se turnan el tocar y el ser tocado. Hay parejas que disfrutan estar más en posición de ser tocado y la otra en tocar. Por supuesto, se pueden entre-mezclar sobre todo en lo referente al coito mismo, donde no hay una clara separación en la penetración de quién es el tocado y quién es el que toca.

En resumen: Si se prohíbe tocar, puedo mirar, si no puedo mirar puedo exponerme. No está de más recordar que cuando la pulsión se fija en el Exhibicionismo es más probable que se genere una Neurosis Histérica y cuando la pulsión se fija en el Voyerismo se genere una Neurosis Obsesiva.

Es claro que Freud (1915), no desarrolló exhaustivamente el placer tocar como un acontecimiento relevante a la hora de comprender el circuito pulsional del voyerismo. Lo recalco nuevamente pues es allí donde se sostiene como punto de inicio pulsional en cómo se retuerce el placer de piel o el placer de tocar a otros medios de satisfacción. Por otra parte, es relevante recalcar que el placer de tocar surge posteriormente al placer de ser tocado (Handling por el cuidador, según Winnicott).

Como hemos visto, los pares-binaros en su circuito o de polaridad pulsional se alimenta de diversas fuentes. Por ejemplo, en algunos "caracteres masoquistas no pueden soportar el elogio y muestran una marcada tendencia al automenosprecio. A pesar de una gran ambición, nuestro paciente no podía soportar el ser uno de los primeros de la clase. "Si siguiese siendo un buen estudiante, me sentiría como al frente de una multitud, mostrando mi pene erecto". Esta no era, de ningún modo, una observación accidental, como las que tan a menudo se emiten durante un análisis; iba al núcleo del asunto. La inhibición y represión de la exhibición genital conducen a una severa restricción de la sublimación, de la actividad y la confianza en sí mismo durante el curso posterior de la vida. En el masoquista, esta inhibición llega hasta el desarrollo de rasgos contrarios. El carácter narcisista usa el exhibicionismo en forma disimulada; el carácter masoquista utiliza una formación reactiva, el opuesto exacto de la exhibición: el automenosprecio, a fin (...) Su fijación anal le vuelve pasivo y, además, la inhibición del exhibicionismo le lleva al automenosprecio" (Reich, 1948:197-198).

W. Reich entrega otros ejemplos que se combinan en el autodesprecio, que según veremos, pertenece más al campo de lo histérico: "Un paciente dijo en una ocasión que no podía soportar el elogio, pues le hacía sentirse como si estuviera sin pantalones. No debemos subestimar la significación de la fijación anal, de la exhibición de las nalgas, para el desarrollo genital del niño. El sentimiento de vergüenza adquirido en relación con las actividades anales, se transfiere más adelante a los genitales. Como todo elogio representa una provocación de las tendencias exhibicionistas, como además mostrarse es algo vinculado con severa angustia, el masoquista debe empequeñecerse para evitar tal angustia. Después de hacerlo, tiene un nuevo motivo para sentirse despreciado, lo que a su vez provoca toda la necesidad de cariño.
También pertenece a esta esfera la "estupidez", o el fingir la estupidez. Nuestro paciente describió en una ocasión una escena infantil en la cual pretendió ser estúpido, así: "Quiero algo que no puedo obtener, entonces me fastidio y me siento estúpido. ¿Pero hasta dónde me quieren, aunque me haga el tonto? Cuando no me quieren, no soy digno de cariño y debo aparecer tanto más feo y estúpido".
Ahora podemos responder a la pregunta de por qué el carácter masoquista expresa sus exigencias de cariño en forma tan disimulada, por qué es completamente incapaz de demostrar o exigir amor en forma directa. Otro paciente se mostraba siempre infeliz cuando quería conquistar a una mujer. Sufría un terror pánico de mostrar su cariño de manera directa, pues la mujer podría encolerizarse y castigarle o avergonzarle. Tenía el mismo exhibicionismo inhibido que nuestro paciente" (p.197). A su modo de explicar,

Reich resume estos ejemplos del siguiente modo: "*En lugar de la manifestación franca de amor, el carácter histérico desarrolla angustia; el carácter compulsivo, odio y sentimiento de culpa; el carácter masoquista demuestra y exige amor encubriéndolo bajo el disfraz de las quejas, las provocaciones y del parecer infeliz. Estas diferencias corresponden plenamente a la génesis específica de los tipos: el carácter histérico ha desarrollado su genitalidad en forma cabal, pero está cargado de angustia; el carácter compulsivo ha reemplazado su genitalidad por el sadismo fálico; el carácter masoquista ha alcanzado la genitalidad en el plano exhibicionista, luego la ha reprimido y ahora expresa su amor en una forma específicamente distorsionada*" (p.198).

Para los casos de Exhibicionismo, Leclaire (2000) dice que el exhibicionista "*se esconde, al acecho de la llegada de su víctima, en estado de excitación, en erección. Cuando pasa por allí una muchacha, él aparece y muestra sus atributos. Lo importante en ese momento es que la joven vea su sexo y, sobre todo, que se sienta por lo menos sorprendida, y de preferencia espantada, aterrorizada, y que grite. En ese momento, el goza. ¿Qué percibió él para que su tensión pulsional consiguiera descargarse? El exhibicionista captó, atrapó la mirada de la joven y para ser más precisos, provocó en esa mirada un cambio brusco; en esa mirada indiferente, apareció el miedo, o al menos la sorpresa. El objeto es eso, esa diferencia en el brillo de la mirada: aquí está la condición necesaria para que la pulsión parcial, fijada en una posición perversa, alcance su punto culminante*" (p.211-212) En conclusión, para Leclaire (2000) aquel momento o mirada, es "*un objeto al que siempre hay que hacer surgir, al que siempre hay que encontrar*" (p.212), además ese momento, se "*escapa, se disipa, para aparecer tan sólo en lo que dura un relámpago y desaparecer inmediatamente después*" (p.213). En otras palabras, el rodeo o el recorrido pulsional es una preparación que da sentido o forma a una meseta que en un "instante" se gatilla el climax y la descarga pulsional. La pulsión no se satisface necesariamente de forma inmediata a su mayor punto (climax), antes, debe recorrer un camino entre sus distintas fantasías, erogenidades o fijaciones parar convocar el aumento tensional de su meseta hasta lograr una resolución de satisfacción: entre aquella búsqueda de diferencia (marca o corte) específica de la tensión, lo mismo que en el caso del Masoquismo. Esto último es completamente evidente y apreciable en todos los contactos pre-genitales previos al coito mismo. Inclusive, se menciona la frase popular que versa: "el órgano más importante en la sexualidad no es el genital, sino el cerebro". Frase que va codo a codo con lo que hemos mencionando.

Aportando un ejemplo, McDougall (1995) comenta el suceso donde "*tres religiosas acompañaban a un grupo de alumnas a una piscina situada en el centro de su gran ciudad, e invariablemente un hombre, vestido sólo con un largo impermeable negro y zapatillas, las esperaba en una esquina y se exhibía en un "flash". La doctora C. hizo la denuncia a la policía, y se convino en enviar una patrulla en cuanto se advirtiera la presencia del exhibicionista. El patrullero fue enviado el jueves siguiente, a continuación de un llamado telefónico angustiado. La policía llegó a tiempo y detuvo al exhibicionista. Ante el estupor general, se descubrió entonces ¡que era una mujer! Ni las religiosas, ni las alumnas habían advertido que la exhibicionista no tenía pene y sí tenía senos*"

(p.77). McDougall (1995) prosigue en indicar que "*a pesar de la idea corriente de que no existen mujeres exhibicionistas, muchas mujeres la consultan por las perturbaciones que les provoca una compulsión a exhibirse desnudas. La doctora Welldon añadió una observación de alcance considerable: la mayor parte de las mujeres exhibicionistas se exhibían siempre, lo mismo que los hombres, ante mujeres, y más particularmente ante aquellas que les parecían encarnar una autoridad. Se manifestó de acuerdo con mi hipótesis, en cuanto a que es probable que la exhibicionista espere que una figura materna se interese por ella, reconozca su identidad sexual y de niña, y le ordene vestirse y entrar en la casa.*
Desde entonces he tenido noticias de otros casos semejantes, y entre ellos solamente dos de mujeres que se exhibían ante hombres. Como siempre, no podemos establecer generalidades de estructura a partir del síntoma: es probable que haya tantas variedades de exhibicionismo masculino y femenino como de cualquier otra desviación sexual. Como siempre, la característica más evidente es la cualidad única del mundo interno y del teatro psíquico de cada individuo" (p.78-79). Como ya lo indicamos, la histeria tiene una fijación más en el circuito exhibicionista.

Para resumirlo ahora esquemáticamente, Freud (1915) señala que en el voyerismo existe el placer de observar o "mirar su propio cuerpo", luego sigue el observar otros cuerpos, para finalizar su recorrido en el "ser mirado", lo propiamente exhibicionista. Previamente a la etapa "a) de mirar su propio cuerpo". Encontramos anteriormente el placer tocar, que a su vez anteriormente se encuentra el placer de ser tocado pasivamente (Handling).

Cuando comienzan los circuitos pulsionales desde el ser tocado o dejarse tocar (Handling diría Winnicott), luego se muda al placer de tocar, dimensión que es también propia de lo que Freud (1930) en el Malestar de la Cultura mencionó sobre la aprensión o posesión pulsional. Seguidamente, encontramos el voyerismo en su nivel a) del placer de mirar su propio cuerpo, que pasa luego a mirar otros cuerpos, para finalmente trasladarse al ser mirado por un otro. ¿Es sostenible en todas las circunstancias considerar los pares sadismo-masoquismo o voyerismo-exhibicionismo, así como el otro par tocar/ser-tocado como instancias pulsionales separadas o aislables frente a otros pares? No es viable pensar los distintos pares solamente en el acento que impone un polo del otro, también se ven influenciados por los factores desde los otros pares. Vale decir, podrían darse mezclas así como también etapas sucesivas más complejas que las anteriormente señaladas.
Además, paralelamente encontramos que tras el placer de mirar un otro, está también el placer de tocar o tocarse. Incluso, cuando la madre observa al bebé no se registra ni se distingue un voyerismo de ver su rostro, como de un exhibicionismo de ser mirado por la madre. No hay todavía una clara separación pulsional de dicho par voyerismo-exhibicionismo. Es en el Fort-Da donde finalmente se aclara la distinción del placer de mirar y el placer de ser mirado en los juegos de presencia-ausencia.

En conclusión, creo que el primado al voyerismo en su etapa *"a) de mirarse a sí mismo"*, se debe al intento de Freud (1915) por calzar rápidamente su teoría del narcisismo primario como una función narcisista autoerótica en el voyerismo, pero descuidó que lo autoerótico de un voyerismo <u>radica en etapas más tempranas</u>, principalmente en tocarse o masturbarse y no solo en mirarse a sí mismo.

No es excluyente en el placer de tocar que exista al mismo tiempo el placer de mirar otros cuerpos. Pues allí algo se liga pulsionalmente o sexualmente en el ver a otros y en el tocarse (lo que configurará las primeras fantasías sexuales). No es que el placer de tocar o tocarse pierda relevancia, sino más bien que en el circuito del par en su polo de tocar, se enlaza con el placer de ver. En este caso, su anudación o enlace con el placer de tocar queda solamente remitido al tocarse a sí mismo, no al tocar a otros. Primero está el placer de ser tocado, luego surge el placer de tocarse a sí mismo, (que puede o no sumarse el placer de mirar a otro), si la relación de tocarse remite al ver a otro se trasmuda el inicial placer de tocar todo.

Capítulo VII
1. Sobre los Afectos

Adentrándonos de lleno a la esfera "económica", contextualizando y definiendo la noción de "afecto", Assoun (1993) nos aclara que en "*los Principios de psicología fisiológica de Wundt (1874), Freud podía encontrar la concepción de un proceso psicofisiológico compuesto de un elemento «representacional» («motivo») y de un elemento «afectal» (móvil), que Wundt llama Triebfeder.*
El afecto, que en un sentido es «padecido», sirve también para designar aquello que, procedente de la «sensibilidad», pone en movimiento algo de la dinámica psíquica. Esta noción «psicomotriz» va a pasar a la metapsicología freudiana por la doble vertiente de una «moción pulsional» (Triebregung) y de una descarga característica del afecto —núcleo económico-dinámico que le asegura un estatuto en la vida psíquica— y no solamente como emanado del «fondo afectivo». El «afecto» viene sin duda del cuerpo: como veremos, en este sentido expresa algo del «fondo» corporal de la «pulsión», pero sólo a título de «móvil» adquiere una significación psíquica de pleno derecho" (p.201).
Como podemos ver desde ya, el afecto es un concepto muy emparentado con la noción económica-energética que vimos en la metapsicología de Freud (Capítulo II y III). Por lo demás, para Freud (1890) desde sus comienzos teóricos psicológicos, "*Los afectos en sentido estricto se singularizan por una relación muy particular con los procesos corporales; pero, en rigor, todos los estados anímicos, aun los que solemos considerar «procesos de pensamiento», son en cierta medida «afectivos», y de ninguno están ausentes las exteriorizaciones corporales y la capacidad de alterar procesos físicos*" (p.119).

Cuando ocurre en el afecto alguna transformación, Assoun (1993) la refiere a "*cierto «gasto» energético. Por eso Freud alude al afecto como «quantum de afecto» (Affektbetrag), remitiéndosenos a su definición por aquella «invariante, especie de cantidad (=X) estable que hay que postular como sustrato de las transformaciones del afecto». El «quantum de afecto» corresponde a «la pulsión por lo mismo que ésta se ha separado de la representación, encontrando su expresión, adecuada a su cantidad, en procesos que se nos hacen sensibles como afectos».*
Según se advierte, el afecto nos acerca a la pulsión «bruta», definida como «descarga». Pero sería más correcto decir que el afecto es la subjetivación de la pulsión, de la que se ha retirado la «representación». Por lo tanto, el afecto siempre se «siente», y es contradictorio hablar de «sentimientos inconscientes», por cuanto un sentimiento, por definición, se experimenta. Pero cuando el afecto ha pasado a ser un estado subjetivo, ya se desarrolló un proceso de «descarga» que se reduce a un gasto (virtualmente «mensurable»)" (Assoun, 1993:202).

Avanzando con Freud (1915) en su texto **Lo Inconsciente**, podemos añadir con respecto al "sentir" o el "experimentar" un afecto, que podría "*suceder, en primer lugar, que un impulso afectivo o emocional sea percibido, pero erróneamente interpretado. Por la represión de su verdadera representación, se ha visto obligado a enlazarse a otra idea, y es considerado, entonces, por la* consciencia, como una manifestación de esta última idea. Cuando reconstituimos el verdadero enlace, calificamos de «inconsciente» el sentimiento primitivo, aunque su afecto no fue nunca inconsciente y sólo su representación sucumbió al proceso represivo. El uso de las expresiones «afecto inconsciente» y «sentimiento inconsciente», se refiere, en general, a los destinos que la represión impone al factor cuantitativo del impulso" (p.2067-2068). Justamente sobre estos "destinos del afecto" indicaremos que tras la represión, el afecto puede presentar tres destinos: "el afecto puede perdurar total o fragmentariamente como tal; puede experimentar una transformación en otro montante de afecto, cualitativamente distinto, sobre todo en angustia, o puede ser reprimido, esto es, coartado en su desarrollo (Freud, 1915:2068)." De este modo, en su destino, "la coerción del desarrollo de afecto es el verdadero fin de la represión, y que su labor queda incompleta cuando dicho fin no es alcanzado. Siempre que la represión consigue impedir el desarrollo de afecto, llamamos inconscientes a todos aquellos afectos que reintegramos a su lugar al deshacer la labor represiva. (Freud, 1915:2068)".

André Green (1999) por su parte, en su texto. "Acerca de la discriminación e indiscriminación afecto-representación" grafica que "la tendencia al movimiento propia del afecto, de la cual una de las orientaciones puede convertirse en acto cuando éste ha investido el cuerpo poniéndolo en tensión y empujándolo a buscar una salida a esta última". De estos movimientos afectivos, "los quantums de afecto pueden estar al servicio de los movimientos de representación. En el caso en que éstos se presenten como invasores, podemos constatar que no solamente el afecto parece tener como fin obstaculizar la puesta en evidencia de representaciones subyacentes, sino que asegura –¿usurpa?– una función de representación. Es decir que compromete el proceso de encadenamiento de las vías utilizadas por la significación" (Green, 1999). De este modo Green (1973) prosigue en decir que el "afecto aparece como remplazando a la representación. El proceso de concatenación es una puesta en cadena de cargas donde el afecto posee una estructura ambigua. Cuando aparece como elemento de discurso, se somete a esta cadena, se incluye ligándose a otros elementos del discurso. Pero cuando rompe con las representaciones, se convierte en este elemento del discurso que rehúsa dejarse ligar por la representación y "sube" en su lugar. Cierta cantidad de cargas adquiridas se acompaña de una mutación cualitativa; el afecto puede entonces hundir la cadena del discurso en la no-discursividad. El afecto es entonces identificado a la carga torrencial que rompe los diques de la inhibición, sumerge las capacidades de unión y del dominio del yo. Se convierte en una pasión sorda y ciega, arrasadora para la organización psíquica. El afecto de pura violencia agita esta violencia reduciendo el yo a la impotencia, obligándolo a adherirse plenamente a su fuerza, subyugándolo en la fascinación de su poderío. El afecto está constreñido entre su encadenamiento en el discurso y la ruptura de la cadena, lo que devuelve al Ello su poderío original" (Green, 1973:225).

La cólera o frustración en tanto contenidos o elementos beta, la membrana metaboliza expulsando pechos malos, estereotipando su digestión en las contracciones de: agresión, descarga motriz impulsiva, así como la Parte Psicótica de la Personalidad (P.P.P). Ejemplificando lo expuesto, Bion (1970) menciona lo siguiente: "Puede ser que la palabra mediante la cual se la vincula tenga una penumbra de asociaciones preexistentes tan poderosa que expulse el significado de la conjunción constante que se supone debe señalar. Por su parte, la conjunción constante puede destruir la palabra, la teoría u otra formulación que no sea aquella que está destinada a "contener". Por ejemplo, un hombre está tratando de expresar sentimientos tan vigorosos que su capacidad de expresión verbal se desintegra transformándose en un tartamudeo o en un balbuceo incoherente, sin significado, de palabras" (p.103). Por otro lado, Bion nos explica que en la no-saturación, los contenidos están homogenizados para usarse como cemento-pasta mental. No poseen sobrecarga y pueden vaciarse o llenarse con otros contenidos sin fracturar el contenedor.

Por su puesto, se articulan también las representaciones que *"tienen la capacidad de desplazar la carga particular de cada una a la investidura de la red que permite mantener juntas sus formas desarrolladas. La relación de los pensamientos instituidos por las ligaduras representativas, se distiende con la instauración del régimen de asociación libre. Mejor aún, podemos decir que la enunciación misma procede a nuevas formas de vínculo que rehacen las antiguas ligaduras que buscan reinstalarse bajo la égida de una agrupación significante, poniéndolas esta vez al servicio de la defensa (la racionalización), mientras que por otro lado la enunciación del punto de vista del afecto tiene el efecto inverso, es decir que desencadena aún más, la parte de ella misma que se asociaba a las representaciones"* (Green, 1999).

Prosiguiendo con Freud en su texto Lo Inconsciente (1915) en su parte III, respecto a la pulsión, supone que en *"la oposición entre conciente e inconciente carece de toda pertinencia respecto de la pulsión. Una pulsión nunca puede pasar a ser objeto de la conciencia; sólo puede serlo la representación que es su representante. Ahora bien, tampoco en el interior de lo inconciente puede estar representada si no es por la representación. Si la pulsión no se adhiriera a una representación ni saliera a la luz como un estado afectivo, nada podríamos saber de ella"* (p.173). Por lo demás, "las representaciones son investiduras —en el fondo, de huellas mnémicas—, mientras que los afectos y sentimientos corresponden a procesos de descarga cuyas exteriorizaciones últimas se perciben como sensaciones" (Freud, 1915:174).

Por otro lado, es importante señalar también la ligazón de este gasto. Laplanche (1974) en su texto **Problemáticas II** postula que "*la simbolización puede ser concebida sea como relación de dos representaciones, sea como ligazón (he aquí un término freudiano: el de Bindung), como manera de ligar el afecto... sobreentendiendo: a una representación o representaciones. Encontramos estos dos aspectos, uno al lado del otro*" (p.272). Esta manera de comprender la simbolización no es otra cosa que relacionar "*la cantidad, que no es otra cosa que la energía y que puede traducirse en forma de descarga afectiva, y por otra parte la neurona (organizada en "cadenas neuronales" con puentes de una a otra, sinapsis, "barreras de contacto", etc.) que hace un papel perfectamente homólogo a lo que desde el punto de vista psíquico conocemos* como representación. Entonces, cantidad = afecto; sistema de neuronas = sistema de representaciones" (p.272).

Con esto, tenemos el primer esbozo entre afecto y sistema de representaciones tal como Freud lo sedimentó en "Proyecto" de 1895. Por lo demás, Paul Ricoeur (1965) define *"la pulsión, en efecto, es como la cosa kantiana —lo trascendental = X—; como ocurre con ella, jamás la alcanzamos sino en lo que la indica y representa"* (p.103).

Prosiguiendo con el tema de la ligazón, Laplanche (1974) explica que es "*por una parte, ligazón de neuronas unas con otras, asociaciones, creación de grupos de neuronas como grupos de representaciones, como "complejos". En ese caso la energía sólo haría el papel de una "x" que circula a lo largo de esas conexiones de una neurona a otra*" (p.272). Es interesante a qué nivel llega la abstracción teórica de esta energía, hacia a un nivel de una "x" que mediante "*la ligazón de las neuronas tiene por resultado no sólo la posibilidad de una circulación de la energía, sino una modificación del régimen de ciculación de ésta*" (Laplanche, 1974:272). Esto permite a cómo lo vimos anteriormente constituir el principio de realidad junto con el proceso secundario en tanto "*la cantidad aferente (es decir, los afectos que amenazan sumergir al individuo) es distribuida, "despachada", dentro de un sistema más complicado que permite precisamente retener la cantidad, dejarla luego correr, pero de manera fraccionada*" (Laplanche, 1974:273).

Parte de lo revisado, podríamos resumirlo rescatando el aporte del excepcional filósofo David Hume (1740): "*Las ideas no admiten nunca una total unión, sino que están dotadas de una especie de impenetrabilidad por la que se repelen mutuamente, siendo susceptibles de formar un compuesto por su yuxtaposición, pero no por su mezcla. En cambio, las impresiones y pasiones son susceptibles de unión completa, del mismo modo que los colores pueden mezclarse unos con otros tan perfectamente que cada uno de ellos puede perder su identidad, y contribuir únicamente a modificar la impresión uniforme que surge del conjunto*" (p.500).

Desde los estudios sintomáticos o diagnósticos (neuróticos) Clínicos, podemos observar que "*un afecto es susceptible de «conversión» (somática) —como en la histeria—, de «desplazamiento» (intelectual) — como en las obsesiones—, de «transformación» (del ánimo), como en la neurosis de angustia o la melancolía. El afecto se revela así en su alquimia sintomática: hay que renunciar a determinar lo que «es», para comprender en qué «deviene»*" (Assoun, 1993:203). Entendemos que no es posible excluir la esfera o vértice afectivo en cuanto contemplemos algún síntoma.

En una entrevista realizada a J.D Nasio (1996), expresa similarmente que una "*representación inconciliable es una representación extremadamente cargada de afecto. Está tan cargada de afecto que puede tener diferentes destinos. Un destino es que ese afecto sea retirado y desplazado hacia otra representación, como en la neurosis obsesiva; otro, es que este afecto hipertrofiado se retire y aparezca en el cuerpo bajo la forma de una conversión histérica, transformado* en manifestación somática; y un tercero, es la expulsión del afecto, su proyección al exterior, afecto que va a depositarse en un objeto que se convertirá en fobígeno.

Entonces tenemos el desplazamiento intrapsíquico, neurosis obsesiva; desplazamiento de lo psíquico a lo somático, conversión histérica; desplazamiento del afecto de lo psíquico al mundo exterior: la fobia."

Por ejemplo, Assoun (1993) explicando la neurosis obsesiva: "*en la obsesión «se pone en ejercicio la separación de la representación inconciliable y el afecto», pero, en contraste con la conversión histérica, «el afecto debe permanecer necesariamente en el dominio psíquico». Así, por un lado, la representación queda «debilitada» y aislada del resto de las asociaciones; por el otro: «Su afecto ahora libre se vuelca a otras representaciones en sí no inconciliables que, mediante esta 'falsa conexión', se transforman en representaciones obsesivas». Como vemos, una representación adquiere su carácter obsesivo por la conexión del afecto desconectado de la representación reprimida, con la primera representación en llegar, que carga sobre sí el afecto (¡el cual se aloja allí en cierto modo como el cuclillo en el nido ajeno!...).*
Queda abierta, pues, la senda a este trabajo desenfrenado del obsesivo sobre el afecto: capaz de verter lágrimas por la desaparición de un extraño tras haberse quedado impávido ante la muerte de un ser cercano (de un padre); en suma, de «desplazar» el afecto y de afectar así «indiferencia ». En el notable mecanismo de «aislamiento», el acontecimiento desagradable se ve despojado de su afecto gracias a la interposición de una «pausa»... «durante la cual ya no puede producirse nada, ya no puede tener lugar ninguna percepción ni efectuarse ninguna acción».
Pero se comprende que el afecto pueda surgir en el obsesivo con el carácter penetrante de lo in-esperado, cuando menos se lo esperaba: lo cual compromete su legendaria reputación de «frialdad»" (p.211).

Finalizando como último punto, Green (1999) también aborda los afectos en pacientes bajo estados no-neuróticos, donde en "*la transferencia se encuentra activada, el paciente oscila entre un estado de parálisis del pensamiento y de incomunicabilidad de lo que siente, no únicamente porque los afectos no son ya verbalizables sino también porque se vuelven inidentificables por él, al tiempo que lo subyugan, ya que aquí su existencia no está negada. Más que de una construcción de afectos hablaremos aquí de una confusión de afectos, que ya no remiten a representaciones sino a lo irrepresentable.*" En tales estados se presenta generalmente que los "*mecanismos de disfraz más particularmente evocadores del afecto se centran alrededor del doble retorno (vuelta sobre la propia persona y vuelta en su contrario) que supuestamente deben actuar, según Freud, antes de la intervención de la represión*" (Green, 1999).

2. Sobre la Angustia y el Goce

Pasando ahora al tema de la "Angustia". Desde su condición más pretérita, Freud (1926) en el capítulo VIII de "Inhibición, Síntoma y Angustia" alude que la *"situación de insatisfacción, en la cual las magnitudes de estímulo alcanzan proporciones muy displacientes, sin encontrar un aprovechamiento psíquico que las domine, ni derivación alguna, es la que ha de ser para el niño de pecho análoga a la experiencia del nacimiento, constituyendo la repetición de la situación de peligro. Ambas situaciones tienen de común la perturbación económica por el crecimiento de las magnitudes de estímulo que demandan una descarga, factor que constituye el verdadero nódulo del «peligro». En los dos casos aparece como reacción la angustia, reacción que en el niño de pecho se demuestra adecuada, puesto que el encaminamiento de la descarga hacia los músculos de los aparatos respiratorios y vocal hace acudir a la madre, como antes hubo de intensificar la actividad pulmonar del recién nacido con el fin de liberarse de los estímulos internos. El niño no necesitaba haber conservado de su nacimiento más que esta vía de indicar la presencia del peligro.*
Con la experiencia de que un objeto exterior, aprehensible por medio de la percepción, puede poner término a la situación peligrosa que recuerda la del nacimiento, se desplaza el contenido del peligro temido desde la situación económica a su condición determinante de tal situación, o sea, a la pérdida del objeto. El peligro es ahora la ausencia de la madre, y en cuanto el niño la advierte, da la señal de angustia antes que llegue a establecerse la temida situación económica. Este cambio constituye un primer progreso importante en el cuidado de la propia conservación y al mismo tiempo representa una transición desde la génesis automática involuntaria de la reciente angustia a su reproducción intencionada como señal de peligro" (p.2863). Algunas de estas especificaciones constitutivas están expresadas en "Proyecto" (1895) en lo que concierne al llamado de la madre o lo auxiliar. Además que para Freud (1917) en su Conferencia 25, a un *"estado afectivo comprende, ante todo, determinadas inervaciones o descargas, y además ciertas sensaciones. Estas últimas son de dos clases: percepciones de acciones motoras realizadas, y sensaciones directas de placer y displacer que imprimen al estado afectivo lo que pudiéramos llamar su tono fundamental"* (p.2368-2369).

Ahora bien, sin dejar de lado la particularidad de la Angustia, es importante considerarla con lo que Freud denomina el "Sepultamiento del Complejo de Edipo". Sepultamiento que se traduce bajo el reconocimiento de la Castración, en cuanto reprimir el deseo hacia un retorno de su condición Edipica anterior (pre-edipica o etapa psicosexual fálica). Es decir, el reconocimiento de no poder regresar al nicho de los cuidados maternos, etapa donde se era casi-todo para sus progenitores y las exigencias eran casi-todas gratificadas. Entonces el Sepultamiento o la Castración, es la fase finalmente reprimida de esta dependencia por dichas gratificaciones primordiales, pero, a la vez, la Ley (sepultamiento, castración) advierte que dicho nicho ya no existe y reconoce la castración de haberse perdido para siempre (un deseo de regresar a un lugar de acobijamiento que ya no existe por Ley), por lo tanto, se intenta a partir del

Ideal del Yo con sus proyectos, construir cierto estado anterior a dicho lugar idílico. Creándolo desde su nicho potencial económico, ya sea, para obtener mejor satisfacción de la que se recibió (en la infancia) o mantener en lo posible aquella que recibió (mantenerme en el colchón económico que acostumbró a vivir), forjando así sus inmuebles, sus proyectos futuros, etc.

Digamos en otro tono, que la aceptación a la Castración implica el reconocimiento que dicho lugar pretérito se ha perdido o que incluso nunca existió. Al ser reprimido, sus cauces serán vertidos en los anhelos que serán perpetuamente rebuscado en ideales: desplazándose hacia nuevas aspiraciones o promesas futuras.

Similar a lo explicado acude Freud en el apartado IX de Inhibición, Síntoma y Angustia (1926): "*Cada situación de peligro corresponde a cierta época de la vida o fase de desarrollo del aparato anímico, y parece justificada para ella. En la primera infancia, no se está de hecho pertrechado para dominar psíquicamente grandes sumas de excitación que lleguen de adentro o de afuera. En una cierta época, el interés más importante consiste, en la realidad efectiva, en que las personas de quienes uno depende no le retiren su cuidado tierno. (...) Con la entrada en relaciones sociales, la angustia frente al superyó, la conciencia moral, adquiere un carácter necesario, y la ausencia de este factor pasa a ser la fuente de graves conflictos y peligros, etc. Pero en este punto, justamente, se plantea un nuevo problema.*

Intentemos sustituir por un momento el afecto de angustia por otro, el afecto de dolor. Consideramos enteramente normal que la niñita de cuatro años llore dolida si se le rompe una muñeca; a los seis años, si su maestra la reprende; a los dieciséis, si su amado no hace caso de ella, y a los veinticinco quizá, si entierra a un hijo. Cada una de estas condiciones de dolor tiene su época y desaparece expirada esta; las condiciones últimas, definitivas, se conservan toda la vida. Empero, sería llamativo que esta niña, ya esposa y madre, llorara porque se le estropeó un bibelot. Ahora bien, es así como se comportan los neuróticos. Hace tiempo que en su aparato anímico están conformadas todas las instancias para el dominio sobre los estímulos, y dentro de amplios límites; son lo bastante adultos para satisfacer por sí mismos la mayoría de sus necesidades; ya mucho saben que la castración ya no se practica como castigo, y no obstante se comportan como si todavía subsistieran las antiguas situaciones de peligro, siguen aferrados a todas las condiciones anteriores de angustia. (...)

En gran número de casos, las antiguas condiciones de angustia se abandonan efectivamente después que ya produjeron reacciones neuróticas. Las fobias a la soledad, a la oscuridad y a los extraños, de los niños más pequeños, fobias que han de llamarse casi normales, se disipan las más de las veces a poco que ellos crezcan; «pasan», como se dice de muchas perturbaciones infantiles. Las zoofobias, tan frecuentes, tienen el mismo destino; En el período de pubertad es frecuentísimo el ceremonial, pero sólo un mínimo porcentaje de esos casos se desarrolla después hasta la neurosis obsesiva cabal. (...) Por tanto, en el curso de la maduración han de haberse resignado condiciones de angustia, y ciertas situaciones de peligro perdieron su significatividad. Por otra parte, algunas de esas situaciones de peligro sobreviven en épocas más tardías porque modificaron, de acuerdo con estas, su condición de angustia. (...) hay otras que en modo alguno están destinadas a ser sepultadas, sino que acompañarán a los seres humanos durante toda su vida; tal, por ejemplo, la angustia frente al superyó. (...) en definitiva, la condición de adulto no ofrece una protección suficiente contra el retorno de la situación de angustia traumática y originaria" (p.138-140). Cierro estas citas del apartado IX en que justamente, persiste la angustia de regresar a una condición de vulnerabilidad económica (desborde pulsional) o dependencia tal como fue en la época edípica. La castración le advierte que dicho lugar, nicho, espacio, no existe, pues solo retornará como un objeto perdido, una nostalgia. Por tanto, es la lucha diaria de todo ser humano velar por ella. Para sí, no verse atrapado en esta situación desvalida por el retorno de la angustia traumática u originaria.

En resumen, primero es la angustia de aniquilación, luego miedo al abandono (primeras confecciones temporales-espaciales), después viene la primera simbolización (desplazamiento-condensación) de la angustia Fóbica que sería la primitiva angustia de la castración o de los primeros signos del Super yó.

Debemos distinguir desde Freud (1917) que en efecto, la Angustia también se explica por "*una angustia real, independiente por completo de la angustia neurótica, y que se nos muestra como algo muy racional y comprensible, pudiendo ser definida como una reacción a la percepción de un peligro exterior, esto es, de un daño esperado y previsto. Esta reacción aparece enlazada al reflejo de fuga y podemos considerarla como una manifestación del instinto de conservación*" (p.2367). En otras palabras, sería una angustia situada ante un evento desde lo "ahora mismo" percibido.

Freud en dicha Conferencia 25 explica que no es excluyente o necesaria siempre una presencia de angustia en alguna neurosis. Freud (1917) aclara que "*hay individuos «angustiados» que no padecen neurosis ninguna, y, en cambio, neuróticos que no presentan entre sus síntomas el de la propensión a la angustia*" (p.2367).

Por supuesto, la Angustia también presenta ligamientos que generalmente en los neuróticos es "*un estado general de angustia, esto es, una angustia que podríamos calificar de flotante, dispuesta a adherirse al contenido de la primera representación adecuada. Esta angustia influye sobre los juicios del sujeto, elige las esperas y espía atentamente toda ocasión que pueda justificarla, mereciendo de este modo el calificativo de angustia de espera, o espera ansiosa, que hemos convenido en asignarle. Las personas atormentadas por esta angustia prevén siempre las eventualidades más terribles, ven en cada suceso accidental el presagio de una desdicha y se inclinan siempre a lo peor cuando se trata de un hecho o suceso inseguro*" (Freud, 1917:2370). Distinta es en el caso de un Fobia donde presenta "*conexiones más bien psíquicas y aparece asociada a determinados objetos y situaciones*" (Freud, 1917:2370). De modo que podemos encontrar en las fobias de "*personas cuya vida se halla envenenada por la agorafobia, permanecen totalmente exentas de la angustia de espera, fuente de pesimismo*" (Freud, 1917:2371-2372). Prosiguiendo con su Conferencia 25, la angustia por lo común, "*constituye, pues, la moneda corriente por la que se cambia o pueden cambiarse todas las excitaciones afectivas cuando su contenido de representaciones ha sucumbido a la representación*" (p.2374).

Para los sucesos que son propiamente de Neurosis Obsesiva, la contención a *"la angustia respeta en absoluto mientras obedecen a su obsesión. Pero cuando intentamos impedirles la realización de dichos actos -abluciones, ceremoniales, etc.-, o cuando por si mismos se atreven a renunciar a ellos, experimentan una terrible angustia que los obliga a ceder de nuevo en su enfermedad. Comprendemos entonces que la angustia se hallaba disimulada detrás del acto obsesivo y que éste no era llevado a cabo sino como un medio de sustraerse a ella. Así, pues, si la angustia no se manifiesta al exterior en la neurosis obsesiva, es por haber sido reemplazada por los síntomas. En la histeria hallamos también una idéntica relación como resultado de la represión, apareciendo la angustia aisladamente o acompañando a los síntomas, o produciéndose un conjunto de síntomas más completo y carente de angustia"* (Freud, 1917:2374). Como ya lo revisamos en el Capítulo V, recordemos que los *"síntomas no se forman sino para impedir el desarrollo de la angustia, que sin ellos sobrevendría inevitablemente"* (Freud, 1917:2374). En otras palabras, es un tapón o contra-carga que pone freno o enmarca la angustia para su ligazón.

Ante todo lo dicho, es importante aclarar por si llegase surgir alguna confusión con lo que estudiamos (Apartado 3 del Capítulo II) anteriormente como **"Goce"**, dado que, su término tiene muchos cruces con la noción económica o energética como hemos visto. Puntualizamos que no es equiparable tal concepto con el de los "Afectos", menos aún con el de "Angustia" y la Líbido (Ello). El goce, tal como lo desarrollamos, tiene que ver con la momentánea temporalidad perdida, el pasaje al acto, la tensión silenciosa, la a-dicción, la posibilidad de intentar una ganancia secundaria en algunos casos (displacer para el yo, goce para el ello). Por tanto, tiene más que ver con una energía desligada (no-metabolizada) bajo un cortocircuito (fijación) de placer mortífero sin el diafragma de lo Preconsciente (función alfa) que permita su lugar desde un discurso. En otras palabras, un estado pulsional "proto-afectivo" que no entra a un campo social de reconocimiento social (como lo vimos en Braunstein).

Podemos decir que en el goce de la adicción implica una mayor cercanía al desborde pulsional (o la angustia), donde el goce es el camino o cortocircuito más facilitado para simbolizar precariamente, como modo de huir de la angustia o la ansiedad. Puesto que la descarga de afectos displacenteros (dolorosos) tiende a lo defensivo, se busca muchas veces en la adicción (por ejemplo), aplacar todo indicio de afecto, puesto que rápidamente traen consigo una angustia próxima. Una mínima frustración en el adicto severo conlleva a una angustia inmediata. Bajo este punto de vista compartimos lo expresado por I. Vegh (2013) en su diferenciación de que algunas pulsiones *"acepta las estaciones previas, la otra tiende a buscar lo más rápido posible el cero (...) que la pulsión de muerte apunta al cero haría pensar que siempre lleva a la muerte, pero no es así. Es la búsqueda de la descarga más absoluta y por el camino más corto"* (p.80-81).

No obstante, tal como alguna vez Freud nos aclaró, no es posible delimitar una "pulsión de vida" pura de una "pulsión de muerte" en estado totalmente puro, vale decir, no siempre es fácil o sencillo distinguir el "afecto" de un "goce", pues deberíamos hablar más bien de un estado que está mezclado más que pulido en sustancia pura. Pues tal como Freud expuso con respecto a la diferencia entre pulsión yoica y pulsiones sexuales, son aproximaciones que nos serán útiles en el campo clínico más allá de no poseer una exacta precisión universal en cada momento.

Podríamos resumir que las tres categorías de afecto, goce y angustia, tienen su raíz común en la libido o en las distintas mociones pulsionales. Mientras el Afecto es manifestado como una descarga, en el Goce se manifiesta como un intento desesperado o impulsivo de conseguir placer con una descarga por consecuencia silenciosa al "Yo" y mortífera al Cuerpo. Y en la Angustia, se manifiesta como un desborde pulsional, un "avinagramiento del vino" descargado o como una "señal de angustia" proveniente del Yo. Cada una de ellas con distintos grados de simbolización o ligazón.

Aclaremos como cuestión aparte, que no es lo mismo una Angustia por un Trauma o destrucción del yo, de una angustia por un trauma a dos tiempos. Como distinta también a una señal de angustia mediante el yo, como de una angustia por herida narcisista en el yo-ideal frente a su Ideal del yo, así como en un dolor físico, como también en una angustia sintomática donde fracasa la represión, frente a una angustia por duelo, desde una angustia de tipo melancólica, en una angustia por frustración, etc. Hemos de entender por tanto, que la Angustia emerge desde distintos puntos o circunstancias que pueden conjugar con otras variables (afectos o sentimientos y goce) en distintos grados de intensidad.

Las mociones pulsionales se pueden cuajar en afectos inmediatos que dependiendo cuales, pueden propiciar la huída o la cercanía, también se puede cualificar en goce disruptivo o en acumulación libidinal frustrada angustiosa o desbordada. La pulsión también puede cuajar en representaciones en una malla de barreras de contacto, modulando el acceso directo de su descarga, como en el caso del "Placer".
Por lo mismo, las pulsiones en un estado afectivo-goce-angustia son mayormente móviles en caer a lo motriz sin una digestión o metabolismo.
La energía "x" de la pulsión puede adentrarse a un vasto complejo representacional Preconsciente. De este modo, la pulsión (sea de origen interno o externo) origina un destino pulsional que puede verse ligado o no en distintas formas o destinos.
Las pulsiones por tanto, son tensiones que mueven (empujan) el aparato, pueden cuajar en una ideación-representacional compulsiva de contra-carga para fines represivos (desalojar, distorsionar contendios), tal como lo puede exigir un complejo de huellas displacenteras a evitar.

Bajo una red representacional o desde el proceso secundario, podemos entender que la energía que circula no se descarga inmediatamente, puede inhibirse lo suficiente para alcanzar procesos de carga que cualifiquen en representaciones que dan cuenta las distintas resistencias o capas inhibitorias del yo (véase Proyecto). En otras palabras, lo suficiente para dar cuenta de algo sobre lo descargado y alcanzar a simbolizarlo (contarlo temporal y espacialmente). Lo que sería el "placer" a diferencia del Goce.

Hay que entender que tanto la Represión como en el Afecto, hay en cada uno de ellos cargas y descargas, digamos en otras palabras, que en la circulación y cualificacion cognocitiva de complejos en representaciones-ideativas, bajo su carga, hay (ocurre) un mínimo de descarga que permite mantener móvil el aparato y no coagularlo o estrangular la energía, más solo, que la energía tienda a circular más retardada bajo su ligazón (por sus huellas o red de vías facilitadas). De similar modo en la cualificación afectiva, no solo hay una descarga, también existe un grado mínimo de carga, puesto que para sostener un tipo de afecto por sobre otro, se requiere una cierta cualificación asociativa de catexias que den cuenta un modo de circulamiento afectivo que de otro. Vale decir, que en el terreno de la representación-ideación, hay un primado de cargas, de cierta plasticidad embrolladas en complejos representativos que inhibe una descarga completa tensional desgarrada, así como por otra parte, en los estados afectivos-emotivos hay un primado de las descargas, en donde estas circulan con un ritmo distinto según la circulación de cargas, catexias o fijaciones.

Los estados afectivos responden más a las modalidades del proceso primario, más que al proceso secundario. Al revés, las representaciones bajo la condensación y desplazamientos también pueden caer en destinos más concernientes a los procesos primarios, aunque el lenguaje está más regido por el proceso secundario. Pues como lo vimos anteriormente en Green, nunca la carga será lo suficientemente completa como para anular todo movimiento primario, como ninguna descarga será lo suficientemente completa como para anular toda inhibición secundaria posible, salvo que un trauma corrompa las barreras de contacto y las agriete irremediablemente, cayendo los tejidos a pedazos disueltos (véase en la Fragmentación), lo que aquello último podría sucumbir en una "muerte psíquica".
Recordemos que Piaget (1959) aclaró que una "*homeostasis no comporta, en realidad, balances exactos, sino que testimonia frecuentemente la presencia de excesos (...) no es la de una balanza precisa (...) a través de las transformaciones, el asiento de rigurosos «balances», testimonian, al contrario, importantes sobrecompensaciones*" (p.134-135).

No es la representación la que finaliza en sí misma totalmente un proceso ideativo o imponga todo el sentido y lo concluya. Es menester la afectividad como resultado quien resuelve si en dicho proceso se genera un placer o una baja tensión de descarga mayor o menor a cuando se empezó a reflexionar. De este modo, lo que se resuelve como placer o displacer en dicho proceso (de descarga), es lo que orienta o guía la futura ligación asociativa posible, según sus propias barreras de contacto (vías) disponibles. Por otro lado, si buscamos en los afectos "*los equivalentes de las modificaciones representativas, nos asombraríamos del carácter mucho más limitado de las operaciones posibles: vuelta contra sí mismo o sobre su contrario, formaciones de afectos simétricos, opuestos o complementarios, vivenciados o proyectados y, en los casos más radicales de defensa, inhibición o supresión (helada afectiva)"* (Green, 1999)

Desde esta misma línea o a partir de ella, podemos socialmente decir que un ideal humano o ideología adquiere su peso no tan solo por la argumentación, si no, tal como nos enseñó David Hume (1751), por el agrado o desagrado respecto a éstas: "*Dad al asunto tantas las vueltas como queráis, mas nunca podréis hacer que la moralidad se base en una relación, sino que hemos de recurrir a decisiones del sentimiento*" (p.184). También Nietzsche (1878) arguye la misma reflexión en su aforismo 608: "*Buscamos inconscientemente los principios y las opiniones teóricas que son apropiadas a nuestro temperamento, aunque parezca que son apropiadas a nuestro temperamento, aunque parezca que son los principios y las teorías las que han creado nuestro carácter. Nuestro pensamiento y nuestro juicio son reputados, conforme a las apariencias, ser la causa de nuestro ser; pero en el hecho es nuestro ser la causa de que juzguemos y pensemos de tal o cual manera*" (p.300). Incluso, la situación es tal como nos dice Nietzsche (1878) que criticamos "*con severidad a un pensador cuando emite una proposición que nos desagrada; y sin embargo, más razonable sería hacerlo cuando esta nos agrada*" (p.279).

Si bien las representaciones o los agentes representativos de pulsión comandan las diversas vectorizaciones del caudal pulsional o libidinal, el afecto también puede ser un vehículo re-presentativo afectivo que influya, "sugiera" o influencie, en ligar representaciones colaterales de una asociación a otra.
Es como si este recorrido fuese un camino minado con huellas o llaves de contacto o de paso que van gatillando continuamente una descarga afectiva que empuja o vehiculiza las vías asociativas por un camino o al otro. Podemos apreciar lo dicho con mayor claridad en lo que Freud elaboró como "señal de angustia".
Si bien, la señal de angustia no es el único modo, los afectos displacenteros como son los celos, envidia, vergüenza, ira, odio o dolor también buscan re-distribuirse generando nuevos acoplamientos o búsquedas asociativas.
Por lo tanto, las representaciones adquirirán sus significados, no solamente, por la diferenciación contrastante (un significado en diferencia de otro), sino además por los oleajes de descargas afectivas que van coloreando en qué lugar o posición se ligará tal deseo o representación. O sea, la representación, no tan sólo se basta por su lugar en la cadena asociativa con sus contrastes con otras huellas o marcas, sino que además, una representación, una letra por sí sola no se movilizaría sin el flujo de las descargas que van siendo ligadas por variados registros semánticos (motor, perceptual, económico y conflictivo).

A su vez, también podemos observar escisiones-separaciones de aquello en la aparente integración o coherencia entre "lo dicho" y "lo sentido". Podemos verlo cotidianamente en personas que tengan muy en claro su sistema de códigos morales, pero que en la práctica, su afectividad (mociones) no se condicen con éste, sea actuándolo de otra manera, sea por algún mecanismo defensivo que no logra ligar lo que quisiera descargar a modo en cómo le gustaría representárselo. Es muy propio en la clínica de las Neurosis Obsesivas, el paciente que tiene un discurso muy desarrollado y detallado de su condición, pero que denota una sistematización intelectualizada que estrangula en lo mayormente posible las cualidades afectivas, puesto que las descargas se sustituyen a través de otras representaciones que no adquieren sentido con lo que el obsesivo cree de cómo deberían ser sus afectividades ideales o super yoicas (rituales absurdos, irrupción emocional en asuntos muy banales, etc). Tiene un ideal yoico de cómo debiesen ser sus placeres y emociones u objetivos, pero no se da cuenta que el yo no es el sujeto propiamente tal. Es así como resume la clásica existencia del obsesivo: ideales y normas claras que no se condicen a cómo sus ganas o formas de deseo debiesen darse ante él. Para el obsesivo el problema no está en desear, sino que su deseo no sea a cómo él desea desearlo. Lo que nos recuerda al aforismo de C.G Lichtenberg en 1771: "*Todo hombre también tiene su trasero moral, que no enseña sin necesidad y mientras puede cubre con los pantalones de la decencia* (p.116)".

Para su ideal, ojalá para un obsesivo no hubiesen emociones que entorpezcan los placeres del pensamiento y la ritualidad de normas claras (ser un robot y no sentir). Sin duda un obsesivo con un alto caudal ideativo, pueden comandar cierta parte de su energía libidinal en actividades intelectuales ideales o de rituales, para que las emociones desagradables no logren cualificarse o sentirse en la consciencia. Finalmente, las afectividades cuando aparecen o surgen, se convierten en demandas a descargarse en ligaciones o metabolizaciones (el estado afectivo no desaparece, persiste en mantenerse y no descargarse, ya que no pueden descargarse bajo esta forma que el yo-ideal no admite, propio su carácter anal), las cuales el obsesivo las intenta tramitar lo máximo posible bajo otras acciones sustitutivas que muchas veces terminan fracasando y descargándose en angustias, ansiedades, culpabilidades en vez de descargarse en sentimientos de amor o sexualidad. En el mejor de los casos mediante la represión obsesiva, se puede tramitar el afecto por alguna representación que el yo no admita y lucha contra ella, tal como hubiese de luchar contra el afecto o la angustia en su lugar. Por ejemplo, un afecto de celos se puede transformar y descargarse en una compulsión obsesiva en mirar novelas con temáticas de celos y control de pareja. Lo cual así se permite encausar dichos procesos en un modo distorsionado o disfrazado, admisible para su yo y sus resistencias. Mantienen aislados ciertos focos emocionales o descargas afectivas sin elaboración, sustituyéndolas por algún mecanismo represivo. Uno de los tantos que emplea como en este ejemplo, la típica ritualización, su compulsión de la conducta y su clásica intelectualización obsesiva. Similar al clásico aislamiento propio de un Fóbico, en un obsesivo también emerge de igual modo.

Por supuesto, como es común, por mucho que las emociones o afectos estén comandadas por un nicho cultural que las ordene o las modifica (transforma), las emociones tienen un origen corporal-motriz unido a los procesos de placer o displacer en un primitivo ordenamientos de acercamiento-huida (yo-placer-purificado). Tal como lo mencionamos en el "Proyecto" (1895) de Freud, el yo-placer purificado es una funcionalidad primaria, como un "estado desiderativo" que "*produce algo así como como una atracción positiva hacia el objeto deseado o, más bien, hacia su imagen mnemónica, mientras que de la vivencia* dolorosa resulta una repulsión, una aversión a mantener catectizada la imagen mnemónica hostil. He aquí, pues, la atracción desiderativa primaria y la defensa (rechazo) primaria" (p.44).

Así mismo, la representación es una carga permeable de barreras de contacto que hacen permear la circulación de la energía pulsional de un modo o de otro. Hay puntos de la circulación o de la asociación donde entran en contacto con huellas cargadas de dolor o de propiciar un salto a un lugar de energía desligada que puede procesarse mediante una defensa neurótica (síntoma, intento huída, inhibición, señal de angustia).

Pueden existir también, fijaciones afectivas como una erotomanía, una seducción, un sentimiento de venganza o de odio. Que pueden ser propios de los medios compensatorios narcisísticos o de control, como en el caso de las proyecciones paranoides. Pueden haber afectos patógenos, como hemos visto en la histeria (el afecto se resiente en el cuerpo conversivamente) o en las obsesiones (se desplaza el afecto en otra representación).

No es sencillo, ni creo que sea posible aislar o precisar completamente cuando un proceso remite a un deseo-pulsión (posición, lugar) y cuando cada uno de estos deseos se transfiere en una descarga (movimiento) para ese deseo (principio de incertidumbre). Quiero decir con esto, que los deseos no sólo adquieren contexto en las mallas de las barreras de contacto, también adquiere contexto en los procesos de descarga, o sea, la evitación de un displacer y una búsqueda de placer (o más allá del placer), seguirá siendo una importante brújula en cómo se dispondrá en ordenarse las representaciones pulsionales o representaciones-palabras como representaciones-cosa. Hay también una recursividad en el circuito pulsional, como un feedback psíquico, tal como lo detalla Freud cuando se refiere a las "Neuronas del palium" en Proyecto (1895), describiendo que *"llegan noticias de la descarga lograda mediante el desencadenamiento del movimiento reflejo que siguió a la acción específica (...) Las noticias de la descarga refleja surgen gracias a que todo movimiento, en virtud de sus consecuencias accesorias, da lugar a nuevas excitaciones sensitivas –de piel y musculos-, que producen en "PSI" una imagen motriz o quinestética"* (p.41). Concluye Freud (1895) entonces en que la retroalimentación del *"curso de la acción debe efectuarse una nueva comparación entre las noticias de movimiento entrantes y los movimientos ya precatetizados, y debe producirse una excitación de las inervaciones correctoras, hasta alcanzar la identidad"* (p.116).

No es del todo relevante o solamente lo principal, el saber qué representantes psíquicos tiene un paciente, también es importante apreciar sus cuadros afectivos y síntomáticos que afectan el diario vivir de un paciente. Por mucho que el síntoma sea una representación sustitutiva de un placer frustrado o privado, es el malestar de su descarga en dicho síntoma, lo que genera muchas veces el conflicto. Vale decir, el registro económico es sumamente relevante de analizar en cuanto apreciemos avances clínicos (no tan solo en el plano ideativo abstracto representativo).

Con esto no queremos decir que una remisión de síntomas baste sin importar el contexto, hay que tener en cuenta el contexto de su remisión, qué lo provocó y qué condiciones son las que han perpetuado a su repetición. No es negar la tópica y su dinámica y conservar solamente la económica. Pero sin duda, la angustia es lo que no engaña (como dijo Lacan) y la angustia como tal, es una manifestación de un conflicto en lo económico entre el juego del placer-displacer.

Queremos nuevamente prevenir un excesivo enfoque a lo económico. Así como ya lo vimos en el apartado sobre "el Masoquismo", por ejemplo, brevemente diremos que no es simple guiarse por el displacer o dolor masoquista como orientador clínico, más bien, el displacer masoquista tiene un fin o tiene una razón analizable por descubrir su lugar representacional-fantasía y gramática inconsciente. Por lo tanto, no es mero displacer por sí mismo. Distinto es en síntomas traumáticos o de angustias como en un duelo, donde la ligazón falta o falla, o si el sistema de representaciones desfallece y caemos en un terror sin nombre o en un duelo sin palabras, como algo irrepresentable. Por lo cual, desde sus afueras o sus adentros, el trauma o el duelo ejercerán su influencia de los modos más ruidosos o silenciosos posibles, lo cual, es trabajo del analista rastrear con olfato aquellas puntualizaciones sin puntos temporales.

Sin embargo, a veces lo único que tiene el sujeto es una vaga sensación de mociones afectivas o movilidades, sin una representación clara, más bien la única representación o presentación es meramente el estado descargable de la energía o su tensión.
Lo que nos lleva a la pregunta, de hasta qué punto un afecto-emoción se puede distinguir con toda propiedad de una representación, puesto que una emoción o afecto también puede devenir en una señal aunque no esté plenamente simbolizable como signo o símbolo.
Muchas veces lo único que tenemos como pistas es un caudal de diversas emociones que aparecen y desaparecen sin saber bajo qué ligazones están sostenidas o de dónde provinieron sus construcciones para que sean ésas o no otras (como sucede usualmente en los afectos oníricos). Las emociones, tal como lo vimos en la "simetría" con Matte-Blanco, generaliza sin una distinción asimétrica, como son propias de los procesos primarios o elementos beta sin ser metabolizados.
Lo que se puede hacer en tales situaciones, es recordar en qué otros momentos se ha vivido antes o por primera vez dichas emociones (sensaciones) que carecen aún de inscripciones temporeo-espaciales, para así, comenzar acobijarla en alguna red simbólica que las coherencie. No es inusual entonces que muchos pacientes tengan una cierta biografía temporal de si mismo donde los afectos están en una sintonía temporalmente muy distinta a la relatada, o, que mayor aún, no tengan mayores recuerdos que: "desde siempre me he sentido así, ya no recuerdo desde cuándo me siento así, quizás hace mucho tiempo".

Hay sensaciones, visuales, kinestecicas, auditivas y olfativas, cada una de ellas se puede representar o rememorar la huella que ha dejado, cada una puede llevar su propia carga de su huella y producir alguna sensación agradable o desagradable. Una melodía o canción puede provocar sin una representación-palabra diversas emociones, incluso hacia un estado de angustia.

Cuando las barreras de contacto o cualquier función de reverie (metabolización) de un aparato de pensar, han sido abolidas o destruidas, el goce es uno de los pocos medios de procesar los afectos, antes de un desate angustioso. Allí, las emociones (afectos) solo logran ser sostenibles en periodos oscilantes sin una zona de grises, más bien transitan en polaridades de blanco a negro (placer-displacer). Lo que conducen a un ataque-huida o dependencia-control (recordar lo esquizo-paranoide y defensas maniacas de Klein).

Una sobreexcitación puede provocar un aumento de las asociatividades o una disminución en la distinción de éstas (simetría, mezcla de aguas). Al poseer tal tipo de sobreexcitación, las representaciones-palabra no son las únicas que pueden comandar las asociatividades, pues los propios afectos con su mínima noción de carga o redes, pueden comandar los hilos inconscientes de las asociaciones o estados conscientes a inconscientes. Incluso, una descarga afectiva puede despertar un recuerdo o viceversa influyéndose mutuamente.

Si lo vemos por el lado de la Física: ¿Cuál sería entonces la diferencia exacta entre "carga y descarga"? Puesto que si no hay descarga sin carga alguna, o sea, no hay corriente o amperaje (A) que no tenga resistencia (Ohm). Por tanto, reiteramos lo imposible del binario tajante entre carga y descarga, pues así también lo refiere Freud en "Proyecto" sobre el pasaje de la pulsión (Q, Qi) en las diversas barreras de contacto que provocan la resistencia en sus vías facilitadas.

Siguiendo las propiedades Físicas de la energía, el ser humano sería semejante a una pila o batería con una constante diferencia de potencia. Aclaremos que la pila o batería no tiene algo como una "energía" que trasmite energía a algo, más bien, la pila está dividida en un polo negativo y positivo, donde la reacción química de la pila, genera desde el polo negativo un flujo de electrones o corriente o amperaje que van hacia el polo positivo o cationes que tienen falta de electrones, que hacen movilizarse. El polo negativo no se movilizaría si no tuviera en su diferencia un polo positivo que lo atrae, similar a un imán, donde incluso, los mismos polos se repelen y los contrarios se atraen. En otras palabras, a mayor diferencia entre el polo negativo al positivo, mayor será el potencial de diferenciación o Voltaje, o bien de la velocidad que pasen los electrones del polo negativo hacia el positivo. Una vez que el polo negativo haya cedido o equilibrado sus electrones con el polo positivo carente de ellos, se llega a un punto de equilibrio, donde la pila se agota, ya no generará más movimiento o tensión. Las barreras de contacto, lo que limitarían el libre paso estrechándolo vendría siendo la resistencia (Ohm), la cantidad o corriente sería el amperaje (A) y el Voltaje (V) sería la tensión pulsional, lo que ejerce presión o empuje, dado que la corriente (A) no se movería por sí sola si algo no la impulsa o no hubiese un potencial (V) para moverse hacia un punto, puesto que si en todos lados hubiera el mismo potencial diferencial (V) no habría movimiento, lo que equivaldría a la llamada "superficie equipotencial" en la Física. Es decir, como un perfecto equilibrio de potencialidades que no generarían movimientos o tensiones de un lado o de otro.

Por ejemplo, en plena adicción en su máximo goce, hay un encuentro (fijación) radical entre la pulsión y su objeto, que no logra generar "diferencias" en el doble sentido que atribuye Derrida (1968): **"diferir y retardar"**. El adicto en su fijación, no remite a otra cosa que a su adicción misma, no genera un nuevo potencial de diferencia, no genera un desequilibrio, más bien se acopla a un equilibrio perfecto, como una especie o suerte de estado intrauterino (sin yo, sin tiempo), un estado frenético de distención (por paradójico que suene) a costa de un solo objeto que otorgue salida a dicho proceso, aunque sea de forma irrefrenable. La diferencia de contacto entre las barreras se homogenizan cada vez más hacia una sola vía de descarga pulsional, que otorga poco lugar a nuevas diferencias que hagan desacoplar la adicción. La remisión a otros objetos queda abolida, quedando solo, con un solo objeto. La fijación de la pulsión es a tal nivel, que es similar a un electrocutamiento donde la corriente eléctrica atrapa (fija) a la persona y se la lleva consigo. Como si la "fuente" o zona erógena del "objeto" se acopla perfectamente en el sujeto, no dejando ningún rastro o vacío suficiente para movilizarse (separarse). Es como un tubo al vacío que no permite la mínima entrada de aire o diferencia, está todo lleno, lleno en su adicción, (como dice Parménides, no puede haber "algo" o diferenciaciones algunas, en algo totalmente lleno de puro Ser que ni siquiera admita un vacío ínfimo). Es como si a una pila común se la dejara consumiendo sin parar hasta que se agote, sin pausas en la permanente tensión de su goce adictivo (sin cable a tierra). Retomando lo antes visto, es la madre la que otorga el soplo de Eros o pulsión de vida al cuerpo del bebé (el deseo materno es que el bebé viva), es la madre la que frena con sus cuidados la voracidad del bebé, como si la madre con sus pausas deja espacio para que la pila se recargue nuevamente en diferencias (vías colaterales). Lo que caracteriza a un pleno adicto severo es su imposibilidad de darse pausas, de puntualizar pausadamente su adicción, la adicción "lo lleva hasta el fin" sin frenos.

Cuando el cuerpo se agota en la adicción, tras el continuo estado de consumo, el cuerpo se desploma, ya no tiene fuerzas para transitar en nuevas diferencias, es como si borrara sus huellas. Cualquier otro objeto pierde su sentido ante un único objeto a su fuente o erogenidad voraz. Está casi completamente en un estado de pura desligación o desligamiento o pulsión de muerte, con la diferencia que la muerte no llega, ya que aún hay **un** objeto frente al resto, ese **"un"** de "uno", mantiene la mínima diferenciación de "ser **un** ser".

Por tanto la diferencia, genera eso, diferencias, lo contrario a un perfecto equilibrio, puesto que un completo equilibrio carece de diferentes diferencias (resistencias), pues si algo se sigue difiriendo en diferencias, está vivo (se resiste a la muerte), se hace distinto, se diferencia, hay potencial diferencial (como diría Derrida). Un cable conductor que tenga muy poca resistencia puede quemarse, fundirse, explotar, caer posiblemente en una completa entropía o muerte.

En alguien no adicto, significaría en cambio que a cada encuentro entre la pulsión y su objeto hay un nuevo restablecimiento de diferencia de potencial (Voltaje, tensión), como una pila, que relanza el circuito a una nueva tensión (empuje) pulsional. No obstante, a diferencia de una pila común (que no es autopoiética), el ser humano (que es autopoiético) no alcanzará el equilibrio puro de su diferencial potencial, sino a la hora de su muerte (máxima entropía). De modo que el animal orgánico, evita momento a momento un despliegue de la entropía que conlleve a borrar la diferencia de cualquier diferencia, por tanto, su propia muerte, la borradura total de las diferencias, la nada en sí (punto cero o muerto), la muerte del ser vivo autopoiético.

Es evidente que comprender o explicar un tipo de adicción severa bajo éste esquema Físico, no da cuenta más que el fenómeno pulsional mismo y no su conformación o proceso que arribó a dicha compulsión adictiva mortífera.

Tenemos que tener en cuenta que el soplido del Eros al cuerpo (represión originaria, reverie, holding, etc) no alcanza recubrir la "energía libremente móvil" o desligada. En algunos casos puede advenir en un monto de angustia, en otras, en un deseo de puro Goce irrefrenable que lo podría conllevar a lo más mortífero.

Estamos conscientes que dicho esquema de la Física, sigue la lógica que arribó a Freud a postular la "pulsión de muerte" como la descarga psíquica que lleve a lo inorgánico y su deceso.
Cuando Deleuze formula si el sujeto 1) "repite porque reprime" o si 2) "reprime porque repite", en el primer caso estamos frente a un retorno de lo desalojado o deseado, lo irresuelto se repite, lo que se guardó al olvido se repite, no obstante, de un modo más originario o elemental, en el segundo, caso vemos que hay repetición puesto que el sujeto siempre es un ser deseante o que lo desligado siempre vuelve a irrumpir por no ser digerido (Ello), ya que carece de vectores absolutos que lo vehiculice a un punto asociativo para asociarse como instinto. En cualquiera de los dos casos que expone Deleuze, estamos frente al sujeto como deseo, como expulsado o frustrado a sus deseos. No obstante, hay que dar cuenta lo exógeno o lo traumático de la repetición y no volcarlo a una fórmula de puro goce (puro endógeno). Puesto que de observarse así, llegaríamos a la idea que la humanidad viviría únicamente evitando un Goce que lo lleve a su (auto)destrucción, por lo cual perpetuamente mantendría difiriendo o diferido dicho goce o pulsión de muerte (como un instinto suicida innato). Por lo tanto, es como si el placer, lo único que hiciera es taponear o reencauzar el goce, como si el goce fuese el motor principal del psiquismo en el sentido económico. Como si el goce fuera la principal tendencia (de mayor peso) y el placer fuese secundario a ella. Como si fuese al Goce donde la clínica debería apuntar, como un paquete de goce innato que se niega a renunciar en la Estructura psíquica, centrando nuevamente la problemática clínica o psíquica a lo endógeno (como lo postulado por J.A Miller).
Esta manera de pensar lo pulsional dificulta la capacidad de comprender o entender la angustia por sí misma. Puesto que el goce se convierte en el modelo prototípico de la descarga, tal como Rank en su oportunidad postuló el trauma del nacimiento como el modelo reiterativo de lo traumático, "lo Real" (como ocurre en las teorías de J.A Miller).

No negamos claro está, lo referido anteriormente sobre el bebé en cuanto un caos, un Ello o desligado, donde requiere de una madre o cuidador que metabolice sus necesidades antes que el bebé se indigeste tóxicamente de su líbido o angustia. Pero esta afirmación no es del todo correcta, pues es parcial en el sentido que persiste en encausar la problemática en lo endógeno o en la interioridad. La madre no tan sólo digiere sus elementos beta y los regurgita para su elaboración. También la madre protege al bebé de los factores ambientales, impidiendo o inhibiendo cualquier conflictividad con la externalidad (Winnicott), pues la carencia de instintos lo deja desvalido al mundo. Además, tal como lo hemos estudiamos en el Capítulo II en la "Represión Originaria", el Ello abre diferencias, es voraz a tal punto que desea algo más allá que un supuesto incesto-fijado-innato o de incesto-instintual, Ello no es así.

Ampliaremos ahora más detalladamente estos esbozos que dibujamos en el Capítulo II y III como en este mismo Capítulo VII para distinguir ciertos procesos económicos.

El deseo o el Ello no se acopla completamente como un instinto pre-moldado, deja un residuo que vuelve a impulsar y no congelarse en un solo lugar, más bien lo pluraliza en sus posibles vías. Como lo expresaría Deleuze, el deseo no es solo una agenciación a un objeto, sino que deviene "multiples mónadas" creando nuevas formas de libidinizar el mundo.
Ello siempre va re-comenzar una vez apaciguado, reactiva su deseo: mantiene la diferencia de potencial o su voltaje. Aunque a veces se puede violar dicho principio por una fijación o adicción a la falta de vías colaterales y facilitaciones ambientales.

El "Ello" es un punto de cruce tanto de la realidad exterior como del mundo interno en tanto tensión, deseo, empuje, fuerza constante, es endógeno y exógeno a la vez. Es un conjunto semi-cerrado que se abre al mundo junto a las percepciones y el Yo. Vale decir, el Ello es fuerza constante del metabolismo y fuerza constante por la excitación del mundo exterior al Cuerpo o su erogenidad. Durante este complejo proceso de combinaciones e intensidades, las huellas en sus complejidades generan sus salidas de Goce o Placer para resolver su dinámica pulsional.

El Ello como voltaje del metabolismo, abre diferencias de potencial que tensiona el aparato, es voraz e irrefrenable (fuerza constante como diría Freud) como la pulsión. Recordemos que la pulsión es una forma de destino, como la parte de la líbido en sus distintas zonas erógenas parciales (que se suman-restan o sin excluirse simultáneamente en distintas intensidades). Mientras el Ello carece de instinto (a un objeto predeterminado innato), la Angustia por su parte, es al inicio una base orgánica de "señal de alerta" (llanto, grito). Lo cual podemos relacionar la angustia con el dolor directamente en una de sus formas de tramitarse y descargarse. La angustia bajo su dolor moviliza el cuerpo y al aparato psíquico, se descarga su dolor en el órgano mismo, no encontrando salida a otro sitio donde se diafragme o enlace su energía libremente móvil.

Similar a la Líbido o al Ello, la Angustia moviliza una diferencia, su dolor marca una diferencia de potencial que exige ser sublimada-descargada en alguna de las acciones específicas posibles.

En otras palabras, es la angustia y el Ello lo que alimenta al Goce como su posible cristalización de repetir, ya sea como pasaje al acto, acting out transferencial, adicción y fijaciones.

Pero sería parcial, como una visión endogenista, entenderlo así si no consideramos también a la Represión Originaria en su Handling, Holding o Reverie quien moviliza encausando los diques y vías colaterales.
Es gracias a la Angustia y al "Ello" que el aparato psíquico aprende y liga nuevas cosas a crear. No obstante, como ya dijimos, aún sigue siendo parcial considerarlo si no sumamos el cuidador que permite diversificar las satisfacciones, en una cadena de Eros lo "suficientemente buena" para descargar sus necesidades. De otro modo, la falta de metabolización de elementos beta intoxica la posible constitución de la complejidad psíquica. Por esta razón, por si sola, la angustia y el Ello no son suficientes para explicar la apertura a la diferencia o la creación de nuevas mónadas libidinales.

Entendamos, por otro lado, que la función del yo en su constitución, la represión originaria y la homeostasis biológica del organismo permiten la retroalimentación o feedback de la saciedad. No obstante, como la pulsión (El Ello) no es instinto, ni tampoco vela por la autoconservación o sobreviviencia, no siempre una acción específica sacia al cuerpo: puede trasnochar aún si tiene sueño, puede comer aún si no tiene hambre, etc. Cuando algo se "satura", se siente la saciedad, pero Ello exige otra cosa a su metabolismo, puesto que no se acopla a algo innato. Hay vías colaterales enhuelladas (trazadas) por la Represión Originaria, que gracias al Ello voraz, "desea seguir deseando", más allá del supuesto incesto-instinto que no cubre todo lo que busca o desea.

No todo Goce es manifestación (cristalización) del Ello, también es producto de la Angustia. El goce no es equivalente al Ello o la Líbido, el Goce solo es parte de su cristalización. Su cristalización o cuajamiento puede ser diversa, desde objetos fijados en conjuntos cerrados, fantasías sexuales recurrentes, acting out de transferencia, pasajes al acto suicida, etc. Como lo vimos en el Capítulo II, en cada uno de ellos el Yo pierde sus coordenadas de espacio-tiempo (contabilidad), el placer se dispersa en algo más allá del principio del placer.

El Goce procura una descarga, pero genera una descarga tal que genera una re-carga para el mañana. Es posible decir que usualmente donde hubo Goce habrá repetición. El Goce es lo que se cristalizó (fijo) como repetición, podríamos decir que es movilizado por el Ello y la Angustia. El goce es la respuesta bajo vía corta: pasaje al acto, acting o adicción. Como no resuleve o descarga por completo su destino en aquella vía corta, posiblemente retornará su repetición gozante, aún no ligada-metabolizada.

Usualmente la vía del goce es un camino que tiene los boletos de avión de regreso, es decir, su vía a sublimar no resuelve su descarga o la acción específica necesaria. Por lo tanto, se transforma en un punto o sitio de repetición a retornar. De otro modo, si no es posible dicha vía, comenzará el ciclo de De-presión o un "Ello maniaco metabólico".

Cuando la adicción (fijación) en su repetición de goce, no logra su fin de descarga, surge la angustia quien exige (señala aunque no sepa qué) otra cosa. Cuando emerge la angustia, da cuenta de una falla en el camino más corto del goce y lo obliga a movilizarse. Si el Goce no lo logra diluir la Angustia puede convertirse en un exceso de angustia que se transformará en una Depresión o falta de líbido por su de-presión (está última idea, lo desarrollaremos al final de este mismo Apartado).

Se podría resumir que el Goce es un modo de descarga, mientras que el Ello y la Angustia es un modo de carga o tensión. Podemos decir que mientras se está vivo, la Angustia o el Ello no tiene descarga plena o carga final (difiere su fin, retarda el final).

Como lo vimos anteriormente, la Angustia va desde un Dolor, Miedo, Terror, Angustia de aniquilación, Crisis de pánico, Ansiedad, Culpa, Aburrimiento, etc. La angustia implica una notoriedad de límite, carencia o falla. Aunque suene paradójico en ciertos escenarios es saludable que la angustia exista, pues si no existe no nos damos cuenta de algo grave, donde el goce, ya sea en su adicción, pasaje al acto suicida o un acting out de riesgo, toma su lugar y corrompe cualquier pausa, límite, saciedad, descarga, etc.

Podemos resumir que la Angustia, Ello (Líbido), Goce o Placer. No son aspectos económico-afectivos que sean por si mismo o en sí mismo encapsulados en una entidad que les es propia (totalmente delimitada o acuartelada). Vale decir, están sorteados en un complejo encadenamiento fluctuante que en ciertos procesos y momentos cuajan de un modo o de otro con distinta intensidad. Por esto mismo, es posible notar que el Goce, podría suplantar el lugar de toda manifestación de Angustia o Ello, borrando consigo las aperturas de nuevas diferencias. Como a su vez, la Angustia puede suplir formas de placer y modos de Goce (Depresión). No es posible tomar tampoco como elemento aislado puro, el Ello o la Líbido, puesto que, como ya lo vimos en el Capítulo III, la pulsión está injertado a su vez con las huellas: no hay pulsión sin huellas o huellas sin pulsión o como dijimos aquí mismo, carga sin algún tipo de descarga o descarga sin con algun tipo de carga.

En ciertas condiciones, se pueden presentar escenarios donde el Goce sea efectivamente una especie de seudo-instinto que tiende a lo mortífero, que implora diques o regulación a través de la angustia y formas de placer. Sin embargo, esta no es una forma innata o estructural real del sujeto. Cuenta a su favor, aun a modo neonatal su Angustia, su líbido y la Represión Originaria. Queremos decir, que la fijación o la adicción no es un punto de inicio, es un punto de llegada. Siendo el punto de llegada, una serie de sumatorias complejas en distintas intensidades momento a momento para su efecto de arribo.

El goce proviene una vez se instala una huella, una huella de satisfacción que haga surgir la alucinación satisfactoria del deseo.

Suponemos entonces que en tal caso de toxicomanías (Goce mortífero), no hay nada más que gozar. Pues ciertamente se deja de lado o de importancia el llanto, la exclamación del dolor, la pulsión de vida, el propio Eros del bebé. Pero es la Angustia la que alerta más allá del goce, es el freno de éste y es el aviso prosiguiente de que el cuidador lo asista. No olvidemos que Freud mismo lo precisa en la Interpretación de los Sueños cuando aclara que si la "alucinación satisfactoria del deseo", no logra suplir la necesidad real del hambre, frío o incomodidad, vendrá en su lugar el grito (llanto, llamado).

Si lo estudiamos en su sentido económico, en el intento de suicidio, su descarga recae en su propia zona erógena, donde su cuerpo-en-sí mismo es mutilado o atacado. Recae en él mismo su descarga como vía de escape. La Angustia finalmente invade todo campo del Ello-libidinal, la Represión ya no hace contra-peso alguno, ni tampoco existe un ambiente facilitador.

No hay que perder de vista entonces, que no es solamente la madre quien con sus cuidados rescata al bebé, es el bebé mismo que ante su aparente pasividad, es propiamente activo en su voracidad (Ello) y llanto. Dado que si no fuera por aquello, por muchas pautas culturales tenga la madre, no podrá dar vida o sobrevivencia al bebé. ¿Entonces dicho esto, estamos nuevamente acercándonos al proceso interno-endógeno de la discusión? En absoluto, más bien, estamos dando cuenta que el factor externo del bebé, da cuenta de algo imposible de omitir. No estamos diciendo o valorando que el bebé exista en el mundo, algo obvio o evidente, sino más bien que por muy rudimentaria que sea la seudo-comunicación o entonación del bebé da cuenta de algo real o exterior y no de algo meramente del goce o desligamiento. Concretamente, opera algo del orden exterior, tanto en el bebé como para la madre, que nada que ver tiene con un goce, puesto que el goce no tiene nada que ver con el llanto, el goce es mortífero por su silencio, es adictivo, en su mayor extremo es similar a un fenómeno intrauterino. El bebé en el sello de su llanto, en su huella de vida bajo un solo grito. Aquel grito proviene de la angustia (lo primordial). Pues como anteriormente habíamos señalado, el bebé algo enigmático da a la madre o al cuidador, no es totalmente pasivo como si fuera una "piedra".

Esto nos permite comprender que hay una diferencia importante entre goce y angustia.Para Klein tanto las necesidades internas como situaciones externas generan "ansiedad" o "angustia". De modo que habiendo un yo rudimentario que sienta la angustia, siendo la cede de ella, algo del cuerpo vive: pulsiona un gemido gritando a todo pulmón o a toda vida.

Sin embargo, frente a esto, se arguye como argumento que el llanto no siempre existe, muchas veces se pierde o se borra, se enmudece, pero eso sigue siendo algo posterior a los efectos de los cuidados parentales (salvo que hablemos de alguna complicación biológica diafragmática y/o cuerda vocal).

En el goce hay un objeto (alucinatorio o no) que atrae gravitacionalmente la libido hacia un punto muerto, pero no obstante, el bebé grita cuando da cuenta que la "alucinación satisfactoria del deseo" u otra incomodidad no responde a lo que requiere a sus necesidades. Para el caso del Goce o la adicción, algo del grito, del llanto, se enmudece, se pierde al llamado del otro, se suprime la demanda de amor.

Lo mudo es a posteriori, uno nace gritando, después aquello se calla y ya no pide ayuda y se desconecta del mundo (depresiones o melancolías agudas). El goce fue capaz de silenciar la angustia, como si el goce fuese una especie de puerta de entrada en un intento de retorno intrauterino a un solo objeto.

En el suicidio o autolesiones por angustias, las fuentes erógenas, tienen una vuelta sobre la propia persona con mucha destruccion del órgano en sí, no hay otro objeto que se puede catectizar que no sea su mismo cuerpo. Hay un grado de desgarro psiquico, que impide tramitar la angustia, por lo cual hace falta un tejido por desarrollar. Quiero decir, que la tramitación simbolica existe, pero que en el nivel de perdida objetal afecta al yo en sus basamentos ligadores mismos. Es importante en la clínica no tan solo un cambio de representaciones-palabra en el discurso propiamente tal, sino que la transformación del afecto de la libido se vaya tiñendo de otros colores. De no ser así, todo cambio sería una mera racionalización que no modifica las catexias o transferencias. El cambio asociativo de las representaciones, debe ir acompañado de un cambio anímico en lo posible.

Otro asunto de importante consideración, es el agrupamiento de la Angustia con la **Depresión**. Si bien ambas tienen una importante relación, no es lo único que gira alrededor de la Depresión, más bien, se acompañan otras rúbricas en combinación o mixtura.

Si lo pudieramos graficar, podemos entender la De-presión, como una especie de eje nuclear en donde arriba el punto de la desvitalización o baja presión energética. Vale decir, encontramos fuerzas tanto centrífugas como centrípetas en lo que atañe un cuadro depresivo propiamente tal. Para resumir en primera instancia, existen otros puntos de eje nucleares que engloban expresiones diversas ante las frustraciones o pérdidas. La Depresión como eje está acompañado de otras fuerzas o ejes que lo acompañan y se articulan en múltiples centros que influencian potenciando o inhibiendo unos a otros.

Por lo tanto, debemos distinguir frente a la **"melancolía"**, sus diferenciaciones frente una Depresión que implica la deslibidinización o "desvitalidad" relacionado al Splitting. Dado que la Depresión, no se trataría o no equivaldría necesariamente a una "melancolía" o melancolización, *"que se caracteriza por una sobreabundancia de sentimientos añejados, autorreproches y autoagresiones. La Depresión en su expresión, es un estado de falta de presión vital. El sujeto se deja morir (se rinde a su suerte), carece de empuje o presión para vivir. Es un estado de desconexión, de desmentalización. Justamente, la depresión grave en el niño se caracteriza por esa apatía de toda su conducta. La pérdida lo toca en un momento donde la mente no puede sostenerse por sí misma. Ya la mortificación del cuerpo no importa. Hay una desconexión del medio y del cuerpo"* (Rodulfo, 1995:125).

En la depresión o desvitalización, no se trata de una retirada (sustracción) de la líbido que se convierte en un narcisismo psicótico (Freud 1911, 1914), más bien, el yo aún mantiene su base tonal. No logra desmembrarse o pulverizarse como en el Spliting, ni tampoco hincharse en delirios de grandeza maniacos. Más bien, la angustia es lo que irrumpirá libidinalmente al catectizar el medio circundante.

En la melancolía se manifiesta un super yó que adquiere un caracter de reproche sádico, posicionando al sujeto como "el peor de todos, el más mierda, quien debiese desaparecer de la faz de la tierra, etc". La Depresión en cambio, radica en una sustracción libidinal impuesta por embates contextuales que tras fracasar todo intento defensivo, la desolación, el vacío o la baja presión es lo único que invade. Sin embargo, aún persiste un mecanismo defensivo arcaico o mayormente patológico, que consiste en restar, retirar toda presión hacia el mundo, deslibidinizando el medio. Vale decir, no se podrá, de ese modo, sentir la angustia, la ira, la melancolía e incluso la manía.
La Angustia mientras aguarda vitalmente lo que más conecta en todos los ejes terrenales del sujeto, evitar dicha conexión, implica prácticamente el retiro del mundo. Cuerpos vivos como cadáveres, movimientos lentos o somnolientos, indiferencia de la temperatura corporal, desconexión del mundo (distraído, vaciamiento de ideas), regresión a sobre-dormir horas innecesarias, etc. Finalmente, el vacío emocional es lo que queda ante la carne de angustia que ya no se desea incorporar. Si me deshago de lo último que me queda: mi propia angustia, mi grito de existencia, me quedo en silencio, ya no lloro ni pido ayuda. El sentido de la vida se pierde.
Es justamente lo que ocurre en los casos de Hospitalismo que hemos revisado. La mayor parte del tiempo transcurre como una sombra inadvertida. Es la sombra misma, la proyección de la sombra invadió todo el yo. Su estado anímico oscila entre un muerto-vivo o un bebé llorando. Cuando libidiniza el mundo llora de angustia con alta probabilidad de un pasaje al acto. Mientras que en otro polo parmanece inalterado el status quo sin vitalidad que evita un pasaje al acto suicida, aún.

Por esta razón, es importante distinguir diversas formas de Depresión y sus distintos efectos. Una depresión propiamente tal implica ataques de rabia (descargas impulsivas carentes de ligación), llantos y salidas maniacas (que en casos psicóticos ocurre una intoxicación libidinal al retirar la libido del mundo al yo). Hay mecanismos defensivos aún operando, es decir, todavía hay presión libidinal y no una plena de-presión libidinal. Por otro parte, también, hay que distinguir los estados melancólicos como un rasgo de carácter, que no siempre implica o se relaciona necesariamente con una depresión propiamente tal.

Comprendemos entonces que no existe un estado puro o totalmente aislable de un tipo a otro. Es decir, no se permanece completamente fijado a un solo eje gravitatorio sin resonar en los otros estados afectivos. En otras palabras, la Depresión propiamente tal, salvo en casos de extrema gravedad, presenta manifestaciones de cólera, angustia, manías y melancolías. Por ende, cuando se habla de un "cuadro depresivo" o que un paciente transita en una depresión, se está englobando todos dichos aspectos. O sea, se tiende agrupar en un mismo conjunto todas las manifestaciones como si fueran la misma cosa, como si la Depresión indistintamente fuese igualmente, rabia, mania, melancolía y angustia. Si bien la Depresión está generalmente acompañada de tales manifestaciones, es importante, distinguir, que la depresión propiamente tal, no es en sí misma ninguno de ellos. La de-presión es la desvitalización, la pérdida de empuje o presión. Los otros compuestos señalados, son más bien, contrapuntos o fugas acompañantes de la partitura que abren o cierran un tránsito u oscilación Depresiva.

Considerando las De-presiones siguiendo a W. Bion, el contenedor o continente ya no logra metabolizar para digerir y almacenar nuevos contenidos: La membrana del contenedor está congelada y acalambrada por falta o baja de líbido, resbalándose todo intento de anidar un aparato de pensar. El contenedor nulo de líbido, se inhibe en construir barreras o membranas replegables para digerir nuevas experiencias. Finalmente, ningún nuevo contenido añadido podrá tener algún lugar donde acobijarse o anidarse.

Si tomamos en cuenta, por ejemplo, el Modelo de las etapas del proceso de Duelo elaborado por Kübler-Ross, vemos que las fases expuestas contienen mecanismos defensivos asi como emociones predominantes en cada etapa. Para Kübler-Ross en situaciones de catástrofes, riesgos de muerte y elaboraciones de pérdidas o duelos. Las Fases que se transitan son primero la "negación" (desconcierto acompañado de miedo), la "ira" (indignación, resentimiento, cólera), "negociación" (desconsuelo e incertidumbre), "depresión" (anhedonia, nostalgia, tristeza) y finalmente la "aceptación" (tranquilidad y confianza). Claro está, esto aplicaría en casos de posible elaboración de duelo sin desenlaces angustiantes o depresivos prolongados y agudos. Si bien en dicho modelo aparecen señalados los elementos que también hemos considerado, la trayectoria casi lineal de las etapas en procesos de duelo, no contemplan lo suficiente las complejas oscilaciones, mixturas, combinaciones, regresiones y otras particularidades más para cada caso.
Un duelo, catástrofe o pérdida no necesariamente conlleva a una depresión, algunas veces solo conlleva a estados de ira, manía, tristeza, etc. Es sumamente común confundir la angustia o la tristeza con la de-presión, si bien, suele ser el acompañante o el acorde más común en las Depresiones, de las que respecta, ausencias de recursos, falta de holding (sostén) y previo a un pasaje al acto suicida. Pese a ello, la De-presión se caracteriza por una apatía anhedónica donde se pierde el apetito, se transgreden los cuidados básicos vitales o se pierden las coordinaciones biológicas basales: falta de apetito, trastorno del sueño, disminución cognitiva, disminución temperatura corporal y algunos más graves adquieren un aspecto o semblante de "muertos en vida". De este modo, la angustia o el llanto sigue siendo una vitalidad, un llamado, una descarga que conecta libidinalmente al mundo. En la De-presión, no hay tensión, sino una pérdida de la tonicidad o su presión, la descarga no emerje, se apaga en desvitalidad, ya que cualquier cruce libidinal con el campo psiquico y/o mundano, implica una subida de tensión que podría desencadenar una ira, llanto o manía. Desde aquí, podriamos coincidir con la perspectiva o versión kleiniana respecto a la "pulsión de muerte" como lo atacante al aparato, la pérdida de interés por el mundo o una desobjetalización como diría A. Green. Tanto la carga y descarga son tan débiles en su fuerza, que la pulsión o vitalidad se asemejan a un "muerto-vivo".

Conclusión

Para cerrar, respondiendo a las preguntas: ¿Qué cosa es el inconsciente? ¿Existe como cosa? ¿Está en algún sitio?
Aquellas preguntas en rigor están mal planteadas, puesto que las preguntas así formuladas se ciñen desde la objetividad, sustancialidad y cuantitatividad en su referencia. Si nos interrogamos lo Inconsciente como cosa-unidad-homogéneo-sustancial, deja de lado la conformación o constitución de su devenir a través del tiempo con su respectivo recogimiento entre un pasado-presente semi-distinguido o difusamente delimitado (conjuntos semi-abiertos o semi-cerrados).

Podemos pensar entonces que lo inconsciente es más bien una sumatoria compleja de diversos procesos que dan el carácter de lo inconsciente. Es un sistema de apreciaciones que dan forma a una modalidad psíquica particular para cada uno de nosotros, donde no nos percatamos conscientemente de "Ello" que estaba ahí.
Lo inconsciente no opera como sustancia en sí misma, aislada del campo socio-cultural y de su base biológica (como si fuese una res cogitans). Bien podemos comprender la Lógica inconsciente como una relación entre distintas partes del cerebro (hipocampo, amígdala, wernicke, etc), así como las huellas diversas que se imbrican en trazos y asociaciones (en el neocortex), de las cuales algunas pueden ser irreparables o dolorosas que obligan re-transcribirlas o re-construirlas en sociedades.

No hay que pensar tampoco lo inconsciente como una "cosa-ente" que tiene su propia viscosidad sustancial pura (entelequia), como si estuviera lista para estudiarse en una medición de laboratorio. Es imposible estudiarla, si a la vez, no se aborda en lo inconsciente, la historicidad-cultural particular y su biología particular (considerando daños orgánicos o procesos madurativos en desarrollo).

Lo que he dicho, en rigor no es nada nuevo a lo que el mismo Freud postuló más de una vez. Al inconsciente lo podemos leer, abordar, analizar, sintetizar, interpretar, inferir, sustituir, condensar, separar, agrupar, reencontrar, acentuar, merodear, reconstruir, hallar, des-ocultar, a un modo descriptivo (tópico), dinámico y económico.

O sea, como lo hemos abordado en este libro, no podemos pensar al inconsciente como una cosa-homogénea. Aunque muchas veces, por cierta necesidad, se tiende a parcelar ciertas tópicas psíquicas para arrojar luz en puntos oscuros no fáciles de delimitar (distinguir), o, que se sumerja su estudio en momentáneos re-cortes bajo oposiciones de valor entre lo primario-secundario, yo-ello, consciente-inconsciente, espacio-tiempo, realidad interna/externa o incluso psiquis-soma. Debemos considerar que cualquier proceso psíquico o fenómeno subjetivo está entretejido por diversos factores simultáneamente con mayores o menores énfasis en un momento de otro. Por tanto, la expertícia consiste en depurar qué tanto de los procesos primarios, las huellas, los relatos, olvidos, el tiempo, el espacio cultural, como también la imagen corporal de sí y las confluencias emocionales dan pistas a un suceso o constitución.

No es viable tampoco, cuantificar o medir numéricamente toda esta sumatoria compleja, lo que sería reducir la subjetividad, en una fotografía plagada de números esparcidos en relaciones tanto estadísticas como correlacionadas que limitan la apertura más espontánea al desarrollo propio de su devenir.

No obstante, una noción de cuantificación siempre estará presente a cada momento en la escucha clínica: No es lo mismo un síntoma que se repite a una altísima frecuencia que uno presentado ocasionalmente. No es lo mismo una angustia desbordante en llanto, que una angustia más atenuada como podría ser un aburrimiento. Estos ejemplos, de otros cientos, son los que momento a momento enfrenta un clínico.

La flexibilidad de la escucha para una atención clínica es crucial (más allá de una estandarización). Ya que, sacar muchas fotografías (congeladas del tiempo) es en un principio, algo importante desde encuadres que algunos llaman "descriptivos" o "diagnósticos", no obstante, la síntesis del material que nos permite abrir nuevas preguntas o temáticas particulares, se reconsideran momento a momento en los contextos clínicos. La foto diagnóstica se flexibiliza con el criterio suficiente, para saber, dónde acentuar más o menos un dato (fotograma) por otro en su conjunto cinemático o dinámico.

Según lo que hemos propuesto en los diversos Apartados de este libro, es importante pesquisar la complejidad, tanto de las fijaciones-regresiones, introyecciones-proyecciones, prohibiciones-ideales, posiciones pasivas-activas, funciones metabolizadas o desligadas, Traumas y repeticiones. Junto con lo específico de cada biografía-historia-cultural particular, si es que queremos diagnosticar o emprender un trabajo de psico-análisis sin sesgos o parcialidades.

Compartimos y adherimos por supuesto a la tarea Deconstructiva de a-centrar los saberes, invertir las jerarquías, rizomar los espacios jerárquicos, desocultar la escritura que se injerta entre los espacios tejidos de los pares binarios-oposicionados, leer la escritura que deja la lectura, escribir la lectura que deja la escritura, etc. No obstante, para la finalidad de este libro, esto se trató de un trabajo pre-eliminar que nos permitió interrogar para abrir los textos, difuminarlos, hacer que las hojas de un libro se injerten en otros sin distinguir de cuál libro se originó, crear un libro sin portada o lápida fija, podar sus bordes (márgenes) o límites y apelmazarlos con otros. Todo ello, con el fin posterior de entablar una nueva "psicosíntesis", tal como lo mencionamos al inicio de nuestro ensayo sobre el Destino o Devenir Clínico. No nos conformamos con meramente deshilachar para denunciar una falta de centro, una ausencia de coherencia, la futilidad de un orden: La deconstrucción por la deconstrucción. A nosotros nos importa e interesa una función ética, motor pasional de nuestro modo de tejer, destejer y volver a tejer este libro. Queremos decir: "Repetir, deconstruir y elaborar". Nos nos conformamos con dispersar fragmentos teóricos o clínicos en el caos oceánico de literatura.

Aunque es cierto que los átomos se repelan, producen fisión, van a su muerte térmica, pese a ser verdad, a su vez, no todo es una absoluta entropía, los átomos se atraen, se combinan, se fusionan, se ordenan, generan sistemas de distribución semi-estables (auto-poiesis). Es decir, no podemos omitir una por encima de otra: oposicionando forzadamente "síntesis" vs "deconstrucción".

Ha existido por más de un Siglo un flaco favor al Psicoanálisis en conceptualizar lo inconsciente (su concepto principal y más fecundo) como un mero divagar hacia un supuesto recuerdo edípico sexual con la madre, un pansexualismo reprimido o frustrado, como mera serie de mecanismos defensivos (catálogos), una subconsciencia o mente pensante (entelequia). Así como también, se caricaturiza el pensarlo como un Diccionario de simbolismos a decodificar como en los Test, bajo una serie de rocas o imanes con temáticas a priori que nos guía (al terapeuta) como un metal donde se captan exactamente donde están las roca-imanes del Edipo, Castración, Madre, Padre, Falo, Falta. En donde cualquier frase del paciente puede rápidamente llegar a algo "profundo" por tener estos moldes prefijados (diccionario cerrado) frente a su biografía.

No se puede prescindir de un sustento teórico o epistemológico basal sin que contenga algún molde previo que conduzcan a relacionar, trazar o estudiar distintos fenómenos de un modo en vez de otro. Vale decir, no existe aquella especie de trascendentalismo puro a-teórico en lo Clínico, más aún, la ética siempre estará entretejida en lo que estudiemos e intervengamos.

Bibliografía:

Abadi, S. (1996) *Transiciones: El modelo terapeutico de D.W Winnicott*. Ed. Lumen, 1996.

Abadi, S. (2001) *Desarrollos postfreudianos: Escuelas y autores*. Buenos Aires: Belgrano, 2001.

Abraham, K. (1921) *Psicoanálisis Clínico*. Buenos Aires: Ed. Hormé, 1994.

Andreas-Salomé, L. (1913) *Aprendiendo con Freud*. Barcelona: Laertes, 2001.

Anzieu, D. (1985) *El Yo-Piel*. Madrid: Biblioteca Nueva, 1998.

Aron, L. (1996) *Un encuentro de mentes*. Santiago: Ed. Universidad Alberto Hurtado, 2013.

Aulagnier, P. (1975) *La Violencia de la Interpretación*. Buenos Aires: Amorrortu, 2007

Aulagnier, P. (1979) *Los destinos del placer*. Buenos Aires: Paidós, 1994.

Aulagnier, P. (1984) *El aprendiz de historiador y el maestro-brujo*. Buenos Aires: Amorrortu, 1997.

Assoun, P.L (1993) *Introducción a la Metapsicología Freudiana*. Buenos Aires: Ed. Paidós, 1994.

Assoun, P.L (1999) *El perjuicio y el ideal*. Buenos Aires: Nueva Visión, 2001.

Badiou, A. (1982) *Teoría del sujeto*. Buenos Aires: Prometeo Libros, 2008.

Badiou, A. (1998) *Breve Tratado de Ontología Transitoria*. Barcelona: Ed. Gedisa, 2002.

Balmes, F. (1999) *Lo que Lacan dice del ser*. Buenos Aires: Amorrortu, 2002.

Bateson, G. (1972) *Pasos hacia una ecología de la mente*. Bs. Aires: Ed. Lohlé-Lumen, 1998

Beller, W. (2009) Inconsciente, lógica y subjetividad. http://www.scielo.org.mx/scielo.php?script=sci_arttext&pid=S1870-879X2009000200002

Bengoa, J. (1994) *La distinción ser-a-la-mano/ser-a-la-vista en Ser y Tiempo de Heidegger*. Revistes Catalanes: www.raco.cat/index.php/RevistaTeologia/article/viewFile/70171/99904

Bergson, H. (1907) *La Evolución Creadora*. Madrid: Ed. Espasa-Calpe, 1973.

Bettelheim, B. & Zelan, K. (1981) *Aprender a leer*. Barcelona: Ed. Crítica, 1983.

Bion, W. (1962) *Aprendiendo de la Experiencia*. México: Paidós, 1987.

Bion, W. (1967) *Volviendo a pensar*. Buenos Aires: Ed. Horme, 1977.

Bion, W. (1970) *Atención e interpretación*. Buenos Aires: Ed. Paidós, 1974.

Bleichmar, E.D (1981) *Temores y Fobias*. Buenos Aires: Ed. Gedisa, 1991.

Bleichmar, H. (1996) *Avances en psicoterapia psicoanalítica*. Barcelona: Paidós, 1998.

Bleichmar, S. (1984) *En los orígenes del sujeto psíquico*. Buenos Aires: Amorrortu, 2008.

Bleichmar, S. (1993) *La fundación de lo inconciente*. Buenos Aires: Amorrortu, 2002.

Bleichmar, S. (1998) *Inteligencia y Simbolización*. Buenos Aires: Ed. Paidós, 2009.

Bleichmar, S. (2004) Simbolizaciones de transición: Una clínica abierta a lo real. http://www.silviableichmar.com/articulos/simbolizaciones_transicion.htm

Bleichmar, S. (2005) *Vergüenza, culpa, pudor*. Buenos Aires: Ed. Paidós, 2016.

Bleichmar, S. (2006) La deconstrucción del acontecimiento. http://www.silviableichmar.com/actualiz_09/Ladeconstruccion.htm

Bleichmar, S. (2006) *La construcción del sujeto ético*. Buenos Aires: Ed. Paidós, 2011.

Bodner, G. (2007) El proceso y las interferencias de la transformación simbólica. Revista Uruguaya de Psicoanálisis: www.apuruguay.org/revista_pdf/rup104/rup104-bodner.pdf

Bollas, C. (2009) *La pregunta infinita*. Buenos Aires: Paidós, 2013.

Boysson-Bardies, B. (2003) *¿Qué es el lenguaje?* México: Ed. FCE, 2007.

Braunstein, N. (1982) *El lenguaje y el inconsciente Freudiano*. México: SigloXXI, 2005.

Braunstein, N. (2006) *El Goce: Un Concepto Lacaniano*. México: Ed. SigloXXI.

Breuer, J. & Freud, S. (1893) *Comunicación Preliminar. Obras Completas II*. Buenos Aires: Amorrortu, 2001.

Breuer, J. & Freud, S. (1893) *Comunicación Preliminar. Obras Completas 1*. Madrid: Ed. Biblioteca Nueva, 2001.

Breuer, J. & Freud, S. (1895) *Estudio Sobre la Histeria. Obras Completas 1*. Madrid: Ed. Biblioteca Nueva, 2001.

Breuer, J. & Freud, S. (1895) *Estudio Sobre la Histeria. Obras Completas II*. Buenos Aires: Amorrortu, 2001.

Butler, J. (1993) *Cuerpos que importan*. Buenos Aires: Ed. Paidós, 2002.

Butler, J. (2004) *Deshacer el género*. Barcelona: Ed. Paidós, 2006.

Caparros, N. (2004) *Ser psicótico. Las psicosis*. Madrid: Ed. Biblioteca Nueva.

Casaula, E., Coloma, J. & Jordan, J. (Editores). (1993) *Mente y conjuntos infinitos*. Santiago de Chile: Editorial Ananké, 1993.

Cassirer, E. (1923) *Filosofía de las formas simbólicas I*. México: FCE, 2016.

Castro, R. (2006) *Pensamiento psicoanalítico y matemático*. México: Siglo XXI.

Coloma, J. (2008) *La simultaneidad de lo simétrico y lo asimétrico como meta de lo psicoanalítico*. www.centropsicoanaliticomadrid.com/publicaciones/revista/numero-18/simultaneidad-simetrico-asimetrico-meta-psicoanalitico

Deleuze, G. (1965) *Nietzsche*. Madrid: Arena, 2000.

Deleuze, G. (1967) *Cómo reconocer el Estructuralismo*. BiblioFyL: http://biblioteca.cefyl.net/node/6526

Deleuze, G. (1968) *Diferencia y Repetición*. Buenos Aires: Ed. Amorrortu, 2002.

Deleuze, G. (1969) *Lógica del Sentido*. Universidad Arcis: http://www.philosophia.cl/biblioteca.html

Deleuze, G. (1971-1979) *Derrames*. Buenos Aires: Ed. Cactus, 2017.

Deleuze, G. (1978) *Kant y el tiempo*. Buenos Aires: Ed. Cactus, 2015.

Deleuze, G. (1980) *Exasperación de la filosofía: El Leibniz de Deleuze*. Buenos Aires: Cactus, 2006.

Deleuze, G. (1981) *Pintura: El concepto de diagrama*. Buenos Aires: Ed. Cactus, 2014.

Deleuze, G. (1983) *La imagen-movimiento*. Barcelona: Paidós, 1984.

Deleuze, G. (1985) *La imagen-tiempo*. Barcelona: Paidós, 1987.

Deleuze, G. (1986) *Foucault*. Buenos Aires: Paidós, 2008.

Deleuze, G. (1988) *El pliegue: Leibniz y el Barroco*. Barcelona: Paidós, 1998.

Deleuze, G. & Guattari, F. (1972) *El Anti Edipo*. España: Paidós, 2004.

Deleuze, G. & Guattari, F. (1980) *Mil mesetas*. España: Pre-textos, 2002.

Derrida, J. (1967) *La escritura y la diferencia*. Freud y la escena de la escritura. Barcelona: Anthropos, 1989.

Derrida, J. (1968) *La Diferencia.* Universidad Arcis: https://www.ddooss.org/articulos/textos/Derrida_diferencia.pdf
Derrida, J. (1972) *La diseminación.* Madrid: Ed. Fundamentos, 1997.
Derrida, J. (2000) *Estados de Ánimo del Psicoanálisis.* Universidad Arcis www.philosophia.cl/biblioteca/Derrida/estados.pdf
Derrida, J. & Roudinesco, E. (2001) *Y mañana, qué...* Buenos Aires: FCE, 2009.
Díaz, F. y Elllicker, V. (Editores). (2006). *Bilógica y psicoanálisis: Introducción al pensamiento de Matte Blanco.* Santiago de Chile: Ed. LOM, 2006.
Dolto, F. (1981) *En el juego del deseo.* Mexico: Ed. SigloXXI, 2006.
Dolto, F. (1991) *Autobiografía de una psicoanalista.* Mexico: Ed. SigloXXI.
Dosse, F. (1991) *Historia Estructuralismo.* Madrid: Ed. Akal, 2004.
Dosse, F. (2007) *Gilles Deleuze y Félix Guattari.* Buenos Aires: Ed. FCE, 2009.
Eco, U (1969) *La estructura ausente.* Barcelona: Debolsillo, 2011.
Eco, U. (1990) *Los límites de la interpretación.* Barcelona: Ed. Lumen, 1992.
Etchegoyen, H. (2002) *Los fundamentos de la técnica psicoanalítica.* Buenos Aires: Amorrortu, 2005.
Ferenczi, S. (1901) *El Amor en las Ciencias.* http://www.indepsi.cl/ferenczi/articulos/escrito14.htm
Ferenczi, S. (1909) *Transferencia e Introyección.* http://www.indepsi.cl/ferenczi/articulos/1909c.htm
Ferenczi, S. (1910) Palabras Obscenas. www.alsf-chile.org/Indepsi/Selecciones-Ferenczianas-Tomo-I/Selecciones-Ferenczianas-Obras-Completas-Tomo-I-Palabras-Obscenas-Contribucion-a-la-Psicologia-en-el-Periodo-de-Latencia-1910.pdf
Ferenczi, S. (1912) *El Concepto de Introyección.* http://www.indepsi.cl/ferenczi/articulos/1912b.htm
Ferenczi, S. (1915) Análisis de las comparaciones. www.alsf-chile.org/Indepsi/Selecciones-Ferenczianas-Tomo-II/Selecciones-Ferenczianas-Obras-Completas-Tomo-II-Analisis-de-las-Comparaciones-1915f.pdf
Ferenczi, S. (1916) Formaciones compuestas de Rasgos Eróticos de Carácter. http://www.indepsi.cl/ferenczi/articulos/1916d.htm
Ferenczi, S. (1917) Compulsión al Tocamiento Simétrico del Cuerpo. http://www.indepsi.cl/ferenczi/articulos/1917f.htm
Ferenczi, S. (1923) Miedo y Auto-Observación Narcisista. *www.alsf-chile.org/Indepsi/Selecciones-Ferenczianas-Tomo-III/Selecciones-Ferenczianas-Obras-Completas-Tomo-III-Miedo-y-Auto-observacion-Narcisista-1923g.pdf*
Ferenczi, S. (1928) La adaptación de la familia al niño. http://www.alsf-chile.org/selecciones-tomo-iv.html
Ferenczi, S. (1932) *Sin simpatía no hay curación: el diario clínico de 1932.* Buenos Aires: Amorrortu, 2008.
Ferenczi, S. & Rank, O. (1923) *Metas para el desarrollo del psicoanálisis.* México: Ed. Epeele, 2005.
Ferro, R. (2009) *Jacques Derrida: El largo trazo del último adiós.* Buenos Aires: Ed. Quadrata, 2009.
Foucault, M. (1963) *El Nacimiento de la Clínica.* México: Siglo XXI, 2001.
Foucault, M. (1966) *Las palabras y las cosas.* Siglo XXI, México, 1968
Foucault, M. (1979) *La microfísica del poder.* Madrid: Ed. La Piqueta, 1992.

Foucault, M. (1983) El sujeto y el poder. http://www.elseminario.com.ar/biblioteca/Foucault_Sujetos_poder.htm

Freud, A. (1936) *El Yo y los mecanismos de defensa*. Buenos Aires: Paidós, 1954.

Freud, A. (1947) *Psicoanálisis del niño*. Buenos Aires: Ed. Paidós, 1980.

Freud, A. & Burlingham D. (1965) *La guerra y los niños*. Buenos Aires: Hormé.

Freud, S. (1888) *Histeria. Obras Completas I*. Buenos Aires: Amorrortu, 2001.

Freud, S. (1890) *Tratamiento psíquico. Obras Completas I*. Buenos Aires: Amorrortu, 2001.

Freud, S. (1891) *La Afasia*. Argentina: Nueva Visión, 2004.

Freud, S. (1895) *Proyecto de una psicología para neurólogos*. Madrid: Alianza, 1974.

Freud, S. (1895) *Proyecto de Psicología. Obras Completas I*. Buenos Aires: Amorrortu. 2001.

Freud, S. (1896) *Carta 52. Obras Completas I*, Buenos Aires Amorrortu. 2001

Freud, S. (1896) *Nuevas puntualizaciones sobre las neuropsicosis de defensa. Obras Completas III*. Buenos Aires: Amorrortu, 2001

Freud, S. (1897) *Carta 79. Obras Completas I*. Buenos Aires Amorrortu. 2001

Freud, S. (1898) *Carta 97. Obras Completas I*. Buenos Aires Amorrortu. 2001

Freud, S. (1899) *Los recuerdos encubridores. Proyecto de una psicología para neurólogos y otros escritos*. Madrid: Alianza, 1974.

Freud, S. (1899) *Los recuerdos encubridores. Obras Completas 1*. Madrid: Ed. Biblioteca Nueva, 2001.

Freud, S. (1900) *Interpretación de los Sueños*. Buenos Aires: Ed Libertador, 2008.

Freud, S. (1900) *Interpretación de los Sueños. Obras Completas IV y V*. Buenos Aires: Amorrortu, 2001.

Freud, S. (1900) *La interpretación de los Sueños. Obras Completas 2*. Madrid: Ed. Biblioteca Nueva, 2001.

Freud, S. (1901) *Psicopatología de la vida cotidiana*. Madrid: Alianza Editorial, 2013.

Freud, S. (1905) *Sobre la psicoterapia. Obras Completas VII*. Buenos Aires: Amorrortu, 2001.

Freud, S. (1905) *Tres ensayos para una teoría sexual. Obras Completas 4*. Madrid: Biblioteca Nueva, 2001.

Freud, S. (1905) *Tres ensayos de teoría sexual. Obras Completas VII*. Buenos Aires: Amorrortu, 2001.

Freud, S. (1905) *El Chiste y su relación con lo Inconsciente. Obras Completas VIII*. Buenos Aires: Amorrortu, 2001.

Freud, S. (1905) El Chiste y su relación con lo Inconsciente. Obras Completas 3. Madrid: Biblioteca Nueva, 2001.

Freud, S. (1907) *El Poeta y los sueños diurnos. Obras Completas 4*. Madrid: Ed. Biblioteca Nueva, 2001.

Freud, S. (1907) *Los actos obsesivos y las prácticas religiosas. Obras Completas 4*. Madrid: Ed. Biblioteca Nueva, 2001.

Freud, S. (1909) *Apreciaciones generales sobre el ataque histérico. Obras Completas IX*. Buenos Aires: Amorrortu, 2001.

Freud, S. (1910) *El doble sentido antitético de las palabras primitivas. Obras Completas 12*. Barcelona: Ed. Losada, 1997.

Freud, S. (1910) *El porvenir de la terapia psicoanalítica. Obras Completas 5.* Madrid: Ed. Biblioteca Nueva, 2001.

Freud, S. (1910) *El psicoanálisis silvestre. Obras Completas 12.* Barcelona: Ed. Losada, 1997.

Freud, S. (1910) *El hombre de las Ratas.* Buenos Aires: Ed. Miluno, 2008.

Freud, S. (1910) *Análisis de un caso de neurosis obsesiva. Obras Completas 4.* Madrid: Ed. Biblioteca Nueva, 2001.

Freud, S. (1911) *Los dos principios del funcionamiento mental. Obras Completas 12.* Barcelona: Ed. Losada, 1997.

Freud, S. (1911) *Puntualizaciones psicoanalíticas sobre un caso de paranoia (Dementia paranoides) descrito autobiográficamente. Obras Completas XII.* Buenos Aires: Amorrortu, 2001.

Freud, S. (1912) *Sobre la más generalizada degradación de la vida amorosa. Obras Completas XII.* Buenos Aires: Amorrortu. 2001.

Freud, S. (1912) Sobre un tipo particular de elección de objeto en el hombre. *Obras Completas XII.* Buenos Aires: Amorrortu, 2001.

Freud, S. (1913) *Prólogo a la traducción al alemán de J. G. Bourke. Obras Completas XII.* Buenos Aires: Amorrortu, 2001.

Freud, S. (1913) *Tótem y Tabú.* Madrid: Alianza Editorial, 2011.

Freud, S. (1914) *Introducción del Narcisismo. Obras Completas XIV.* Buenos Aires: Amorrortu, 2001.

Freud, S. (1914) *Introducción al Narcisismo. Obras Completas 15.* Barcelona: Ed. Losada, 1997.

Freud, S. (1914) *Recordar, repetir, elaborar. Obras Completas 12.* Barcelona: Ed. Losada, 1997.

Freud, S. (1915) *Pulsiones y destinos de pulsión. Obras Completas XIV.* Buenos Aires: Amorrortu, 2001.

Freud, S. (1915) *Los instintos y sus destinos. Obras Completas 15.* Barcelona: Ed. Losada, 1997.

Freud, S. (1915) *La Represión. Obras Completas 15.* Barcelona: Ed. Losada, 1997.

Freud, S. (1915) *La Represión. Obras Completas XIV.* Buenos Aires: Amorrortu, 2001.

Freud, S. (1915) *Lo Inconsciente. Obras Completas 15.* Barcelona: Ed. Losada, 1997.

Freud, S. (1915) *Lo Inconsciente. Obras Completas XIV.* Buenos Aires: Amorrortu, 2001.

Freud, S. (1915). *Adición metapsicológica a la teoría de los sueños. Obras Completas.* Madrid: Ed. Biblioteca Nueva, 2001.

Freud, S. (1915) *Complemento metapsicológico a la doctrina de los sueños. Obras Completas XIV.* Buenos Aires: Amorrortu, 2001.

Freud, S. (1916) *Conferencia 6 Premisas y técnica de la interpretación. Obras Completas XV.* Buenos Aires: Amorrortu, 2001.

Freud, S. (1916) *Conferencia 8 Sueños de niños. Obras Completas XV.* Buenos Aires: Amorrortu, 2001.

Freud, S. (1916) *Conferencia 11 El trabajo del sueño. Obras Completas XV.* Buenos Aires: Amorrortu, 2001.

Freud, S. (1916) *Conferencia 13 Rasgos arcaicos e infantilismo del sueño. Obras Completas XV.* Buenos Aires: Amorrortu, 2001.

Freud, S. (1917) *Conferencia 18 La fijación al trauma, lo inconsciente. Obras Completas XVI.* Buenos Aires: Amorrortu, 2001.

Freud, S. (1917) *Conferencia 19 Resistencia y represión. Obras Completas XVI.* Buenos Aires: Amorrortu, 2001.

Freud, S. (1917) *Conferencia 22 Algunas perspectivas sobre el desarrollo y la regresión. Etiología. Obras Completas XVI.* Buenos Aires: Amorrortu, 2001.

Freud, S. (1917) *Conferencia 24 Sobre la Nerviosidad* común. Madrid: Ed. Sarpe, 1984

Freud, S. (1917) *Conferencia 25 La angustia. Obras Completas XVI.* Buenos Aires: Amorrortu, 2001.

Freud, S. (1917) *Conferencia 25 La angustia. Obras Completas 6.* Madrid: Ed. Biblioteca Nueva, 2001.

Freud, S. (1917) *Duelo y Melancolía. Obras Completas 15.* Barcelona: Ed. Losada, 1997.

Freud, S. (1917) *Duelo y Melancolía. Obras Completas 6.* Madrid: Ed. Biblioteca Nueva, 2001.

Freud, S. (1917) *Una dificultad del Psicoanálisis. Obras completas XVII.* Buenos Aires: Amorrortu, 2001.

Freud, S. (1918) *Historia de una neurosis infantil (Hombre de los Lobos). Obras Completas 15.* Barcelona: Ed. Losada, 1997.

Freud, S. (1918) *Los caminos de la terapia psicoanalítica. Obras Completas 7.* Madrid: Ed. Biblioteca Nueva, 2001.

Freud, S. (1918) *Nuevos caminos de la terapia psicoanalítica. Obras Completas XVII.* Buenos Aires: Amorrortu, 2001.

Freud, S. (1919) *Pegan a un niño. Obras Completas XVII. Buenos Aires: Amorrortu, 2001.*

Freud, S. (1919) *Lo Ominoso. Obras Completas XVII.* Buenos Aires: Amorrortu, 2001.

Freud, S. (1919) *Lo Siniestro. Obras Completas 7.* Madrid: Biblioteca Nueva, 2001.

Freud, S. (1919) *Introducción al Simposio sobre las neurosis de guerra. Obras Completas XVII.* Buenos Aires: Amorrortu, 2001.

Freud, S. (1920) *Más Allá del Principio del Placer. Obras Completas 7.* Madrid: Ed. Biblioteca Nueva, 2001.

Freud, S. (1920) Más Allá del Principio del Placer. Obras Completas XVIII. Buenos Aires: Amorrortu, 2001.

Freud, S. (1921) *Psicología de las masas y análisis del yo. Obras Completas 7.* Madrid: Ed. Biblioteca Nueva, 2001.

Freud, S. (1921) *Psicología de las masas y análisis del yo. Obras Completas XVIII.* Buenos Aires: Amorrortu, 2001.

Freud, S. (1923) *El Yo y el Ello. Obras Completas 19.* Barcelona: Ed. Losada, 1997

Freud, S. (1923) *El Yo y el Ello. Obras Completas XIX.* Buenos Aires: Amorrortu, 2001.

Freud, S. (1923) *Observaciones sobre la teoría y la práctica de la interpretación de los sueños. Obras Completas XIX.* Buenos Aires: Amorrortu, 2001.

Freud, S. (1924) *Neurosis y Psicosis. Obras Completas XIX.* Bs. Aires: Amorrortu, 2001.

Freud, S. (1924) *El Block maravilloso. Obras Completas 7.* Madrid: Ed. Biblioteca Nueva, 2001.

Freud, S. (1924) *Pizarra mágica. Obras Completas XIX*. Bs. Aires: Amorrortu, 2001.

Freud, S. (1924) *El problema economico del masoquismo. Obras Completas 7*. Madrid: Ed. Biblioteca Nueva, 2001.

Freud, S. (1925) *Autobiografia. Obras Completas 7*. Madrid: Ed. Bibliteca nueva, 2001.

Freud, S. (1925) *Las resistencias contra el psicoanálisis. Obras Completas XIX*. Buenos Aires: Amorrortu, 2001.

Freud, S. (1925) *La responsabilidad moral por el contenido de los sueños. Obras Completas*. Madrid: Biblioteca Nueva, 2001.

Freud, S. (1925) *La Negación. Obras Completas*. Bs. Aires: Amorrortu, 2001.

Freud, S. (1926) *Inhibición, Síntoma y Angustia. Obras Completas 21*. Barcelona: Editorial Losada, 1997.

Freud, S. (1926) *Inhibición, Síntoma y Angustia. Obras Completas XX*. Buenos Aires: Amorrortu, 2001.

Freud, S. (1926) *Psicoanálisis: escuela freudiana. Obras Completas 21*. Barcelona: Ed. Losada, 1997.

Freud, S. (1926) *Análisis profano. Obras Completas 21*. Barcelona: Ed. Losada, 1997.

Freud, S. (1927) *El Fetichismo. Obras Completas XXI*. Buenos Aires: Amorrortu, 2001.

Freud, S. (1927) *El Fetichismo. Obras Completas 8*. Madrid: Ed. Biblioteca Nueva, 2001.

Freud, S. (1930) *El malestar en la cultura. Obras Completas XXI*. Buenos Aires: Amorrortu, 2001.

Freud, S. (1932) *Conferencia 29 Revisión de la doctrina de los sueños. Obras Completas XXII*. Buenos Aires: Amorrortu, 2001.

Freud, S. (1932) *Nuevas Conferencia 31. Obras Completas XXII*. Buenos Aires: Amorrortu, 2001.

Freud, S. (1932) *Nuevas Conferencia 32. Obras Completas XXII*. Buenos Aires: Amorrortu, 2001.

Freud, S. (1937) *Construcción en Análisis. Obras Completas 9*. Madrid: Ed. Biblioteca Nueva, 2001.

Freud, S. (1937) *Análisis Terminable e Interminable. Obras Completas XXIII*. Buenos Aires: Amorrortu, 2001.

Freud, S. (1938) *Compendio de psicoanálisis. Obras Completas Tomo 9*. Madrid: Ed. Biblioteca Nueva, 2001.

Freud, S. (1938) *Esquema de Psicoanálisis. Obras Completas XXIII*. Buenos Aires: Amorrortu, 2001.

Freud, S. (1938) *La Escisión del Yo. Obras Completas 9*. Madrid: Ed. Biblioteca Nueva, 2001.

Freud, S. (1938) *La Escisión del Yo. Obras Completas XXIII*. Buenos Aires: Amorrortu, 2001.

Freud, S. (1938) *Tres cartas a Theodor Reik. Obras Completas 9*. Madrid: Ed. Biblioteca Nueva, 2001.

Freud, S. (1938) *Conclusiones, ideas, problemas. Obras Completas 9*. Madrid: Ed. Biblioteca Nueva, 2001.

Freud, S. (1997) *Obras Completas*. Barcelona: Editorial. Losada, 1997.

Freud, S. (2001) *Obras Completas*. Madrid: Editorial. Biblioteca Nueva, 2001.

Freud, S. (2001) *Obras Completas*. Buenos Aires: Ed. Amorrortu, 2001.

Fromm, E. (1976) ¿*Tener o Ser?*. Mexico: Ed. Fondo Cultura Económica, 2006.

Gaufey, L. (2009) *El sujeto según Lacan*. Bs. Aires: El cuenco de Plata, 2010.

Ginzburg, A. (1990) El pensamiento Bi-lógico y la educación. http://www.quadernsdigitals.net/datos/hemeroteca/r_7/nr_659/a_8816/8816.html

Goldman, B. (2003) *Nuevos nombres del trauma*. Bs. Aires: Libros del Zorzal.

Golse, B. & Bursztejn, C. (1992) *Pensar, hablar, representar*. Barcelona: Ed. Masson.

Gómez, E. (2013) *Trauma relacional temprano*. Santiago: Ed. Universidad Alberto Hurtado.

Green, A. (1973) *La concepción psicoanalítica del afecto*. México: Siglo XXI, 1975.

Green, A. & otros (1984) *La pulsión de muerte*. Buenos Aires: Amorrortu, 2008.

Green, A. (1993) *El Trabajo de lo negativo*. Buenos Aires: Amorrortu, 1995.

Green, A. (1994) *Locuras Privadas*. Buenos Aires: Amorrortu, 2008.

Green, A. (1994) Conversation held in Green in Paris. Journal of European Psychoanalysis n.2: http://www.psychomedia.it/jep/number24/green.htm

Green, A. (1999). *Acerca de la discriminación e indiscriminación afecto-representación*. Revista de A.P.deB.A. Volumen XX N° 3: http://www.apdeba.org/wp-content/uploads/Green.pdf

Green, A. (2000) *La Diacronía en Psicoanálisis*. Buenos Aires: Amorrortu, 2002.

Green, A. (2001) *El Tiempo Fragmentado*. Buenos Aires: Amorrortu.

Green, A. (2002) *El Pensamiento Clínico*. Buenos Aires: Amorrortu, 2010.

Grinberg, L. (1976) Teoría de la identificación. Buenos Aires: Paidós, 1978.

Grinberg, L. (1997) Vigencia teórica y clínica del pensamiento de Wilfred R. Bion. Revista Intercanvis: intercanvis.es/pdf/05/05-02.pdf

Groddeck, G. (1923) *El libro del Ello*. Madrid: Taurus, 1973.

Guattari, F. (1977) *La Revolución Molecular*. Madrid: Errata Naturae, 2017.

Guattari, F. (1979) *Líneas de Fuga*. Buenos. Aires: Ed. Cactus: 2013.

Guattari, F. (1989) *Cartografías esquizoanalíticas*. Bs. Aires: Manantial, 2000.

Guatarri, F. (1992) *Caosmosis*. Buenos Aires: Manantial, 2010.

Gutiérrez-Peláez, M. (2010) Diferencias entre los conceptos de Splitting en Ferenczi y de Spaltung en Freud. Universitas Psychologica: http://www.redalyc.org/articulo.oa?id=64716832014

Hegel (1807) *La Fenomenología del Espíritu*. Madrid: Ed. Gredos, 2010.

Heidegger, M. (1927) *Ser y Tiempo*. Heidegger en castellano: http://www.heideggeriana.com.ar

Holland, N. (1985) *El yo*. Santiago: Editorial Universidad de Santiago, 2007.

Hume, D. (1740) *Tratado de la naturaleza humana*. Madrid: Editorial Tecnos, 2013.

Hume, D. (1751) *Investigación sobre los principios de la moral*. Madrid: Alianza, 2006.

Janin, B. (2011) *El sufrimiento psíquico en los niños*. Buenos Aires: Editorial Noveduc.

Jones, E. (1957) *Vida y Obra de Sigmund Freud, Tomo III*. Barcelona: Anagrama, 1970

Kaës, R. (1994) *La palabra y el vínculo*. Buenos Aires: Amorrortu, 2005.

Kahneman, D. (2003) Mapas de racionalidad limitada. www.revistaasturianadeeconomia.org/raepdf/28/28-09.pdf

Kant, I. (1773) *Antropología Collins*. Madrid: Ed. Escolar y Mayo, 2012.

Kant, I. (1781) *Crítica de la Razón Pura.* Madrid: Ed. Taurus, 2005.

Kernberg, O. (2005) *Agresión, narcisismo y autodestrucción en la relación psicoterapéutia.* México: Ed. Manual Moderno.

Klein, M. (1952) *Algunas conclusiones teóricas osbre la vida emocional del bebé Obras Completas 3 Envidia y Gratitud.* México: Paidós, 2009.

Klein, M. (1958) *Sobre el desarrollo del funcionamiento mental. Obras Completas 3 Envidia y Gratitud.* México: Paidós, 2009.

Klein, M. (1963) *Algunas reflexiones sobre "La Orestiada". Obras Completas 3 Envidia y Gratitud.* México: Paidós, 2009.

Klein, M. (1963) *Sobre el sentimiento de soledad. Obras Completas 3 Envidia y Gratitud.* México: Paidós, 2009.

Lacan J. (1954-1955) *Seminario 2.* Buenos Aires: Ed. Paidós, 2008.

Lacan J. (1955-1956) *Seminario 3.* Buenos Aires: Ed. Paidós, 2009.

Lacan J. (1956-1957) *Seminario 4.* Buenos Aires: Ed. Paidós, 2008.

Lacan J. (1957-1958) *Seminario 5.* Buenos Aires: Ed. Paidós, 2010.

Lacan J. (1958-1959) Seminario 6 El deseo y su interpretación (Versión crítica). http://www.e-diciones-elp.net/index.php/seminarios/item/91-el-deseo-y-su-interpretacion

Lacan J. (1958-1959) *Seminario 6.* Buenos Aires: Ed. Paidós, 2015.

Lacan J. (1959-1960) *Seminario 7.* Buenos Aires: Ed. Paidós, 1990.

Lacan J. (1960-1961) *Seminario 8. La transferencia* (Versión crítica). https://www.lacanterafreudiana.com.ar/2.1.2.13%20%20CLASE13%20%208%2 0%20S8.pdf

Lacan J. (1961-1962) *Seminario 9.* La identificación (versión crítica). http://www.e-diciones-elp.net/index.php/seminarios/item/76-identificacion

Lacan J. (1962-1963) Seminario 10. La Angustia (Versión crítica). http://www.e-diciones-elp.net/index.php/seminarios/item/71-la-angustia

Lacan J. (1962-1963) *Seminario 10.* Buenos Aires: Ed. Paidós, 2007.

Lacan J. (1963-1964) *Seminario 11.* Buenos Aires: Ed. Paidós, 2010.

Lacan J. (1964-1965) *Seminario 12.* Problemas cruciales del psicoanálisis (Versión crítica). http://www.e-diciones-elp.net/index.php/seminarios/item/83-problemas-cruciales-del-psicoanalisis

Lacan J. (1966) *Escritos 1.* México: SigloXXI, 2009.

Lacan J. (1966) *Escritos 2.* Buenos Aires: SigloXXI, 2014.

Lacan J. (1966-1967) Seminario 14. La Lógica del Fantasma. http://www.psicoanalisis.org/lacan/sxiv-10.htm

Lacan J. (1967-1968) Seminario 15. El acto analítico http://www.e-diciones-elp.net/index.php/seminarios/item/83-problemas-cruciales-del-psicoanalisis

Lacan J. (1968-1969) *Seminario 16.* Buenos Aires: Ed. Paidós, 2008.

Lacan J. (1969-1970) *Seminario 17.* Buenos Aires: Ed. Paidós, 2008.

Lacan J. (1971-1972) *Seminario 19.* Buenos Aires: Ed. Paidós, 2012.

Lacan J. (1972-1973) *Seminario 20.* Buenos Aires: Ed. Paidós, 2008.

Lacan J. (1976-1977) Seminario 24. http://www.psicoanalisis.org/lacan/24/8.htm

Laplanche, J. (1980) *Problematicas II Castración. Simbolizaciones.* Buenos Aires: Amorrortu, 1988.

Laplanche, J. (1980) *Problematicas III La sublimación.* Buenos Aires: Amorrortu, 1987.

Laplanche, J. (1981) *Problematicas IV El inconsciente y el ello.* Buenos Aires: Amorrortu, 1987.

Laplanche, J. (1987) *Problematicas V La cubeta*. Buenos Aires: Amorrortu, 1990.

Laplanche, J. (1987) *Nuevos Fundamentos para el psicoanálisis*. Buenos Aires: Amorrortu, 1989.

Laplanche, J. (1992) Reportaje a Jean Laplanche. Revista Asociación Escuela Argentina de Psicoterapia N° 18, 1992 http://www.elpsicoanalisis.org.ar/old/numero3/reportajelaplanche3.htm

Laplanche, J. (1992) *La prioridad del otro en Psicoanálisis*. Buenos Aires: Amorrortu, 1996.

Laplanche, J. (1993) *El extravío biologizante de la sexualidad en Freud*. Buenos Aires: Amorrortu, 1998.

Laplanche, J. (1996) El Psicoanálisis como anti-hermeneútica. https://documentslide.org/laplanche-psicoanalisis-como-antihermeneutica

Leclaire, S. (1958) *Principios de una psicoterapia de la psicosis*. Madrid: Editorial Sintesis, 1999.

Leclaire, S. (1975) *Matan a un niño*. Buenos Aires: Ed. Amorrortu, 2009.

Leclaire, S. (2000) *Escritos para el psicoanálisis: 1 Moradas de otra parte (1954-1993)*. Buenos Aires: Amorrortu, 2000.

Leibniz, G. (1982) *Escritos Filosóficos*. Buenos Aires: Ed. Charcas, 1982.

Levin, E. (2003) *Discapacidad, clínica y educación*. Bs. Aires: Nueva Visión, 2012.

Lichtenberg, G.C. (1908) *Aforismos*. Santiago: Ed. FCE, 1995.

Lihn, E. (1983) *Al bello aparecer de este lucero*. Santiago: Ed. LOM, 1997.

López, Á. (1998) *Conciencia y Juicio en Kant*. Río Piedras: Ed. Universidad Puerto Rico.

López, M. (2014) *Los juegos en la detección del abuso sexual infantil*. Argentina: Editorial Maipue, 2014.

Matte-Blanco, I. (1981) Reflexionando con Bion. Revista Chilena de Psicoanálisis: Vol.3, n.1-2: p.8-44, 1981.

McDougall, J. (1978) *Alegato por una cierta anormalidad*. Mexico: Paidós, 2004.

McDougall, J. (1995) *Las mil y una caras de Eros*. Buenos Aires: Paidós, 2005.

Merleau-Ponty, M. (1945) *Fenomenología de la percepción*. Barcelona: Ed. Planeta-Agostini, 1994.

Miller, J.A. (1999) *La experiencia de lo real en la cura psicoanalítica*. Bs. Aires: Paidos, 2011.

Miller, J.A. (2002) *Lo real y el sentido*. Buenos Aires: Colección Diva, 2003.

Miller, J.A. (2008) *Todo el mundo es loco*. Buenos Aires: Paidos, 2015.

Morente, M. (1937) *Lecciones preliminares de Filosofía*. México: Editores Unidos, 1987.

Nasio, J.D (dir.) (1987) *El silencio en psicoanálisis*. Buenos Aires: Amorrortu, 2009.

Nasio, J.D (1992) *Cinco lecciones sobre la teoría de Jacques Lacan*. Barcelona: Gedisa, 1995.

Nasio, J.D (1996) Entrevista. APdeBA Vol. XVIII N° 2-1996: www.apdeba.org/wp-content/uploads/Nasio-entrevista.pdf

Nasio, J.D (2007) *El dolor físico*. Argentina: Ed. Gedisa, 2007.

Nietzsche, F. (1874) *Sobre la utilidad y los perjuicios de la historia para la vida*. Madrid: Ed. Edaf, 2004.

Nietzsche, F. (1878) *Humano demasiado humano*. Bs. Aires: Ed. Libertador, 2004.

Nietzsche, F. (1887) *La Genealogía de la Moral*. Bs. Aires: Ed. Gradifco, 2010.

Ojeda, C. (2001) Ignacio Matte Blanco, Armando Roa Rebolledo y Juan Marconi Tassara: tres creadores en la psiquiatría chilena. Revista chilena de neuro-psiquiatría, 39(3), 183-194. https://dx.doi.org/10.4067/S0717-92272001000300002

Paz, O. (1950) *El laberinto de la soledad*. Madrid: FCE, 1998.

Pelbart, P. (2009) *Filosofía de la Deserción*. Buenos Aires: Tinta Limón.

Pérez, C.G. (2007) De la representación objeto a la naturaleza y registro de la representación cosa, y su supuesta equivalencia. Revista Uaricha: http://www.psicologia.umich.mx/downloads/UarichaWeb/Uaricha9/Delarepresen tacionobjetoalanaturalezayregistrodela.pdf

Peskin, L. (2015) *La realidad, el sujeto y el objeto*. Buenos Aires: Paidós, 2015.

Piaget, J. (1946) *La formación del símbolo en el niño*. México: FCE, 1961.

Piaget, J. (1947) *La psicología de la inteligencia*. Barcelona: Ed. Crítica, 2003.

Piaget, J. (1950) *Introducción a la epistemología genética. Vol 2*. Buenos Aires: Paidós, 1975.

Piaget, J. (1964) *Seis Estudios de Psicología*. Argentina: Ed. Ariel, 1990.

Piaget, J. (1968) *El Estructuralismo*. México D.F: Ed. Cruz O, 1999.

Piaget, J. (1969) *Psicología y pedagogía*. Buenos Aires: Paidós, 2016.

Piaget, J. & Inhelder, B. (1969) *Psicología del niño*. Madrid: Ed. Morata, 1997.

Piaget, J. et. al (1984) *El lenguaje y el pensamiento del niño pequeño*. Barcelona: Paidós.

Picollo, A. (1985) Criterios de curación y objetivos terapéuticos en el psicoanálisis. http://www.elpsicoanalisis.org.ar/old/numero2/picollo2.htm

Platón. *Diálogos: Fedro o de la Belleza*. Barcelona: Editorial Iberia, 1979.

Platón. *Parménides*. Madrid: Ed. Alianza, 1990.

Poulichet, S.L (1987) *Toxicomanías y Psicoanálisis*. Buenos Aires: Amorrortu, 2012.

Rabinovich, D. (1985) *Una clínica de la pulsión: las impulsiones*. Buenos Aires: Manantial, 2013.

Rabinovich, D. (1988) *El concepto de objeto en la teoría psicoanalítica*. Buenos Aires: Manantial, 2003.

Rabinovich, D. (1993) *La angustia y del deseo del Otro*. Buenos Aires: Manantial, 2013.

Recalcati, M. (2006) *Las tres estéticas de Lacan*. Bs. Aires: Del Cifrado, 2006.

Reich, W. (1948) *Análisis del Carácter*. Buenos Aires: Paidós, 1957.

Reik, T. (1927) *Cómo se llega a ser psicólogo*. Buenos Aires: Ed. Horme, 1965.

Reik, T. (1941) *El masoquismo en el hombre moderno*. Buenos Aires: Ed. Nova, 1949.

Reik, T. (1941) *El masoquismo en el hombre moderno*. Buenos Aires: Ed. Sur, 1963.

Revista de Psicoanálisis: Tomo LXVII (2010) *El psicoanálisis en Latinoamérica. Buenos Aires: Ed. Asociación psicoanalítica Argentina*.

Ricoeur, P. (1965) *Freud: una interpretación de la cultura*. México: Siglo XXI, 2012.

Ricoeur, P. (1983) *Tiempo y Narración I*. México: Siglo XXI, 2004.

Riffet-Lemaire, A. (1970) *Lacan*. Buenos Aires: Ed. Sudamericana, 1992.

Rodríguez, C. (2006) *Pensamiento Psicoanalítico y Matemático*. México: Siglo XXI.

Rodulfo, R. (1988) La espontaneidad la repetición. Extraído en: http://www.psi.uba.ar/academica/carrerasdegrado/psicologia/sitios_catedras/ele ctivas/043_ninos_adolescentes/material/fichas_catedra/espontaneidad_repetici on.pdf

Rodulfo, R. (1989) *El Niño y el Significante*. Buenos Aires: Ed. Paidós, 2009.

Rodulfo, R. (1992) *Estudios clínicos*. Buenos Aires: Paidós, 2005.

Rodulfo, R. (1995) *Trastornos narcisistas no psicóticos*. Bs. Aires: Paidós, 1995

Rodulfo, R. (2008) *El psicoanálisis de nuevo*. Buenos Aires: Ed. Universitaria de Buenos Aires, 2008.

Rodulfo, R. (2012) *Padres e hijos: en tiempos de la retirada de las oposiciones*. Buenos Aires: Ed. Paidós, 2012.

Rodulfo, R. (2013) *Andamios del psicoanálisis*. Buenos Aires: Ed. Paidós, 2013.

Rose, N. (1996) *Inventing our selves*. Cambridge: Cambridge University Press.

Roudinesco, E. (1986) *La batalla de cien años. Tomo III*. Madrid: Ed. Fundamentos, 1993.

Sacks, O. (1989) *Veo una voz*. Barcelona: Anagrama, 2004.

Safouan, M. (2001) *Lacaniana I*. Buenos Aires: Paidós, 2015.

Safouan, M. (2005) *Lacaniana II*. Buenos Aires: Paidós, 2015.

Sami-Ali, M. (1974) *El espacio imaginario*. Buenos Aires: Amorrortu, 2001.

Sami-Ali, M. (1987) *Pensar lo somático*. Buenos Aires: Paidós, 1991.

Sami-Ali, M. (1997) *El sueño y el afecto*. Buenos Aires: Amorrortu, 2000.

Sartre, J.P. (1943) *El Ser y la Nada*. Buenos Aires: Losada, 2005.

Sartre, J.P. (1944) *A Puerta Cerrada*. Extraído en Rojo sobre blanco: www.rojosobreblanco.org/descargas/A%20puerta%20cerrada.pdf

Sartre, J.P. (1960) *Crítica de la Razón Dialéctica*. Buenos Aires: Losada, 1963.

Sartre, J.P. (1968) Entrevista: https://www.youtube.com/watch?v=fZDq1YETEBg

Schopenhauer, A. (1819) *El mundo como voluntad y representación I*. Madrid: Ed. Trotta, 2013.

Schopenhauer, A. (1851) *El arte del buen vivir*. Madrid: Ed. EDAF, 1985.

Schopenhauer, A. (1851) *Pensamiento, palabra y música*. Madrid: EDAF, 2005.

Segal, H. (1964) *Introducción a la obra de Melanie Klein*. Buenos Aires: Paidós, 2003.

Segal, H. (1991) *Sueño, fantasma y arte*. Buenos Aires: Nueva Visión, 1995.

Skinner, B.F. (1953) *Science and Human Behavior*. The B.F. Skinner Foundation, 2005.

Socarides, C.W. (1988) *Los orígenes preedípicos y La terapia psicoanalítica de las perversiones sexuales*. Mexico: Gamma, 1994.

Sosnik, R. (2006) El lugar de lo negativo en Ferenczi y Bion. www.apuruguay.org/revista_pdf/rup102/rup102-sosnik.pdf

Spitz, R. (1958) *El primer año de vida del niño*. Madrid: Ed. Aguilar, 1972.

Tolle, E. (1999) *El poder del ahora*. Argentina: Random House Mondadori, 2012

Ulnik, J. (2011) *El Psicoanálisis y la Piel*. Buenos Aires: Paidós, 2011.

Vegh, I. (2013) *Senderos del análisis*. Buenos Aires: Paidós, 2013.

Watzlawick, P. et al. (1967) *Teoría de la Comunicación Humana*. Barcelona: Ed. Herder, 1985.

Winnicott, D. (1935) La defensa maniaca. http://www.psicoanalisis.org/winnicott/defmania.htm

Winnicott, D. (1940) Los niños en la guerra. http://www.psicoanalisis.org/winnicott/ningerra.htm

Winnicott, D. (1958) *Escritos de pediatría y psicoanálisis*. Barcelona: Paidós, 1979.

Winnicott, D. (1959) El destino del objeto transicional. http://www.psicoanalisis.org/winnicott/destobjt.htm

Winnicott, D. (1963) El valor de la depresión. http://www.psicoanalisis.org/winnicott/depreval.htm

Winnicott, D. (1965) *Proceso de maduración en el niño*. Barcelona: Laia, 1981.

Winnicott, D. (1967) El concepto de individuo sano. http://www.psicoanalisis.org/winnicott/indsan.htm

Winnicott, D. (1968) *Los bebes y sus madres*. Mexico: Ed. Paidós, 1990.

Winnicott, D. (1971) *Realidad y Juego*. Barcelona: Ed. Gedisa, 1993.

Winnicott, D. (1983) *Deprivación y delincuencia*. Buenos Aires: Ed. Paidos, 1991.

Winnicott, D. (1988) *La naturaleza humana*. Buenos Aires: Ed. Paidós, 1993.

Winnicott, D. (1989) *Exploraciones psicoanalíticas I*. Bs. Aires: Paidós, 2006.

Žižek, S. (1991) *Mirando al sesgo*. Buenos Aires: Paidós, 2006.

Žižek, S. (1994) *Las metástasis del goce*. Buenos Aires: Ed. Paidós, 2003.

Žižek, S. (2004) *Órganos sin Cuerpo*. Valencia: Ed. Pre-textos, 2006.

Zukerfeld, R. & Zonis, R. (2003) Procesos tercearios. Revista aperturas psicoanalíticas www.aperturas.org/articulos.php?id=0000253&a=Procesos-terciarios

Zuleta, E. (1985) *El pensamiento psicoanalítico*. Medellín: Ed. Percepción, 1985.

Made in the USA
Coppell, TX
08 April 2022

76210818R00267